Erinnerungstage

Erinnerungstage

Wendepunkte
der Geschichte von
der Antike bis
zur Gegenwart

Herausgegeben von
Etienne François und Uwe Puschner

C.H.Beck

Gedruckt mit Unterstützung der Körber-Stiftung und
des Deutschen Historischen Instituts London

Mit 30 Abbildungen und 5 Grafiken

Gesetzt aus der Minion Pro und der TheSans bei ottomedien, Darmstadt
Druck u. Bindung: Druckerei C. H. Beck, Nördlingen
Gedruckt auf säurefreiem, alterungsbeständigem Papier
(hergestellt aus chlorfrei gebleichtem Zellstoff)
Printed in Germany
ISBN 978 3 406 57752 9

www.beck.de

Für Hagen Schulze

Inhaltsverzeichnis

Zueignung und Dank

Die Beschäftigung mit Erinnerungstagen ist nicht allein wissenschaftlichem Erkenntnisinteresse geschuldet. Sie ist zugleich mit einem persönlichen Anliegen aller an diesem Band beteiligten Personen verbunden. In der Auswahl der Themen und Autoren spiegeln und bündeln sich in der Tat die Forschungsfelder von Hagen Schulze zur deutschen und europäischen Geschichte und vor allem zur Geschichte der Erinnerungskulturen. Jeder Beitrag ist daher ein Zeichen der Dankbarkeit und Achtung, der kollegialen Verbundenheit und Freundschaft. Hagen Schulze ist dieses Buch gewidmet!

Wie an der Etablierung von Erinnerungstagen selbst sind auch am Entstehen dieses Bandes viele Menschen und Institutionen beteiligt. Ihnen sei für ihre Unterstützung, ihre Hilfe und konstruktive Mitarbeit herzlich gedankt: den in- und ausländischen Kolleginnen und Kollegen sowie den Schülerinnen und Schülern von Hagen Schulze, die sich spontan bereit gefunden haben, mit ihren Beiträgen aus der Idee ein Buch werden zu lassen, des Weiteren dem Frankreich-Zentrum und insbesondere Agnieszka Wiercholska und Matthias Heuser, die die Beiträge aufmerksam kollationiert haben, Beate François für ihre redaktionelle Hilfe, ferner Ingo Maerker, der die Beiträge von Tim Blanning und Harold James ins Deutsche übersetzt hat. Für ihre spontane und großzügige Unterstützung danken wir dem Deutschen Historischen Institut London und der Körber-Stiftung. Und schließlich gilt unser Dank dem Verlag C. H. Beck, dem Hagen Schulze seit vielen Jahren als Autor eng verbunden ist, und dessen Cheflektor Detlef Felken, der ohne Zögern die Aufnahme des Bandes in das Verlagsprogramm zugesagt und sein Erscheinen tatkräftig unterstützt hat.

Etienne François, Uwe Puschner

Warum Erinnerungstage?

Zu den Merkwürdigkeiten der europäischen Kultur, die unseren Kontinent entdeckende Afrikaner am meisten überraschen, zählt ohne Zweifel die starke Vergangenheitsfixierung. Während sich bei den Europäern Geburts-, Gedenk- und Erinnerungstage einer großen Beliebtheit erfreuen, aufmerksam registriert und besonders feierlich begangen werden, fiele der Mehrzahl der Afrikaner spontan nicht ein, derartiges einzuführen. Im Unterschied zu uns, die wir den Blick zurück auf die Vergangenheit gerichtet haben und immer bemüht sind, sie in die Gegenwart hineinzuziehen, um sie festzuhalten und nicht zu verlieren, leben die meisten Afrikaner in der Gegenwart und richten ihren Blick zuerst auf die Zukunft.

Diese für Europa so charakteristische Vergangenheitsfixierung gründet auf einem spezifischen Verständnis von Zeit. Sie ordnet sich in eine lange Tradition ein, und ihre Ursprünge lassen sich bis in die Antike, in das Judentum und das Christentum zurückverfolgen.[1] Zwei Entwicklungen haben ihr allerdings in den letzten Jahrzehnten eine neue Aktualität gegeben: zum einen die in Zusammenhang mit den zunehmenden Zweifeln an einer gesicherten Zukunft zu beobachtende Aufwertung der Gegenwart und des Gedenkens, die zu einem Wandel der wechselseitigen Beziehungen von Vergangenheit, Gegenwart und Zukunft geführt hat,[2] zum anderen der Eintritt Europas in das von Pierre Nora bezeichnete «Zeitalter des Gedenkens».[3]

Die Fokussierung der Debatten über Geschichte und Gedächtnis auf Gegenwart und Zeitgeschichte, die rege Beteiligung der Öffentlichkeit an diesen Diskussionen, die Tatsache, dass viele der einflussreichen Protagonisten aus Zivilgesellschaft und Politik kommen, und nicht zuletzt die entscheidende Rolle der Medien und des Marktes, der Verbände und der Parteien, der Parlamente und der Regierungen zeigen mit aller Deutlichkeit, dass es sich hier um Phänomene und Prozesse handelt, die eine große Herausforderung für die Geistes-, Kultur- und Sozialwissen-

Braco Dimitrijević: 11. März. Dies könnte ein Tag von historischer Bedeutung sein, 1979.
Die Idee, für ein zufällig gewähltes Datum den aus weißem Carrara-Marmor gefertigten, zehn Meter hohen Obelisken im Park des Berliner Schlosses Charlottenburg zu errichten, entstand während eines Studienaufenthaltes des Konzeptkünstlers Braco Dimitrijević in Berlin 1977. Die Wahl des 11. März traf ein zufällig ausgewählter Passant.

Braco Dimitrijevićs Obelisk fasst auf ironische Art und Weise zwei Merkmale eines Erinnerungstages zusammen: Indem er zuerst ein zufällig gewähltes Datum benennt, das mit keinem historischen Ereignis verbunden ist, weist er darauf hin, dass es Erinnerungstage an sich nicht gibt. Denn jeder Erinnerungstag ist das Ergebnis eines bisweilen langen und komplizierten Konstruktionsprozesses. Die in vier unterschiedlichen Sprachen am Fuße des Obelisken angebrachten Inschriften weisen ihrerseits darauf hin, dass auch im Falle eines virtuellen Erinnerungstages seine Bedeutung je nach dem Kontext anders sein kann: Während die deutsche, die englische und die serbokroatische Inschrift identisch sind und eine reine Potentialität zum Ausdruck bringen («Dies könnte ein Tag von historischer Bedeutung sein» – «This could be a day of historical importance» – «Ovo bi mogao biti dan od historijskog značaja»), sagt die in der Zunkunftsform geschriebene französische Inschrift, dass der 11. März ein historisches Datum sein wird («Ce jour deviendra une date historique»). Erst durch eine Zuschreibung wird ein Datum zu einem Erinnerungstag. Die Zuschreibung in mehreren Sprachen führt aber immer zu Unterschieden: Aus einem Erinnerungstag wird unausweichlich ein geteilter Erinnerungstag.

schaften darstellen. Sie zeigen aber auch, dass es hier um Fragen geht, die letztlich indes über die Möglichkeiten dieser Disziplinen hinaus gehen und sich auf einer anderen Ebene stellen. Daher rührt einerseits die Heftigkeit dieser Debatten – denn es geht dort um viel mehr und um ganz anderes als um ein besseres Verständnis der Vergangenheit – und andererseits die Eingebundenheit der daran beteiligten Wissenschaftler, in dem Maße, dass sie durchweg – bei aller Professionalität und Reflektiertheit – gleichzeitig Akteure und Beobachter, Forscher und Bürger sind.[4]

Dies wird deutlich an der neuen Richtung, die die Diskussion – in jedem Fall in der Geschichtswissenschaft – zu nehmen scheint. Nach Jahren der fruchtbaren Reflexion und innovativen Forschung, die zu einer Relativierung der Unterschiede zwischen Geschichte und Gedächtnis, zu einem besseren Verständnis ihrer jeweiligen Bezogenheit wie auch zu einer differenzierteren Herangehensweise bei der Untersuchung der Gedächtniskulturen geführt hat,[5] scheint heutzutage die Zahl der Historiker zuzunehmen, die die Bedeutung der Gedächtniskulturen relativieren, die eine distanzierte, argwöhnische und latent aggressive Stellung gegenüber dem Gedächtnis einnehmen und die sogar davon ausgehen, nur die Geschichtswissenschaft sei in der Lage, eine richtige Deutung der Vergangenheit zu erarbeiten.[6] In diesem durch eine neue Verhärtung der Fronten zwischen Geschichte und Gedächtnis gekennzeichneten Kontext wollen die hier versammelten Aufsätze über zweiundzwanzig Erinnerungstage einen spezifischen Beitrag leisten und insbesondere Anregungen zum Nachdenken geben über «die Art und Weise, wie im Laufe der Zeit Gesellschaften nachträglich ihre Vergangenheit erleben und deuten».[7]

Warum aber sprechen wir von Erinnerungstagen und nicht, wie vielleicht erwartet, von Gedenktagen? Das liegt zuerst daran, dass das Feld der Gedenktage schon eingehend erforscht wurde, hat sich doch die Forschung der letzten Jahre intensiv mit der Thematik der «Vergangenheits-», «Geschichts-» bzw. «Gedächtnispolitik» befasst.[8] Darüber hinaus möchten wir mit dem Rückgriff auf den Begriff «Erinnerungstage» auf die Vielschichtigkeit und Differenziertheit der Erinnerungskulturen hinweisen: Die kollektiven Erinnerungen erfassen viel mehr als die Bestimmungen und Beschlüsse, die Programme und die Absichten der verschiedenen «Gedächtnisentrepreneurs». Auch wenn es im Einzelnen nicht immer unproblematisch durchzuführen ist, geht es um die kollektiven Erinnerungen in ihrer Ganzheit.[9]

Die zweiundzwanzig Erinnerungstage, die hier behandelt werden, schlagen einen weiten Bogen. Sie erstrecken sich über zwei Jahrtausende, von der Zeitenwende bis in die unmittelbare Gegenwart. Auch wenn fast die Hälfte unter ihnen auf die Geschichte des 20. Jahrhunderts Bezug nimmt, zeigen die anderen, die von der Antike bis zum 19. Jahrhundert reichen, das Bemühen, uns nicht von einer weit verbreiteten Gewohnheit irreführen zu lassen, die wie selbstverständlich davon ausgeht, Erinnerungskulturen und Erinnerungstage seien ein Phänomen der Moderne, mehr noch ein Monopol der Zeitgeschichte.[10] Stattdessen will dieser Band die zeitliche Perspektive weit öffnen, um Vergleichsmöglichkeiten anzubieten. Dadurch soll deutlich werden, wie sich die «moderne Erinnerungskultur» erst im Zusammenhang einer zweitausendjährigen Geschichte einordnen und erklären lässt. Joachim Ehlers hat es in seinem Beitrag treffend formuliert: «Viel stärker als heute bestimmten Gedächtnis, Erinnerung und Gedenken im Mittelalter den öffentlichen Raum; intensiver, anspruchsvoller und fordernder als heute konstituierten sie zentrale Inhalte sowohl des kollektiven als auch des individuellen Bewusstseins».

Eine vergleichbare Öffnung lässt sich in der geographischen Verortung dieser Erinnerungstage feststellen. Sicher nehmen beinahe alle Bezug auf die – im weiten Sinne des Wortes – deutsche Geschichte. Neben den ausschließlich «deutschen» Erinnerungstagen, deren Bedeutung nicht über Deutschlands Grenzen und Kultur hinausgeht, wurde auch eine Reihe von Erinnerungstagen ausgewählt, deren Ursprung außerhalb Deutschlands liegt – von der Schlacht an der Milvischen Brücke am 28. Oktober 312, die mit der sogenannten constantinischen Wende gleichgesetzt wird, bis zur baskischen Stadt Guernica/Gernika, die nach ihrer Bombardierung am 26. April 1937 durch deutsche und italienische Kampfflugzeuge zum Symbol des faschistischen Terrors gegen Zivilisten wurde. Ein besonderes Interesse liegt auf «geteilten» Erinnerungstagen, die für die deutsche Erinnerungskultur wie auch für die von benachbarten Ländern gleichermaßen bedeutsam sind – wenn meistens auch unter anderem Vorzeichen: das wird deutlich an der Entrüstung des königlichen Sekretärs Karls VI. von Frankreich, der anlässlich seines Besuchs in Aachen Anfang 1401 feststellen musste, dass auf dem Reliquiar von Karl dem Großen, der für ihn wie selbstverständlich «unser Karl, König von Frankreich» war, vor allem die Reichswappen zu sehen waren, während die Wappen von Frankreich an den Rand gestellt waren.

Auffällig ist die europäische Dimension von vielen, ja von der Mehrheit der hier behandelten Erinnerungstage. Das gilt zunächst für solche Tage, die sich auf ein von Beginn an europäisches Ereignis beziehen, ob es sich um den Westfälischen Frieden, um die Leipziger Völkerschlacht oder um den 9. November 1989 handelt. Europa wird heutzutage gerne als «Erinnerungsraum», mehr noch als «community of memory» (A. Assmann) gekennzeichnet.[11] Die Liste der in diesem Band dargestellten Erinnerungstage zeigt, dass es sich dabei nicht um ein Phänomen der sogenannten Moderne handelt, sondern um eine Erscheinung, die sich tief in die Vergangenheit zurück verfolgen lässt. Dabei sind von Beginn an Brüche und Friktionen stärker als Gemeinsamkeiten, und zwar nicht nur in Hinblick auf «nationale» Zugehörigkeit (schon seit dem Mittelalter), sondern auch in konfessioneller Hinsicht, wie es am Beispiel der unterschiedlichen Deutungen des Sacco di Roma erkennbar wird, und schließlich in jüngster Zeit auch in ideologischer Hinsicht: Der 1. September 1939 ist ein «geteilter Erinnerungsort, der verschiedene Spielarten und Schwerpunkte des Erinnerns zu mobilisieren vermag», während der 8./9. Mai 1945 nicht nur einen transnationalen «Gründungsmythos der europäischen Integration» darstellt, sondern auch einen gleichzeitig national und ideologisch geprägten Erinnerungstag, dessen Konjunkturen unterschiedlichen nationalen und transnationalen Bewegungsgesetzen folgen.

Da die europäische Geschichte seit der römischen Antike und noch mehr seit dem 16. Jahrhundert eine globale Geschichte ist, so ist es nicht verwunderlich, dass das europäische Gedächtnis fast immer auch eine globale Dimension besitzt. Dies gilt speziell für den «schwarzen Donnerstag» und die damit verbundene Weltwirtschaftskrise, die aus heutiger Sicht auch als Vorwegnahme der jetzigen Weltwirtschaftskrise wahrgenommen werden kann. Dies gilt ferner für Erinnerungstage, die, auch wenn sie ihren Ursprung in Europa haben, gleichzeitig als europäische und globale Erinnerungstage betrachtet werden können: Das ist der Fall in der Spätantike für die Schlacht an der Milvischen Brücke, die das Römische Reich als *imperium mundi* und indirekt auch alle Teile der Welt prägte, die von der katholischen Kirche missioniert wurden, da die Konstantinische Wende die Entwicklung der Kirche bis ins 19. Jahrhundert nachhaltig bestimmt hat. Und im späten 20. Jahrhundert gilt das gleichermaßen für den 27. Januar 1944 als Tag der Befreiung von Auschwitz, der, «nach amerikanischem Muster definiert», gleichzeitig «negativer europäischer Gründungsmythos» und «Teil einer transnationalen Erinnerungskultur» ist – auch wenn er «in den Ländern Europas auf unterschiedliche nationale Erinnerungskonstellationen und -konflikte trifft».

Viele der thematisierten Erinnerungstage sind Teil der traditionellen Politik- und insbesondere der Kriegs- und Militärgeschichte. In ihrer blutigen Kontinuität führen diese Schlachten vor Augen, wie Krzysztof Pomian zu Recht bemerkt, dass die «Geschichte Europas die seiner Grenzen und daher auch die seiner Konflikte» ist.[12] Die blutigen Schlachten ziehen sich buchstäblich wie ein «roter Faden» durch die Geschichte und das Gedächtnis Europas. Daneben wurden auch Erinnerungstage aus den Bereichen der Wirtschafts-, der Kultur- und der Religionsgeschichte ausgewählt: Dies gilt insbesondere für die Beiträge, die das Gedenken im Mittelalter, die Reformation oder die Weltwirtschaftskrise von 1929 behandeln, lässt sich aber auch von weiteren Erinnerungstagen sagen, die ihren Ursprung zwar in der Politik- und Kriegsgeschichte haben, die aber erst durch ihre Deutung durch Literatur und Kunst zu Erinnerungstagen geworden sind.

Bei allen Unterschieden ähneln sich diese Erinnerungstage zumindest in einem Punkt: Allen ist gemeinsam, dass in ihrem Mittelpunkt nicht so sehr das faktische Ereignis steht, das mit einem festen Datum verbunden ist, sondern vielmehr das verwandelte Ereignis, das am Ende einer doppelten Metamorphose als Erinnerungstag entstanden ist. Die erste Metamorphose machte aus dem geschichtlichen ein «historisches», die zweite Metamorphose aus dem «historischen» ein «erinnerungswürdiges» Ereignis, wobei zugleich meistens beschlossen wurde, seiner an einem bestimmten Tag und in regelmäßigen Abständen zu gedenken.

Solche Erinnerungs- bzw. Jahrestage sind «Denkmäler in der Zeit», um die pointierte Formulierung von Aleida Assmann aufzugreifen. Sie ermöglichen den «Übergang von einem latenten Gedächtnis in die Form einer geregelten sozialen Kommemoration» und «stabilisieren die Erinnerung durch mehr oder weniger regelmäßige Wiederholungen als Sinn- und Identitätsangebote bzw. als zukunftsgerichtete Handlungsverpflichtung für folgende Generationen». Indem das «Einmalige in Wiederholbares und Wiederholtes verwandelt» wird, tritt es in eine neue Zeit ein, die «periodische Zeit der Kommemoration», die sich, so weiterhin Aleida Assmann, grundsätzlich von der «linearen Zeit der Geschichte» wie auch von der «zyklischen Zeit der Natur oder des Mythos» unterscheidet.[13]

Entscheidend ist dabei die regelmäßige Wiederholung bzw. Vergegenwärtigung des vergangenen Ereignisses. Auch wenn diese sich wiederholende Vergegenwärtigung nicht formalisiert ist bzw. sein muss, ähnelt sie, weil sie immer kollektiv geschieht, einem Kult. «Als bevorzugter Augenblick der Beschwörung, oder sogar der Reaktualisierung der Fakten, Handlungen und Personen, die eine Gemeinschaft gründet», beobachtete Emile Durkheim, «hat der Kult den Charakter eines Gedenkens par excellence».[14] Dies tritt besonders deutlich im Mittelalter und während der Frühen Neuzeit zu Tage: liturgisch geprägt und eingebunden in den sakralen Kalender, verbindet die kollektive Erinnerung als «Feier der Geschichte» das reaktualisierte Ereignis mit dem Heiligen und eint die Lebenden mit den Toten, das Jenseits mit dem Diesseits, die Zeit mit der Ewigkeit.[15] Im Verlauf der Moderne traten diese Elemente in den Hintergrund. Dennoch bleibt auch in säkularen Gesellschaften das sakrale Modell des Kalenders und der Liturgie weiterhin unumgänglich: Das Symbolische tritt an die Stelle des Religiösen und wie Peter Novick es am Beispiel der Erinnerung an den Holocaust in den USA bemerkte, hat man es dort mit einer Form von «Zivilreligion» zu tun, die wie jede Religion durch Dogmen (der «Erinnerungsarbeit») und Rituale (Gedenkfeiern, Museen) charakterisiert ist.[16]

Der 14. Juli ist ein charakteristisches Beispiel für die sich wiederholenden Wandlungsprozesse, die zu einem Erinnerungs- bzw. Gedenktag führen. Zu Beginn, am 14. Juli 1789, hat man es mit einem Aufruhr größeren Ausmaßes zu tun, der sich in eine Reihe von vergleichbaren Protestbewegungen in Paris und in den Provinzen, in den Städten und auf dem Land, einordnet.[17] Sehr schnell aber – in Folge der politischen Beschleunigung der folgenden Wochen und Monate, aber auch, weil die Erstürmung der Bastille, die in den Augen vieler Franzosen das sichtbare Zeichen des Despotismus war,[18] dem Ereignis eine symbolische Dimension gegeben hatte, begann sich ein kollektiver Prozess der Umdeutung durchzusetzen: Das geschichtliche Ereignis wurde rückblickend in ein «historisches» Ereignis verwandelt, das eine Zäsur markiert zwischen einem negativ konnotierten «Vorher», das sogenannte Ancien Régime, und einem positiv belegten «Nachher», die Revolution und die neue Zeit.[19] Diese neue Deutung und der damit verbundene Wunsch nach einer neuen Singgebung des Ereignisses wurden in den ersten Monaten des Jahres 1790 so stark, dass der Nationalversammlung keine andere Wahl blieb, als am Jahrestag der Erstürmung der Bastille eine große «Fête de la Fédération» («Bundesfest») zu veranstalten. In seiner Gestaltung war aber der 14. Juli 1790 nicht nur die Beschwörung des 14. Juli 1789, sondern auch seine Umkehrung: Weit entfernt von dem gewalttätigen Geschehen im Jahr zuvor sollte der 14. Juli 1790 das große Fest des Friedens, das Fest des Bündnisses zwischen allen Regionen und Ständen des Königreichs, das Fest der Neugründung des regenerierten Frankreich unter Gottes und der katholischen Kirche Segen und vor allem das Fest einer neuen Eintracht zwischen dem König und der französischen Nation sein.[20] Spätestens dann wurde der 14. Juli zum Erinnerungstag, aber längst nicht zu einem institutionalisierten Gedenktag (trotz Ansätzen in diesem Sinne in den Jahren 1791, 1792 und 1793). Es dauerte fast ein Jahrhundert, bis die siegreiche III. Republik im Jahre 1880 beschloss, in bewusster Anknüpfung an die «Fête de la Fédération» von 1790, aus dem Erinnerungstag den französischen Nationalfeiertag zu machen – wobei aus dem Fest, das einst die Einheit zwischen König und Nation gefeiert hatte, ein neues Fest entstand, das die Einheit zwischen Nation und Republik zelebrierte.[21]

Ein vergleichbarer Prozess des Übergangs von einem geschichtlichen zu einem historischen Ereignis und dann zu einem Erinnerungstag, in einzelnen Fällen auch zu einem – mitunter institutionalisierten – Gedenktag lässt sich an der Mehrheit der hier behandelten Tage beobachten. Exemplarisch sind in dieser Hinsicht die 9. November: Sie bilden in der Tat eine «symbolische Kette» und der Bezug der unterschiedlichen 9. November zueinander ist so stark und prägnant, dass im Endergebnis der Eindruck entsteht, die Ereignisse seien viel mehr eine Schöpfung der Erinnerung, als dass die Erinnerung eine Konsequenz der Ereignisse sei.

Allerdings verweisen viele der hier behandelten Beispiele auf einen Aspekt, dem meist zu wenig Aufmerksamkeit geschenkt wird: Der Prozess, der dazu führt, dass ein geschichtliches zu einem «historischen» und schließlich zu einem «erinnerungswürdigen» Ereignis wird, ist alles andere als selbstverständlich. Mehrere Faktoren können für diesen mitunter langen Prozess benannt werden: Akteure und Zeitzeugen brauchen Zeit, um zu begreifen, was geschah bzw. geschehen war. Ein solches Beispiel ist der Fall der Mauer am 9. November 1989: «Wie das Ereignis zum Ereignis wurde», bemerkt Hermann Rudolph, war umso überraschender, als dieses Ereignis «weder geplant noch gewollt wurde, sondern die unverhoffte Folge konfuser Entscheidungen» war. Dieser Prozess kann mitunter erst lange nach dem Ereignis einsetzen, manchmal sogar Jahrhunderte später, wie es am deutlichsten am Beispiel der bis zum Beginn des 16. Jahrhunderts völlig vergessenen Schlacht im Teutoburger Wald zu beobachten ist. Der Anstoß, der aus dem «historischen» ein «erinnerungswürdiges» Ereignis werden lässt, kann – wie im Fall des Holocaustgedenktages – von einem Einzelnen ausgehen, häufig sind es jedoch Interessengruppen oder Kollektive. Das bleibt am Ende zweitrangig. Entscheidend für den Erfolg eines Erinnerungstages sind vielmehr der Kontext wie seine Akzeptanz von Seiten der Zivilgesellschaft. Die ursprünglich im Königreich Württemberg beabsichtigte Kommemoration der Schlacht von Jena und Auerstedt setzte sich in Folge der politischen Veränderungen nicht durch, während sich das Scheitern des Europatages am 5. Mai vor allem durch seine fehlende Akzeptanz durch die Zivilgesellschaft erklären lässt.

Mit der Erhebung eines «geschichtlichen» in den Status eines «historischen» und «erinnerungswürdigen» Ereignisses einher geht eine neue Erzählung, die die Realität des ursprünglichen Ereignisses nicht selten vollkommen verändert, mitunter sogar verdrängt bzw. in Vergessenheit geraten lässt, so dass schließlich das durch die nachträgliche Darstellung gestaltete Ereignis der Erinnerung realer scheint als das Ereignis der Geschichte. Ein prägnantes Beispiel stellt in dieser Hinsicht der 31. Oktober 1517 dar, der in der heute geläufigen Vorstellung wohl nicht stattgefunden hat und in dem die Erinnerung und das Gedenken an den komplexen Reformationsprozess verdichtet wird. Und wie so häufig lässt sich dabei feststellen, dass man es hier nicht mit einem Phänomen aus der Vergangenheit zu tun hat, sondern mit Prozessen, die bis in unsere Tage reichen. Als ein Extremfall erinnerungspolitischer Geschichtskonstruktion ist der 30. Januar 1933 anzusehen, der von der nationalsozialistischen Propaganda erfolgreich als Tag der «Machtergreifung» inszeniert wurde, woraus sich eine Vorstellung entwickelte, deren Nachwirkungen sich bis heute verfolgen lassen. Solche Umdeutungen durch die Erinnerung sind allerdings nicht immer die Konsequenz einer bewussten Politik. Sie können auch ganz einfach das Ergebnis einer Entwicklung sein, die dazu führt, dass das ursprüngliche Ereignis und die es tragende Intention in Vergessenheit geraten, weil die Konsequenzen, die aus dem Ereignis gezogen werden, den ursprünglichen Absichten nicht entsprechen: So lässt sich etwa erklären, dass die Erinnerung an die Nürnberger Gesetze in ihnen nur noch die Rassengesetze und die juristische Trennung zwischen Deutschen und Juden sieht, obwohl sich in diesen Gesetzen die Bezeichnung

«Rassengesetz» nicht finden lässt und die beabsichtigte Einschränkung der Rechte alle deutschen Bürger betraf.

Dass die Verwandlung zu einem Erinnerungstag nicht zwangsläufig die Durchsetzung einer beherrschenden und für alle verbindlichen Meistererzählung zur Folge hat, ist eine weitere Schlussfolgerung, die aus den hier versammelten Fallstudien gezogen werden kann. Nicht selten lässt sich die Entstehung und Entwicklung einer geteilten bzw. gespaltenen Erinnerung nachvollziehen, manchmal sogar vom Beginn an und bis heute. Solche Deutungskonflikte lassen sich sehr gut am Beispiel des 18. März 1848 beobachten, hat man es doch hier mit zwei unterschiedlichen, mehr noch: gegensätzlichen Deutungsmustern zu tun, die nichts von ihrer Aktualität verloren haben: auf der einen Seite das bürgerlich/liberale Gedächtnis mit Frankfurt/M. als Erinnerungsort, auf der anderen Seite das demokratisch/revolutionäre Gedächtnis mit Berlin als Erinnerungsort. Ein ähnliches Muster, in diesem Fall beiderseits der jeweiligen nationalen Grenze, lässt sich für die Erinnerung an Sedan feststellen. Weitere Beispiele zeigen im Übrigen, dass sich die Spaltung der Erinnerungen entlang der kulturellen, ideologischen und nationalen Grenzen nicht auf das 19. und das 20. Jahrhundert beschränkt: Die Erinnerungen an den Sacco di Roma wie auch an den Westfälischen Frieden unterschieden sich von Anfang an und unterscheiden sich bis heute in erster Linie nach konfessioneller und nationaler Zugehörigkeit.

Welche Rolle spielen die Historiker bei der Entstehung und Weiterentwicklung von Erinnerungstagen? Dass sie am Transformationsprozess, der aus einem geschichtlichen ein «historisches» und «denkwürdiges» Ereignis macht, beteiligt sind, zieht sich wie ein roter Faden durch alle hier analysierten Fallbeispiele hindurch. Ob in der Antike, im Mittelalter, während der Frühneuzeit oder im 19. und 20. Jahrhundert, immer sind Historiker aktiv, manchmal ja sogar entscheidend an diesen Transformationsprozessen beteiligt. Weit entfernt davon, die Gedächtniskonstruktionen kritisch zu überprüfen und in Frage zu stellen, agieren sie in den meisten Fällen als Verbündete und Helfershelfer des Gedächtnisses, die «in wissenschaftlicher Sprache nachvollziehen, was als öffentliche Meinung in der Gesellschaft vorherrscht».[22] Daran scheint im Übrigen die Entstehung einer disziplinären Geschichtswissenschaft an der Wende vom 18. zum 19. Jahrhundert nicht viel geändert zu haben: Die erfolgreichste Infragestellung einer bis dorthin unangefochtenen Gedächtniskonstruktion geschah 1442, d. h. lange vor der Selbstdeutung der Geschichtsforschung als Wissenschaft, als Lorenzo Valla auf der Basis einer gründlichen Quellenkritik die Fälschung der «Donatio Constantini» nachwies, während im 20. Jahrhundert «die Fachhistoriker, wie viele andere auch, gefordert wurden, Partei zu ergreifen und sich für ein Lager zu engagieren und zu kämpfen, was sie nicht selten mit Begeisterung taten, mit der Folge, dass die Geschichtswissenschaft zur Verteidigung von gegensätzlichen Interessen und Ideologien rekrutiert wurde und dabei oft ihren klaren Blick und sogar ihre Seele verlor».[23] Zwischen Gedächtnis und Geschichte (als Geschichtswissenschaft) herrscht in der Tat ein grundsätzlich ungleiches Verhältnis, denn das Gedächtnis ist vor der Geschichte, um sie und nach ihr. Statt zur Selbstüberschätzung der Geschichtswissenschaft sollte diese Feststellung viel eher zur Bescheidenheit führen. Arnold Esch bemerkt es zu Recht am Beispiel des Sacco di Roma: «Geschichtswissenschaft kann die Brüche zwischen den unterschiedlichen, ja manchmal gegensätzlichen Erinnerungskulturen nicht heilen. Aber sie kann wenigstens auf die Stellen zeigen, an denen die Erinnerung sich teilt. Heilsame Erkenntnis ist auch das».

Viel mehr aber als die Historiker sind vor allem Schriftsteller und Maler verantwortlich für die Bildung von Gedächtniskonstruktionen und ihre Tradierung in Form von Erinnerungstagen. Zu Beginn der Erinnerung an die Varusschlacht finden wir sicher die Historiker Dio Cassius und Tacitus. Die Reaktualisierung der Erinnerung daran verdankt sich jedoch den Werken von Ulrich von Hutten und Heinrich von Kleist wie auch der Historienmalerei und in der Gegenwart den Gemälden von Anselm Kiefer. Die Konstruktion des Westfälischen Friedens als Erinnerungstag ist in erster Linie das Werk von Christophel von Grimmelshausen, Friedrich Schiller, Gustav Freytag und Günter Grass, während in der ersten Hälfte des 19. Jahrhunderts Waterloo zum neuen Schlachtfeld der Literatur und Künste in Europa wurde. Und wenn sich die ganze Welt heute an Guernika erinnert, so ist das vor allem auf Pablo Picasso zurückzuführen. Sein 1937 für den Ausstellungspavillon der spanischen Republik zur Pariser Weltausstellung geschaffenes Gemälde hat sich als *imago agens* so tief in das bildliche Gedächtnis der Weltöffentlichkeit eingeprägt, dass das ursprüngliche Ereignis aus dem spanischen Kontext herausgelöst und zu einem zeitlosen und universellen Protestschrei der Menschheit gegen die Gräuel des Krieges wurde. Augustinus hat es in aller Deutlichkeit in seinen Bekenntnissen festgestellt: «Magna vis est memoriae».

Kirstin Buchinger

Teutoburger Wald 9 n. Chr.: Die Hermannschlacht – ein Erinnerungstag?

«Der Jahrestag ist ohne Zweifel eine der ältesten Erinnerungstechniken der Menschheitsgeschichte. Gleich einem Knoten im Taschentuch hilft er dem Gedächtnis auf die Sprünge.»[1]

I. Der Tag, an dem Deutschland entstand

Varus und Arminius, der römische Feldherr und der germanische Aufständische, erschienen wie zwei Kontrahenten, die kaum weniger berühmt und legendär sind als David und Goliath. Der Kampf, den die Truppen und Gefolgsleute der beiden vor 2000 Jahren miteinander austrugen, hatte Folgen, deren Nachwirkungen bis heute sichtbar sind.[2] Während die so genannte Varusschlacht, jener «Clash of Civilisations» irgendwo zwischen Rhein und Weser, aus römischer Perspektive im Vergleich mit der Schlacht von Cannae nicht mehr als eine Episode blieb, generierte er zum deutschen Ursprungsmythos *par excellence.* Die Varusschlacht wurde zur «Mutter aller Schlachten»[3], zum «Urknall der deutschen Geschichte»[4], zum «Tag, an dem Deutschland entstand».[5] Bis heute werden Debatten über Zeitpunkt, Hergang, Hintergrund und Bedeutung des kriegerischen Ereignisses geführt.

Da es in diesem Band um *Erinnerungstage* geht, stellt sich *a priori* die Frage nach dem genauen Datum der Schlacht. Nach dem julianischen Kalender wurde der 9. September bis etwa 1910 als Beginn der drei Tage währenden Kampfhandlungen errechnet. In *Iro's Deutschvölkischem Zeitweiser* von 1911 wird der 10. September 9 nach Christus[6] als Datum der Schlacht genannt.

Tatsächlich aber ist nur ungefähr bekannt, wann jene bellizistische Auseinandersetzung vor 2000 Jahren ausgetragen wurde: im Herbst des Jahres 9. Von «starkem Regen, Sturm und unwegsamen Gelände» berichtet Cassius Dio, der eine der genauesten Schilderungen des Ereignisses überliefert hat.[7]

Ein belegbares Datum, an dem die dreitägige Schlacht begann, ist nicht überliefert. Die Germanen hatten keinen Kalender zur Orientierung des Gedächtnisses; sie orientierten sich an der Natur, der Sonne und dem Mond. Außerdem hatten die germanischen Stammesverbände eine schriftlose Kultur, so dass die einzigen für uns greifbaren Zeugnisse neben den archäologischen Funden die Berichte römisch-griechischer Fremdgeschichtsschreibung sind, deren Verfasser selbst keine Zeugen der Ereignisse waren.

Da aber Jahrestage fester Bestandteil menschlicher Erinnerungstechniken sind, scheint im Zeitlauf der Rezeption der Schlacht eine Einigung des Gedenkens in der Mitte des Monats stattgefunden zu haben. Wann genau sich der 9./10. September allerdings als Erinnerungstag an die Schlacht etablierte und auf Grund welcher Berechnungen – darüber kann nur spekuliert werden.

Demnach haben wir es in diesem Falle der Betrachtung zyklischen Gedenkens nicht mit einem Erinnerungstag, sondern einem Erinnerungsjahr zu tun.[8]

Das Jahr 2009 ist ein solches Erinnerungsjahr. Der Gedenkkalender ist prall gefüllt. Neben Tagungen, Kongressen, Symposien, Ringvorlesungen und Ausstellungen zum Thema, neben Neuinszenierung längst vergessener Opern- und Theaterstücke gab es Hermanntage am Hermannsdenkmal im Teutoburger Wald, dem imaginierten Ort der Schlacht, Events mit Römerlager, germanischen Würstchen, T-Shirts mit Hermann-Logo, Legionen aus Playmobil-Römern und Touristen-Rummel.[9] Die Deutsche Bundespost gab am 4. Juni eine Briefmarke *2000 Jahre Varusschlacht* heraus, und die Medien liefern eine wahre Flut von Berichten.

Dabei beweisen die Agenten der Erinnerung einmal mehr, dass politische Mythen keineswegs nur in feierlich-ernster Form zelebriert wurden und werden, sondern, wie Herfried Münkler Bezug nehmend auf Victor von Scheffels Gedicht *Als die Römer frech geworden* schreibt, auch in frechen Liedern mit ausgelassenem Trinkgelage.[10] Ehe Museen, Wissenschaftler, Politiker, Tourismus und Industrie die Erinnerungsarbeit aufnahmen, war das Präludium des Gedächtnisjahres allerdings bereits verklungen: Am 7. März 2009 zog die NPD in Osnabrück unter dem Slogan «Hermanns Schlacht, 2000 Jahre Kampf gegen Überfremdung» auf einen «Hermannschlacht-Gedenkmarsch».[11] Wie ist jenes nebulöse Untergangsszenario, inszeniert von Vertretern einer irrigen Mindermeinung (nach Angaben der Nachrichtenagentur ddp hatten sich mehr als

Anselm Kiefer: Varus, 1976, Van Abbemuseum Collectie, Eindhoven.

5500 Menschen zur Demonstration gegen den Naziaufmarsch versammelt) zu bewerten? Oder anders gefragt: gehört der Ursprungsmythos Varusschlacht heute der Vergangenheit an? Um Antworten auf diese Fragen geben zu können, soll zunächst jene Vergangenheit und somit die Geschichte des Gedenkens an die Varusschlacht skizziert werden, um dann, zweitens, die Gegenwart in den Blick nehmen zu können.

II. Hermann von der Antike bis zum Ende des 18. Jahrhunderts

Die wichtigsten antiken Berichte über die Varusschlacht sind jene von Cassius Dio, Velleius Paterculus und Tacitus, der in seinen *Annalen* ausführlich über die *clades Variana* berichtet.[12] Da Tacitus vom *saltus Teutoburgiensis* schreibt, hat sich zunächst die Lokalisierung der Schlacht im Teutoburger Wald ergeben. Der heute unter diesem Namen bekannte Höhenzug heißt allerdings erst seit dem frühen 19. Jahrhundert so, als Arminius-Begeisterte beschlossen, den Ort der Schlacht im damals noch Osning genannten Gebirgskamm zu lokalisieren.

Die römischen Geschichtsschreiber schrieben der *clades variana* keine so immense Bedeutung zu, wie sie sie viele hundert Jahre später im Zuge des deutschen Nationalismus gewinnen sollte, und Rom hatte wenig Interesse daran, der Varusschlacht einen besonderen Rang im Gedächtnis des Imperiums einzuräumen. Zudem war das römische Germanenbild *cum grano salis* von negativen Barbaren-Stereotypen geprägt: Wildheit, Rohheit, Gesetz- und Treulosigkeit, Unbildung, Hinterlist und Grausamkeit waren die Topoi der Beschreibung, die die Gegensätze zwischen den Errungenschaften der eigenen Hochkultur und dem noch zu zivilisierenden Volk von Barbaren unterstrichen.[13]

Auf germanischer Seite fehlte es an einer Schriftkultur, durch die die Geschichte vom Sieg hätte konserviert werden können. So ging die Erinnerung an das Ereignis bei den an der bellizistischen Auseinandersetzung beteiligten Völkern fast verloren. Das Wissen um die Schlacht verfiel während des Mittelalters in eine Art Dornröschenschlaf. Einer der ersten, der Tacitus' Schriften nach Jahrhunderten des Dahinschlummerns in Klosterbibliotheken wieder las und daraus zitierte, war im 15. Jahrhundert der nachmalige Papst Pius II., Aenas Silvio Piccolomini, der damit den renitenten deutschen Ständen vor Augen führen wollte, wie primitiv die Germanen ohne die römische Kultur gewesen seien.

Piccolomini interpretierte Tacitus damit zutreffend. Dieser hatte in der *Germania* (Erstdruck 1470)[14] mit seinen Lobpreisungen von Arminius als Befreier Germaniens ein ganz bestimmtes Ziel verfolgt: Er wollte seinen Landsleuten die alten römischen Ideale wie Tapferkeit und Sittenreinheit wieder in Erinnerung bringen – und deshalb malte er sie in Bezug auf Arminius in den schönsten Farben. Tacitus' Germanenbild diente als Gegenbild zum damaligen Römerbild – gleichsam als Sittenspiegel. Zudem hatte der Cheruskerfürst Armin für die römischen Autoren noch den Charme des unverdorbenen ‹edlen Wilden›, ein Motiv, das sich in den folgenden Jahrhunderten immer wieder in der (bildlichen) Rezeption des Hermannstoffes finden lässt – exemplarisch dafür sei hier auf Angelika Kauffmanns 1785 entstandenes Gemälde *Hermann nach der Schlacht* verwiesen.[15]

Die deutschen Humanisten interpretierten in die Schriften von Tacitus das ehrenwerte Streben nach Unabhängigkeit und Freiheit der germanischen Vorfahren. Ulrich von Hutten war 1515 bei einem Studienaufenthalt in Rom auf den Schatz gestoßen, den die *Annalen* des Tacitus darstellten. Darin war für den Humanisten die Rede von einem heldenhaften Arminius, der einst das Römische Reich in der Blüte seiner Macht besiegt habe. Arminius' Transformation zu Hermann (*Heer-mann*) und zu einem genuin deutschen Helden begann. Die Erinnerung an die Schlacht selbst rückte unter diesen Vorzeichen der Rezeption erstmal in den Hintergrund. Huttens *Arminius-Dialog* wurde posthum 1529 veröffentlicht. Nach den Gesetzen kollektiven Erinnerns war es seither möglich, sich aus dem Mythenarsenal der Varusschlacht zu bedienen und für die Gegenwart sowie die Zukunft einen Sinn aus der historischen Vergangenheit zu destillieren. Der Arminius-Kult begann,[16] und die Reformatoren hatten den «hertzog Hermann von hertzen lieb», wie Martin Luther formulierte, der nicht als einziger seiner Zeitgenossen die Germanen mit den Deutschen gleichsetzte. Hutten sah in Hermann nicht nur den «aller besten und aller stercksten hauptmann der je auff erdenn gewest ist», sondern auch einen Vaterlandbefreier und Kämpfer gegen Rom.[17] Die Varusschlacht wurde damit brauchbar für den Schrei der Reformatoren nach einer Befreiung von der Tyrannei durch die römische Kurie.

Die nächste Wegmarke in der Genese der Erinnerung an die Varusschlacht setzte Daniel Caspar von Hohenstein mit seinem *monumentalen* Roman *Grossmütiger Feldherr Arminius oder Herrman, Als ein tapfferer*

Beschirmer der deutschen Freyheit. Nebst seiner Durchlauchtigen Thusnelda (1709), der zur Bekräftigung eines barockhumanistischen Patriotismus diente und außerdem die angebliche Liebesgeschichte zwischen Thusnelda und Hermann in den Blick nahm.[18] Das aufgeklärte 18. Jahrhundert konzentrierte sich vor allem auf eine Rezeption der Varusschlacht in Opern und in Singspielen (mit mindestens 75 komponierten Werken), Gedichten, Romanen, Theaterstücken und historischen Programmschriften, in denen die Person von Hermann als jugendlicher Held im Vordergrund stand. Die deutsche Geisteselite griff den beliebten Stoff auf: Johann Elias Schlegel (1743), Christoph Otto von Schönaich (1751), Christoph Martin Wieland (1751), Jakob Bodmer (1756), Friedrich Hölderlin (1796) und Johann Wolfgang von Goethe, der 1801 an einem Entwurf arbeitete. Auf der Opernbühne wurde das Thema in Johann Adolf Hasses *Arminio* (1730), Heinrich Hofmanns *Armin* (1877) sowie in Karl Grammanns *Thusnelda und der Triumphzug des Germanicus* (1881) thematisiert, um nur drei der vielen heute in Vergessenheit geratenen Opern zu nennen. Auch außerhalb Deutschlands war Hermann eine beliebte Bühnenfigur. Bereits 1642 erschien die erste französische Arminius-Tragödie und weitere folgten. Anlässlich des 2000-jährigen Jubiläums erlebte übrigens eine jener vergessenen Opern ihre Auferstehung – die italienische Barockoper *Arminio* von Francesco Rinaldi, die 2008 – 276 Jahre nach der Erstaufführung in Wien – am Meininger Theater gegeben wurde.

III. Hermann und Napoleon. Die Rezeption der Varusschlacht bis 1870/71

Standen im 18. Jahrhundert noch Hermann als Heldenfigur und die Liebesgeschichte zwischen diesem und Thusnelda im Vordergrund, so wurde am Ende des Jahrhunderts mehr und mehr die idealisierte Frühzeit der Germanen betont. Die Erinnerung an die Varusschlacht war auf dem Weg zum politisierten Mythos, der gegenüber den Machtanmaßungen der überkommenen Feudalwelt die (Natur-)Rechte der Menschen zur Geltung bringt. Die Figur des Hermann wurde unter diesen Vorzeichen zur Inkarnation eines anti-höfischen und bürgerlichen Emanzipationswillens.

Der schmale Grat zum Proto-Nationalismus auf kultureller Wirkungsbasis war spätestens mit Klopstocks Interpretation des Themas betreten.[19] Die bellizistische Sattelzeit um 1800 brachte in Europa in nahezu allen Bereichen des Lebens einen Paradigmenwechsel. Das Zeitalter der Nationalismen begann. Und während Frankreich unter Napoleon I. seine keltischen Wurzeln entdeckte – am 30. März 1805 eröffnete in Paris die *Académie celtique*, die bis zum Sturz Bonapartes 1814 bestand –, erwachte im Kampf gegen den Kaiser der Franzosen das deutsche Nationalbewusstsein und verlangte nach Legitimationsmustern und Identifikationsfiguren aus der Vergangenheit. Die Interpretation der Varusschlacht wurde mit neuen Konnotationen versehen. In einem Flugblatt aus dem Jahr 1813 heißt es: «Ist kein neuer Hermann da? – kein neuer Hermann, der die neuen Adler vor sich in die Flucht jagt? Auf, Deutsche! Euer Hermann muss sich finden», und 1814 feierten die Enkel Hermanns eine zweite Hermannschlacht.

Es zeigt sich einmal mehr, dass zyklisches Gedenken nicht der Blick in die Vergangenheit ist, sondern eine indirekte, unbewusste und/oder bewusst beschworene Anwesenheit der Vergangenheit in der Gegenwart. In der Parallelisierung von Vergangenheit und Gegenwart wurde die Leipziger Völkerschlacht 1813 zu einer Wiederholung der Varusschlacht. Im Geiste des Cheruskers hatte man Napoleon 1813 und 1815 besiegt – der zweite historische Befreiungsschlag der Deutschen seit dem Jahre 9. Tief bewegt erhob Heinrich von Kleist in seinem Drama *Die Hermannsschlacht* (1809) den Sieg des Cheruskers über die Römer im Teutoburger Wald zu einer vorbildlichen Tat, deren Beispiel nun zur Befreiung von der Herrschaft des «Neuen Rom», das heißt des napoleonischen Kaiserreichs, führen sollte.[20] Hermann wurde zum Visionär, der schon im Jahr 9 von einer Einheit Deutschlands geträumt habe, welches selbstverständlich nicht existierte. Kleists Drama, das erst 1860 uraufgeführt wurde, trat nach der Reichsgründung und fortdauernd bis in die NS-Zeit nicht zuletzt aufgrund seiner anti-welschen Tendenzen einen beispiellosen Siegeszug auf deutschen Bühnen an.[21] Zu Beginn des Ersten Weltkrieges wurde das Stück im Berliner Schillertheater aufgeführt. Boten verkündeten zwischen den Akten des Dramas Siegesmeldungen von der französischen Front. Es wundert unter diesen Auspizien nicht, dass *Die Hermannsschlacht* in der Bundesrepublik nach 1945 bis in die achtziger Jahre hinein nicht mehr aufgeführt wurde. Als Claus Peymann 1982 in einer spektakulären Neuinszenierung des Kleist-Stoffes Hermann zu rehabilitieren versuchte, titelt die *Frankfurter Allgemeine Zeitung*: «Che Guevara im Teutoburger Wald».[22]

Helden verschmelzen in der kollektiven Erinnerung gelegentlich mit anderen mythischen Figuren; so wurden nicht nur Che Guevara und Arminius in einem Atemzug genannt, sondern auch Arminius und Siegfried. Diese, heute verworfene, Überzeugung teilte bereits der Germanist Adolph Giesebrecht mit dem Mörder des Schriftstellers August von Kotzebue, Karl Ludwig Sand, der kurz vor seiner Hinrichtung 1820 feststellte:

> «Will uns die deutsche Kunst einen erhabenen Begriff von Freiheit bildlich geben, so soll sie unsern Hermann, den Erretter des Vaterlandes, darstellen, stark und groß, wie ihn das Nibelungenlied unter dem Namen Siegfried nennt, der kein anderer als unser Hermann ist».[23]

1838 wurde der Grundstein für das Hermannsdenkmal im Teutoburger Wald gelegt, das sein Schöpfer Ernst von Bandel als Wallfahrtsstätte für deutsche Patrioten geplant hatte. 50 Objekte gab man dem Grundstein des Denkmals bei – darunter befand sich je eine Flasche Rheinwasser und Rheinwein. Die anti-französische Aussage des Denkmals wurde so gleichsam symbolisch in sein Fundament integriert.

Während die Deutschen in dem Denkmalprojekt ihrer vermeintlich germanischen Ursprünge gedachten, kultivierte das *Second Empire* Napoléons III. zeitgleich die Gallophilie im Heldenkult um Vercingétorix, der gegen die siegreichen Truppen Caesars unterlag. 1867 wurde Aimé Millets monumentale Statue des gallischen Feldherrn, versehen mit den Zügen Napoleons III., auf dem Berg von Alise la Reine in Burgund zur Erinnerung an die Niederlage gegen Julius Caesar im Jahre 52 v. Chr. enthüllt.

Im krassen Widerspruch zu der anti-französischen Stoßrichtung des geplanten deutschen Monuments stand seine angebliche Funktion als ein Symbol des Kampfes *aller* Nationen gegen die Despotie einer einzelnen Nation oder eines einzelnen Staates. Und doch: vom Wunsch einer europäischen Einheit beseelt, gehörte der Grenzgänger und Frankreichliebhaber Heinrich Heine zu den Subskribenten des Denkmals. Er schien jedoch zu wissen, dass die Geschichte eines in Stein gegossenen «europäischen Hermanns» höchst problematisch sein würde. In *Deutschland – ein Wintermärchen* spottet er 1844:

Das ist der Teutoburger Wald,
Den Tacitus beschrieben,
Das ist der klassische Morast,
Wo Varus stecken geblieben.

Hier schlug ihn der Cheruskerfürst,
Der Hermann, der edle Recke;
Die deutsche Nationalität,
Die siegte in diesem Drecke.
Wenn Hermann nicht die Schlacht gewann,
Mit seinen blonden Horden,
So gäb es deutsche Freiheit nicht mehr,
Wir wären römisch geworden!
In unserem Vaterland herrschten jetzt
Nur römische Sprache und Sitten,
Vestalen gäb es in München sogar,
Die Schwaben hießen Quiriten!
[...]
Wir blieben deutsch, wir sprechen deutsch,
Wie wir es gesprochen haben;
Der Esel heißt Esel, nicht asinus,
Die Schwaben blieben Schwaben.
[...]
O Hermann, dir verdanken wir das!
Drum wird dir, wie sich gebühret,
Zu Detmold ein Monument gesetzt;
Hab selber subskribieret.[24]

III. Die Erinnerung an die Varusschlacht und die beiden Weltkriege des 20. Jahrhunderts

Stand die Varusschlacht vor 1819 für die Hoffnung auf die nationale Einheit, so trat die Erinnerung an sie nach der realisierten Einheit von 1871 in den Hintergrund. Die allgegenwärtige Idee der Nation, die im Mittelpunkt der politischen Kultur des kaiserlichen Deutschland stand, wurde durch einen Reichsnationalismus, der zum Beispiel im Kyffhäuser-Denkmal zu einer anschaulichen Symbolik fand, mythologisch überhöht. So ist in der Einweihung des Hermannsdenkmals im August 1875 kein Indiz für eine dominante Kultivierung der Erinnerung an die Varusschlacht zu sehen. Vielmehr kam die Realisierung des Denkmals erst nach langen Bemühungen verschiedener patriotischer Vereine und auf stetes Betreiben seines Erfinders Ernst von Bandel zustande, der sein ganzes privates Vermögen für die Verwirklichung der Denkmalsidee opferte.[25] Im 19. Jahrhundert ging es von der Partisanenmentalität eines Kleist über Ernst

Moritz Arndts anti-französischer Hassevokation mit der Erinnerung an die Schlacht im Teutoburger Wald geradewegs in den Deutsch-Französischen Krieg 1870/71. Die verschieden gearteten Spielarten einer im Siegestaumel der siebziger Jahren zunehmend dröhnenden reichsnationalistischen, später rassisch und völkischen Inanspruchnahme des Gedenkens gipfelte in der extremen Hermannbegeisterung völkisch-antisemitischer Kreise der zwanziger und dreißiger Jahre des 20. Jahrhunderts.[26]

Neben den «verdrießlichen Ortsgelehrten», die der Althistoriker und Literaturnobelpreis-Träger Theodor Mommsen in seiner *Römischen Geschichte* zu Beginn des 19. Jahrhunderts als wichtige Agenten der Erinnerung an die Schlacht ausgemacht hatte, sowie den Gymnasiallehrern und Vereinen, vereinnahmten der Tourismus und eine zunehmend florierende Gedächtnisindustrie die Erinnerung an die Varusschlacht.

Schon mit dem Jahrhundertwechsel bestimmten auf die Hermannthematik bezogene Markennamen die Produkte der lippeschen Wirtschaft, und dem Hermann-Erinnerungsboom konnte sich aus PR-Gründen selbst die Sozialdemokratie nicht entziehen, die in der Zeit der Sozialistengesetze mit der Figur des Cheruskers Werbung für die Partei machte und damit das Interpretationsspektrum des Denkmals auch nach links öffnete.[27] Im Jahr 1909, fünf Jahre vor Ausbruch des Ersten Weltkrieges, kam es zu einem hohen Ausschlag der Fieberkurve der Begeisterung. In diesem Jahr fand mit großem Aufwand und mit vielen Veröffentlichungen zum Thema die 1900-Jahrfeier der Varusschlacht statt.[28] Es waren vor allem völkisch-antisemitische Kräfte, die ihre Kreise um das Denkmal zogen und deren Gemüter angesichts des patriotischen Schachers mit Hermann-Souvenirs stark erhitzt waren. Die Berichte in völkischen Organen wie *Heimdall* oder den *Deutschbund-Blättern* dieses Jahrganges entbehren durch jenen heiligen Ernst, mit dem die Hermann-Verehrer sich für das Gedenken an die historische Schlacht einsetzten, nicht einer gewissen Komik. Neben dem Plan, ein *Denkmal für den Erbauer des Denkmals*, Ernst von Bandel, zu errichten, dem Wunsch nach einer Einführung eines ‹deutschen Kalenders›, in dem nun endlich ein bestimmter Hermann-Tag zyklisch wiederkehrend gefeiert werden sollte, wurde hier alles vermeintlich Relevante über die Varusschlacht und ihre Bedeutung diskutiert. Unter anderem wurden lange Listen veröffentlicht, die preisgaben, welche Deutschbund-Gemeinden auf welche Weise und mit wie vielen Teilnehmern dem vom Vereinsvorstand festgelegten Hermanntag begangen hatten. Groß war der Schrecken, als sich herausstellte, dass die Deutschbund-Gemeinde Bad Pyrmont den Tag, den man als Erinnerungstag festgelegt hatte, *vergessen* und gar nicht begangen hatte.

Fünf Jahre nach der 1900-Jahrfeier der «Geburtsstunde der deutschen Nation» stürzte diese sich in den ersten industrialisierten Krieg auf europäischem Boden. In der Nutzung des Denkmals im Lipper Land lassen sich in den Jahren von 1914 bis 1918 zwei Schwerpunkte erkennen: zum einen der Appell an die Einigkeit des deutschen Volkes zur Überwindung des «Parteien-Haders», zum anderen die Instrumentalisierung des traditionellen Hermannstoffes gegen die Kriegsgegner Frankreich und Italien.[29] Das Denkmal wurde zum Propagandamotiv auf Postkarten und in Liedern, und die Kleistsche *Hermannsschlacht* fand sich, neben dem *Zarathustra* und der Bibel, im Tornister der deutschen Soldaten in den Schützengräben an der Somme wieder.

Nach dem für Deutschland verlorenen Krieg wurde der Mythos des Retters wiederbelebt, der schon einmal während der Napoleonischen Kriege funktioniert hatte. Das Hermannsdenkmal wurde zur Kulisse der regionalen und überregionalen Netzwerke von Jungdeutschem Orden, Stahlhelm, antisemitischen Gruppen jeglicher Couleur, vom Alldeutschen Verband wie auch der DNVP, von den Verfechtern der ‹Konservativen Revolution› und der Deutschen Turnerschaft, denen in Hermannsläufen 1925 die Puste für das Vaterland ausging.

Sie alle waren geprägt von der nationalen Wunde, die der Vertrag von Versailles ihnen zugefügt hatte. Einig waren sie sich darin, dass «die Deutschen», wie der erzene Hermann, ihr Schwert gen Westen und somit gegen den «Erbfeind» Frankreich richten sollten.

Zwischen 1920 und 1932 fanden 45 größere Kundgebungen auf dem Teutberg statt – neun davon im Jahr 1925, dem 50. Jahrestag der Denkmaleinweihung. Die damit einhergehende anti-französische Hetze der frühen 1920er Jahre blieb nicht folgenlos, wie ein Vorfall von 1923 belegt: Zwei belgische Offiziere verließen im August dieses Jahres die Gaststätte am Hermannsdenkmal, als eine aufgebrachte Menschenmenge über sie herfiel und ihre Fotoausrüstung zerstörte. Ein ehemaliger Feldwebel der Reichswehr schlug mit seinem Spazierstock auf die beiden Besucher ein. Die zum deutschnationalen Hugenberg-Konzern gehörende *Lippische Tageszeitung*, die unter anderem das vermeintlich jüdische Aussehen eines der beiden Offiziere betonte, widmete dieser «Schändung eines deutschen Heiligtums» breiten Raum.[30]

Zur selben Zeit entstand der älteste, vollständig erhaltene Spielfilm über die Schlacht im Teutoburger Wald. Regisseur Leo Koenigs *Hermannschlacht* wurde am 27. Februar 1924 im Detmolder Landestheater uraufgeführt und, wieder die *Lippische Zeitung*, mit «stürmischem Beifall bei offener Szene» gefeiert.[31]

Am 15. Januar 1933 war in Lippe Landtagswahl – die letzte vor dem historischen 30. Januar 1933. Hitler, der eigens mit einem Flugzeug von München in die Provinz geflogen wurde, griff in das Arsenal deutscher Mythen, und er hatte damit Erfolg. Denn am 15. Januar wurde die NSDAP mit 39,5 Prozent der Stimmen stärkste Partei in Lippe. Ein Wahlplakat zeigt den Diktator mit verschränkten Armen und entschlossenem Blick vor dem Hintergrund des Hermannsdenkmals und einer aufgehenden Sonne, in deren Mitte das Hakenkreuz positioniert ist; dazu der Text: «Macht frei das Hermannsland!»

Es war lediglich ein historischer Zufall, dass die Wahl am 15. Januar 1933 die nächste war, die Hitler noch retten konnte. So bekamen die Lipper Wähler eine Rolle, die ihr tatsächliches politisches Gewicht völlig überstieg. Bewegt von der eigenen historischen Bedeutung feierte man im «Hermannsland» von nun an den 15. Januar bis 1945 als Erinnerungstag mit dem Anspruch, die Lipper Wahl habe Hitler an die Macht gebracht. Für den Diktator war die Wahl in Lippe jedoch lediglich eine Episode. Der «Führer» selbst besuchte «das germanische Kernland» nur noch ein einziges Mal und hatte ansonsten wenig für den Germanenkult eines Heinrich Himmler übrig.

IV. Imperium – Konflikt – Mythos. Die Varusschlacht 1945 bis heute

Zwei Kriege hatte der Mythos der Varusschlacht im 20. Jahrhundert überlebt. In der neu gegründeten DDR wurde der Versuch unternommen, die Varusschlacht als historischen Mythos für die eigene Legitimation zu instrumentalisieren, und Kleists Hermannsschlacht erfuhr eine sozialistische Umdeutung. «Rom: das ist unser Amerika», hieß es im Begleitheft der *Deutschen Festspiele* von 1957. Die Germanen verwandelten sich in «die deutschen Arbeiter in Ost und West».[32] Schon mit dem Mauerbau 1961 verschwand die Varusschlacht aus dem historischen Mythenrepertoire der DDR-Propagandisten – fehlte doch auch die entscheidende Verbindung zu der Sowjetunion.

Das Denkmal im Westen des geteilten Landes war im Krieg weitgehend unversehrt geblieben. Die alliierten Bomberverbände hatten sich auf andere Ziele konzentriert als auf den Koloss im Teutoburger Wald. So blieb das Monument bei Detmold Ausflugsort und regionaler Anziehungspunkt. Eine Sanierung in den 1950er Jahren war dennoch notwendig, da das Denkmal britischen Soldaten als Ziel ihrer Schießübungen diente. Bis heute ist das Hermannsdenkmal auf dem stark bewaldeten und 386 Meter hohen Teutberg mit angeblich jährlich über einer Million Schaulustigen noch immer sehr gut besucht. Die kriegsromantische Kulisse diente jedoch seit dem Zweiten Weltkrieg mehr als Ziel für einen Sonntagsspaziergang denn als Ort für ein patriotisches Bekenntnis.

An ein bis zwei Sonntagen des Jahres wurden während meiner eigenen Kindheit nahe Bückeburg Ausflüge zum Denkmal unternommen, das damals auf uns Kinder keine andere Wirkung hatte als das Dinosaurierskelett in der Sammlung für Ur- und Frühgeschichte des Landesmuseums Hannover. Diejenigen, die noch im Schulunterricht von der Bedeutung der Varusschlacht als deutsches Troja gelernt hatten, verschwiegen die einstige Bedeutung des regionalen Touristenmagneten. Sie sahen sich mit den Erinnerungen an die jüngere Vergangenheit – dem Krieg, dem Holocaust, einer Zweiteilung des Landes sowie den Bedingungen des Kalten Krieges – konfrontiert.

So schlummerte die Erinnerung an die Varusschlacht erneut und das Jahr 9 vor Christus tauchte im Kalender der Deutschen erst wieder auf, als im Jahr 1989 die Berliner Mauer fiel – 1880 Jahre nach der Varusschlacht. Schon 1986 war in einer populären Hermann-Biographie zu lesen, dass an Hermann gedacht werden müsse, wenn es an die Überwindung der deutschen Teilung gehe.[33] So war es dann auch: die Schlacht war nach 1989 wieder Thema. Ein Symbol für nationale Freiheit wurde sie jedoch nicht mehr, denn das war nun der Fall der Berliner Mauer.

Außerdem war eine andere Dimension der Erinnerung unerwartet in den Vordergrund getreten: in den Jahren 1987/88 hatte die Geschichte der Ausgrabungen in Kalkriese mit dem Fund römischer Münzen und dreier Schleuderbeile begonnen, denen weitere spektakuläre Funde folgten, die der historischen Dimension der Varusschlacht eine wissenschaftlich neue Dimension gaben. Unter dieser unerwarteten Ausgrabung älterer Erinnerungsschichten in Kalkriese trat in Detmold 1990, zum 125. Jubiläum des Hermannsdenkmals, die Erinnerungsarbeit der Region Lippe in den Hintergrund: es wundert nicht, dass die Verhüllungsexperten

Christo und Jeanne-Claude die Anfrage, ob sie das Hermannsdenkmal anlässlich des Jubiläums künstlerisch «verhüllen» würden, mit der Begründung ablehnten, dass Hermann ihnen *zu klein* sei. Die Detmolder nahmen diese Absage allerdings mit westfälischer Ruhe und organisierten eine eigene «Wrapped Hermann Aktion»: Hermann bekam das größte Fußballtrikot der Welt. Das arithmetische Spiel mit der magischen Zahl 9 scheint bei dieser Inszenierung eine nicht zu unterschätzende Rolle gespielt zu haben. So prangte dann auch die Nummer 9 auf dem Trikot, das man Hermann umständlich angezogen hatte – Hermann, der Stürmer des Jahres 9 nach Christus.

Als Ende der 1990er Jahre wieder verstärkt neonazistische Gruppierungen die Varusschlacht zu ihrer Sache machten, reichte es manchem endgültig mit dem Hermann-Mythos. War er nicht seit langem anachronistisch, obsolet? Galt es nicht, sich auf die wissenschaftliche Relevanz des Themas – auf die Archäologie und Geschichte – zu konzentrieren? So erklang die Forderung der «Jungen Linken» im August 2000, das Denkmal zu sprengen.

> «Vor diesem Denkmal haben sie alle gestanden: die Corpsstudenten, der Stahlhelm, die Nazis. [...] Wenn wir im Jahre 2000 zu einer Kampagne aufrufen, dass eine der wenigen touristischen Attraktionen Detmolds in die Luft gejagt gehört – was niemand zu privaten Amateurarbeiten inspirieren sollte –, dann deswegen, weil es uns um die Sache geht, die es symbolisiert und aus der Welt muss, wenn aus der Menschheit noch etwas vernünftiges werden soll: Die Nation. Dafür muss mensch mit dem Bewußtsein Schluss machen, ohne das die Nation nicht existieren kann: dem Nationalismus, in all seinen Varianten und Spielarten. [...]. Also Friede den teutonischen Urwäldern!»[34]

Der Weg erscheint radikal, im Sinne der Zerstörung nationaler Mythen aber folgerichtig, denn Erinnerungstechniken dienen nicht nur dem Erhalt, sondern auch der Zerstörung von Wissen. Eine Schleifung des Denkmals hätte möglicherweise die Verortung des Mythos endgültig zerstören können.

Doch ist ein solcher Akt der Zerstörung des materiellen Ausdrucks deutscher Mythen überhaupt nötig in einem Zeitalter, in dem nationale Grenzen weitestgehend Konstrukte der Vergangenheit sind? Sicherlich nicht, denn die meisten Deutschen haben sich längst mit ihrem römischen – und somit europäischen – Erbe arrangiert. Das zeigt auch die Spezifik des Gedenkens an die Schlacht im Jahr 2009. Noch immer interessieren sich die Deutschen für ihren Ursprungsmythos, und das Thema hat Hochkonjunktur. Dennoch ist zu bemerken, dass Distanz und das Bemühen um historische Authentizität das Weitertragen von Mythen in den Hintergrund drängen.

So geht die Ausstellungstrias *Imperium. Konflikt. Mythos,* ein bundesländer-übergreifendes Gemeinschaftsprojekt, das am 15. Mai 2009 von der Bundeskanzlerin Merkel eröffnet wurde, wohltuend nüchtern mit dem Mythos der Varusschlacht um.[35] Die Kuratoren trennten – auch räumlich – klar zwischen historisch-archäologischer und mythischer Dimension der Varusschlacht. Während sich das lippische Landesmuseum in Detmold mit dem Prozess der Mythenbildung beschäftigte, wurden die anderen Teile der großangelegten Ausstellung den Besuchern an den Standorten Kalkriese (Niedersachsen) und Haltern gezeigt. Dem Römermuseum in Haltern, errichtet auf dem ehemals größten römischen Militärkomplex rechts des Rheins, fiel die Aufgabe zu, das römische Imperium zu beleuchten und somit auch die Vorgeschichte der Varusschlacht. Trotz aller Distanzen, die es zwischen den drei Ausstellungsteilen zu überwinden galt, war es spektakulär, in der kleinen Stadt in Nordrhein-Westfalen Leihgaben aus dem Louvre, aus Rom und dem Vatikan betrachten zu können.

Die Gestaltung des Gedenkens an die Varusschlacht im Jubiläumsjahr 2009 führte vor Augen, dass die Suche nach dem Ursprung so alt ist wie die Menschheit selbst.[36] Schon Rom führt seinen Ursprung auf den trojanischen Flüchtling Aeneas zurück, und alle Länder Europas, die ganz oder teilweise auf dem Boden des einstigen Römischen Reiches liegen, haben ihre historischen Schlachtenhelden, deren Kämpfe gegen Rom mehr oder weniger erfolgreich ausgingen. Neben Arminius und Vercingetorix, die im deutsch-französischen Antagonismus zu Rivalen wurden, gab es Viriathus für Spanien, Claudius Civilis, Anführer des Bataver-Aufstandes, für die Niederlande und Decebalus, den dakischen Gegner Trajans, der heute von Rumänien in Anspruch genommen wird. Die Briten haben die einzige weibliche Ursprungsfigur: Boadicea[37], die gegen Neros Legionen kämpfte. Heute steht sie auf ihrem Streitwagen vor dem Parlament in London, während man davon ausgeht, dass ihre Gebeine unter der *tube station Kings Cross* ‹ruhen›.[38]

So bleibt zu hoffen, dass Erinnerungen an den Ursprung von Nationen in blutiger Schlacht, wie wir sie überall in Europa finden, im Zeitalter der Globalisierung Inkarnationen der Vergangenheit der Nationalismen sind, die wir überwunden haben und dass künftige Akteure der Erinnerung mehr die Gemeinsamkeiten als die Unterschiede europäischer Ursprungsmythen hervorheben und damit zu einer Dekonstruktion dieser Mythen und zur Festigung eines europäischen Bewusstseins beitragen. Die Hermannschlacht wurde der Geschichte zurückgegeben, sie wurde zur Varusschlacht. Heute lässt, anders als vor hundert Jahren, der Handel mit Varusschlacht-Souvenirs die Gemüter kalt. Es gilt das Diktum, wonach sich an der jahrhundertealten Aura dieser Schlacht das pathologische Gesamtpanorama des deutschen Nationalismus beispielhaft veranschaulichen lässt.[39]

Hermann treibt niemanden mehr in einen Selbstmord. Das war im vergangenen Jahrhundert noch durchaus vorstellbar. Lion Feuchtwanger zeigt 1933 im französischen Exil in seinem Roman *Die Geschwister Oppermann* den Fall: Berthold Oppermann wird von seinem neuen Klassenlehrer, dem glühenden Nationalsozialisten und Antisemiten Bernd Vogelsang in den Tod getrieben. Unter anderen Quälereien trägt Vogelsang dem jüdischen Schüler auf, einen Vortrag über das Thema «Was bedeutet uns Heutigen Hermann der Deutsche» zu halten. Berthold, der sein Referat sehr gut vorbereitet hatte, kommt bei seinem Vortrag vor der Klasse nur bis zu der Wiedergabe eines Einwandes der Geschichtswissenschaft: Die Schlacht im Teutoburger Wald sei praktisch ohne Bedeutung geblieben. Vogelsang beschuldigt den Schüler, «eine der hehrsten deutschen Taten durch rationale Kritik zu zersetzen».[40] Er verlangt von Berthold kategorisch eine Entschuldigung für seine blasphemische Interpretation und stellt den Schüler vor die Wahl, entweder zu revozieren oder die Schule zu verlassen. Berthold entschließt sich zum Selbstmord.[41]

Alexander Demandt

28. Oktober 312: In hoc signo vinces

Das *National Museum of Natural History* auf der *Mall* in Washington zeigt die Entstehung der Erde, die Dinosaurier und die Höhlenmenschen, aber auch die Ur- und Frühgeschichte mit dem Alten Orient, den Griechen und den Römern. Als Endpunkt der Naturgeschichte wurde Diocletian gewählt, der letzte Christenverfolger und Vorgänger Constantins des Großen. Den Übergang von der Anthropologie zur Geschichte bildet hier die Überwindung des Heidentums durch das Christentum, dem Constantin zum Sieg verholfen hat. Einen Europäer berührt es seltsam, Seneca und Platon neben dem Neandertaler zu finden – aber im Geschichtsbild des Amerikaners ist oder war die Christianisierung offenbar die eigentliche Menschwerdung, der Übergang vom Natur- in den Kulturzustand.

Constantins Bekenntnis zum Christentum vor der Schlacht an der Milvischen Brücke, am 28. Oktober 312, ist als die «constantinische Wende» in die Historiographie eingegangen. Sie verschaffte dem Kaiser den Beinamen «des Großen». Aber war er wirklich groß? Historische Größe ist eine umstrittene Auszeichnung. Sie wurde oft aus Gründen verliehen, die einseitig und anfechtbar sind. Heldenverehrung aus Gruppenstolz ist gewöhnlich nicht von Dauer. Constantin indes wurde schon von Zeitgenossen als «der Große» bezeichnet und hat seinen Rang im Ansehen der Nachwelt behauptet. Zwischen Alexander dem Großen, der die hellenistische Weltzivilisation begründet, die Stadtstaaten in den Flächenstaat integriert und damit dem Imperium Romanum vorgearbeitet hat, zwischen Alexander und Karl dem Großen, der als Novus Constantinus eine erste staatliche Ordnung in Mitteleuropa und damit die Voraussetzung für die europäische Völkergeschichte geschaffen hat, zwischen dem Griechen Alexander und dem Franken Karl steht gleichen Ranges der Römer Constantin, denn er hat das römische Erbe verwandelt und vermittelt und wirkt nach bis heute. Er hat das christliche Europa begründet.

Wer war nun dieser Constantin, dieser uneheliche Sohn des Kaisers Constantius Chlorus und der bithynischen Stallmagd Helena? Er wurde nach dem Tode seines Vaters 306 in Britannien auf tumultuarische Weise vom Heer zum Nachfolger erhoben und nahm unverzüglich von Gallien und dem ganzen Westen des Reiches Besitz. Im Jahre 307 finden wir ihn in der Residenzstadt Trier, damals die größte Stadt nördlich der Alpen mit vielleicht 50 000 Einwohnern. Hier besuchte ihn der Altkaiser Maximian, verlieh ihm den Augustus-Titel nun offiziell und gab ihm seine Tochter Fausta zur Ehe, die ihm vier oder fünf Kinder gebar, je nach der Zahl seiner Konkubinen. Zur Sicherung der Grenze und zur Bestätigung seines Kaiserglücks besiegte Constantin die Franken am Niederrhein; ihre gefangenen Könige ließ er in der Arena Triers von hungrigen Bestien, vermutlich von Bären, zerreißen.

Von Trier aus startete Constantin seine zielstrebige Laufbahn zur Alleinherrschaft. Denn gemäß der diocletianischen Tetrarchie regierten jeweils vier Kaiser, von denen einer Constantins Vater gewesen war. Im Mai 311 war der ranghöchste Augustus, Galerius, vermutlich in Thessalonike, gestorben. Sein Reichsteil wurde zum Streitgegenstand zwischen seinen Mitkaisern Maximinus Daia im Orient und Licinius in Pannonien. Während des Bürgerkriegs zwischen ihnen richtete Constantin seinen Blick auf Italien, war doch der Besitz von Rom stets von höchster Bedeutung für den Herrscher. Hier aber regierte seit 306 Maxentius, der Sohn des Maximian und Schwager Constantins. Auch er war ungesetzlich an die Macht gekommen, die Prätorianer hatten ihn gekürt. Nach einem Zwist mit ihm hatte sich Maximian zu Constantin nach Gallien begeben, hatte wieder den Purpur genommen, doch Constantin hatte ihn zum Selbstmord gezwungen. Verkündet wurde, er habe Constantin mit Hilfe eines erfundenen Traumes nächtlich erdolchen wollen. Auf die Nachricht vom Tode seines Vaters soll Maxentius die Statuen Constantins in Rom umgestürzt haben – ein willkommener Anlass für diesen, unverzüglich den Marsch auf Rom anzutreten und nach dem Schwiegervater auch den Schwager zu beseitigen. Dass dieser umgekehrt einen Marsch nach Trier unternommen hätte, ist auszuschließen.

Im Frühjahr 312 verbündete sich Constantin mit Licinius, inzwischen Alleinherrscher im Osten, indem er ihm seine Schwester Constantia zur Frau gab, und zog mit Heeresmacht über die Alpen. Er besiegte die ihm entgegengeschickten Verbände des Maxentius und marschierte auf Rom. Maxentius trat ihm entgegen, wurde aber bei Saxa Rubra geschlagen und ertrank auf der Flucht durch einen Sturz von der Milvischen Brücke über den Tiber. Das war der 28. Oktober 312, angeblich wunderbarerweise der sechste Jahrestag der Erhebung des Maxentius. Soldaten fischten seine Leiche aus dem Wasser. Während Constantin am Folgetag seinen Einzug in die Ewige Stadt hielt, ließ er den Kopf seines Schwagers auf einem Spieß durch die Straßen tragen. Seine Familie wurde liquidiert.

316 ließ Constantin seinen zweiten, in Absprache mit Licinius als Regent Italiens vorgesehenen Schwager Bassianus hinrichten. 324 besiegte er auch seinen dritten Schwager Licinius und übernahm von ihm das Ostreich. Endlich war er Alleinherrscher. Constantin schwor seiner Schwester, ihren Mann zu schonen, ließ ihn aber töten, wenig später ebenso dessen Sohn, Constantins elfjährigen Neffen. 326 folgten die Hausmorde. Nun vergiftete Constantin seinen erstgeborenen Sohn von der Konkubine Minervina, den schon kriegsberühmten Crispus – auch dessen Familie verschwand –, und wenig später ließ der Kaiser seine eigene Frau Fausta im überheizten Bad ersticken. So mussten auf dem Wege zur Alleinherrschaft elf Familienangehörige sterben. Einen zwölften, einen weiteren Sohn des Licinius, hat Constantin begnadigt. Er befahl, ihn zu verhaften, ihn auszupeitschen und an den Füßen gefesselt als Zwangsarbeiter in eine Kleiderfabrik einzuweisen.

Die kirchen- und kaisertreue Überlieferung bietet für jeden Mord eine Entschuldigung. Man habe Constantin nach dem Leben getrachtet, ein Komplott geschmiedet und seine Herrschaft bedroht oder die Familienehre geschändet. Nach offizieller Lesart war der gottbegnadete Kaiser immer im Recht, doch dürfen wir zweifeln. Bei allem schuldigen Respekt vor Constantins historischer Größe wird man ihm menschliche Größe kaum zubilligen können. Auch seine Brutalisierung des Strafrechts spricht dagegen. Gegner ließ er, schon als Christ, kreuzigen. Und von politischer Größe zeugt es nicht, wenn Constantin die 324 so blutig gewonnene Reichseinheit wieder in Frage stellte, als er testamentarisch vier Erben mit je einem Viertel des Imperiums bedachte. Die beim Tode Constantins 337 eingetretene Reichsteilung musste doch wieder zu Bürgerkrieg führen! So geschah es: Abermals starben Zehntausende im Kampf um das Erbe des Kaisers.

Den Triumph über seine Feinde schrieb nicht nur die kaiserliche und die kirchliche Propaganda, sondern auch Constantin selbst der Gnade Gottes zu. Neben all seiner Machtpolitik war Constantin ein frommer Mann und an religiösen Fragen ernsthaft interessiert. Er informierte sich über verschiedene Religionen und glaubte wie die meisten seiner Zeitgenossen an die Wirkung magischer Zeichen durch das Walten höherer Mächte. Sie waren zu ehren, und ihre Gunst belohnte den Frommen. Constantin sah sich von Anbeginn im Schutz des höchsten Gottes, den er anfangs mit Phoebus Apollo oder *Sol Invictus*, dem unbesiegten Sonnengott, identifizierte, erscheint er doch auf den Münzen noch bis 325. Constantins schließliche Entscheidung für Christus 312 war nur ein, wenn auch epochaler Schritt auf einem langen Weg. Er war von Wundern begleitet. Die Kirchenväter Lactanz und Euseb berichten von einer Vision Constantins vor der Schlacht an der Milvischen Brücke und von einem Traum, in dem Christus ihm befohlen habe, sein Monogramm Chi (X) und Rho (P) in Ligatur auf die Schilde seiner Krieger zu malen, denn eine Schrift am Himmel habe ihm verheißen: *En toutō nika!* «In diesem Zeichen wirst du siegen» – lateinisch: *In hoc signo vinces.* Die ausführlichere Version der wunderbaren Erscheinung geht auf eine Erzählung zurück, die Constantin Jahrzehnte später seinem Hofbischof und Lobredner Euseb anvertraut hat. Um den Eindruck einer phantasiegestützten Erinnerung abzuwehren, hat der Kaiser dem Kirchenmann seine eidesstattliche Erklärung dazugeliefert.

Unklar ist, in welcher Sprache Christus zu Constantin gesprochen hat. Das Monogramm ist griechisch, doch das verstanden weder Jesus noch Constantin. Jesus sprach nur aramäisch, Constantin nur Latein. Für die Kirchenväter aber war das kein Problem. An der Geschichtlichkeit des neuen Schildzeichens ist indessen nicht zu zweifeln, doch dürfte die vor dem Kampf verfügbare Farbe kaum ausgereicht haben, alle Schilde zu bemalen. Ob wohl die Soldaten wussten, was das Zeichen bedeutet? Von einer entsprechenden Belehrung vor der Front lesen wir nichts. Jedenfalls eröffnet die Schlacht an der Milvischen Brücke die Geschichte der christlichen Glaubenskriege.

Die Vision von 312 war weder die erste noch die letzte Erscheinung, die dem glückseligen Kaiser zuteil wurde. Auch bei anderen wichtigen Gelegenheiten offenbarten ihm Träume die gottgewollte Zukunft, so in einem Apollo-Tempel in Gallien, dann vor dem Kampf gegen die Goten und wiederum vor der Gründung Konstantinopels, als es um die Wahl des Platzes ging. Beweist das Frömmigkeit oder Raffinesse? Oder handelt es sich bloß um historiographische Topoi? Schließlich wimmelt es in der antiken Literatur von Visionen. Auch Maxentius und Licinius sollen Visionen gehabt haben. Sie sind zeitübliche Begleiterscheinungen großer Ereignisse und jeweils auf den Ereignisgang abgestimmt. Guten Menschen wird im Schlaf Erfolg, bösen die Strafe verheißen. Nötig hatte Constantin die Erscheinung nicht. Denn fraglos hätte er auch ohne Berufung auf himmlische Hilfe, ohne metaphysisches Kalkül gesiegt. Führte er doch ein im Kampf gegen die kriegerischen Franken erprobtes Heer gegen die von Maxentius befehligten Paradetruppen der Prätorianer!

Constantins Gottvertrauen ist gleichwohl plausibel. Er dokumentierte es durch die neue Kaiserstandarte, das Labarum mit dem Christusmonogramm und dem Kaiserbild. Es wurde nach dem Muster eines römischen *vexillum*, einer Reiterfahne mit dem purpurnen Tuch an einer Querstange konstruiert, erhielt eine Ehrenwache von 50 Gardisten, erscheint auf Münzen und wurde im Krieg mitgeführt. Es garantierte ihm die Gunst Christi und damit den Sieg, so nach des Kaisers eigenen Worten gegenüber dem Perserkönig.

Als sich 1912 die Schlacht an der Milvischen Brücke zum 1600. Mal jährte, ließ Kaiser Wilhelm II., der sich schon durch seine Kirchen im Heiligen Lande in die Nachfolge Constantins gestellt hatte, zwei Exemplare des Labarums rekonstruieren. Der Archäologe Josef Wilpert lieferte das Vorbild, die Arbeit verrichteten die Mönche von Maria Laach und die Nonnen von St. Hildegard in Rüdesheim. An kostbarem Material wurde nicht gespart. Ein Exemplar ging 1945 in Potsdam unter, das andere war im Sommer 1914 Papst Pius X. überreicht worden und hat in *Santa Croce al Flaminio* nahe der Milvischen Brücke überdauert. Diese Kirche hatte der Papst 1912 zum Andenken an den 28. Oktober 312 gestiftet. Seit dem Mittelalter hat man Pilger- und Vereinsstandarten nach dem Muster des Labarums angefertigt, in die Politik kehrte es zurück mit Hitlers Führerstandarten.

Der urchristliche Gedanke, dass der Fromme nicht irdisches Glück, sondern ewige Seligkeit suchen solle, wurde durch Constantin im römischen bzw. jüdischen Sinne dahin gehend umgedeutet, dass rechter Glaube Erfolg verheiße, sich bereits im Diesseits auszahle, insbesondere im Krieg. War doch Jahwe der Gott der Schlachten, der «den Kriegen steuert in aller Welt, der Bogen zerbricht, Spieße zerschlägt und Wagen mit Feuer verbrennt», wie es im 46. Psalm heißt. Tatsächlich bewährte sich Christus als Schlachtenhelfer, nicht nur damals bei Constantin gegen Maxentius und wiederholt gegen Licinius, sondern ebenso später bei Theodosius gegen Arbogast, bei Chlodwig gegen die Alamannen, bei

Karl dem Großen gegen die Sachsen, bei Otto dem Großen gegen die Ungarn und fernerhin gegen die Araber in Spanien und gegen die Türken vor Wien. Unter der constantinischen Kreuzesfahne besiegte Admiral Colonna 1571 die osmanische Flotte bei Lepanto. Gläubige Gotteskrieger gibt es ja noch heute. Das christliche Europa jedenfalls erwies sich den Heiden gegenüber fast immer als siegreich. Nur in Kriegen zwischen christlichen Völkern versagte bisweilen die Parole auf dem Koppelschloss «Gott mit uns».

Constantins Hinwendung zum Christentum 312 war ein Bekenntnis, aber keine Bekehrung, kein Damaskus. Der Kaiser hat nie einem falschen Glauben abgeschworen, er sah sich schon immer in der Gunst Gottes. Nur dass dieser Gott Christus hieß, hat er später erfahren. Das hat ihm vermutlich Bischof Hosius von Cordoba nahegebracht. 309 war Constantin in Spanien, damals dürfte er Hosius kennengelernt haben. Wie konnte dieser den Kaiser überzeugen? Unter den Hunderten von Kulten und Religionen im Reich war das Christentum die einzige, die missioniert hat. Sie war – angesichts ihrer Ausbreitung – die dynamischste und – durch das Netz der Bistümer – die am besten organisierte Glaubensgemeinschaft, die – durch die Gestalt Jesu – menschlich ansprechendste und – hinsichtlich der frühchristlichen Literatur – intellektuell anspruchsvollste religiöse Gruppe. Keine römische oder griechische Religion kann der Bibel oder den Schriften der Kirchenväter Gleichartiges oder gar Gleichwertiges entgegenstellen.

Die von ihren Bischöfen geleiteten Christen trotzten den wiederholten Polizeimaßnahmen der Kaiser, die sie der Geheimbündelei verdächtigten, so dass schon der philosophisch interessierte Kaiser Gallienus im Jahre 260 den christlichen Gottesdienst offiziell reichsweit zuließ und das Christentum damit als *religio licita* anerkannte. Dieses von Euseb in seiner Kirchengeschichte bezeugte Toleranzedikt wird oft übersehen. Doch hat es zur sprunghaften Ausbreitung des neuen Glaubens entscheidend beigetragen. Nach der anachronistischen letzten, der diocletianischen Verfolgung seit 303 haben Constantin und ebenso Maxentius bereits 306 im gesamten Westen den Christen wieder die Kirchen geöffnet, der Altkaiser Galerius hat 311 im Osten nachgezogen und die Christen aufgefordert, für das Wohl des Reiches zu beten. Insofern beginnt die Toleranz bereits unter heidnischen Kaisern, nicht erst 312 oder gar 313 in Mailand, als Constantin und sein Mitkaiser Licinius die Glaubensfreiheit auch im neugewonnenen Kleinasien zu verkünden beschlossen.

Was aber wäre geschehen, wenn Constantins Experiment mit dem Christogramm mißlungen wäre, wenn an der Milvischen Brücke nicht er, sondern Maxentius gesiegt hätte? Ungeschehene Geschichte ist zwar eine unsichere Sache, aber jede Entscheidung eröffnet mehrere Möglichkeiten, die vorstellbar sind, ohne verwirklicht worden zu sein. In unserem Fall sind zwei unterschiedlich plausible Alternativen denkbar. Die erste wäre ein Rückschlag für die Christianisierung. Mit Constantins Niederlage hätte sein als Schlachtenhelfer angerufener Christengott im Kampf versagt und Jupiter, dem Schutzgott des Gegners, das Feld überlassen. Maxentius hätte nach seinem Sieg zwar keinen Anlass gehabt, sich seinerseits unter den Schutz Christi zu stellen, aber seine Toleranzverfügung gegenüber den Christen gewiss nicht zurückgenommen.

Dies wäre auch bei der zweiten Alternative nicht geschehen. Denn fraglos hätte der von Maxentius geduldete Papst Miltiades auch dessen Sieg als Willen des Himmels ausgegeben und erklärt, Gott hätte dem Heuchler Constantin, dem Mörder Maximians, die gerechte Vergeltung zuteil werden lassen und ihn dafür bestraft, dass er mit dem christlichen Panier dem Willen Gottes vorgegriffen, sein heiliges Zeichen zu magischen Zwecken verwendet und damit gegen das Zweite Gebot verstoßen habe: «Du sollst den Namen des Herrn, deines Gottes, nicht unnützlich führen, denn der Herr wird den nicht ungestraft lassen, der seinen Namen mißbraucht.» Gott habe, so dann Miltiades, den Maxentius für seine christenfreundliche Toleranz belohnt.

Schließlich hat Constantin nicht gesiegt, weil er gottbegnadet war, sondern er wurde deswegen für gottbegnadet gehalten, weil er gesiegt hat. Da auch der Monotheist Licinius im Osten bis zum Konflikt mit Constantin dem Christentum wohlgesonnen war, wäre die bisherige Ausbreitung des neuen Glaubens, diese expansive Massenbewegung, auch ohne Constantin weitergegangen, nur nicht so schnell. Der Ruhm einer religionspolitischen Öffnung wäre bei anderem Kriegsausgang Maxentius zugekommen. Vielleicht wäre er «der Große» geworden. Ähnliches gilt, wenn später Licinius im Kampf mit Constantin Sieger geblieben wäre.

Die constantinische Wende vollzog sich somit in der Zeit einer bereits erreichten Toleranz. Die viel behandelte «constantinische Frage», ob der Kaiser die Christen aus Berechnung oder aus Überzeugung gefördert hat, ist keine echte Alternative. Beides trifft zu, doch lässt sich das Gewicht der einander ergänzenden Motive schlechterdings nicht ermitteln. Unbegründet ist allein die auch von Jacob Burckhardt vertretene Ansicht, dass ein frommer Mensch auch ein guter Mensch sein müsse. Thomas von Torquemada, der spanische Großinquisitor, war doch gewiss ein ebenso gläubiger Christ wie Albert Schweitzer!

Die constantinische Wende besteht nur darin, dass der Kaiser sich selbst 312 offen zu Christus bekannt und nach seinem Sieg die Kirche mit der Staatsmacht und Staatsgeld unterstützt hat. In großem Stil wurden Gotteshäuser gebaut. Die von Constantin gestiftete Lateranbasilika in Rom hat den Bautypus der kaiserlichen Palasthalle, der Trierer Aula Palatina, übernommen und die rechteckig-apsidiale Form des Gotteshauses bis ins 20. Jahrhundert geprägt. Die Fassadeninschrift nennt den Lateran die Mutter aller Kirchen des Erdkreises, darum dürfen wir die Trierer Basilika als die «Großmutter» aller Kirchen des Erdkreises bezeichnen.

Mit der neuen Religionspolitik aber setzten zugleich die Maßnahmen gegen Heiden ein. Im Orient wurden Tempel zerstört und ihre Schätze eingezogen. Den Anfang machten die Heiligtümer mit Sakralprostitution, die dem christlichen Sittenkodex widersprachen. Gleichzeitig ging Constantin gegen Ketzer vor. Das Christentum, das die Toleranz des Staates genoß, gewährte diese anderen Glaubensrichtungen nicht, auch wenn sie auf demselben biblischen Boden wie die römische Kirche standen. In Africa wurden Donatisten, in Ägypten Meletianer verfolgt. Es kam zu Militäreinsätzen. Um mit den Splitterkirchen aufzuräumen, bestellte Constantin eine allgemeine Bischofsversammlung. Auf dem ersten Ökumenischen Konzil, das der Kaiser ausrichtete, in Nicaea 325 wurde der Arianismus verurteilt, eine Kirchenordnung und ein verbindliches Glaubensbekenntnis beschlossen. Das Schlüsselwort *homo-ousios* – «wesensgleich» – beruht auf einer persönlichen Eingebung bzw. Anordnung des Kaisers. Er verlieh den Beschlüssen Gesetzeskraft; widerstrebende Bischöfe erhielten Berufsverbot und mussten in die Verbannung gehen. Das «wesensgleich» verblieb im Credo. Dennoch ist zu vermuten, dass die allermeisten heutigen Christen beider Konfessionen Jesus nicht für gottgleich halten und insofern heimliche Arianer sind. Die Formel für die beiden Naturen in Christus, die göttliche und die menschliche, die dann 451 in Chalkedon als «unvermischt und untrennbar» bestimmt wurden, ist ebensowenig allgemeines Glaubensgut geblieben.

Als kluger Staatsmann hat Constantin laviert und mit den alten Kulten nicht radikal gebrochen. Trotz erkennbarer Begünstigung von Christen finden wir Heiden weiter in hohen Stellungen. Schließlich bildete das Christentum, zumal in der Oberschicht, nur eine Minderheit. Geschichte aber wird oft von «kleinen radikalen Minderheiten» gemacht. Vieles blieb zunächst beim Alten. Aus dem Kaiserkult tilgte Constantin lediglich das übliche Weihrauchopfer. Kaiserpriester gab es nach wie vor; alles, was den Kaiser betraf, vom Kaiser kam, dem Kaiser gehörte, war *sacer* – heilig, war *divinus* – göttlich. Altgläubige Traditionen wurden christianisiert. Das Gesetz von 321, das den nach dem Planetengott Sol benannten Sonntag zum Feiertag erklärte, begünstigte wohl den christlichen Gottesdienst, erwähnt ihn aber mit keinem Wort. Der Geburtstag des Unbesiegten Sonnengottes zur Wintersonnenwende am 25. Dezember erscheint jetzt im Festkalender als Geburtstag Jesu. Anscheinend wurde das Weihnachtsfest zuerst am Hof begangen, ehe es sich in der Kirche durchsetzte. Das dauerte lange; Augustinus kannte es, aber feierte es noch nicht.

Constantin bekehrte seine Mutter Helena zum Christentum, nicht umgekehrt, und entsandte sie zum Kirchenbau ins Heilige Land. Die Grabeskirche in Jerusalem, die Geburtskirche in Bethlehem und die Basilika an der Eiche Abrahams bei Mamre erheben sich auf vorchristlichen Kultplätzen. Helena wurde nie getauft, hatte sie doch keine Sünde abzuwaschen außer, in christlicher Sicht, ihrem ungesetzlichen Liebesverhältnis zu Constantins Vater. Dennoch oder deswegen galt sie früh als Heilige. Die Legende schrieb ihr die wunderbare Auffindung des wahren Kreuzes Christi zu. Constantin ließ auch seine Kinder christlich erziehen, und damit begründete er die christliche Erbmonarchie von Gottes Gnaden. Freilich handelt es sich auch um einen Gott von Kaisers Gnaden. Der Neid aber muss es Constantin lassen, daß er die bisher dauerhafteste Staatsform in der Geschichte Europas geschaffen hat. Sie hat sich, in konstitutioneller Form, in England und den nordischen Ländern bis heute gehalten. Ob auch unsere Republiken fünfzehnhundert Jahre halten werden, bleibt abzuwarten.

In seiner langen, dreißigjährigen Regierungszeit konnte der Kaiser die von den äußeren Germanen bedrohten Grenzen sichern und die Reformen Diocletians vollenden. Damit bescherte er dem wankenden Imperium noch seine letzte Blütezeit, die Spätantike. Deren Ende im 5. Jahrhundert durch die inneren Germanen hat er freilich unabsichtlich gefördert, indem er ihnen die Offizierslaufbahn öffnete und in den neugeschaffenen Heermeistern, den *magistri militum*, die Position von Generalissimi einrichtete, die hundert Jahre später mit Stilicho, Rikimer und Odovacar die Macht übernahmen. Gewiss erinnerte sich der germanenfreundliche

Constantin daran, dass der Stimmführer bei seiner eigenen Erhebung in Britannien 306 ein Alamannenfürst im römischen Solde namens Crocus gewesen war, und er den Sieg an der Milvischen Brücke 312 in erster Linie seinen germanischen Söldnern verdankte. Es waren die *Cornuti* mit ihren Hörnerhelmen und den antithetischen Bocksköpfen auf den Schilden, die auf den Reliefs des Constantinsbogens in Rom abgebildet sind.

Epochale Bedeutung gewann die Wahl von Byzanz zum Neuen Rom im Osten. Die über tausendjährige byzantinische Geschichte ist ohne Constantin nicht denkbar. Die Gründung Konstantinopels ist nur mit der Alexandrias durch Alexander den Großen vergleichbar. Beide Städte wurden zu Macht- und Kulturzentren und florieren bis heute. Von Byzanz aus gelangte das Christentum in der orthodoxen Form nach Osteuropa. Dort gilt auch Constantin als Heiliger und wird meist zusammen mit seiner Mutter Helena verehrt. Die Taufe nahm er erst 337 in Kleinasien auf dem Totenbett, um von Sünden reingewaschen vor den himmlischen Richter zu treten. Constantin musste nicht auf das Jüngste Gericht warten: Münzen nach seinem Tode zeigen seine Himmelfahrt auf einem Viergespann, dem sich die Hand Gottes aus den Wolken entgegenstreckt.

Der Übergang Constantins in den Osten steht hinter der Silvesterlegende und der sogenannten Constantinischen Schenkung. Diese erfolgreichste aller Geschichtsfälschungen entstand im 8. Jahrhundert in der Curie und besagt, dass Constantin sich als Dank für die Heilung vom Aussatz durch Papst Silvester zu Rom habe taufen lassen und ihm und seinen Nachfolgern das Westreich abgetreten habe, ehe er sich aus Respekt vor dem Stellvertreter Christi nach Byzanz zurückzog. Darauf stützte sich dann der Anspruch der Päpste auf weltliche Herrschaft, deren Rest der heutige Vatikanstaat ist. Durch die Aufnahme in die ‹Legenda Aurea› des Jacobus von Voragine gehörte die Erzählung zum Bildungsgut des Mittelalters.

Aber nicht nur die Päpste haben sich das Erbe Constantins zunutze gemacht. Seine Bedeutung für das christliche Europa zeigt sich in zahllosen Sagen und Zitaten, in Denkmälern und Kunstwerken. Gerade die Schlacht an der Milvischen Brücke mit der Kreuzesvision des gottseligen Kaisers Constantin, eine Sternstunde der katholischen Kirchengeschichte, bot ein dankbares Sujet für die Maler seit der Renaissance, so für den «Erfinder der Perspektive» Piero della Francesca und seinen Constantinzyklus in Arezzo um 1460. Im Jahre 1519, ein Jahr vor seinem Tode,

Johann Heinrich Füssli:
Der Künstler verzweifelnd vor der Größe der antiken Trümmer,
1778–1780, Kunsthaus, Zürich.

erhielt Raffael von Leo X. den Auftrag zur Ausgestaltung der Sala di Costantino im Vatikan. Beim Tode des Papstes 1523 hatte Raffaels Schüler Giulio Romano die Fresken mit der Schlacht und der Vision vollendet, die Giorgio Vasari dann bewunderte. Ende des 16. und Anfang des 17. Jahrhunderts häuften sich die Darstellungen des Themas, allein aus Rom sind fünf Beispiele bekannt. Sie dienten im Zeitalter der Gegenreformation überwiegend als Selbstvergewisserung der apostolischen Kirche, so der einschlägige, 1622 entstandene Entwurf von Rubens für eine Tapisserie, die Ludwig XIII. von Frankreich für den Kardinal Francesco Barberini in Auftrag gab. Das Motiv der Milvischen Schlacht fehlt allerdings auch im calvinistischen Milieu nicht, wie das 1613 gemalte, heute in Bremen befindliche Bild von Pieter Lastman, dem Lehrer Rembrandts, dartut.

Auf Constantin beriefen und bezogen sich Herrscher aller Art: Päpste und Zaren, Kaiser und Könige, aber auch deren Gegner und Nachfolger, denken wir nur an den revolutionären Volkstribun Cola di Rienzo. Er legitimierte sich als *Novus Constantinus* durch die Ritterweihe in Form einer Taufe in der grünen Porphyrwanne, heute im Baptisterium von San Giovanni in Laterano, in der Constantin durch Papst Silvester sollte getauft worden sein, und durch die Krönung mit dem Kranz von Kräutern, die auf dem Triumphbogen Constantins gewachsen waren. Dies geschah 1347 am Vorabend des 1. August, an dem 30 v. Chr. Augustus Alexandria eingenommen hatte. Der Tag war als *feriae Augusti* vom Senat zum Feiertag erklärt und von der Kirche in Petri Kettenfeier christianisiert worden.

Der einstweilen letzte Nachfolger Constantins war Mussolini. Dessen Machtergreifung durch den «Marsch auf Rom» 1922 wurde nicht zufällig nachträglich auf den 28. Oktober datiert, obschon er an jenem Tage gar nicht stattgefunden hat. Die gegenteilige Behauptung war faschistische Propaganda. Sie wurde dadurch unterstrichen, dass der Duce den Aufmarsch zur Einweihung der Via dell'Impero in Rom, der heutigen Via dei Fori Imperiali, 1934 wiederum auf den 28. Oktober verlegte. Diese neu angelegte Paradestraße, beidseitig flankiert von riesigen Wandbildern, die das Wachstum des alten und des neuen Römerreiches zeigten, führte vom Palazzo Venezia mit dem Rednerbalkon des Duce über die Kaiserfora zum Colosseum und durch den Constantinsbogen, vor dem die im Wege stehende Meta Sudans abgerissen wurde. Die Grundmauern dieses Denkmals für Nero als Sonnengott sind heute wieder sichtbar.

Was immer wir über Constantin als Mensch und Herrscher denken mögen – seine Wirkung übertrifft die von Alexander dem Großen und die von Karl dem Großen. Constantin galt Jahrhunderte lang als Heldengestalt, doch gab es auch stets kritische Stimmen. Der Angriff Dantes in seiner Schrift über die Monarchie traf nicht den Constantin der Geschichte, sondern den der Silvesterlegende. Dante sah im Kaisertum ein Amt von Gottes, nicht von Papstes Gnaden. Das meinte ja auch Constantin selbst. 1440 erwies Laurentius Valla die Unechtheit der Constantinischen Schenkung, von kirchlicher Seite zugegeben 1863 durch die ‹Papstfabeln des Mittelalters› des großen katholischen Theologen und Kirchenhistorikers Ignaz Döllinger, der allerdings 1871 exkommuniziert wurde. Die Tiara, die Constantin dem Papst verliehen haben soll, hat Paul VI. im Jahre 1964 abgelegt.

Die protestantische Kritik an Constantin beginnt nicht schon mit Luther, der den Kaiser als Christenfreund noch ganz positiv sah, aber setzte ein mit Luthers Nachfolgern. Die constantinische Verbindung von Politik und Religion, die Verkirchlichung des Staates und die Verstaatlichung der Kirche, schienen für beide Teile bedenklich, ja verderblich. Den von Constantin, dem katholischen *miles Christianus*, inaugurierten Religionskrieg führte unter Berufung auf ihn Ludwig XIV. gegen die Hugenotten, Ferdinand II. im Dreißigjährigen Krieg gegen die Protestanten. 1620 erschien ein gegen die böhmischen Protestanten gerichtetes Flugblatt, das den Habsburger auf seinem Thron entschlummert zeigt, während ihm im Traum die Kreuzesfahne Constantins erscheint mit der Beischrift in hoc signo vince – «In diesem Zeichen siege!» Dies aber mißlang. Stattdessen brachte der Glaubenseifer unendliches Elend über Deutschland.

Constantins Konzept einer Verbindung von Staat und Kirche lockerte sich mit der Aufklärung. Es kam zu einer allmählichen Lösung von Herrschaft und Glauben, zu einer Resäkularisierung von Staat und Gesellschaft. Doch erst im 19. Jahrhundert löste sich die Allianz von Thron und Altar. Der Politik hat die Historie vorgearbeitet: Voltaire und Gibbon sahen in Constantin einen Totengräber des Römischen Reiches und der antiken Kultur überhaupt, hatte er doch für deren Erben die Bahn gebrochen: für die Kirche, die Germanen und die Byzantiner. So wurde der 28. Oktober 312 zum Schicksalstag nicht nur für das Imperium. Die mit diesem Sichtwechsel entstandene Distanz zu Constantin und seiner Größe erlaubt uns heute ein abgewogenes Urteil, wennGleich sich die Gegensätze noch nicht völlig abgeschliffen haben. Vielleicht hält gerade das die Diskussion lebendig.

Historische Größe ist eine Kategorie der Geschichtsphilosophie Hegels von 1822. Er verlieh sie den sogenannten Geschäftsführern des Weltgeistes, denen es obliege, durch ihre subjektiven Leidenschaften die objektiven Aufgaben der Zeit zu lösen. Dazu gehört Einsicht, das erfordert Willenskraft. Beides besaß Constantin, als er die im Christentum wirkende Stärke erkannte, sie nutzte und förderte. Er setzte sich an die Spitze der unaufhaltsam vordringenden Christianisierung und führte sie zum Erfolg. Für Hegel hatte Religion allerdings keinen Eigenwert. Er sah in der Geschichte den Fortschritt des Menschen zur Freiheit. Dafür jedoch erschien ihm das Christentum und seine Lehre von der Gotteskindschaft eine wesentliche Voraussetzung. Wer wollte dem widersprechen?

Wenn Hegel aber erklärt, den großen Männern sei es nachzusehen, wenn sie «manche unschuldige Blume zertreten, manches zertrümmern auf ihrem Wege», so dürfen wir zögern. Dass Constantin über Leichen gegangen ist, dass während der folgenden Jahrhunderte im Namen des Christentums schreiendes Unrecht begangen wurde, ist weder zu verschweigen noch zu beschönigen. Das aber entwertet keineswegs die beispiellosen kulturellen und sozialen Glanzleistungen des Christentums in der Geschichte des Abendlandes, weder die grandiosen Kathedralen noch die segensreichen Hospitäler, weder die h-moll-Messe Bachs noch die Franckesche Stiftung oder das internationale Kolpingwerk. Der moderne Sozialstaat ist aus christlicher Wurzel erwachsen. Licht und Schatten liegen in der Geschichte nebeneinander, «unvermischt und untrennbar» wie die beiden Naturen Christi im Credo. Unsere Vergangenheit sollten wir differenziert beurteilen, wir können sie uns nicht aussuchen; wohl aber können, ja müssen wir die Zukunft gestalten.

Über jedes Urteil erhaben ist der ideale Gehalt der Frohen Botschaft der Gottes- und Nächstenliebe im Neuen Testament. Die wirksamste Kritik an Constantin, an der Geschichte des Christentums, wie an der europäischen Vergangenheit überhaupt, ist als Selbstkritik, ist im Geiste des Christentums, ist im Sinne der Bergpredigt zu führen, in jenem Geist, der seine Spuren in Europa aufzeigbar hinterlassen hat, nicht zuletzt durch die Entscheidung Constantins, Constantins des Großen.

Joachim Ehlers

Gedenken und Gedenktage im Mittelalter

Memoria

Viel stärker als heute bestimmten Gedächtnis, Erinnerung und Gedenken im Mittelalter den öffentlichen Raum, intensiver, anspruchsvoller und fordernder konstituierten sie zentrale Inhalte sowohl des kollektiven als auch des individuellen Bewusstseins. Nicht nur Wissenschaft und Literatur beruhten zum großen Teil auf Gedächtnisleistungen, die mit differenziert ausgearbeiteten Mnemotechniken gefördert wurden,[1] Vergangenes konnte auch im rituellen Handeln vital erneuert und in Beziehung zur Gegenwart gesetzt werden. Das gilt in erster Linie für die liturgische *Memoria*, als Totengedenken auf Personengruppen oder auf Einzelpersonen gerichtet und an bestimmten Tagen vollzogen.[2] Das konnten ganz verschiedene Tage sein: im 9. Jahrhundert der 28. November in Weißenburg, der 11. Oktober in Fulda, der 14. November in St. Gallen und auf der Reichenau, in Cluny seit dem 11. Jahrhundert der später allgemein übliche Gedenktag für alle verstorbenen Christen – Allerseelen – am 2. November, im 12. Jahrhundert der 28. September, Vortag des Michaelstages, für die verstorbenen Konventsmitglieder.[3] Gedenktag für Einzelpersonen war in der Regel ihr Todestag. An jedem 6. August erhielt «der erlauchte Fürst Heinrich (der Löwe, † 1195), Herzog von Bayern und Sachsen und Herr in Braunschweig, unser Gründer» (*illustris princeps Hinricus, dux Bawarie et Saxonie et dominus in Brunswich, fundator noster*) einen Gedenkgottesdienst des Kapitels von St. Blasius, an jedem 28. Juni «unsere Herrin und Gründerin Mathilde († 1189), die Tochter des Königs der Engländer» (*domina nostra Mechtildis fundatrix …, filia regis Anglorum*).[4]

Als Fürbitte konnte sich das Gedenken auf Verstorbene und auf Lebende beziehen, individualisiert in der Namensnennung, fixiert durch Eintrag des Namens in das Gedenkbuch. Stiftungen kamen sehr häufig als Sicherung dieser termingebundenen, regelmäßigen Nennung im Got-

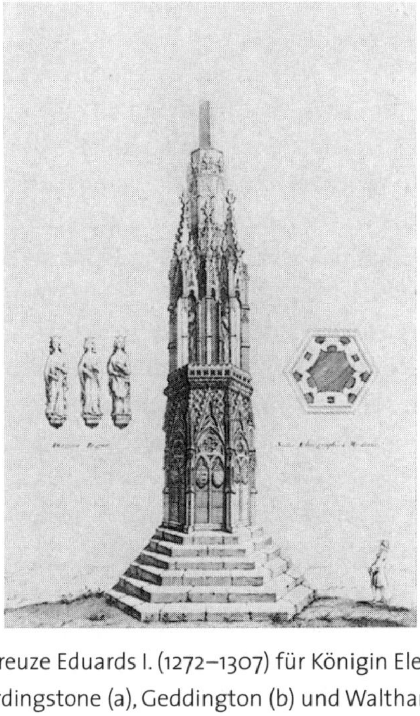

Die Memorialkreuze Eduards I. (1272–1307) für Königin Eleonore († 1290) in Hardingstone (a), Geddington (b) und Waltham (c).

tesdienst zustande,[5] und in diesen Zusammenhang gehören die Stifterbilder in Handschriften und besonders eindrucksvoll die Grabdenkmäler, mit denen die Toten über den Klang ihres Namens hinaus auch sichtbar vergegenwärtigt und mit einer besonderen Liturgie für den Anniversartag ausgezeichnet wurden.[6]

Solcherart Gedenken mochte in den Dienst der Herrschaftssicherung und Kontinuitätsstiftung treten, besonders dann, wenn es territorial diffundierte. So haben die Herzöge von Burgund im Spätmittelalter bei der Genehmigung von Stiftungen Dritter an die Kirche Wert darauf gelegt, dass dabei auch für sie selbst Memorialleistungen erbracht wurden, denn auf diese Weise begründeten sie ein jährliches Herrschergedenken in sehr vielen Kirchen ihrer Länder.[7] Über das Herrschergedenken, die Konzentration und Sicherung nationaler und dynastischer Traditionen in ihren Skriptorien, Grablegen, Liturgien und Bildwerken konnten Klöster zu Denkmälern werden wie St.-Denis für Frankreich oder Glastonbury für das Haus Plantagenet in England,[8] und der Wille zur Verbreitung dynastischen Gedenkens, zur Präsenz des Herrscherhauses im stellvertretenden Bild oder Denkmal regte die produktiven Kräfte auf vielfältige Weise an. Als Eleonore von Kastilien, die Gemahlin König Eduards I. von England, am 28. November 1290 in Harby (Nottinghamshire) gestorben war, ließ der von ihrem Tod tief getroffene König den Leichnam nach Westminster Abbey überführen und am Weg monumentale Memorialkreuze an den zwölf Haltepunkten des Zuges errichten, von denen drei in Waltham (Essex), Hardingstone und Geddington (Northamptonshire) noch erhalten sind; die letzte Station vor Westminster lebt im Namen eines der großen Londoner Bahnhöfe weiter: Charing Cross.[9]

Der Brauch des Gruppengedenkens verbreitete sich im Laufe der Zeit über den umgrenzten Raum der Klöster und Stifte hinaus und kam häufig auch den Gefallenen am Jahrestag einer Schlacht zugute. In Weil der Stadt geschah das zur Erinnerung an die sechzig in der Schlacht bei Döffingen 1388 gefallenen Bürger.[10] Diese vernichtende Niederlage der schwäbischen Reichsstädte gegen den Grafen Eberhard II. von Württemberg und andere Herren am 23. August 1388 leitete die Auflösung des schwäbischen Städtebundes und den allgemeinen Niedergang der Reichsstädte ein; das Ereignis gehört zu den bemerkenswerten Beispielen für bedeutende Schlachten, die in der historischen Literatur nicht entsprechend gewürdigt worden sind.[11] Lohnend und aufschlussreich wäre eine

Untersuchung der Auswahlkriterien für solche frühen Gedenktage, an denen man sich allerdings nicht so sehr des Ereignisses als vielmehr der Toten erinnern wollte, die mit ihm verbunden waren. Insofern diese Art des Gedenkens kollektive Verantwortung der Lebenden für ihre im Dienst der städtischen Korporation Gefallenen demonstrierte, wirkte sie in hohem Maße identitäts- und gemeinschaftsstiftend. Auch in zahlreichen spätmittelalterlichen Bildzeugnissen kommt solches Bemühen um Integration durch Erinnerung zum Ausdruck.[12]

Konzentration von Ereignissen und Überlieferungen

Identität stiftende Überlieferung entstand und entsteht natürlich nicht nur aus der Erinnerung an Personen, sondern auch durch erinnerte Ereignisse.[13] Das können siegreich beendete Kriege sein wie die Triumphe Karl Martells über die Friesen, Pippins über die Aquitanier, Karls des Großen über die Sachsen, die auf karolingerzeitlichen Fresken in der Ingelheimer Pfalzaula dargestellt waren,[14] doch fehlt dabei meist ein präziser Tagesbezug. Demgegenüber bieten Schlachten genauere Anhaltspunkte, die Ereignis, Erinnerung und Gedenken entsprechend sinnstiftend zur Synthese bringen können. Das gilt für die Schlacht bei Hastings am 14. Oktober 1066, die auf dem Wandteppich von Bayeux im Zusammenhang mit der Vorgeschichte dargestellt ist und außerdem ein liturgisches Tagesgedenken in Battle Abbey erhielt, dem von Wilhelm dem Eroberer auf dem Schlachtfeld errichteten Benediktinerkloster, und es gilt ebenso für das Zisterzienserkloster S. Maria della Vittoria auf dem Feld von Tagliacozzo, wo Karl von Anjou 1268 Konradin von Staufen besiegt hatte. Die Ermordung Herzog Johanns Ohnefurcht auf Veranlassung und unter persönlicher Beteiligung des Dauphins von Frankreich, des späteren Königs Karl VII., auf der Brücke von Montereau am 10. September 1419, hielt die burgundische Propaganda als ungeheuerliches Verbrechen auf vielfältige Weise im internationalen Gedächtnis. Philipp der Gute errichtete in Montereau ein Kanonikerstift mit zwölf Präbenden als Memorialkirche für seinen Vater, von dessen Ende eine Schrifttafel über dem Portal kündete. Ähnliche Inschriften konnte man bald in Paris, Gent und Dijon lesen, vor allem aber auch in Rom, Jerusalem und Santiago de Compostela, den drei größten Wallfahrtsorten der Christenheit. Alle Welt sollte Täter und Opfer kennen, der Dauphin moralisch vernichtet werden.[15] Hier wie in den vielen anderen Fällen von Kirchenstiftungen an Schlacht- oder Tatorten wurde über die Tagesliturgie eine ständige Verbindung zwischen dem Ereignis und den Heiligen gehalten.[16]

Bezog man das Gedenken an Personen auf ihren Todestag, so konnte die immer vom Vergessen bedrohte Erinnerung[17] an Ereignisse durch deren Verbindung mit einem Heiligentag gekräftigt oder mit der Bindung an einen Sakralbau lokal fixiert werden. Das erreichte man unter anderem dadurch, dass man des Stadtpatrons als Beschützer oder Sieghelfer an seinem Festtag gedachte, wie es die Bürger von Paris jeweils am 3. Januar taten, dem Tag der heiligen Genovefa, die im Jahre 451 ihre Stadt vor den Hunnen geschützt hatte und noch Jahrhunderte später Wunder wirkte,[18] oder die Braunschweiger am 20. August für den heiligen Auctor, den Retter vor den Belagerungstruppen König Philipps im Jahre 1200.[19]

Nationale Bedeutung hat der Heiligentag naturgemäß immer dann, wenn es sich um den Patron eines Landes handelt. Die vielen Wenzelskirchen in Böhmen gedachten am 28. September des Tages seiner Ermordung (zwischen 929 und 935) und feierten am 4. März seine Translation. Als Lothar von Süpplingenburg 1126 in der Schlacht bei Kulm dem böhmischen Herzog Sobeslaw unterlag, der die Lanze des heiligen Wenzel mitführte, soll der Heilige selbst in weißem Gewand auf einem Schimmel kämpfend den Sieg gebracht haben. War die identitätsstiftende Verehrung einmal etabliert, so konnte man versuchen, den integrierenden Effekt durch Wiederholung zu verstärken, indem man weitere Gedenktage einrichtete: Für Wenzel 1348 den 27. Juni (*Recollectio ossium*) und den 10. September (*Dedicatio capellae s. Wenceslai*).[20]

Umgekehrt konnten Heiligentage und kirchliche Hochfeste aber auch ihrerseits Gedenktage hervorbringen, wenn für die Gemeinschaft oder das Individuum wichtige Ereignisse bewusst auf einen solchen Termin gelegt wurden. Sicherlich ist der 26. Mai 961 allen Beteiligten als Krönungstag Ottos II. auch deshalb genau in Erinnerung geblieben, weil die Handlung «am Tage Pfingsten und zu derjenigen Stunde [stattfand], in welcher der Heilige Geist auf die Jünger kam, an den siebenten Kalenden des Juni, am siebenten Mondtage, im siebenten Jahre seines Lebens» (*die pentecosten et hora qua Spiritus sanctus super discipulos venit, 7. Kalend. Iun., luna 7, anno aetatis suae 7*).[21] Nach einer klugen Beobachtung Theodor Schieders wird in der Neuzeit gerade umgekehrt verfahren und der Termin des Staatsaktes zum heiligen Tag erhoben.[22] Eine gründliche Untersuchung zur Auswahl der Tage für bedeutende Regierungshandlungen in der Karolingerzeit hat Anhaltspunkte dafür erbracht, dass es damals eine bewusste Verbindung von «Politik und Kalender»[23] gegeben hat, aber eine schlüssige, über die bekannten Gesichtspunkte von Heiligenhilfe und Gottesurteil hinausgehende Erklärung für dieses Phänomen und für die Auswahlkriterien haben wir bisher nicht.

Gelegentlich lässt sich beobachten, wie bis heute geltende zeitliche Festlegungen historischer Ereignisse auf ein Tagesdatum durch früh wirksame Kombination des Vorgangs mit einem Tagesheiligen zustande gekommen sind. Das gilt etwa für die Lechfeldschlacht, die von Anfang an und bis in die moderne wissenschaftliche Literatur auf den 10. August 955 datiert wird, den Tag des heiligen Laurentius, obwohl es sich um eine mehrtägige Folge von Kämpfen und teils großräumigen Operationen gehandelt hat.[24] Solche Verbindungen des Schlachtgedenkens mit Heiligen waren üblich und weit verbreitet; man suchte sie selbst dann, wenn die Heiligen nicht ausdrücklich als Sieghelfer in Erscheinung getreten waren. Noch bei Shakespeare bringt König Heinrich V. Schlacht und Heiligentag in der Namensgebung zusammen: «So heiße dies die Schlacht bei Agincourt, am Tag Krispinus Krispinians gefochten.»[25] Der 25. Oktober 1415, an dem Heinrich V. das weit überlegene französische Heer bei Azincourt (Dép. Pas-de-Calais) schlug,[26] gehört in der Tat den Heiligen Crispinus und Crispinianus. Verbindungen dieser Art erklären sich ebenso wie ihre Häufigkeit aus der gleichsam anthropologisch verankerten Überzeugung, dass überirdische Mächte Sieg und Niederlage zuteilen, Schlachtenglück oder -unglück mithin Gottesurteile erkennen lassen. Legitimierend oder delegitimierend wirken Erfolg oder Misserfolg,[27] und aus ebendiesem Grund ordnete Otto der Große nach der Lechfeldschlacht in allen Kirchen seines Reiches Dankgottesdienste zum Gedenken eines Sieges an, den er als unvergeßliches *iudicium belli* zugunsten seiner bis dahin tief angefochtenen Herrschaft verstand und auch allgemein so verstanden wissen wollte. Seiner Mutter, die den Frauenkonvent in Quedlinburg leitete, gab er einen entsprechenden Memorialauftrag,[28] so dass dort jährliche Gedenktage der Siege Heinrichs I. und Ottos I. eingerichtet worden sind.[29] Im Sinne dieser sicheren Erwartung von Akzeptanz auch der fragwürdigen Sache nach offensichtlichem Sieg gebraucht Schillers Gräfin Terzky den Erfolg als stärkstes Argument, um den zögernden Wallenstein zum Abfall vom Kaiser zu überreden:

«Entworfen bloß, ist's ein gemeiner Frevel,
Vollführt, ist's ein unsterblich Unternehmen;
Und wenn es glückt, so ist es auch verziehn,
Denn aller Ausgang ist ein Gottesurteil.»[30]

Deshalb gehören Triumph und Unterwerfung, Sieg und Sühne eng zusammen, so dass es nicht verwundert, dass sie für die Nachwelt mit den gleichen Mitteln repräsentativ dargestellt wurden.

So kann das Bistum Merseburg als Denkmal der Schlacht auf dem Lechfeld gesehen werden, denn Otto der Große hatte gelobt, im Falle eines mit Hilfe des heiligen Laurentius errungenen Sieges «wolle er in der Burg Merseburg zu Ehren des Siegers über das Feuer ein Bistum errichten» (*ut in civitate Merseburgiensi episcopatum in honore victoris ignium construere … vellet*).[31] 1417 forderte Herzog Johann Ohnefurcht von Burgund die Mönche der Kartause von Mont-Saint-André bei Tournai auf, an jedem Jahrtag der Schlacht von Othée (23. September 1408), in der er die gegen ihren Bischof rebellierenden Lütticher Bürger besiegt und sich seinen Beinamen erworben hatte, eine Marienmesse zu feiern. Schon beim Friedensschluss hatte er zur Bedingung gemacht, dass die Stadt Lüttich auf dem Schlachtfeld eine Kapelle als Ort des Gebetes für die Gefallenen errichte und alle Kirchen der Diözese am 23. September eine Gedenkmesse feierten.[32] Eine solche Sühnekapelle zum Gedenken an die Opfer der Schicht von 1374 mussten die Braunschweiger ihrem Stadtpatron St. Auctor bauen, bevor sie 1380 wieder in die Hanse aufgenommen wurden.[33] Das Verlangen nach Sühne führte mitunter sogar zur Einrichtung neuer Heiligentage als politisch brisanter Gedenktage wie im Falle des am 29. Dezember 1170 in seiner Kathedrale ermordeten und am 21. Februar 1173 heiliggesprochenen Erzbischofs Thomas Becket von Canterbury.[34]

Säkularisierung des Gedenkens und des Gedenktages

Neben dem theologisch begründeten, liturgisch begangenen und spirituell vertieften Gedenken für Individuen, Personengruppen und Ereignisse gab es offenbar schon immer profane Gedenkformen, die sich zunächst vorwiegend monumental manifestierten, weil sie nicht unmittelbar mit dem Lebenskreis der schreibenden geistlichen Gemeinschaften verbunden waren. Deshalb hatten sie auch nur geringe Chancen zur schriftlichen Dokumentation, doch bargen sie gleichwohl Potentiale zur Auflösung der dominierenden Symbiose von Gedenken und geistlich bestimmter Memoria. Die Gedenkpraxis begann sich über neue Ausdrucksformen zu emanzipieren, gewann historisch-politische Autonomie, und mit ihr setzte sich sehr allmählich auf dem Boden überlieferter Denkweisen ein neues Verständnis und eine neue Funktion des Gedenktages durch, der damit als Vorläufer moderner Konzepte erkennbar wird. Dabei handelt es sich um einen sehr langgestreckten Prozess, dessen frühe Regungen erst in der Rückschau als solche erkennbar werden.

1074 waren entlang des Weges von Goslar zur Harzburg Gedenksteine (*tituli*) für die von den Leuten Heinrichs IV. erschlagenen Goslarer Bürger zu sehen; wer sie errichtet hatte, wird nicht ausdrücklich gesagt, aber die Besatzung der Harzburg wies den König zum Beweis ihrer Tapferkeit auf die Denkmäler hin.[35] Aus dem 14. Jahrhundert stammt der Bericht des westfälischen Dominikanerchronisten Heinrich von Herford († 1370), dass die Sachsen nach ihrem Sieg über das Heer Kaiser Heinrichs V. am 11. Februar 1115 in der Schlacht am Welfesholz nördlich von Eisleben auf dem Kampfplatz «als Denkmal dieses Sieges am selben Ort eine kleine Kapelle errichteten. Darin stellten sie die Statue eines Mannes auf, der die landesüblichen Waffen trug und dazu eine eiserne Kappe.» (*In monimentum illius victorie et in eodem loco Saxones capellulam construxerunt. In qua statuam quasi virum armatum armis patrie locaverunt cum pilleo ferreo.*)[36] Man wird das schon wegen der ausdrücklich als einheimisch charakterisierten Bewaffnung für ein formidables sächsisches Kriegerdenkmal halten dürfen, doch die örtliche Landbevölkerung verstand das Monument anders und dachte dabei in den traditionell-konventionellen Kategorien des früheren Mittelalters: «Die unzivilisierten Bauern des Landes nannten die Statue den heiligen Thejoduthe, weil das ganze Volk der Sachsen durch dessen Thejodute über König Heinrich gesiegt hat.» (*Quam rustici de terra rudes sanctum Thejoduthe nominant, quia tota gens Saxonum per Thejodute illius de rege Henrico victoriam habuit.*) Thejodute ist aber nicht der Name eines Heiligen, sondern in der bislang sprachlich ungeklärten niederdeutschen Form *tiodute, teodute, tojodute, jodute* der allgemeine Hilferuf als Aufforderung an Nachbarn oder zufällig Anwesende zum Abwenden einer Gefahr. Im rechtstechnischen Sinn mobilisierte dieses Geschrei (Gerüfte) bei handhafter Tat Helfer (Schreimannen), die dem Überfallenen nicht nur beispringen, sondern später auch als Zeugen vor Gericht dienen mussten.[37] In diesem Sinne unterstellte Heinrich von Herford in seinem nicht leicht verständlichen Satz, dass die Bauern den im Denkmal verewigten Krieger für einen Heiligen namens Thejodute hielten, auf dessen Gerüfte die sächsischen Aufgebote gegen den angreifenden König zusammengekommen waren und den Sieg errungen hatten. Zeitgenossen nannten zwar den heiligen Stephanus als Sieghelfer vom Welfesholz, den Patron der Halberstädter Bischofskirche,[38] doch bis in die Neuzeit ist das Gedenken an «die berühmteste Schlacht unserer Zeit» (*prelium nostra etate famosissimum*)[39] mit der Kriegerstatue verbunden und durch sie wachgehalten worden.[40]

Wachgehaltene Erinerung führte noch in zeitlicher Entfernung vom Ereignis zu dessen monumentaler Dokumentation. Um die Mitte des 13. Jahrhunderts wurde an der Porte Saint-Nicolas in Arras die Schlacht von Bouvines (27. Juli 1214) in die Reihe der Siege französischer Könige über die Deutschen eingetragen,[41] und ein solcher zeitlicher Abstand zwischen Ereignis und Denkmal spricht für die Richtigkeit der Beobachtung, «daß man offensichtlich eine gewisse ‹Inkubationszeit› braucht, um die Bedeutung der wichtigen Ereignisse einschätzen zu können, um sie vom bloß spektakulären Tagesgeschehen zu unterscheiden».[42]

Zeigt sich in solchen Denkmälern der profane Strang mittelalterlichen Gedenkens, so lässt sich in spätmittelalterlichen Städten die langsame Ablösung des Gedenkens von Liturgie und Heiligentag beobachten, erkennbar an Veränderungen des Prozessionswesens. Waren Prozessionen bis zum Ende des 13. und dem Beginn des 14. Jahrhunderts traditionell eine Sache des Klerus gewesen, so wirkten seitdem Rat und Bürgerschaft immer stärker mit, trat neben die das ganze Kirchenjahr über regelmäßig abgehaltenen geistlich-liturgischen Prozessionen an den Hochfesten oder den Rogationstagen fortan die verordnete, auf Ereignisse bezogene Ratsprozession als korporative Veranstaltung mit Teilnahmepflicht, so in Erfurt seit 1315 zum Gedenken, zur Repräsentation und Krisenbewältigung.[43] Es ist allerdings ein oft noch kurzlebiges Erinnern, das sich nicht historiographisch verdichtet hat und auch den Brauch der Gedächtnisprozession bald wieder einschlafen ließ.[44]

Dennoch haben sich Ratsprozessionen vielerorts vor allem deshalb institutionell verfestigen können, weil sie nicht nur erinnerungsstiftende Funktion hatten, sondern den jeweiligen Obrigkeiten auch Gelegenheit zur deutenden Einwirkung auf die Stadtgemeinde gaben, zur politischen Pädagogik. Das hat seine Entsprechung in der zeitgenössischen Historiographie, sofern sie mit der politischen Macht verbunden war und propagandistisch-offiziell auftrat,[45] und es lässt sich auch an den Gedenkfesten beobachten, die im mittelfranzösischen Reich des «Königs von Bourges» begangen wurden, des späteren Königs Karl VII., während seiner bedrängten Zeit als Dauphin seit 1422.[46] Solche Feste dienten der Bindung lokaler Gemeinschaften an den Dauphin, ihrer Identifikation mit seinem Herrschaftsanspruch und ihrer Mobilisierung als potentielle Geldgeber. Deshalb hielt man das Erinnern durch regelmäßige Wiederholung von Festhandlungen wach, besonders in Form von Prozessionen, die zum Dank für aktuelle Wunder zugunsten des Königs stattfanden. Solche «fêtes locales patriotiques»[47] gingen mitunter auf traditionelle Heiligenfeste zurück und wurden besonders gern im Grenzgebiet zur englischen Guyenne abgehalten. Höhepunkt war natürlich der 8. Mai, erstmals 1430 nach der Eroberung von Orléans als Gedenktag gefeiert.

Moderne Gedenktage haben offenbar vielfältige Wurzeln. Nach dem Muster und aus der Erfahrung des liturgischen Gedenkens mit seiner Kraft zur Stiftung kollektiv erfahrbarer Gemeinschaft der Lebenden und der Toten ließ sich in der Stadt, im Herrschaftsverband, in Land und Territorium eine Praxis des Erinnerns denkwürdiger Taten und Ereignisse entwickeln, die ebenfalls integrierend wirkte. Stadträten und Fürsten als den Initiatoren und Verwaltern solcher Praxis öffnete sich das weite Feld politischer Pädagogik. Nach endgültiger Trennung des Gedenkens von den Heiligen, ihren Festen und der Liturgie war der Weg frei für das Streben nach staatlicher Deutungshoheit über die Vergangenheit.

Werner Paravicini

Aachen 1401: Ein Franzose sieht das Wappen Karls des Großen

Meister Jean de Montreuil, Sekretär des Königs Karl VI. von Frankreich, Propst der Stiftskirche St. Peter zu Lille in Flandern und einer der ersten französischen Humanisten,[1] ritt im Herbst des Jahres 1400 mit anderen Gesandten im Auftrage seines Herrn ins Reich, um dort in Fragen der Kircheneinigung, der Absetzung des römisch-böhmischen Königs Wenzel und der Wahl Pfalzgraf Ruprechts mit den Kurfürsten zu verhandeln. Am 20. Oktober 1400[2] hatte er die schließlich nicht eben erfolgreiche Reise in Paris begonnen. Er war durch Compiègne gekommen, dann durch Mons im Hennegau, hatte das schöne Land von Herve im Herzogtum Limburg durchquert,[3] wo der ihm vorgeordnete königliche Hofmeister Thibaut, genannt Taupin de Chantemerle, an der Pest (*peste epidimiaria*) plötzlich starb und begraben wurde. [4] Jean de Montreuil zog weiter, nach Aachen, [5] «wo sie unseres Karls, jenes Großen, Sarkophag[6] und, wie sie sagen, Haupt und Schwert[7] beide in so einzigartiger Weise hochschätzen, wie die Briten für ihren Artus nicht großartiger tun, obgleich sie dessen (Artus) Auferstehung erwarten bevor noch das letzte Gericht kommt»[8] – wobei hinzugefügt werden muss, dass Jean de Montreuil von früheren Gesandtschaftsreisen her die Engländer sehr wohl kannte.[9] Nachdem die fruchtbare Rheinebene des Herzogtums Jülich durchquert war, erreichte er Köln und sah dort die Reliquien der 11 000 Jungfrauen, deren es dort mehr gebe als Knochen auf dem Friedhof der Unschuldigen Kindlein im Hallenviertel mitten in Paris. In dem nach der Rückkehr in Paris wohl an seinen Freund Nicolas de Clamanges geschriebenen Brief, aus dem wir all dies wissen,[10] vergleicht er Köln mit Mainz und Straßburg[11], ist also damals oder früher dort gewesen – in Mainz sicherlich jetzt, denn der Propst von Lille (*assistente preposito Insulensi*) ist an der Seite des Hauptes der Gesandtschaft, Jean d'Armagnac, Erzbischof von Auch, vor dem erwählten König Ruprecht und Kurfürsten dort bezeugt, am 2. Dezember 1400. Auf das in Mainz vorgetragene Ersuchen, durch Aufkündigung des Gehorsams die Papstfrage zu lösen, wurde hinhaltend reagiert: man werde am 6. Januar 1401 in Köln Antwort geben.[12] Dies aber war der Tag der Krönung König Ruprechts, die am Dreikönigstag in Köln stattfand (und nicht in dem sich verweigernden Aachen); die Gegenwart einer französischen Gesandtschaft und somit unseres Jean de Montreuil ist auch in Köln bezeugt.[13] Auf dem Rückweg, so können wir einen weiteren Brief interpretierend annehmen,[14] ritt er von Geldern und wohl von dem in seiner Haltung schwankenden Herzog Wilhelm III. herkommend[15] erneut durch Aachen, und diesmal, Gesandtschaftsreise und Pilgerfahrt wie üblich verbindend, besuchte er sicher das Marienstift, jenes mit dem alten Pfalzkapellenoktogon «heilige Gebäude unseres allerheiligsten und seligsten Karl des Großen, ehemals Königs von Frankreich und damals aller Katholiken Kaiser».[16] Man beachte: «unser» Karl,[17] «König von Frankreich» (*rex Francie*) und nicht etwa König der Franken. *Carolus magnus*, Karl der Große, war für den königlichen Sekretär ganz selbstverständlich «Charlemagne». Sein Zeitgenosse Jean Froissart, der große Chronist aus dem Hennegau, bezeichnete ihn dagegen ganz unparteiisch als «der gute König Karl der Große, der Kaiser von Deutschland war und König von Frankreich».[18]

Jean de Montreuil vor dem Haupt Karls des Großen

In der Kirche nun schaute er sich das Kopfreliquiar Karls genauer an, und was er da sah, empörte ihn derart, dass er, nach Paris zurückgekehrt, sich schriftlich bei Bürgermeister und Schöffen von Aachen darüber beschwerte.[19] Wir wissen allerdings nicht, ob der Brief je angekommen ist, wie überhaupt alle bestätigenden Zeugnisse der Aachener Seite fehlen.[20]

Jean de Montreuil stellte entrüstet die rhetorische Frage, «ob sie ihm sagen könnten, weshalb es geschehen konnte, daß auf dem Heiltum oder Kopfreliquiar eben jenes hochwürdigsten Karl, das bis zu den Schultern reicht, das Wappen Frankreichs allein am Rande und zusätzlich, in den anderen oberen Teilen jenes Heiltums aber überall das Reichswappen gemalt ist, so als ob das Königreich Frankreich wenig oder gar nichts wäre, und als ob die Deutschen der Meinung anhingen, Karl habe Frankreich dem Reich hinzugefügt und nicht vielmehr mit der Kraft und Macht der Franzosen das Reich erworben und zu seinem Eigentum gemacht.»[21]

Um dies zu untermauern, lässt Jean de Montreuil eine kurze, selbstverfasste Darlegung der Taten Karls folgen, in der deutlich wird, dass

Kopfreliquiar Karls des Großen im Domschatz zu Aachen.

Karl König der Franken (d. h. der Franzosen) war und als solcher die Sachsen unterwarf und ihrer 10 000 über Gallien und Germanien verteilte, bevor er Kaiser wurde.[22] «Also urteilt nun, ihr weisen Männer», gibt er sodann den Empfängern zu bedenken, die sicher peinlich berührt waren, sollten sie die Botschaft je erhalten haben, «ob das Wappen Frankreichs, wo nicht nur einhundert Städte Gottes Lob verkünden, wie dem Spruch Vergils zufolge auf Kreta, sondern tausend hervorragende Städte, derer Frankreich sich rühmen kann, in dieser Weise herabgesetzt und verachtet werden darf, so daß es nicht in der Mitte und ganz und gar gleichberechtigt mit dem Wappen des Reichs vermischt wird; dasselbe sorgfältiger zu ehren gezieme gewiß den Deutschen, an welche aus den Händen ebendieses Karl und seiner Nachkommen das Reich übergeben und gegeben worden ist; und außerdem war jener Karl viel früher König der Franzosen ehe er sich der kaiserlichen Majestät bemächtigte, wie das mehrere authentische Schriften bezeugen.»[23]

Dann folgt der Aufruf, diesen Missstand abzustellen: «All das möge euer Urteil erwägen, hochgeehrte Männer, damit dasjenige, was Maler oder Silberschmiede aus Unkenntnis versehen oder einfach dreist gefertigt haben, durch eure verständige Klugheit wieder gut gemacht werde. Denn man tritt dem Reich oder den Deutschen durchaus nicht zu nahe, vermehrt vielmehr vielfach ihre Ehre, wenn das Wappen und väterliche Zeichen all der Söhne und Töchter des Kaisers und der Kaiserin und zugleich des Königs von Frankreich, der mit französischem Schwert, wie schon gesagt, für Euch, wenn Ihr aufgemerkt habt, das Reich erwarb, im ganzen und überall gemeinsam abgebildet und gemalt würde, gleichberechtigt geteilt mit dem kaiserlichen Wappen, wobei der kaiserlichen Würde durchaus eingeräumt wird, daß sie die rechte Seite einnehme».[24]

Jean de Montreuil wollte also nichts weniger, als dass die übliche Anordnung des Wappens Karls des Großen auf dem Reliquiar erscheine.

Wir betrachten dieses Reliquiar

Nun hat sich, selten genug, das Reliquiar erhalten, dessen Anblick Jean de Montreuil vor gut 600 Jahren so sehr erzürnte. Ein jeder kann es im Aachener Domschatz sehen. Mit einiger Sicherheit hatte Kaiser Karl IV. es gestiftet, nach seiner Krönung 1349 wohl oder bei Gelegenheit seines Besuches im Jahre 1357. Aus teilweise vergoldetem Silberblech getrieben, auf blaugoldener Konsole stehend, verziert mit kostbaren Steinen und Gemmen und Karls IV. Krone, von einem an französischen Vorbildern geschulten Meister geschaffen, vielleicht ehemals auch im Gesicht farbig gefasst, gehört es in seinem herrscherlichen Adel zu den eindrucksvollsten Goldschmiedewerken des 14. Jahrhunderts.

Es ist ohne jeden Zweifel auch im Detail dasselbe geblieben, was heißt, dass gegen Jean de Montreuils ausdrücklichen Wunsch nichts grundlegend geändert worden ist. Die goldenen französischen Lilien auf blauem Grund, wie im Wappen damals noch ohne Zahl über die Fläche gestreut, schmücken in der Tat nur den schmaleren Sockel der insgesamt 86,3 cm hohen Büste. Die Reichsadler aber, schwarz auf goldenem Grund, sind als plastisches Ornament allenthalben auf dem Gewand des Kaisers befestigt. Da die Zeichen tatsächlich einander übergeordnet sind, solche Anordnungen nie zufällig gewählt wurden, und schon gar nicht in jener Zeit, wo sie oben und unten, links und rechts stets Rangunterschiede zum Ausdruck brachten, muss man dem Jean de Montreuil sogar recht geben: Charlemagne war zugunsten von Karl dem Großen zurückgesetzt worden.

Ob nicht vor Jean de Montreuil schon jemand dies bemerkt hat? Auffälligerweise zeigt die auf 1360/1364 datierbare Darstellung Karls des Großen, die sich an prominenter Stelle auf der von Karl IV. errichteten Burg Karlstein in Böhmen befindet, im Schild allein den gekrönten Doppeladler und keinerlei Lilien; auch einem zweiten Idealporträt des Kaisers hat Meister Theoderich einen solchen Schild beigegeben. Dem würde das Reliquiar ohne Sockel entsprechen. Es ist durchaus denkbar, dass der Kaiser in jenem Krönungsgewand dargestellt wurde, das zur Zeit Karls IV. üblich war, also mit der Adler-Dalmatika, die mit Adler-Medaillons versehen und hier in Abwandlung wiedergegeben ist. Auch Albrecht Dürer hat den Kaiser in seinen Idealporträts der Jahre 1511/1513 in die Adler-Dalmatika gekleidet, in Kenntnis der in Nürnberg aufbewahrten Reichskleinodien und Gewänder, wenn er auch das Bildnis mit zwei unvereinigten Schilden, denjenigen des Reichs (an der vornehmeren Stelle) und Frankreichs (mit lediglich drei Lilien), versehen hat. An der ursprünglichen Karlsbüste ist eine heraldische Darstellung gar nicht beabsichtigt gewesen, denn der ursprünglich fest mit dem hölzernen Büstenkern verbundene Sockel war zunächst rot bemalt und mit schwarzen Ornamenten betupft.

Vielleicht hat erst das Kapitel des Marienstifts anlässlich der großen Schenkung Ludwigs des Großen von Ungarn aus dem französischen

Hause der Anjou vom Jahre 1367 die Korrektur vorgenommen, denn die drei damals gestifteten Ikonen zeigen einen auffällig blau emaillierten, mit goldenen Lilien bestreuten Hintergrund, und das ungarische Wappen ist von Ungarn und Frankreich gespalten. Damals erst könnten die auf den Holzkern aufgenagelten zehn Platten entstanden sein, die mit den (ehemals) erhabenen Lilien auf blauem Emailgrund geschmückt sind.

Wie immer dem auch sei, Jean de Montreuil forderte eine korrekte heraldische Darstellung, und was er damals sah und als Erster beschrieb, das sehen wir noch heute.

Das Wappen Karls des Großen

Der Betrachter des Jahres 2009 ist sich indessen nicht mehr bewusst, dass auf dem Reliquiar Elemente eines Wappens wiedergegeben wurden. Für ihn bleiben Lilien und Adler Ornamente. Jean de Montreuil hatte aber sofort das Wappen Karls des Großen vor Augen, und allen seinen Zeitgenossen wird es ebenso gegangen sein. Nicht, dass Karl der Große je ein Wappen geführt hätte. Als er im Jahre 814 starb, gab es diese Art von Zeichen noch nicht. Sie entstanden in den 20er und 30er Jahren des 12. Jahrhunderts und breiteten sich so rasch über ganz Europa aus, wurden ein solch unabdingbares Zeichen von Adel und Herrschaft, dass sich die Späteren gar nicht mehr vorstellen konnten, dass die Vorfahren ohne Wappen ausgekommen waren. Also erhielt auch Karl der Große eines. Wann es genau entstand, ist noch nicht in den Einzelheiten erforscht, und ob die Herolde Niederlothringens, des Herkunftsgebiets der Karolinger, daran beteiligt waren, wie Carolus-Barré und Paul Adam-Even meinten,[25] steht dahin. Aber von Anfang an war es ein Spiegel des Wissens, dass Ostfranken und Westfranken, Frankreich und das Reich unter Karl dem Großen eine Einheit gebildet hatten. Was man hingegen nicht mehr wusste, war, dass es zu seiner Zeit Frankreich und Deutschland noch gar nicht gegeben hatte. Auch hierin wurde der Vergangenheit die Gegenwart untergeschoben. Voraussetzung für das zusammengesetzte Wappen Karls war jedenfalls, dass Frankreich und das Reich bereits etablierte Wappen besaßen.

Das älteste bislang bekannte Zeugnis für das Wappen Karls des Großen ist ein Text, kein Bild. Es begegnet im Karlsroman «Enfances Ogier» des Spielmanns Adenet le Roi, ehemals in brabantischen, damals in flandrischen Diensten, und datiert von ca. 1275.[26] Die erste gemalte Darstellung ist als Banner in der Haager Handschrift von Jacob von Maerlants «Spiegel Historiael» aus den ersten Jahrzehnten des 14. Jahrhunderts überliefert. Für die Königsdynastie der Kapetinger und für Frankreich schließlich hatte sich seit König Ludwig VIII. (1223–1226) unter der Verwendung der älteren Farbkombination Gold/Blau das Lilienwappen durchgesetzt, zunächst mit Lilien ohne Zahl, dann, seit der Regierung König Karls V. (gest. 1380) zu Ehren der Dreieinigkeit mit lediglich drei Lilien, von deren göttlichen Ursprung seit ca. 1340 berichtet wurde. Es ist dabei von Belang, dass Karls Vater Pippin das Lilienwappen zugesprochen wurde, der es seinem Sohn vererbte; dieser habe es ungeteilt getragen, bis er im Jahre 800 das Kaisertum erlangte. Jean de Montreuils Überzeugung vom Vorrang der «Franzosen» wurde damit heraldisch gestützt. Der Adler als Zeichen des Reichs ist zwar grundsätzlich älter, da er sich auf die kaiserlich-römische Tradition berufen konnte. Aber die Kontinuität war abgebrochen, erst die Staufer nahmen sie wieder auf. Seit Anfang des 13. Jahrhunderts zeigt das Reichswappen in Gold den schwarzen einfachen, dann, ab 1433 offiziell, den nimbierten Doppeladler. Aus diesen beiden Elementen, dem Adler und den Lilien wurde das Wappen Karls des Großen zusammengesetzt.

Wenig später als das Karlswappen, kurz vor 1300, entstand in den Niederlanden die ikonographische Gruppe der Neun Helden. Antike Geschichte, biblische Geschichte und die Geschichte der eigenen Zeit wurden in drei Gruppen von wehrhaften Helden zusammengefügt: Drei *Preux* der heidnischen Antike (Hektor, Alexander, Cäsar), drei des jüdischen Altertums (Josua, David, Judas Makkabäus) und drei der christlichen «Zeitgeschichte»: nach dem Gralskönig Artus und vor Gottfried von Bouillon, dem Eroberer des Heiligen Landes, eben Karl der Große, von dem man seit Anfang des 12. Jahrhunderts ebenfalls zu wissen glaubte, dass er Jerusalem befreit habe – auch Jean de Montreuil wusste dies und zählte Karl zu den neun Helden.[27] Mit dieser immer wieder in Handschriften und Fürstensälen, Ratsstuben und Gerichtslauben, an Brunnen, Schatzstücken und Reliquiaren dargestellten Gruppe war das Wappen Karls des Großen im späten Mittelalter und bis hinein ins 17. Jahrhundert allgegenwärtig.

Es war aber nicht nur imaginär, sondern wurde auch wirklich geführt, und zwar zunächst vom Abt des Augustinerchorherrenstifts am Karlshof (Karlov) in der Prager Neustadt, das Karl IV. am 19. September 1350 gegründet hatte, mit einer Karlsfigur pfahlweise belegt, dann auch vom Marienstift in Aachen, wo ein entsprechendes Siegel bezeugt ist, aber erst aus dem Jahre 1528, als der bedeutende Goldschmied Hans von Reutlingen einen neuen, bis heute erhaltenen Siegelstempel schnitt, auf dem nicht nur die bislang übliche Marienverkündigung zu sehen war, sondern zusätzlich auch das Karlswappen. Vielleicht war es schon vor Jean de Montreuils Besuch angenommen worden, zur selben Zeit wie oder gar vor dem Karlshof-Kloster, dessen aufgelegte Karlsfigur wie eine Differenz zu dem anmutet, was damals vielleicht schon das Aachener Stiftswappen gewesen sein könnte. Das Marienstift mag sich unter Karl IV. zu jenem Schritt entschlossen haben, jenes Karls, der sein besonderer Gönner war und der das Karlswappen im Jahre 1377 auch am Widukindsgrab zu Enger hatte anbringen lassen. Doch fehlen bislang die Beweise: Das 1347 gefertigte, erst 1528 ersetzte Stiftssiegel zeigt kein Wappen. Um 1460 ist es jedoch in Aachen auf jener Karlsdarstellung nachweisbar, die die Tür eines Reliquienschrankes zierte, in dem möglicherweise die Karlsbüste aufbewahrt worden war, und anlässlich der Königskrönung Maximilians I. von 1486 malte man es im Chorraum mehrfach an die Wand.

In Frankreich und im Reich

Doch sah das Wappen nicht überall gleich aus. Die Schlussbemerkung Jean de Montreuils lässt schon ahnen, worum es ging: um die (heraldisch) rechte Seite, die für den Betrachter die linke ist. Denn sie war die vornehmere. Unser Sekretär räumt großmütig ein, dass die Würde des Reichs zu respektieren sei und konzediert ihr den vornehmeren Platz – wahrscheinlich auch deshalb, weil er sich an Bürgmeister und Schöffen der Stadt Aachen wandte, das doch im Reich lag und sogar Reichsstadt war.

Die französischen Könige haben seit der Mitte des 14. Jahrhunderts in einer dem Reich ganz parallelen, ja konkurrierenden Traditionserneuerung stets eine besondere Beziehung zu Aachen und zum Marienstift unterhalten, haben Karl den Großen neben und mit Ludwig IX. als Heiligen anerkannt, bis Ludwig XI., zwei Generationen nach Jean de Montreuil, die Karlsverehrung seinen Untertanen geradezu anbefahl und den 28. Januar als obligatorischen Feiertag de *monseigneur saint Charlemagne, jadis nostre predecesseur, roy de France* einführte, unter Androhung der Todesstrafe bei Feiertagsarbeit. In Aachen lag der nach Chlodwig größte Vorfahr begraben, *rex Francorum*, was nun selbstverständlich mit König der «Franzosen» übersetzt wurde und nicht: der «Franken», wenn er nicht gleich *rex Francie*, König Frankreichs, hieß. Auch deutsche Karlsdichtungen sahen, wenn sie auf französischen Vorlagen beruhten, was die Regel war, Karl ganz als Franzosen. So wurde die ostfränkische Erneuerung des Kaisertums durch Otto I. im Jahre 962 gleichsam ignoriert. Der heute längst überholte, aber lange wirkungsmächtige Kampf um Karl den Großen oder Charlemagne, den französischen oder den deutschen König, den jede Nation für sich reklamierte, er ist um 1400 nicht nur angelegt, sondern bereits voll entwickelt, wenn auch der bedrohliche Nationalismus des 19. und 20. Jahrhunderts noch fehlt. Die Gleichsetzung von Franken mit den Franzosen wirkt indes bis heute fort: Als im Jahre 1996 die Taufe Chlodwigs/Clovis bzw. Ludwigs/Louis gefeiert wurde, des Spitzenahns der französischen Monarchie, ja Nation, erregte ich bei einer Ansprache im Pariser Hôtel du Cluny atemanhaltendes Erstaunen, als ich zu sagen wagte, dass Chlodwig kein Franzose sei; erst als ich hinzufügte: «Er war aber auch kein Deutscher», entspannte sich das Publikum merklich.

Man möchte annehmen, dass in Frankreich die Lilien stets auf der vornehmeren Seite standen und nur in Deutschland der Adler. Auffälligerweise war das nicht die Regel und lange Zeit überhaupt nicht der Fall. Der Ehrenvorrang, aber nur dieser, wurde auch in Frankreich stets dem Kaiser zuerkannt. Widerwillig fand sich auch Jean de Montreuil dazu bereit. Aber seit den Zeiten des siegreichen Karls VII., als in der Mitte des 15. Jahrhunderts das französische Königtum sich aus der Existenzkrise der zweiten Phase des Hundertjährigen Krieges wieder erhob, war man nicht mehr willens, auch nur symbolisch hinter dem Reich zurückzustehen und setzte die Lilien an die erste Stelle – keineswegs überwiegend, aber doch wiederholt und ab eben diesem Zeitpunkt.

Erstmalig begegnet Frankreich an erster Stelle indes schon sehr früh, in der Beschreibung eines Festes in Arras zum Jahre 1336, wo unter den Neun Helden Karl *parture de France et d'Allemaigne* trägt, wobei auffällig ist, dass von «Deutschland» die Rede ist und nicht vom «Reich», zu dem der hennegauische Autor doch gehörte.[28] Eine englische Tradition mit französischem Vorrang wird ab 1413/1422 greifbar, als unter Heinrich V. die Union beider Königreiche Wirklichkeit zu werden schien, und setzt sich dann fort. Selbst im Reich gab es seit den 1430er Jahren eine solche, besonders sichtbar im Karlsporträt aus der Abtei Werden vom Ende des 16. Jahrhunderts, das heute ausgerechnet das Aachener Rathaus schmückt.

Die französische Reihe beginnt deutlich genug mit dem Kreuzigungsretabel des Parlaments von Paris von 1454, dem obersten Gerichtshof Frankreichs, heute im Louvre, auf dem nicht nur König Karl VII. dargestellt ist, sondern auch der hl. Karl der Große, angetan mit einem schweren Mantel, auf dem der nachgeordnete Reichsadler kaum sichtbar ist. Kurz darauf wird auch im jüngeren Teil des Wappenbuchs Le Breton (ehemals Montjoie-Chandon) von 1455/1456 den Lilien der Vorzug gegeben,[29] ebenso um 1470 in einem Wappenbuch, das einer Handschrift des «Jouvencel» des Jean de Bueil beigegeben ist.[30] Am Ende des 15. und zu Anfang des 16. Jahrhundert zeigen ähnliche Disposition ein Email-Diptychon des Pierre de Bourbon und der Anne de Beaujeu,[31] eine Tapisserie auf Schloss La Palisse im Département Allier,[32] eine Emaillearbeit aus Limoges im Museum von Troyes[33]. Noch in den Fresken der Neun Helden, die um 1570/1580 im Saal der Burg von Anjony angebracht wurden, hat der Adler das Nachsehen.[34] Am längsten, von der Mitte des 15. bis ins 18. Jahrhundert, hielt sich die für Frankreich vorteilhafte Darstellung auf den Spielkarten, die anfangs und lange noch die Neun Helden reproduzierten.[35]

Selten füllt der Reichsadler den ganzen Schild aus, wie auf dem Karlstein geschehen. Maximilian I. räumte den Lilien nur den Platz auf einem kleinen Herzschild ein, und Karl V. verbannte die Lilien sogar ganz, indem er auf dem Glasfenster zu Sainte-Gudule in Brüssel den Herzschild mit dem Brabanter Wappen belegen ließ. Umgekehrt kommt es ganz selten vor, dass allein die Lilien den Schild bedecken, so in einer Handschrift der Grandes Chroniques de France aus dem 14. Jahrhundert[36] und in der Kölner «Agrippina» des Heinrich van Beeck im 15.[37] Die grundsätzliche Wahrheit bleibt aber, dass der Adler vor den Lilien stand, nicht nur im Reich, sondern auch in Frankreich, in England, Spanien und Italien.

Das Wappen Karls des Großen in späterer Zeit

Als ich 1993 die Leitung des Deutschen Historischen Instituts in Paris übernahm und ihm nach dem Umzug in das prächtige Hôtel Duret de Chevry ein Wiedererkennungszeichen oder Logo geben wollte, dachte ich zuerst an das Wappen Karls des Großen. Weshalb nicht an die heraldische Verknüpfung beider Länder aus dem Mittelalter anschließen? Ich unterbreitete den Vorschlag Jean Favier, damals Direktor der französischen Archive. Er antwortete knapp und entschieden, wie es seine Art ist: In Frankreich sehe man den Adler nicht so gerne, und die Lilien stünden nicht mehr für das heutige Land. Das leuchtete mir ein. Der Bacchus-Kopf über dem rechten Nebeneingang des Hôtel Duret de Chevry nahm die Stelle des Wappens ein. Dies war eine notwendige Entscheidung: Jean Favier hatte es vielleicht nicht aussprechen mögen und ich wusste es damals noch nicht, dass die «Légion des volontaires français contre le bolchevisme», dann 33. Waffen-Grenadier-Division der SS «Charlemagne», in der französische Freiwillige im II. Weltkrieg für das Nazi-Deutschland und gegen «die Bolschewiken kämpften», das Karlswappen als Zeichen geführt hatte, vorne den halben Adler, hinten drei Lilien.[38] Der Missbrauch verbot, was dem historischen Sinn gefiel.

Geteilte Erinnerung

Inzwischen ist das Wappen Karls des Großen zu einer historischen Reminiszenz geworden und lebt nicht mehr im öffentlichen Bewusstsein. Seine Anlage aber zeugt ebenso wie die aufgebrachte Reaktion des Jean de Montreuil davon, dass Karl der Große und Charlemagne geradezu Personifikationen und sein Wappen die Objektivierung einer geteilten, d. h. gespaltenen Erinnerung gewesen waren, die nun aufgehoben ist in der europäischen Erinnerung an den Herrscher über West- wie Ostfranken, über Italien und Nordspanien. So konnte es am 18. Mai 1950 schon, bei der ersten Verleihung des Karlspreises der Stadt Aachen an Richard Graf Coudenhove-Kalergi aus dem Munde des Bürgermeisters Albert Maas heißen:

> Sie sehen, meine Damen und Herren, auf dieser Zeichnung das Wappen des Aachener Stiftskapitels. Dieses Wappen stammt von der Karlsbüste der

> Aachener Schatzkammer, die auf dem Gewande Karls den deutschen Adler und auf dem Sockel die französische Lilie zeigt. Im Jahre 1400 machte der burgundische Humanist Jean de Montreuil den Vorschlag, beide Wappen zu einem Schilde zu vereinigen. Das Aachener Stiftskapitel nahm den Vorschlag an und führt bis zum heutigen Tage auf seinem Schild die vereinigten Wappen Deutschlands und Frankreichs. Kommt uns dieses Wappen nicht vor wie ein Gruß aus besserer Zeit? Ist es nicht ein Wegweiser in eine bessere Zukunft?[39]

Kaum eine Aussage dieser Rede ist historisch richtig: das Wappen an sich war älter als die Karlsbüste; diese war somit schwerlich heraldisches Vorbild; es ist nicht der deutsche, sondern der Reichsadler zu sehen; der Besuch fand eher im Januar 1401 als im Jahre 1400 statt; Jean de Montreuil stammt nicht aus Burgund, sondern aus Lothringen, er ist sogar während des großen Massakers des Jahres 1418 in Paris als Burgunderfeind erschlagen worden; das Stiftskapitel dürfte keineswegs seinen Vorschlag aufgenommen haben, denn das Stiftswappen, vorher nicht nachweisbar, ist erst 1486 bezeugt und an der Büste wurde nichts geändert; schließlich hat es die Vergangenheit als bessere Zeit kaum je gegeben.

Und dennoch wird man sich dieser gerade einmal fünf Jahre nach Kriegsende vorgetragenen, so hoffnungsvollen Argumentation nicht verschließen können. Obwohl Adolf Hitler im Jahre 1943 an verdiente Angehörige der Division «Charlemagne» einen im französischen Sèvres hergestellten Zierteller verteilt hatte, auf dem zu lesen stand, er verteidige 1100 Jahre nach dem Ereignis das seit 843 zu Verdun geteilte Reich mit Hilfe aller Völker Europas,[40] lag die Zukunft tatsächlich in der Einigung des Kontinents – aber unter ganz anderen Vorzeichen. In unserer Gegenwart vollziehen die Völker Europas selbstbestimmt ihre Einigung in Recht und Freiheit. Unbeschadet jener Vereinnahmung ist der Kaiser somit tatsächlich zum oft berufenen Vater Europas geworden, wenigstens für die Länder, die ehemals fränkisch waren. Nicht Karl der Große *oder* Charlemagne heißt es nun, sondern Karl der Große *und* Charlemagne. Aus der gegensätzlichen ist eine geteilte Erinnerung anderer Art geworden, die Unterschiede anerkennt und doch um die Einheit weiß.

Heinz Schilling

31. Oktober 1517: Reflexionen eines Historikers am Vorabend des Reformationsjubiläums

I.

Das fünfhundertjährige Reformationsjubiläum 2017 stellt nicht nur den deutschen Protestantismus, sondern auch und vor allem die internationale Frühneuzeitforschung vor die Aufgabe, Person und Tat des Reformators neu zu gewichten und damit zugleich eine wissenschaftlich fundierte Einordnung in den Frage- und Problemhorizont der Gegenwart zu versuchen. Das war bereits bei den früheren Reformationsjubiläen der Fall – 1617, als es um eine eschatologisch gedeutete Selbstbehauptung gegenüber einem offensiv gegenreformatorischen Katholizismus ging, ebenso bei den späteren Jubiläen, vor allem denjenigen von 1817 und 1917, als die nationale Dimension im Vordergrund stand. Es erscheinen allerdings Zweifel angebracht, ob sich diese Tradition als Vorbild für einen angemessenen Umgang mit der anfallenden Erinnerung an die Person Luther und die von ihm ausgelöste Ereigniskette eignet. Im Gegenteil, mir scheint es geboten, die nützliche, ja notwendige Besinnung auf den Reformator und seine Tat sowohl aus dem nationalen als auch aus dem konfessionalistischen Kontext der Vergangenheit herauszuhalten und sie in die in Deutschland und allgemein in Europa in den letzten Jahrzehnten gewachsene, wissenschaftlich reflektierte und politisch gut begründete Memorialkultur der Gegenwart einzufügen – wie sie sich etwa in den Feierlichkeiten 1998 zum 350. Jahrestag des Westfälischen Friedens ausprägte, denen jahrelange Abstimmungen zwischen deutschen und europäischen Gremien vorausgegangen waren, oder im Jahr 2000 in den vom spanischen Hof über mehr als ein Dezennium vorbereiteten Erinnerungsveranstaltungen zum 500. Geburtstag Kaiser Karls V.

Wie ein solches Gedenken fern von konfessionellen wie nationalen Gegensätzen aussehen könnte, darüber wird längst unter Experten in wissenschaftlichen Beiräten oder auf Fachtagungen gerungen, aber auch in der Öffentlichkeit durch Feuilletonbeiträge, Rezensionen und Dispute in Leserbriefspalten – so zuletzt über die jüngste Lutherbiographie des Jenenser Kirchenhistorikers Volker Leppin.[1]

Über die geballte Emotionalität, die ihm aus den Texten der Kirchenhistoriker entgegenschlägt, reibt sich der einfache Christenmensch die Augen, ebenso der außerhalb von Theologenkreisen oder Kirchenpolitikern arbeitende Frühneuzeithistoriker. Denn seit den heftigen Kontroversen der 1970er/80er Jahre um die sogenannte Frühbürgerliche Revolution der DDR-marxistischen Geschichtswissenschaft und den parallel dazu in der Bundesrepublik geführten Diskussionen um die «Revolution von 1525» einerseits und den Debatten Mitte der 1990er Jahre über den Umbruchcharakter der deutschen Reformation andererseits sind Luther und die Reformation in den Hintergrund der allgemeinen Frühneuzeitforschung getreten. Wofern diese überhaupt noch an übergreifenden Fragen interessiert ist, hat sie sich einerseits im Zuge des Wiedervereinigungspatriotismus der nationalen Wiederaneignung des Heiligen Römischen Reiches zugewandt oder andererseits im Zuge von europäischer Vereinigung und Globalisierung komparatistische und globalhistorische Perspektiven eingenommen.

Neben der gleichsam professionellen Diskussion um Luther unter Kirchenhistorikern, Theologen, Kirchenpolitikern und kirchlichen Funktionsträgern lässt sich in unserem Land auch wieder eine volkstümliche Lutherpräsens beobachten – wenig bemerkenswert noch beim Luther-Bier, Luther-Brot oder Luthers Hochzeit in Wittenberg und anderen Luther-Stätten Sachsen-Anhalts; erstaunlich aber doch bei *events* wie «Luther und die Gräfin» in Stadthagen oder «Luther und die Äbtissin» im Essener Münster als Teil von «spannenden Zeitreisen in die Renaissance», wie sie die Projektentwicklungs-GmbH «Erlebniswelt Renaissance» 2006/2007 anpries.[2]

Es wäre sicherlich verkürzt, in all dem nur einen neuen, den kommerziellen Goldgrund hinter dem Reformator zu sehen, nachdem Gottfried Seebaß 1983 noch einen Luther ohne (nationalen) Goldgrund hatte postulieren können.[3] Vielmehr haben wir es, dem Zeitgeist entsprechend, heute gleichsam mit multikulturellen Luther-Bildern zu tun, auf die – und das scheint mir im Vergleich zum 19. und 20. Jahrhundert neu zu sein – die wissenschaftliche Forschung allenfalls partiell Einfluss nehmen kann. Wir haben es zu tun mit einem *PR-Luther*, der für diverse Orte, Landschaften, Ereignistage oder bestimmte Produkte wirbt; einem *event-Luther* zum Anfassen und Mitmachen, wie ihn u. a. die erwähnte Projekt-

Heinz Zander: Porträt Martin Luthers, 1983,
im Auftrag der damaligen Lutherhalle.

entwicklungs-GmbH «Erlebniswelt Renaissance» anbietet oder anbot; einem von der Wissenschaft denkbar weit entfernten *Konfirmanden-Luther*, der nicht selten auf die Judenschriften verengt und kurzerhand zum Vorbereiter des Nazi-Antisemiten erklärt wird; einem *prime-time-tv-Luther*, der mit seiner Frau Katharina im Badezuber sitzt und auch sonst mit markigen Sprüchen zur zeitgemäßen Unterhaltung beiträgt, zeitgemäß als Vorbereiter der sexuellen Revolution, wobei nur sein monogames Eheleben stört, die Rechtfertigung der hessischen Doppelehe aber einen Weg aus diesem Anachronismus weisen kann; sicher wird es auch einen *Feministen- und Alltags-Luther* geben, womöglich auch einen *Luther in gerechter Sprache* – wenn sich denn ein Übersetzerteam an eine solche Sisyphusarbeit herantraut.

II.

Unabhängig von dieser multikulturellen öffentlichen Aneignung wird die anstehende Luther-Dekade aber auch die wissenschaftliche Beschäftigung mit dem Reformator fördern. Denn die jüngeren Erfahrungen mit den Gedenkfeiern zum Westfälischen Frieden beziehungsweise zum Edikt von Nantes 1998, zum 500. Geburtstag Karls V. oder zum Augsburger Religionsfrieden 2005[4] haben doch die noch 1983 anlässlich des 500. Luther-Geburtstages geäußerte Skepsis beseitigt, der zufolge es «schon als ein nicht zu unterschätzender Gewinn zu gelten» habe, wenn solche Jubiläen die Forschung nicht zurückwürfen.[5] Dabei ist angesichts der Rückkehr der Biographie als Königsgenre der Geschichtsschreibung zu erwarten, dass im Vordergrund dieses wissenschaftlichen Interesses anders als bei den Jubiläen 1975 und 1983 nicht so sehr die Strukturen und Ereignisse stehen werden – also Thesenanschlag, Bauernkrieg, Frühbürgerliche Revolution, Revolution des Gemeinen Mannes etc. –, sondern die Person und der Mensch Martin Luther. Ob dabei eine neue große Biographie gelingen wird, muss sich daran erweisen, ob «reformationsgeschichtliche Forschung und Lutherforschung derart miteinander (verzahnt erscheinen), daß der Mann in der Zeit und die Zeit in dem Mann verständlich» wird.[6]

Zu leisten wäre somit das, was jüngst Olaf Mörke in seiner Oranier-Biographie gelungen ist, nämlich Wilhelm den Schweiger als *pater patriae* in das Tableau des niederländischen Unabhängigkeitskrieges und der republikanischen Staatsgründung einzuzeichnen, ebenso Johannes Kunisch in seiner großen Friedrich-Biographie, die Preußen- und Friedrichforschung zu einem großen Lebensbild zusammenfügt, oder auch Heinz Duchhardt, der Karl Freiherr vom Stein und Reichs- bzw. Preußische-Reformen-Forschung aufs glücklichste aufeinander bezieht.[7] Für Luther stellt sich eben dieselbe Aufgabe, und das um so dringender, als man, nimmt man das neueste, nahezu unter Ausschluss der allgemeinen Epochengeschichte geschriebene «Luther Handbuch» zum Maßstab, heute weiter von einer Synthese von Lutherforschung und allgemeiner Geschichtsforschung entfernter scheint als 1983.[8] Lässt sich – so ist zu fragen – für eine solche integrative, also Kirchen- und Allgemeingeschichte vereinende Biographie Luthers eine vergleichbare Komplementarität identifizieren, wie die niederländische Republik für den Oranier, das Preußentum für Friedrich den Großen oder das Alte Reich und Preußens Reformen für den nassauischen Reichsritter vom Stein?

In der Perspektive des 19. Jahrhunderts, die auch noch die Diskussionen um die «Frühbürgerliche Revolution in Deutschland» bestimmte, ließe sich diese Frage leicht mit «Protestantismus» und «deutsche Nation» beantworten (wobei man den katholisch gebliebenen Teil Deutschlands meint vernachlässigen zu können). Dass man auch heute noch gar zu leicht in dieses Fahrwasser gerät, erfährt jeder, der sich mit Problemen medialer Vermittlung des Wittenberger Reformators im Museum, Rundfunk, Fernsehen oder anderen didaktischen Aufbereitungen befasst. Ganz offensichtlich ist auch Anfang des 21. Jahrhunderts der nationale Gestus des 19. Jahrhunderts noch der plausibelste Zugang zur Vergangenheit und der einfachste Leitfaden für eine Meistererzählung, die die Öffentlichkeit heute ja längst nicht mehr in Buchform erwartet. Ein überzeugender wissenschaftlicher Ansatz lässt sich auf diesem Weg aber nicht gewinnen. Im Gegenteil – diese Hinführung auf die deutsche Nation, aber auch auf den Protestantismus ist «Wirkungsgeschichte», von der Gerhard Ebeling eine Biographie Luthers zu Recht befreit sehen will.[9]

Zwar ist nicht zu leugnen, dass diese nationale und protestantische Wirkungsgeschichte faktisch unmittelbar mit dem Auftreten Luthers einsetzt und propagandistisch ungeheuer erfolgreich war, etwa mit dem weitverbreiteten Holzschnitt «Hercules Germanicus» von Hans Holbein dem Jüngeren. Auch die Leistung der lutherischen Bibelübersetzung für die Normierung der deutschen Sprache ist selbstverständlich zu würdigen – wobei das Problem der individuellen Zurechenbarkeit der Übersetzungsleistung einmal ausgeblendet bleiben soll. Entscheidend für das äußere Pendant, das wir als Entsprechung zur Person für die geforderte Verschränkung von Mensch und Welt zu einer großen Biographie benötigen, erscheint mir die Tatsache, dass – anders als Oranien und die niederländische Republik, Friedrich und Preußen, vom Stein und Altes Reich – für Luther gerade *keine Partikularität* als Wirkungsziel anzusetzen ist – nicht Luther und Deutschland oder das Heilige Römische Reich, auch nicht Luther und Sachse oder Wittenberger. Vielmehr scheint mir im Falle Luthers das einzig sach- und zeitadäquate äußere Widerlager zur biographischen Person die *vormoderne Universität* zu sein.

Luther stand in einer Welt des Übergangs, der Differenzierung und Partikularisierung, und sein Wirken hat ohne Zweifel diesen Prozess gewaltig beschleunigt – indem die *societas christiana* sich in verschiedene Konfessionskirchen und Denominationen differenzierte (der in diesem Zusammenhang meist verwendete Begriff «spaltete» erscheint mir wissenschaftlich verfehlt) und indem im Anschluss daran auch die staatliche Differenzierung der Christenheit vorangetrieben wurde, bis hin zur Geburt eines internationalen Systems rechtlich gleicher Partikularstaaten im Feuersturm der großen Konfessionskriege des ausgehenden 16. und frühen 17. Jahrhunderts. Dieser Zug in die Partikularität ist aber nicht der Kern, von dem her sich Luthers Denken und Wollen erschließt. Es ist sein in gewisser Weise tragisches Schicksal, als Geburtshelfer der Partikularität Europas, und damit auch der Moderne, gedient zu haben. Im Ansatz wollte Luther ganz Ähnliches wie seine geistigen und politischen Hauptkontrahenten Erasmus und Karl V. – wie Erasmus, als er die aufbrechende Partikularität einer spanischen, französischen, englischen, deutschen Nation geißelte und ihr die friedvolle Universalität des *populus christianus* entgegenstellte; wie Karl V., der das sich differenzierende Europa politisch in eine Universalmonarchie zusammenbinden wollte. Wie dem Kaiser das politische, so war Luther das religiöse Band der Christenheit Lebensaufgabe. Angesichts der alteuropäischen Verschränkung von Politik und Religion waren das nur zwei Aspekte derselben Sache, mit der Konsequenz, dass der Fundamentalkonflikt zwischen Reformator und Kaiser in dem Moment unvermeidlich wurde, als die theologische und kirchenverfassungsmäßige Struktur des von Luther neugewobenen religiösen Bandes nicht den Bedürfnissen des kaiserlichen Politikbandes entsprach. Es sollte sich schließlich erweisen, dass beide universalistisch gedachten Bänder (*vincula societatis*) nicht mehr geeignet waren, die

Christenheit oder Europa zusammenzubinden – das politische des Kaisers nicht und auch nicht das religiöse des Reformators: Das, was wirkungsgeschichtlich Luther zuzuschreiben ist, also die Begründung des Protestantismus und der deutschen Landeskirchen, war erst das Ergebnis seines kirchenpolitischen Scheiterns, genauso wie die partikulare und säkulare europäische Staatenwelt der Neuzeit, deren Entstehung beim 500. Geburtstag Karls V. als Erbe des Kaisers gefeiert wurde, nicht dessen Leistung zugeschrieben werden kann, sondern das Ergebnis seines politischen Scheiterns war.

Will man für die markierte Universalität Luthers eine sachgerechte Formel entsprechend dem Preußentum Friedrichs oder dem *pater patriae Batavorum* des Oraniers formulieren, so erscheint mir Peter Manns Bezeichnung für den Reformator als eines *Vaters im Glauben* vielversprechend. Sie darf allerdings nicht ökumenisch verstanden werden. Denn ähnlich wie der eingangs scherzhaft markierte «Luther in gerechter Sprache» ist auch ein ökumenischer Luther «ein Luther ohne Zähne» (Heiko Augustinus Oberman), und damit als strukturierende Figur für eine Geschichtsdarstellung, ob als Biographie oder als Sachmonographie, ganz und gar ungeeignet.

III.

In einer geschichtswissenschaftlich ausgerichteten und damit weder kirchenpolitisch noch von aktuellen politischen Interessen geleiteten Luther-Biographie wäre die Charakterisierung Luthers als *Vater im Glauben* streng vor-, ja unkonfessionell auf die religiösen, theologischen, sicher auch kirchenpolitischen Probleme der Christenheit im Ausgang des Mittelalters zu beziehen. Anders als Wilhelm von Oranien oder Friedrich von Preußen, die gleichsam mit dem auf Partikularisierung angelegten Strom der Zeit schwammen, war der im Ansatz auf die Ganzheit und Einheit der *christianitas* ausgerichtete «Vater im Glauben» Luther in sehr komplizierter, vielfach verschlungener, ja häufig widersprüchlicher Weise mit den Tendenzen der werdenden Neuzeit verflochten, hierin seinem großen Gegenspieler Karl V. vergleichbar.

Welche Konsequenzen sich daraus konkret für eine im skizzierten Sinne geschichtswissenschaftliche Lutherdarstellung ohne anachronistischen Goldgrund ergeben, lässt sich hier nur andeuten:

Für den «*jungen Luther*», der auch heute nicht im Vordergrund kirchenhistorischer Interessen steht und der nach den Maßstäben seiner Zeit 1517 längst kein junger, sondern ein Mann mittleren Alters war, wird man in der skizzierten Perspektive getrost auf den jüngst wieder aufgebrochenen Disput über die Abhängigkeit von der spätmittelalterlichen Theologie verzichten können. Denn ein Mann, der Anfang des 16. Jahrhunderts an der universellen Erneuerung der religiösen Grundlagen der *christianitas* arbeitete, war selbstredend in der Theologie seiner Zeit, also des späten Mittelalters, verwurzelt und war Teil ihrer dynamischen Spiritualität wie auch ihrer religiösen Sozialkonfigurationen – der Mendikanten, Semi-Religiosen, Brüder und Schwestern vom gemeinsamen Leben, der *devotio moderna* etc. etc. Und er stand mitten in der spätmittelalterlichen Heilskrise und den von ihr ausgelösten persönlichen Nöten und pastoralen Herausforderungen, jedenfalls wenn er wie Luther zugleich als Seelsorger tätig war.

Unser Ansatz, Luthers Wollen als Ausdruck eines letzten Strebens nach Universalität bzw. universal verstandener *reformatio* der lateinischen *christianitas* zu begreifen, mag auch ein neues Licht auf einen speziellen Zusammenhang der frühen Jahre werfen, nämlich auf Luthers Verhältnis zu Wittenberg. Er war von diesem selbst nach Erfurter Maßstäben entlegenen und kulturell unterentwickelten Residenzort anfänglich ja keineswegs begeistert. Wittenberg war für ihn weniger Stadt als Universität/*universitas*, an deren geistiger und institutioneller Reform er arbeitete, und zwar als Modell für eine universelle Reform des lateineuropäischen Bildungswesens, das er noch ganz selbstverständlich der Theologie zu-, wenn nicht unterordnete, auch das ein Beleg für den mittelalterlichen, auf universelle Einheitlichkeit von Religion und Kultur bzw. allgemein von Religion und Gesellschaft angelegten Ansatz des «jungen Luther».

Deutlicher allerdings werden die Konsequenzen unseres Universalitäts-Postulates für die späteren Jahrzehnte, die es überhaupt noch aus der unübersehbaren Vernachlässigung des «alten Luther» zu befreien gilt – eine Vernachlässigung, die sich logischerweise komplementär aus der Profilierung Luthers als «jugendlicher Held» des reformatorischen und nationalen Aufbruchs ergibt. In der neuesten Biographie wird das Ende des «jugendlichen Helden» bereits früh eingeläutet, nämlich mit dem Jahr 1525, das einen grundlegenden Wandel des Lutherbildes sowohl in Deutschland allgemein als auch und insbesondere in Sachsen und am kurfürstlichen Hof gebracht habe.[10] Das scheint mir allerdings weniger oder doch nur sehr bedingt auf einen Gesichtsverlust Luthers durch seine Haltung im Bauernkrieg hinzudeuten – was im übrigen eine Wiederaufnahme der marxistischen These vom frühen Ende der Reformation als progressiver sozialer Bewegung bedeuten würde. Ich möchte das auch nicht als Anzeichen für eine wachsende Distanz der kurfürstlichen Regierung zu «ihrem» Reformator werten. Vielmehr lässt sich eine solche Wende, wenn sie denn aus den Quellen zu erhärten ist, biographisch wie strukturgeschichtlich plausibel begreifen als Hervortreten der seit Anbeginn vorhandenen, zunächst aber durch die Emphase des reformatorischen Aufbruchs überspielte Diskrepanz zwischen universellem Wollen und Zielen des Reformators einerseits und übermächtig werdenden partikularen Kräften und Tendenzen andererseits, und zwar sowohl in Luthers näherer sächsischer Umgebung als auch im Reich allgemein. Eine solche Interpretation lässt sich gerade aus den Bauernkriegsschriften des Reformators belegen, die meines Erachtens völlig falsch – auch und gerade theologisch – verstanden sind, wenn man sie unter taktischen Gesichtspunkten als Fehler beschreibt, der Luther die Sympathie der Deutschen gekostet habe. Diese Sympathie kümmerte Luther nicht im Geringsten. In den Forderungen der Bauern begegnete ihm erstmals massiv die Partikularität von Sonderinteressen (bei ihm stets ganz konkret verstanden als Wirken des Teufels), gegen die er mit allen Mitteln die Universalität seines Heilsplans für die lateinische *christianitas* glaubte verteidigen zu müssen. – Wie wir im Rückblick wissen, bestand Luthers Tragik darin, dass er in diesem Kampf gegen die Bauern ebenso wie später bei der kirchlichen Institutionalisierung seiner Reformen auf die Landesfürsten und ihren sich entfaltenden frühmodernen Souveränitätsanspruch setzte und damit auf weit mächtigere, weil anders als die Bauern bereits formierte Partikularkräfte. Wie vieles bei Luther und seiner Reformation waren die damit verbundene Legitimierung und Festigung ihm «widerwärtiger» Tendenzen nicht intendierte Folgen, auch und gerade hinsichtlich der schließlich damit verbundenen Wende in die Neuzeit bzw. Moderne.

Konkludent ist in dieser Perspektive auch Luthers Haltung in der Widerstandsfrage und gegenüber dem Schmalkaldischen Bund. Sie als politischen Fehler oder Blauäugigkeit zu verrechnen, greift zu kurz. Denn nach der Delegitimierung des Papstes als «Antichrist» war der Kaiser die einzig übriggebliebene universelle Instanz, die den partikularen Mächten zu opfern Luther schwer fallen musste. Deswegen wird man auch das in den 1520er Jahren einsetzende Experiment kirchlicher Institutionalisierung ohne Bischöfe und ohne römische Hierarchie aus der Perspektive territorialer oder lokaler Partikularität herauslösen müssen, jedenfalls soweit Luther daran beteiligt war. Luther besaß keine Blaupause separater Kirchlichkeit oder separaten Glaubens. Er reagierte *ad hoc*, Schritt für Schritt, und knüpfte an die vorhandenen, teilweise bereits über Generationen hinweg vorgeprägten Möglichkeiten seiner Zeit an – an die gemeindekirchlichen Modelle vornehmlich der Städte, aber auch bäuerlicher Kommunen – wie insbesondere Peter Blickle für bestimmte Regionen des Reiches zeigen konnte; und natürlich knüpfte er an die zu Ende des 15. Jahrhunderts bereits weit gediehenen Ansätze eines landesherrlichen Kirchenregiments an. All dies war kein gewollter, zielgerichteter Weg in die Partikularität des Territorialstaates und seiner Landeskirche. Wie das landesherrliche Bischofsamt waren das für Luther Notlösungen, von denen er hoffte, sie würden Keimzellen für eine Universalreform der lateinischen *christianitas*.

Behält man diese Perspektive einer in der historischen Realität sinkenden Linie der Universalität und einer – in den reformatorischen Dingen wie in den Zeittendenzen allgemein – rasch ansteigenden Linie der Partikularität und Partikularisierung bei, dann fällt auch ein helleres, womöglich auch gerechteres Licht auf Luthers Haltung zum Reichstag von 1530 und der als unsauberer Kompromiss empfundenen Bekenntnisbildung.

Und schließlich mag der sich rasch weitende Spalt zwischen universellem Ansatz und zunehmender Partikularität des aus der Reformation erwachsenen Neuen für das letzte Lebensjahrzehnt des Reformators bestimmend gewesen sein – für seine zunehmende Grobheit, den eruptiven Judenhass, das pessimistische Menschenbild etc. Das lässt sich kaum als «letzte Wut» verrechnen. Dahinter stehen Ängste um den richtigen Weg.[11] Luther blieb bis aufs Totenbett seiner Sache sicher. Ebenso gewiss war ihm aber, dass die Mächte des Bösen nicht ruhen würden: Noch auf seiner letzten Reise rund vierzehn Tage vor seinem Tod sieht er diese Kräfte der Zerstörung am Werk, als «ein solcher kalter Wind hinten zum Wagen hinein auf meinem Kopf durch's Barett (ging), als wollt mir's das Hirn zu Eis machen».[12]

Den universellen Ansatz Luthers ernstnehmend, muss der Historiker im Rückblick konstatieren, dass Luther ungeachtet seiner Selbstgewissheit in der theologischen Sache am Ende ebenso gescheitert war wie sein großer kaiserlicher Widersacher Karl V. Als dieser 1547 in der Wittenberger Schlosskirche am Grab des Reformators stand, konnte er sich noch auf dem Höhepunkt der Macht und seinen universellen Zielen für Kirche und Christenheit nahe wähnen. Wenig später auf seinem Sterbelager in der Einsamkeit des kastilischen Yuste galt ungeachtet seines ungebrochenen Majestätsbewusstseins, das sich im Anblick der großartigen Apotheose der Tizianischen *Pieta* alltäglich befestigt hatte, mit Blick auf die Ergebnisse seines weltlichen Wirkens auch für ihn das «Wir sind Bettler, das ist wahr», mit dem ein Jahrzehnt zuvor sein großer Widersacher in Eisleben die Augen für immer geschlossen hatte.[13]

IV.

Versucht man die Überlegungen über ein geschichtswissenschaftlich sachgerechtes «Lutherbild am Vorabend des Reformationsjubiläums» zu einer Gesamtwertung Luthers zusammenzufassen, so lässt sich an Heiko Augustinus Oberman anknüpfen, der schon vor Jahren mit Wucht das ganz Andere und Fremde bei Luther herausgearbeitet hat und ihn damit der «world we have lost» zuordnete, wie der englische Sozialhistoriker Peter Laslett die herkömmlich mit den Taten von Kolumbus und/oder Luther angesetzte Epoche der Frühen Neuzeit charakterisierte.[14] Eine geschichtswissenschaftliche Biographie, der es darauf ankommt, Leben und Werk des Reformators mit den politischen, gesellschaftlichen, kulturellen, in gewissem Umfang auch ökonomischen Tendenzen seiner Zeit zu vermitteln, wird dieser Verfremdungsthese zunächst einmal folgen müssen. Luther von seiner Wirkungsgeschichte zu befreien, heißt ihn in seine für uns heute verlorene Lebenswelt zurückzuversetzen. Wenn wir diese Welt und diese Biographie wissenschaftlich rekonstruieren, ist zunächst und vor allem auf deren Fremdheit und Anderssein zu beharren. Luther darf nicht, jedenfalls nicht vorschnell, zu dem Unsrigen gemacht werden, wie das bei den zurückliegenden Zentenarfeiern die Regel war – 1617, in gewisser Weise auch noch 1717 Luther, der Konfessionalist und Befreier aus papistischer Knechtschaft; 1817 Luther, der Befreier und Heros der soeben erweckten Deutschen Nation (Wartburgfest 18./19. Oktober); 1917 der nationalistische Durchhalte-Luther, der dann wenig später während der finsteren Jahre in der nationalsozialistischen Selbst- und Fremddeutung zum Ahnherr Hitlers missbraucht wurde.[15]

Allerdings kann sich das geschichtswissenschaftliche Lutherbild mit dieser Entfremdung und der damit einhergehenden Durchtrennung des Wirkungszusammenhanges zwischen vergangener Lebenswelt und Gegenwart nicht begnügen. Denn wie immer man seine Biographie ansetzen mag, Luther markiert eine «Wegscheide der Weltgeschichte» (Gottfried Schramm).[16] In der damit eröffneten Entwicklungs- oder Modernisierungsperspektive nimmt die Reformations- und Konfessionalisierungsforschung Luther und die Reformation allerdings heute in der Regel deutlich anders wahr als in der Nachfolge des für solche Fragen lange kanonischen Religionssoziologen Max Weber und der auf ihn gestützten amerikanischen Modernisierungstheorien der 1960er und 1970er Jahre: Denn *zum einen* – das haben Forschungen zur Geschichte der spätmittelalterlichen Kurie unmissverständlich gezeigt – können Luther und Wittenberg keineswegs für einen modernisierenden Aufbruch gegen ein stagnierendes, zur Modernisierung unfähiges Papsttum stehen. Im Gegenteil, sie waren Reaktion auf einen gewaltigen Modernisierungsschub, den die Kurie, der Kirchenstaat und das Papsttum als seine monarchische Spitze seit Mitte des 14. Jahrhunderts erfahren hatten. Als dann der Konziliarismus und die damit verbundene «Ständeopposition» der Bischöfe niedergerungen war, konnten Rom und das Papsttum im letzten Drittel des 15. Jahrhunderts als eines der ersten frühmodernen Staatswesen Europas gelten – regiert vom Papst als einem der ersten frühmodernen, souveränen Herrscher Europas, verwaltet von einer Bürokratie, die ihresgleichen in Europa suchte, und Vorbild im Rechtswesen, der Diplomatie und vor allem im höfischen Zeremoniell und der symbolischen Repräsentation, die über die Reformation hinweg auf Jahrhunderte hin strukturell wie funktional das kulturelle wie politische Leben in Europa prägten, was allerdings bis vor kurzem von der protestantisch geprägten Geschichtswissenschaft notorisch unterschätzt wurde.

Zum anderen und unmittelbar die anstehende Gesamtdeutung Luthers betreffend, erfolgte die Wittenberger Reaktion auf den rasanten Wandel der römischen Universalkirche und die davon ausgehende «Modernisierungskrise» der lateinischen Christenheit gerade nicht als eine weitere, die vorangehende römische übertrumpfende Modernisierung. Vielmehr kam es durch Luther und die auf ihn folgende reformatorische Bewegung in Deutschland und Europa zur Reaktivierung jener Kraft, die der römische und Renaissancetyp der Modernisierung weitgehend abgeschafft hatte, nämlich der Religion als heilsgeschichtlich gerichtetem

Glauben. Das hatte weitreichende, eben weltgeschichtliche Konsequenzen, die durchaus ihrerseits den Modernisierungs- und Wandlungsprozess der europäischen Neuzeit vorantrieben, aber in einer spezifischen Weise: Durch Luther und seine reformatorische Tat kehrte die Religion wieder mit ganzer Macht als Leitkraft in das private und vor allem in das öffentliche Leben Europas zurück.[17] In diesem Sinne ist Luther wirklich *Vater im Glauben* für die gesamte lateinische Christenheit, auch wenn sich diese infolge der Reformation in verschiedene Kirchen differenzierte. Luthers Rücklenken zur heilsgeschichtlich verstandenen Religion bedeutete keine Demodernisierung, wie auch heute noch gelegentlich das aus dieser Wende resultierende konfessionelle Zeitalter im Vergleich zum Stand von Rationalität und Freiheit, den die Renaissance bereits erreicht habe, bewertet wird.[18] Luthers Sicherung der Religion für die Neuzeit bedeutete vielmehr das Einlenken in einen Modernisierungskanal, in dem eine weit größere und qualitativ andere Dynamik freigesetzt wurde, als es das verweltlichte Renaissancepapsttum der Christenheit oder Europa je hätte ermöglichen können. Von dieser lutherischen Zentrierung auf die Religion hat schließlich auch die römische Kirche profitiert, indem sie sich als Reaktion auf die Reformation und in Auseinandersetzung mit den aus dieser hervorgegangenen evangelischen Kirchen vom Irrweg des Renaissancepapsttums befreite und sich mit der tridentinischen Reform zur neuzeitlichen katholischen Konfessionskirche wandelte, in der die Religion wieder ins Zentrum gerückt war und dadurch in ganz ähnlicher Weise wie in den protestantischen Konfessionskirchen ihren spezifischen Beitrag zur Dynamisierung des frühmodernen Europa leistete.

So kann mit Blick auf die Gegenwart gelten, dass die großen Erfolge, die die Päpste Johannes Paul II. und Benedikt XVI. durch ihren Appell an die Religiosität der Jugend und des modernen Menschen allgemein feiern, ohne die von Luther gegen das Renaissancepapsttum erzwungene Wende des frühen 16. Jahrhunderts kaum vorstellbar wären. Und wenn – um einen Moment bei der Gegenwart zu bleiben – ein Motto für das Reformationsjubiläum 2017 gelten soll, das sowohl historisch sachgerecht ist als auch den Kern der Wirkung in der Gegenwart erfasst, dann ist es Luther als Vater oder, weniger emphatisch formuliert, als Garant neuzeitlicher Religiosität.[19]

Die von Luther wesentlich ermöglichte Re-Implantation von Religion und Glauben in den europäischen Prozess der Zivilisation hat ohne Zweifel auf Generationen hin auch bösen Streit, mörderische Kriege und tiefes menschliches Leid gebracht. Zugleich hat – das kann hier nur angedeutet werden – diese Renaissance des Religiösen aber ganz entscheidend das Profil des neuzeitlichen Zivilisationstypus Europa mitgeprägt – indem nach Überwindung des Konfessionsfundamentalismus der Glaubenskriege nicht mehr die noch von Hugo Grotius aufgemachte Alternative bestand, entweder «ein guter Christ» oder «ein guter Bürger» zu sein, sondern eben nach Bändigung des auch dem Christentum nicht fremden Fundamentalismus beides möglich war.[20] Vor allem aber befestigte diese lutherische Wende zur Religion jenen Europa eigentümlichen, in der Renaissancekirche weitgehend abhanden gekommenen Typus von Säkularisation neu, der die religiöse Emphase nicht abkappt, sondern in die weltlich-gesellschaftliche Ordnung hinübernimmt und dieser auf eine solche Weise Legitimation und Dynamik verschafft.[21] Bildlich ist das besonders präsent in der Friedenstaube, die 1648 als Repräsentation des Westfälischen Friedens noch als eindeutig biblisch-religiöser Friedensbote zwischen Gott und den Menschen erscheint, mit dem Ölzweig im Schnabel, und die jene religiöse Emphase auch in ihren gegenwärtigen säkularen Ausdrucksformen bewahrt hat und so der Forderung nach weltlichem Frieden allein zwischen den Menschen besondere Legitimität und Nachdruck verleiht.

Arnold Esch

6. Mai 1527: Der *Sacco di Roma* in geteilter Erinnerung

Das schreckliche Ereignis, dessen geteilter Erinnerung wir hier nachgehen wollen – die Plünderung und Verwüstung Roms durch die Truppen Kaiser Karls V. – hat seine Vorgeschichte, die vor Augen sein muss, wenn man die Dimension dieses Ereignisses begreifen will.[1]

Ein Blick auf das spätmittelalterliche Italien lässt bereits die Schatten erkennen, die die Konstellation der europäischen Großmächte immer düsterer auf die Halbinsel werfen wird. Über dem im Frieden von Lodi 1454 endlich erreichten Gleichgewicht der italienischen Staaten (Mailand, Venedig, Florenz, Kirchenstaat, Neapel) hingen drohend die französischen Ansprüche auf Neapel und auf Mailand, die ihrerseits wieder Gegenansprüche Spaniens und des Reiches herausforderten. In immer verwegenerem Spiel mit der auswärtigen Intervention öffnen opponierende Parteiung und fürstliche Interessen den fremden Mächten den Weg nach Italien. Der Einmarsch Karls VIII. von Frankreich 1494 wirft das kunstvolle Gebilde dieses «ausbalancierten Italien» (Machiavelli) mit einem einzigen Stoß über den Haufen und legt das geringe Eigengewicht der italienischen Mächte bloß. Fortan wird der Kampf der großen europäischen Mächte um die Hegemonie, vor allem zwischen Spanien/Reich und Frankreich, in wechselnden Koalitionen auf dem Boden Italiens ausgetragen. Der Sieg Kaiser Karls V. über den französischen König 1525 bei Pavia schien das Übergewicht der spanisch-kaiserlichen Seite endgültig zu befestigen. Um den Auswirkungen dieses – im Frieden von Madrid maßlos ausgebeuteten – Sieges entgegenzutreten, schlossen sich Frankreich, Venedig, Mailand zu einer Liga zusammen (sog. Liga von Cognac, 22. Mai 1526), der auch Papst Clemens VII. angehörte. Und damit beginnt unsere Geschichte.

Alle diese Mächte hatten ihre guten Gründe, das Ausgreifen Spaniens – längst Vormacht in Unteritalien – nun auch nach Oberitalien als unmittelbare Bedrohung zu empfinden. Aber dass nun auch das Haupt der Christenheit offen auf die Seite seiner Gegner trat, musste den Kaiser, der in Deutschland im Kampf gegen die lutherische Bewegung, in Ungarn im Kampf gegen die vordringenden Türken stand, aufs äußerste erbittern. Das rechtfertigende Schreiben des Papstes, der sich dabei, wie er bald selber merkte, auch noch im Ton vergriff, erhielt denn auch im Manifest vom 17. September 1526 eine kaiserliche Antwort, die an Deutlichkeit nichts zu wünschen übrig ließ. In der Tat hat dieser Schriftwechsel in seiner Heftigkeit nichts von diplomatischer Routine und gibt der Auseinandersetzung zwischen Papst und Kaiser, die in die Katastrophe des *Sacco* führen wird, von Anfang an eine grellere Tönung.

Von Anfang an wird auch deutlich, welch unselige Rolle die Person Clemens' VII. dabei spielte. Ein rechtlicher und persönlich untadeliger Mann, gewiss, aber schwach und schreckhaft, war er, in völliger Fehleinschätzung der allgemeinen Lage und der eigenen Kräfte, der Situation, die herbeizuführen er selbst beigetragen hatte, in keiner Weise gewachsen. So sahen es schon die Zeitgenossen, so sehen es die Historiker.[2] Von einer Panik in die andere fallend und dann wieder, beim kleinsten hoffnungsvollen Gerücht, kriegslustig ohne Augenmaß, schwankte er zwischen Unsicherheit und Trotz. Von aufrechten Ratgebern wie Francesco Guicciardini und Gian Matteo Giberti dazu entflammt, in diesem Krieg auch die Befreiung Italiens vom kaiserlichen, vom spanischen Joch zu sehen, hätte er für solch «heilige Pflichten» doch größer denken müssen und nicht immer auch die Interessen seiner Familie, Florenz, Siena, im Auge haben dürfen: das gleiche kaiserliche Heer, das Rom verwüstete und ihn gefangen nahm, wird, nach seinem Willen, drei Jahre später Florenz den Medici zurückerobern. Mit dem Feuer spielten sie alle – aber so wie der Papst es tat, wurde das Feuer zur Flamme, die über ihm zusammenschlagen wird.

Hier kamen Kräfte ins Spiel, die zu bewältigen die kunstvolle Diplomatie italienischer Höfe nicht ausreichte, die zu steuern es vielmehr Entschlossenheit und Eigengewicht brauchte. Mangelndes Eigengewicht kann nämlich nicht gänzlich kompensiert werden durch das, was (in seltsamem Austausch von Fremdworten) Italiener *realpolitik* oder Deutsche *Machiavellismus* nennen. Das Elend des praktizierten Machiavellismus liegt eben darin, dass er vielleicht das Kräftespiel zwischen italienischen Renaissancehöfen lenken kann, aber oft nicht die Grenze erkennt, jenseits derer er nichts mehr ausrichtet. Die gegen Ende des 19. Jahrhunderts, einer Zeit überreizten Renaissance-Kults,[3] so beliebten Renaissance-Romane versetzten den vom *fin de siècle* ermüdeten Leser in den wohligen Zustand, sich am Anblick von Gewaltmenschen zu weiden, die feinsinnig über Verruchtes redeten, bedenkenlos Verruchtes taten, Könige nach ihrem Willen lenkten, fremde Mächte ins Land riefen – und dabei nicht merkten (und auch die Romanschreiber merkten das nicht), dass ihr eigenes Leichtgewicht gar nicht in der Lage sein werde, die von ihnen mutwillig angestoßenen Dinge zu steuern. Bloß *furbo* zu sein, genügte nach Pavia nicht mehr. Und dessen müsste sich auch die historische Erinnerung kritisch bewusst sein.

Denn was sich da nun im Norden zusammenzog, war bedrohlich. Unter dem Oberbefehl des – vom französischen König zum Kaiser übergetretenen – Connétable von Bourbon vereinigten sich die spanischen Truppen, die Mailand erobert hatten, im Februar 1527 mit einem großen, von Georg von Frundsberg rasch angeworbenen Kontingent deutscher Landsknechte zu einer für ihre Zeit ansehnlichen Streitmacht von gut 20 000 Mann.

Marsch auf Rom

Nach der Ausgangssituation nun die Vorgänge: in aller Kürze nur so viel, dass der Leser beurteilen kann, wo sich die Erinnerung denn teilt, und was sie auswählt oder aber verdrängt. Das kaiserliche Heer, schlecht versorgt und ohne Sold (dessen Zahlung der Kaiser den Gegnern zudachte), wurde allmählich rebellisch. Die Empörung, die man sogar ihm ins Gesicht schrie, ertrug der alte Frundsberg, vom Schlag gerührt, nicht länger, fortan waren die Landsknechte ohne ihren bewährten Führer. Die zunehmende Desorganisation und Disziplinlosigkeit, die dem Gegner bei richtiger Ausnutzung zum Vorteil hätte werden können, wurde nun gerade zum Unheil. Ohne vom Heer der Liga, das unter dem Befehl des Herzogs[4] von Urbino zögerlich und unter gegenseitigen Bezichtigungen operierte, wirksam behindert oder auch nur entschlossen verfolgt zu werden, bahnten sich die Kaiserlichen verwildert ihren Weg dorthin, wo sie ihre Leiden beenden, ihren Lohn erhalten, ihren Kaiser rächen würden: nach Rom. Am 5. Mai 1527 unter den Mauern angelangt, begannen sie in ihrer verzweifelten Lage – von Entbehrungen gepeinigt, ohne Artillerie, das Heer der Liga im Rücken – den Sturm, der schon am 6. Mai zum Erfolg führte. Gleich beim ersten Ansturm fiel der Oberbefehlshaber, der Connétable von Bourbon. Das Heer, nun vollends führerlos und außer

Kontrolle, ergoss sich in den vatikanischen Borgo, dann in die Stadt. Der Papst, von den Resten seiner Schweizergarde tapfer gedeckt, floh in die Engelsburg.

Damit begann eine der längsten und fürchterlichsten Plünderungen, die die Geschichte kennt: der *Sacco di Roma*. Vom 6. Mai bis in den Juni, und dann noch einmal vom September 1527 bis zum 17. Febr. 1528 hauste in der Stadt ein entfesselter Haufen von etwa 14 000 Landsknechten, 5000 Spaniern, 2000 Italienern (so eine vorsichtige Schätzung der Zahlen, die bei der Schuldzuweisung natürlich eine Rolle spielen), ohne vom Heer der Liga auch nur behelligt zu werden: erst ungezügelte Plünderung, dann die Besetzung mit ihren Schrecken.[5] Eine unbeschreibliche Folge von Greueln kam über die Stadt ohne jede Schonung von Alter, Geschlecht und Stand: Mord, Folter, Vergewaltigung, Erpressung, die Paläste auch der kaiserlich gesinnten Kardinäle geplündert und die – vor allem dorthin – geflüchteten Personen auf Lösegeld erpresst, manche auch mehrmals; heilige Geräte profaniert, Reliquiare zerschlagen, Reliquien verstreut, heilige Handlungen verhöhnt; Kunstsammlungen – vor allem die tragbare Kleinkunst – zerstreut, Bibliotheken und Archivbestände mutwillig vernichtet. Die in Jahrhunderten zusammengetragenen Schätze einer Welt in den rohen Händen von Soldaten, die aber auch dann von ihren Forderungen nach rückständigem Sold nicht ließen.

Währenddessen saß der Papst mit 13 Kardinälen in der überfüllten Engelsburg, wo er nach einem Monat der Belagerung endlich kapitulierte – fortan, für weitere 6 Monate, als Gefangener von dort oben auf die Stadt blickend, auf das verwüstete Rom, aus dem beide Universalgewalten, Papst wie Kaiser, ihre Legitimation bezogen. Wieviele unter den damals gut 50 000 Einwohnern[6] dem *Sacco* zum Opfer fielen, lässt sich nicht ermitteln. Hunger, Pest und Hitze nötigten die Kaiserlichen im Hochsommer, die Stadt zeitweilig zu verlassen: so verbreiteten sie Tod und Elend nun auch durch Mittelitalien. Im September kehrten sie zurück, und das Leid begann von neuem. Gewaltbereite Kriegsleute in gewaltbereiter Zeit: der gleiche Sebastian Schärtlin von Burtenbach, der kalt von den totgeschlagenen Menschen und ausgeraubten Kirchen spricht,[7] hatte vorher im Bauernkrieg gewütet. Der gleiche Francisco de Carvajal, der damals das Rom der Renaissance verwüstete, wird dann mit Pizarro das Inka-Reich zerschlagen.

Soweit der Gang der Ereignisse. Was nun die ‹Erinnerung› des *Sacco* angeht, so müssen wir zunächst einmal die Zeitebenen unterscheiden. Es kann die – geteilte – Erinnerung der unmittelbar beteiligten Zeitgenossen sein (ein Landsknechtsführer wird in seiner Autobiographie anderes aus dem *Sacco* erinnern als ein malträtierter römischer Humanist).[8] Es kann aber auch die Erinnerung der Nachwelt sein, die sich ein Bild des Ereignisses macht, das bis in tiefe Schichten des kollektiven Gedächtnisses absinkt und darum nicht nur in der Forschung, sondern auch in der populären Literatur, in spontanen Äußerungen des Alltags usw. aufgesucht werden muss. Die neue, in Frankreich entwickelte Frage nach den *lieux de mémoire* – den Vorstellungen, Sinnbildern, Gemeinplätzen, in denen sich unsere historische Erinnerung seltsam verdichtet – meint vor allem das zweite: das selektive historische Wissen und die historische Vorstellungswelt späterer, lebender Generationen.[9] Und so sei es im Folgenden verstanden.

Es kann hier nun nicht darum gehen, die längst in allen Details bekannten Vorgänge von 1527 noch einmal nachzuerzählen und dann festzustellen, welche ‹Erinnerung› diesem – von engagierter Parteinahme schon damals verzerrten – Faktenbericht am nächsten komme: das hieße, sich selbst unter die Meinungsbildner einzureihen. Bei der Fragestellung unseres Themas kann es vielmehr nur darum gehen, auf welche Weise die jeweilige Darstellung das Ereignis gestaltet. Die Darstellung kann nach verschiedenen Dingen fragen, bei denen sich die Antwort (und schon die Frage) unterschiedlich akzentuieren lässt, kann durch andere Akzentuierung derselben berichteten Fakten rechtfertigende (oder bezichtigende) Züge annehmen. Das eben sind die Schlüsselfragen, an denen sich sowohl Forschungsmeinungen wie ‹Erinnerungen› teilen: Wie konnte es zu dieser Katastrophe kommen, und wer hätte sie verhindern können? Wen trifft die Hauptschuld an den unsäglichen Rohheiten des *Sacco*? Wurde die römische Hochrenaissance in ihrer vollen Blüte getroffen, oder gibt es Indizien für eine krisenhafte Situation schon vor dem *Sacco*? Und so fort bis in feinere Bewertungen. Wer etwa der Auffassung ist, die Folgen des *Sacco* seien bald vernarbt, oder: die Produktivität der römischen Hochrenaissance habe schon um 1520 ihren Höhepunkt überschritten und sei nicht erst 1527 gewaltsam geknickt worden, wird den

Sacco anders darstellen. Welche Erinnerung «recht» hat, sei hier nicht entschieden (und wird vermutlich immer kontrovers bleiben): Hier sei nur auf die Stellen hingewiesen, an denen die Darstellungen des *Sacco* in diese oder eben in jene Richtung laufen können.[10]

Wo teilt sich die Erinnerung?

Die Erinnerung von Opfern und die Erinnerung von Tätern wird immer und überall eine geteilte sein, und immer asymmetrisch, die Erinnerung von Opfern ist stets die intensivere. Die Frage ist: wo teilen sie sich?

Im Fall des *Sacco* ist es naheliegend, dass die konfrontierte Erinnerung national eingefärbt ist. Für die Italiener ist der *Sacco* noch heute die spektakulärste Episode in der immerwährenden, wie Blitz und Hagel hinzunehmenden *calata dei barbari*, dem «Herabsteigen der Barbaren» von den Alpen: ob nun Ostgoten oder Barbarossa, *lanzichenecchi* oder *nazisti*, Firmenübernahmen oder Touristenhorden. Dass der *Sacco* hier zu den Stereotypen präsenter ‹Erinnerung› gehört, zu den *archetipi storiografici*, ersieht man, in schöner Regelmäßigkeit aktualisiert auch für innere Anwendung, aus den Zeitungen sogar bei einem angedrohten Marsch auf Rom der Lega Nord (*…lanzichenecchi luterani ben disposti allo scontro di civiltà*).[11] Man sieht nicht recht, was das miteinander zu tun hat, aber Gemeinplätze, ‹Erinnerungsorte›, haben es so an sich, dass sie sich selbständig machen.

Zu den unbestrittenen Fakten erlittener Überwältigung tritt, auch bei der Beurteilung des *Sacco*, noch der *vittimismo*: eine Wortbildung, mit der die Italiener selbstkritisch bekennen, dass sie sich leicht in der Rolle des Opfers sehen und darin des Guten manchmal auch zu viel tun. Eine solche Einstellung kann nämlich die Frage nach der eigenen Schuld, oder doch der eigenen Rolle, in den Hintergrund drängen. Welche Fehleinschätzungen, Versäumnisse, Unverantwortlichkeiten gab es damals auf italienischer Seite? Was haben die italienischen Mächte, was hat das Heer der Liga, was haben die Verteidiger von Rom zur Abwendung getan?

Dass die unglückliche Politik des Papstes einen großen Anteil hatte, ist nie geleugnet worden. Ebensowenig das unentschlossene Vorgehen der Liga (wobei man den Anteil des französischen Königs, oder Venedigs, oder des kommandierenden Herzogs von Urbino unterschiedlich gewichten und ihnen ihre Gründe zugestehen konnte). Aber das waren nur Voraussetzungen – notwendige, aber nicht hinreichende Voraussetzungen – für die Greuel, die dann folgten. Dass die Verteidigung, die sich so zuversichtlich gegeben hatte, in Rom nur gerade einen Tag Widerstand leistete, war nicht eben ruhmreich. Die Opfer, die dabei tatsächlich gebracht worden waren, wurden in der italienischen Erinnerung hochgehalten. Dazu zwei Inschriften, die im Abstand von dreieinhalb Jahrhunderten an der Seitenfassade von S. Spirito in Sassia zu Ehren des Goldschmieds Bernardino Passeri angebracht wurden, der hier im Kampf gegen die eindringenden Truppen Bourbons fiel. Die erste, noch von den Söhnen gesetzt, sagt vergleichsweise nüchtern, dass Passeri, «als er im heiligen Krieg fürs Vaterland in der Nähe des Gianicolo mehrere Feinde im Kampf getötet und einem feindlichen Soldaten die Fahne entrissen hatte, tapfer fiel». Die zweite Inschrift, 1885 von den Zunftgenossen unter jener ersten angebracht, berichtet in gesteigertem Ton: «Eingehüllt in die Fahne, die er mit eigener Hand den eindringenden bourbonischen Horden entrissen hatte, fiel hier, zur Verteidigung des Vaterlandes, im eigenen und des Feindes Blut … Damit solches Beispiel den Nachkommen zu Lehre und Nachahmung gereiche.»[12] Gewiss, die trunkene Sprache italienischer Denkmäler – aber auch sie schafft *lieux de mémoire.*

Dass damals ein *Sacco di Roma* auch ohne fremdes Zutun möglich war, zeigt die unerhörte Plünderung von Vatikan und Peterskirche durch Kardinal Pompeo Colonna einige Monate zuvor. Aus Familientradition kaiserlich gesinnt und in der gegenwärtigen Situation kaiserliche Morgenluft witternd, drang der Kardinal, in Absprache mit dem kaiserlichen Gesandten Moncada, mit seinen Truppen am 20. September 1526 in die Stadt ein. Ohne dass die Römer zur Verteidigung des Papstes einen Finger gerührt hätten, wurden der Apostolische Palast völlig ausgeplündert und verwüstet, mit den päpstlichen Gewändern Spott getrieben, aus der Peterskirche Reliquiare und heilige Geräte genommen, Kuriale beraubt auch wenn sie als kaiserlich gesinnt galten.[13] Eine unerhörte Tat, die, wenn auch weniger blutig, der Welt schon einmal zeigte, was in diesem Rom möglich war. Ein *Sacco* vor dem *Sacco*, ganz unter Italienern.

Der Anteil der italienischen Kontingente am *Sacco* von 1527 wird von den Zeitgenossen, deren Aufmerksamkeit durch den voraufgehenden *Sacco* des Kardinals Colonna geschärft war, durchaus benannt (und nicht nur der Kunstraub, der noch am ehesten Verständnis findet). Doch ist vom italienischen Anteil dann in historischen Darstellungen manchmal gar nicht die Rede. Kennzeichnend dafür, wie verkürzt der *Sacco* auf italienischer Seite erinnert werden kann, ist die Darstellung der italienischen Wikipedia, die unter den beteiligten Truppenkontingenten ausschließlich die Deutschen nennt (*lanzichenecchi* viermal; *mercenari germanici; crociata luterana contro la Roma papalina; avversione rabbiosa e bestiale per il cattolicesimo*), Spanier und Italiener hingegen überhaupt nicht, während die spanische Wikipedia korrekt *soldados y mercenarios españoles, italianos y alemanos* nennt, sogar in dieser Reihenfolge (und die deutsche Wikipedia natürlich vor allem die deutschen Truppen bringt).[14]

Und nun zur Erinnerung der anderen Seite. Dass der *Sacco di Roma* nicht auch ein ebenso präsenter *deutscher* ‹Erinnerungsort› geworden ist, wird daran liegen, dass er nie als Heldenstück gegolten hat, und dass die Erinnerung von Tätern nicht die schmerzhafte Tiefe erreicht wie die Erinnerung von Opfern. Das heißt nicht, dass er von den deutschen Historikern vernachlässigt worden wäre: die Darstellung des *Sacco* in der deutschsprachigen Geschichtsschreibung des 19. Jahrhunderts wird, wegen ihres Materialreichtums und ihrer Ausgewogenheit, noch heute in der internationalen Forschung regelmäßig zitiert. Die von den Landsknechten verübten Greuel sind hier nie geleugnet oder auch nur verkleinert, allenfalls relativiert worden durch den Hinweis darauf, dass die Untaten seitens spanischer (und italienischer) Söldner von den Zeitgenossen bisweilen noch schlimmer bewertet wurden als die der deutschen. Vor allem Pastor hat, aus seiner besonders breiten Quellenkenntnis, Zeugnisse über die Beurteilung der Spanier mit Fleiß gesammelt – aber auch auf spanischer Seite ist bewusst, welche Rolle bei den Italienern der *Sacco* in der Entstehung des Bildes vom bösen Spanier gespielt hat.[15]

Nationale und konfessionelle Perspektive

Aber zuvor noch eine allgemeine Beobachtung zum Auseinandertreten von Erinnerung. Die Erinnerung ist eine noch geteiltere, wenn man bedenkt, dass neben die unterschiedliche *nationale* Perspektive auch noch die unterschiedliche *konfessionelle* Perspektive treten kann. Denn was hier geplündert wurde, waren schließlich nicht Kaufleute und Bürgerhäuser, sondern Kardinäle und Kirchen in der Hauptstadt der Weltkirche, und da konnten den, der das erlebte, geradezu eschatologische Gefühle überkommen. Unter den Landsknechten waren bereits viele Anhänger des neuen Glaubens, die «Lutherus» und andere Frechheiten in die Fresken schrieben, Luther vor der belagerten Engelsburg zum Papst ausriefen, sich zu schlimmen Sakrilegien hinreißen ließen, und dem Strafgericht Gottes, als das der *Sacco* prophezeit schien und nun (und keineswegs nur unter Protestanten) angesehen wurde, auf ihre Weise nachzuhelfen suchten.[16]

Deutsche Historiker werden, in besserer Kenntnis der Frühgeschichte der Reformation, Landsknechte und Lutheraner 1527 nicht einfach gleichsetzen (manche wussten wahrscheinlich selber noch nicht recht, welcher ‹Konfession› sie denn nun waren). Doch dass ein großer Teil, ja die Mehrheit der Landsknechte von 1527 bereits dem neuen Glauben anhing, davon gehen sowohl Gregorovius wie Pastor aus. Und gewiss hatten einige von ihnen bereits Erfahrung in der ‹Säuberung› heimischer Pfarrkirchen. Dieses konfessionelle Element in den *Sacco* einzubeziehen vergisst, zu recht, keine Darstellung. Aber während es aus spanischer und italienischer Sicht keine Probleme bietet, ja die Schuld der Landsknechte zusätzlich erklärt und potenziert, kann es in der konfessionsgespaltenen deutschsprachigen Geschichtsschreibung zu abermaliger Teilung der Erinnerung führen.[17] Da scheint dann manchmal mehr die kaiserliche als die nationale Perspektive das verbindende Element zu sein. Aber Ranke, Gregorovius, Pastor sind große Historiographie, und sie würden es nicht sein, wenn sie vor allem konfessionell geprägt wären.

Ranke hat in seiner Papstgeschichte, den Proportionen des Werkes entsprechend, die Ereignisse von 1527 nur knapp dargestellt, mit treffendem Charakterbild des Papstes in dieser Situation und mit Worten frei von allzu protestantischer Kritik über das Rom der Renaissance, das hier zum Opfer wurde.[18] Dass Ranke «si è fatto un dovere di minimizzare sistematicamente gli eccessi delle truppe tedesche», wie Chastel im Hinblick auf Pastor behauptet, wird von Pastor nicht gesagt und ist auch völlig abwegig.[19] Die Gutachten im Indizierungs-Verfahren von 1838 gegen Rankes Papstgeschichte, von denen wir erst jetzt – nach der Öffnung der Archive von Inquisition und Index 1998 – Kenntnis haben, scheinen denn auch an der Darstellung, die Ranke von den Vorgängen und von der antikaiserlichen Wendung des Papstes gibt, keinen Anstoß genommen zu haben, wohl aber an Rankes gleich anschließender Bemerkung über Kardinal Campeggis Eingabe an den Kaiser über die Behandlung der protestantischen Fürsten: so jedenfalls der schärfste Gutachter, Michele Domenico Zecchinelli. Ein anderer Gutachter, Antonino De Luca (später selbst Präfekt der Indexkongregation), riet in seinem Sondervotum sogar ausdrücklich davon ab, das Werk auf den Index zu setzen, da Ranke doch vorurteilsfreier über das Papsttum schreibe als viele französische und italienische (also katholische) Autoren seiner Zeit.[20] Hier deutet sich eine weitere Spaltung der Erinnerung an (die aber nicht weiter verfolgt sei): zwischen einem liberalen, antiklerikalen Italien und einem papsttreuen, ‹neoguelfischen› Italien – ein Gegensatz, der in seiner Schärfe von nördlichen Beobachtern oft unterschätzt wird.

Gregorovius gibt von diesem Ereignis ein großes, schreckliches Gemälde, wie nur er es geben kann (man vergisst darüber leicht, dass bei Gregorovius nichts hinzuerdichtet, alles den Quellen entnommen ist): ohne Schonung der Landsknechte, ohne Billigung sakrilegischer Handlungen, voll Mitgefühl für die Leiden der Römer – und anders wird man es bei ihm, der wie kein anderer deutscher Historiker den Italienern in kritischer Liebe zugetan war, auch nicht erwarten.[21] Die Skrupellosigkeit auch der kaiserlichen Seite wird von Gregorovius nicht verschwiegen, die Schuld nicht auf den Bourbon (er würde Rom geschont haben) und nicht auf die Spanier abgewälzt (jedoch ihr Anteil deutlich benannt), die Schrecken eher vergrößert (auch Raffael und Michelangelo wären nicht verschont worden) als verkleinert. Die Souveränität und Aufrichtigkeit der Darstellung wird hin und wieder beeinträchtigt durch Stellen von schwer erträglichem moralischen Pathos und übergroßen welthistorischen Reflexionen, wie man sie bei Gregorovius häufiger antrifft. An solchen Stellen verrät sich seine unverhohlene Genugtuung über die Züchtigung dieses Babel, dieser «verweichlichten Priesterstadt ..., das Volk durch Knechtschaft und die leonische Kulturschwelgerei entnervt».[22] Dass der *Sacco* in der Geschichte der Stadt eine tiefe Epochenzäsur darstelle, daran gab es für Gregorovius keinen Zweifel, ja mit diesem Schreckensbild lässt er die mehr als tausend Jahre seiner Geschichte der Stadt Rom enden.[23]

In der Darstellung der Vorgänge, und weitgehend auch in der Bewertung, ähnlich Pastor, der seine Papstgeschichte doch gegen die von Ranke und Gregorovius schrieb. Aber Pastor ist nicht so geradezu apologetisch, wie er gerne hingestellt wird. Gregorovius und Ranke werden häufiger (und selten polemisch) zitiert. Die ganze Schwachheit des Papstes, die wenig vorteilhaften Berichte aus seiner näheren Umgebung, die Plünderung von Papstpalast und Peterskirche schon durch Kardinal Pompeo Colonna in allen schlimmen Details: all das wird ebensowenig verkürzt oder beschönigt wie die dann folgenden Rohheiten des eigentlichen *Sac-*

Was sol ich schreibenn und nit lachen, die la[nz]knecht habenn den babst laufenn machen, schrieb ein Landsknecht bei der Plünderung Roms roh in ein Wandfresko der Villa des Papstbankiers Agostino Chigi (Rom, Farnesina).

co. Hohn und Mitleidlosigkeit protestantischer Soldateska gerade gegen Geistliche, aber auch der große Schuldanteil der Spanier werden stärker hervorgehoben als bei Gregorovius, düstere Prophezeiungen über den nahen Untergang der sündigen Stadt, zeitgenössische Urteile über den *Sacco* als Strafgericht Gottes über Rom und das Papsttum sind ausführlich zitiert – natürlich ohne dass Pastor, anders als Gregorovius, persönliche Zustimmung erkennen ließe.

Episode oder Epochenzäsur?

Die Frage, ob der *Sacco di Roma* einen tiefen, dauernden Bruch oder nur eine beklagenswerte, aber allmählich überwundene Episode darstelle – eigentlich die historischste unter all den Fragen zu diesem Ereignis –, spielt eine besondere Rolle in dem Werk von André Chastel, der den *Sacco* und seine Folgen, mehr problematisierend als erzählend, aus der Perspektive des Kunsthistorikers sieht, und mit dem auseinanderzusetzen sich lohnt, auch wenn man seiner Argumentation nicht immer folgen mag.[24] Hier geht es uns nur um die Frage der Epochenzäsur.

Rom-Historiker wie Jean Delumeau und Peter Partner waren zu dem Ergebnis gekommen, der *Sacco* sei, bei allem Schrecken, in seiner Langzeitwirkung nicht als Bruch, als Epochenzäsur anzusehen: «Il est vrai qu' elle [Rome] connut les horreurs du sac de 1527, mais l'essor de la ville n' en fut que momentanément arrêté» (Delumeau); «There seems, then, to be no good reason for making a clean break in the social history of sixteenth-century Rome on account of the Sack of 1527. That it created a gap can hardly be denied».[25] Chastel wies diese Auffassung entschieden zurück und schrieb die – wie er meint: Fehldiagnose – moderner «soziologischer» Sehweise zu, die dem einzelnen historischen Ereignis, und dem einzelnen Menschen, nicht gerecht werde (womit er in beiden Historikern nun wirklich die Falschen traf).

Chastel seinerseits – wohl wissend, dass er sich da auf fremdes Terrain begebe[26] – sieht oder postuliert markante Bruchlinien in *allen* Bereichen, um dann von hier aus (und das kommt einer *petitio principii* gefährlich nahe) den tiefen Bruch zu erklären, den er im Bereich der Kunst als Wirkung des *Sacco* feststellen zu können glaubt: einen Bruch, und die rasche Verbreitung eines neuen, bereits zuvor einsetzenden «clementinischen» Stils – «questa maniera di Roma» (Vasari) – durch die Diaspora der römischen Künstler infolge des *Sacco* (der selbst keine Darstellung in der Kunst der Zeit gefunden hat). Manchmal wünschte sich der Historiker hier mehr kunsthistorische als historische Argumente (und in den Gemälden unterschiedlichster Sujets jeweils eine Traumatisierung des Künstlers durch den *Sacco* nachweisen zu wollen, kann nicht immer überzeugen). Die Gedankenführung scheint bisweilen zu punktuell auf den *Sacco* fixiert, so als träte der *Sacco* gewissermaßen an die Stelle der Reformation. Vielleicht darf man das alles nicht auseinanderdividieren. Aber man sollte doch den Eindruck vermeiden, als habe der *Sacco* und nicht in erster Linie die protestantische Reformation und die katholische Reform den großen Klimawandel, den «Stilwandel» in der Geschichte des Papsttums nach Clemens VII. herbeigeführt. Das hieße dem *Sacco* doch einen zu großen Stellenwert geben.

Noch einmal: hier kann nicht über die «Richtigkeit» von Forschungsmeinungen entschieden werden, oder über die naheliegende Frage, was denn – ausgehend von dem immer wiederholten Bild, der *Sacco di Roma* habe die Blüte der Renaissance geknickt und auf immer vernichtet – nach dem Tode Raffaels, Leos X., Agostino Chigis (und Michelangelo nicht in Rom) dann noch zu knicken war: natürlich haben Rezensionen des Buches diese Frage nach Kontinuität und Diskontinuität gestellt.[27] Hier sollte wieder nur lokalisiert werden, wo die kontroversen Punkte liegen, an denen sich die ‹Erinnerungen› teilen (oder auch bloße Forschungsmeinungen auseinandertreten) und womöglich die gegenseitigen Bezichtigungen beginnen, die ‹andere› Erinnerung wolle dieses oder jenes verharmlosen.

Die Frage, ob nicht schon bei den unmittelbar beteiligten Zeitgenossen der Rückblick auf den *Sacco* die Perspektive, ja die Erinnerung verformte und die Jahre vor der Katastrophe verklärte, hat jüngst Gouwens an Leben und Erinnerung einiger – dem päpstlichen Hof eng verbundener – römischer Humanisten untersucht.[28] Er kam zu dem Ergebnis, dass ihre Erinnerung die früheren Jahre in ein goldenes Licht rückte und sie umso mehr den *Sacco* zu einer Wasserscheide erklärten: «They came to ‹remember› a Renaissance in Rome that, for all its manifest glories, had never existed in quite such unalloyed splendor or stood in such sharp contrast to the present». Der Sacco habe den Wandel nicht herbeigeführt, aber in schärferem Licht sehen lassen und so die Erinnerung der Zeitgenossen und auch die der Historiker geprägt «to the extent that there persists an image of High Renaissance Rome as a distinct cultural period ending in

1527, an image that has dominated the historiography from Gregorovius and Pastor to Chastel and Stinger, that persistence is owed substantially to the extravagant claims and the vivid memories – not just to the actual accomplishments or the lived experiences – of the Roman humanists.»[29]

Auch wenn man nicht davon ausgeht, dass die Erinnerung damals die jüngste Vergangenheit verklärt habe: das Erlebnis des *Sacco* musste ein Schock sein, der die Gewissheiten voraufgegangener glücklicherer Jahre infrage stellte. Die römischen Humanisten hatten die Animositäten, die ihnen immer schon entgegenschlugen, bisher mit Gelassenheit ertragen. Aber in Erasmus' *Dialogus ciceronianus* (1528) gerade jetzt die erbarmungslose Kritik am «heidnischen» römischen Humanismus zu finden und Schadenfreude über den *Sacco* herauszuhören[30] war bitter. Wahrhaftig: das Rom der Renaissance schien entzaubert.

Entzaubert nicht nur im kritischen Blick des Nordens (dessen antirömischer Affekt bekanntlich älter ist als die Reformation). Dass der Mythos Roms an sein Ende gekommen, dass das verdiente Strafgericht längst vorherbestimmt gewesen sei, diese Auffassung fand sofort – und in einer Breite, die weit über die bekannten Tiraden eines Pietro Aretino hinausging – in zahllosen Versen, Traktaten, Pamphleten, ja Parodien beredten Ausdruck: vom blanken Hohn (die Römerin des *Sacco* anders als einst Lucrezia, Soldaten und Prälaten in komischen Aufzügen u. ä.) bis zur innigen Hoffnung, dass Rom, nach Buße und Wiedergeburt, seine Berufung wiederfinden und Italien befreit werden möge («… Lombardia/pasto di Spagna, d'Ellemagnia e Galia»). Der *Sacco di Roma* als Ende von Babel («pegio che Babilonia è fatta Roma»), aber auch von Sodom, von Troja, von Karthago, von Jerusalem – in solch apokalyptischen Bildern («il sol s' oscura e la sua luce imbruna») ließen sich alle Schattierungen unterbringen, Ausgangspunkt für ebenso unterschiedliche Erinnerung.[31]

Die Perspektive literarischer und dokumentarischer Quellen

Nach den Stimmungen der Humanisten, den Berichten der Augenzeugen, den Briefen der Protagonisten, den Ergüssen der Literaten nun ein Wechsel der Perspektive. Erst in letzter Zeit sind in systematischer Weise auch Quellen herangezogen worden, die aus dem tiefen Innern dieser vom *Sacco* gepeinigten Stadt kommen und, nach den vorgeführten unterschiedlichen ‹Erinnerungen›, der Forschung wieder Nahrung für eine distanziertere Analyse geben: die Urkunden der Notare. Jüngst sind sämtliche für die Zeit der Besetzung (6. Mai 1527–16./17. Februar 1528) erhaltenen Notarsprotokolle zusammengestellt und untersucht worden.[32] Während die Darstellungen in der Regel von Augenzeugenberichten und literarischen Quellen ausgehen, die sich in ihrer Aussage an Mitwelt und Nachwelt wenden, ergeben diese dokumentarischen Alltagsquellen eine andere Perspektive, die das Schlimme nicht weniger schlimm, aber versachlichter sehen lässt.

Der apokalyptische Ton der literarischen Quellen schien jeden Versuch überflüssig zu machen, die Vorgänge und ihre Wirkungen unter Berücksichtigung *aller* Quellen, *aller* Fragen zu analysieren. Rom zu plündern, Jerusalem zu plündern, ist tatsächlich keine gewöhnliche Plünderung. Aber es enthebt den Rom-Historiker nicht der Pflicht, die Wirkungen des *Sacco* in einem weiteren Umfeld zu sehen und zu fragen, ob – nach der atemberaubenden Entwicklung der Stadt in den voraufgehenden Jahrzehnten,[33] die unvermeidlich zu Verwerfungen führen musste – alles Folgende allein dem *Sacco* zuzuschreiben sei, und nicht auch schon vorher Elemente einer Krise zu beobachten seien. Etwa: die schreckliche Pest von 1522 – also demographisch eine Phase der Stagnation; die städtischen Finanzen zerrüttet, wie das verzweifelte Bemühen um Konsolidierung der öffentlichen Schuld vor dem *Sacco* zeigt – also finanziell nicht die fette Substanz, aus der man den Glanz dieser Stadt, des päpstlichen wie des kommunalen Rom, in der Renaissance genährt glaubt; und weitere Indizien für eine krisenhafte Situation, die der *Sacco* dann zur Entladung brachte, und nicht eine Hochblüte, die unversehens durch dieses eine Ereignis geknickt worden wäre.

Was sich aus der Zeit der Besetzung erhalten hat, sind die Protokolle von immerhin 50 Notaren,[34] von denen dann mehrere zeitweilig die Stadt verließen und in andere Orte Latiums auswichen. In ihre Imbreviaturbücher trugen sie, neben den Rechtsgeschäften ihrer Kunden, nach dem *Sacco* bisweilen auch kurze Notizen über die Ereignisse ein, persönliche Bemerkungen über die eigenen Erfahrungen (Höhe des ihnen abverlangten Lösegelds, Hunger, wann sie die Stadt verließen): ganz unmittelbare, nichtliterarische Texte aus persönlicher Perspektive. Schon dass solche Texte, in dieser Quellengattung, ganz informell zwischen all diesen formalisierten Rechtsgeschäften stehen, muss den Historiker bewegen; und sie berichten, wie zu erwarten, nicht weniger Schreckliches. Aber auch die aufgenommenen Rechtsgeschäfte haben in den ersten Monaten nach der Eroberung (Juni-August 1527) ihre eigene Färbung: Lösegeldzahlungen und Testamente statt Heiratsverträgen und Handelsgeschäften, wobei Italiener und Spanier sogar jetzt noch Notare einschalteten (so Spanier bei der Erhebung von Lösegeldern, so Sciarra Colonna nachdem er einen Palast besetzt hatte). Landsknechte hingegen erscheinen in dieser Quellengattung nicht[35] – aber aus dieser Abwesenheit auf geringere Beteiligung an den Gewalttätigkeiten zu schließen wäre gewiss abwegig.

Man fragt sich nur, wo all dieses erpresste Geld und Raubgut geblieben ist. In der Regel blieb der größere Teil im Lande, denn dies war die Stunde der Aufkäufer, und des Recyclings durch schwelgenden Konsum.[36] Man sieht die Fugger-Bank in Rom damals zwar Gelder für Hauptleute, Landsknechte, Frauen des Trosses nach Deutschland transferieren, insgesamt 24 000 flor.[37] – aber was ist das, wenn wir wissen, dass die Schatzung eines einzigen Palastes hier mehrere 10 000 Gulden erbringen konnte? Vieles hat Rom wohl nicht einmal verlassen, tatsächlich tauchte nach dem *Sacco* manches Raubgut hier wieder auf. Einer der Landsknechtsführer, jener Sebastian Schärtlin, erzählt in seiner Autobiographie, wie er in einer einzigen Nacht in Neapel 5000 duc. verspielte – und doch brachte er vom italienischen Feldzug 1526–29 noch 15 000 duc. nach Hause.[38] Und das war viel.

Die römischen Notarsinstrumente lassen auch Verwaltungsstrukturen des Besatzungs-Alltags durchscheinen; nur ausnahmsweise sprechen sie auch von Gewalt.[39] Dass die Wirtschaft nicht ganz darniederlag, der Hafenbetrieb nicht ganz ruhte (die gewerbliche Produktion allerdings stark reduziert war), einige römische Familien noch über Kapitalien verfügten und sie gewinnbringend einsetzten (andere freilich völlig ruiniert scheinen): auch das ist aus den Notarsurkunden zu ersehen. Die Testamente dieser Monate scheinen mehr durch Pest als durch militärische Gewalt veranlasst; doch ist auch die Gewalt, in den Verfügungen der Opfer über die Begleichung vorgeschossenen Lösegelds, ja in den Verfügungen reuiger Täter, noch hinreichend präsent.[40] Einige Notare datierten ihre Urkunden nun, statt nach Pontifikatsjahren Clemens' VII., nach Regierungsjahren Karls V.: Rückkehr in die Normalität, aber unter neuem Vorzeichen. Das Leben ging weiter, «an overall interruption never really occurred». Aber die Blessuren sind nicht zu übersehen.

Es liegt in der Natur dieser Quellengattung, dass hier das Leben weitergeht, Alltag zurückkehrt, Brüche ausgeglichen werden: insofern sollte man die Aussagen solcher Notarsurkunden nicht einfach als Beleg für Kontinuität und Normalität nehmen. Aber man sollte sie doch wenigstens heranziehen und auch ihrer Sicht ein Recht geben.

Der *Sacco di Roma* in geteilter Erinnerung: Wir haben gesehen, wie unterschiedlich ein großes historisches Ereignis von traumatischer Erfahrung gewertet, gewichtet, erinnert werden kann, wie die Erinnerung von Tätern und Opfern auseinandertritt; wie sie – auch weit unterhalb der Forschung, in den tiefen Schichten kollektiver historischer Vorstellung – akzentuiert oder verdrängt, und in wieviele Richtungen (nationale, konfessionelle usw.) sie sich zerteilen kann. Geschichtswissenschaft kann diese Brüche nicht heilen. Aber sie kann wenigstens auf die Stellen hinweisen, an denen die Erinnerung sich teilt. Heilsame Erkenntnis ist auch das.

Etienne François

24. Oktober 1648: Der Westfälische Frieden

Kaum ein Ereignis der frühneuzeitlichen europäischen Geschichte wurde so intensiv und vielfältig, so freude- und hoffnungsvoll gefeiert wie der am 24. Oktober 1648 in Münster und Osnabrück geschlossene Westfälische Frieden. Vier Jahre lang hatten bis zu 82 Gesandtschaften verhandelt, um einen Krieg zu beenden, der seit seinem Beginn im Jahre 1618, je länger er dauerte, mehr und mehr europäische Länder erfasst und in Mitleidenschaft gezogen hatte. Zu Recht bemerkt Johannes Burkhardt, dass es sich beim Westfälischen Vertragswerk um eine außergewöhnliche Leistung handelt, die «das unlösbar scheinende Konfliktbündel überwinden und eine nachhaltige Wirkung entwickeln sollte: für Europa die Errichtung des Staatensystems, für die deutsche Geschichte aber die Vollendung der Reichsverfassung und die Abschaffung des Religionskriegs».

Wie aber wurde der Westfälische Frieden von den Zeitgenossen wahrgenommen? Wie und unter welchen Bedingungen wurde der Tag seines Abschlusses zu einem Erinnerungstag? Wie wurde er gestaltet und mit welchen Inhalten und Deutungen gefüllt? Wie hat er sich im Laufe der Zeit entwickelt und gewandelt? Inwiefern lässt sich schließlich von ihm sagen, er sei ein europäischer Erinnerungstag?

Ein geteilter Erinnerungstag

Die von der französischen Historikerin Claire Gantet ermittelte Zahl von nicht weniger als 210 verschiedenen Friedensfesten, die zwischen Mai 1648 und August 1660 in ganz Europa begangen wurden, gibt einen ersten Hinweis auf den weit verbreiteten Wunsch, sich des beschlossenen Friedens zu erinnern. Im Reich, wo die Mehrheit dieser Friedensfeste stattfand, wurde der Höhepunkt zwischen Juni und November 1650 erreicht, d. h. nach der Unterzeichnung des Rezesses, der den Abzug der fremden Truppen und die allgemeine Demobilisierung regelte. Bei der vom Grafen Ottavio Piccolomini in Nürnberg veranstalteten Feier stand ein prunkvolles gastronomisches Bankett im Zentrum, neben Tänzen, Gedichten und szenischen Darstellungen, die die *Fruchtbringende Gesellschaft* und der *Pegnesiche Blumenorden* zusammengestellt hatten; am Abend sollen nicht weniger als 1600 Raketen und Feuerkörper gezündet worden sein. Auch in kleineren Städten wurde der Friede mit einem Übermaß an Pomp gefeiert, was ein beredtes Zeugnis von der Bedeutung ablegt, die dem lange ersehnten Frieden beigemessen wurde. In Weimar zum Beispiel beteiligte sich am 29. August 1650 die ganze Stadt an der Feier – von der herzoglichen Familie über die 28 Zünfte bis hin zu den 700 Schulkindern der Stadt in weißen Hemden und mit Palmenwedeln.

Der Tag wurde durch eine dichte Abfolge von Kanonenschüssen, Glockengeläut, Psalmgesängen, Prozessionen unter für diese Gelegenheit errichteten Ehrenpforten, Gottesdiensten und Verteilung von Gedenkmünzen und Lebkuchen gekennzeichnet. Auf einer Zunftfahne waren die Verse zu lesen:

> «O Weimar du hast nun bekommen das Best
> Dass du erhalten bist bis auf das Friedensfest;
> Gott wird mit seiner Hand noch ferne ob dir walten,
> So du sein Wort wirst fest und auch den Glauben halten».

Und nach Abschluss der Feier wurden alle für diesen Anlass verfertigten Wappen und Fahnen an den Wänden der Stadtkirche aufgehängt.

Da der Krieg je nach Region, Land und Konfession anders erlebt und wahrgenommen worden war, wurde gleichermaßen der ihn abschließende Friede unterschiedlich gedeutet und dargestellt. Weit entfernt davon, ein einheitliches Bild zu vermitteln, drücken die damals begangenen Friedensfeste die Unterschiedlichkeit der Gedächtniskulturen aus, die sich im Zusammenhang mit dem Erinnerungstag formierten.

Im Reich stand die protestantische Gedächtniskultur ganz unter den Leitbegriffen «Leiden» und «Wunder». Der Westfälische Frieden wurde als Gnadenakt Gottes interpretiert und dargestellt, der wie ein Wunder die Bewahrung des Protestantismus ermöglichte. «In der öffentlichen Meinung des *ancien régime* galt das Vertragswerk als ein ‹protestantisches› Dokument, das dem Katholizismus einen nicht mehr wettzumachenden Rückschlag versetzt hatte» (Heinz Duchhardt). Diese Gedächtniskultur drückte sich vor allem in den institutionalisierten Friedensfesten aus, die unmittelbar nach 1648 in vielen süddeutschen Städten auf protestantische Initiative hin gestiftet wurden, vor allem dort, wo Protestanten und

Katholiken dicht nebeneinander bzw. miteinander lebten – so zum Beispiel in Memmingen, Biberach, Ravensburg, Lindau, Dinkelsbühl. Nicht weniger als die Hälfte der identifizierten Friedensfeste sind im süddeutschen Raum lokalisiert.

Am bekanntesten ist das sogenannte Hohe Friedensfest, das heute noch als gesetzlicher Feiertag in Augsburg am 8. August begangen wird. Dieses Fest nahm im Jahrzehnt nach dem Abschluss des Friedens die Form an, die es bis Ende des 18. Jahrhunderts behalten sollte. Es gestaltete sich als Höhepunkt kollektiver Einmütigkeit und Frömmigkeit und wurde mit einem Prunk und einem barocken Formenreichtum gefeiert, die im damaligen protestantischen Deutschland ohnegleichen waren. Jedes Jahr am 8. August wurden in den sechs protestantischen Pfarrkirchen der konfessionell paritätischen Reichsstadt feierliche Gottesdienste abgehalten, deren besondere Bedeutung durch speziell zu diesem Anlass verfasste und anschließend in gedruckter Form verkaufte Predigten und Kantaten unterstrichen wurde. Am Mittwoch nach dem 8. August gab es dann eine besondere Gedenkveranstaltung für die Kinder der protestantischen Schulen: festlich gekleidet gingen sie in einem feierlichen Zug zum Gottesdienst, der eigens für sie veranstaltet wurde, und bekamen neben Naschwerk ein sogenanntes Friedensgemälde, d. h. einen speziell zu diesem Anlass gestochenen und gedruckten Kupferstich, dessen Bedeutung durch einen Kommentar in Versform erläutert wurde. Diese Friedensfeste waren durch ein übersteigertes Geschichtsbewusstsein gekennzeichnet. Es beruhte auf der Erinnerung an die Schreckensjahre des Kriegs und an die tödliche Bedrohung, die damals auf dem Augsburger Luthertum lastete: Nicht umsonst wurde das Friedensfest nicht am 24. Oktober begangen, sondern am Tag der Ausweisung der evangelischen Pfarrer aus der Stadt am 8. August 1629, d. h. am Tag der ersten repressiven Maßnahme, die nach dem kaiserlichen Restitutionsedikt ergriffen worden war, um den Augsburger Protestantismus auszulöschen. Mit anderen Worten: mehr noch als ein Fest des Friedens war diese Gedenkveranstaltung eine Gedächtnisfeier für die Leiden des Krieges. Die Erinnerung an diese Ereignisse geschah allerdings nicht um ihrer Historizität willen, sondern im Gegenteil immer in Bezug auf die Gegenwart, die ihnen Sinn gab und die für sie sinngebend wirkte, als ob man alles daran gesetzt hätte, die Vergangenheit völlig «gegenwärtig» werden zu lassen. Sie geschah schließlich in einem ständigen Hin und Her zwischen dem denkwürdigen Ereignis, der unmittelbaren Gegenwart und der geoffenbarten Ewigkeit. Eine Vielzahl einschlägiger Bibelstellen legte so genau wie möglich die wahre Bedeutung der historischen Ereignisse fest. Mit einer besonderen Vorliebe unterstrich sie die Parallelen zwischen der biblischen Geschichte und den Erfordernissen der Gegenwart: So wurde Augsburg mit dem himmlischen Jerusalem und die Verfolgung im Dreißigjährigen Krieg mit der Babylonischen Gefangenschaft gleichgesetzt.

Eine weitere Form der Erinnerung an den Frieden etablierte sich – diesmal auf architektonische Art und Weise – in Schlesien. Dort hatte der Kaiser auf Druck von Schweden den Protestanten der Provinz drei sogenannte Friedenskirchen in den Städten Glogau, Jauer und Schweidnitz zugestehen müssen. Diese Kirchen sollten allerdings außerhalb der Städte errichtet werden, und es war sogar vorgesehen, dass sie nicht aus Stein, sondern nur aus Holz und Lehm erbaut werden sollten, um die Vorläufigkeit der Konzession hervorzuheben. Sehr schnell aber entwickelten sich diese Kirchen zu den größten sakralen Fachwerkbauten Europas. Die Kirche von Jauer zählte vier Emporen und hatte Platz für 5500 Personen, während die Kirche von Schweidnitz sogar 7500 Gläubige aufnehmen konnte. Darüber hinaus wurden diese Kirchen im Inneren mit einer außergewöhnlichen Fülle von Bildern und einer seltenen barocken Pracht ausgestattet. Die Friedenskirche von Jauer erhielt mehr als 200 Bilder, deren Motive meistens aus der Heiligen Schrift stammten und die alle von Bibelsprüchen erläutert wurden, so dass sie bis heute wie ein sprechendes und farbenfrohes lutherisches Bekenntnis mitten in einer katholischen Landschaft steht.

Die katholische Gedächtniskultur hingegen formierte sich schon während des Krieges und stand ganz unter dem Zeichen der Mutter Gottes, die allen, die sie anrufen, Zuflucht und Schutz gewährt, Rettung und Sieg bringt. Nicht zuletzt um über das Ausbleiben des 1629 bzw. 1635 fast erreichten Sieges über den Protestantismus hinweg zu täuschen, hob sie vor allem Krieg und Sieg hervor und drückte sich vornehmlich in sakraler und liturgischer Form aus.

Sie fand ihren ersten Ausdruck in Prag, d. h. in der Stadt, von wo der Krieg seinen Ausgang genommen hatte. Kurz nach dem Sieg über die Aufständischen bei der Schlacht am Weißen Berg am 8. November 1620 wurde in der Stadt selbst die 1613 erbaute Kirche der deutschen Lutheraner abgerissen, um an ihrer Stelle 1624 die Karmeliterkirche «Santa Maria de Victoria» zu errichten, die als erste Kirche der Stadt mit einer barocken Fassade versehen wurde und seit dieser Zeit das Gnadenbild des Prager Jesuleins enthält. Im selben Jahr wurde auf dem Schlachtfeld am Weißen Berg eine Wallfahrtskirche zu Ehren von «Maria vom Siege» errichtet, um an die aktive Rolle der Mutter Gottes zu erinnern, die die Truppen der katholischen Liga zum Sieg geführt hatte. Zwei Jahre später stiftete 1626 die Fürstin Benigna Katharina von Lobkowitz die Wallfahrtstätte Maria Loretto in unmittelbarer Nähe zur böhmischen Kanzlei im Ludwigsflügel des Königsschlosses, wo der Fenstersturz vom 23. Mai 1618 stattgefunden hatte, um an die wundersame Errettung durch die Fürsprache Mariens der zwei habsburgischen Statthalter Wilhelm Slavata und Jaroslav von Martinic zu erinnern, die zusammen mit dem Schreiber Fabricius am 23. Mai 1618 aus dem Fenster geworfen worden waren (und danach Zuflucht in den Gärten der Fürsten Lobkowitz gefunden hatten). Nach dem Ende des Krieges schließlich, als Dank für den Frieden, der die Stadt Prag von der schwedischen Gefahr befreit hatte (zur Zeit des Friedensschlusses besetzten die Schweden die Burg und die Kleinseite und hätten fast die Karlsbrücke erstürmt), wurde der Beschluss gefasst, eine Mariensäule am Altstädter Ring zu errichten. Die Säule mit der sie krönenden Statue wurde am 13. Juli 1652 durch den Kaiser Ferdinand III. und seinen Sohn Ferdinand IV. feierlich eingeweiht. Die Umwandlung von Prag zu einer katholisch-barocken, aristokratisch-habsburgischen Stadt begann also schon während des Krieges. Ohne die völkerrechtliche Anerkennung durch den Friedensvertrag der neuen Landesverfassung von 1627, die die Zugehörigkeit der böhmischen Krone zu den habsburgischen Erblanden festsetzte, hätte sie allerdings nie ihre volle Entfaltung erreichen können.

In den Territorien der Habsburger – von Prag bis Brüssel, von Wien bis Konstanz – drückte sich diese katholische Gedächtniskultur in der Verbreitung der Loretto-Frömmigkeit aus, um Maria als Siegerin über die Häresie und die Gegner des rechten Glaubens zu verherrlichen. Diese Frömmigkeit ging auf das Gelübde zurück, das der Großherzog Ferdinand von Steiermark 1598 in Italien bei der ursprünglichen Loretto-Kapelle abgelegt hatte, den Protestantismus aus seinen Territorien zu tilgen. Nach der ersten Nachbildung, die Kardinal Franz von Dietrichstein zwischen 1620 und 1623 auf seinem Gut Nikolsburg in Mähren hatte erbauen lassen, wurden nicht weniger als vierzig Lorettokirchen zwischen 1630 und 1730 allein in Österreich erbaut. Nach der Schlacht von Lützen schenkte Ferdinand II. dem Gnadenbild der gerade erbauten Wiener Lorettokirche den goldenen Ring, den man auf dem Schlachtfeld am Finger des toten Gustav Adolf gefunden hatte.

In München wurde 1638 die erste Mariensäule nach dem Rückzug der Schweden und der Rückkehr von Herzog Maximilian am späteren Marienplatz errichtet zum Dank für die Schonung der Stadt während der schwedischen Besatzung. Unter den Füßen der Patronin Bayerns befinden sich vier Putti aus Bronze, die den Sieg Marias über Krieg, Hunger, Pest und Ketzerei versinnbildlichen. Neun Jahre später wurde gleichermaßen eine Mariensäule in Wien errichtet, als Erfüllung des Gelübdes des Kaisers Ferdinand III. zur Zeit der Bedrohung von Wien durch die Schweden.

In Rom schließlich wurde der neuen Kirche der Karmeliter der Namen von Santa Maria della Vittoria gegeben, um an das von den Protestanten geschändete Gnadenbild zu erinnern, das der spanische Karmeliter Dominikus a Jesu Maria bei der Schlacht am Weißen Berg vor den Truppen der Liga beim Angriff der ständischen Armee getragen hatte und das danach nach Rom gebracht worden war.

Außerhalb des Reiches fanden in den Niederlanden die Friedensfeste früher als im übrigen Europa statt. Der Separatfriede zwischen den Vereinigten Provinzen und der spanischen Monarchie war nämlich schon am 30. Januar 1648 geschlossen worden, so dass der Höhepunkt der Feierlichkeiten in den Monaten Mai und Juni 1648 stattfand, d. h. gleich nach dem am 15. Mai und 16. Mai in Münster erfolgten Austausch der Ratifikationsurkunden mit feierlicher Beschwörung und öffentlicher Vorlesung, der danach auf vielen Gemälden dargestellt wurde. Was dort aber gefeiert wurde und sich im kollektiven Gedächtnis einprägte, war nicht die Erinnerung an den Frieden, der den Dreißigjährigen Krieg beendete, sondern vielmehr die Erinnerung an den Frieden, der den 80-jährigen Krieg gegen Spanien beendete und die siegreiche Behauptung der Unabhängigkeit der völkerrechtlich aus dem Reich ausscheidenden Vereinigten Provinzen bekräftigte.

Am 18. Juni 1648, d. h. unmittelbar nach der Verkündigung des Separatfriedens, wurde daher der Beschluss gefasst, ein neues Rathaus in Amsterdam zu bauen. Dieser Plan knüpfte an frühere Überlegungen an, die auf das Jahr 1639 zurückgingen. Er sah den Bau eines überdimensionierten Rathauses vor, das ein sichtbares Zeichen für den endlich wiedererlangten Frieden und die teuer erkaufte Unabhängigkeit des Landes sein sollte. Gleichzeitig sollte das neue Rathaus den Reichtum der Stadt

Gerard ter Borch: Der Friedenskongress zu Münster, 1648,
National Gallery, London.

Amsterdam und die Vormachtstellung der Provinz Holland zur Schau stellen.

Eine Marmorplatte mit lateinischer Inschrift hielt die Bedeutung dieses Baus fest, den der Dichter Constantijn Huygens als das achte Weltwunder pries; sie erinnerte daran, dass die Grundsteinlegung am 29. Oktober 1648 stattgefunden hatte, «in dem Jahr, in dem der Krieg beendet wurde, den die vereinigten niederdeutschen Völker mit den drei mächtigen Philipps, den Königen von Spanien, zu Lande und zur See in beinahe allen Teilen der Erde mehr als 80 Jahre lang geführt haben, nachdem die vaterländische Freiheit und Glaubensfreiheit gesichert war». Auf dem Dach des erst 1665 fertig gestellten Rathauses (des heutigen königlichen Palastes) stand eine Friedensstatue, die an den Westfälischen Frieden erinnerte. Bei der Ausschmückung des Rathauses und der Festlegung seines ikonographischen Programms, an welchem die bedeutendsten Künstler des Landes, darunter einige Rembrandt-Schüler, beteiligt wurden, zog man alle mythologischen und historischen Gestalten und Ereignisse der vermeintlich mehr als tausendjährigen Geschichte des siegreichen Kampfes der Holländer für Freiheit und Unabhängigkeit heran – von Claudius Civilis, dem Helden des batavischen Aufstands gegen das römische Imperium, über den Vater des Vaterlands, Wilhelm von Oranien, bis hin zum Entsatz von Leiden.

In Frankreich schließlich wurde der Westfälische Friede kaum gefeiert: Der Krieg mit Spanien war noch nicht beendet und die Wirren der «Fronde», der bürgerkriegsähnlichen Aufstände gegen den durch den Krieg forcierten Ausbau der absolutistischen Herrschaft der Krone, überschatteten alles. Nicht umsonst spricht man in Frankreich nicht vom Westfälischen Frieden, sondern nur von den Westfälischen Verträgen. Die eigentliche Friedensfeier fand zeitlich verschoben erst zwölf Jahre später, im Jahre 1660, statt, nach dem Abschluss des Pyrenäenfriedens am 7. November 1659. Sie fand ihren Höhepunkt im feierlichen Einzug des jungen, siegreichen und kurz zuvor mit der spanischen Infantin Maria-Theresia vermählten Ludwig XIV. in Paris im August 1660. Es war der prunkvollste königliche Einzug der Frühen Neuzeit, dem Paris unter anderen die immer noch existierende «Porte Saint Antoine» verdankt, die bis heute den Sieg über Spanien, den Triumph der Monarchie über den Bürgerkrieg und die Wiederherstellung der königlichen Allmacht verherrlicht. In den späteren Jahrhunderten konzentrierte sich die Erinnerung an das Westfälische Vertragswerk auf die nationale Dimension des Friedens und betonte zwei Aspekte: auf der einen Seite die völkerrechtliche Anerkennung der Zugehörigkeit zu Frankreich der seit 1552 besetzten Bistümer von Metz, Toul und Verdun, auf der anderen Seite den Beginn der französischen Präsenz im Elsass.

Ein Erinnerungstag im Wandel

Nach den zahlreichen Impulsen unmittelbar nach dem Abschluss des Friedens entwickelte sich in vielen Regionen und Städten Europas eine lebendige Gedächtniskultur. In Wien schenkte 1683 der polnische König Jan Sobieski dem Gnadenbild der Lorettokirche die Lorbeerkrone, die ihm die Bürgerschaft als Dank für den Entsatz der Stadt von der türkischen Belagerung verehrt hatte. In Prag wurde 1704–1714 eine neue Kirche am Weißen Berg erbaut, die im Inneren mit Fresken dekoriert wurde, die die Schlacht darstellen. Nicht weit davon entfernt wurden um 1735 unter der Leitung von Kilian Ignaz Dientzenhofer das neue Loretto-Kloster und die neue Loretto-Kirche ausgebaut, die bis heute dort besichtigt und bewundert werden können. Gleichermaßen wurden in Schlesien die Friedenskirchen erweitert und ausgebaut. Die erst 1656–1657 erbaute Friedenskirche von Schweidnitz erhielt 1669–1670 eine neue Orgel; 1696 wurde der Innenraum der Kirche ausgemalt, während Kanzel und Altar 1729 bzw. 1752 hinzugefügt wurden.

Überall stellte die erste Hundertjahrfeier des Friedens im Jahre 1748 einen Höhepunkt der Erinnerung dar. Sie wurde in mehr als 20 Städten – von Hamburg bis Isny – gefeiert. In Augsburg wurde dieses Jubiläum mehr als ein Jahr im Voraus durch eine Kommission vorbereitet, die sich aus den evangelischen Pfarrern und der lutherischen Fraktion des Stadtrates zusammensetzte. Das bis ins kleinste Detail geregelte Aufgebot festlicher Aktivitäten reichte vom liturgischen Triduum über die Dekoration der Kirchen und dem ornamentalen Schmuck, die Komposition von Oratorien und Kantaten, das Prägen von Medaillen, den Druck von Kupferstichen (den sogenannten Friedensgemälden), theologischen Schriften und Gebetbüchern bis hin zur unvermeidlichen lateinischen Ansprache, die der Rhetorikprofessor des Gymnasiums hielt. An die Schulkinder wurden Geschichtskatechismen verteilt, die ihnen Ablauf und Bedeutung des Friedens ausführlich darlegten. In den protestantischen Familien war es darüber hinaus üblich, das Friedensfest mit einem

Festessen zu feiern, und am Nachmittag des «Kinderfriedensfestes» wurde für die Kinder eine Kirmes veranstaltet.

Nach diesem Höhepunkt ging die öffentliche Erinnerung an den Frieden zurück, das kommunikative Gedächtnis schwand dahin. Um die Mitte des 18. Jahrhunderts wurden die Wappen und Fahnen entfernt, die 1650 an den Wänden der Stadtkirche aufgehängt waren. Die 1758 abgebrannte Friedenskirche von Glogau in Schlesien wurde nicht wieder aufgebaut. In Augsburg schließlich verloren die lutherischen Friedensfeste in der zweiten Hälfte des 18. Jahrhunderts an Substanz; die Zahl der Gläubigen, die beim Friedensfest am Abendmahl teilnahmen, ging kontinuierlich zurück, während die an die Kinder verteilten Friedensgemälde immer schlichter und phantasieloser wurden, bis am Ende des 18. Jahrhunderts gänzlich auf sie verzichtet wurde.

Im Gegensatz zum Schwinden des kommunikativen Gedächtnisses lässt sich allerdings die Entstehung eines neuen kulturellen Gedächtnisses beobachten. Besonders interessant ist in dieser Hinsicht der Ausbau einer gelehrten Gedächtniskultur. Bis zum Ende des Alten Reiches herrschte eine intensive Beschäftigung mit der Geschichte des Friedens. Dies geschah in enger Zusammenarbeit zwischen Geistlichen, Historikern, Juristen und «Reichspublizisten», wobei die Beurteilung und Würdigung des Friedens durchweg positiv war. Zwischen dem Ende des 17. und der Mitte des 18. Jahrhunderts erschienen mehrere Editionen des Vertragswerks, und diese Editionsarbeit kulminierte 1734–1736 in der monumentalen sechsbändigen Sammlung von Johann Georg von Meiern. Zwischen 1748 und 1786 erschienen sechs weitere Darstellungen des Krieges und des Friedens, die sich alle darin einig waren, den Westfälischen Frieden als Fundament der Rechts- und Friedensordnung des Reiches zu zelebrieren. Der Jenaer Historiker Christian Gottlieb Buder, heute vergessen und nicht so berühmt wie sein Nachfolger Schiller, schrieb zum Beispiel in seiner 1748 erschienenen und danach zweimal neuaufgelegten *Geschichte des Dreissigjährigen Krieges und des Westfälischen Friedens*: «Kann etwas Vergnügteres erdacht werden als der wiederhergestellte Frieden nach einem so schweren Krieg? Jetzt begehen wir das Jubiläum, ein Andencken des gleich vor hundert Jahren wieder beruhigten Vaterlandes. Alle Teutsche haben Ursach, Antheil an der Freude zu nehmen, und gegenwärtige Blätter können Stoff genug zu Betrachtung geben».

Die deutschen Rechtsgelehrten waren im Übrigen nicht die einzigen, die im Westfälischen Vertragswerk den Schlüssel zum Gleichgewicht der europäischen Mächte und daher zum europäischen Frieden sahen. Mehrere französische «philosophes» wie Voltaire und insbesondere Rousseau und Mably interpretierten das aus dem Westfälischen Frieden hervorgegangene System als Fundament einer europäischen Friedensordnung. Während in Frankreich die Feudalherrschaft zur Monarchie und dann zum Despotismus geführt habe, habe die föderale Ordnung des Reiches zur Entfaltung eines für Deutschland und Europa günstigen harmonischen Gleichgewichts beigetragen.

Mit der «Sattelzeit» und der Nationalisierung Europas setzte allerdings ein Strukturwandel ein, der zu einer zunehmenden Nationalisierung der Erinnerung an den Frieden wie auch zu einem Wandel seiner Darstellung und Beurteilung führte.

In Deutschland zeichnete sich diese Wende erst nach dem Beginn des 19. Jahrhunderts ab. Sie hing mit den Nachwirkungen der Französischen Revolution, der Entstehung der deutschen Nationalbewegung und dem Prozess der ersten deutschen Einigung zusammen. Sie drückte sich durch die Reinterpretation der deutschen Vergangenheit unter einem nationalen Vorzeichen aus und hatte eine neue Deutung des Westfälischen Friedens als negativen Fluchtpunkt der deutschen Geschichte und als die deutsche Katastrophe schlechthin zur Folge. Während der Friede vor 1800 noch als ein Segen dargestellt worden war, so erschien er nach 1830 als ein «Schandfriede»: von nun an wurde er als Folge und Sanktionierung der Gräuel des Krieges, der deutschen Zerrissenheit und des Verfalls von Deutschland dargestellt, wobei die Schuld der Schweden, der Türken und vor allem der Franzosen besonders hervorgehoben wurde. Die von Gustav Freytag zwischen 1859 und 1862 veröffentlichten *Bilder aus der deutschen Vergangenheit* spielten in diesem Wandel eine nicht zu unterschätzende Rolle. «Das deutsche Volk», so schrieb er im dritten Band *Aus dem Jahrhundert des Grossen Krieges, 1600–1700*, «erreichte die letzte Tiefe des Unglücks, ein dumpfes, apathisches Brüten wurde allgemein. Von den Landleuten ist aus dieser letzten Zeit wenig zu berichten. Sie vegetierten verwildert und hoffnungslos. [...] Man mag fragen, wie bei solchen Verlusten und gründlichem Verderb der Überlebenden überhaupt noch ein deutsches Volk geblieben ist».

Es ist daher nicht verwunderlich, dass es im Jahr 1898 nur noch zwei Gedenkveranstaltungen in Deutschland gab, die eine in Münster und die andere in Osnabrück. Beide Städte waren inzwischen zu preußischen Städten geworden und begingen daher den Erinnerungstag vor allem mit Veranstaltungen zu Ehren der Hohenzollern. Als Ausgleich zur negativen Wahrnehmung des Friedens formierte sich im protestantischen Deutschland ein zunehmend affirmatives und kämpferisches Gedächtnis. 1832 wurde aus Anlass des zweihundertjährigen Erinnerungstags der Schlacht bei Lützen der *Gustav-Adolf-Verein* gegründet, der sich zum Ziel setzte, die protestantische Identität zu verteidigen. Viele danach erbaute evangelische Kirchen trugen den Namen des schwedischen Königs, und im großen Glasfenster der Thomaskirche in Leipzig wird Gustav Adolf neben Luther, J.S. Bach und Kaiser Wilhelm I. als Identifikationsfigur des Protestantismus dargestellt.

Das negative Geschichtsbild, das im Westfälischen Frieden den Tiefpunkt der deutschen Erniedrigung sah, erhielt eine neue Aktualität mit dem Trauma des Ersten Weltkrieges und des Versailler Vertrages. Als letzte Steigerung kulminierte es im Nationalsozialismus. Goebbels notierte in November 1939 in seinem Tagebuch, Hitler hätte sich zum Kriegsziel die «restlose Liquidation des Westfälischen Friedens» gesetzt; er soll sogar zeitweilig mit dem Gedanken gespielt haben, den Vertrag, der den Sieg über Frankreich besiegeln sollte, in Münster unterzeichnen zu lassen. In wissenschaftlicher Form drückte sich dieses negative Geschichtsbild in der Geschichte des Dreißigjährigen Kriegs von Günther Franz und in populärwissenschaftlicher Form in den unzähligen Broschüren und Publikationen der NSDAP aus. So findet man in dem im Krieg herausgegebenen Schulungsheft *Glauben und Kämpfen* für die «SS-Männer aus den deutschen Volksgruppen des Südostens» unter dem Obertitel «Deutschlands Ohnmacht nach 1648»: «Die letzte Folge der Glaubensspaltung und der Schwäche des Reiches war jener unglückselige Glaubenskrieg, der einem Drittel aller Deutschen das Leben kostete, der weite Landschaften Deutschlands als Wüsten hinterließ, der Dörfer und Städte in Trümmer legte, bis sich schließlich fremde Mächte einschalteten und dem deutschen Volke einen Frieden diktierten, der die Ohnmacht des Reiches auf ewig besiegeln sollte, indem er die politische Selbständigkeit von über 300 Teilstaaten auf ewig garantierte, ganze Regionen aus dem Reichskörper herausriss und das Deutsche Reich fremden Gewalten auslieferte».

In Böhmen wurde gleichermaßen nach Jahrhunderten der Verherrlichung des Sieges des rechten Glaubens und der Habsburger die Erinnerung an Krieg und Frieden einem grundsätzlichen Wandel unterzogen – und zwar in dem Maße, in dem sich das tschechische Nationalbewusstsein konstituierte. Der zentrale Bezugspunkt wurde zunehmend die Schlacht am Weißen Berg, die mit dem Verlust der Rechte, der Staatlichkeit und des Glaubens der tschechischen Nation gleichgesetzt wurde. «Jedermann kennt sicherlich aus der Geschichte jenen verhängnisvollen Tag, den 8. November 1620, als auf dem Weißen Berg die Glaubensfreiheit begraben, das Volk durch das Kaiserheer vergewaltigt und die Freiheit der Nation unterdrückt wurde» – so konnte man es kaum variiert in fast allen populären Darstellungen der böhmischen Geschichte, auf vielen Gemälden und Kunstwerken sowie in den meisten Schulbüchern seit der Mitte des 19. Jahrhunderts und bis weit in das 20. Jahrhundert hinein lesen. Von dieser Zeit an gehörte der Mythos vom Weißen Berg als nationales Trauma und als Beginn des folgenden dreihundertjährigen «Wehklagens» des tschechischen Volkes zu den konstitutiven Elementen des kollektiven Gedächtnisses und Bewusstseins. Es verwundert daher nicht, dass die tschechische Nationalbewegung in der Mariensäule am Alten Ring ein Symbol der Unterdrückung der Nation durch die Habsburger sah, zumal sich die Säule nicht weit von der Stelle befand, an welcher am 21. Juni 1621 das «Prager Blutgericht» stattgefunden hatte, d. h. die Hinrichtung der 27 Männer, die wegen ihrer Teilnahme an der ständischen Revolte gegen die Habsburger zum Tode verurteilt worden waren. Im Jahr 1915, aus Anlass des 500. Erinnerungstages der Hinrichtung von Jan Hus in Konstanz, wurde daher gegenüber der Mariensäule eine Statue des böhmischen Reformators errichtet. Dieses erinnerungsgeschichtliche Gleichgewicht war aber labil. Nur wenige Tage nach der offiziellen Gründung der unabhängigen Republik der Tschechoslowakei erstürmte am 3. November 1918 eine Gruppe von Demonstranten, die von einer Gedenkfeier am Weißen Berg zurückkam, die Mariensäule und zerstörte sie.

In Schweden konzentrierte sich die Erinnerung an Krieg und Frieden sehr schnell und zunehmend auf die Person von König Gustav Adolf, dessen Tod in der Schlacht bei Lützen im Jahre 1632 zu einem Kardinalpunkt der schwedischen Geschichte wurde. Der König wurde zur bedeutendsten nationalen Integrationsfigur des protestantischen Schwedens stilisiert, während zahlreiche Gemälde, wie die von Carl Wahlbom oder Carl Gustav Hellqvist, die Heldentaten und den Heldentod des mythisierten Königs und protestantischen Märtyrers verherrlichten und ihm Christus-ähnliche Züge verleihen. Auf dem Schlachtfeld von Lützen, wo seit dem 17. Jahrhundert ein Findling an die Stelle erinnerte, wo der König gefallen war, wurde 1907, nicht weit von Schinkels Denkmal von 1837 entfernt, eine Gustav-Adolf-Kirche erbaut. Entworfen von einem schwedischen Architekten, wurde sie von dem schwedischen Konsul Oscar Ekman gestiftet und später von Schweden der Stadt Lützen geschenkt. Jedes Jahr finden seitdem am Todestag des Königs am 6. November (nach dem julianischen Kalender) Gedenkveranstaltungen für den Löwen vom Norden und Retter des Protestantismus statt.

In Frankreich schließlich verschwand die von vielen Aufklärern und Diplomaten vertretene Würdigung des Friedens. Stattdessen setzte sich eine immer stärker national konnotierte Wahrnehmung durch. Die Gedenkmünze, die 1848 aus Anlass der zweihundertjährigen Wiederkehr des Vertragsschlusses geprägt wurde, verherrlichte die Angliederung des Elsass an Frankreich. Historiker und Geschichtsschreiber des 19. und der ersten Hälfte des 20. Jahrhunderts hoben vor allem zwei Aspekte hervor: auf der einen Seite die Schwächung der Habsburger und die Parzellierung Deutschlands als Friedensgarantie für Frankreich, und auf der anderen Seite die Osterweiterung des Landes, den Ausbau einer besseren Grenze und die Angliederung von neuen Provinzen.

Ein europäischer Erinnerungstag?

Die zeitliche Nähe des dreihundertjährigen Jahrestages des Westfälischen Friedens zu dem erst drei Jahre zuvor beendeten Zweiten Weltkrieg ermöglichte weder eine Revision der herkömmlichen Deutungen des Erinnerungstages noch ein feierliches Gedenken. In den Niederlanden setzten sich die Veranstaltungen des Jahres 1948 in der Kontinuität der früheren Jahrhundertfeiern von 1748 und 1848 fort und würdigten den Separatfrieden als ein Ereignis von hoher symbolischer Bedeutung und einen wichtigen Meilenstein der nationalen Geschichte. In der Schweiz, wo der Friede nie zu einem historischen Mythos geworden war, weil er im Grunde nichts anderes war als die Bestätigung einer schon längst von allen anerkannten Unabhängigkeit, begnügte man sich mit der Herausgabe von vier schlichten Briefmarken mit den eidgenössischen Wappen, die die völkerrechtliche Anerkennung der Unabhängigkeit des Landes feierten. In Frankreich standen die 1948 in Strassburg durchgeführten Gedenkveranstaltungen alle unter dem Motto «300 Jahre französisches Elsass», und eine Sonderbriefmarke wurde erst 1959, zum dreihundertsten Jahrestag des mit der Annexion von Artois und Roussillon verbundenen Pyrenäen-Friedens herausgegeben.

Eine Neubewertung des Westfälischen Friedens begann erst in den sechziger Jahren des 20. Jahrhunderts. Zuerst von Seiten der historischen Forschung mit den bahnbrechenden Untersuchungen von Fritz Dieckmann, mit der kritischen Edition der *Acta Pacis Westphalicae* und überhaupt mit dem Ende der «Verächtlichmachung des Alten Reiches» (Heinz Duchhardt) und der angemessenen Würdigung des Reiches als Rechts- und Friedensverbands. Dann von Seiten der Politikwissenschaft, die in der Institutionalisierung durch den Friedenskongress eines durch entsprechende Normen und Theorien gestützten Nebeneinanders gleichberechtigter Staaten den Beginn einer neuen internationalen Ordnung sah, den Beginn des sogenannten Westfälischen Systems, das «das künftige Staatensystem als politische Grundordnung Europas erkennen ließ» (Johannes Burkhardt).

Getragen vom Eintritt der europäischen Länder in das «Zeitalter des Gedenkens» wie auch von der Dynamik des europäischen Aufbaus und der Annäherung der europäischen Gesellschaften, drückte sich die Neubewertung des Westfälischen Friedens am deutlichsten in den zahlreichen Gedenkveranstaltungen des Jahres 1998 aus. Überall setzte sich eine Europäisierung der Erinnerung durch. Die vom Europarat geförderte große Ausstellung in Münster und Osnabrück nannte sich programmatisch «1648, Krieg und Frieden in Europa» und in allen Ländern wurde der Frieden als ein europäisches Ereignis gefeiert. Drei Jahre später wurden die durch den polnischen Denkmalschutz mit deutscher Unterstützung prächtig restaurierten Friedenskirchen von Świdnica (Schweidnitz) und Jawor (Jauer) als gemeinsames deutsch-polnisches Kulturerbe in die Unesco-Weltkulturerbe-Liste aufgenommen.

Die in den letzten Jahrzehnten erfolgte Wiederentdeckung und Neubewertung des Westfälischen Friedens erlaubt es, die zu Beginn gestellte Frage besser zu beantworten. Der 24. Oktober 1648 ist in der Tat ein europäischer Erinnerungstag, und zwar in einem doppelten Sinne: auf der einen Seite als Widerspiegelung der Brüche und Verwerfungen, die für die europäische Erinnerungsgeschichte konstitutiv sind; auf der anderen Seite durch die vielfältigen Bezüge, die diese «geteilten Erinnerungen» miteinander verbinden. Wiederentdeckt und neu bewertet unter einem europäischen Vorzeichen ist er zu einem festen Bestandteil eines in Entstehung begriffenen europäischen historischen Gedächtnisses geworden.

Wobei zum Schluss drei Nebenbemerkungen erlaubt sein sollen: Zum einen hat erst der Auszug der europäischen Länder aus dem Westfälischen System nach dem Zweiten Weltkrieg die Neubewertung des Westfälischen Friedens ermöglicht; zweitens ist trotz der Bestimmungen des Friedensvertrages, die ein Schweigen über den Krieg verordneten, die Erinnerung an den Krieg stärker geworden und hat am Ende die Erinnerung an den Frieden gestiftet; und hinzu kommt drittens die Tatsache, dass wir unsere Erinnerung an Krieg und Frieden weniger den Werken der Historiker und Politologen verdanken, als viel mehr den Werken der Künstler und Schriftsteller – von Jacques Callot zu Bertolt Brecht und von Friedrich Schiller zu Günter Grass.

Ina Ulrike Paul

14. Oktober 1806: Über die Sieger der Doppelschlacht bei Jena und Auerstedt

Am Morgen des 2. November 1806 läuteten in den württembergischen Residenzstädten Stuttgart und Ludwigsburg alle Glocken und riefen auf königlichen Befehl die Bevölkerung zum «Dankgebet wegen des Glücks der conföderierten Waffen» bei Jena, Halle, Berlin und Prenzlau in die Kirchen.[1] Die Gottesdienste mit *Te Deum* zur Feier der triumphalen Siege von Napoleons Armeen über Preußen standen ganz im Zeichen der ‹großen Politik›.[2] Die Kirchgänger aber gedachten erleichtert und stolz ihrer Landsleute, jener 10 000 Soldaten, die König Friedrich I. in erstmaliger Erfüllung seiner Vertragspflichten als Rheinbundfürst drei Wochen zuvor nach Thüringen in Marsch gesetzt hatte – am Morgen jenes 14. Oktober, an dessen Abend der preußische König Friedrich Wilhelm III. bei Jena und Auerstedt viel mehr verloren haben sollte als «eine Bataille».[3] Dieser Satz aus der Proklamation des Berliner Stadtkommandanten wurde zum geflügelten Wort, die Doppelschlacht zur Chiffre für Untergang und Erneuerung Preußens – und die deutschen Bundesgenossen auf Napoleons siegreicher Seite wurden vergessen.

Erinnern und Vergessen bezeichnen in den Worten des Schweizer Historikers Jakob Tanner «Grundoperationen menschlicher Kultur, sowohl des Individuums als auch sozialer Gruppen und ganzer Gesellschaften», die selektiv funktionierten und einander bedingten.[4] Von dieser Überlegung ausgehend fragen wir nach dem Erinnern und Vergessen der Doppelschlacht bei Jena und Auerstedt einmal nicht von preußischer Seite, sondern aus württembergischer Perspektive und damit aus der schon Ende 1813 inopportunen Sicht der damaligen «Sieger»: Von Jena und Auerstedt bis zur Völkerschlacht bei Leipzig fochten württembergische Truppen an der Seite des Rheinbundprotektors Napoleon. Kein Wunder, dass sie wie die italienischen, portugiesischen und polnischen Kontingente einfach als «Franzosen» galten.[5]

I. Erleben am Hof in Stuttgart: Der Sieg bei Jena und Auerstedt

Die süddeutschen Fürsten hielten Preußens Ausscheiden aus der Koalition der Gegner Frankreichs 1795 nach dem Verlust der linksrheinischen Gebiete für eine Verletzung preußischer Bündnispflichten gegenüber den kleineren Mitgliedern des Reiches, doch war es eher «a perfectly legitimate exercise in Realpolitik».[6] Als der preußische König nach zehnjähriger Neutralität im Sommer 1806 in die Vierte Koalition gegen Frankreich eintrat, waltete weniger realpolitische Einsicht. Preußen stand zwar nicht ohne Bundesgenossen da, doch der geniale Stratege Napoleon mit seiner durch Rheinbundtruppen verstärkten, modernen und kriegsgewohnten Armee war ein weit überlegener Gegner. In der Doppelschlacht bei Jena und Auerstedt vom 14. Oktober 1806 brach der «seit dem Siebenjährigen Krieg gefürchtetste Militärstaat des Kontinents» zusammen.[7]

Während Napoleons Armeen der Hauptmacht Preußens etwa 48 württembergische Meilen nordöstlich von Stuttgart eine verheerende Niederlage beibrachten, musterte König Friedrich die erste württembergische Division vor ihrem Ausrücken.[8] In seiner Ansprache forderte er die überwiegend aus Neuwürttembergern bestehenden Truppen auf, «mit und neben» Napoleons Armee «in gleicher Linie mit denen anderer Monarchen» für die «Ehre Württembergs» zu kämpfen.[9] Obwohl sie von dem «geschicktesten und größten Feldherrn unserer Zeit» angeführt würden, träfen sie auf jenes preußische Heer, «das ehedem unter dem größten der Könige dem ganzen bewaffneten Europa unbesiegt Trotz» geboten habe.[10] Die Soldaten kannten die in Süddeutschland kursierenden Heldengeschichten über den Feldherrn- und Philosophenkönig Friedrich den Großen. So konnten sie sich besser die Schrecken einer Schlacht gegen die Preußen ausmalen als jenen glänzenden Sieg, der in diesen Stunden unter Napoleons Befehl bei Jena und Auerstedt errungen wurde.[11]

«[...] l'armée prussienne a existé», schrieb Napoleon dem württembergischen König am 20. Oktober 1806 aus dem kaiserlichen Lager von Halle. Friedrich reagierte auf die schier unglaubliche Nachricht mit den üblichen, heute überschwänglich klingenden Glückwünschen. Seine wörtliche Wiederholung der eben gelesenen Worte («Elle n'existe donc plus, cette armée prussienne») zeigt aber das fassungslose Staunen, das alle Zeitgenossen angesichts der Zerschlagung der unüberwindlich ge-

Andreas Kuhnlein: Napoleon, 2003,
Museen der Stadt Regensburg.

glaubten Armee ergriff – jener Armee, in der er als Großneffe Friedrichs II. seine militärische Laufbahn begonnen hatte: «Elle n'existe donc plus, cette armée prussienne si fière de son ancienne réputation; [...] V. M. I. a fait en peu de semaines ce que les efforts de l' Europe réunie n'avaient pu obtenir pendant sept années d'une guerre meurtrière».[12]

Wenn sich auch noch die Gerüchte vom Tod des Herzogs von Braunschweig bestätigen sollten, setzte der württembergische König freimütig hinzu, dann habe er in dem unglücklichen Oberbefehlshaber der gegnerischen Armee den Verlust seines ersten Schwiegervaters zu betrauern, «dont les talents et bien des grandes qualités méritaient l'estime publique».[13] Als bis zum 27. Oktober kein Antwortschreiben eingetroffen war, ergriff Friedrich erneut die Initiative und bekannte, wie ungeduldig er auf Nachrichten vom Einmarsch der siegreichen Truppen in Berlin warte. Dort werde der Kaiser der Franzosen – so vermutete er – vielleicht einen Moment am Grab Friedrichs des Großen verweilen.[14]

An diese Bemerkungen knüpfte Napoleon in seinen nächsten beiden Briefen aus Berlin an. Am 30. Oktober schrieb er dem württembergischen Verbündeten, er werde vermutlich schon die Neuigkeiten von seinem Einzug in Berlin und von der Gefangennahme des Fürsten Hohenlohe erhalten haben.[15] Er könne aber noch nicht wissen, dass die württembergischen Truppen mit den bayerischen unter dem Oberbefehl seines Bruders Jérôme – Friedrichs künftigem Schwiegersohn – vereinigt und nach Schlesien in Marsch gesetzt worden seien. Damit wolle er seine Wertschätzung für die Württemberger als Waffenbrüder demonstrieren. Auf elegante Weise legte der Kaiser seinem Briefpartner in Württemberg anschließend die beiden Gegenleistungen nahe, die er dafür erwartete: Friedrich sollte als diplomatischer Mittler auf den Zaren – seinen Neffen – einwirken, indem Napoleon Ersteren wissen ließ, welche Lektion er den Russen zu erteilen gedächte («ils retrouveront Austerlitz au milieu de la Prusse»[16]). Abschließend äußerte Napoleon die Vermutung, «que les succès que nous avons obtenus pourraient porter V. M. à ordonner des prières publiques pour remercier Dieu.»[17]

Der Wink war unmissverständlich. Unverzüglich befahl König Friedrich die eingangs erwähnten Dankgottesdienste, gab ihnen allerdings seine eigene Prägung: Obwohl das württembergische Kontingent erst nach der «bataille de Iéna» in den Krieg gegen Preußen hatte eingreifen können, würdigte die Stuttgarter Regierung in ihrer öffentlichen Reaktion auf die Siege seit Jena und Auerstedt ausdrücklich den Anteil der

Gedenkmedaillen auf die Schlacht bei Jena, 1806
Württembergisches Landesmuseum, Stuttgart.

Dosenmedaille auf die Schlachten der Jahre 1806 und 1807
Württembergisches Landesmuseum, Stuttgart.

Konföderierten (also auch den eigenen) an den militärischen Erfolgen Napoleons – und zeigte sich damit in der Rolle eines selbstbewussten Bündnispartners des kaiserlichen Frankreich, in der Württemberg in der Rheinbundzeit stetig an politischem Gewicht gewann.[18]

Ebenfalls am 2. November sandte Napoleon den nächsten Kurier nach Süden, um seine Antwort auf das eben eingetroffene Schreiben des württembergischen Königs vom 27. Oktober zu überbringen: Die württembergischen Truppen marschierten nach Schlesien, Fürst Hohenlohe sei in Spandau interniert – und er, Napoleon, habe in der Tat die Grabstätte des ‹großen Friedrich› besucht.[19] Bei den Besuchen allein war es nicht geblieben. Einige Memorabilien wie Uniformstücke, Orden oder Degen Friedrichs hatte der Kaiser an sich genommen. Für das Hôtel des Invalides bestimmt, befanden sie sich auf dem Weg nach Paris, als die Einwohner der württembergischen Residenzstädte Stuttgart und Ludwigsburg an einem strahlenden Novembermorgen in die verordneten Dankgottesdienste zogen.[20]

II. Erinnern im Land – Jena und Auerstedt bei den Württembergern

Seit dem Beginn des Jahres 1807 trafen aus Schlesien in rascher Folge gegensätzliche Berichte in Stuttgart ein: Dabei wurden die Beschwerden über die disziplinarische «Verwilderung» der Württemberger vertraulich behandelt, während die Regierung die Nachrichten von der erfolgreichen Belagerung der im Rücken der preußischen Truppen gelegenen Festungen Glogau, Breslau, Schweidnitz, Neisse, Glatz und Silberberg durch die württembergische Division öffentlich bekannt machen ließ. Aus rheinbündischer Sicht zog sich derweilen der Krieg Frankreichs gegen Preußen und Russland unerwartet in die Länge.[21] Die württembergischen Truppen wurden selbst nach dem Frieden von Tilsit am 9. Juli 1807 nicht entlassen; sie mussten in Schlesien verbleiben, um später in die Mittelmark verlegt zu werden. Der erste Jahrestag der Doppelschlacht bei Jena und Auerstedt am 14. Oktober 1807 war zugleich die erste Wiederkehr des Abrückens der Württemberger nach Thüringen – doch beide Ereignisse schienen weder in der Heimat noch in Fürstenwalde, dem Hauptquartier der württembergischen Division, einer Gedenkfeier wert.[22] Stattdessen beging man hier am 6. November 1807 mit *Te Deum*, militärischen Vorführungen und einem Ball den Geburtstag des Königs.[23] Die festliche Stimmung in der Garnison mochte durch die jüngsten Nachrichten aus Stuttgart gesteigert worden sein, dass endlich König Friedrich bei Napoleon den Rückmarschbefehl für seine Truppen erwirkt habe.[24] Er war es auch, der sie am 21. Dezember 1807 in Ellwangen auf (neu-) württembergischem Boden in Empfang nahm. Um diese Zeit entstand eine Dosenmedaille, die Kupferstiche der Kriegsschauplätze enthielt, an denen die «französische, baiernsche, würtembergische, sächsische und alliierte Armee» in Schlesien und Pommern 1806/1807 nach Auffassung des Künstlers «unverwelkliche Lorbeeren [...] auf den Gefilden des Ruhms» errungen hatten.[25] Die Württemberger gewöhnten sich bald an die Meldungen immer neuer militärischer Erfolge an der Seite des Kaisers, die sorgfältig aus dem *Moniteur* in die württembergische Presse umgesetzt wurden, doch ihre Alltagssorgen waren drängender: Die seit 1809 nahezu allgemeine Wehrpflicht als Mittel zur Erfüllung der Rheinbundpflichten führte zusammen mit den europaweiten Feldzügen Napoleons zur unablässigen Rekrutierung wehrdienstpflichtiger Männer. Nicht die verordneten Feiern ferner Siege, sondern die steigenden Lebenshaltungskosten als Auswirkung von Krieg und Kontinentalsperre, auch die für jedermann im Alltag unangenehm spürbaren Folgen der staatlichen Reformpolitik bewegten die Gemüter.[26] 1814 nach dem Wechsel Württembergs ins Lager der Gegner Napoleons betonte Außenminister Graf von Mandelsloh, dass die Regierung ihren Bündnisverpflichtungen gegenüber dem kaiserlichen Frankreich nur nachgekommen sei, wie es «le bonheur de l'état et le bien-être des habitans» erfordert hätten. Er war damit im Recht, denn der württembergische König hatte 1808 als einziger Rheinbundfürst die Sendung von Truppen nach Spanien verweigert und auch ansonsten eine selbst von seinen Gegnern anerkannte, souveräne Rolle in dem von Frankreich dominierten Militärbündnis gespielt. Erst in der Rückschau von 1814, die von Trauer und Erbitterung über die geringe Zahl württembergischer Russlandheimkehrer getrübt war, hatte Württemberg von der mit Jena und Auerstedt eingeleiteten Waffenbruderschaft an der Seite Frankreichs angeblich «rien que des pertes» gehabt. Doch entsprach dieses Resümee keineswegs den Tatsachen. Das Land hatte gerade in napoleonischer Zeit territoriale Gewinne und einen nachhaltig wirkenden Modernisierungsschub zu verzeichnen.[27]

Der ruinöse Macht- und Territorialverlust, den demgegenüber der preußische Staat nach der verlorenen Doppelschlacht hinnehmen musste, wurde im Tilsiter Frieden festgeschrieben. Einsichtige Zeitgenossen konnten die damalige Situation erst im Abstand einiger Jahre als kathartische «starke Erschütterung» eines verkrusteten Staatswesens deuten.[28] Für die überwiegende Mehrheit war ‹Jena und Auerstedt› dagegen die Chiffre für jene unerhörte Niederlage, die die führenden Politiker zum Fluchtpunkt ihrer Argumentation für die Dringlichkeit einer umfassenden Staatsreform machten. Damit fanden sie selbst bei Friedrich Wilhelm III. von Preußen Gehör, den Freiherr vom Stein für den Hauptschuldigen des Debakels von 1806 hielt: der König habe «allein, unvorbereitet, geldarm, ohne Bundesgenossen» einen Krieg begonnen, durch «seine Unentschlossenheit und Trägheit jede Maasregel» gelähmt, schließlich «als ein Flüchtiger» die Armee im Stich und die verantwortlichen Stellen im Staat ohne Direktiven gelassen: «So ward das Heer aufgelöst, der Staat unterjocht.»[29]

Im Preußen des Ancien Régime, so hatte ein französischer Diplomat württembergischer Herkunft 1789 scharfsinnig bemerkt, habe der friderizianische Geist das Wunder gewirkt, «Vaterlandsliebe ohne Freiheit hervorzubringen».[30] Freiheit, ob ‹Freiheit der Rücken› oder bürgerliche Freiheit, wurde jetzt zur Devise der Reformer. Im Lichte der Erfahrungen von 1806/07 war es nach Einschätzung des eben entlassenen Ministers Grafen von Hardenberg an der Zeit, die revolutionäre Forderung nach Freiheit aufzugreifen und in Preußen eine «Revolution im guten Sinne» nachzuholen: Sie sollte die «möglichste Freiheit und Gleichheit» für die Bevölkerung Preußens erzielen und «demokratische Grundsätze» in der monarchischen Regierung verankern: Nur so könne der preußische Staat der Opfer würdig werden, die er der Bevölkerung im Namen des Patriotismus für seine Befreiung abverlangen müsse.[31] Während dem Militärreformer von Clausewitz die Schlachten von Jena und Auerstedt bis Friedland als Negativbeispiele «entschiedenste[r] Geistesarmut» und militärischer Unfähigkeit dienten, betonte sein Vorgesetzter Graf Neidhardt von Gneisenau in Übereinstimmung mit Hardenberg, dass das neue Preußen eine «freie Verfassung» und eine gute, alle Kräfte des Staates zur Mitwirkung einladende Staatsverwaltung vorweisen müsse.[32] Ohne die Umsetzung der preußischen Revolutionstheorie in politische Reformpraxis weiter zu verfolgen, ist unbestreitbar, dass es den preußischen Reformern und Reformbefürwortern mit ihrer «Ideologie der Staatsverjüngung» tatsächlich gelang, den preußischen (Landes-)Patriotismus über den Katalysator der wachsenden Ablehnung der französischen Hegemonie durch die Bevölkerung der Rheinbundstaaten zu einem deutschen Nationalgefühl werden zu lassen und so einen im modernen Sinne ‹nationalen› Widerstand gegen das napoleonische Empire zu mobilisieren: Preußen, der unterlegene und auf Vergeltung sinnende Gegner Frankreichs, inszenierte sich in den Freiheitskriegen als Vorkämpfer eines einigen Deutschlands – nur so waren auch jene Landsleute zu gewinnen, deren Regenten bis zum Untergang der Großen Armee in Russland mit dem imperialen Frankreich verbündet waren.[33]

Die anfängliche Zustimmung, ja Begeisterung für dieses Bündnis schwand in der Bevölkerung der Rheinbundstaaten mit der Erkenntnis, dass es nicht den erhofften dauerhaften Frieden und die politisch-wirtschaftliche Konsolidierung brachte, sondern Rekrutenaushebung, Teuerung und Kriegsbeteiligung. 1810 zerbrach das französisch-russische Einvernehmen an den unverhüllt gegenläufigen Großmachtinteressen Alexanders wie Napoleons in Europa. Seine daraufhin von den Rheinbundfürsten ultimativ geforderte «mesure commune de défense» gegen Russland sicherte Napoleon im Frühjahr 1812 mit Verträgen über die militärische Unterstützung durch Österreich und Preußen ab.[34] Diese breite gemeinsame Front europäischer Landmächte zeigte bei näherer Betrachtung da schon anfangs Risse, wo die Bündnisbereitschaft forciert war wie in Österreich – oder wo der Krieg gegen Russland für aussichtslos gehalten wurde wie in Württemberg, dessen skeptischer König als einstiger russischer Gouverneur ein Kenner des Landes war: Bevor der Gesandte Russlands Stuttgart verließ, erklärten er und der württembergische Außenminister wechselseitig, dass sich ihre Souveräne als nicht im Krieg miteinander befindlich betrachteten.[35]

Mit dem Untergang der Großen Armee in Russland und der Zerstörung des Nimbus der Unbesiegbarkeit Napoleons zerfielen sukzessive die Bündnisverhältnisse von 1806, aus Konföderierten des Kaisers der Franzosen wurden Gegner des imperialen Frankreich – und Alliierte der verbündeten Mächte Preußen, Österreich, England und Russland. Die gescholtenen Bündniswechsel waren allseits von politischem Pragmatismus getragen: Aus der Sicht des geschwächten Frankreich erschienen sie so voraussehbar wie sie im politischen Kalkül der von den französischen Fahnen strebenden Rheinbundstaaten alternativlos waren. Mit seiner knappen Meldung «Majestät haben keine Armee mehr!» zerstörte der am 26. Dezember 1812 verwundet aus Russland heimgekehrte Generalquartiermeister von Kerner die letzten Hoffnungen, die württembergische Division möge der Katastrophe entgangen sein – doch von den

15 800 Württembergern der Großen Armee kehrten nur 300 Soldaten und Offiziere zu ihren Familien zurück. Seitdem zweifelte der württembergische König nicht, dass die Weichen der europäischen Politik zu Ungunsten Napoleons gestellt würden – der Bündniswechsel Preußens und Österreichs schien ihm absehbar, und eine Koalition dieser beiden mit den Großmächten Russland und Großbritannien sei selbst für Napoleon unbezwingbar.[36] Eine erhebliche Rolle für Württembergs neuen politischen Kurs spielte auch die frankreichfeindliche Stimmung der Bevölkerung – von der im Militär und am Hof nicht zu reden; allein an der Tafel des Königs wagte niemand ein Widerwort.[37] Während Friedrich seine militärischen Verpflichtungen als Rheinbundfürst penibel erfüllte und zugleich die öffentliche Meinung unterdrücken ließ, bereitete er mit seinen Ministern den allseits geforderten Bündniswechsel vor, ohne angesichts der militärischen Schwäche des Landes eindeutiges Handeln riskieren zu können. Seiner Tochter Katharina, die als Königin von Westfalen und Gemahlin Jérôme Bonapartes zum engsten Familienkreis des Kaisers zählte, schrieb er Mitte Oktober nach Meudon, dass Württemberg nach dem Bündniswechsel Bayerns schutzlos «entre deux feux» stehe – der Stadt Ansbach nähere sich eine Armee von 50 000 Österreichern und Bayern, Würzburg eine ebenso große von Russen, Österreichern und Preußen. Er werde sein Land weder verlassen noch doppelt spielen, doch kenne er seine Pflichten den Untertanen gegenüber – welche er meinte, konnte seine Tochter zwischen den Zeilen lesen: Er hoffe, so Friedrich, diese kritische Situation – den Seitenwechsel – ehrenhaft zu meistern, «et c'est la principale chose».[38]

Am 14. Oktober 1813, eine Woche nach Bayerns Übertritt auf die Seite der Alliierten und auf den Tag genau sieben Jahre nach der Doppelschlacht bei Jena und Auerstedt, eröffnete Friedrich, der König eines kleinen und ohne Bundesgenossen wehrlosen südwestdeutschen Landes, dem Hegemon Europas und Protektor des Rheinbundes, dass gebieterische Umstände ihn zwängen, als pragmatischer Politiker zu handeln und ihm seine Gefolgschaft aufzukündigen.[39]

> «Dans cet état des choses il ne me reste, si je ne dois pas me rendre coupable vis-à-vis de mes sujets, qu'à chercher à écarter d'eux tous les fléaux et les horreurs de la guerre, en obtenant, s'il est possible encore, un armistice et la neutralité de mes États. Toujours franc et loyal dans toutes mes démarches, j'ai prévenu V. M. I. que je ne me porterais à cette démarche que lorsque la dernière nécessité l'exigerait; il est arrivé, ce moment, et V. M. I. est trop

juste pour m'en vouloir, lorsque je ne fais que remplir mes premiers et plus sacrés devoirs, ceux de sauver mon royaume d'une destruction certaine. Mes sentiments ne changeront pas, mais mes démarches doivent se régler d'après les circonstances impérieuses.»

In der Völkerschlacht bei Leipzig kämpften die von Marschall Neys Generalstab bewusst in die vordersten Linien geschobenen Württemberger vom 16. bis 19. Oktober 1813 bis auf eine einzige, ohne königliche Erlaubnis zu den Alliierten übergegangene Reiterbrigade noch auf Seiten Napoleons. Erst einige Tage nach der Niederlage Napoleons fühlte sich der württembergische König sicher genug für den offiziellen Schulterschluss mit den Alliierten, die ihm die «Souverainetät und den freien und ruhigen Besitz [seiner] Staaten» garantierten.[40] Mit dem Allianzvertrag von Fulda vom 2. November 1813 wechselte Friedrich förmlich die Seiten. Es war der achte Jahrestag der Dankgottesdienste in Stuttgart und Ludwigsburg für die siegreichen Schlachten an Frankreichs Seite von Jena und Auerstedt bis Prenzlau, doch daran erinnerte nun niemand mehr.

III. Vergessen über Württemberg – Jena und Auerstedt als Niederlage

In einem landesweit verbreiteten Manifest gab König Friedrich der württembergischen Bevölkerung Rechenschaft über den Bündniswechsel auf die Seite der Alliierten.[41] Jetzt seien neue Opfer nötig, hieß es abschließend, um einen allgemeinen, gesicherten, dauerhaften und von der Willkür eines einzelnen Staates unabhängigen Frieden zu erreichen. Die Hoffnung auf baldigen Frieden möge die «biederen Württemberger» beleben und gegen «den Drang [i.e. die Bedrängnisse] des Augenblicks unempfindlicher machen». Der Krieg würde also weitergehen, folgerte man daraus, auf der anderen Seite zwar, aber mit den gleichen Drangsalen der Rekrutierung, Sonderbesteuerung und Einquartierung wie in allen Kriegsjahren seit 1806. So wurde der Seitenwechsel von der Bevölkerung zwar zustimmend, aber ohne große Begeisterung aufgenommen. Chronik- und Tagebuchschreiber notierten das Ereignis nur, wenn sie es überhaupt erwähnten.[42] Nationale Aufbruchsstimmung wie in Preußen konnte auch deshalb nicht recht aufkommen, weil die Regierung König Friedrichs nichts weniger tat als die Begeisterung für die «so genannte deutsche Nation» zu schüren.[43] Die Abwendung des württembergischen Friedrichs von Napoleon war kein deutsch-patriotischer ‹Freiheitskampf› gegen das imperiale Frankreich gewesen wie bei seinem Sohn und Nachfolger Wilhelm, sondern eine Frage des politischen Überlebens des Staates. Sie hatte sich vergleichbar schon 1805/6 gestellt und war damals ebenso pragmatisch gelöst worden: 1813 ging es in Südwestdeutschland um politische Interessen, die für Württemberg wie für seine Nachbarstaaten in der Erringung der von Bündniszwang uneingeschränkten partikularstaatlichen Souveränität bestanden, ohne dabei deren seit 1806 erreichten territorialen Bestand zu gefährden.[44] So leidenschaftslos die Regierung Württembergs handelte, so zurückgenommen klang die lyrisch gefasste Begeisterung der Freiheitskriege in Südwestdeutschland, und der bald allerorten etablierte jährliche Erinnerungskult der Leipziger Völkerschlacht wurde in Württemberg (wie übrigens auch in Sachsen) offiziell ignoriert.[45] Drei Jahre später schien dem altwürttembergischen Patrioten Ludwig Uhland die Leipziger Schlacht bereits derart weit in Vergessenheit geraten, dass er in seinem Gedicht «Am 18. Oktober 1816» den Fürsten und Völkern das «groß Gericht» Europas über das hegemoniale Frankreich neuerlich ins Gedächtnis rief.[46]

Aber in Württemberg hatte man im Herbst 1816 keinen Sinn für deutsche nationalpatriotische Feste. Über den Regierungswechsel nach dem Tod König Friedrichs am 30. Oktober hinaus wurde im Land eine alle politischen Kräfte und die gesamte öffentliche Aufmerksamkeit bindende Auseinandersetzung zwischen Regierung und Landständen um die Restitution der alten Verfassung («das alte, gute Recht») geführt. Mit dem Regierungsantritt Wilhelms I. verbanden sich in Württemberg deshalb Hoffnungen auf innere Aussöhnung, politische Liberalisierung und Frieden; sie schienen in den gemeinsamen Anstrengungen von Bevölkerung, Ständen und Regierung zur Bewältigung der Hungerkrise 1816/17 und im Verfassungsvertrag vom 25. September 1819 Wirklichkeit zu werden. Kaum war der Ausgleich im Innern gefunden, drohte aus dem «Ausland» neues Ungemach: Die Restauration warf mit den Karlsbader Beschlüssen ihre Schatten voraus, während die Gentz-Metternichsche Propaganda das Ihre tat, um die Erinnerungen an die Rheinbundzeit und die Freiheitskriege aus dem öffentlichen Raum zu verdrängen.

Woran erinnerten sich im Jahr 1819 die erwachsenen Frauen und Männer in Württemberg? An die sieben Jahre im Rheinbund? An das kollektive Trauma des Russlandfeldzuges, der in vielen Dörfern eine ganze Generation junger Männer ausgelöscht hatte? An die zweijährige Zugehörigkeit zur Kriegsallianz gegen Napoleons Frankreich? Am Ende der

Freiheitskriege hatte Württemberg auf der «richtigen» Seite gestanden und mit den anderen Alliierten zu den Siegern über den Korsen gehört. Der Makel des späten Bündniswechsels blieb zwar haften, aber den konnte man immerhin dem ungeliebten alten König anlasten. Den jungen König Wilhelm hingegen umglänzte militärischer Ruhm aus der Zeit der Freiheitskriege. Auf dem Wiener Kongress hatte er als Kronprinz seine deutsch-patriotische Gesinnung wirkungsvoll zur Schau gestellt und sich die Sympathie eines Erzfeindes seines Vaters erworben, des Freiherrn vom Stein. So war es nur folgerichtig, dass die württembergische Regierung bei offiziellen Anlässen – den ersten größeren nach 1819 bot das 25jährige Regierungsjubiläum 1841 – allein der Waffentaten Wilhelms bei Brienne, Sens und Fère Champenoise gedachte, seine Teilnahme an Napoleons Russlandfeldzug (und anderen vorher) aber überging. Ute Planert zeigt überzeugend, dass die Ausrichtung des Kriegsgedenkens auf die Person des Monarchen den «Anschluss [Württembergs] an die neuere deutsche Geschichte» ermöglichte, «ohne damit eine [deutsche] Nationalbewegung zu stimulieren».[47] Auch in einer weiteren, innenpolitisch bedeutsameren Hinsicht eignete sich die Vergangenheit König Wilhelms, deutsches Nationalgefühl in württembergischen Landespatriotismus umzuformen: Vor der Rheinbundära Württembergs, die außenpolitisch die «französische», innenpolitisch aber die «verfassungslose» Zeit genannt wurde, hatte er gegen den despotischen Vater und für das «alte, gute Recht» Partei genommen.

Mit der Konzentration auf Württembergs rühmliche Rolle in den Freiheitskriegen wurden alle napoleonischen Feldzüge der Württemberger seit Jena und Auerstedt 1806 offiziell und bewusst dem Vergessen anheim gegeben. Während in Preußen allerorten aufwendige Kriegsdenkmäler für die Freiheitskriege errichtet wurden und in Bayern die Walhalla-Idee des «teutsch» fühlenden Kronprinzen Ludwig ihrer Realisierung näher kam, widmeten die Württemberger ihren in Russland gefallenen Soldaten in Dörfern und Kleinstädten unscheinbare Gedenktafeln mit lakonischen Texten («Es ist in Russland gleich weit in [den] Himmel wie in Schwaben») oder mit einfachen Namenslisten der verstorbenen jungen Männer.[48] Heldendenkmäler waren das nicht, eher zaghafte private Proteste der Hinterbliebenen gegen das offiziell unterdrückte «Missgetön der Klage» über die Toten der Rheinbundkriege.[49] Nicht nur die Hinterbliebenen, sondern auch die württembergischen Veteranen der Feldzüge an der Seite Napoleons von 1806 bis 1813 und diejenigen aus den Kriegseinsätzen gegen ihn bis zum Frieden von Paris 1815 wurden übergangen, obwohl sie sich manchmal wohl am eigenen Leibe an die Kriegszeiten erinnerten. Ihrer nahm sich die württembergische Regierung erst im Vorfeld des 25-jährigen Jubiläums der Völkerschlacht 1838 und des silbernen Thronjubiläums Wilhelm I. im Jahr 1841 an. Auf obrigkeitliche Aufforderung hin traten jetzt an die Stelle der vereinzelten, informellen «Bruderbünde» verabschiedeter Soldaten landesweit organisierte Veteranenvereine.[50] Bei offiziellen Anlässen hatten sie ihre ‹französische› Vergangenheit – die eben auch die württembergische war – auszublenden und nur die ruhmvollen Kriegstaten während der deutschen Freiheitskriege hervorzuheben. Ausdruck dieser württembergischen Erinnerungspolitik war auch König Wilhelms Stiftung einer Denkmünze für die Veteranen zum 25-jährigen Jahrestag des Endes der Freiheitskriege 1840.[51] Während die Münzen Wilhelms bis hin zur Legende den Gedenkmedaillen («König und Vaterland dem Tapferen») glichen, die 1814 auf Veranlassung des Vorgängers geprägt und den unter dem Kommando des damaligen Kronprinzen gegen Napoleon ins Feld gestellten württembergischen Truppen verliehen worden waren, wurde das Motto jetzt anders gedeutet:[52] 1814 unter dem ersten württembergischen König galten die Worte «König und Vaterland» allein seiner Person und dem erst acht Jahre bestehenden Königreich. 1840 erlaubte die gleiche Legende die Auffassung eines über die württembergischen Landesgrenzen hinausgehenden deutschen Vaterlandes, für das die württembergischen Veteranen der Freiheitskriege unter dem regierenden König, damals ihrem Kommandeur, nach dem Seitenwechsel gekämpft hatten.

Auch die deutschen Historiker des 19. Jahrhunderts, ob konservativ oder nationalliberal, überblendeten die für die nationale Meistererzählung schwierige Rheinbundära mit den glorreichen Freiheitskriegen, indem preußische zur deutschen Geschichte umgedeutet wurde: Nach dem Zusammenbruch des friderizianischen Preußen bei Jena und Auerstedt 1806 versank demnach nicht ein Teil, sondern ganz Deutschland in «tiefer Erniedrigung», aus der sich die von Preußen angeführten Deutschen in den Freiheitskriegen lösten und in der Völkerschlacht bei Leipzig 1813 vereint die Fremdherrschaft abschüttelten.[53] Zur preußisch-deutschen Deutung der napoleonischen Ära trugen auch die Verdikte des Freiherrn vom Stein über die «elenden», weil «gegen das Leiden und die Schande des Vaterlandes» gleichgültigen Rheinbundfürsten bei, von denen er speziell den württembergischen König am liebsten zugleich mit Napoleon nach Elba verbannt hätte.[54] Das Urteil dieses Nationalheros gab den zeitgenössischen Patrioten wie den nachgeborenen preußisch-kleindeutschen Historikern die Tonart der Rheinbundkritik vor, die mit Georg Heinrich Pertz' Standardwerk über Stein um die Jahrhundertmitte Allgemeingut wurde. Davon abweichend richtete sich das apologetische Interesse der liberalen Historiker im Südwesten des Deutschen Bundes auf die Zwangslage des «vaterländischen Südens» im Jahre 1806. So hielt der badische Historiker und Staatswissenschaftler Karl von Rotteck in seiner erfolgreichen Weltgeschichte fest, dass nach der Doppelschlacht 1806 «ganz Nordteutschland [...] unter des Siegers Geißel [geseufzt habe]; Südteutschland gab ihm Kriegsknechte und Gold. Keine andere Wahl ward gestattet, als Raubgehilfe seyn oder Beraubter.»[55] Den Zwangscharakter des Rheinbundes, in dem der «eine Theil des großen germanischen Stammes im Dienste eines fremden Eroberers seine Waffen gegen den andern Theil führte», unterstrich auch der württembergische Publizist und evangelische Kirchenmann Johann Gottfried von Pahl, der stärker als Rotteck den Bruderzwist-Charakter der Bündnisverhältnisse nach 1806 akzentuierte.[56] Überhaupt argumentierte er mehr als Zeitzeuge denn als Historiker. Er lehnte jede moralische Kritik am Kriegseintritt der Rheinbundfürsten gegen Preußen im Jahr 1806 ab, weil das Militärbündnis keine andere Option zugelassen habe. Auch die mittlerweile übliche Unterschlagung der militärischen Erfolge der rheinbündischen Truppen an der Seite Napoleons kritisierte er scharf, denn keinem «beobachtenden Patrioten» sei damals entgangen, dass Napoleon dort den «Geist» geweckt habe, «der die Kräfte der Völker verdoppelt»: Unter seinen Fahnen seien die bis dahin stets misshandelten «deutschen» Soldaten zu freien und mutigen Männern mit Selbstvertrauen erzogen worden, die die erlernten modernen Kriegstechniken 1813 schließlich gegen ihn wenden konnten:[57]

> Ueberall wurde von unsern Souveränen [...] der Organismus ihrer Truppen dem vortrefflichen Muster der französischen Heere nachgebildet. [...] Man begriff, dass der Stock nicht dazu diene, Helden zu bilden, und dass die Menschen doch noch etwas mehr seien, als Maschinen. Man fing an, durch moralische Mittel auf die Krieger der Nation zu wirken, und suchte in ihrem Gemüthe zu begründen, was vorher nur durch physischen Zwang bewirkt ward. So gelangte der teutsche Soldat zu einer militärischen Haltung. Der Sklavensinn verschwand, und er wurde stolz, kühn, freimüthig und zufrieden mit seinem Stande. Er fing an, sich um die Sache zu interessieren, für die man stritt, und die Maßregeln zu beurtheilen, die man nahm.

> Er erwies im Lager und am Tage der Schlacht die herrlichsten Züge von Ausharrung, Treue und Tapferkeit. Dieß alles hatten wir dem Beispiele und den unaufhörlichen Ermunterungen Napoleons zu danken, und den steten ernsthaften Uebungen, worin er unsere Krieger erhielt.»

Was die Preußen den Militärreformern Scharnhorst und Gneisenau zuschrieben, das verdankten dem Württemberger Pahl zufolge die übrigen Deutschen «Kaiser Napoleon» – ein Votum, dem der kleindeutsch-liberale Abgeordnete des badischen Parlaments und Historiker Ludwig Häusser kaum beigetreten wäre. Wohl lag auch nach dessen Ansicht in der preußischen Niederlage von Jena und Auerstedt «der erste Keim einer besseren Zeit».[58] Weiterhin ventilierte Häusser in seiner deutschen Geschichte von 1786 bis 1815 ähnliche Gedanken über den Rheinbund wie Rotteck, unterschied aber zwischen Regierungen und Regierten der Rheinbundstaaten: Seit 1807 hätten sich in Preußen und Österreich bereits die «edelsten Kräfte zum Kampfe» für die «Unabhängigkeit Deutschlands» gerüstet, während die Rheinbundfürsten noch «wetteifernd das Joch des Unterdrückers» getragen hätten. Ganz anders als Pahl mit seiner Betonung der eigenständigen, von Preußen unabhängigen politischen Entwicklung des rheinbündischen Deutschland sah Häusser in der Bevölkerung der Rheinbundstaaten seit Jena und Auerstedt «Keime der Gährung in Masse»; man habe aber wegen des erzwungenen Rücktritts Steins vergeblich auf ein Aufbruchszeichen gewartet. Erst das «umgestaltete» Preußen sei kraftvoll genug gewesen, «in dem bevorstehenden Waffengange um die deutsche Unabhängigkeit» die Führung aller Deutschen zu übernehmen.[59]

Die landeshistorischen Publikationen von Gustav Rümelin, August von Schloßberger, Albert Pfister oder Eugen Schneider, die seit den 1880er Jahren die negativen Klischees über die einstigen Rheinbundstaaten, über Württemberg und die Regierungszeit des ersten Königs argumentativ zu entkräften suchten, bahnten entweder vorsichtig ihren Weg um die militärisch-politische Vergangenheit Württembergs auf Seiten Frankreichs oder hielten sich betont sachlich an die Schilderung der historischen Fakten aus württembergischer Sicht.[60] Wer aber den «deutschen Sinn der Landesgeschichte» schon 1931 deutete wie Erwin Hölzle in seinen Württemberg-Studien, musste wider besseres Wissen eines Meinecke-Schülers missbilligen, dass sich der durch «die neue Gefolgschaft [...] dem nationalen Denken ganz entfremdet[e]» württembergische König von den Nachrichten vom Sieg des Kaisers der Franzosen bei

Jena und Auerstedt zu einem «ein gänzlich undeutsche[n] ‹Dieu soit béni, rien n'approche du bonheur de Napoléon›» hätte hinreißen lassen.[61] Im Gegensatz zu den nationalliberalen Historikern des 19. Jahrhunderts bezog Hölzle die Metapher vom aus dem Alten entstehenden Neuen nicht auf 1806, sondern prägte das befremdliche Wort vom «Todeskeim», den die 1813/14 siegreiche, von Friedrich aber bekämpfte Nationalbewegung an das alte, auf seiner Souveränität beharrende Württemberg gelegt habe.[62]

Moderne Studien zur württembergischen Geschichte wie die von Bernhard Mann und Paul Sauer nehmen die Doppelschlacht von Jena und Auerstedt dagegen zum Anlass, Württembergs Bündnisverpflichtungen und die Militärpolitik des württembergischen Königs in ihren Auswirkungen auf die Bevölkerung des neuen Königreiches zu erörtern.[63]

Gerd Krumeich stellte bei seiner Untersuchung der Geschichtsschreibung zu Jena und Auerstedt fest, dass «selbst zu den Jahrestagen der Schlacht, 1866 und 1906» nur wenige monographische Darstellungen in deutscher Sprache erschienen seien. Das mag daran liegen, dass sich ein historiographisch approbierter ‹deutsch-alliierter› Sieg wie der Leipziger so viel leichter in Wort und Tat feiern ließ als der missbilligte ‹deutsch-konföderierte› Sieg von 1806 an Frankreichs Seite über Preußen – in der Sicht von 1866 wie 1906 also an der Seite des erbverfeindeten Gegners über die Führungsmacht Deutschlands. Vermutlich sättigten auch die runden Jubiläen der Leipziger Völkerschlacht die Öffentlichkeit jeweils drei Jahre vor dem nächsten Jena-Jahrestag mit festlichem Erinnern an die Freiheitskriege. Das militärische Debakel Preußens bei Jena und Auerstedt, das seit 1813 bewusst zur ‹deutschen› Niederlage stilisiert worden war, behauptete schon 1866 und ganz bestimmt 1906 einen für die nationale Meistererzählung von der Befreiung Deutschlands aus französischer Übermacht 1813/14 unverzichtbaren Platz im kollektiven Gedächtnis.[64] So hatten erinnerungspolitisch nur die rheinbündischen ‹Sieger› unter den Zeitgenossen wirklich verloren.

Heute sind derlei Interpretationen von Jena und Auerstedt sowohl innerhalb der deutschen, selbst der ‹regionalen› Historiographie als auch den Geschichts- und Kulturwissenschaften Frankreichs und Deutschlands bedeutungslos geworden. Die Generationen nach denen, die gesiegt, mitgesiegt oder nicht gesiegt haben in der Doppelschlacht bei Jena und Auerstedt vom 14. Oktober 1806, erinnern sich heute in grenzüberschreitender Gemeinsamkeit daran: Eingebettet in die deutsch-französische Beziehungsgeschichte und mit europäischer Perspektive versehen, wurde die Doppelschlacht bei Jena und Auerstedt, ‹la bataille d'Iéna› zum europäischen «Erinnerungsort» in Thüringen – seit ihrem 200. Jahrestag wird sie bei Cospeda alle fünf Jahre als ‹reenactment› zu erlebbarer Geschichte für Touristen aus aller Welt.[65]

Uwe Puschner

18. Oktober 1813: «Möchten die Deutschen nur alle und immer dieses Tages gedenken!» – die Leipziger Völkerschlacht

«Ich schreibe dir am Morgen einer Schlacht, wie sie in der Weltgeschichte kaum gefochten ist. Wir haben den französischen Kaiser ganz umstellt. Diese Schlacht wird über das Schicksal von Europa entscheiden», schrieb der preußische Militärreformer und hoch dekorierte General August Wilhelm Anton Neidhardt von Gneisenau am 18. Oktober 1813 seiner Frau, um ihr tags darauf mitzuteilen: «Die große Schlacht ist gewonnen, der Sieg ist entscheidend.»[1] Der Sieg der alliierten Mächte Österreich, Preußen, Russland und Schweden über Napoleon und seine Verbündeten in der Leipziger Schlacht vom 16. bis 19. Oktober 1813 brachte nicht die endgültige Entscheidung. Der Kaiser der Franzosen hatte jedoch eine folgenschwere erste Niederlage hinnehmen müssen und die letzten ihm verbliebenen Verbündeten des Rheinbundes verloren. Mit dem Leipziger Sieg zeichnete sich das Ende einer durch ihre außen- und innenpolitischen Umwälzungen dramatischen Epoche der europäischen Geschichte ab, die 1792 mit den Revolutionskriegen begann und die 1815 nach den Freiheitskriegen mit dem Zusammenbruch des napoleonischen Herrschaftssystems in Europa und der Verbannung des Kaisers endete. Die Schlacht war insofern tatsächlich für die politische Zukunft Europas und das Mächteverhältnis in Europa «entscheidend».

Vor diesem Hintergrund ist die Aufmerksamkeit erklärlich, die Augenzeugen, Zeitgenossen und Nachgeborene, die Wissenschaftler und Künstler den Ereignissen in und um Leipzig zuwandten. Legendenbildung und Erinnerungskult in Wort, Bild und Monument setzten unmittelbar nach der Leipziger Schlacht ein, die seit 1814 zum wirkmächtigen deutschen Nationalmythos des 19. Jahrhunderts geformt wurde.

I.

Der Gedenktag der Leipziger Schlacht war stets der dritte Tag der Schlacht, der die Schlacht entscheidende 18. Oktober, an dem es den Alliierten gelang, die napoleonischen Bündnistruppen in Leipzig zu umfassen und den Kaiser am Folgetag in die Flucht zu zwingen. Es war zunächst der Sieg über den (bis zum katastrophalen Russlandfeldzug von 1812) scheinbar unüberwindlichen Kaiser der Franzosen, es war aber auch die bis dahin größte und blutigste Schlacht der europäischen Geschichte mit einer halben Million Kämpfenden und weit über 80 000 Toten und Verwundeten. Daran erinnerte man sich und andere in Deutschland alljährlich am 18. Oktober, sei es öffentlich, sei es privat. Der Kölner Kunstgelehrte und -sammler Sulpiz Boisserée «gedacht[e]», wie er (oder auch der westfälische Oberpräsident Ludwig Freiherr von Vincke) seinem Tagbuch seit 1814 immer wieder anvertraute, dieses «wichtigen Tag[es]»:[2] «Erinnerung und Dank», notierte er am 18. Oktober 1853, «heute vor 40 Jahren [wurde] die Schlacht bei Leipzig entschieden, die uns von der Unterdrückung des Eroberers befreit hat. Möchten die Deutschen nur alle und immer dieses Tages gedenken!»[3]

Für viele Zeitgenossen und Nachgeborene des 19. Jahrhunderts verschmolz die Schlacht bei Leipzig mit dem Sieg von Arminius-Hermann über die Legionen des römischen Feldherrn Quinctilius Varus im Teutoburger Wald 9 n. Chr. – man sprach vom Leipziger Sieg als von einer «zweiten Hermannsschlacht».[4] Der 18. Oktober wurde damit zum Tag der «Wiedergeburt der ganzen deutschen Nation» stilisiert.[5] In diesem Sinne wurde die Leipziger Schlacht als «Völkerschlacht» verstanden, als Kampf der Völker Europas um nationale Freiheit und nationale Einheit. Demgegenüber hatte der preußische Oberst (und nachmalige Generalfeldmarschall und Präsident des Staatsrates) Karl von Müffling, als er am Morgen des 18. Oktober 1813 beim Heranrücken der alliierten Truppen den Namen prägte und von der bevorstehenden «großen Völkerschlacht» sprach, mit «Völkern» im Verständnis des *ancien régime* lediglich die Truppen (das «Heervolk») der antinapoleonischen Koalition bezeichnet.[6]

Bereits der erste Jahrestag der Leipziger Schlacht, den Hunderttausende vielerorts zeitgenössischen Presseberichten zufolge am 18. und 19. Oktober 1814 feierten, wurde von der bildungsbürgerlichen Trägerschicht in der Überzeugung mit Fackelzug, Glockengeläut und Höhenfeuern begangen, dass «nichts hält, hebt und stärkt ein Volk mehr als große Erinnerungen» an das «Nationalfest der Teutschen».[7] Ein kleiner Kreis deutsch-nationaler Patrioten hatte dazu aufgerufen, unter ihnen die in der Folge zu Ikonen des deutschen Nationalismus stilisierten Ernst Moritz Arndt und Friedrich Ludwig Jahn. Sie hatten sich mit Gesinnungsfreunden im Frühjahr 1814 im hessischen Rödelheim getroffen, um über Deutschlands Zukunft zu beraten. Als Ergebnis ihrer Zusammenkunft warben die Patrioten für die Gründung von «deutschen Gesellschaften» und für die Etablierung eines «Festes der Leipziger Schlacht», mit denen «teutsche Art und teutsche[r] Sinn» erhalten und belebt, «teutsche Kraft und Zucht» erweckt und die «alten und jungen Erinnerungen» an die deutsche Geschichte erneuert werden sollten.[8] Breitenwirksamkeit erlangte diese Initiative eines nationalen Volksfestes am 18. Oktober durch Arndts weit verbreitete Schrift *Ein Wort über die Leipziger Schlacht*, in der er auch gleich die Choreographie für die Feier vorgab. Arndt verband hier die «während der Freiheitskriege bereits geübte Praxis von Dank- und Siegesfeiern» mit der Idee, eine «deutsch-nationale» Festtradition zu begründen.[9] Mit alljährlichen Festen sollte an die Kriege von 1813/14 und die Völkerschlacht erinnert werden, bei denen das Volk eine Schlüsselrolle innehaben sollte. Nach Arndts Überzeugung war es nämlich das «teutsche Volk», das im Verbund mit den Fürsten im Oktober 1813 den Sieg erfochten hatte.[10]

In Arndts und von den Protagonisten der zeitgenössischen deutschnationalen Bewegung geteilten Vorstellungen sind bereits die elementaren Bausteine des Oktober-Mythos angelegt: die Mythologeme vom «Volkskrieg», der «nationalen Erhebung» und von der Geburt bzw. der Wiedergeburt der Nation aus dem Krieg. Es ist nicht von der Hand zu weisen, dass namentlich in Preußen 1813 die Kriegsbegeisterung weite Teile des Bürgertums erfasst und der Krieg trotz erheblicher regionaler Unterschiede «tatsächlich ‹Züge einer Volkserhebung›» getragen hatte.[11] Dies war nicht zuletzt eine Folge der preußischen Politik im Frühjahr 1813, als die allgemeine Wehrpflicht eingeführt, Landwehr und Landsturm eingerichtet und zur Bildung freiwilliger Jägerdétachements aufgefordert wurde und der König mit den Aufrufen an sein «Volk» und an sein «Kriegsheer» das «nationale Bündnis von Fürst und Volk» proklamierte.[12] Obwohl diesen Aufrufen Tausende folgten und zu den Waffen eilten, war die militärische Bedeutung des Landsturms und der Freiwilligenkorps marginal: Der sogenannte Volkskrieg war eine bis weit ins 20. Jahrhundert hinein fortlebende Fiktion der nationalen Propaganda. Der Sieg in Leipzig und in den anderen Schlachten der antinapoleonischen Kriege zwischen 1813 und 1815 war das Ergebnis konventioneller Kriegführung der Koalition.

Die Regierungen der an der Schlacht beteiligten deutschen Staaten reagierten daher unterschiedlich auf die Jahrestagsfeierlichkeiten. Während die ehemaligen Rheinbundstaaten Baden und Bayern das Nationalfest duldeten, war es in Württemberg verboten, das anders als die beiden Nachbarstaaten erst im November 1813 sein Bündnis mit Napoleon aufsagte. Aus demselben Grund verbot auch der Großherzog von Hessen-Darmstadt unter sicherheitspolizeilichem Vorwand zwischen 1815 und 1817 die Feierlichkeiten, nachdem er 1814 zu seinem «höchste[n] Missfallen [hatte] erfahren müssen, daß bei dem, am 18. und 19. October, von mehreren Bewohnern des hiesigen Großherzogtums, gefeierten Andenken von den Jahrestagen der Leipziger Schlacht, an manchen Orten durch holzverschwenderisches Feuermachen und dies selbst in der Nähe von Städten, Dörfern und Gebäuden, durch Schießen in denselben, veranstaltete Aufzüge, öffentliches Musikhalten, nächtliches Lärmen und Schreien auf den Straßen, und sonstige Zügellosigkeiten aller Art vorgefallen» seien.[13] In Berlin fanden die offiziellen Feiern 1814 mit Militärparaden und Gottesdiensten vom 16. bis zu dem in Preußen zum Feiertag erklärten 19. Oktober statt; sie gingen jedoch nicht «über den Rahmen der üblichen Dank- und Siegesfeiern» hinaus.[14] Dagegen folgten die parallel am 18. und 19. Oktober organisierten Veranstaltungen der Turner in Berlin – ein Publikumsmagnet für alle Bevölkerungsschichten – wie vielerorts in Deutschland mit ihrem Volksfestcharakter, mit Freudenfeuern als Zeichen der Verbrüderung der Deutschen, mit Reden, Liedern, Turnübungen und Spielen Arndts Choreographie. Doch überwogen hier wie bei den Feierlichkeiten anderwärts in der Hohenzollern-Monarchie preußischer «Landespatriotismus und Regentenverehrung».[15] Die von den lokalen bürgerlichen Eliten organisierten Feiern in Süd-, West- und Mitteldeutschland am 18. und 19. Oktober hingegen waren meist deutschnational geprägt und hatten vor allem am Rhein einen antifranzösischen Akzent. Die Inszenierungen folgten weitgehend demselben Schema: Die mit nationalen Symbolen wie Eichenlaub geschmückte Festgemeinde versammelte sich an einem zentralen Platz zum Festumzug, entzündete im Anschluss daran weit sichtbare Feuer, es wurden patriotische Lieder gesungen, eigens für den Anlass verfasste Gedichte, die sogenannte Oktoberlyrik, rezitiert und patriotische Reden gehalten. Mit Gedenkgottesdiensten für die Gefallenen und patriotischen Festpredigten gingen die Feiern am 19. Oktober zu Ende.

Das in der zeitgenössischen Publizistik zum Ausdruck gebrachte Pathos der «Nationalfeste» 1814 sollte nicht darüber hinwegtäuschen, dass es sich für die Mehrheit der Teilnehmenden in erster Linie um Dank- und Freudenfeste handelte, die das Ende einer mehr als zwanzigjährigen Kriegsperiode symbolisierten. Die unmittelbar nach der Schlacht im Oktober 1813 einsetzende und dann seit 1814 popularisierte nationale Deutung der Völkerschlacht hatte eine «schmale Schicht von Bildungsbürgern» zu verantworten,[16] die den Sieg über Napoleon, das Ende der «Fremdherrschaft» und die errungene äußere Freiheit mit der doppelten Forderung nach Überwindung des Partikularismus und nach nationaler Einheit verband. Die Völkerschlachtfeiern sollten darüber hinaus alljährlich als Verpflichtung für die Zukunft gemahnen, dass die sprichwörtliche Uneinigkeit der Deutschen für die napoleonische «Fremdherrschaft» verantwortlich, die Leipziger Schlacht mit ihren abertausenden Toten, wie es in einer Festpredigt anlässlich der Jahrestagsfeier 1814 hieß, «das Strafgericht für die Feinde des Vaterlandes und zugleich die göttliche ‹Erhebung› des Volkes [und] seine ‹Wiedergeburt›» gewesen sei, mithin der Opfertod für das Vaterland als «höchster Wert» zu gelten habe.[17] Die religiös unterlegte nationale «Selbstfindung [...] konnte aber nur im dämonisierten Gegenbild des Feindes erfolgen», weshalb die Völkerschlacht «zum Kampf zwischen Gut und Böse» stilisiert und «die grundsätzliche Feindschaft gegen Frankreich beschworen» wurde. Mit der Abgrenzung nach außen ließ sich schließlich die nationale Einheit von Volk und Monarch und der Mythos von der «gemeinsam geschlagenen Schlacht» und dem in Leipzig gemeinsam errungenen Sieg begründen.[18]

Diese nationale Imagination und der aus ihr seit 1814 erwachsende Mythos waren nicht oder nur in Teilen vereinbar mit der monarchischen Lesart, zumal sich das politische Klima mit der nach dem Wiener Kongress einsetzenden Restauration veränderte. Das Nationalfest fand 1815 zwar vielerorts – mit Ausnahme von Hessen-Darmstadt, Sachsen und Württemberg – in ähnlicher Form wie im Vorjahr und wiederum mit Unterstützung der Regierungen statt, die öffentliche Stimmung war jedoch umgeschlagen, nachdem die Träume von einem deutschen Nationalstaat mit den in Wien 1814/15 getroffenen Beschlüssen zerstoben waren und auch die namentlich vom Bürgertum erhobenen Forderungen nach modernen Verfassungen von den beiden rivalisierenden Großmächten Österreich und Preußen defensiv behandelt wurden. Es wurde nun auch Kritik an den Regierungen laut: «Bey den lodernden Flammen auf einsamen Bergeshöhen hat das Volk bedacht», schrieb der *Rheinische Merkur*, «was ihm von seinen Hoffnungen, die es vor dem Jahre an gleicher Stätte gehegt und gefaßt, wahr geworden, und es hat sich ihm gezeigt, daß es größtentheils taube Blüthe gewesen, die abgefallen».[19] Besonders die preußische Regierung war 1815 darum bemüht, die deutschnationalen Tendenzen, die in der «öffentliche[n] Wahrnehmung» der Kriege von 1813/14 als «Volkskriege»[20] bestanden, zurückzudrängen und dem Fest den Anstrich einer monarchischen Siegesfeier mit landespatriotischem Akzent zu geben. Diesem Vorbild folgten 1816 andere deutsche Regierungen, indem sie dem Fest einen «landespatriotisch-militärischen Stempel» aufdrückten und die offiziellen Feierlichkeiten auf den ersten Sonntag nach dem Jahrestag der Schlacht verlegten.[21] Bereits 1816 war der Traum von einem alljährlichen «Allerdeutschenfest» ausgeträumt,[22] das am 18. Oktober in «ganz Germanien, von Stralsund bis Triest und von Memel bis Luxemburg» gefeiert werden sollte.[23] Die Feier, wie Heinrich von Treitschke ein halbes Jahrhundert später resümierte, «verstummte [...] an den meisten Orten, hier vor den Verboten der Polizei, dort vor der Gleichgültigkeit der Menge.»[24]

Nur das als nationale Feier veranstaltete Wartburgfest der studentischen Burschenschaften vom 18. und 19. Oktober 1817 aus Anlass des 300. Jubiläums der Reformation und des vierten Jahrestages der Leipziger Schlacht konnte noch einmal große öffentliche Aufmerksamkeit erregen, nicht zuletzt weil hier die Studenten ihrer und der bürgerlichen Eliten Enttäuschung über die politischen Entwicklungen in Deutschland nach den Freiheitskriegen demonstrativ Ausdruck verliehen. «Vier lange Jahre sind seit jener Schlacht verflossen; das deutsche Volk hatte schöne Hoffnungen gefaßt, sie sind alle vereitelt», klagte und beklagte der Theologiestudent, Kriegsfreiwillige von 1813 und Träger des Eisernen Kreuzes Karl Heinrich Riemann in seiner Festrede am 18. Oktober, denn: «Alles ist anders gekommen als wir erwartet haben; viel Großes und Herrliches, was geschehen konnte und mußte, ist unterblieben; mit manchem heiligen und edlen Gefühl ist Spott und Hohn getrieben worden. Von allen Fürsten Deutschlands hat nur einer sein gegebenes Wort eingelöst, der, in dessen freiem Lande wir das Schlachtfest begehen. Über solchen Ausgang sind viele wackre Männer kleinmüthig geworden, meinen, es sei eben nichts mit der vielgepriesenen Herrlichkeit des deutschen Volkes, ziehen sich zurück vom öffentlichen Leben, das uns so schön zu erblühen versprach, und suchen in stiller Beschäftigung mit der Wissenschaft Entschädigung dafür.» Riemann appellierte daher an die Anwesenden, sich auch weiterhin «gegen jegliche innere und äußere Feinde dieses Vaterlandes» zur Wehr zu setzen.[25] Aus diesem Selbstverständnis heraus entstanden unmittelbar nach dem Wartburgfest unter Riemanns Federführung in Jena die nationale und liberale Forderungen formulierenden *Grundsätze und Beschlüsse des achtzehnten Oktobers,* und es wurde im darauffolgenden Jahr am 18. Oktober die *Allgemeine Deutsche Burschenschaft* ins Leben gerufen.

II.

Infolge der nach dem Wartburgfest einsetzenden repressiven obrigkeitlichen Maßnahmen gegen die bürgerlichen Bildungseliten mit ihren nationalen und liberalen Forderungen traten in den folgenden Jahrzehnten an die Stelle der Feste – auch wenn im Vor- und Nachmärz mancherorts die «October-Feuer» weiterhin entzündet wurden und «Fackel-Züge» stattfanden[26] – andere Formen des Gedenkens. In Schulgeschichtsbüchern, in Schul- und Jubiläumsfeiern, mit der Gründung von Veteranenvereinen der sogenannten 1813er und von nationalen Vereinen und mit Denkmälern wurde die Erinnerung an die Leipziger Schlacht und an den 18. Oktober in vielfältiger Weise wach gehalten. Die Erinnerungsunternehmungen folgten den in den Jahren unmittelbar nach dem historischen Ereignis formulierten Argumentations- und Interpretationsmustern, die ihren sinnfälligen Ausdruck in der konkurrierenden Benennung der Kriege von 1813/15 als Freiheits- oder als Befreiungskriege fanden. Während die deutsch-nationalen Kräfte auf den älteren, schon im 18. Jahrhundert (in Amerikanischem Unabhängigkeitskrieg und in Französischer Revolution) gebräuchlichen Begriff «Freiheitskrieg» zurückgriffen, um damit die nationale, mit Hilfe des Volkes und für das Volk errungene Freiheit zum Ausdruck zu bringen und im liberalen Sinn Freiheitsrechte und Repräsentation zu reklamieren, fokussierte der von Preußen aus 1816 in den öffentlichen Diskurs eingebrachte Terminus «Befreiungskrieg» auf die Perspektive der Befreiung von der dämonisierten Herrschaft Napoleons – «la Tyrannie la plus absurde et la plus atroce».[27] Damit war ein Begriff für den offiziellen Sprachgebrauch gefunden, welcher sowohl der landespatriotischen als auch der dynastischen Lesart der Ereignisse im Oktober 1813 entsprach.

Die Mehrzahl der Denkmäler für die Leipziger Schlacht folgte diesem Verständnis: Schinkels Kreuzberg-Denkmal in Berlin ebenso wie der mit dem sprechenden Namen «Befreiungshalle» versehene klassizistische Bau über Kehlheim. Von König Ludwig I. von Bayern schon seit 1814 projektiert, ist sie ein Muster für die auf den 18. Oktober 1813 fixierte, Monument gewordene Erinnerung an die Leipziger Schlacht und die antinapoleonischen Kriege der Jahre 1813 bis 1815. Wie schon aus dem Jahr 1815 im Rahmen der Nationalfeste von Feiern neu errichteter lokaler Kriegerdenkmäler berichtet wurde, fanden auf Geheiß Ludwigs I. nicht nur die Grundsteinlegung und Einweihung der Befreiungshalle in feierlichem Rahmen jeweils am 18. Oktober 1842 und 1863 (dem 50. Jahrestag der Schlacht) statt, mehr noch: Architektur und Ausstattung der gesamten Anlage, einem achtzehneckigen Zentralbau, sind auf die Zahl 18 ausgerichtet. Zwanzig Jahre vor der Einweihung der Befreiungshalle hatte der bayerische König am 18. Oktober 1830 den Grundstein zur Walhalla gelegt und zwölf Jahre später am selben Tag das unweit von Regensburg gelegene nationale «Heiligthum» eingeweiht.[28] Der griechische Tempel «rühmlich ausgezeichneter Teutscher» sollte nach dem Willen seines Bauherrn nicht nur eine Weihestätte der nationalen Selbstbesinnung und Selbstvergewisserung sein, aus dem «teutscher der Teutsche […] trete, besser, als er gekommen».[29] Das «allen Stämmen teutscher Sprache» gewidmete Nationaldenkmal war zugleich auch Mahnmal der Befreiungskriege, freilich im monarchisch-autokratischen Verständnis des bayerischen Königs.[30] Daran erinnern sowohl die als «Walhalla‘s Genossen» aufgenommenen österreichischen, preußischen und russischen Feldherren der antinapoleonischen Kriege (Barclay de Tolli, Diebitsch Salbalkansky, Blücher, Gneisenau, Scharnhorst und Schwarzenberg) und der als der «Befreyung Teutschland's Grundstein» gefeierte Freiherr vom Stein wie auch die vom König verordnete Ikonographie zu «Teutschlands Befreyung im Jahr 1814» im südlichen Giebelfeld der Außenfassade.[31]

Schon die offiziellen Feierlichkeiten in Berlin in den Jahren zwischen 1814 und 1816 hatten mit ihrer landespatriotischen und dynastischen Ausrichtung den Kurs festgelegt, wie die Hohenzollern den 18. Oktober 1813 erinnert wissen wollten: als siegreiches Ende des Befreiungskrieges, das in hohem Maße das Verdienst des preußischen Königs Friedrich Wilhelm III. und des ruhmreichen preußischen Militärs gewesen sei. Daran ließ sich vor allem seit dem Deutsch-Französischen Krieg von 1870/71 und der Gründung des Deutschen Reiches anknüpfen: Die «Grundlagen» dafür seien, wie Wilhelm I. – er hatte sich mit Bedacht am 18. Oktober 1861 in Königsberg zum preußischen König krönen lassen – beim Einzug der siegreichen preußischen Truppen in Berlin 1871 feststellte, «1813 [...] gelegt worden».[32] An diese Traditionslinien, an die borussische Legende von Deutschlands Einigung unter preußischer Führung 1813 wie 1871, sollte neuerlich am 18. Oktober 1908 mit der Aufnahme Bismarcks in die Walhalla erinnert werden, der, wie der damals prominente bayerische Historiker Karl Theodor von Heigel in seiner Festrede betonte, «uns die nationale Einheit und ein Deutsches Reich geschenkt hat.»[33]

Es war vor allem der deutsche Kaiser Wilhelm II., der nicht müde wurde, anlässlich der zahlreichen am 18. Oktober stattfindenden Einweihungsfeiern von Denkmälern für Fürsten aus dem Haus Hohenzollern (vornehmlich für seinen am 18. Oktober 1831 geborenen Vater und Vorgänger auf dem Thron) oder bei Fahnenweihen preußischer Regimenter (und wie 1899 selbst beim Stapellauf des Linienschiffs *Kaiser Karl der Große* in Hamburg), die historischen Verdienste seiner Dynastie für die deutsche Geschichte in den Jahren 1813 und 1871 zu würdigen, von Hohenzollerns deutscher Sendung zu künden und gleichzeitig mit Blick auf seine imperialen Visionen das Militär als «Säule» des Deutschen Reiches zu preisen.[34] «Ein würdigerer Tag konnte kaum für diese Feier gefunden werden», ließ sich der Monarch bei der Enthüllung des Kaiser-Wilhelm-Denkmals in Bremen 1893 vernehmen, um dann seiner dynastisch-militaristischen Überzeugung Ausdruck zu geben: «Der 18. Oktober, der Jahrestag der Völkerschlacht von Leipzig, in der die [...] verbündeten Monarchen Preußen, Deutschland, ja man kann sagen ganz Europa, von dem Joche der Unterdrückung befreiten, der 18. Oktober fernerhin der Geburtstag des nachmaligen Kaisers Friedrich III. – welch eine hohe Vorbedeutung für die Zukunft! In seiner Brust trug er in jungen Jahren die Vorahnung der kommenden Ereignisse und den brennenden Wunsch nach Einheit unseres geliebten Vaterlandes. Und als nun das Morgenrot des neuen Deutschen Reiches strahlend emporstieg, da durfte er als gereifter Mann die Träume seiner Jugend verwirklichen. Das deutsche Schwert in der Faust gewann der Sohn auf blutiger Walstatt seinem Vater die deutsche Kaiserkrone. [...] Heute nun [...] fiel sodann die Hülle seines greisen Heldenvaters Bild, und in Erz geformt blicken uns Kaiser Wilhelms Züge mit hoheitsvollem Ernst an. Wie hat die göttliche Vorsehung ihn wunderbar geführt!»[35]

III.

Während Wilhelm II. seinen Vorgängern auf dem Thron und der borussischen Interpretation folgend Preußen und vor allem seiner Dynastie am 18. Oktober huldigte, verband das Bürgertum mit dem Gedenktag mehr als nur den militärischen Sieg über Napoleon und die Befreiung von der sogenannten Fremdherrschaft. Daran wurde seit 1863 anlässlich des landauf, landab gefeierten fünfzigsten Jahrestags von den Festrednern und häufig von den Kanzeln herab erinnert, und es wurde – wie schon in den Jahren unmittelbar nach der Leipziger Schlacht – die dann nur wenige Jahre später erfolgte Reichseinigung angemahnt. Dieser Appell war jedoch nur mittelbar an die Adresse der Fürsten gerichtet, sondern vielmehr an alle Deutschen, deren Aufgabe es sei, jetzt «das Werk [... zu] vollenden», das die «Väter» 1813/15 «begonnen» hätten.[36] Und wie schon in den Jahren nach den antinapoleonischen Kriegen waren unter dem Motto «Vaterlandsliebe» und «Bürgerpflicht» die nationalstaatlichen, wiederum mit liberalen, partizipatorischen Forderungen verbunden.[37] Daran erinnert Johann Gustav Droysen in seinen Vorlesungen mit dem Diktum, dass «man nicht Freiheitskriege sagen dürfe [...], sondern Befreiungskriege, da der große Volkskrieg gegen Napoleon doch nur der Fremdherrschaft und nicht etwa der Ermöglichung freier politischer Zustände im Innern gegolten habe.»[38] In der bürgerlichen Überzeugung kam in der zweiten Hälfte des 19. Jahrhunderts insofern gerade jenes Selbstverständnis zum Ausdruck, das Arndt und andere 1814 in dem auch 1863 verwandten Begriff «Freiheitskriege» gefaßt hatten und das sich Louise Otto-Peters und ihre Mitstreiterinnen zu eigen machten, die für den 16. bis 18. Oktober zu einer (als «Leipziger Frauenschlacht» verspotteten) Konferenz nach Leipzig einluden und just am Gedenktag den *Allgemeinen Deutschen Frauenvereins* aus der Taufe hoben,[39] der für die Emanzipation der – bürgerlichen – Frau eintrat und die Geburtsstunde der organisierten deutschen Frauenbewegung markiert. In charakteristischer Weise symbolisiert der 18. Oktober das bürgerliche Selbstverständnis, dass die Nation auf dem Volk gründe und damit die Bürger

Träger des (monarchischen) Staates und der Nation seien. «Der Wille des Fürsten ist nicht das Gesetz des Volkes, sondern das Gesetz des Volkes soll der Wille des Fürsten sein», hatten die Jenaer Burschenschafter schon 1817 in den *Grundsätzen und Beschlüssen des achtzehnten Oktobers* erklärt.[40] In diesem Sinn demonstrierte das deutsche Bürgertum in der zweiten Hälfte wie schon zu Beginn des 19. Jahrhunderts am 18. Oktober insbesondere auch für seine politische Partizipation: etwa 1903 mit der Einweihung eines Obelisken zu Ehren der deutschen Einheit vor der Frankfurter Paulskirche (und mit der Gründung der dortigen Universität 1914) sowie vor allem in den Jahren 1900, 1911 und 1913 bei der Grundsteinlegung, dem Richtfest und schließlich der Einweihung des Leipziger Völkerschlachtdenkmals.

Als am 18. Oktober 1913 das auf Initiative des *Deutschen Patriotenbundes* und mit Hilfe von privaten Spenden errichtete Völkerschlachtdenkmal in Leipzig in Anwesenheit des Kaisers und aller deutschen Fürsten, deren Truppen einhundert Jahre zuvor an der Schlacht beteiligt waren, eingeweiht wurde, schwieg Wilhelm II. Dem redefreudigen Kaiser, der zwölf Jahre zuvor gleichsam als Kontrapunkt zum Leipziger Monument mit der Siegesallee in Berlin seine marmorne dynastische Geschichtsdeutung des Hohenzollernmythos vollendet hatte, widersprach der Geist, der diesem Denkmal innewohnte. Es sollte nämlich, auch wenn seit 1871 nur noch vom Befreiungskrieg gesprochen wurde, nach dem Willen seiner Väter ein Denkmal des Freiheitskrieges sein, wie von Festrednern 1913 immer wieder betont wurde: «Aus dem Untertan des 18. Jahrhunderts ist seit der Völkerschlacht ein Staatsbürger geworden».[41] Vor diesem Hintergrund wurde das Denkmal als ein Mahnmal des von den Fürsten als Affront empfundenen Volkskrieges, der nationalen Erhebung und des Kampfes für politische Rechte verstanden, wie sie die deutsch-nationale Propaganda der Jahre nach 1813 proklamiert und wie Arndt 1814 gefordert hatte. Der erste Vorsitzende des *Deutschen Patriotenbundes* und Hauptredner der Einweihungsfeier Clemens Thieme brachte diese Vorstellungen eines Denkmals vom und für das Volk zum Ausdruck: «Wohlan! Hier steht der zu Stein gewordene Wille des Volkes, das sichtbare Zeichen der Dankbarkeit gegen Gott und unsere Heldenväter für unsere Freiheit und unser nationales Sein! Gewaltiger Zeiten gewaltiges Zeichen, – den gefallenen Helden ein Ehrenmal – dem deutschen Volk ein Ruhmesmal, – kommenden Geschlechtern ein Mahnzeichen! –, hoch und hehr, wie die Taten der Mütter und Väter, die Gut und Blut einsetzten für die Rettung des Vaterlandes. Am Schlachtenbild verkörpert Michael die siegreiche Erhebung des Volkes. Stumm trauern in der Krypta die in Stein gemeißelten Krieger um die im Kampfe gefallenen Helden und halten die Totenwacht. Im Ruhmesmal offenbaren sinnbildliche Gestalten die hehren Eigenschaften des deutschen Volkes, die zur gewaltigen Erhebung und zum Siege führten. Opferwilligkeit, Tapferkeit, Glaubensstärke und deutsche Volkskraft. Hoch darüber wölbt sich das Mahnzeichen mit den zwölf Riesengestalten, Hüter der Freiheit und Stützen des Reiches. So hat das deutsche Volk sein Denkmal für die Befreiung aus großer Not sich selbst zur Ehre errichtet. [...] Was einst Ernst Moritz Arndt sagte, muß Wahrheit für alle Zukunft bleiben: Das Völkerschlachtdenkmal muß die Irminsul des deutschen Volkes sein, wohin es am 18. Oktober jedes Jahres seine Schritte und seine Gedanken lenkt, daß alle daran erinnert werden, daß sie Brüder eines Stammes und einer Liebe sind und daß hinfort deutsche Liebe und Treue nächst Gott als das Heiligste und Höchste zu achten und zu lieben haben. Eingedenk dieser Mahnung weihe ich dieses Denkmal den Manen der großen Zeit, daß die Väter in den Söhnen leben!»[42]

IV.

Thieme verlieh mit seiner Rede nicht nur der nationalistischen Stimmung im Bürgertum am Vorabend des Ersten Weltkrieges eine Stimme, wenn er in Erinnerung an 1813 zu Einheit, Wachsamkeit, Kampf- und Opferbereitschaft ermahnte. Mit seinem sakral überwölbten Weihespruch betonte er zugleich den 18. Oktober als nationalen Geburtstag und erinnert damit – wie hundert Jahre zuvor die Patrioten – an die Geburt der Nation aus dem Geist des Krieges.

Diesem – militanten – Geist fühlte sich insbesondere die radikale Rechte verpflichtet. Die Radikalnationalisten instrumentalisierten diesen «vaterländischen Gedenktag» in vielfältiger Weise,[43] nicht zuletzt auch – wie etwa mit dem auf den «Tag der Freiheitsschlacht von Leipzig 1913 den deutschen Fürsten» gewidmeten *Semi-Kürschner* – für ihre antisemitische Agitation, mit der sie neben der äußeren eine innere Bedrohung suggerierten.[44] Für sie war der 18. Oktober «des Deutschtums [...] heiliger Tag»,[45] an dem sich das deutsche Volk 1813 im Bewusstsein seiner völkischen Eigenart mit dem Sieg – dem «deutschen Volkssieg» – über

Napoleon in der Leipziger Völkerschlacht befreit und zugleich die Geschichte der völkischen Bewegung ihren Anfang genommen habe.[46] Eine Reihe radikalnationalistischer und speziell völkischer Organisationen wie zum Beispiel die in Süddeutschland seit 1902 agierende *Deutschvölkische Vereinigung* veranstaltete daher alljährlich am 18. Oktober Erinnerungsfeiern, die der hagiographischen und legitimatorischen Selbstvergewisserung dienten, oder beging wie der einflussreiche, 1894 in Berlin gegründete *Deutschbund* ihren Stiftungstag. Dessen Gründer Friedrich Lange hatte bereits in seiner sogenannten Weiherede auf dem Stiftungsfest am 18. Oktober 1896 wie alljährlich seine und des Bundes völkische, rassistische und expansionistische Ziele beschworen, den *Deutschbund* zur «Leibwache des Deutschgedankens» stilisiert und dem militanten und bellizistischen Fundament des aggressiven völkischen Nationalismus Ausdruck verliehen, wenn er feststellte, «daß ein allzulanger Friede seit 25 Jahren als Landplage auf uns liegt. Wir sind gewohnt fortwährend den Segen des Friedens zu preisen; ich möchte uns aber recht bald einen fröhlichen Krieg wünschen, d. h. einen Krieg, zu dem das Volk im Sturme voller Begeisterung sich entschließen könnte. Denn unser Volk kann eben nur durch solch stärkste Impulse sich auf sich selbst besinnen.»[47]

Achtzehn Jahre später schienen sich die Hoffnungen Langes und der Radikalnationalisten mit dem – allerdings rasch wieder abflauenden – bürgerlichen Begeisterungssturm des «Augusterlebnisses» zu erfüllen. Die nationale Euphorie überdeckte die noch in der Leipziger Jahrhundertfeier sichtbaren Gegensätze zwischen Monarch und Volk, zwischen Freiheits- und Befreiungskrieg, die im Augenblick des «Burgfriedens» hinfällig waren. Im nationalen Lager wurde nicht allein der «Geist von 1813» angemahnt;[48] die Jahrhundertfeier wurde vielmehr prophetisch zur Einstimmung von «Herzen und Seelen» auf den erwarteten Krieg verklärt gedeutet, zur, wie die deutschnationale *Deutsche Tageszeitung*, das Organ des *Bundes der Landwirte*, schrieb, «Vorbereitung für den neuen Befreiungskrieg von 1914», in dem sich erfüllen sollte, was 1813 seinen Anfang genommen hatte: Einigkeit, innere Einheit und: «politische Großmachtstellung».[49]

Nicht weniger prophetisch hatte der Historiker und Literaturnobelpreisträger Theodor Mommsen am Beginn des 20. Jahrhunderts vor Weltmachtstreben, vor ‹Hurrahpatriotismus› und in diesem Zusammenhang vor den von den Gedenkveranstaltungen am 18. Oktober und 2. September, dem sogenannten Sedantag, ausgehenden Gefahren gewarnt: Die «Jahrestage der großen Siege», beschloss Mommsen seine mahnenden Überlegungen, eignen «sich […] nicht zu Nationalfesten», da «jede derartige Feier alte immer noch blutende Wunden von neuem aufreißt. ‹Gedenkt unendlicher Gefahr, des wohlvergossenen Bluts›, sagte Goethe am 18. Oktober. Das soll auch ferner geschehen; des 18. Oktober wie des 2. September wird der Deutsche eingedenk bleiben, so lange es ein Deutschland gibt. Aber dazu bedarf es weder der Böllerschüsse noch der Raketen.»[50]

V.

Nach den «Inszenierungen des Jahres 1913» erfüllte sich Mommsens Mahnung, der 18. Oktober verlor zusehends seine Bedeutung als nationaler Gedenk- und Erinnerungstag.[51] Gleichwohl gab es auch in der Folgezeit immer wieder Versuche, ihn politisch zu vereinnahmen. Zunächst im Ersten Weltkrieg seitens der preußischen und der Reichsregierung: Am Jahrestag 1916 wurden in Berlin öffentliche Goldankaufstellen eingerichtet, wo – wie schon in den Freiheitskriegen unter dem damaligen Motto «Gold gab ich für Eisen» – Edelmetalle zur Kriegsfinanzierung abgegeben werden konnten, wofür die Spender einen Teil des Gegenwertes ausgezahlt bekamen und zudem eine Medaille erhielten mit der Aufschrift «Gold gab ich zur Wehr, Eisen nahm ich zur Ehr!». In dieselbe Stoßrichtung ging die Kampagne für die siebte Kriegsanleihe im Jahr 1917, die am 18. Oktober schloss.[52]

Wie schon in den Jahrzehnten zuvor instrumentalisierte nach dem Weltkrieg die nationale Rechte den 18. Oktober: Er sollte «ein Tag der Hoffnung neuen Aufstiegs» und «ein Appell an die Einigkeit» sein und er sollte vor allem «der Festigung unseres Nationalbewußtseins» dienen, erklärte der ehemalige preußische Kriegsminister Generaloberst Josias von Heeringen im Vorfeld des vom *Kyffhäuser-Bund der Deutschen Landkriegerverbände* und vom *Stahlhelm – Bund der Frontsoldaten* 1925 am Leipziger Völkerschlachtdenkmal als dem seit 1913 zentralen Gedenkort durchgeführten *Ersten Deutschen Reichskriegertages* mit rund 100 000 Teilnehmern.[53] Der Nationalsozialismus vereinnahmte mit dem Völkerschlachtdenkmal den Erinnerungsort, indem verschiedene NS-Organisationen dort Großveranstaltungen durchführten. Das Denkmal wurde zum «Sinnbild der nationalsozialistischen Volksgemeinschaft»,[54] denn

Willi Sitte: Untergang der Napoleonischen Armee in der Völkerschlacht zu Leipzig 1813, 1955/56, Militärhistorisches Museum der Bundeswehr, Dresden.

dem nationalsozialistischen Geschichtsdeterminismus zufolge manifestierte sich in den Freiheitskriegen wie zuvor erstmals in der Reformation eben jener «Bund» von «Führer[n]» und «Masse», der «uns zum Dritten Reich geführt hat».[55] In diesem Sinne verkündete Hitler vor 140 SA-, SS- und Stahlhelmmännern am 16. Juli 1933 vor dem Leipziger Völkerschlachtdenkmal in Erinnerung an 1813: «Heute führen wir nicht mehr 13 oder 17 Millionen, sondern das ganze Volk, und deshalb erwächst uns die gigantische Aufgabe, die Millionen Menschen, die innerlich noch nicht zu uns gehören, zu erziehen, zu Soldaten dieses Dritten Reiches, zu Soldaten unserer Weltanschauung.»[56]

Der 18. Oktober hingegen war jedoch für die nationalsozialistische Propaganda bis zum Vorabend des Zweiten Weltkriegs von nachgeordneter Bedeutung. Auf der Großkundgebung am 125. Jahrestag der Völkerschlacht warf der Krieg bereits seine Schatten voraus, wenn der Reichssportführer Hans von Tschammer und Osten ankündigte: «Der völkische Staat wird für sein Dasein kämpfen müssen.»[57] Sechs Jahre später fanden keine Gedenkfeiern mehr statt, dafür erging im September 1944 der *Erlaß über die Bildung eines Volkssturms* aller waffenfähigen Männer im Alter von 16 bis 60 Jahren. Die offizielle Bekanntgabe erfolgte durch Heinrich Himmler am symbolträchtigen 18. Oktober im Rahmen eines Appells der Königsberger Volkssturmeinheiten. In einer im Rundfunk übertragenen Rede erinnerte der Reichsführer SS an den 131. Jahrestag der Leipziger Schlacht, an den im Frühjahr 1813 eingerichteten preußischen Landsturm und dessen in seiner Bedeutung schon seit dem 19. Jahrhundert von der Nationalgeschichtsschreibung überzeichneten Rolle in den Freiheitskriegen. Denn wie damals der Landsturm sollte nun der Volkssturm in einer nach Himmlers Appell ausweglosen Lage dem Krieg zur Wende verhelfen: «Unsere Gegner müssen begreifen lernen: Jeder Kilometer, den sie in unser Land vordringen wollen, wird Ströme ihres Blutes kosten. Jeder Häuserblock einer Stadt, jedes Dorf, jedes Gehöft, jeder Wald wird von Männer, Knaben und Greisen und – wenn es sein muss – von Frauen und Mädchen verteidigt.»[58]

Im Gegensatz zur Bundesrepublik, wo weder die Freiheitskriege noch der 18. Oktober in die Gedenk- und Erinnerungskultur eingingen, gehörten für die DDR die «Befreiungskriege [...] zum gründungsmythischen Wurzelwerk, aus dem der sozialistische Staat seine Kraft zu beziehen suchte.»[59] In diesem Kontext entstand 1955/56 – begleitet von heftiger Kritik seitens der «Militaria-Experten» des *Museums für deut-*

sche Geschichte in Berlin an der mangelhaften Authentizität der Entwürfe und unter Aufsicht des damaligen Hallenser SED-Chefs und nachmaligen Volkskammerpräsidenten Horst Sindermann – Willi Sittes Historiengemälde *Untergang der Napoleonischen Armee in der Völkerschlacht zu Leipzig 1813*.[60]

Seit Beginn der fünfziger Jahre stellte die DDR die Ereignisse von 1813 in den Dienst ihrer Geschichtspolitik, indem im Anschluss an das nationale Narrativ des 19. Jahrhunderts der «Anteil der breiten Massen an der Befreiung Deutschlands» herausgestellt, vor allem aber «die entscheidende Unterstützung durch den russischen Bundesgenossen und der damals [1813] bereits vertretene Gedanke der deutschen Einheit» in den Mittelpunkt gerückt wurden.[61] Die SED stilisierte die DDR in den fünfziger und sechziger Jahren zur Erbin der – seit den Freiheitskriegen von nationalbegeisterten Intellektuellen propagierten – deutschen Volksbewegung von 1813 in der Absicht, «eine ähnliche gesamtnationale Volksbewegung auszulösen» und «die Wiedervereinigung Deutschlands zu einem sozialistischen Nationalstaat zu erreichen.»[62] Zum Ende der 1970er Jahre war diese Doktrin infolge von Erich Honneckers Zwei-Nationen-Theorie überholt. Im Vordergrund der DDR-Erinnerungskultur stand aber weiterhin die Sowjetunion, deren Armeen im SED-Verständnis 1945 wie schon die russischen Truppen 1813 Deutschland befreit hätten. In dieser Überzeugung wurde anlässlich der Jubiläen von 1953, 1963 und 1973 am 18. Oktober in Leipzig die deutsch-sowjetische Waffenbrüderschaft und -freundschaft inszeniert. Zugleich ließ sich der Mythos vom Volkskampf für die NVA instrumentalisieren, in der – wie eine Broschüre des DDR-Verteidigungsministeriums 1956 verkündete – «der Geist der Landsturmmänner und Freikorpskämpfer von 1813, der Geist Scharnhorsts, Gneisenaus, Yorcks und Blüchers» fortlebe, und die sich deswegen das Leipziger Völkerschlachtdenkmal zum Traditionsort auserkoren hatte.[63] Eine letzte große Inszenierung fand 1988 zum 175. Jahrestag der Schlacht in Leipzig statt. Vor etwa 100 000 Teilnehmern gedachte Volkskammerpräsident Horst Sindermann in seiner Ansprache bei der zentralen Gedenkfeier der Opfer von 1813, aber auch in der Tradition der DDR-Interpretation des Sieges «des Rechts über das Unrecht. In diesem Sinne feiern wir die Völkerschlacht [...] als Sieg des Volkes».[64]

Mit dem Ende der DDR verlor der 18. Oktober endgültig seine mythenpolitische Bedeutung. Heute wissen nur noch wenige (junge) Deutsche – anders als im 19. Jahrhundert – das Datum historisch einzuordnen.

Als Fontanes Protagonist Dubslav von Stechlin einen Dorfschuljungen fragte, wann «Leipzig» stattgefunden habe, antwortete dieser unmittelbar und ohne auch nur einen Moment des Zögerns: «Achtzehnter Oktober. Immer achtzehnter bei uns.»[65]

Tim Blanning

18. Juni 1815: Waterloo

François-René de Chateaubriand verließ um die Mittagszeit des 18. Juni 1815 Gent durch das Brüsseler Tor, um einen Landspaziergang zu machen. Er las zu dieser Zeit gerade Caesars «Gallischen Krieg». Als er einige Meilen gegangen war, hörte er in der Ferne ein dumpfes Grollen. Schnell wurde ihm klar, dass er nicht etwa natürlichen Donner vernahm, sondern das Tosen einer Schlacht. Was er nicht wissen konnte, war, dass sie eben bei Waterloo geschlagen wurde. Das Ausmaß dieser Schlacht lässt sich daran ablesen, dass das Grollen der Kanonen nahezu fünfzig Kilometer entfernt zu hören war. Sie hatten vor einer halben Stunde, um 11.30 Uhr, zu feuern begonnen, um die Attacke der Division des Prinzen Jérôme Bonaparte auf die britische Stellung bei Hougoumont zu unterstützen. Ein Kurier, der aus dieser Richtung kam, berichtete Chateaubriand im Vorbeigehen, dass die Franzosen einen überlegenen Sieg errungen hätten und dass Napoleon bereits auf dem Weg nach Brüssel sei. Diese Nachricht wurde von einem Richtung Gent fliehenden Händler bestätigt. Der tatsächliche Ausgang der Schlacht offenbarte sich erst am nächsten Tag.[1]

Waterloo wurde von den Siegern sofort als die größte Schlacht der europäischen Geschichte gefeiert:

> Welch Schlachtfelds mächt'ger Name
> Wagt sich mit deinem zu messen?
> Weder Azincourt noch Poitiers,
> Noch Crécy, in vergangenen Zeiten so berühmt,
> Gleichen der glücklichen Geschichte,
> Vom Sturz des Mannes, der kein Gesetz kannte.[2]

Der Hofdichter des englischen Königshauses, Robert Southey, behauptete, dass es nur zweimal in der Geschichte der *Welt* einen derartig wichtigen Kampf gegeben habe: In Platää im Jahr 479 v. Chr., als die Griechen die Perser besiegten, und bei Tours und Poitiers im Jahre 742 n. Chr., als Karl Martell die Araber schlug.[3] Dass der Autor nicht übertrieben hat, zeigt sich daran, dass der Name Waterloo in der ganzen Welt eine große Verbreitung fand. Auf jedem Kontinent wurden Städte nach der Schlacht benannt, in den USA allein in nicht weniger als vierzehn Bundesstaaten. Auf der neuseeländischen Südinsel existiert sogar ein gleichnamiger Berg: Waterloo Peak. Nach der Schlacht nahmen in Großbritannien viele Gemeinden einen neuen Namen an, von Waterlooville nördlich von Portsmouth bis zu Waterloo with Seaforth in der Nähe von Liverpool.[4] Außerdem sind ungefähr 350 Straßen, Brücken, Plätze, Gebäude und sonstige Orte nach Waterloo benannt.[5] Die britischen Straßenschilder sind für empfindliche französische Besucher ein permanenter Anlass, Anstoß zu nehmen.

Als Chateaubriand seine Erinnerungen an den 18. Juni 1815 in seinen Memoiren festhielt, gab er auch einen wichtigen Hinweis darauf, warum diese Schlacht eine solch mächtige Ausstrahlung haben musste. Als Napoleon von Elba zurückkehrte, hatte er als royalistischer Anhänger der wieder eingesetzten Bourbonen Ludwig XVIII. nach Belgien begleitet. Sein Verstand sagte ihm deshalb, dass ein französischer Sieg für ihn persönlich eine Katastrophe bedeuten würde und doch schlug sein Herz für die Nation:

> «War nicht jeder Laut der letzte Seufzer eines Franzosen? War es ein neues Crécy, ein neues Poitiers, ein neues Azincourt, wo die ärgsten Feinde Frankreichs Siege feiern? Wäre, wenn die Feinde siegten, unser Ruhm nicht verloren? Und wenn Bonaparte siegte, was würde dann aus unserer Freiheit? Wiewohl ein Erfolg Napoleons mir ein ewiges Exil verhieß, überwog in diesem Augenblick das Gefühl für das Vaterland in meinem Herzen; meine Wünsche galten dem Unterdrücker Frankreichs, sofern er uns, unsere Ehre rettend, der Fremdherrschaft entrisse.»[6]

Diese Ambivalenz spürten nicht nur die Franzosen. Napoleon hatte so erfolgreich den Mythos seiner übermenschlichen Errungenschaften gepflegt, dass sein endgültiger Fall sowohl Bedauern als auch Erleichterung auslöste. Als John Ruskin 1833 im Alter von vierzehn Jahren Waterloo besuchte, bemerkte er traurig: «Wir Engländer mögen auf dem Feld von Waterloo Stolz empfinden – vielleicht auch ich; aber dieser hat immer einen Beigeschmack – armer Napoleon!»[7] Er wirkte auch deshalb so übermächtig, weil seine Gegner solche Zwerge waren. Gab es je eine Epoche der europäischen Geschichte, in der die gekrönten Häupter der wichtigsten Staaten eine noch jämmerlichere Figur abgegeben hätten? George III. war verrückt und der Prinzregent ein diskreditierter Genussmensch («der schlimmste Mann, mit dem er in seinem ganzen Leben zu tun hatte, der selbstsüchtigste, der falscheste» lautete Wellingtons vernichtendes Urteil[8]); Friedrich Wilhelm III. von Preußen war ehrlich, anständig, aber es fehlte ihm völlig an Charisma, das Gleiche kann man von seinem sogar noch blasseren österreichischen Kollegen Franz I. sagen; der wechselhafte russische Zar Alexander I. war lebendiger, aber weniger stabil; Ludwig XVIII. von Frankreich war «alt, korpulent und gichtkrank, unfähig ein Pferd zu besteigen und unfähig die Seele seines Volkes anzusprechen».[9] Gegenüber dieser «unglaublichen Ansammlung von schwachsinnigen Herrschern»[10], wie Sir John Fortescue sie beschrieb, strahlte der Stern Napoleons mit solcher Intensität, dass eine einzige Schlacht nicht vermochte, ihn auszulöschen. Sein Mythos hatte auch deshalb Bestand, weil er ausgerechnet vom unbesiegbaren Duke of Wellington geschlagen worden war, der einzigen wahren Heldengestalt auf der Seite der Alliierten. Und weil alle wussten, dass nur ein Hauch zwischen einem totalen Sieg und einer totalen Niederlage gelegen hatte. Wellington selbst hatte gesagt, dass «es verdammt eng zugegangen war – die engste Sache, die man je in seinem Leben gesehen hat».[11]

Napoleon war kaum auf St. Helena angekommen, da begann er schon seine eigene Version der Ereignisse zu entwerfen. Waterloo – «diesen unbegreiflichen Tag» – entschuldigte er als Ergebnis von Verrat, Inkompetenz, Befehlsverweigerung und einer «unglaublichen Verkettung von Verhängnissen!» (*concours de fatalités inouïes!*).[12] Sein treuer Sekretär, der Graf von Las Cases, übermittelte der Welt, dass sogar die Briten, die ihn gefangen genommen hatten, der Meinung waren, dass er gesiegt hätte, wenn Marschall Grouchy die Befehle befolgt hätte.[13] Napoleon war sich darüber im Klaren, dass er die Gegenwart verloren hatte, aber er verband große Hoffungen mit der Zukunft, nicht weil er dachte, dass er jemals nach Europa zurückkehren könnte, sondern weil er sich der Macht des mit seinem Namen verbundenen Mythos bewusst war. Er erklärte Las Cases: «Unsere Situation hier mag durchaus ihre Vorzüge haben, das Universum schaut auf uns, wir bleiben die Märtyrer einer unsterblichen Sache. Millionen von Männern weinen um uns und diese Trauer birgt Ruhm in sich. In meiner Karriere fehlten die Widrigkeiten. Wenn ich auf dem Thron inmitten der Aura meiner Allmacht gestorben wäre, wäre ich für viele Männer ein Problem geblieben. Dank meines Unglücks können sie heute ihr Urteil über mich in meiner Blöße fällen.»[14]

Waterloo in den größeren Zusammenhang des Untergangs seines Kaiserreiches einzuordnen, war ihm allerdings noch wichtiger, als den

Hergang der eigentlichen Schlacht richtig zu stellen. Napoleon behauptete, sein grandioses Projekt habe darin bestanden, zuerst die Ordnung in Frankreich wieder herzustellen (das war die Errungenschaft des Konsulats); anschließend Europa neu als eine Konföderation zu ordnen, die auf sozialer Gleichheit und effizienter Verwaltung beruht (das war die Errungenschaft des Kaiserreiches); und am Ende die autoritären Aspekte seiner Herrschaft zu lockern, um ein liberales Gemeinwesen zu schaffen, das auf den Prinzipien des Friedens und der Nationalität gründen sollte (das wäre die Errungenschaft der nächsten Stufe seiner Regentschaft geworden). Folglich verbreitete er aus St. Helena, dass «die Schlacht von Waterloo genauso fatal für die Freiheit Europas war, wie die Schlacht von Philippi für die Roms».[15]

Seine Botschaft fand bei einem durch die Ereignisse des letzten Vierteljahrhunderts polarisierten europäischen Publikum sehr viel Gehör. Der zweifellos eloquenteste und wahrscheinlich einflussreichste Hörer seiner Botschaft war Lord Byron. Als ihn die Nachricht des Sieges erreichte, war er erstaunt: «Ist es wahr? [...] Aber ist es wahr? Das tut mir verdammt Leid [...] Ich war mir nicht sicher, aber ich hatte doch gehofft, noch zu Lebzeiten den Kopf von Lord Castlereagh auf einem Pfahl zu sehen. Aber ich schätze, daraus wird jetzt nichts mehr.»[16] Für die durch Konfrontationen geprägte Politik des Vereinigten Königreichs war es typisch, dass Byrons erste Reaktion so parteiisch ausfiel. Er war allerdings bei weitem nicht der Einzige. Am 1. Juli schrieb der Radikale William Cobbett einen offenen Brief an Castlereagh, in dem er sich darüber beklagte, dass eine der Folgen von Waterloo die Wiedereinführung der royalistischen Tyrannei in Frankreich sein würde. In einem Gedicht, das er in derselben Ausgabe seines *Weekly Political Register* veröffentlichte, fügte er noch hinzu:

> Schließlich wurde die Bestie des Kriegs wieder erweckt,
> Um nah und fern Verwüstung und Verzweiflung zu verbreiten,
> Unsere Mitmenschen mit Zerstörung zu strafen
> Und den Bourbonen wieder auf den Thron zu setzen.
> Ach, England! dem Bündnis der Feindseligen beigetreten
> Seine Ehre verloren, blind für sein Wohl.[17]

Wie alle, die links von der Mitte standen, lehnte Cobbett zwar Napoleons Militarismus und Willkürherrschaft ab, benutzte ihn aber gern als Mittel, um das Tory-Establishment anzugreifen. Cobbett schrieb zwei Wochen später wieder an Castlereagh und erinnerte ihn daran, im vorhergehenden Jahr sei die große Frage gewesen, ob die Bourbonen den Franzosen durch die Alliierten aufgezwungen oder ob sie dort mit offenen Armen empfangen worden waren. Napoleon beantwortete diese Frage nachdrücklich durch seinen heldenhaften Empfang nach seiner Rückkehr von Elba, «dank seines Heldenmuts; dank seiner inneren Stärke; dank seiner ungebrochenen Seele und seinen großen Geisteskräften».[18]

Napoleon gelang es in geschickter Weise, diese Sicht von Waterloo zu fördern, indem er das freiheitliche Regime in England mit der Tyrannei der kontinentalen Monarchien kontrastierte. Er äußerte gegenüber Las Cases, dass er den weißen Terror in Frankreich hätte verhindern können, wenn es ihm gelungen wäre, nach Amerika zu entkommen, weil die bloße Androhung seiner Rückkehr genügt hätte, die reaktionäre Politik von Ludwig XVIII. zu mildern. Er fügte hinzu, dass die Prinzipien von 1789 unsterblich seien: «sie leben in Großbritannien, sie erhellen Amerika, sie sind Teil der nationalen Kultur Frankreichs: Dies sind die drei Säulen von denen aus das Licht der Welt weiter scheinen wird!!!»[19] Wieder einmal fasste es Byron am besten in Worte:

> Gerechter Lohn! – Frankreich knirscht ins Gebiß!
> Doch ist die Welt denn freier? Fochten hier
> Die Völker bloß mit *einem* Mann? – Gewiß,
> Die Lehre galt den Königen wie dir.
> Was! Soll der Tyrannei geflickte Panier
> In Tagen wehen, die man erleuchtet heißt?
> Wir, die wir den Löwen schlugen, sollen wir
> Dem Wolfe dienen? Sollen Knie und Geist
> Vor Thronen beugen? – Nein, erst *prüft*, bevor ihr preist![20]

Diese Interpretation von Waterloo erwies sich als sehr langlebig. In seinem schwermütigen ‹epischen Drama› «The Dynasts», das in drei Teilen zwischen 1903 und 1908 erschien, legt Thomas Hardy dem ‹Geist der Jahre› folgende Worte in den Mund:

> So hat die drängende Immanenz den heutigen Tag erwählt,
> Um mit ihrer blinden Macht diesen Kampf zu inszenieren;
> Und in ihre alte Pracht gewandet, erheben sich wieder
> Europas wurmstichige Dynastien, um den Globus erneut zu blenden![21]

Es muss wohl kaum betont werden, dass am anderen Ende des politischen Spektrums der Triumph unverhohlen ausgekostet wurde. Allen voran gingen die politischen Führer. Im Unterhaus verkündete Castlereagh, dass «eine Leistung von solch großem Wert, solch überragender

Bedeutung, vielleicht noch nie die Annalen dieses oder irgendeines anderen Landes geschmückt» habe.[22] Es findet sich eine Unmenge von Hinweisen darauf, dass dieser eindeutige Ausdruck der Freude eher die öffentliche Meinung in Großbritannien wiedergab als die gänzlich anders gelagerte Begeisterung auf Seiten der Opposition. Wie Boyd Hilton schrieb, war Waterloo «die öffentlich am meisten gefeierte Schlacht der englischen Geschichte seit Azincourt».[23] Allen voran der Hofdichter Robert Southey, der verkündete, dass dieser Sieg England die Möglichkeit gegeben habe, «sich den großen Dingen und den Pflichten der Selbstverbesserung zu widmen und die Segnungen der Zivilisation und des Christentums zu verbreiten».[24] Seiner Überzeugung nach hatte am 18. Juni nichts Geringeres als die Zukunft der menschlichen Zivilisation auf dem Spiel gestanden und folglich hatten die Sieger das Recht, sich mit dem Sieg zu schmücken:

> Welches britische Herz wäre nicht berührt
> Auf diesem Grund dem der Stolz gebührt?
> Steigt nicht die Röte in ein jedes britisches Gesicht
> Wenn man unserm Land Segen und Ruhm ausspricht?
> Denn Britannien wurde hier gesegnet von Greis und Junge,
> Bewundert von jedem Herz und gepriesen von jeder Zunge.[25]

Dutzende von Schriftstellern folgten Southeys Beispiel in Dichtung und Prosa, nicht zuletzt William Wordsworth, der im Januar 1816 seine «Thanksgiving Ode» veröffentlichte und im selben Jahr bemerkte: «mein Herz war mit jenen, die entschlossen waren mit Bonaparte die Entscheidung auszufechten.»[26] Typisch für das Schwelgen im Waterloo-Ruhm als nur einem weiteren in einer langen Reihe von Triumphen über die Franzosen war eine anonyme Ballade, die verkündete:

> Lasst nie mehr eitle Franzosen prahlen,
> Oder Briten sich lustig machen;
> Denn wieder einmal sehen sie die edle Flagge
> von Crécy und Azincourt.[27]

Eine Flut von Veröffentlichungen, die den Sturz Napoleons feierten, für jedes Lesepublikum, auch für die, die nicht lesen konnten, ergoss sich aus den Druckereien.[28]

Die Feierlichkeiten wurden jährlich wiederholt, oft mit einem starken parteipolitischen Beigeschmack. Am 18. Juni 1835 versammelten sich die Tories von Edinburgh zum alljährlichen Dinner zur Feier des Jubiläums. Der Autor des Berichts, der im *Blackwood's Edinburgh Magazine* veröffentlicht wurde, brüstete sich: «Der Tag des Jahres, den die Whigs (Liberalen) am meisten hassen, ist der 18. Juni.» Der anonyme Vorsitzende unterstrich in seiner mit Begeisterung aufgenommenen Rede: «Das Jubiläum der Schlacht von Waterloo erweckt in jedem echten Briten eine Vielzahl von Empfindungen, die für diesen angenehm und ehrenvoll sind, denn sie sind untrennbar mit der Ehre und dem Ruhm seines Landes verbunden. (Begeisterte Zurufe).» Bezeichnenderweise betonte er im Weiteren, dass dieser Sieg auch ein Sieg für die Freiheit war: «Wir, die wir den Frieden und das Recht lieben, gedenken dem edlen Widerstand, den unser Land der prinzipienlosen Aggression des rastlosen Republikanismus entgegensetzte; wir gedenken der Königreiche, die unser Land aus der Knechtschaft befreit hat und wir erinnern daran, dass der Jahrestag der Schlacht von Waterloo für mehr als nur eine Nation und für Millionen von Menschen der Jahrestag der Freiheit und Unabhängigkeit ist. (Große Begeisterung).» Die Lautstärke steigerte sich noch zu einer rekordverdächtigen «gewaltigen Begeisterung», als der Vorsitzende dem Herzog von Wellington seine Achtung bezeugte.[29]

Die Verherrlichung Wellingtons hatte bereits mit dem Eintreffen der Neuigkeiten aus Waterloo begonnen. Die politischen Verantwortlichen in London verspürten das Bedürfnis, Napoleons Charisma mit einem eigenen Helden zu kontern. Das Parlament hatte Wellington bereits die kolossale Summe von 500.000 £ plus 100.000 £ für ein Herrenhaus für seine Siege in den Napoleonischen Kriegen auf der iberischen Halbinsel zugesprochen. Jetzt stimmte das Oberhaus auf Anregung von Lord Liverpool einstimmig zu, ihm «zusätzlich so viele Mittel wie nötig zur Verfügung zu stellen, um zu beweisen, welch hohes Ansehen er im Parlament für seine außergewöhnlichen Leistungen genießt und wie dankbar ihm die britische Nation ist».[30]

Die Versuche, ein angemessenes öffentliches Denkmal zur Erinnerung an den Herzog und seinen Sieg zu errichten, scheiterten an der Nachkriegsrezession, Eifersüchteleien zwischen verschiedenen Auftrag gebenden Körperschaften und der britischen Abneigung, öffentliche Gelder für die Finanzierung von künstlerischen Projekten zu verwenden. Ein typisches Beispiel war die «Waterloo Vase», die der Bildhauer Richard Westmacott geschaffen hat. Aus einem riesigen Block des edelsten Marmors aus Carrara gehauen, der ursprünglich für eine napoleonische Auftragsarbeit vorgesehen gewesen war, erwies sich diese als zu schwer für die «Waterloo Galerie» im Schloss Windsor und wurde 1836 an eine zögerliche National Gallery weitergegeben. Zuletzt fand sie sich auf dem Gelände des Buckingham Palace wieder, wo sie ein Schattendasein führt.[31] Es ist bezeichnend für die Prioritäten Großbritanniens im 19. Jahrhundert, dass die dauerhaftesten Denkmäler praktische Funktionen hatten: die Waterloo Brücke und der Waterloo Bahnhof. Erfolgreicher waren lokale Initiativen in der Provinz, wo die Denkmäler eine große Verbreitung fanden. Der Wellington-Kult wurde mit besonderem Enthusiasmus aufgenommen und eine Würdigung in der Presse folgte der anderen. Sogar Byron ließ sich (kurzfristig) von der allgemeinen Heldenverehrung anstecken. Am 7. Juli 1815 schrieb er Thomas Moore, dass das Glück, mit dem die Vorsehung Castlereagh gesegnet hat, «nur ein Beweis dafür ist, wie wenig Wert die Götter auf den Erfolg legen, wenn sie solchen **** wie ihm und dem besoffenen Korporal, dem alten Blücher, erlauben, die Leute, die ihnen überlegen sind, so zu schikanieren. Davon sollte man Wellington allerdings ausnehmen. Er ist ein Mann – und der Scipio unseres Hannibal.»[32] Die dauerhaften Erinnerungen an seine Apotheose finden sich in fast jeder Ortschaft dieses Landes, schließlich sind mehr als doppelt so viele Straßen und Plätze usw. nach Wellington benannt als nach Waterloo.[33] Der Kult wurde noch durch den starken Kontrast zwischen Wellingtons und Napoleons Kommando, ihrer Persönlichkeit, sogar ihrer äußeren Erscheinung angeheizt, die auch eine Personifizierung der nationalen Unterschiede – zwischen französischem *élan* und britischer Hartnäckigkeit – zu sein schien.[34] Victor Hugo hat dies sehr treffend, wenn auch in seiner typischen Weitschweifigkeit, in «Die Elenden» («Les Misérables»), 1862 zuerst veröffentlicht, ausgedrückt:

> «Übrigens ist Waterloo die seltsamste Begegnung, die in der Geschichte stattgefunden hat. Napoleon und Wellington. Die beiden sind keine Feinde, sie sind Gegenspieler. Nie hat Gott, der sich in Antithesen gefällt, einen bemerkenswerteren Gegensatz erschaffen und eine außergewöhnlichere Gegenüberstellung herbeigeführt. Auf der einen Seite Genauigkeit, Voraussicht, Geometrie, Vorsicht, der gesicherte Rückzug, die aufgesparten Reserven, eine hartnäckige Kaltblütigkeit, eine nie versagende Methode, die Strategie, die das Gelände nutzt, die Taktik, die die Bataillone aufwägt, das schnurgerade Gemetzel, der mit der Uhr in der Hand geregelte Krieg, nichts aus freien Stücken dem Zufall überlassen, der alte, bewährte Mut und die unbedingte Korrektheit. Auf der anderen Seite Intuition, Erahnen, militärisch absonderliche Dinge, übermenschlicher Instinkt, der flammende Blick, der irgendwie dem des Adlers gleicht und wie der Blitz trifft, eine

erstaunliche Kunst bei einem Ungestüm voller Verachtung, alle Geheimnisse einer unerforschlichen Seele, das Bündnis mit dem Schicksal, dem Fluß, der Ebene, dem Wald und dem Hügel, die zum Gehorsam aufgefordert, gewissermaßen dazu gezwungen werden, der Despot, der so weit geht, daß er das Schlachtfeld tyrannisiert, das Vertrauen auf seinen Stern, das das Wissen des Feldherrn mehrt, aber auch verwirrt. Wellington war der Barrême des Krieges, Napoleon sein Michelangelo, und dieses Mal wurde das Genie von der Berechnung besiegt.»[35]

Kurz gesagt, es war ein Kampf der Titanen. Dessen Intensität verstärkte noch die epische Qualität. Das lag zum Teil am zeitlichen Rahmen – die Schlacht begann um 11.30 Uhr und war bis 20 Uhr desselben Tages so gut wie vorbei, obwohl sich die Verfolgung der Besiegten durch die Nacht hinzog. Aber auch der räumliche Aspekt spielte eine Rolle, schließlich war das Schlachtfeld kaum acht Quadratkilometer groß. Da rund 140 000 Soldaten und über 400 Kanonen in diesen kleinen Raum gedrängt waren, war das Gemetzel wahrhaft schrecklich. Die Franzosen hatten Verluste von 25 000 gefallenen oder schwer verwundeten Soldaten (von denen viele kurz darauf starben), die Alliierten mussten fast genauso viele beklagen.[36] Repräsentativ für die große Anzahl grauenerregender Erinnerungen ist die folgende von Major Harry Smith, der am 19. Juni über das Schlachtfeld ritt:

«In Waterloo war das *ganze* Schlachtfeld von rechts nach links eine einzige Masse toter Körper. An einer Stelle rechts von La Haye Sainte lagen die französischen Kürassiere buchstäblich aufeinander gestapelt; viele der Soldaten lagen unverletzt unter ihren Pferden; andere furchtbar verwundet, manchmal kämpften ihre Pferde auf ihren verwundeten Körpern. Der Anblick war unerträglich und ich hatte weder die Möglichkeit noch die Macht, ihnen zu helfen.»[37]

Die Neuigkeiten über diesen Aderlass fanden zudem sofort ihren Weg in Flugblätter. Zwar hatte es bereits zuvor schreckliche Schlachten gegeben – zum Beispiel in Eylau 1807 –, aber Waterloo lag nicht in irgendeinem entlegenen Winkel Osteuropas, sondern direkt vor der eigenen Haustür. Innerhalb von Wochen – sogar Tagen – strömten die Touristen herbei, um die Nachwirkungen des Krieges aus erster Hand zu sehen und ihre grauenvollen Eindrücke pflichtbewusst niederzuschreiben. Von einem auf den 7. August datierten Bericht erschienen 1815 gleich mehrere Auflagen. Dieser konstatierte, dass der Geruch des Todes immer noch buchstäblich über dem Schlachtfeld hing:

«Es gibt dort riesige Gräber oder eigentlich Erdhügel, [welche] mit hunderten von Toten angefüllt sind, wo die Sieger und Besiegten wahllos zusammengeworfen wurden; der Lehm wurde dabei so dünn über sie verteilt, dass hier eine Hand aus dem Boden ragt, und sich dort deutlich ein menschliches Gesicht abzeichnet. Das Grauen dieser Dinge war unbeschreiblich. Drei Wochen nach der Schlacht waren sogar die Winde des Himmels von den aufsteigenden Ausdünstungen angefüllt: Neben diesen riesigen Gräbern, von denen es mehrere hundert gibt, wurden immense Berge von Toten an verschiedenen Stellen verbrannt und ihre Asche, die sich mit dem Staub vermischte, verteilte sich über das ganze Schlachtfeld.»[38]

Der anonyme Autor fügte noch hinzu, dass es wegen der vielen Verwundeten vier Tage dauerte, bis der letzte vom Schlachtfeld in ein Hospital gebracht werden konnte.[39] Turners Gemälde «Das Schlachtfeld von Waterloo» von 1818 stellt in ästhetischer Hinsicht die beste Darstellung des Gemetzels dar. Es beruht auf sechzehn Skizzen, die er im Jahr davor vor Ort angefertigt hatte und es ist weit entfernt von einer triumphalen Darstellung. In der Aquarellskizze sehen wir ausschließlich den Tod; ein Tod, der zudem auch noch beiden Parteien gemeinsam ist, liegen die rot uniformierten und die blau uniformierten Leichen doch alle nebeneinander.[40] Als dieses Bild 1818 in der Royal Academy ausgestellt wurde, fügte Turner im Katalog noch die passenden Zeilen aus Byrons «Childe Harolds Pilgerfahrt» hinzu:

Der letzte Tag sah strotzend sie von Leben,
Der Abend sah sie strahlend beim Gelag,
Die Nacht hat das Signal zum Kampf gegeben,
Der Morgen bringt die Heerschau und der Tag
Die ernste, prächt'ge Schlacht. Stillbrütend lag
Die Donnerwolk, und wenn sie birst und träuft,
Dann liegt auf Erden, dicht wie Hagelschlag,
Der Staub im Staub, gedrängt und aufgehäuft,
Reiter und Roß, Freund, Feind, in rotem Blut ersäuft.[41]

Die Freude über den Sieg wurde getrübt durch den hohen Preis, den er gefordert hatte. Für viele verbot sich wegen des Ausmaßes des Gemetzels jede Form der Jubelfeier. Dazu gehörte auch Wellington selbst, der am Tag der Schlacht zu einem vorgerückten Zeitpunkt dem verwundeten Lord Fitzroy Somerset sagte: «Noch nie habe ich eine solche Schlacht geschlagen, und ich bin mir sicher, dass ich eine solche auch nie wieder schlagen werde.» Als er später in Brüssel gefeiert wurde, sagte er unter Tränen: «Oh! Bitte keine Glückwünsche. Ich habe alle meine Freunde

William Turner: The Field of Waterloo, 1818,
Fitzwilliam Museum, Cambridge.

verloren.»[42] Diese Empfindungen waren weit verbreitet: Dies ist zum Beispiel das zentrale Motiv in Walter Scotts Gedicht *The Field of Waterloo*, das er 1815 nach einem Besuch geschrieben hat:

> Ach! Welch trauernden Verbindungen der Liebe
> Hat des Krieges rohe Hand getrennt!
> Denn noch nie wurde um ein Feld so erbittert gekämpft,
> Und nie wurde ein Sieg teurer erkauft.
> Hier liegen im gemeinsamen Todesschlaf
> Die, deren Liebste lange um sie weinen werden.[43]

Aus dem Schlachtfeld wurde ein Ort der Erinnerung und Trauer.[44] Um dieses Gedenken zu pflegen, entstanden überall auf dem Schlachtfeld Denkmäler, die einer heroischen Tat oder eines bestimmten Toten gedachten. Insgesamt gibt es davon über hundert, einige davon sind monumental, wie Gordons Denkmal, das Denkmal der Hannoveraner oder das preußische Denkmal, während andere nur aus bescheidenen Tafeln bestehen, die an den Tod eines Einzelnen erinnern.[45]

Das monumentalste dieser Denkmäler ist der «Löwenhügel», es besteht aus einem kolossalen vierzig Meter hohen künstlichen Hügel in Kegelform, geformt aus nahezu 300 000 Kubikmetern Erde. Auf dessen Spitze, die über 226 Stufen zu erreichen ist, thront ein achtundzwanzig Tonnen schwerer Bronzelöwe. Bei diesen Ausmaßen überrascht es nicht, dass zweitausend Arbeiter mit 600 Pferden und Wagen drei Jahre, von 1823 bis 1826, daran bauten.[46] Diese gewaltigen Anstrengungen stehen allerdings in einem so großen Missverhältnis zum Anlass – es befindet sich an der Stelle, wo der Kronprinz der Niederlande während der Schlacht verwundet wurde –, dass es schon fast wieder grotesk anmutet – was aber auch wieder bezeichnend ist. Das neue «Vereinigte Königreich der Niederlande» war eine der instabilsten Schöpfungen des Wiener Kongresses, der so unhöflich durch Napoleons Rückkehr von Elba unterbrochen worden war. Es handelte sich faktisch um eine Verschmelzung Belgiens mit der holländischen Republik. Sein neuer Herrscher, König Wilhelm I., Oberhaupt des Hauses von Oranien, verfolgte den ehrgeizigen Plan, in diesem neuen Staat Burgund wiederauferstehen zu lassen. Deshalb unternahm er alles, um die heldenhafte Rolle seines Sohnes und Erben in der Schlacht zu betonen, die das Überleben seines Königreiches gesichert hatte.

Das Projekt wurde massiv durch seine britischen Alliierten unterstützt, die unbedingt die preußischen Pläne für diese Region unterbinden wollten.[47] Wellington hatte bei den Verhandlungen in Wien eine entscheidende Rolle gespielt, deshalb war ihm klar, dass die niederländische Position gestärkt werden musste, also berichtete er in seiner ersten Depesche nach der Schlacht: «seine königliche Hoheit der Prinz von Oranien zeichnete sich durch seine Ritterlichkeit und sein Verhalten aus, bis er sich durch eine Musketenkugel eine Wunde in der Schulter zuzog, die ihn zwang, das Feld zu räumen.»[48] Das Gedenken an die Schlacht, das 1818 eingeführt worden war, fand allerdings ein abruptes Ende im Jahr 1830, als die Belgier ihre Unabhängigkeit erkämpft hatten. Für den holländischen Teil des früheren Königreichs wurde Waterloo von einer lebendigen Erinnerung zu einem Relikt vergangener Tage degradiert.[49]

So bemüht die Briten waren, den holländisch bzw. belgischen Beitrag anzupreisen, so wenig großzügig zeigten sie sich gegenüber ihren preußischen Alliierten. Ursprünglich gab es viele Anzeichen dafür, dass denen, die etwas geleistet hatten, dafür auch Anerkennung zuteil würde. In seiner ersten Depesche hatte sich Wellington sehr deutlich ausgedrückt:

> «Ich würde meinen Gefühlen oder dem Marschall Blücher und der preußischen Armee nicht gerecht werden, wenn ich den erfolgreichen Ausgang dieses anstrengenden Tages nicht der beherzten und rechtzeitigen Unterstützung, die ich durch sie erhalten habe, zuschreiben würde. Den Angriff, den General Bülow gegen die Flanke des Gegners führte, war von entscheidender Bedeutung; selbst wenn ich mich nicht in der Lage befunden hätte, die Attacke auszuführen, die sich als entscheidend erwiesen hat, hätte Bülows Angriff den Feind gezwungen, sich zurückzuziehen, wenn seine Attacken gescheitert wären und hätte ihn daran gehindert, von ihnen zu profitieren, wenn sie sich unglücklicherweise als erfolgreich erwiesen hätten.»[50]

Es dauerte allerdings nicht sehr lange, bis die Erinnerung an die preußische Hilfe vom triumphierenden Jubel übertönt wurde. 1816 versuchte Wellington, einen Essay von Robert Southey zensieren zu lassen, der in der *Quarterly Review* veröffentlicht werden sollte. Eine Passage, in der behauptet wurde, er wäre von Napoleon zu Beginn der Kampfhandlungen bei einem Schläfchen überrascht worden, störte ihn besonders, außerdem sollten auch alle Hinweise auf die Unterstützung durch die preußische Armee entfernt werden. Nach einer heftigen Auseinandersetzung, die über den Mittelsmann John Wilson Croker ausgetragen wurde, erklärte sich Southey damit einverstanden, über den ersten Punkt Stillschweigen zu bewahren, weigerte sich aber zu gestatten, dass das Gegenteil behauptet wurde. Was allerdings die Frage des preußischen Anteils anging, zeigte er sich unnachgiebig. Er bekam in beiden Fragen Recht.[51] Ein aufgebrachter Wellington erregte sich über «die unüberschaubare Anzahl der Lügen», die über die Schlacht verbreitet würden, und verlangte ein strengeres Gesetz gegen Verleumdungen, um diese einzudämmen.[52]

In dieser Episode zeigte sich Wellington von seiner schlechtesten Seite, zumal Southey ein glühender Bewunderer war, dessen «The Poet's Pilgrimage to Waterloo» sehr nah an der Version des Establishments war. Wellington hatte außerdem keinen Grund sich so viele Sorgen zu machen. Abgesehen von ein paar Außenseitern wie Byron und Hazlitt, verbuchte die britische Öffentlichkeit Waterloo immer als einen britischen Sieg, das natürliche Gegenstück zu Trafalgar. Einen guten Einblick, um herauszufinden, welche Standpunkte in Großbritannien populär sind, bietet immer Sellars und Yeatmans Buch «1066 and All that» und dort wird eindeutig festgestellt: «Diese überaus denkwürdige Schlacht wurde am Ende eines Tanzes auf den Spielfeldern von Eton ausgefochten und führte dazu, dass die Engländer endgültig zu einer der führenden Nationen wurden. Deshalb war sie eine sehr gute Sache.»[53] Auf einem etwas höheren Niveau schildert William Thackeray die Schlacht in «Vanity Fair», einem der populärsten Romane des 19. Jahrhunderts, als eine rein englisch-französische Konfrontation. Die Belgier werden als Feiglinge herabgesetzt und die Preußen gar nicht erwähnt.[54] Sir Arthur Conan Doyles erfundener französischer Brigadegeneral der Kavallerie Gerard fasste die Essenz dieses Kampfes zusammen: «Auf der einen Seite die Dichtkunst, die Tapferkeit, die Selbstaufopferung – alles was schön und heroisch ist. Auf der anderen Seite reine Muskelkraft. Unsere Hoffungen, unsere Ideale, unsere Träume – alles zerschellt an dieser schrecklichen Muskelkraft des ‹Old England›.»[55]

Um das Ganze noch schlimmer zu machen, kritisierte Southey das Verhalten der Preußen gegenüber der belgischen Zivilbevölkerung scharf, hatten sie doch vorgegeben, dieses Land gegen Napoleon zu verteidigen:

> Das unbarmherzige Frankreich hat das Land so lange unterdrückt,
> Und für seine törichten Projekte sein Blut vergossen;
> Und jetzt spürten sie die harte Hand des Preußen:
> Er kam ihnen zu helfen; tapfer hatte er gestanden
> Um sie zu verteidigen … Ach! Im Frieden wie böse
> Sind die Taten des Soldaten, wie anmaßend sein Wille.[56]

Diese Kritik wurde von vielen militärischen, aber auch zivilen Beobachtern geteilt. Leutnant George Farmer von den 11. leichten Dragonern, der dem preußischen Vormarsch nach Frankreich folgte, fand eine breite Spur der Verwüstung vor. Er war mit seinen Truppen ausgesandt worden, um ein Chateau und das dazugehörige Dorf zu beschützen, musste aber feststellen, dass er zu spät kam: «Die Preußen waren schon vor uns da gewesen und mir fehlen die Worte, zu beschreiben, mit welcher Gründlichkeit sie das Werk der Verwüstung ausgeführt hatten. Im Chateau befand sich kein einziger Einrichtungsgegenstand, vom kostbarsten Wandspiegel bis hin zur einfachsten Kaffeetasse, den sie nicht in tausend Stücke zuschlagen hätten [...] Das Dorf bot gleichermaßen ein Bild der Zerstörung.»[57]

Farmer war am meisten darüber empört, mit welch ungeheurer Intensität die Preußen das Plündern betrieben hatten: «Noch nie habe ich eine solche Art Kriegsführung im Geist solch grausamer Feindschaft gesehen.» Als sich in der Nacht des 18. auf den 19. Juni der französische Rückzug in eine heillose Flucht verwandelte, war jene noch zu einem militärischen Zweck eingesetzt worden. Die Preußen entfesselten eine wahrhaftige Orgie des Tötens, die keinen verschonte, der in die Reichweite einer Lanze oder eines Säbels kam. Sergeant Major Edward Cotton beobachtete: «Dass die Franzosen auf ihrer Flucht von Waterloo unnötigerweise über viele Stunden hinweg von den aufgebrachten Preußen hingeschlachtet wurden, ist eine Tatsache, die ich leichter erklären als rechtfertigen kann».[58] Obwohl diese schreckliche Verfolgungsjagd sicherlich einen militärischen Zweck erfüllte, da sie die Neuformierung der geschlagenen Armee verhinderte, hinterließ sie doch eine tiefe und bittere Erinnerung wie auch eine wütende Passage in «Die Elenden» («Les Misérables») zeigt: «Die Verfolgung war ungeheuerlich. Blücher befahl, alles niederzumachen. [...] An die Tür einer Herberge in Genappe gelehnt, übergab Duhesme, General der Jungen Garde, seinen Degen einem Totenkopfhusaren. Der nahm den Degen und tötete den Gefangenen. Der Sieg wurde mit dem Mord an den Besiegten vollendet. Halten wir ein Strafgericht, denn wir sind die Geschichte. Der alte Blücher entehrte sich.»[59]

Erinnerungen gab es allerdings auf beiden Seiten. Wie ein Offizier der britischen Garde bemerkte, waren diese «schrecklichen Grausamkeiten», die die Preußen verübten, nicht einfach nur grundloser Sadismus, sondern stellten das Einlösen «einer alten Schuld der Rache» für die Grausamkeiten dar, die die Franzosen nach den Schlachten von Jena und Auerstedt 1806 verübt hatten: «Die Franzosen hatten sich derartig schlimm verhalten, dass die Preußen geschworen hatten, den Franzosen, wenn sich ihnen je die Gelegenheit bieten würde, alle Grausamkeiten, Erpressungen, Beleidigungen und die Misshandlungen, die ihre eigenen Verbände erlitten hatten, zurückzuzahlen; und ihr Wort haben sie gehalten.»[60] Die Truppen folgten hierbei dem Beispiel der Befehlshaber. Denn sowohl Blücher als auch sein Stabschef Gneisenau pflegten einen fast krankhaften Hass auf Napoleon und die Franzosen. Sie verliehen ihrer Hoffung Ausdruck, dass Paris Widerstand leisten möge, damit sie die Stadt dem Erdboden gleichmachen könnten, und sie waren auch entschlossen, Napoleon, falls sie seiner habhaft würden, standrechtlich erschießen zu lassen. Um letzteres zu verhindern, schafften ihn die Briten schnellstens nach St. Helena.[61]

Die Frage, wer die Schlacht von Waterloo gewonnen hat, hat seitdem viele Wissenschaftler beschäftigt. Die britischen Historiker neigten, wie zu erwarten ist, dazu, die Rolle Wellingtons und seiner Armee hervorzuheben, während deutsche Historiker (vor allem vor 1945) die Wichtigkeit der Intervention Blüchers betonten. Eine endgültige Antwort auf diese Frage kann es nicht geben, weil man nicht wissen kann, wie die Schlacht ohne jene verlaufen wäre. Die Schlussfolgerung, dass Wellington ohne Blücher nicht hätte siegen können (wie er selbst in seiner Depesche einräumte) und umgekehrt, ist vielleicht nicht besonders neu, sollte aber doch noch einmal betont werden.[62] Waterloo nimmt in der preußischen Erinnerung an die Freiheitskriege keinen besonders hohen Stellenwert ein, nicht zuletzt weil sie im Allgemeinen die Schlacht von ‹Belle Alliance› genannt wurde. Einzig die Hannoveraner, die in Wellingtons Armee gedient hatten und die natürlich Untertanen von König George III. waren, nannten es ‹Waterloo› und errichteten eine ‹Waterloo Säule› in ihrer Hauptstadt. Für die Preußen nahm aus gutem Grund immer die Völkerschlacht bei Leipzig vom 16. bis 19. Oktober 1813 den Ehrenplatz ein, hatte sie doch die Vorherrschaft Napoleons über Deutschland beendet.[63] Dort wurde zum einhundertsten Jahrestag der Schlacht ein kolossales Monument errichtet; für Waterloo war nichts Derartiges geplant.[64]

Als 1915 das hundertjährige Jubiläum anstand, befand sich die Welt bereits mitten im Ersten Weltkrieg. Die Gedenkzeremonien fielen entsprechend bescheiden aus, zumal die Franzosen jetzt zusammen mit den Briten und Belgiern gegen die Deutschen kämpften. Wie die *Times* am

17. Juni 1915 vorhersagte, wurde das hundertjährige Jubiläum «sehr ruhig» begangen. Die üblichen Regimentdinner fielen aus, um «das Feingefühl unserer Alliierten» nicht zu verletzen, und der übliche Tag der Triumphreden im Wellington College wurde durch einen Gedenkgottesdienst für die fast 200 bereits gefallenen ehemaligen Absolventen ersetzt.[65] Am folgenden Tag erschien in der *Times* unter der Überschrift «Waterloo-Tag: ein Jahrhundert Frieden mit Frankreich» ein Leitartikel mit einer großmütigen Botschaft:

> «Es ist sehr lange her, dass Engländer die Schlacht von Waterloo in erster Linie bzw. überhaupt als einen nationalen Sieg betrachteten. Auch sie hatten ihren Anteil in der Apotheose Napoleons, und das beständige Interesse an der großen Schlacht besteht für sie in ihrer tragischen Anziehungskraft als der letzte Akt in einem Drama der Weltgeschichte, dessen Hauptfigur inzwischen legendäre Proportionen angenommen hat. Deshalb ist die Schlacht von Waterloo ein ewiges Thema romantischer Phantasien [...] Für uns stellt, kurz gesagt, die Schlacht von Waterloo ein weltgeschichtliches Ereignis dar, auf dessen Erinnerung wir kein Monopol beanspruchen können.»[66]

Gleichwohl führt der Autor dieses Leitartikels im Weiteren aus, dass Waterloo die Entwicklung einer «geordneten Freiheit in Frankreich» ermöglicht habe, wodurch es glücklicherweise in «größeren Einklang mit Großbritannien [gebracht wurde], wo der Geist dieser Prinzipien seinen Ursprung» habe. Selbstverständlich wurde der preußische Beitrag zum Sieg nicht erwähnt. Erwähnung fanden die Preußen nur, als es darum ging, die Briten für ihre Weigerung zu loben, deren revanchistischen Forderungen nachzukommen.

Auf der französischen Seite wurde das hundertjährige Jubiläum praktisch ignoriert.[67] In den hundert Jahren, die seit der Schlacht vergangen waren, hatte sich die Erinnerungskultur in Frankreich immer wieder verändert. In den ersten Jahren hatte eine Kampagne von Anhängern der Bourbonen versucht, die Schuld für die Niederlage ‹Bonaparte› in die Schuhe zu schieben. Es wäre eine mörderische Affäre gewesen, so der Autor eines Pamphletes, aber es habe sich gelohnt, weil man so den Ursupator loswurde. Er behauptete, dass Frankreich in dem Kampf gar nicht besiegt worden wäre; im Gegenteil wäre Frankreich Teil der siegreichen Koalition gewesen und wäre also nicht erobert, sondern befreit worden.[68] Die schnelle Diskreditierung des restaurativen Regimes in den 1820ern, dessen Kollaps in der Julirevolution von 1830 und der Aufstieg des Napoleonkultes beendeten diese Personifizierung der Niederlage jedoch.[69] Der Napoleonkult erhielt 1840 einen bedeutenden Aufschwung durch das zufällige Zusammentreffen der Rückführung der Gebeine Napoleons von St. Helena mit der diplomatischen Erniedringung in der Folge der ‹Rheinkrise›.

Nur ein Jahr davor hatte Lamartine geschrieben: «*La France est une nation qui s'ennuie*».[70] Als es den Franzosen langsam dämmerte, dass Frankreichs Bedeutung in der Welt abgenommen hatte, weiter am Abnehmen war und auch weiter abnehmen würde, verblassten die Erinnerungen an die Grausamkeiten, die Unterdrückung und die Gemetzel des Ersten Kaiserreiches. Stattdessen erstrahlte Napoleons militärischer Ruhm in einem nostalgischen Glanz. Lamartine selbst, obwohl er in einer Familie aufwuchs, die Napoleon entweder als Nero, Caligula oder Attila bezeichnete, war nicht immun gegen die Macht der Legende. Die Ode, die er 1821 schrieb, als er vom Tod des Kaisers erfuhr, belegt dies.[71] Es waren nicht nur Bonapartisten, die die traurige Mittelmäßigkeit der Gegenwart mit der glamourösen Vergangenheit verglichen, wie Louis Napoleon Bonaparte feststellen konnte, als er im Dezember 1848 mit 75% der Stimmen zum Präsidenten der Republik gewählt wurde – «keine Wahl sondern eine Akklamation».[72] (Lamartine, der als moderater Republikaner angetreten war, erhielt weniger als ein Prozent der Stimmen.)

Wenn man bedenkt, dass Napoleon alles andere als eine beeindruckende Persönlichkeit war («ein Kretin» war Thiers Urteil), dann beweist dieser erstaunliche Aufstieg, wie sich die Erinnerung an eine Niederlage in ihr Gegenteil verkehren lässt. Die Bonapartisten profitierten massiv von einer mit ziemlicher Sicherheit erfundenen Episode, die sich am Ende der Schlacht von Waterloo zugetragen haben soll. Kurz nach der Schlacht begann die Geschichte zu kursieren, dass, als die letzte verbliebene Gruppe aus Napoleons Garde von den siegreichen britischen Truppen eingeschlossen war, ein britischer Offizier sie aufforderte, sich zu ergeben. Von General Cambronnes Antwort existieren zwei Versionen: «Die Garde stirbt und ergibt sich nicht» (*La Garde meurt et ne se rend pas*) und «Scheiße!» (*Merde!*)[73]. Es spielte keine Rolle, dass es nur sehr wenige Hinweise darauf gibt, dass Cambronne einen der beiden Sätze gesagt haben könnte, oder dass die schicklichere Antwort von dem Journalisten Rougemont erfunden wurde – und ganz nebenbei sowieso auf die Verteidiger von Verdun 1792 zurückging.[74] Noch spielte es eine Rolle, dass Cambronne nicht starb, sondern sich ergab; tatsächlich hatte er sich

Oberst Hugh Halkitt, der die 3. hannoveranische Brigade befehligte, bereits ergeben, bevor er diese Worte hätte sagen können. Unerheblich war auch, dass Cambronne später für Ludwig XVIII. Partei ergriff, der ihn zum Kommandanten von Lille ernannte und ihm zusätzlich den Titel eines Vicomtes verlieh. Was wirklich zählte, war das Bild des Widerstandes angesichts der Niederlage.

Dieses Bild verdient wahrhaftig die überstrapazierte Bezeichnung ‹ikonisch›. Tausendfach in allen Medien reproduziert, wurde es zur Repräsentation des französischen Selbstbildes, nicht nur auf die Schlacht, sondern auf die ganze moderne Geschichte bezogen.[75] Hippolyte Bellangé schuf die vielleicht wirkungsvollste Version, sie zeigt die Männer der Garde mit ihren buschigen Schnurrbärten, wie sie im Zustand der völligen Erschöpfung ihr Ende mit Fassung tragen und dabei noch immer ihre Adlerstandarte hochhalten.

Bellangé malte mehrere weitere ähnliche Bilder von Waterloo. «Die Schlacht von Waterloo» («Bataille de Waterloo»), zum Beispiel, ausgestellt im Salon von 1849 in den Nachwehen des Wahltriumphes von Louis Napoleon Bonaparte, zeigt eine Gruppe von Soldaten der alten Garde tot auf dem Boden liegend, mit ihren Gliedern überkreuzt, in ihren Händen noch ihre Waffen, während britische Offiziere arrogant und ohne Mitgefühl auf sie herabschauen.[76] Zusammengenommen verkörpern sie ein exzellentes visuelles Beispiel für eine «Kultur der Niederlage» (W. Schivelbusch).[77]

Die Aufmerksamkeit, die Victor Hugo dieser Episode in «Die Elenden» («Les Misérables») widmete, war ebenso wichtig für die Verbreitung des Mythos:

> «Als jene Schar nur noch ein Häuflein, als ihre Fahne nur noch ein Fetzen war, als ihren Gewehren die Kugeln ausgegangen und sie nur noch Knüttel waren, als der Leichenhaufen größer war als die Gruppe der Lebenden, packte die Sieger um diese erhabenen Sterbenden herum so etwas wie heiliger Schrecken, schwieg die englische Artillerie, um wieder zu Atem zu kommen. Es war eine Art Aufschub. Rings um die Kämpfer wimmelte es wie von Gespenstern, huschten die Silhouetten von Berittenen, drohten die schwarzen Konturen der Kanonen, war der helle Himmel durch die Räder und Lafetten zu sehen. Der riesenhafte Totenkopf, den die Helden stets im Rauch der heißesten Schlacht ahnen, neigte sich über sie und betrachtete sie. Sie konnten im dämmerigen Dunkel hören, wie die Geschütze geladen wurden. Die glimmernden Lunten bildeten wie Tigeraugen in der Nacht einen Kreis um ihre Häupter, alle Zündstöcke bei den englischen

> Batterien näherten sich den Kanonen, und dann rief ihnen bewegt, den letzten Augenblick über diesen Männern in der Schweben haltend, ein englischer General zu, nach Aussage der einen Colville, Maitland nach Aussage der anderen: «tapfere Franzosen, ergebt euch!» Cambronne antwortete: «Scheiße!» [...] Unter all den Riesen war also ein Titan, Cambronne. Jenes Wort auszusprechen und gleich darauf zu sterben. Was kann größer sein! [...] Der Mann, der die Schlacht bei Waterloo gewann, ist nicht Napoleon auf der Flucht, nicht Wellington, der um vier Uhr wich, um fünf verzweifelt war, und auch nicht Blücher, der sich nicht schlug; der Mann, der die Schlacht bei Waterloo gewann, ist Cambronne. Mit einem solchen Wort den Blitz schleudern, der einen tötet, heißt siegen.»[78]

Hugo war sich bewusst, wie stark diese Passage wirken würde. Als er seinem Herausgeber riet, wie er mögliche Eingriffe durch die Zensur umgehen könnte, schrieb er: «Wenn Sie Zitate angeben sollen, bestehen Sie auf *Waterloo*. Betonen Sie die nationalistische Seite des Buches, spielen Sie die patriotische Karte [...] Machen Sie es ihnen unmöglich das Buch zu beschlagnahmen, indem Sie sagen, das ist *die Schlacht von Waterloo gewonnen von Frankreich.*» Der kolossale und dauerhafte Erfolg von «Die Elenden» («Les Misérables») sorgte dafür, dass sich die Nacht in den Tag und die Niederlage in einen Sieg verwandelte. Der Autor einer umfassenden Studie zur Rezeption Waterloos in Frankreich zog nach der Auseinandersetzung mit Hugos Roman folgenden Schluss: «So wurde die Literatur zum wahren Erinnerungsort an die Schlacht in Frankreich» (*La littérature est ainsi devenue le véritable lieu de mémoire français de la bataille*).[79] Folglich ist es nur gerecht, dass Victor Hugo sein eigenes Denkmal in Waterloo bekam.

Diese Transformation der Schlacht hatte noch eine lange Geschichte, obwohl sie unter den militärischen Desastern Frankreichs 1870 mit Sedan Konkurrenz bekam. Es war wohl kein Zufall, dass General de Gaulle 1940 nach einer weiteren Niederlage durch die Deutschen ausgerechnet den 18. Juni auswählte, um seine von BBC London ausgestrahlte trotzige Botschaft an das französische Volk zu verkünden.[80] Waterloo verlor jedoch nach 1945, besonders nach der Gründung der deutsch-französischen Achse, die das kontinentale Europa nach den Interessen Frankreichs lenken sollte, seine erlösende Qualität und wurde, wenigstens offiziell, dem Vergessen anheim gegeben. 1965 weigerte sich die französische Regierung, an den von den Briten geplanten Gedenkfeierlichkeiten zum 150. Jubiläum von Waterloo teilzunehmen, und verbuchte später den bescheidenen Charakter der tatsächlich ausgeführten Zeremonie als einen

Hippolyte Bellangé: La Garde meurt et ne se rend pas, 1865, Musée d'Amiens.

diplomatischen Sieg für sich.[81] Was die breite Öffentlichkeit angeht, beweist jedoch die kontinuierliche Flut an Büchern, Zeitungsartikeln und Webseiten, die sich der Schlacht widmen, dass sich diese nicht einfach wegdenken lässt. 1986 wurde die *Association Franco-Européenne de Waterloo* gegründet, um «sicherzustellen, dass Frankreich und seine Freunde in einer fairen Weise auf dem Schlachtfeld repräsentiert werden».[82] Dominique de Villepin, der nacheinander Außenminister, Innenminister und Premierminister während Jacques Chiracs zweiter Amtszeit als Präsident war, versucht beide Welten zu verbinden. Er beweist, dass der Geist Victor Hugos noch immer lebt, wenn er in dem 2001 veröffentlichten Buch «Die Hundert Tage oder der Geist des Opfers» («Les Cent-Jour ou l'esprit de sacrifice»), behauptet: «Das erhabene Opfer und der Mut der Garde gleichen das Debakel für die Nachwelt wieder aus.»[83] Angesichts der sich nähernden Zweihundertjahrfeier kann man ähnliche Versuche des Pfeifens im Walde erwarten. Ein ehernes Faktum aber bleibt: Es war Napoleon, der in Waterloo sein Waterloo erlebte.[84]
Die Schlacht von Waterloo beweist ihr ungebrochenes Potential zur Instrumentalisierung; wenn die *Association Franco-Européenne de Waterloo* sagt, das Schlachtfeld sei «ein europäischer Erinnerungsort», dies illustriert treffend Pierre Noras vielzitierte Unterscheidung:

> «Erinnerung und Geschichte, weit davon entfernt Synonyme zu sein, sind in vielerlei Hinsicht Gegensätze. Erinnerung ist das Leben, immer eingebunden in lebendige Gesellschaften, und wie diese einer permanenten Entwicklung unterworfen. Sie unterliegt einer Dialektik von Erinnern und Vergessen, ohne sich der Verdrehungen, denen sie ausgesetzt ist, bewusst zu werden. Sie ist auf verschiedene Weisen anfällig für Aneignung und Manipulation und fähig für lange Zeiträume zu ruhen, um dann plötzlich wiedererweckt zu werden.»[85]

Was Waterloo angeht, besteht der Unterschied nicht so sehr zwischen Geschichte und Erinnerung, als vielmehr zwischen zwei verschiedenen Arten von Geschichte – zwischen dem Versuch festzustellen, was an diesem Tag tatsächlich geschah, und der Untersuchung, wie diese Ereignisse von verschiedenen Gruppen zu verschiedenen Zeiten rezipiert wurden. Die erste Aufgabe ist schwieriger als sie scheint. Wellington war weiser als Historiker, die glauben, rekonstruiert zu haben, was *wirklich* geschah: «Die Geschichte einer Schlacht ähnelt einem Ball. Einige Personen mögen sich an all die kleinen Ereignisse erinnern, die dazu führten, dass die Schlacht gewonnen oder verloren wurde; aber keiner kann sich an die

Reihenfolge oder den genauen Moment erinnern, an dem sie sich zutrugen; dies aber macht den entscheidenden Unterschied hinsichtlich deren Wert oder Wichtigkeit aus.»[86] Vielleicht erscheint es weniger präzise, herauszuarbeiten, wie die Zeitgenossen und auch die späteren Generationen mit «all diesen kleinen Ereignissen» umgegangen sind, andererseits erweisen sich im Nachhinein gerade die unzutreffenden Überlieferungen und Verzerrungen als das aus historischer Sicht Entscheidende.

Hans-Ulrich Thamer

18. März 1848: Revolution in Berlin

Am Nachmittag des 18. März 1848 hatte sich eine große Menschenmenge auf dem Berliner Schlossplatz versammelt, um dem preußischen König für die Einberufung des Vereinigten Landtages und für die Gewährung der Pressefreiheit zu danken. Plötzlich fielen zwei Schüsse, die den Funken in ein Pulverfass werfen sollten, das seit einigen Wochen aus politischen Erwartungen und Unsicherheiten, aus Reformhoffnungen und Revolutionsängsten zusammengemischt war. Die Schüsse wurden von der erregten Menge als Zeichen von Verrat verstanden und mit dem Ruf «Man mordet das Volk! Zu den Waffen!» beantwortet. Bald türmten sich in den Straßen um das Schloss Barrikaden aus Säcken, Balken und umgestürzten Kutschen. Schätzungsweise vier- bis zehntausend Menschen standen zeitweilig auf den Barrikaden. Es fielen Schüsse, das «Tirailleurfeuer» sollte die ganze Nacht über andauern. Am frühen Abend setzte das Militär Artillerie ein und ließ in deren Schutz Infanterie gegen die Barrikaden vorrücken.[1] Die Zeitzeugen auf und hinter den Barrikaden empfanden das Verhalten der Truppen als «thierisch und roh», «als Verhöhnung aller Menschlichkeit und Natur.»[2]

Als am nächsten Morgen die Armee die Stadt verließ, herrschte unter der Zivilbevölkerung Siegeszuversicht und Euphorie. Man war sich sicher, dass nun eine Ära der Freiheit beginne. Die Barrikadenkämpfer waren zu Zeugen der neuen Zeit geworden; ihr feierliches Begräbnis am 22. März sollte das neue Selbstbewusstsein zum Ausdruck bringen, aber auch ein Zeichen der sozialen Versöhnung setzen. Das Begräbnis der Toten, die aus allen Schichten der städtischen Gesellschaft stammten,[3] wurde zum «politischen Fest», zu einem «Staatsakt von unten.»[4]

Nur sechs Wochen später, mit dem neuerlichen Festzug zum Friedrichshain am 4. Juni, war die Einheit, die noch im März beschworen worden war, von den politischen Ereignissen, vor allem dem Streit um das Wahlrecht und von den Auseinandersetzungen um die Rückkehr des Prinzen von Preußen, überholt und schrittweise aufgerieben. Die große Demonstration vom 4. Juni war der Versuch einer demokratischen Gegenoffensive, um die Märzerrungenschaften zu verteidigen. Sie sollte Ausdruck der drohenden Spaltung der Revolution und damit auch des Revolutionsgedenkens werden.

Die Berliner Studentenschaft hatte den Zug angeregt, um durch eine abermalige Feier den revolutionären Gründungsmythos vom März zu bekräftigen, der vom neuen bürgerlichen Ministerium Camphausen inzwischen in Frage gestellt worden war.[5] Auch wenn der Ablauf der Feier weitgehend dem Begräbnis im März ähnelte, fehlten aber nun große Teile der «bürgerlichen» Kräfte; weder «Fabrikherren» noch die Vertreter der städtischen oder staatlichen Behörden nahmen teil, und auch Nationalversammlung und Bürgerwehr hatten eine geschlossene Teilnahme abgelehnt. Die Redner des 4. Juni stammten überwiegend von den Demokratischen Klubs, und die Beteiligung von Stefan Born vom Arbeiterkomitee sowie von einem Vertreter der Erdarbeiter zeigte, «dass der Kult um die Märzgefallenen gerade bei den Unterschichten populär war.»[6] Die politischen und sozialen Konflikt- und Trennlinien traten hinter dem Appell zur sozialen Versöhnung bereits deutlich hervor und sollten nach dem europäischen und deutschen Wendepunkt der Revolution, dem Berliner Zeughaussturm vom 14. Juni 1848 und dem Pariser Juniaufstand vom 22. bis 26. Juni, immer schärfer das politische Verhalten und die Erinnerung an die Revolution von 1848 in Deutschland bestimmen bzw. spalten. Die Debatte um die Bedeutung des 18. März wurde zum Aufhänger für eine Kontroverse um den revolutionären Charakter der Märzereignisse, die Erinnerung an die Märzgefallenen zum Symbol für die «Revolution» und zum Medium für den Anspruch auf Volkssouveränität. Die gespaltene Erinnerung an die Revolution von 1848 fixierte sich auf zwei gegensätzliche Erinnerungsorte und Deutungsmuster. Mit der Erinnerung an die Barrikadenkämpfer vom 18. März verband sich, verkürzt formuliert, für das bürgerlich-liberale und nationale Deutschland die Erinnerung an Gewalt und Bürgerkrieg, d. h. an die «Schrecken der Revolution», für das linksdemokratische und sozialistische Deutschland, getragen von der Revolutionserinnerung der Arbeiterbewegung, dagegen die Verheißung der Volkssouveränität und der staatsbürgerlichen bzw. sozialen Gleichheit; mit dem anderen Gründungsmythos, der Erinnerung an die Eröffnung der Nationalversammlung in der Frankfurter Paulskirche am 18. Mai, ließ sich, auch für Repräsentanten des bürgerlichen Liberalismus, dagegen die parlamentarische, gewaltfreie und integrative

F.G. Nordmann: Die Barricade an der Kronen- und Friedrichsstraße am 18. März 1848 von einem Augenzeugen, 1848, Historisches Museum, Frankfurt a.M.

Tradition beschwören. Auch wenn sich mit dem «Spannungsverhältnis *Barrikaden contra Paulskirche*»[7] die vielfältigen und widersprüchlichen Anknüpfungspunkte der Erinnerung nur vergröbert charakterisieren und vor allem damit die regionalen und lokalen Abweichungen kaum erfassen lassen, geben sie dennoch das Grundmuster einer gespaltenen Erinnerung vor, das die Spaltung der politischen Kultur im Kaiserreich und in der Weimarer Republik spiegeln sollte und durch die deutsche Teilung zwischen 1948 und 1989 noch eine tiefer gehende politisch-geographische Verortung erfuhr.[8]

1848 wurde nicht zum einheitlichen Gründungsmythos mit einer allgemeinen Legitimationsfunktion. Das zeichnete sich schon im Verlauf der Revolution von 1848 ab und sollte sich mit den politischen Brüchen des 19. und 20. Jahrhunderts noch vertiefen. Das war sicherlich Ausdruck einer spezifischen «Revolutionsscheu» der Deutschen.[9] Freilich zeigt der Blick auf die Erinnerungen an die Französische Revolution von 1789 wie an die Februarrevolution von 1848, dass auch im Mutterland der Revolution die Revolutionserinnerung die politischen Lager und Deutungen bis zum Ende des 20. Jahrhunderts, wenn auch mit deutlicher zeitlicher Abschwächung und wahrscheinlich nicht mit der Heftigkeit und Unversöhnlichkeit wie in Deutschland, tief gespalten hat.[10] Erst mit der Etablierung und Festigung einer demokratischen politischen Kultur in der Bundesrepublik, vor und nach 1989, sollte sich das deutlich ändern.[11]

Das Revolutionsgedenken im Kaiserreich

Die Erinnerung an die Revolution von 1848, d. h. die Art und Weise, wie sich die politische Öffentlichkeit erinnerte und sich dabei repräsentierte, sollte im Kaiserreich und in der Weimarer Republik zu einem charakteristischen Maßstab der politischen Kultur werden. Die ursprüngliche Erfahrung der Revolution, die schon im Jahre 1848 erste Elemente der Spaltung zeigte, wurde durch die jeweiligen politischen Gegenwartserfahrungen und -interessen überlagert und umgedeutet.

Das Selbstverständnis der politisch-sozialen Gruppen repräsentierte sich nicht nur in Reden und Schriften aus Anlass eines Gedenkjahres, sondern auch in der symbolischen Kommunikation, in den Bildern und Denkmälern, in Gedenkritualen und Symbolen, die gezeigt und in den Gedenkveranstaltungen mitgeführt wurden. Sie stellten dar, was die politischen und sozialen Bewegungen von sich zeigen und sagen wollten, und reagierten auf die soziale Wirklichkeit bzw. setzten sich mit ihr auseinander. Indem sie an die Hoffnungen, Sehnsüchte, Ängste und Aggressionen der Gruppenmitglieder appellierten und deren Gefühle der Gemeinsamkeit und Abgrenzung weckten, konstituierten und erneuerten sie die politische Gemeinschaftsbildung.

Die Gräber auf dem Berliner Friedrichshain wurden für die Arbeiterbewegung und Teile der Berliner Demokratie bis hin zu den linksliberalen Parteien zum «Kristallisationspunkt des Revolutionsgedenkens».[12] Hier wurde in wechselnder Zusammensetzung und Intensität eine «Gegenöffentlichkeit» (Manfred Hettling) gegen die etablierten Mächte des Kaiserreichs geschaffen. Zu den Kränzen und Schleifen gehörten, als konstitutives Element einer solchen Gegenkultur, die Demonstrationen und Straßenkämpfe mit der Polizei. Das Muster eines scheinbar sozialharmonischen und friedlichen Totenkultes vom 22. März 1848 hielt nicht lange.

Am 22. März 1848 wurden die Särge der Toten zunächst in der Neuen Kirche aufgebahrt, dann formierte sich ein Festzug mit schwarz-rotgoldenen und mit schwarzen Fahnen; auch die Denkmäler auf dem Weg zum Friedhof, einschließlich des Schlosses, wurden in dieser Form dekoriert. Weihereden der Vertreter von drei Konfessionen, der Protestanten, Katholiken und der Juden, beendeten die kirchliche Feier, dann setzte sich der Trauerzug von ca. 7 km Länge mit rund 20 000 Teilnehmern zum Friedrichshain in Bewegung, wofür er vier Stunden benötigte. Der bürgerliche schwarze Rock und der Zylinder dominierten das äußere Erscheinungsbild und keineswegs die wenigen Uniformen. Der Zug war von der Bürgerwehr flankiert; angeführt wurde er von Deputationen und Abgeordneten, die auch aus anderen Städten gekommen waren und die überlokale Bedeutung verdeutlichten. Auch die kommunalen Institutionen waren im Zug vertreten, an der Spitze die Berliner Universität mit ihrem Rektor und Alexander von Humboldt. Es folgten Vertreter von Ministerien und Behörden. Schließlich Vertretungen der Handwerkervereine, Abordnungen der Gymnasien und Fabrikarbeiter. Sehr viele trugen Waffen als Zeichen ihrer Souveränität und Entschlossenheit. Es war ein Abbild der gedachten sozialen Ordnung, die in den Reden zur sozialen Harmonie und Versöhnung aufgerufen wurde, auch wenn nicht alle Gruppen vertreten waren, die bei den Barrikadenkämpfen beteiligt waren. Der demokratische Abgeordnete Jung wies darum in seiner Rede darauf hin, dass «der Bruch zwischen Bürgerklasse und Arbeiterklasse schon vollendet» sei.[13] Auch die Tatsache, dass das erste und wichtigste Ereignisbild, das von dem bedeutenden Historienmaler Adolph von Menzel unmittelbar im Anschluss und unter dem Eindruck der Märzereignisse in einer Vorstudie gemalt, aber nie vollendet wurde, deutet die kommenden Widersprüche an. Menzel hatte die Szene, die er künstlerisch darstellte und deutete, nicht auf den Friedhof oder den Totenzug vor dem Berliner Schloss, dem Ort der Anerkennung der Revolution durch den König, gelegt, sondern die Vorbereitung des Gedenkzuges und die Aufbahrung der Toten auf dem Gendarmenmarkt dargestellt. Zwar hatte Menzel, der auf die Nachricht von den Barrikadenkämpfen eigens von Kassel nach Berlin geeilt war, das Verhalten des Königs auf dem Balkon des Schlosses selbst erlebt und den Tag als den fürchterlichsten Tag im Leben des Königs interpretiert, doch die Szene selbst verlegte er in seiner Studie auf einen weniger symbolträchtigen Ort. Die symbolische Ordnung des Zuges konnte die soziale Spaltung nicht verdecken und kündigte an, was bald danach zur konfliktreichen sozialen Realität werden sollte.

Zu einem öffentlichen Totengedenken kam es erst wieder im Kaiserreich. Zuvor, in den 1860er Jahren, erinnerte man sich der toten Barrikadenkämpfer nur im Kreis der Familie und Angehörigen, da ein öffentliches Gedenken, etwa durch einen gemeinsamen Besuch des Friedhofs auf Grund der polizeilichen Versammlungsverbote unmöglich war. Im Kaiserreich versuchten vor allem die Sozialdemokraten und teilweise auch die Linksliberalen die Erinnerung an den 18. März politisch wachzuhalten und zu besetzen. Die Massenumzüge, die zum Friedhof organisiert wurden und die heftige Demonstrationen bzw. Straßenkämpfe auslösten, verdeutlichten das Konfliktpotential, das die Erinnerung an die Barrikadenkämpfe von Anfang an barg. Nicht wenige Gruppen vermieden darum sogar die öffentliche Erinnerung an den 18. März 1848. Das galt vor allem für die Nationalliberalen, die mit der Reichsgründung eine der Forderungen von 1848 erfüllt sahen und deswegen im 18. März ausschließlich die Erinnerung an den Bürgerkrieg sahen, der «keinen Ehrenplatz in der deutschen Geschichte» einnehmen dürfe.[14] «Die Erinnerung an 1848/49 legte den Nationalliberalen demnach nichts nahe, das sie politisch wünschten oder vermissten.»[15]

Anders die Linksliberalen, die auch dem 18. März, dem umstrittensten Datum der Revolutionserinnerung, eine eigene Legitimität zubilligten, waren die Vorgänge doch Ausdruck eines berechtigten Volkszornes. Man beschwor die alten Ideale und wollte sich nicht den Lektionen der «Realpolitik» anpassen, wie das die Nationalliberalen inzwischen getan hatten.[16] Freilich blieb die Fraktion im Gedenkjahr 1873 sehr zurückhaltend, als es um eine öffentliche Feier des 18. März ging. Man war sich einig, dass die Volksbewegung des 18. März 1848 «in entscheidender Weise das Fundament für die Entwicklung der Gegenwart und Zukunft geschaffen» habe, verzichtete aber auf ein öffentliches Bekenntnis.[17]

Noch entschiedener verhielt sich das linksliberale Bürgertum in Frankfurt, das auf die Erinnerung an den 18. März ganz verzichtete und stattdessen mit der Erinnerung an die Eröffnung des Vorparlamentes am 31. März 1848 die parlamentarische Traditionslinie hervorhob und sich deutlich von den gewalttätigen Elementen der Revolution distanzierte.[18] Nur die Frankfurter Arbeiterbewegung, die zahlenmäßig und in ihrer öffentlichen Wirkung weit hinter den Liberalen zurückblieb, orientierte sich an der revolutionären Tradition, wie sie vor allem von der Berliner Arbeiterbewegung gefeiert wurde. Diese lokale, politische Sonderentwicklung änderte jedoch kaum etwas an dem grundsätzlichen Tatbestand, dass mit dem Erinnerungsort auch die politischen Bezugspunkte wechselten und sich allmählich zu festen Traditionen verdichteten. In Berlin standen der 18. März 1848 und die Gräber der Märzgefallenenen im Friedrichshain im Mittelpunkt und rückten den radikalen Flügel der Revolution bzw. die politischen Kräfte, die sich auf diese Tradition beriefen, ins Zentrum der Erinnerung. In Frankfurt dominierte, von den erwähnten gegenteiligen Versuchen der Arbeiterbewegung abgesehen, der 18. Mai als Datum des Zusammentritts der deutschen Nationalversammlung und damit die parlamentarische Tradition.

Die Sozialdemokraten, die 1873 die Erinnerung an den März 1848 mit einer Demonstration im Friedrichshain öffentlich begingen, bekundeten mit dem Totengedenken ihr revolutionäres Selbstverständnis und ihre Opposition zur politischen Kultur des Kaiserreichs.[19] Die besondere Brisanz der Revolutionserinnerung der Sozialdemokraten lag in der zeitlichen und inhaltlichen Koinzidenz der Erinnerung an den März 1848 mit der Erinnerung an die Pariser Kommune 1871, die mit dem Jahrestag 18. März zusammenfiel. Damit erhielt die Revolutionserinnerung, vor allem der Lassalleaner, eine internationale Dimension und wurde zur Feier nicht nur der Freiheit, sondern auch der Gleichheit und Brüderlichkeit, die höher bewertet wurden als der Kampf für die Freiheit von

1848. Auch für die Eisenacher, die zunächst an die blutige Niederlage von 1848 erinnerten, wurde schließlich die Märzfeier zum Tag des doppelten Gedenkens und der politischen Identifikation. Das aber vertiefte die Gräben zu den anderen politischen Parteien, galt doch die Kommunefeier als Inbegriff der Verherrlichung von Gewalt und damit als Verstärkung des Konfliktpotentials, das in der Erinnerung an den 18. März angelegt war. Auch wenn nach 1873 die Märzfeiern kaum noch unbehelligt von obrigkeitlicher Repression stattfinden und seit der Verkündigung des Sozialistengesetzes verboten waren, hatte sich bis 1878 eine kurze, aber lebendige sozialistische Erinnerungskultur um den 18. März herausgebildet, die durch Massenlieder, wie die «Arbeiter-Marseillaise», den Geist der sozialistischen Bewegung verkörperte.

Im Jubiläumsjahr 1898 konnte man unter veränderten politischen Rahmenbedingungen daran anknüpfen und in Illustrationen, Bildern und Karikaturen die Bedeutung der Revolution von 1848 für die Sozialdemokratie beschwören. Noch stand der Friedhof im Mittelpunkt der Erinnerung, doch galt dies nur für die Arbeiterbewegung und für Teile der Linksliberalen. Sie beschränkten sich auf das Niederlegen von Kränzen auf dem Friedrichshain und blieben dabei mehr oder weniger allein. An dem Plan der Errrichtung eines Denkmals der Märzgefallenen oder eines Portals am Friedrichshain entzündete sich, wie das oft bei Denkmalsetzungen mit ihrem Ewigkeitsanspruch geschieht, ein heftiger politischer Streit, der die unterschiedliche Revolutionsdeutung und die politischen Gräben verdeutlichte, die in der politischen Kultur des Kaiserreichs dominant waren. «Der revolutionäre Totenkult und die Erinnerung an den Bürgerkrieg von 1848 blieben ein Störfaktor der als naturgegeben postulierten nationalen Einheit».[20] Sozialdemokraten und Linksliberale konnten sich in der Erinnerungsdebatte immerhin auf einen Minimalkonsens einigen, der die Unterschiede auszublenden versuchte und das Potential an politischer Integration andeutete, das in der Erinnerung an die Revolution von 1848 stecken konnte. Dem begegneten Konservative, Nationalliberale und Vertreter der Bürokratie mit «Konfrontation und Ablehnung».[21] Sie kritisierten das Gedenken der politischen Linken an ein Ereignis, das für sie vor allem mit der Erinnerung an Unordnung und Gewalt verbunden war; überdies setzten sie dem eine eigene Deutung entgegen. Sie betrachteten die Barrikadenkämpfe aus der Perspektive von Staat und Militär, dessen Verhalten sie als vorbildlich lobten. Hinzu feierten die Konservativen die Erinnerung an die Erhebung in Schleswig-

Holstein als ein nationales Ereignis, das freilich mit der Erinnerung an einen Krieg verbunden war.

Anders in Frankfurt, wo das Revolutionsgedenken vielschichtiger ausfiel, auch wenn das Schwergewicht der Erinnerung auf den Liberalen und der Paulskirche lag. Die Aktivitäten der Sozialdemokraten waren eher eine Randerscheinung. Dem entsprach freilich auch eine Verlagerung in der Festkultur der Arbeiterbewegung selbst, in der nun die Maifeier die Märzfeier allmählich verdrängte. Der 18. März blieb der Erinnerung an die Vergangenheit, an die «allgemeinen Kämpfe» vorbehalten, während der 1. Mai den «konkreten Kämpfen» der Gegenwart und der Gestaltung der Zukunft gewidmet war.[22]

Die verschmähte Tradition. Der 18. März, die Revolution von 1848 und die Weimarer Linke

Die Tradition der Revolutionserinnerung in Form der Erinnerung an die Märzgefallenen riss auch nach 1918 in der Sozialdemokratie keineswegs vollständig ab. Die Sozialdemokraten blieben die Träger des Gedenkens an die Märzgefallenen, nur dass ihnen in den Kommunisten bald ein Mitstreiter und Rivale in der Erinnerungspolitik erwuchs, der sie in ihrem Erinnerungsbedürfnis bald verdrängte.[23] Die Sozialdemokraten besuchten auch 1923 die Gräber am Friedrichshain, doch das Bekenntnis zur 1848er Tradition fiel eher verhalten aus oder verstummte fast. Ein neuerlicher Vorstoß der Denkmalserrichtung scheiterte kläglich. Von staatlicher Seite, die immerhin in der Verantwortung von Sozialdemokraten lag, kam keine Initiative. Die kommunistische Rote Fahne konnte spotten, dass es sich schon vor 1914 bei der Erinnerung der Sozialdemokratie an den 18. März eher um einen «revolutionären Erbauungstag des Proletariats in unrevolutionärer Zeit», eine Art «Sedanstag der sozialdemokratischen Arbeiterschaft» gehandelt habe.[24] Stattdessen sei es Aufgabe der KPD, die Erinnerung an den 18. März zum «Gelöbnisfest für den Anschluss an Sowjetrussland und die proletarische Weltrevolution» zu machen. Auch wenn die Umsturzversuche der KPD 1922 und 1923 scheiterten, hier wurde eine radikale Alternative formuliert, die Gewalt predigte und die Erinnerung an den 18. März 1848 endgültig spaltete bzw. die politische Kultur der Linken, die ihren Bezug zu 1848 immer wieder gesucht hatte, fragmentierte.

Anders die politische Kultur von Linksliberalen und Sozialdemokratie in Frankfurt. Die Initiativen in der Stadt Frankfurt, an denen sich auch die Reichsregierung beteiligte, konzentrierten die Erinnerung auf die konsensstiftenden und integrativen Elemente der Revolutionserinnerung, vor allem auf die Verfassungsbewegung und auf die Arbeit der Nationalversammlung, die nun bewusst in einen traditionsstiftenden Zusammenhang mit der parlamentarischen Arbeit der jungen Weimarer Republik gestellt wurde. Insgesamt verlagerte sich der Schwerpunkt des Revolutionsgedenkens von Berlin nach Frankfurt. Das hat nach dem Urteil von Claudia Klemm auch damit zu tun, dass es in Berlin weitaus schwieriger war, bei der Suche nach einer Tradition für die junge Republik an 1848 anzuknüpfen, «da die Verbindung zu den Barrikadenkämpfen auch aufgrund der bisherigen Tradition der Erinnerung stärker war als etwa das Gedenken an die Preußische Nationalversammlung». Im Bemühen um eine Integrationspolitik habe es sich als politisch opportuner erwiesen, das politisch brisante und konfliktträchtige Element der Barrikadenkämpfe in den Hintergrund zu drängen zugunsten der parlamentarischen Tradition, die im Jahre 1923 alles andere als gesichert war. Nur auf einer Jugendveranstaltung im Berliner Reichstag habe man den Versuch unternommen, «das dynamische Element der Barrikadenkämpfe umzuwandeln in einen tatkräftigen Einsatz für die Verteidigung und Erhaltung der Republik».[25]

Die Erinnerung an den 18. März 1848 hatte in der Weimarer Republik ihre integrative Kraft fast völlig verbraucht und wich dem Versuch, eine Traditions- und Kontinuitätslinie einzig auf die parlamentarische Tradition der Paulskirche zu beziehen. Doch auch die Berufung auf die Paulskirchentradition sollte nicht ausreichen, um die eigene Anhängerschaft und vor allem Bürger außerhalb des eigenen Milieus zu mobilisieren. Dies geschah allenfalls noch über die nationale Erinnerungslinie, die den Kern von 1848 auf den Einheitsgedanken zu reduzieren versuchte.

Die Revolutionserinnerung in der Nachkriegszeit

Noch einmal kam es in der Geschichte der Revolutionserinnerung zu einer historisch-politischen Koinzidenz von Erinnerungskultur und Gegenwartspolitik. Das Jahr 1848 stellte in der politischen, wirtschaftlichen und gesellschaftlichen Entwicklung der zweiten deutschen Nachkriegszeit eine fundamentale Zäsur dar. Das Revolutionsgedenken im Jahre 1948 war folgerichtig in Berlin wie in Frankfurt deutlich von der Umbruchsituation und von der Suche nach Identität durch Traditionsrekurs geprägt. In der wiederaufgebauten Frankfurter Paulskirche beging man die Erinnerung an das Paulskirchenparlament mit einem großen Festakt, flankiert von einer ganzen Fest- und Kulturwoche, die dem Zweck einer parlamentarisch-liberalen Traditionsstiftung und der Überwindung der antiparlamentarischen Irrwege der deutschen Geschichte dienten. In Berlin thematisierten zahlreiche Erinnerungsveranstaltungen die politische Teilung der Stadt. In keinem Jahr der hundertfünfzigjährigen Erinnerungsgeschichte war das Revolutionsgedenken «so kompromißlos gespalten wie dasjenige von 1848».[26] Nun wurde die Erinnerung endgültig zu einem Kampf um die Deutungsmacht und zum politischen Argument in den Grundsatzfragen des künftigen politischen Weges zwischen Ost und West und zwischen den Parteien im Inneren. Das vermeintliche oder tatsächliche Versagen im Jahre 1848 wurde zur Ausgangsbedingung des deutschen Sonder- oder Irrweges. Nicht nur der verhängnisvolle Weg in den Nationalsozialismus, sondern in dessen Folge auch in die deutsche Teilung, gingen auf das Verschulden der jeweils anderen Seite im politischen Lagerkampf zurück. Zwar bestand Einigkeit in der These, dass die Revolution von 1848 unvollendet sei und dass es Aufgabe der Gegenwart sei, diese zu vollenden. Doch über den Weg dahin gab es kein Anzeichen einer Einigkeit; die Schärfe der Debatte sollte die Erinnerung an die Revolution für lange Zeit spalten und damit dogmatisieren bzw. in ihrer Aneignungsmöglichkeit blockieren.[27] Das Revolutionsgedenken zwischen «Einheit» und «Freiheit» erhielt seine Schärfe und Diskrepanz aus dem Ost-West-Gegensatz und erneuerte argumentativ frühere Traditionsbildungen. Allenfalls der Ausgriff auf Europa bildete, nachdem der nationale Krater ausgebrannt war, ein Novum und eine gemeinsame Zukunftsperspektive im Revolutionsgedenken. Doch auch diese Perspektiverweiterung änderte nichts daran, dass im Westen die Tradition der Revolutionserinnerung seit den 1950er Jahren verblasste und auch im Jubiläumsjahr 1973 erheblich an Bedeutung verloren hatte.

Ganz anders in der DDR, die das Erbe der Revolution für sich beanspruchte und ritualisierte. Schon 1948 hatte die SED ihren Anspruch auf Deutungshoheit angemeldet, um mit der an die Adresse des liberalen Bürgertums gerichteten These vom Verrat der Revolution von 1848/49 zugleich die eigene Volkskongressbewegung zu rechtfertigen, die zum

Instrument der eigenen gesamtdeutschen Geltungs- und Machtansprüche werden sollte. Die Erinnerung an 1848 war zum Instrument tagespolitischer Auseinandersetzungen und politischer Deutungskämpfe geworden. Eine ganzheitliche und differenzierte Betrachtung war damit so gut wie ausgeschlossen.

Damit aber war auch eine differenzierte Erinnerung und historische Auseinandersetzung mit der Revolution von 1848 im Westen für längere Zeit erschwert, geriet man dabei doch in die Gefahr einer möglichen Annäherung an Positionen der DDR-Geschichtspolitik oder einer Konfrontation mit dieser. Kein Wunder, dass das Revolutionsgedenken in der Bundesrepublik im folgenden Jubiläumsjahr 1973, einer Epoche, die sich ohnehin durch Geschichtsferne auszeichnete, stark verblasst war. In der DDR hingegen war die Erinnerung an 1848 inzwischen zu einem festen Bestandteil eines sozialistischen Geschichtsbildes geworden, das mittlerweile auch in einem DDR-Geschichtsmuseum, dem Museum für deutsche Geschichte in Ostberlin, festgeschrieben wurde.

Erst mit der deutschen Wiedervereinigung änderten sich die Koordinaten auch der Geschichts- und Erinnerungspolitik. Allerdings setzte sich auch im wiedervereingten Deutschland Frankfurt als Erinnerungsort der Revolution durch und damit auch die Tradition der Paulskirche. Nun wurde die Traditionslinie um die friedliche Revolution von 1989 verlängert, die nicht nur von Jürgen Habermas als «nachholende Revolution» gedeutet wurde.[28] Mit dem Mauerfall, so wiederholten viele Festredner von 1998 diese These, seien die Einheits- und Freiheitsideale von 1848 endgültig politische Wirklichkeit geworden, sei der Nationalstaat endgültig zum Gehäuse eines Verfassungsstaates geworden. Mit der proklamierten Integration der durch demokratische und totalitäre Staatsformen, durch Weltkriege und den Kalten Krieg geteilten deutschen Geschichte des 20. Jahrhunderts in eine demokratisch-parlamentarische Geschichtstradition, die 1989/90 eine Vollendung gefunden habe, rückte die Erinnerung an die Ziele der Barrikadenkämpfer vom 18. März an den Rand der neuen Erinnerungskultur. Sie wurde Teil einer langen Ereigniskette des Jahres 1848 und wurde damit vom Gegenstand der politischen Identitätsstiftung zum historischen Ereignis.

Im wiedervereinigten Berlin blieb die Chance einer Erinnerung an die Revolution, auch in ihrer gespaltenen Erscheinungsform, kaum beachtet und politisch genutzt. Die macht- und ideologiepolitisch aufrechterhaltene DDR-Tradition war zerstört und bot kaum Anknüpfungspunkte. Damit blieb auch die Erinnerung an den 18. März 1848 zunächst nur marginal. Zwar fand am 18. März 1998 zum hundertfünfzigsten Jahrestag der 48er Revolution in Berlin ein Gedenkzug von Berlin-Tiergarten nach Friedrichshain mit Gedenkreden eines evangelischen und katholischen Geistlichen bzw. eines Vertreters der jüdischen Kultusgemeinde statt, doch blieb die Resonanz gering. Allerdings führte ein zunächst gescheiterter Vorstoß der Bezirksverordnetenversammlung des Bezirks Mitte, den Platz vor dem Brandenburger Tor in «Platz des 18. März» umzubenennen, im Jahre 2000 doch noch zum Erfolg. Nun wurde auf Vorschlag des Präsidenten des Deutschen Bundestages, Wolfgang Thierse, die Erinnerung an den 18. März 1848 mit dem Gedenken an den 18. März 1990, dem Tag der ersten (und letzten) freien Wahlen zur Volkskammer der DDR, einem Meilenstein auf dem Weg zur Wiedervereinigung, verbunden und damit an eine, wenn auch ganz anders konnotierte Tradition des Doppelgedenkens.

So blieb es allein Sache der Stadt Frankfurt, die parlamentarische und integrative Paulskirchentradition zu pflegen und mit einer großen historischen Ausstellung von überlokaler Bedeutung geschichtswissenschaftliche Differenzierung und Innovation in der Revolutionsdeutung mit einer publikumswirksamen Geschichtspolitik zu verbinden, d. h. tendenziell das fortzusetzen, was die Erinnerungspolitik in Frankfurt stets ausgezeichnet hatte. Daneben erwuchs 1998, und das war ein Zeichen der kulturellen Blüte des deutschen Föderalismus, eine reiche Ausstellungs- und Gedenkkultur in anderen Bundesländern, vor allem im deutschen Südwesten, wo das Nebeneinander unterschiedlicher Stränge und Entwicklungslinien der Ereigniskette Revolution von 1848 nun auch öffentlich repräsentiert und demonstriert wurde.[29]

Die Erinnerung an die Revolution von 1848/49 hatte damit ihre polarisierende und umstrittene Deutung bzw. geschichtspolitische Funktion verloren und war zu einem historischen Erinnerungstag bzw. vorrangig zum Gegenstand der Geschichtswissenschaft geworden. Der Preis für diese Historisierung könnte ein Verblassen der Erinnerung sein.

Jakob Vogel

2. September 1870: Der Tag von Sedan

Der «Tag von Sedan», ein Tag «geteilter Erinnerung» in Deutschland wie in Frankreich? Eine solcherart zugespitzt formulierte Frage führt den Historiker schnell in die Abgründe der Erinnerungsgeschichte, denn eine in beiden Ländern geteilte Erinnerung an den 2. September 1870 existiert nicht. Tatsächlich ist der «Sedantag» als Erinnerungsort eine Erfindung des preußisch-deutschen Nationalmythos aus den 1870er Jahren, dem kein französisches Pendant entspricht. Erinnert man nämlich in Frankreich an die «Schlacht von Sedan», so wird mit Recht auf das Datum des 1. Septembers 1870 verwiesen, als sich die von dem preußischen Kronprinzen Friedrich angeführten preußischen, bayerischen und sächsischen Truppen bei der Stadt in den Ardennen die entscheidenden Kämpfe mit der französischen Armee unter General Mac Mahon lieferten. Die Kapitulation der geschlagenen französischen Truppen und die Gefangennahme Napoleons III. in Sedan am folgenden Tag wurden und werden in der französischen Öffentlichkeit und Geschichtswissenschaft dagegen kaum als ein zentrales Ereignis der eigenen Geschichte gewertet, fand doch der politisch entscheidende Umsturz des Empire erst am 4. September 1870 mit der Ausrufung der Republik durch die provisorische Regierung unter Léon Gambetta in Paris statt. Die Schlacht von Sedan konnte aber auch nicht als das eigentliche Ende des Deutsch-Französischen Kriegs gewertet werden, da sich die Kampfhandlungen unter dem Vorzeichen der von Léon Gambetta ausgerufenen «Défense nationale» noch mehrere Monate hinzogen und sich in der Mitte und im Osten Frankreichs bis in die ersten Wochen des Jahres 1871 erstreckten. Da in Frankreich mithin ein eigenständiger Interpretationskern für den 2. September fehlte, konnte der «Sedantag» nicht längerfristig eine Bedeutung als Kristallisationspunkt einer spezifischen Erinnerung an die Niederlage im Krieg erhalten.

Ein Artikel über das gemeinsame Gedenken an den Deutsch-Französischen Krieg von 1870/71 könnte angesichts dieses Befundes schnell mit der Feststellung enden, dass eine wirklich geteilte Erinnerung für diesen Gedenktag nicht besteht. Die gemeinsame Erinnerungsgeschichte des 2. Septembers würde sich insofern höchstens auf die vereinzelten französischen Reaktionen auf die im Deutschen Reich veranstalteten öffentlichen Erinnerungsfeiern beschränken. Doch kann eine solche verengte Sicht auf die geteilten Erinnerungen an den Deutsch-Französischen Krieg von 1870/71 letztlich der komplexen Struktur jeglicher Erinnerungsgeschichte nicht gerecht werden. In der Tat ist jeder Erinnerungstag, egal ob im nationalen, regionalen oder internationalen Rahmen, nicht nur stets mit einer Vielzahl unterschiedlicher Interpretationen und Sichtweisen verknüpft, sondern auch in ein breiteres Geflecht von korrespondierenden Erinnerungssträngen eingebunden, die oftmals die gleichen Ereignisse betreffen, sie jedoch jeweils in anderer Weise interpretieren. Der Ägyptologe Jan Assmann hat für diese inhärente Bezogenheit der Erinnerungen den sprechenden Begriff der «Mythomotorik»[1] geprägt und gezeigt, wie jede Erinnerungserzählung in diesem Sinne nur relational mit anderen verstanden werden kann. Daher soll im Folgenden die in Deutschland und Frankreich geteilte Erinnerung an den Krieg von 1870/71 auch nicht allein mit einem engen Blick auf den «Tag von Sedan» vorgestellt werden, sondern vielmehr die verschiedenen Erinnerungsstränge auf beiden Seiten in ihrer Vielschichtigkeit und ihren Wechselbeziehungen untereinander betrachtet werden. Denn auch auf deutscher Seite war der Sedantag nicht der einzige Erinnerungstag an den Deutsch-Französischen Krieg. Vielmehr musste sich dieses Datum erst allmählich gegen andere symbolische Daten wie etwa das des Frankfurter Friedensvertrags vom 10. Mai 1871 durchsetzen, die ihrerseits andere Interpretationen und Bilder der Kriegserinnerung transportierten.

1. Der «Tag von Sedan» – die Entstehung eines deutschen Erinnerungstags

Die Anfänge des deutschen Sedankults sind von der historischen Forschung relativ gut erforscht worden. Tatsächlich begann er gewissermaßen schon 1870 mit dem Bekanntwerden der Ereignisse in Berlin, als sich spontan viele Menschen vor dem Stadtschloss zusammenfanden, um die Kunde vom Kriegsschauplatz zu feiern. In Analogie zu den sog. «Befreiungskriegen», die mit der militärischen Niederlage Napoleon Bonapartes in Waterloo und seiner anschließenden Selbstauslieferung an die Engländer geendet hatten, nahm man an, dass mit der Gefangennahme des französischen Kaisers in Sedan nun auch das Ende der kriegerischen Auseinandersetzungen mit dem Nachbarland gekommen sei. Der anhaltende französische Widerstand und die Ausrufung der sog. «Défense nationale» durch die provisorische Regierung unter Léon Gambetta wurde vor dem Hintergrund dieser historischen Analogie von der deutschen Öffentlichkeit wie auch in der Armee als ein letztlich illegitimer Akt betrachtet, der das Kriegsgeschehen nur unnötig verlängert und die Zahl der Opfer in die Höhe getrieben hätte.

Diese Vision eines mit der Festsetzung des französischen Monarchen besiegelten militärischen Erfolgs über Frankreich beseelte ebenfalls die im Frühjahr 1871 in den Kreisen des nationalliberalen Bürgertums des Rheinlandes aufkommenden Gedanken zur Errichtung eines Gedenktages am 2. September. Dieser solle als ein allgemeines Nationalfest nicht nur die Erinnerung an den siegreichen Krieg, sondern auch der mit der Reichsgründung gefundenen nationalen Einheit gewidmet sein. In dem weit verbreiteten Aufruf der Rheinländer Liberalen «an die deutschen Städte» wurde der Sedantag in diesem Sinne nicht nur zu einem «Erinnerungstage an die gefallenen Helden» und einem «Ehrentage für die lebenden Sieger», sondern auch «zu einem Freudentage für unseren theuren Heldenkaiser» erhoben. Nach dem Wunsch der Initiatoren sollte sich der Tag «zu einem lebendigen, von Jahr zu Jahr in neuer Herrlichkeit entstehenden Denkmal der errungenen Einheit All-Deutschlands» entwickeln.[2] Auch Friedrich von Bodelschwingh, der in den 1860er Jahren einige Zeit als Pfarrer die deutsche protestantische Gemeinde in Paris geleitet und dabei einige Bekanntheit erlangt hatte, schloss sich dem öffentlichen Aufruf zur Einrichtung eines «Nationalfestes» am 2. September an. Dem Vorschlag entgegen stand die Vorstellung linksliberaler Kreise, die wie die Berliner Stadtverordnetenversammlung für den 10. Mai, den Tag des Frankfurter Friedensschlusses, als passendes Erinnerungsdatum plädierten. In der Debatte genannt wurde auch der 18. Januar, der Tag der Kaiserproklamation im Spiegelsaal des Versailler Schlosses, als «Stiftungstag des Deutschen Reiches», der zum Anlaß für eine alljährlich wiederkehrende «Frühlingsfeier» genutzt werden sollte.

Keiner der Vorschläge zur Einrichtung eines offiziellen Nationalfeiertags erhielt jedoch die erwünschte Unterstützung durch den Kaiser und die Regierung, so dass in den ersten beiden Jahren nach 1870 außer im Rheinland nur wenige nationalliberal dominierte Städte und Vereine Feiern zum 2. September organisierten. Stattdessen erklärte Wilhelm I. ausdrücklich, er wolle «sich jeder unmittelbaren Anordnung oder ausdrücklichen Genehmigung von Anträgen zur Förderung des Nationalfestes» enthalten, «um es ganz und gar aus dem Volke herauswachsen zu lassen».[3] Die abweisende Haltung des Kaisers zu den Plänen eines allgemeinen nationalen Feiertags erklärt sich dabei wesentlich aus seiner zwiespältigen Haltung gegenüber dem nationalen Charakter des neuen Reichs. Gerade in militärischen Fragen widersprach Wilhelm I. ein allzu offensiver Gebrauch der nationalen Symbolik, so dass der preußische Königskult auch nach 1871 noch weiterhin eine wichtige Rolle in der monarchischen Selbstdarstellung spielte. Der 1877 im Berliner Zeughaus eingerichtete zentrale militärische Erinnerungsort, die sogenannte «Ruhmeshalle», wurde daher von Wilhelm I. auch nicht dem «Deutschen Heer», sondern der «Preußischen Armee» gewidmet.

Trotz der offiziellen Ablehnung eines National*feiertags* gewann der 2. September in den nationalliberalen Kreisen des Reiches schnell an Popularität. Ein nicht unwesentlicher Faktor hierfür war die schwankende Haltung, welche der Kaiser selbst in dieser Frage an den Tag legte. Denn tatsächlich gab Wilhelm I. schon 1873 seine anfängliche Zurückhaltung gegenüber der Sedanfeier teilweise auf und ließ die Siegessäule in Berlin am 2. September in Anwesenheit der kaiserlichen Familie und vieler deutscher Fürsten mit großem militärischem Pomp einweihen. Auf Anordnung des Preußischen Kultusministeriums wurde der Tag auch durch Festveranstaltungen an den Schulen und Universitäten gefeiert. Der 2. September besaß damit zwar nicht den Status eines offiziellen Feiertags, aber zumindest den eines allgemeinen *Erinnerungs*tags, der auch von staatlicher Seite offiziell begangen wurde. Ab 1874 wurde die Reichshauptstadt regelmäßig zum 2. September zum Schauplatz der traditionellen Herbstparade der Berliner Garnison, zudem war eine wachsende Zahl von Festveranstaltungen zu verzeichnen, welche von den Behörden und privaten Festkomitees organisiert wurden. Auch der Berliner Senat resignierte angesichts dieser Unterstützung des Gedenktages durch die staatlichen Stellen und veranstaltete ab 1874 eigene städtische Feiern zum Sedantag. Die Vossische Zeitung begann daher auch in diesem Jahr ihren Bericht über die Feiern im Reich mit der Feststellung «Der National-Gedenktag ist acceptiert!»[4]

Nicht unwichtig für die Verbreitung der Sedanfeiern wurde ihr symbolischer Charakter in den Auseinandersetzungen um den sog. «Kulturkampf». Gerade im katholischen Westen und Süden des Reiches erhielten die Feiern schnell eine politische bzw. konfessionelle Konnotation und wurden zum Ausdruck für die «reichstreue» Haltung von Protestanten und Liberalen. In den katholischen Regionen Westpreußens, in Münster und Köln, unterstützen die preußischen Landesbehörden diese unterschwellige Politisierung des Kriegsgedenkens. Der 2. September mit seinen Festbanketten, Kinderfesten und Umzügen bekam so schnell den Nimbus einer Demonstration gegen die von Rom aus regierte «schwarze Internationale». Nachdem der Kulturkampf Mitte der 1880er Jahre abflaute und die Katholiken wieder mehr und mehr in den nationalen Kult integriert wurden, erlangte der Sedantag parteiübergreifend schnell jene außerordentlich breite nationale Bedeutung, welche bis heute das Bild des Erinnerungstages prägt.

Darüber schliff sich quasi unter der Hand selbst bei den an dem Kriegsgeschehen beteiligten Akteuren die Verwechslung des «Sedantags», des 2. September, mit dem eigentlichen Schlachtgeschehen des 1. September 1870 ein. Diese Entwicklung macht die Einweihung des Berliner Sedanpanoramas deutlich, das in einem von einer international tätigen belgischen Firma finanzierten Ausstellungsbau am Berliner Alexanderplatz untergebracht war und sich über zwanzig Jahre lang zum Publikumsmagneten in der Reichshauptstadt entwickelte. Das Schlachtgemälde des preußischen Hofmalers Anton von Werner vermittelte die offizielle Sicht auf die kriegerischen Ereignisse des Deutsch-Französischen Kriegs, musste aber auch den Konventionen der äußerst populären Kunstgattung der militärischen Panoramendarstellungen genügen. Bei der pompösen Einweihungsfeier zum Sedantag 1883 äußerte sich Kaiser Wilhelm I. entsprechend anerkennend gegenüber dem Maler: «Daß Sie durch Ihr Meisterwerk dem Volke die Erinnerung und das Verständnis für den Tag von Sedan nahe gerückt haben und meine vollste Anerkennung dafür mag Ihnen der schönste Lohn für Ihre Arbeit sein.»[5] Doch trotz des offiziellen Lobs, das der Maler damit von allerhöchster Seite erhielt, zeigte das Gemälde mit seinen Schlachtenszenen gerade nicht die Ereignisse des 2. Septembers um die Gefangennahme des französischen Kaisers, vielmehr gab es die militärische Lage in Sedan vom frühen Nachmittag des 1. Septembers wieder. Angesichts der bereits eingeschliffenen Konventionen, welche die öffentliche Kriegserinnerung auf der einen Seite und die offizielle Schlachtenmalerei der europäischen Panoramen des späten 19. Jahrhunderts regierten, fiel eine derartige Widersprüchlichkeit jedoch offenkundig nicht weiter auf, so dass das Wernersche Sedanpanorama nicht als Kritik an der Fokalisierung der Erinnerung auf den 2. September gelesen werden kann.

Vor allem anlässlich des 25-jährigen Jubiläums im Jahr 1895 wurde der Tag daher im ganzen Reich durch eine Vielzahl von mehr oder weniger offiziellen «Sedanfeiern» der Behörden und Vereine, von Schulen, Universitäten und Unternehmen begangen. Selbst die anhaltende Gegnerschaft der Sozialdemokraten konnte dabei das Bild eines lebendigen Erinnerungstages kaum trüben. Tatsächlich äußerte sich die Opposition der Sozialdemokraten in erster Linie in der Parteipresse und nahm so gut wie gar nicht die Form von Gegenaktionen oder öffentlichen Demonstrationen an. Verantwortlich hierfür war weniger die Verfolgung der Parteianhänger durch die Sozialistengesetze als die mangelnde Mobilisierung des parteinahen Umfeldes, denn die Arbeiterinnen und Arbeiter nutzten lieber den ihnen mancherorts gewährten freien Arbeitstag für Ausflüge und Freizeit, als an den von der Partei organisierten Gegenveranstaltungen teilzunehmen.

Verständlicherweise stießen die Feiern auf wenig Gegenliebe auf französischer Seite – der Botschafter Frankreichs in Berlin verließ an diesem Tag alljährlich die Reichshauptstadt ebenso wie auch die großen Festveranstaltungen von 1895 wegen ihres lauten, demonstrativen Charakters von französischen Veteranen heftig kritisiert wurden. Doch trotz dieser ablehnenden Reaktionen sollte, zumindest nach dem Willen der Veranstalter, im Vordergrund des Gedenkens des 2. Septembers weniger der Sieg über den ehemaligen Gegner als vielmehr die Feier der nationalen Einheit stehen. Schon das Manifest der rheinischen Städte hatte in diesem Sinne geäußert, der Tag sollte «ein Friedensfest sein, nicht ein Sieges-Triumphfest über die Franzosen mit herausforderndem Charakter».[6] Selbst im Kreise der Kriegervereine, welche in den 1880er und 1890er Jahren mit ihren Kranzniederlegungen und Feiern an den örtlichen Kriegerdenkmälern mehr und mehr zu den zentralen Trägern des Sedan-Kultes wurden, widersprach man dieser Einschätzung nicht: nicht «Siegesfeste», sondern «Gedenkfeiern» sollten die Veranstaltungen sein, an denen «der Geburtstag des Deutschen Reiches» gefeiert und die «Erinnerung an die Großtaten unserer Volksarmee» wachgehalten werden solle – jedoch «nicht unter dem Gesichtspunkte militärischen Ruhmes».[7]

Illumination des Brandenburger Tores anlässlich des 25. Jahrestages der Schlacht bei Sedan mit einem Zitat Kaiser Wilhelms I.: «Welch eine Wendung durch Gottes Führung», 1895.

2. Sedan in der französischen Erinnerung: Offizielles Verdrängen und lokaler Heroismus

Während auf deutscher Seite der 2. September zum Mittelpunkt der Kriegserinnerung aufstieg, war die Ausgangslage für das öffentliche Gedenken in Frankreich weitaus schwieriger. Nicht nur die politischen Verwerfungen, die sich mit dem Krieg verbanden – die Frage nach der Wahl des republikanischem oder monarchischen Systems wie auch nach der Legitimität des traditionell bonapartistischen Militärkults –, sondern auch das grundsätzliche Dilemma einer Erinnerung an die Niederlage standen der Entwicklung eines staatlichen Erinnerungskultes im Wege. Tatsächlich entwickelt sich im Frankreich der Dritten Republik kein offizielles Gedenken an den Deutsch-Französischen Krieg, das mit dem deutschen Sedanmythos vergleichbar gewesen wäre.

Dennoch wäre es falsch, von Gambettas Diktum über die «verlorenen Provinzen» im Elsass und in Lothringen «Pensons-y toujours, n'en parlons jamais» und dem Fehlen großer offizieller Kriegserinnerungsfeiern auf ein grundsätzliches Schweigen der französischen Gesellschaft über den verlorenen Krieg zu schließen. Tatsächlich existierte eine recht lebendige Erinnerungskultur um den Krieg von 1870/71, die ohne Anregung von offiziellen Stellen spontan aus der Bevölkerung entstanden war und in den einzelnen Regionen Frankreichs sehr unterschiedliche Formen annahm.

Vor allem in den nordöstlichen Gegenden des Landes sowie rund um Paris und im Zentrum, wo sich die Kämpfe besonders stark in das lokale Gedächtnis eingebrannt hatten, entwickelten sich schon in den 1870er Jahren jenseits der politischen Auseinandersetzungen um die Errichtung der Dritten Republik lokale Initiativen, die das Gedenken an die vor Ort erfolgten Kriegsereignisse und die gefallenen Soldaten wach zu halten suchten. Auch in Sedan entstand bereits ab 1871 eine örtliche Gedenkkultur mit jährlichen kirchlichen Gedenkfeiern und Kranzniederlegungen – ohne dass diese Veranstaltungen jedoch eine weit über den regionalen Rahmen hinausweisende Bedeutung erhielten. Anderenorts waren es dagegen eher die örtlichen Vereine sowie die städtischen Behörden, die mit eigenen Feiern an den bald nach dem Krieg errichteten Denkmälern an die örtlichen Kämpfe erinnerten – ein Zeichen für die wachsende Politisierung des Kriegsgedenkens, die ab den 1880er Jahren beobachtet werden kann. Eine breite Literatur, oftmals aus der Feder von ehemaligen Militärs oder auch von Journalisten, sowie zahlreiche Gemälde der Militärmaler unterstützten diese lokale Erinnerungsinitiativen, indem sie die als besonders heroisch betrachteten Ereignisse losgelöst von ihrem historischen Kontext in der französischen Öffentlichkeit als Ausdruck des ungebrochenen Heroismus der von ihrer politischen Führung im Stich gelassenen Soldaten popularisierten.

Aus der gesellschaftlichen Kultur des Gedenkens schälten sich im Laufe der Zeit einige emblematische Erinnerungsorte heraus, die mit besonders ruhmreich verstandenen Aktionen der französischen Truppen im Kriegsgeschehen verbunden wurden und damit im Gegensatz zu der Erinnerung an Sedan standen. Neben dem lothringischen Mars-la-Tour, dem einzigen Teil des Schlachtfeldes um Metz, der sich auf französischem Boden befand und dessen Denkmal Szenen von Reiterkämpfen darstellten, stiegen auf diese Weise vor allem Belfort mit der Erinnerung an das Durchhalten der deutschen Belagerung, Dijon mit dem Gedenken an die Verteidigung der Stadt am 30. Oktober 1870, die Marneschlacht bei Champigny vom 30. November 1870 sowie die Verteidigung von Paris mit dem französischen Ausbruchsversuch bei Buzenval (Mont-Valérien) zu lebendigen Erinnerungsstätten an den Krieg von 1870/71 auf. In der französischen Kriegsliteratur und -malerei wurden auf ähnliche Weise die Kavallerieattacken der Schlacht von Reichshoffen/Morsbronn, einem nach 1871 zum Deutschen Reich gehörenden elsässischen Städtchen, zu einem außerordentlich beliebten Thema, das den letztlich vergeblichen Kampfgeist der eigenen Soldaten gegen die deutschen Truppen beschwor.

Der Verweis auf die überzeitlichen soldatischen Tugenden und den Verteidigungswillen der französischen Armee ermöglichte eine «Transfiguration der Niederlage» (F. Roth), welche die schmerzliche Erinnerung an die verlorenen Schlachten und den Verlust der annektierten Gebiete in den Hintergrund treten ließ. Noch heute zeugen eine Reihe von Erinnerungsorten in Paris von dieser lebendigen Erinnerungskultur des Kriegs von 1870/71, das Denkmal der «Défense nationale» mit dem Lion de Belfort auf der Place Denfert-Rochereau, die Straße und Metrostation Buzenval sowie das Stadtviertel «La Défense», dessen Name auf eine 1883 errichtete, der Verteidigung von Paris gewidmete Statue des Bildhauers Louis-Ernest Barrias auf dem Rondpoint von Courbevoie zurückgeht.

In dieser auf den lokalen Heroismus abzielenden französischen Erinnerungskultur hatte Sedan verständlicherweise keinen Platz, wiewohl sich einige Werke militärischer Schriftsteller in den Jahren nach dem Krieg mit den Ereignissen der Schlacht beschäftigten. Darunter war auch das bis 1885 in acht Auflagen erschienene Buch «La journée de Sedan» des Generals Ducrot, der am 1. September 1870 nach der Verwundung Mac-Mahons den Oberbefehl über die französischen Truppen bei Sedan übernommen hatte und in seinem Werk eine Rechtfertigung seiner eigenen Handlungen versuchte.

Während Sedan im republikanischen Frankreich auf diesem Weg zur Chiffre der Niederlage der napoleonischen Armee und die «Katastrophe» des Verlusts von Elsass-Lothringen schlechthin wurde, grub sich dagegen schon früh eine Episode der Schlacht in der populären Erinnerung ein: die Verteidigung des sog. «Hauses der letzten Patrone» in dem Örtchen Bazeilles vor den Toren der Stadt – eine Szene, die der bekannte französische Militärmaler Alphonse de Neuville in seinem Gemälde «Les dernières cartouches» verewigte. Das 1873 auf dem Pariser Salon gezeigte Bild bezog sich auf einen dramatischen Bericht des 1871 veröffentlichten Bandes «Les régiments martyrs», in dem der Major der Marineinfanterie Lambert den Abwehrkampf der Marinetruppen gegen die auf Sedan rückenden bayerischen Truppen beschrieben hatte. Auch wenn de Neuvilles Bild schon früh eine Polemik über seine Glaubwürdigkeit auslöste und einige der bei den Kämpfen in Bazeilles anwesenden französischen Soldaten später explizit seine Darstellung der Ereignisse kritisierten (sie bestritten etwa die vom Maler hinzugedichtete Anwesenheit algerischer Soldaten), stieg Neuvilles Darstellung von Bazeilles im Laufe der Jahre bis zum Ersten Weltkrieg zu einem der am meisten reproduzierten Gemälde Frankreichs auf. Es popularisierte die Vorstellung einer heroischen Verteidigung des Ortes gegenüber einem übermächtigen Feind, der in dem Gemälde selbst unsichtbar bleibt. Insbesondere im Umfeld der nationalistischen «Ligue des patriotes» und der seit den 1890er Jahren an Einfluss gewinnenden französischen Veteranenbewegung wurde dieser Bazeilles-Mythos gepflegt. Angesichts dieser Popularität von Bazeilles kann es nicht erstaunen, dass das Örtchen in den Titeln von Reiseführern über die Schlachtfelder und in anderen französischen Publikationen der 1880er Jahre in einem Atemzug mit Sedan genannt wurde.[8]

Auf der lokalen Ebene hatte der Mythos der «letzten Patrone» zur Folge, dass Einwohner des in den Kämpfen zerstörten Dorfes schon in den 1870er Jahren begannen, Material für ein kleines Museum zur Erinnerung an die Ereignisse zu sammeln. Eröffnet wurde dieses in dem inzwischen wieder aufgebauten «Haus der letzten Patrone» jedoch erst 1899 im Umfeld der Dreyfus-Affäre, wobei der radikal-nationalistische Verleger der Zeitschrift «Le Gaulois» und bekennender Anti-Dreyfusard Arthur Meyer maßgeblich an der Finanzierung des Ankaufs beteiligt war. Vier Jahre zuvor, am 31. August 1895, hatte in Bazeilles bereits eine öffentliche Feierstunde stattgefunden, an der auch der inzwischen zum General beförderte Lambert teilnahm. In seiner Rede vor den anwesenden Veteranen gedachte Lambert der heldenhaften Verteidigung des Ortes durch die französischen Soldaten und wandte sich demonstrativ gegen die im Deutschen Reich zum 25-jährigen Jubiläum der Schlacht stattfindenden großen Erinnerungsfeiern.

Letztlich konnten diese und andere Aktivitäten der Veteranenbewegung und nationalistischen Rechten Frankreichs jedoch nicht über das mangelnde Interesse der republikanischen Staatsführung an einem öffentlichen Gedenken an 1870/71 hinwegtäuschen. Tatsächlich besaß es zu keiner Zeit die gleiche offizielle Unterstützung wie der Sedankult in der deutschen Gesellschaft des Kaiserreichs. Doch trotz dieser fundamentalen Unterschiede frappiert die wechselseitige Bezogenheit der Kriegserinnerung in beiden Ländern, denn ein Jahr nach den Jubiläumsfeiern wurde 1896 nun auch auf deutscher Seite in Mannheim ein Panorama eröffnet, das die Kämpfe in Bazeilles dem deutschen Publikum näher brachte. Es erstaunt daher nicht, dass die öffentliche Erinnerung zu beiden Seiten der Grenze weitgehend ähnlichen Konjunkturen folgte. Tatsächlich lassen sich ähnlich wie im Deutschen Reich auch in Frankreich nach dem großen Erinnerungsjubiläum von 1895 um 1900 ein allgemeines Nachlassen der öffentlichen Feiern und eine Historisierung der Kriegserinnerung feststellen. Denn auch in Frankreich erschien angesichts der veränderten politischen Weltlage die öffentliche Erinnerung an die Schlachten um die Jahrhundertwende – wie der Pfarrer von Coulmiers 1901 bei seiner Gedenkrede äußerte – nun nicht mehr zeitgemäß:

«Jamais peuple n'a célébré ses triomphes aussi longtemps que nous nous obstinons à perpétuer nos revers. On y trouve des leçons précieuses, je le veux bien; l'intention qui a institué ces cérémonies et les maintient est honorable, soit; mais alors que l'Allemagne a cessé de se réjouir au ‹Sedantag›, nous pourrions peut-être cesser de nous désoler aux anniversaires néfastes, sans y perdre beaucoup [...].»[9]

Angesichts der wachsenden außenpolitischen Spannungen mit dem Deutschen Reich und der drohenden Kriegsgefahr flammte der französische Erinnerungskult an 1870/71 in den Jahren nach 1910 noch einmal kurzfristig auf, doch verschwand er nach 1918 vergleichsweise schnell über den tiefen Eindrücken, welche der «Große Krieg» in der französischen Gesellschaft hinterließ. Der siegreiche Ausgang des Krieges und die Rückgabe der «provinces perdues» Elsass und Lothringen hielten sich dabei die Waage mit der Erinnerung an die äußerst blutigen und verlustreichen Schlachten rund um Verdun und andere französische Städte, so dass der Kriegsausgang für die eigene Gesellschaft trotz aller positiven Konnotationen stets einen äußerst bitteren Beigeschmack hatte. Wie weitgehend darüber am Ende die Erinnerung an 1870/71 aus dem französischen Bewusstsein getilgt wurde, dafür steht vielleicht am sinnfälligsten das seit den 1960er Jahren aus dem Boden gewachsene moderne Pariser Hochhausviertel «La Défense», dessen Verbindung mit den Kriegsereignissen der «Défense nationale» kaum noch in der gelebten Erinnerung der hier arbeitenden Bevölkerung fortdauert.

3. Der Niedergang des Sedantags nach der Jahrhundertwende

Auf deutscher Seite konnten die umfänglich begangenen Fünfundzwanzigjahrfeiern des Jahres 1895 dagegen nicht verdecken, dass seit dem Regierungsantritt Wilhelms II. im Jahr 1888 und dem Generationswechsel der politisch einflussreichen Akteure ein allmählicher Prozess der Historisierung der Erinnerung an den Krieg von 1870/71 eingesetzt hatte. Dies lag nicht nur an dem jungen Monarchen, der selbst kein Kriegsteilnehmer gewesen war und daher auch nicht die gleiche Anhänglichkeit wie sein Großvater und Vater gegenüber dem symbolischen Datum des 2. September an den Tag legte. Auch im Kriegervereinsmilieu kamen nach dem Abklingen des Gedenkjahres mehr und mehr jene Friktionen zum Vorschein, welche die Kriegsveteranen von den jüngeren Vereinsmitgliedern trennten. Die vergleichsweise kurze Karriere des Leipziger «Verbandes der Kriegsveteranen», dem die preußische Militärführung und konservative Kreise trotz seines öffentlichen Bekenntnisses zum Kaiser und zur Nation eine gefährliche Nähe zur Sozialdemokratie vorwarfen, legt dabei ein Zeugnis davon ab, wie schnell nach 1895 das Interesse von Behörden und Öffentlichkeit an den Veteranen und ihrer Erinnerung abnahm. Schon 1896 beschlossen die Stadtverordneten in Berlin, Leipzig und Dresden, den 2. September nur noch an den städtischen Schulen feierlich zu begehen. Selbst das Kriegerverbandsblatt «Parole» überschrieb 1897 seinen Leitartikel zum Sedantag mit der Frage «Sollen wir Sedan feiern?» und bemerkte:

> «Als in dem Jubeljahr 1895/96 die nationale Begeisterung in hohen Wogen ging, da frug man sich, ob nach diesem Aufschwung patriotischer Empfindung nicht früher oder später ein Rückebben eintreten würde … Nach verschiedenen Symptomen scheint es nun, als wäre die Zeit wirklich da, wo sich die geräuschvollen, unter Aufwand von großen Kosten veranstalteten Feiern der großen Korporationen, Städte etc. langsam wandeln in stillere Gedächtnisfeiern, welche in erster Linie von den Schulen sodann von den Kriegervereinen begangen werden.»[10]

Besonders deutlich offenbarte sich die gewandelte Einstellung gegenüber der offiziellen, öffentlichen Kriegserinnerung in den ausgedehnten Diskussionen, die im Sommer 1900 in der deutschen Presse um die Feier des Sedantags geführt wurden. Obwohl dieses Jahr mit dem runden Jubiläum der Erinnerungstage von 1870 wie schon 1895 den Anlass zu großen Festaktivitäten hätte geben können, schlossen nun auch Nationalliberale und Konservative jede Feier am 2. September aufgrund der «deutsch-französischen Waffenbrüderschaft» bei der Bekämpfung des Boxeraufstandes in China kategorisch aus. Nur in wenigen Städten Deutschlands wurde nach der Jahrhundertwende der Sedantag noch öffentlich begangen, so dass Schul- und Kriegervereinsfeiern meist die einzigen Veranstaltungen blieben, an denen die Erinnerung an Sedan aufrechterhalten wurde. Auch das Berliner Sedanpanorama wurde in diesen Jahren abgerissen, da die Besucherzahlen nicht mehr genügend Gelder für den Unterhalt des Gebäudes einbrachten.

Tatsächlich brachten selbst die Jahre nach 1910, in der sich die deutsch-französischen Spannungen auf außenpolitischer Ebene wieder verstärkten und auch in Frankreich das Kriegsgedenken an 1870/71 zunehmend nationalistische Töne annahm, nicht eine grundlegende Wiederbelebung des Sedankultes im Reich. Einzelne größere Feierlichkeiten in Städten wie in Dortmund können nicht darüber hinwegtäuschen, dass die Dynamik des öffentlichen Gedenkens in diesen Jahren sich eher der Erinnerung an die sog. «Befreiungskriege» gegen Napoleon vom Beginn des 19. Jahrhunderts zuwandte. Zwar bemühten sich die Kriegervereine in ihren Reden und Publikationen zum 2. September weiterhin den Bezug zum Krieg von 1870/71 herzustellen, doch in der Öffentlichkeit gehört wurden diese Stimmen kaum. Stattdessen bot die Feier zum einhundertsten Jubiläum der Leipziger Völkerschlacht 1913 eine Bühne für eine gegen Frankreich gerichtete Kriegserinnerung.

Schon beim Ausbruch des Ersten Weltkrieges stellte der 2. September damit keine lebendige Kultur des breiten öffentlichen Gedenkens mehr dar, denn der Erinnerungstag wurde tatsächlich nur noch in kleineren Zirkeln und Kreisen aktiv begangen. Insofern wäre es falsch, den Ersten Weltkrieg und die Niederlage für den Wandel der deutschen Erinnerung an 1870/71 verantwortlich zu machen. Angesichts der tiefgreifenden Umwälzungen, die sich aus dem Weltkrieg ergaben, kann jedoch nicht erstaunen, dass nicht nur in Frankreich der Deutsch-Französische Krieg nach 1918 nicht mehr die gleiche Prägekraft wie noch vor der Jahrhundertwende besitzen konnte. War auf französischer Seite durch den siegreichen Kriegsausgang und durch die Schrecken des Grabenkrieges nach 1918 der Deutsch-Französische Krieg weitgehend aus dem öffentlichen Bewusstsein verdrängt worden, stand auf deutscher Seite nun vor allem der politische Regimewechsel und der Sturz der Monarchie einer Neubelebung des Sedankults im Wege. Die vom Reichskunstwart Edwin Redslob 1921 eingeführten Gedenkfeiern zum 11. August zu Ehren der Weimarer Verfassung markierten diesen Wechsel und brachten ihnen bei zeitgenössischen Kritikern den Vorwurf ein, sie besäßen den Charakter eines «Sedan-Ersatzes».[11]

Doch selbst auf Seiten der gegen die Weimarer Verfassung kämpfenden politischen Rechten besaß der Sedantag nach dem Ersten Weltkrieg nur ein sehr eingeschränktes mobilisierendes Potential. Denn die monarchische Prägung des 2. September widersprach vor allem dem Führerkult, der mehr und mehr die politische Kommunikation auf der extremen Rechten beherrschte. In den 1920er Jahren wurde der Tag daher noch in vielen Universitätsstädten von nationalistischen Studentenvereinigungen als sichtbares Zeichen für den in ihren Kreisen populären Bismarck-Mythos begangen. 1923 wurde der 2. September als «Deutscher Tag» in Nürnberg gar noch einmal zum Anlass eines großen Aufmarschs der «vaterländischen» Verbände und Vereinigungen unter Führung der NSDAP und des Stahlhelms. Die nationalsozialistische Machtergreifung im Jahr 1933 brachte dann das Ende des Sedankultes der nationalistischen Rechten. Denn auch wenn Hitler am 21. März 1933 mit dem «Tag von Potsdam» die Kontinuität der preußisch-militärischen Geschichtstradition über die «nationale Revolution» hinaus demonstrativ in Szene setzte, entwickelte der Nationalsozialismus keine tiefere Beziehung zu dem Sedanmythos des Kaiserreichs. Selbst die Koinzidenz des Reichsparteitags von 1933 mit dem Sedantag und die gelegentlichen rhetorischen Bezüge nationalsozialistischer Redner auf die gute alte Kaiserzeit vor 1914 konnten über das Unbehagen der Parteileitung gegenüber einer allzu weitgehenden Parallelisierung der Reichsgründung von 1871 und der nationalsozialistischen Machtergreifung nicht hinwegtäuschen. Die Inszenierung der Reichsparteitage verzichtete daher ab 1934 auf jeden offenen Bezug zum 2. September. Statt eines Bezugs auf die Gründung des «Zweiten Reiches» entwickelte die NS-Führung daher ihre eigene Formensprache der politischen Symbolik zur Erinnerung an die «Heldenzeit» der Bewegung. Insofern war es der Nationalsozialismus, der auf der politischen Rechten am Ende das Schicksal des Sedantages als Gedenktag an die «Begründung der Einheit des neuen Reiches» endgültig besiegelte.

4. Sedan und der Geist des Antimilitarismus

Auch wenn der 2. September auf diese Weise schrittweise aus der aktiven Gedenkkultur der politischen Bewegungen und Vereine verschwand, besaß und besitzt der «Sedantag» als Chiffre noch weiterhin ein nicht geringes Erinnerungspotential in der deutschen Öffentlichkeit. Verantwortlich hierfür ist jedoch nicht so sehr ein affirmatives Gedenken in monarchistischen oder ultra-konservativen bzw. nationalistischen Zirkeln. Vielmehr ließ das Zurücktreten des im Kaiserreich geprägten Gedenkkultes eine anfangs eher marginale Interpretation des «Sedantags» immer deutlicher zu Tage treten, die heute die mit dem Datum verknüpften Erinnerungen dominiert: die antimilitaristische, monarchiekritische Sicht, wie sie seit der Jahrhundertwende vor allem von links-pazifistischen Kreisen und Autoren wie Kurt Tucholsky und Heinrich Mann verbreitet wurde.

Tatsächlich wurde der «Sedantag» im Umfeld der monarchiekritischen Künstler und Schriftsteller gegen Ende des Kaiserreichs mehr und mehr zum negativen Symbol für die grundsätzliche Kritik an der «Militärgläubigkeit» und «-begeisterung», die auch noch heutzutage mit dem «preußischen Militarismus» wie auch allgemein der preußisch-deutschen Monarchie von 1870/71 verbunden wird. Weder Manns «Untertan» noch die satirisch-spitzen Schriften Tucholskys verzichteten in diesem Sinne auf die Brandmarkung eines mit der Chiffre «Sedan» verknüpften tumb chauvinistischen Geistes des preußisch-deutschen Militarismus. Sie nahmen damit eine Kritik gegen «St. Sedan» auf, die bereits in den 1870er Jahren im katholischen Milieu zirkulierte, dort jedoch nach dem Ende des Kulturkampfes schnell wieder verstummt war. Noch 1925 spottete Kurt Tucholsky in einem Artikel der «Weltbühne» über die «Laternenanzünder», die – da mehrheitlich aus ehemaligen Reserveoffizieren und gedienten Soldaten besetzt – noch «den alten, guten Sedan-Geist» pflegten.[12] Mit ihrem nur scheinbar unpolitischen Verhalten und ihren engen Beziehungen zum Militär und Obrigkeit karikiert der Artikel die Laternenanzünder als «ein echtes Sinnbild deutscher Kraft und deutschen Fleißes, deutscher Tatkraft und deutscher Treue» und damit als Synonym für den deutschen Nachtwächterstaat, den Tucholsky auch in der Weimarer Republik am Werk sah.

Eine noch schärfere, radikal-pazifistische Sicht auf Sedan hatte sich in der deutschen Öffentlichkeit bereits vor dem Ausbruch des Ersten Weltkriegs lautstark mit der Publikation eines Buches des belgischen Schriftstellers und Journalisten Camille Lemonnier zu Wort gemeldet. Das auf Deutsch mit einem Vorwort der Pazifistin Bertha von Suttner versehene Buch gab Lemonniers Eindrücke von seiner Reise auf das Schlachtfeld im Herbst 1870 wieder und steht für eine ganze Reihe von vergleichbaren Schriften der zweiten Hälfte 19. des Jahrhunderts, welche ähnlich wie Henry Dunants Schilderung von Solferino dem Publikum die Schrecken des Kriegs und der Zerstörung vor Augen führen wollten. Im Original war das Buch bereits 1871 in Brüssel erschienen und trug zunächst nur den Titel «Sedan». Während sich Lemonnier 1881 jedoch für das allgemeinere «Les charniers» («Die Massengräber») entschied, wandelte die deutsche Ausgabe den Titel in das für die deutsche Öffentlichkeit sehr viel sprechendere «Aus den Tagen von Sedan» um. Bertha von Suttner rechtfertigte diesen Rückgriff mit der großen imaginativen Kraft des Namens der Schlacht:

> «Bazeilles … Sedan … Es ist eine alte durch den Geschichtsunterricht eingeprägte Denkgewohnheit, solche Ortsnamen, an die sich eine Kriegserinnerung knüpft, eigentlich nicht mehr als Ortsnamen aufzufassen, sondern als Symbolisierung großer Ereignisse und heftiger Gefühle von Ruhmesstolz oder Rachezorn. Man spreche das Wort Sedan aus und hunderttausend Deutsche sind dabei siegesfreudig – hunderttausend Franzosen schmerzlich grollend-bewegt […]. Daß es ein Stückchen Erdboden ist mit ein paar Häusern drauf, wo zwei unglückselige Häuflein Menschen einander zerfleischten; und wie dieser Boden, der wahrscheinlich zerstampft, wie diese Häuser, die wahrscheinlich niedergebrannt sind, ausgeschaut ha-

ben, was diese Menschen […] an unausdenklichen Qualen selbst erlitten und verursacht haben: – das entschwindet der Vorstellung.»[13]

In einer Rezension des Buches für den sozialdemokratischen «Vorwärts» rühmte Kurt Tucholsky schon beim Erscheinen der deutschen Ausgabe Lemmoniers Buch als eines der künstlerisch stärksten Werke gegen den Krieg[14] und tatsächlich erlebte es auch nach 1918 noch eine Reihe von weiteren Auflagen. Doch angesichts der eindrücklichen Sinnlosigkeit des Massentötens und der Zerstörungen des Ersten Weltkrieges, die sich künstlerisch in Büchern wie Remarques «Im Westen nichts Neues» widerspiegelten, erreichten Lemonniers Bericht wie auch die übrigen Schlachtfeldreportagen des 19. Jahrhunderts kaum mehr die breitere Öffentlichkeit. Insofern mag es auch nicht verwundern, dass Lemonniers «Aus den Tagen von Sedan» inzwischen trotz einer französischsprachigen Neuausgabe aus dem Jahr 2002 in Deutschland kaum mehr einem breiteren Publikum bekannt ist.

Gehalten hat sich demgegenüber bis in die historische Forschung hinein die Chiffre vom «Sedantag» als Ausdruck für *den* im Kaiserreich herrschenden «Zeitgeist» und sein – wie es etwa Anfang der 1980er Jahre der Historiker Werner Karl Blessing ausdrückte – «vom konfessionellen, ethischen und kulturellen Vorurteil bestimmtes und durch seinen militärischen Akzent attraktives Deutschlandbild».[15] In den Jahren unmittelbar nach dem Zweiten Weltkrieg hatten selbst konservative Historiker wie Friedrich Meinecke oder Gerhard Ritter in ähnlicher Perspektive dem «Militarismus» im Kaiserreich und seinem militärisch geprägten Erinnerungskult einen wesentlichen Anteil an der «Deutschen Katastrophe» von 1933 bis 1945 zugeschrieben – eine Interpretation, an die später die sogenannte «Sonderwegsthese» der kritischen Sozial- und Politikgeschichte der 1970er und 1980er Jahre nahtlos anknüpfen konnte, welche eine langfristige, im Vergleich zu anderen Ländern und im Blick auf die Entwicklung im Dritten Reich besonders problematische Prägung der deutschen Gesellschaft durch einen militärischen «Untertanengeist» hervorhob.[16] In diesem Sinne hat sich die mit dem 2. September 1870 seit den Anfängen des Sedankultes verknüpfte politische Mythologie als erstaunlich zählebig erwiesen, auch wenn sich das politische Vorzeichen der Erinnerung seit 1945 radikal gewandelt hat. Denn noch immer werden durch die verallgemeinernde Interpretation und die Suche nach *einem* «Zeitgeist» des Kaiserreichs die sich im Laufe der Zeit wandelnden politischen und sozialen Grenzen des Sedankultes vernachlässigt, der letztlich allein in den

Jahren zwischen dem Ende des Kulturkampfes und 1895 wirklich eine breite gesellschaftliche Basis besaß. Doch so tot der 2. September als öffentlicher Erinnerungstag an die 1870/71 gefundene «Einheit der Nation» seit der Jahrhundertwende war, so dauerhaft zeigt sich die mit ihm von Anfang an verknüpfte Geschichtserzählung. Denn tatsächlich verbreitet sie noch immer das Bild einer ganz weitgehend vom Kaiser und seinem Militär geprägten Kultur des Kaiserreichs, anstatt die sehr vielfältigen, kontroversen und zudem im Laufe der Zeit äußerst wandelbaren Stränge der Erinnerung nachzuzeichnen, die hierzulande wie in Frankreich mit dem Krieg von 1870/71 verknüpft sind.

Gilbert Merlio

9. November: ein schwieriger Erinnerungstag

Das identitätsstiftende Gedächtnis einer Nation wird durch regelmäßige, meistens an Jahrestagen und besonders an «runden» Jahrestagen abgehaltene Gedenk- und Feierveranstaltungen reaktiviert und weitervermittelt. «Die wichtigsten Funktionen, die Nationalfeier- und Gedenktage erfüllen sollen», sind nach Dietmar Schiller «Staatsintegration, Identifikation mit dem politischen System, Konsensstiftung, Erschaffung von Massenloyalität und Stabilitätssicherung».[1] Dabei sind Gedenk- und Feiertage als Integrationsinstrumente durch das Feiern der Geschichte an bestimmte Bedingungen gebunden.

Sie müssen im Prinzip an positive Ereignisse anknüpfen, Tage der Freude und des Triumphs sein und somit Anlass bieten für Jubiläen mit offiziellen Zeremonien wie Aufmärschen, Volksfesten und Feuerwerken. Diese festlich begangenen Jahrestage sind nicht nur rückwärtsgewandt, sondern haben auch eine nationalpädagogische Funktion: Sie sind gleichermaßen Erinnerung und Mahnung. Selten sind offizielle Gedenktage, die an Traumata erinnern und mit Schweigeminuten begangen werden. Trauertage werden in der Regel nur dann zu offiziellen Gedenktagen, wenn das betreffende Volk Opfer von Unterdrückung oder eines Genozids gewesen ist. Die Traumata bei einem Tätervolk werden entweder verdrängt oder sind nur der Anlass zum trauernden Nachdenken, zur Erinnerung in einem reflexiven Sinne.

Gleichviel ob Feier- oder Trauertage, die Gedenktage müssen eindimensional sein, das heißt eine eindeutige Bedeutung haben, ohne die ihre nationalpädagogische Funktion nicht zu erfüllen ist. Komplexe historische Ereignisse oder historische Verkettungen sind schwer vermittelbar und eignen sich kaum zur Stiftung kollektiver Identität. Das führt zur Problematik des 9. November in Deutschland. Horst Möller stellt zutreffend fest: «Selten besitzt ein historisches Datum eine so eigentümliche Ambivalenz wie der 9. November, wohl der einzige Tag in der deutschen Geschichte des 20. Jahrhunderts, von dem Faszination und Abscheu zugleich ausgehen, ein Datum mit vielen Gesichtern, die widersprüchlich und doch unauflöslich miteinander verbunden sind, ein Datum, das Größe und Tragik, Schuld und Verhängnis unserer Geschichte symbolisiert und verquickt».[2]

Die symbolische Kette

Die 9. November, die in der deutschen Geschichte des 20. Jahrhunderts aufeinander folgen, bilden eine symbolische Kette, die Deutschlands Pendeln zwischen Demokratie und Diktatur versinnbildlicht und deshalb auch zeigt, dass diese Geschichte jedesmal auch hätte anders verlaufen können. Über diese «Vier Tage im November» – den 9. November 1918, den 9. November 1923, den 9. November 1938 und den 9. November 1989, denen man den 8./9. November 1939 als den Tag des Attentats von Georg Elser auf Hitler hinzufügen kann – hat Fritz Stern geurteilt: «Das Datum war ein Zufall, während die Ereignisse in der Geschichte gründeten, die niemals frei ist von Kontingenz, sondern stets offen ist und die immer auch einen anderen Verlauf hätte nehmen können».[3]

Den von Fritz Stern evozierten Zufall gilt es allerdings zu relativieren, weil vier der fünf 9. November kalendarisch zusammenhängen. Der Hitlerputsch fand am fünften Jahrestag der Ausrufung der Republik statt. Die wiederholt angestellte Behauptung, Hitler habe diesen symbolischen Tag gewählt, um seine «nationale Revolution» zu erproben (oder gar zu proben), ist allerdings nicht haltbar. Denn schon zuvor wollte er die extreme Krisensituation Deutschlands im Jahr 1923 ausnutzen, um die demokratische Regierung zu stürzen. Ihm schwebte ein Marsch auf Berlin nach dem Muster von Mussolinis Marsch auf Rom 1922 vor. Bayern, Hort der Reaktion, wo die Macht in den autoritären Händen des erzkonservativen und antirepublikanischen Triumvirats Gustav Ritter von Kahr (ehemaliger bayerischer Ministerpräsident und damaliger Generalstaatskommissar), Otto Hermann von Lossow (Kommandeur der bayerischen Reichswehr) und Hans Ritter von Seißer (bayerischer Polizeioffizier) lag, schien die denkbar beste Ausgangsbasis für dieses Unternehmen. Da sich die SA-Truppen noch im Aufbau befanden, benötigte Hitler nicht nur den Weltkriegsgeneral Erich Ludendorff als Galionsfigur, sondern auch die Hilfe der politischen und militärischen Führer Bayerns, die ihrerseits auf Umsturz sannen. Nur waren die bayerischen Konservativen unter von Kahr Monarchisten und Separatisten, und Hitler, der die Errichtung eines einheitlichen faschistischen Reichs anstrebte, wollte die Zergliederung des Deutschen Reiches verhindern. Obwohl das antidemokratische nationale Lager Einigkeit vorspiegelte, herrschte gegenseitiges Misstrauen. Hitler und die im so genannten Kampfbund zusammengeschlossenen nationalistischen Verbände drängten zur Tat. Als Hitler erfuhr, dass von Kahr am Abend des 8. November in Gegenwart von Lossow und Seißer eine «Vaterländische Kundgebung» im Münchner Bürgerbräukeller einberufen hatte und sich weigerte, ihn zu empfangen, fürchtete er, die bayerischen Führer würden die Unabhängigkeit Bayerns und die Wiederherstellung der Wittelsbacher Monarchie proklamieren. So entschloss er sich zum Handeln, um den Umsturz in seinem Sinne durchzuführen. Im Hinblick auf das Datum hat aber der Zufall nicht allein entschieden. Denn von Kahr war es, der diesen Tag gewählt hatte, um auf der «Vaterländischen Kundgebung» in Anlehnung an den Ausbruch der Revolution fünf Jahre zuvor eine Rede gegen den Marxismus zu halten. Die Korrespondenz in den Daten erhöhte die symbolische Bedeutung dieses zweiten Putsches von rechter Seite gegen die Republik: Die Rechte wollte die Folgen der Novemberrevolution revidieren.

Von da an wurde der 9. November zu einem schicksalhaften Tag der deutschen Geschichte im 20. Jahrhundert. Denn es gelang Hitler trotz des Scheiterns seines Putsches diesen Tag bzw. den Komplex 8. November abends und 9. November vormittags zum «historischen Tag der Bewegung» und zum «eigentlichen Geburtstag der Partei» zu machen, an dem alljährlich mit den «Alten Kämpfern» der gefallenen «Märtyrer» der «Bewegung» in einer Art mystisch-religiöser Zeremonie gedacht wurde. Nach 1933 erhielt der Putsch die offizielle Bezeichnung «Marsch zur Feldherrnhalle». Jedes Jahr wiederholten Hitler und die «Alten Kämpfer» an diesem Tag den Marsch, wobei die zum Kultgegenstand erhobene «Blutfahne» – eine Hakenkreuzfahne, die angeblich mit dem Blut des am 9. November 1923 erschossenen Fahnenträgers getränkt war – vorangetragen wurde. Am Abend zuvor versammelten sich die «Alten Kämpfer» im Bürgerbräukeller zu Bier und Führerrede und seit 1934 wurde mit dem sogenannten Blutorden das höchste Ehrenzeichen der Partei von Hitler an verdienstvolle Mitkämpfer verliehen.

Eine große Feier fand 1938 anlässlich des 15. Jahrestags des «Marsches auf die Feldherrnhalle» statt. Der Entschluss zur Pogromnacht wurde von Hitler und Goebbels am Abend des 9. November 1938 gefasst, als zum jährlichen Gedenktag die «Alten Kämpfer» der Partei im Alten Rathaus zu München versammelt waren. An diesem Abend erfuhren sie vom Tod des Pariser Botschaftsrates Ernst vom Rath, auf den Herschel Grynszpan einige Tage zuvor ein Attentat verübt hatte. Grynszpan, ein junger polnischer Jude, der sich heimlich in Paris aufhielt, wollte mit seiner Tat gegen die Abschiebung tausender polnischstämmiger Juden (unter diesen seine Eltern) nach Polen protestieren und die Weltöffentlichkeit auf die Judenverfolgung aufmerksam machen. Diese Verzweiflungstat war für die nationalsozialistischen Führer ein willkommener Vorwand, um einen öffentlichen Gewaltexzess in bisher unbekanntem Ausmaß zu inszenieren. Ehe Hitler die Veranstaltung verließ, hatte er sich mit seinem Propagandaminister beraten, der anstelle der üblichen Führerrede ankündigte, die hie und da schon begonnenen – gewalttätigen – Reaktionen auf den Anschlag seien von der Partei nicht zu organisieren, aber zu tolerieren, falls sie sich «spontan» ereignen würden. Die Botschaft war klar: Die Parteiführer sollten antisemitische Ausschreitungen organisieren, ohne selbst als Organisatoren in Erscheinung zu treten. Goebbels griff zu einer von den Nationalsozialisten eingeübten Methode: dem Appell an den bewilligten und staatlich gesteuerten, aber angeblich spontanen «Volkszorn». Das offizielle Schweigen der nationalsozialistischen Führung an diesen Tagen ist ein sicheres Zeichen, dass sie diesen Pogrom gewollt hat. Goebbels Aufzeichnungen in seinem Tagebuch zeigen, mit welcher Sorgfalt er die ganze Aktion verfolgt und gelenkt hat.

Ein Jahr später wollte der Schreiner Georg Elser die Anwesenheit von Hitler auf der Jahresfeier im Bürgerbräukeller nutzen, um seine Zeitbombe zu zünden. Sie wurde im Pfeiler angebracht, vor dem Hitler traditionell seine in der Regel zehnminütige Rede hielt. Doch Hitler verließ den Saal vorzeitig. Wiederum gelang es ihm, aus einem für das NS-Regime negativen Ereignis, das zeigte, dass die «Volksgemeinschaft» keineswegs einig hinter ihrem Führer stand, noch ein positives Zeichen zu machen, hatte ihm doch nach nationalsozialistischer Lesart die Vorsehung das Leben gerettet und ihn in seiner Mission bekräftigt. Doch «obwohl das Attentat mißlang, symbolisiert dieser Akt eines Einzelgängers die Möglichkeit des Widerstandes in der Diktatur», wie Horst Möller schrieb.[4]

Die Verlängerung der Kette in die Vergangenheit: der 9. November 1848

Es ist im Hinblick auf die ersten vier 9. November zulässig, kalendermäßig von einer, wenn nicht gar von einer kausalen Verkettung zu sprechen. Im 20. Jahrhundert fällt nur der 9. November 1989 in dieser Hinsicht aus der Reihe. Umso stärker sind aber die semantischen und symbolischen Verbindungslinien. André Malraux formulierte den Satz: «Der Tod verwandelt das Leben in ein Schicksal». Das gilt auch für die Geschichte. Mehr oder weniger zufällige Ereignisse fügen sich im Nachhinein zum Schicksal. Der 9. November 1989 wendete das düstere, verbrecherische Schicksal Deutschlands im 20. Jahrhundert schließlich zum Guten, d. h. zum demokratischen *happy end.* Er steht in der Kontinuität und als Krönung einer freiheitlichen Traditionslinie vom 9. November 1918 und 8./9. November 1939, die bis zum 9. November 1848 zurück reicht.

An diesem Tag wurde der Abgeordnete des Frankfurter Parlaments Robert Blum in Wien von den konterrevolutionären Kräften standrechtlich erschossen.[5] Robert Blum war eine wichtige Persönlichkeit der Frankfurter Nationalversammlung. Als begabter Redner und Publizist war der volkstümliche Mann seit 1839 der Führer der liberalen Bewegung in Sachsen und dann der demokratischen Linken im Frankfurter Parlament. Im Herbst 1848 wurde er mit einer Delegation nach Wien gesandt, wo die revolutionären Kräfte zu einem letzten Ansturm ausholten. Dort solidarisierte er sich mit den Arbeitern und Soldaten und kämpfte mit ihnen auf den Barrikaden. Nach der Niederlage der Revolutionäre wurde er verhaftet. Ministerpräsident Fürst Schwarzenberg und der Befehlshaber der österreichischen Truppen, Fürst Windischgrätz, wollten an ihm ein Exempel statuieren und befahlen seine standrechtliche Erschießung am 9. November. Der Tag wurde symbolisch aufgeladen, da er «für den Sieg der kaiserlich-militärischen Gegenmacht über die national-freiheitlichen Kräfte der Märzrevolution – nicht nur in Österreich [stand]. Denn der Zufall wollte es, dass an eben diesem 9. November auch in der Hauptstadt Preußens, der zweiten deutschen Großmacht, die Gegenrevolution sich definitiv durchsetzte».[6] Am 10. November marschierte General von Wrangel mit 12 000 Soldaten in Berlin ein, verhängte den Belagerungszustand, löste die Bürgerwehr auf und schloss die Nationalversammlung. Die Volkssouveränität wurde beseitigt, die monarchische Legitimität wiederhergestellt.

Blums gewaltsamer Tod machte ihn für die Nachlebenden zum Märtyrer der Demokratie. Von den linken Parteien und Organisationen wurde er am Ende des 19. und im frühen 20. Jahrhundert zur Symbolfigur erhoben. Ihm wurden Biographien, Gesellschaftsspiele, Gedenktage, Gedichte, Lieder gewidmet. Franz Mehring stilisierte ihn zum sozialistischen Revolutionär. Zu Beginn der Weimarer Republik war die Erinnerung an ihn noch lebendig. In der Zeitung *Der Leipziger* hieß es: «Der 9. November wird in der Geschichte ewig ein denkwürdiger Tag bleiben. Am 9. November 1918 brach die Revolution in Deutschland aus und am 9. November 1848 – also genau vor 70 Jahren – wurde Robert Blum erschossen».[7] Durch sein Engagement und seinen Tod ist Robert Blum Chiffre für das lange Pendeln Deutschlands zwischen Revolution und Gegenrevolution bzw. zwischen Demokratie und Diktatur.

Der 9. November 1918: die Novemberrevolution

Als Gedenktag hat der 9. November 1918 unter dem Scheitern der Republik gelitten, die häufig als eine Etappe auf dem Weg zum «Dritten Reich» geschildert wird. Eben auf dieser Sicht beruht die nach dem Zweiten Weltkrieg gebrauchte Beschwörungsformel: «Bonn ist nicht Weimar». Doch auch die Ereignisse am Tage selbst sind alles andere als eindeutig gewesen. Die «Revolutionäre» waren uneins. Philipp Scheidemann rief vor dem Reichstag die «Deutsche Republik» aus, nicht zuletzt um seinen Parteifreund Friedrich Ebert, der sich mit einer konstitutionellen Monarchie abgefunden hätte, vor vollendete Tatsachen zu stellen und vor allem um Karl Liebknecht zuvorzukommen, der wenige Stunden später vom Balkon des Berliner Schlosses eine «freie sozialistische Republik» proklamierte. Dadurch wurde nicht nur die Spaltung der Arbeiterbewegung sichtbar, sondern auch eine Hypothek geschaffen, die die Republik bis zu ihrem Ende belastete. Die Mehrheitssozialisten blieben ihren sozialistischen Zielen treu, aber zuvor sollten in Deutschland die Weichen für eine verfassungsmäßig autorisierte und demokratisch legitimierte Regierungsarbeit gestellt werden. Die Kommunisten strebten eine revolutionäre Räte- bzw. Sowjetrepublik an. Trotz einiger in ihr verankerter demokratischer und sozialer Errungenschaften war die Weimarer Verfassung keine sozialistische Verfassung. Die Revolution von 1918 versuchte «nur» die in dieser Hinsicht fehlgeschlagene bürgerliche Revolution von

Philipp Scheidemann und Karl Liebknecht in der Revolution von 1918.

1848 nachzuholen. In den Augen von Kommunisten und linken Intellektuellen war sie keine echte Revolution und die Weimarer Republik nicht die von ihnen angestrebte Republik. Auch auf dieser Seite ist die Weimarer Republik eine Republik ohne Republikaner gewesen.

Für die konservative Rechte waren der 9. November und die «Novemberrevolution» nur ein Anlass zur Bildung nationalistischer Mythen: der Dolchstoß-Legende und der These von den «Novemberverbrechern». Diese Mythen haben erst recht nach Bekanntgabe der Friedensbedingungen des «Versailler Diktats» gegriffen, also nach dieser kurzen Periode, die Ernst Troeltsch in seinen *Spektator-Briefen* als «das Traumland der Waffenstillstandsperiode» bezeichnet hat, wo auch die Konservativen der Revolution positive Aspekte abgewannen.[8] Danach begann der Kampf. Die Rechte wurde nicht müde, die «Novemberrevolution» zu diskreditieren. Karl Prümm gibt eine Auswahl abschätziger Bezeichnungen, deren sich rechte Publizisten bedienten, um sie zu charakterisieren: Sie sei eine «Steckrübenrevolte, ein Zahlabendputsch, ein Staatsstreich minderwertiger Subjekte» gewesen, ihre Akteure nichts als «Etappenflüchtinge und Deserteure, Kriegsschieber und Spekulanten, Zuchthäusler, Zuhältertum und geschäftsmäßiges Literatenpack, ihre Motivationen bloß Hunger, Schlaffheit, Ausgeburt des Hungers und der Feigheit».[9] In seiner im Herbst 1919 erschienenen Schrift *Preußentum und Sozialismus* folgt Oswald Spengler dieser Linie: «War das die große deutsche Revolution? Wie flach, wie flau, wie wenig überzeugt war das alles! Wo man Helden erwartete, fand man befreite Sträflinge, Literaten, Deserteure, die brüllend und stehlend, von ihrer Wichtigkeit und dem Mangel an Gefahr trunken, umherzogen, absetzten, regierten, prügelten, dichteten.»[10] Schon für die damaligen Nationalkonservativen war die Novemberrevolution eine «halbe Revolution», der sie ihre viel radikalere, nationale «konservative Revolution» entgegensetzten. Denn es gelang auch der nationalen Rechten den Mythos der Revolution zu vereinnahmen. Auch Intellektuelle und Politiker, die als «Vernunftrepublikaner» in den Dienst der Republik traten, wie Walther Rathenau, waren von dieser «Revolution aus Versehen» wenig begeistert: «Es ist kein Zweifel mehr: was wir deutsche Revolution nennen, ist eine Enttäuschung [...]. Den Generalstreik einer besiegten Armee nennen wir deutsche Revolution. Die Arbeitsaufnahme einer neuen Versuchsarmee nennen wir deutsche Gegenrevolution [...]. Die Revolution war kein Produkt des Willens, sondern ein Ergebnis des Widerwillens».[11]

Das Urteil Rathenaus wirft die Frage auf: Hat man damals einem Zusammenbruch oder einer Revolution beigewohnt? Es war eine Revolution, wenn man diese durch den Legalitätsbruch und den Regimewechsel definiert. Der Eindruck einer Revolution überwog bei vielen Zeitgenossen. Theodor Wolff scheute nicht davor zurück, im Hinblick auf die früher anscheinend unzerstörbare Macht des «kaiserlichen Regimes» sogar von der «größten aller Revolutionen» zu sprechen, die er mit der Französischen Revolution verglich![12] Diese Revolution brachte in der Tat dem deutschen Volk das Ende des Obrigkeitsstaats und der Militärdiktatur, die seit 1914 in Deutschland herrschte. Wie bei der Französischen Revolution löste der Grundsatz der Volkssouveränität das monarchische Prinzip ab. Es war keine «Revolution von oben», sondern eine Revolution, die von einer Volkserwartung, wenn nicht von einem revolutionären Elan getragen war. Der Elan kam diesmal von der Auflehnung von Marinetruppen, die am Rande der Erschöpfung sich weigerten, einen absurden Befehl der Admiralität auszuführen. Sie erfuhren Unterstützung durch Arbeiterorganisationen und linke Parteien, so dass überall Arbeiter- und Soldatenräte wie Pilze aus dem Boden schossen. Wenn die Mehrheitssozialisten auch mit einer konstitutionellen Monarchie vorliebgenommen hätten, Philipp Scheidemann beeilte sich, die Republik auszurufen, da er erkannte, dass das vom Volk erwartet wurde. Zwei Tage zuvor waren die Wittelsbacher vom bayerischen Thron gestürzt worden.

Wenn also die Novemberrevolution keine Revolution großen Stils gewesen ist, vielleicht sogar eine Revolution ohne Idee (wie Helmuth Plessner behauptete), so verdient es der 9. November 1918 gleichwohl in einer Linie mit den beiden anderen Momenten – 1848 und 1989 – genannt zu werden, in denen sich der Wille des deutschen Volks zur Erlangung einer freiheitlich-demokratischen Ordnung bekundete. Trotzdem wird die Erinnerung an den 9. November 1918 durch die Vielschichtigkeit des Ereignisses selbst, durch seine verhängnisvollen Folgen und die Vielfalt der möglichen Deutungen erschwert. Deshalb wird er in den offiziellen Gedenkveranstaltungen häufig übergangen. Ich kann mich an einen Festakt im Berliner Rathaus zum Gedenken an den 20. Juli 1944 Mitte der 90er Jahre erinnern, bei dem die Berliner Kultursenatorin den konservativen Staatsstreich in die freiheitlich-demokratische Tradition Deutschlands eingebettet wissen wollte, an die Revolution von 1848 erinnerte, den 9. November 1918 jedoch unerwähnt ließ. Man kann sich fragen, ob das Gespenst des Bolschewiks,[13] das in Deutschland seit der

Novemberrevolution und der darauf folgenden Spartakisten- bzw. Kommunistenaufstände in der politischen Kultur Deutschlands umgeht, bei dieser Form von «kommunikativem Beschweigen» mitspielt. Unter dem Einfluss des «Versailler Diktats» wurden die «Novemberrevolution» und die am 9. November 1918 ausgerufene Republik besonders von der nationalen Rechten zu Importwaren gestempelt, die dem deutschen Volk nicht wesensgemäß seien. Die sogenannten Ideen von 1914 konnten insofern weiterleben. Das Bild einer nicht ganz deutschen Revolution blieb den Ereignissen vom November 1918. Zur Eignung des 9. November 1918 als nationaler Gedenktag trug auch die Tatsache nicht unbedingt bei, dass er im Jahre 1968 im Kontext der Studentenrevolte erinnert wurde. Aber auch die politischen Nachfahren von Rosa Luxemburg sprachen von «einer Revolution, die keine war».[14] Joachim Fest resümiert die Spuren, die die Revolution von 1918 im kollektiven Gedächtnis der Deutschen gestern und heute hinterlassen hat: «Was die Umgangssprache ‹Novemberrevolution› nennt, war nur ein wirrer aus Erschöpfung und Depression herrührender Militärstreik, keine Erhebung, sondern ein Zusammenbruch. Im Gedächtnis der Nation haben jene Wochen und Monate sich denn auch nie als Überwindung des Alten und Neubeginn dargestellt, sondern als ein wirres Gemisch von Meuterei, Niederlage, Verrat, Chaos und Grauen vor dem ‹roten Mob›.»[15] Das Problem der Novemberrevolution und des 9. November 1918 ist, dass sie unwiderruflich mit der Niederlage Deutschlands verbunden bleiben und in keiner politischen Tradition einen richtigen Platz erhalten. Das zeigte sich noch einmal, als der sozialdemokratische Abgeordnete Freimut Duve 1982 vorschlug, den 9. November zum «Tag für zwei Republiken nach 1945» zu machen. In Anlehnung an die doppelte Ausrufung der Republik am 9. November 1918 rechtfertigte er seinen Vorschlag mit der Feststellung: «Wir hätten mit dem 9. November einen Tag, der dem heutigen Zustand entspricht – zwei deutsche Republiken auf dem Boden des ehemaligen Kaiserreichs».[16] Duve schrieb zu einer Zeit, als für viele Linke eine ‹verbesserte› DDR eine mögliche Alternative zur Bundesrepublik war. Dabei bleibt die Frage, ob Karl Liebknecht und Rosa Luxemburg in dem SED-Regime ihre «Republik» wieder erkannt hätten?

Der 9. November 1923: der Hitlerputsch

Die «nationale» Gegenrevolution versuchten Wolfgang Kapp im März 1920 und Hitler am 9. November 1923. Beide Putsche scheiterten. Die Loyalität zur Republik überwog beide Male und der Hitlerputsch war der letzte Staatsstreichversuch von rechts. Könnte man deshalb den 9. November 1923 in die freiheitlich-demokratische Reihe einordnen? Die Umstände wurden bereits erwähnt, unter denen Hitler sich zur Tat entschloss. Sein theatralischer Auftritt im Bürgerbräukeller, die Art und Weise, wie er von seinen «Verbündeten» geprellt wurde und der Improvisationscharakter seines Putsches hätten ihn definitiv diskreditieren müssen. Dass Hitler dennoch politisch überlebte und aus seinem Scheitern einen Triumph machen konnte, verdankt er hauptsächlich der damaligen politischen Kultur, in der der Nationalismus überwog. Sein Prozess, der ihm eine Propagandatribüne gab, verhalf ihm dazu, eine nationale Dimension zu erlangen: Die «politische Justiz» des Münchner Volksgerichts betrachtete seine nationalen «guten» Absichten als mildernde Umstände und verhängte die niedrigste Strafe, die für Hochverrat möglich war (fünf Jahre Festungshaft mit der Aussicht auf vorzeitige Entlassung). Der Aufenthalt in der Festung Landsberg erlaubte ihm, *Mein Kampf* zu schreiben und seine künftige Strategie zu überdenken. Vor diesem Hintergrund urteilt Otto Gritschneder treffend: «Der Hochverratsprozeß gegen den ‹ledigen Schriftsteller› Adolf Hitler aus dem österreichischen Braunau und neun Mitangeklagte vor dem bayerischen Volksgericht München I im Frühjahr 1924 wurde der folgenschwerste politische Strafprozess des 20. Jahrhunderts».[17]

Der 9. November 1938: die «Reichskristallnacht»[18]

Wenn ein 9. November eindeutig zu sein und keine Deutungsvielfalt zuzulassen scheint, dann der 9. November 1938. Joachim Perels unterstreicht dessen Bedeutung als Wendepunkt der nationalsozialistischen Judenpolitik: «Bis zu dem Pogrom, für das es allerdings schon lokale Vorläufer im Jahre 1933 und danach gab, wurde die Aufhebung des Gleichheitssatzes für Juden, ihre Ausschaltung aus dem öffentlichen Dienst, ihre bürgerliche und zivilrechtliche Diskriminierung, vor allem durch die Nürnberger Gesetze, im wesentlichen in rechts- und justizförmige Formen gegossen.

Diese Linie einer negativ berechenbaren Verwandlung von Juden in Bürger zweiter Klasse, die aber noch nicht außerhalb des ausgrenzenden Gesetzes gestellt wurden, [...] wurde mit dem 9. November 1938 durch das außergesetzlich organisierte und gelenkte Pogrom ersetzt».[19] Zum ersten Mal bekannte das Regime Farbe, enthüllte offen sein Verbrechergesicht. Der «Maßnahmen-Staat» verdrängte den «Normenstaat». Die Gewalttätigkeiten, die den Boykott der jüdischen Geschäfte am 4. April 1933 begleitet hatten, konnten noch als Gewaltexzesse ungezügelter Elemente der Partei ausgegeben werden. Die «Nürnberger Gesetze» konnten noch von den Juden selbst als ein juristischer Rahmen betrachtet werden, der eben vor unkontrollierten Ausschreitungen schützen würde und innerhalb dessen es sich weiter in Deutschland leben ließe. Die Pogromnacht vom 9. auf den 10. November 1938 «markiert den Umschlag staatlichen Handelns von legislativer und administrativer Diskriminierung der jüdischen Minderheit zur brachialen Gewalt».[20] Wenn man mit Hannah Arendt meint, eines der Hauptmerkmale des Totalitarismus bestehe darin, dass er den Menschen des Rechts beraubt, Rechte zu haben, dann markiert dieses Datum den Eintritt des «Dritten Reiches» in den vollendeten Totalitarismus. Von nun an wurden die Juden zu entmenschlichten, rechtlosen Objekten.

Das Ziel der Nationalsozialisten war vielleicht noch nicht die physische Vernichtung der Juden, sondern nach der Etappe der Diskriminierung ‹bloß› ihre Zwangsausweisung. Es mag auch sein, dass ihr Interesse im Zusammenhang der kostspieligen Vorbereitung des Krieges eher wirtschaftlich als rassistisch orientiert war: Sie wollten die Juden zur Emigration zwingen, um ihre Güter enteignen oder «arisieren» zu können. Aber der Pogrom vom 9./10. November 1938 hat den Nationalsozialisten dazu verholfen, ihre letzten Hemmungen und Skrupel zu überwinden, er hat den unermesslichen sadistischen Hass, die nihilistische Zerstörungswut und die Mordabsichten enthüllt, die sie im Unterbewusstsein hegten – Freud hätte hier von Todestrieb gesprochen. Der Schritt zur physischen Ausrottung lag nun psychologisch nahe. Hier wird deutlich, warum der Historikerstreit zwischen «Intentionalisten» und «Funktionalisten» fehlgeht. Das situative Attentat von Herschel Grynszpan hat nur die tiefe Intention der Nationalsozialisten aufgedeckt.

Die andere gedenkwürdige Bedeutung des 9. November liegt in der Reaktion der deutschen Bevölkerung vor der sich anbahnenden «Endlösung». Das den Juden zugefügte Unrecht war enorm: 91 Menschen getötet, etwa 30 000 jüdische Männer von SS und Gestapo in Konzentrationslager deportiert, 267 Synagogen und mehr als 7000 jüdische Geschäfte und Betriebe in Brand gesteckt. Am 12. November erließ Hermann Göring eine Reihe so genannter Sühnemaßnahmen, die die Opfer zur Zahlung der von ihren Henkern verursachten Schäden zwangen. Tötungen von Juden wurden ohne jeglichen Rechtsgrund straffrei gestellt: «In der Pogromnacht wurden im Kern jene Instrumentarien ausgebildet, die in dem 1941 beginnenden Prozess der Vernichtung der Juden ihre eigentliche und grauenvolle Wirksamkeit entwickelten».[21] Heinrich Mann erblickte in den Untaten vom November 1938 zwei Absichten: die Welt in Schrecken zu halten, um jeden Widerstand lahmzulegen und «die Erziehung der gesamten Mitwelt zur Unmenschlichkeit, vermittels der Gewöhnung an ihren Anblick».[22] Der 9. November 1938 gehört zweifelsohne zu den dunkelsten Tagen der deutschen Geschichte vor allem deshalb, weil die Deutschen mehrheitlich den nationalsozialistischen Gewalttätigkeiten tatenlos zugesehen haben.

Die Gewalttätigkeiten riefen bei vielen Deutschen Unmut hervor und wie beim Boykott vom April 1933 musste Hitler seine Truppen zügeln.[23] Die Stimmung in der deutschen Bevölkerung schildert Saul Friedländer: «Sadistische Gewalttätigkeit der Täter, schüchterne Reaktion einiger Zeugen, erfreute Gesichter anderer, Schweigen der überwiegenden Mehrheit». [24] Offen protestiert wurde praktisch nur im Ausland. Bis auf wenige Ausnahmen wie Helmut Gollwitzer in Berlin, die sich ganz auf die Seite der jüdischen Opfer stellten, reagierten die Amtskirchen nicht oder ambivalent, indem sie den Eindruck erweckten, als würden sie nicht so sehr das Ziel (die Judenverfolgung) als die Mittel (die Gewalttätigkeiten) verurteilen. Nur einige Konservative wie der preußische Finanzminister Johannes Popitz äußerten Bedenken. Ulrich von Hassel durchschaute die Nationalsozialisten und vertraute seinem Tagebuch seine Entrüstung an: «Tatsächlich unterliegt es keinem Zweifel, dass es sich um einen amtlich organisierten, zu ein und derselben Nachtstunde in ganz Deutschland losgelassenen Judensturm handelt – eine wahre Schande».[25] Der des Landes verwiesene theoretische Kopf der Bekennenden Kirche, Karl Barth, erkannte in einer Anfang Dezember in der Schweiz gehaltenen Rede die Situation klar: «Was in dieser Sache in Deutschland jetzt offenkundig beschlossen und schon ins Werk gesetzt ist, [besteht] in der physischen Ausrottung gerade des Volkes Israels».[26]

Zur Verschärfung seiner Judenpolitik hatte Hitler den Augenblick seiner größten Popularität gewählt. Österreichs Anschluss ließ ihn als den

Vollender Bismarcks erscheinen. Die Münchner Konferenz hatte ihm die Aura eines Vorkämpfers des Friedens verliehen. Der Zauberer hielt sein Volk in seinem Bann. Es war ihm gelungen, es dahin zu bringen, nicht mehr denken und sehen zu wollen. Dieser «Bürgerverrat»,[27] das heißt die allgemeine Einwilligung eines Kulturvolks in den Dienst eines fanatischen verbrecherischen Diktators, soll, glaube ich, ganz besonders der Gegenstand des Erinnerns und des Hinterfragens sein.

Gerade an diese Frage wollte sich Bundestagspräsident Philipp Jenninger 1988 aus Anlass des 50. Jahrestages der so genannten Reichskristallnacht wagen. Seine Rede vor dem Parlament zeugt von der «Verstaatlichung des Gedenkens» an den 9. November 1938.[28] Die Erinnerung an das reichsweite Judenpogrom des Jahres 1938 fand erst spät Eingang in die deutsche Gedenkkultur, stieß sie doch auf den Widerstand breiter Schichten der Bevölkerung, die die Konfrontation mit dieser dunklen Vergangenheit mieden. Sie setzte erst in den späten 1970er Jahren nach der Ausstrahlung der amerikanischen TV-Serie *Holocaust* ein. Die Frage, ob es sich hier um bewusste Geschichtspolitik und Verdrängung handelt oder nur um eine Latenzzeit, die auch in anderen Ländern zu beobachten ist, soll hier nicht vertieft werden. Das offizielle Gedenken begann 1978 mit einer Feier in der Kölner Synagoge im Beisein von Bundespräsident Walter Scheel und Bundeskanzler Helmut Schmidt.[29] Nach Helmut Schmidt konnte und sollte die Erinnerung an den Judenpogrom Teil der Identität der neuen deutschen Demokratie werden.

Jenningers Rede ist die perfekte Illustration des Sprichworts: «Der Weg zur Hölle ist mit guten Vorsätzen gepflastert». Ein Grammatiker könnte auch über den diffizilen Umgang mit der lebendigen Rede glossieren. Diese Gedenkrede vor den im Parlament versammelten Repräsentanten der Republik sollte ursprünglich der damalige Vorsitzende des Zentralrates der Juden in Deutschland Heinz Galinski halten, von dem die Anregung zu diesem feierlichen Akt kam. Jenninger behielt es sich jedoch vor zu sprechen, was er zu Beginn seiner Rede mit dem Argument begründete: «Heute [...] haben wir uns im Deutschen Bundestag zusammengefunden, um hier im Parlament der Pogrome vom 9. und 10. November 1938 zu gedenken, weil nicht die Opfer, sondern wir, in deren Mitte die Verbrechen geschahen, erinnern und Rechenschaft ablegen müssen, weil wir Deutschen uns klar werden wollen über das Verständnis unserer Geschichte und über die Lehren für die politische Gestaltung unserer Gegenwart und Zukunft». In der Folge unternahm es

Jenninger, sich in die damalige geistige Situation Deutschlands zurückzuversetzen. Er schilderte mit einem Überschuss an Fakten und Details in der «lebendigen» Rede, d. h. ohne die Distanz, die die indirekte Rede schafft, Hitlers «politischen Triumphzug» und die Faszination, die er damals auf die deutsche Bevölkerung ausübte. Durch diese historische Darstellung wollte Jenninger mit der ritualisierten Form des Gedenkens brechen. Aber nicht zuletzt wegen seines nüchternen, unpathetisch referierenden Tons und wegen seines scheinbaren Mangels an Distanz zum Nationalsozialismus (oder wegen seiner scheinbar zu großen Empathie mit den damaligen Deutschen) stieß er auf die Empörung vieler Zuhörer. Seine Rede führte zu erregten öffentlichen Debatten und auf Druck des Bundeskanzlers zu Jenningers Rücktritt.

Die Kontroverse um die Rede Jenningers veranschaulicht die Schwierigkeit der «Vergangenheitsbewältigung» im Allgemeinen und des Gedenkens an den 9. November insbesondere. Philipp Jenninger wurde nicht ohne ein gewisses Recht der Vorwurf gemacht, er habe eine Trauerstunde mit einem historischen Kolleg verwechselt.[30] Im Grunde genommen hatte er versucht, die Wahrheit zu erfassen. Symptomatischerweise waren viele seiner Verteidiger in der Kontroverse um seine Rede Ausländer und Juden. Die israelische Zeitung *Jedio Achanorot* schrieb am 13. November: «Die Wahrheit ist [...], dass Jenninger die Wahrheit gesagt hat [...], er stellte den Deutschen einen Spiegel vors Gesicht, in dem sie sich aber nicht wiedererkennen wollten. Deswegen ist er gefallen».[31] Zwei Reaktionen scheinen für die oben erwähnte Schwierigkeit signifikant zu sein. Jenningers CDU-Kollege Uwe Ronneburger gestand, viele Passagen der Rede hätten bei ihm den Eindruck erweckt, als hätte der Redner das Unerklärliche erklären wollen. Auf der anderen Seite sprach die *Frankfurter Rundschau* von einer «für konservative Kreise symptomatischen Entgleisung» und die *Tageszeitung* fand die «seltsame Mischung aus oberflächlicher Geschichtsnacherzählung, Rechtfertigungsversuchen und Faszination für die NS-Politik» «skandalös».[32] Hier wird das Dilemma der Vergangenheitsbewältigung in Deutschland fassbar, das Peter Reichel resümiert: «Die Linke reklamiert für sich die demokratische, antinazistische Traditionslinie, die sie nachträglich idealisiert, und belastet alleine die Rechte mit den undemokratischen Traditionen und der nazistischen Erblast, während die Rechte ihrerseits das historische Erbe akzeptiert, indem sie die Vergangenheit nachträglich normalisiert, die NS-Verbrechen relativiert oder ganz abtrennt».[33]

Der 8./9. November 1939: das Elser-Attentat

Als einer der wenigen deutschen Historiker, der den 8./9. November 1939 in die Reihe der symbolischen 9. November einbezieht, umreißt Horst Möller sowohl die Bedeutung des Ereignisses selbst als auch die Problematik seines Erinnerns: «Am Abend des 8. November [...] wagte ein einzelner Deutscher, Georg Elser, den Widerstand, den die vielen Deutschen ein Jahr zuvor, am 9. November 1938, nicht gewagt hatten. Einen Widerstand, der bis heute ganz zu Unrecht im Schatten anderer Widerstandsaktionen steht, beispielsweise der Weißen Rose, des Kreisauer Kreises oder der am 20. Juli 1944 ihren Höhepunkt findenden Militäropposition gegen Hitler. Tatsächlich war Elsers Aktion nicht weniger bemerkenswert als jene, in gewisser Weise sogar singulärer, verfügte [...] Elser doch weder über Machtmittel noch Helfer. Er war kein Staatsmann und auch kein Intellektueller. Aber er besaß ein ausgeprägtes Gerechtigkeitsgefühl und ohne große politische oder sonstige Vorbildung ein klares politisches Urteil: Nach der Sudetenkrise im Herbst 1938 gelangte er zum Schluss, dass Hitlers Politik unweigerlich zum Krieg führen würde. In dieser Klarsicht war er nicht nur vielen Politikern und Generälen, sondern auch führenden europäischen Staatsmännern überlegen, die immer noch auf einen Erfolg der Appeasementpolitik gegenüber Hitler setzten».[34] In mancher Hinsicht verkörpert Georg Elser den reinen Geist des Widerstands und in diesem Sinne erhält seine Figur eine paradigmatische Dimension. Der Entschluss zum Widerstand gegen einen Tyrannen unter Einsatz seines Lebens entspringt immer einem persönlichen Entschluss, auch wenn der Widerstand sich kollektiv gestaltet. Elser hat aus sich selbst den Mut geschöpft, nein zu sagen. Man weiß wenig über seine Beweggründe. Seine frühere Mitgliedschaft im kommunistischen Rotkämpferbund ist kaum ideologisch begründet und drückt in erster Linie seine Zugehörigkeit zum Arbeitermilieu aus. Seine Religiosität kann nicht in Zweifel gezogen werden. Vor dem Attentat hat er regelmäßig in Kirchen gebetet. Nach dem Zeugnis seines Bruders waren es drei Gründe, die ihn zum Handeln animierten: 1.) Zu Recht fand er, dass das Los der Arbeiter im «Dritten Reich» sich nicht verbesserte, wie die offizielle Propaganda es behauptete. Die gesamte Ausrichtung des Staates auf die Kriegsvorbereitung bedeutete für die meisten einfachen Leute reale Einkommenseinbußen. 2.) Elser, der aus einer pietistisch geprägten

Gegend Württembergs stammte, empfand die Einschränkung der Religionsfreiheit als besonders schmerzlich. 3.) Entscheidend für Elser war: Hitlers Kriegswille und die Opfer, die ein Weltkrieg kosten würde. Interessant ist, dass die Judenverfolgung und der Pogrom vom 9. November 1938 augenscheinlich nicht zu seinen Motiven gehören.

Elsers Persönlichkeit und Tat sind nicht unumstritten geblieben. In einem in der *Frankfurter Rundschau* vom 8. November 1999 erschienenen Artikel von Lothar Fritze stellte der Mitarbeiter des Hannah-Arendt-Instituts in Dresden die moralische Qualität des Elser-Attentats in Frage.[35] Dieser Artikel löste eine öffentliche Kontroverse aus und stürzte das Dresdener Institut in eine schwere Krise. Fritze lehnte sich gegen den Vorbildcharakter auf, der der Tat und Elsner verliehen wurde. Denn der Anschlag war misslungen, acht Menschen unter den Trümmern gestorben, 63 verletzt worden, davon 16 schwer; einige behielten Dauerschäden. Fritze fragte kantianisch: «Könnte man dem Grundsatz zustimmen, dass es in einer vergleichbaren Gefahr, wie sie Elser im Falle Hitlers sah, jemandem, der diese Gefahr sieht, erlaubt ist, den Tyrannen zu töten, auch wenn dabei – im Voraus unbekannte – Dritte mitgetötet werden können, die nicht zu den Gefolgsleuten des Tyrannen gehören? Wer einem solchen Grundsatz zustimmt, erklärt damit, dass er bereit ist, das Risiko auf sich zu nehmen, dass es ihn auch treffen könnte».[36] Elser hatte vor der Explosion seiner Zeitbombe die Flucht ergriffen und war nicht in der Lage, unter Einsatz des eigenen Lebens das Geschehen aufzuhalten und unschuldige Leben zu retten, als Hitler vorzeitig den Saal verließ. Dieses «mitleid- und gedankenlose» Verhalten hält Fritze für sein moralisches Versagen, das verbietet, ihn als vorbildhaft darzustellen. Andere betrachten auch kritisch die Folgen des missglückten Attentats, die den Zielen von Elser diametral entgegengesetzt waren. Sein Scheitern wurde von der nationalsozialistischen Propaganda zu einem Werk der Vorsehung erklärt, was auch zu verstehen gab, dass der begonnene Krieg ebenfalls unter diesem Zeichen stand. Das Attentat schweißte somit Volk und Führer gegen das Ausland noch enger zusammen. Die andere folgenreiche Konsequenz war, dass nunmehr strengere Kontroll- und Schutzmaßnahmen den Führer für andere, besser vorbereitete Anschläge praktisch unerreichbar machten.

Es ist müßig zu spekulieren, was geschehen wäre, wäre das Attentat geglückt. Hätte Elser dadurch millionenfaches Blutvergießen, millionenfachen Mord verhindert, wie Horst Möller annimmt? Oder hätten andere NS-Führer mit der Konstruktion einer neuen Dolchstoßlegende das Volk noch eine Zeitlang mitreißen können? Wie auch der historische Gewinn hätte ausfallen können, was jede nachträgliche moralische Überlegung über die Tat Elsers in den Schatten stellt und ihn zu einem erinnerungswürdigen Symbol des besseren Deutschland macht, ist sein einsamer, aber dezidierter Entschluss zum Widerstand gegen die verbrecherische Diktatur, ein Entschluss, der sich von der allgemeinen Passivität und Folgsamkeit der Deutschen ganz deutlich abhebt. Das macht letztendlich seine Größe und seine Vorbildlichkeit aus. Denn es zeugt davon, dass der Totalitarismus nicht im Stande ist, den Funken der Freiheit im Inneren des Menschen auszulöschen.

Der 9. November 1989: der Fall der Mauer

Zwischen den drei deutschen Revolutionen von 1848, 1918 und 1989 besteht eine Kontinuitätslinie. Man kann in ihnen drei Etappen im Ringen des deutschen Volks um seine Freiheit erblicken. In dieser Perspektive erscheint der 9. November 1989 als die Vollendung des deutschen Einigungs- und Demokratisierungsprozesses, der im 19. und 20. Jahrhundert nur partiell durchgeführt worden war. Deutschland war endlich in Freiheit geeint. Verwirklicht werden konnte nur eine Lösung, die noch kleiner war als die kleindeutsche Lösung von 1871. Nach einigem Zögern wurde der immer noch offiziell erhaltene Anspruch auf die Grenzen von 1937 aufgegeben. Zum ersten Mal erklärte sich Deutschland mit Aufrichtigkeit als saturiert und wollte seine Einigung in den europäischen Einigungsprozess eingebettet wissen. Die deutsche Einheit wurde mit Zustimmung von Deutschlands Nachbarn vollzogen.

Der Mauerfall am 9. November 1989, das heißt die Vernichtung des so genannten antifaschistischen Schutzwalls ist die eklatanteste Tat dieser Befreiung. Das bedeutet ein *happy end* nach einem unglücklichen, ja schrecklichen Jahrhundert und nach einer Geschichte der deutschen Nationsbildung, die von Unterdrückung, Aggressivität und Kriegen gekennzeichnet ist. Die friedliche Revolution hat nicht nur Deutschlands Teilung in zwei Staaten, sondern auch die Ambivalenz der Novemberrevolution aufgehoben. In der großen Auseinandersetzung des 20. Jahrhunderts zwischen marxistischer Volksdemokratie und liberaler Demokratie westlichen Musters, deren privilegierter Schauplatz Deutschland gewesen ist, schlug das Pendel zugunsten letzterer aus.

Dies wäre Grund genug gewesen, um den 9. November zum deutschen Nationalfeiertag zu machen. Die Diskussion darüber begann schon vor der Vereinigung. Bereits im November 1989 regte der damalige Bundesinnenminister Wolfgang Schäuble an, dass beide deutschen Staaten zukünftig diesen Tag gemeinsam feiern sollten. Während führende SPD-Politiker wie Hans-Jochen Vogel dem Vorschlag zustimmten, war er innerhalb der Regierungskoalition umstritten, weil eben die «dunklen» 9. November sich auf das Gedenken nur negativ auswirken konnten. Es entwickelte sich eine öffentliche Debatte über den neuen Nationalfeiertag, der den bis dahin geltenden 17. Juni ersetzen sollte.[37] Für den 9. November stand die freiheitlich-demokratische Traditionslinie, die er symbolisiert, und der allgemeine Volksjubel in der Nacht auf den 10. November 1989. Dagegen stand die Tatsache, dass er auch mit den dunkelsten Seiten der deutschen Geschichte im 20. Jahrhundert identifiziert werden kann. Schließlich wurde vom Bundestag der neutrale 3. Oktober gewählt, der Tag, an dem der am 31. August 1990 unterzeichnete Vereinigungsvertrag in Kraft trat. Für viele wie den ehemaligen Bundestagspräsidenten Wolfgang Thierse war diese Wahl eine Notlösung: «Auch der 3. Oktober wird immer wieder in Frage gestellt, weil das Datum nur an den amtlichen Vollzug der deutschen Einheit erinnere und symbolisiere [sic!] und nicht den eigentlichen kollektiven Glücksmoment, den ‹Wahnsinn› des 9. November 1989, als die Mauer sich öffnete. Der 9. November ist eben mit einer anderen Erinnerung belegt: an die Reichspogromnacht, den Beginn der organisierten Vernichtung der europäischen Juden durch Nazi-Deutschland. Unser deutscher Glückstag fällt auf einen Tag deutscher Schande. Und wie sollte man zugleich der Schande innewerden können und ein viel späteres Glück feiern?»

Trotz des «Wahnsinns» des 9. November 1989 konnte dieser Tag nicht zum Nationalfeiertag gewählt werden, weil andere 9. November eine andere Art von Wahnsinn, diesmal einen negativen, zerstörerischen und mörderischen Wahnsinn symbolisierten: der 9. November 1923 den Wahnsinn eines angehenden totalitären Diktators, der 9. November 1938 den Wahnsinn des Antisemitismus und der Ermordung der europäischen Juden. Dabei musste auch das Empfinden der Opfer bedacht werden: Eine solche Wahl wäre für Juden einer Verhöhnung der Opfer gleichgekommen.

Der 9. November verbindet Licht und Schatten, Anlässe zum Feiern und zum Trauern. Man hat in dieser Hinsicht vom «Doppelgesicht» gesprochen oder von einer «Erinnerungslast», die immer wieder zu Kontroversen führt. In der Tat weist jeder dieser Tage Widersprüchlichkeiten auf, die keine eindeutige Interpretation zulassen. Als Erinnerungstag leidet jeder dieser Tage an der Konkurrenz besserer, symbolträchtigerer Tage. Deshalb fand der 9. November nicht Eingang in den politischen Gedenk- und Feiertagskalender der Bundesrepublik Deutschland. Soll man Peter Reichel in der Überzeugung folgen, der Verzicht auf den 9. November als Nationalfeiertag sei eine «verpasste Chance», «ein Ausweichen, vielleicht ein Zurückschrecken von einer institutionellen Form komplexer Geschichtserinnerung»?[38] Ich glaube ja: Die Deutschen hätten auf den Rat von Rita Süßmuth hören sollen, die sie mahnte, «immer die innere Verbindung zwischen dem Tag der Freude vom 9. November 1989 mit dem Tag der Trauer vom 9. November 1938» zu sehen.[39] Ohne auf die Nation als Identitätsfaktor und als Ort der demokratischen Willensbildung zu verzichten, ohne «postnational» zu werden und es bei einem reinen «Verfassungspatriotismus» bewenden zu lassen, bin ich der Auffassung, dass es immer gefährlich ist, wenn die Nationen ein zu gutes Gewissen pflegen. Angesichts der tragischen europäischen Geschichte braucht jedes unserer Länder ein kritisches Nationalbewusstsein. «Negative» Gedenktage (wo die Nationen also nicht Opfer sondern Täter sind) finden allmählich Eingang in nationale Gedenktagskalender. Aber mit der Wahl des 9. November zum Nationalfeiertag wären die Deutschen mit gutem Beispiel vorangegangen. Die verspätete Nation, die auch spät den Weg zur liberalen Demokratie fand, aber nun als «geglückte Demokratie» in mancher Hinsicht beispielhaft wirkt, wäre diesmal einen Schritt vor den anderen Nationen voraus gewesen. Wie Ernst Nolte bemerkte, ist der 9. November der Tag, an dem die ganze Vielfalt und Widersprüchlichkeit der deutschen Geschichte am augenfälligsten wird; kein Tag gibt einen so starken Anstoß zum Nachdenken wie dieser; aber «ernsthaftes Nachdenken und massenhafte Feier» sind schwer zusammenzubringen.[40]

Harold James

24. Oktober 1929: Der New Yorker Börsencrash

Der US-amerikanische Börsencrash vom Oktober 1929 ist ohne Zweifel der berüchtigste Zusammenbruch in der Geschichte der Finanzwelt. Wo und wann immer die Stimmung an den Finanzmärkten nervös wird, wird er beschworen. Zudem wurden politische Empfehlungen in den folgenden achtzig Jahren beständig auf der Grundlage von Analysen und Annahmen darüber erstellt, was 1929 schief gegangen war.

Insbesondere die Kerndiagnose von John Maynard Keynes Buch «General Theory of Employment, Interest and Money» (1936) beruht nicht auf einer generellen Kritik des Börsenhandels an sich, sondern bezieht sich speziell auf den amerikanischen Markt und seine Besonderheit: die Neigung zu destabilisierenden und irrationalen Spekulationen, deren Ursache in der Obsession der Marktteilnehmer für psychologische anstelle von ökonomischen Dynamiken und Erwartungen zu finden sei. Keynes sah das Problem grundsätzlich in einem System der Bewertung verortet, in dem die Werte keine notwendige oder direkte Verbindung mit der langfristigen Produktivität hätten; als Folge daraus entwickele sich der amerikanische Markt zu einem Kasino mit einer inhärent destabilisierenden Qualität. Wegen der großen Beteiligung der Bevölkerung sei er durch eine einmalige Volatilität geprägt, während exklusivere, ‹aristokratischere› Märkte weniger verwundbar seien. «Eine konventionelle, auf der Massenpsychologie einer großen Zahl unwissender Menschen beruhende Bewertung ist heftigen Schwankungen ausgesetzt als Folge einer plötzlichen Meinungsänderung, verursacht durch Faktoren, die eigentlich keinen Einfluß auf den voraussichtlichen Ertrag haben, weil der Überzeugung die starken Wurzeln fehlen, die sie beständig halten können. [...] Der tatsächliche private Zweck der geschicktesten Investitionen von heute ist, ‹das Geschoß zu übertreffen›, wie die Amerikaner es so trefflich ausdrücken – schlauer zu sein als die Masse und das schlechteste oder sich entwertende Geldstück an den Nächsten abzustoßen. [...] Selbst außerhalb des Bereichs der Finanzen neigen die Amerikaner dazu, ein übertriebenes Interesse an der Entdeckung dessen zu haben, was die Durchschnittsmeinung als den Inhalt der Durchschnittsmeinung vermutet; und diese nationale Schwäche findet ihre Nemesis in der Wertpapierbörse.»[1] Der extreme finanzielle Tumult sei also in anderen Worten eine spezifisch amerikanische Krankheit.

Die Analyse von Keynes wurde in der Mitte des 20. Jahrhunderts das einflussreichste Politikrezept: Sie sah das Eingreifen der Regierung in die Finanzpolitik vor, um die allgemeinen Erwartungen zu stabilisieren. Auf diese Weise sollten vorhersehbare, oder wie es Keynes genannt hätte, ‹konventionelle› Rahmenbedingungen für die Bewertung der ökonomischen Aktivität und damit für das Funktionieren der Marktwirtschaft geschaffen werden. In den 1960ern rechtfertigten sich die Berater von Präsident Johnson mehrfach für das gleichzeitige Senken der Steuern und Ausweiten der Sozialausgaben, weil sie dies als notwendig ansahen, um eine Wiederholung des Desasters von 1929 zu vermeiden. Als sich Mitte der 1970er Jahre die Folgen der Stagnation und der ersten Ölkrise bemerkbar machten, musste sich die Welt wieder mit einer keynesianischen Lektion aus der Weltwirtschaftskrise auseinandersetzen.

1987 zog man aus einer fast exakten Kopie der Börsenpanik ganz andere Schlüsse, die aber wiederum historisch abgeleitet wurden: Eine massive Liquiditätsspritze sei notwendig, um zu verhindern, dass aus dem Börsencrash eine allgemeine Wirtschaftskrise werde, weil jener die Gefahr einer Destabilisierung der Finanzinstitutionen und des Kreditwesens heraufbeschwor. Wie auch die Analyse von Keynes, wurde diese monetäre oder ‹friedmansche› Schlussfolgerung aus einer sehr detaillierten historischen Studie abgeleitet. Milton Friedman und Anna Schwartz entwickelten in ihrem monumentalen Werk «Monetary History of the United States» dafür den Begriff ‹Große Geldverknappung› («Great Contraction»).[2] Sie gehen davon aus, dass einzig ein stabiler monetärer Rahmen die Basis dafür schaffen könne, dass Erwartungen zuverlässig und vorhersehbar formuliert werden können. Diese ‹Chicagoer› Interpretation spielte die Bedeutung des Oktober 1929 herunter und erklärte die Große Depression mit der verfehlten Politik der Federal Reserve Bank nach 1930. Diese hatte nicht auf Bankenzusammenbrüche reagiert, wodurch eine gigantische Geldverknappung (Deflation) erzeugt wurde.[3] 1929 wurde, kurz gesagt, Teil des Standardrepertoires von (theoretisch widersprüchlichen) Rechtfertigungen der Zentralbanken für eine stabilisierende Geldpolitik bzw. der Regierungen für eine stabilisierende Finanzpolitik.

Die Wall Street während des Börsenkrachs: Zusammenbruch der Aktienkurse an den New Yorker Börsen am 24. Oktober 1929 («Schwarzer Donnerstag», in Europa – aufgrund der Zeitverschiebung – 25. Oktober: «Schwarzer Freitag»).

In letzter Zeit hat die Volatilität der Finanzmärkte infolge der Globalisierung zugenommen. Die Erinnerung an 1929 wird jetzt bei jeder Krise beschworen, unabhängig von deren Ursachen. Sie ist Teil eines Rufes nach einer grundlegenden Neubewertung der Politik der Liberalisierung im Finanzwesen. Ein Beispiel dafür ist Helmut Schmidt, der als deutscher Kanzler in den 1970er Jahren von der Möglichkeit einer Wiederholung der großen Depression besessen gewesen war. Er stellte nach der Asienkrise 1997 fest: «Die wichtigste Parallele liegt in der Hilflosigkeit vieler Regierungen, die nicht rechtzeitig bemerkt haben, daß sie in finanzwirtschaftliche Zwickmühlen geraten sind, und die jetzt nicht wissen, wie sie sich daraus befreien können.»[4] Der Finanzspekulant George Soros warnte zur selben Zeit vor «einer bevorstehenden Auflösung des globalen kapitalistischen Systems», welches «an seinen Fehlern scheitert».[5] Die Nachwirkungen der Hypothekenkrise von 2007 haben ähnliche Reaktionen hervorgebracht. George Soros meldete sich wieder zu Wort: «Dies ist keine normale Krise, sondern das Ende einer Ära.»[6] Der Vorstandsvorsitzende der schweizerischen Bank UBS, der sich für Abschreibungen in Höhe von 18 Milliarden Dollar rechtfertigen musste, bemerkte, dass die Welt die «finanzwirtschaftlich schwierigste Situation seit 1929» erlebe.[7]

Als sich die heutige Finanzkrise verschärfte, änderte sich aber der Bezug. Sie war nicht mehr eine rein amerikanische Krise, sowenig wie es der Zusammenbruch in der Zwischenkriegszeit gewesen ist. Die Weltwirtschaftskrise bewirkte einen globalen Zusamenbruch als Folge der staatenübergreifenden Bankenkrisen des Jahres 1931, deren Auswirkungen zu bewältigen viel schwieriger wurde als die des «einfachen» Börsenzusammenbruchs von 1929. Auch war die Krise von 1931 deshalb so gravierend und zerstörerisch, weil es sich dabei um ein Finanzdrama handelte, das auf einer geopolitischen Bühne stattfand. Es gab nur eine begrenzte Zahl an Regierungen, die etwas ausrichten konnten. Die alte wirtschaftliche Supermacht – Großbritannien – war zu erschöpft und überfordert, um irgendwem sonst zu helfen. Ein enormer Anteil der weltweiten Reserven war in den USA angehäuft.

Das einzig plausible Szenario für einen Ausweg aus der Großen Depression von 1931 basierte also, wie der Wirtschaftshistoriker Charles Kindleberger betont hat, auf einem Schritt der USA.[8] Nun gab es damals für die Amerikaner alle möglichen überzeugenden Gründe, sich nicht der Last einer weltweiten Rezession auszusetzen: Mehr Geld nach Europa zu schicken hätte so ausgesehen, als werfe man das Geld zum Fenster hinaus. Und hatten nicht die Europäer jenen Weltkrieg geführt, der Ursprung und Quelle der Finanzmisere war? Wirtschaftlich gesehen, wäre eine derartige Aktion überaus sinnvoll gewesen – bei langfristiger Betrachtungsweise; politisch freilich war sie eine Totgeburt ohne jegliche kurzfristige Dividende.

China ist das Amerika des beginnenden 21. Jahrhunderts. Die frühen Stadien der Kreditverknappung von 2007 wurden so scheinbar schmerzlos bewältigt, weil Staatsfonds aus dem Nahen Osten, vor allem aber aus China, bereit waren, in die Bresche zu springen und verschuldete amerikanische und europäische Institute mit frischem Geld zu versorgen. Der Schlüsselmoment der aktuellen Ereignisse war die Weigerung des chinesischen Staatsfonds China Investment Co., ihre Sondierung eines Kaufs von Lehman Brothers weiterzuführen. Der Rückzieher von CIC wird irgendwann als ein Moment gelten, an dem die Geschichte eine andere Richtung hätte nehmen können. Die Dynamik der Krise von 2008 – wie der von 1931 – ist also auch geopolitischer Natur.

Das Rätsel von 1929

1929 stellt eine wirkliche Kuriosität dar, weil es sich um ein entscheidendes Ereignis handelte, das weltgeschichtliche Folgen (die Weltwirtschaftskrise, vielleicht sogar den Zweiten Weltkrieg), aber keine offensichtliche Ursache hatte. Insgesamt können die angenommenen Gründe nur sehr eingeschränkt (wenn überhaupt) mit dem immer noch vorherrschenden sozialwissenschaftlichen Erklärungsparadigma der ‹Kapitalmarkteffizienz-Theorie› in Einklang gebracht werden. Nach der ‹Kapitalmarkteffizienz-Theorie› bilden die Aktienkurse genau alle öffentlich erhältlichen Informationen über ein Wertpapier ab; sie verändern sich erst, wenn neue Informationen verfügbar sind.[9] Eine Panik, bei der sich Kurse plötzlich verändern, lässt sich mit dieser Hypothese nur unvollständig erklären, besonders dann, wenn es kaum neue Informationen gibt, die die Panik steigern könnten. Infolgedessen beziehen sich Kritiker der ‹Kapitalmarkteffizienz-Theorie› mit Vorliebe auf Finanzkrisen als Argumentationsquelle.[10]

Ob man daran glaubt, dass 1929 rational oder irrational war, kann also stellvertretend dafür stehen, wie weit eine Theorie über das Verhalten am Markt allgemein anerkannt ist. 1929 übt eine ungebrochene Faszination aus. Das Gleiche trifft auch auf Bücher zu, die diese Geschichte erzählen, besonders Frederick Lewis Allens «Only Yesterday», John Kenneth Galbraiths «The Great Crash», John Brooks «Once in Golconda» und Charles Kindlebergers «Manias, Panics and Crashes».[11] All diese Bücher wurden kürzlich neu aufgelegt und werden weithin als Leitfaden bei aktuellen Finanzkrisen konsultiert. Es spricht einiges dafür, dass es sich um einen Bereich handelt, in dem historische Studien einen wirklich prägenden Einfluss auf das Verhalten einer großen Anzahl von Marktteilnehmern haben.

Einer der Gründe, warum 1929 so beispielhaft ist und warum es eine derart große Rolle in Keynes' Geschichte spielt, ist die Einzigartigkeit dieser US-amerikanischen Erfahrung – auch wenn sich gleichartige finanzpolitische Desaster in anderen großen Industrienationen vollzogen, die jeweils zur Verschlechterung der ökonomischen Rahmendaten und zur Verschärfung der Weltwirtschaftskrise beitrugen. Japan wurde 1927 von einer Reihe von Bankpaniken erschüttert, nachdem die Bank of Taiwan ihren Betrieb ausgesetzt hatte. Deutschland wurde am 13. Juli 1931 durch den Konkurs der Darmstädter und Nationalbank hineingezogen. Großbritannien gab am 21. September 1931 den Goldstandard auf. Aber in all diesen Fällen ist es möglich, eine ziemlich eindeutige Erklärung für die Ursachen der Panik zu finden. Der japanische Zusammenbruch war das Resultat einer politischen Kontroverse über die ‹Erdbebenwechsel›, die die Bank of Taiwan besaß, da ihr nach der Katastrophe des großen Kanto-Erdbebens 1923 besondere Konditionen eingeräumt worden waren. Die deutsche Bankenkrise ging auf eine Kombination einer politischen Krise nach der Bekanntgabe der deutsch-österreichischen Zollunion und den Schwierigkeiten eines großen Textilproduzenten, der Nordwolle, zurück. Großbritannien wurde durch eine tiefe Spaltung in der Regierung bezüglich der Finanzpolitik und der Arbeitslosenunterstützung und durch eine beispiellose Marinemeuterei, die für manch nervösen Beobachter schon der Beginn der bolschewistischen Revolution in Großbritannien war, in die Krise hinein katapultiert.

Die Besonderheit der amerikanischen Panik besteht darin, dass bis jetzt niemand in der Lage gewesen ist, eine überzeugende Erklärung für deren Ursachen oder wenigstens den spezifischen Auslöser der Panik zu finden. Es gibt zwei mögliche ‹rationale› Erklärungen, die aber beide nicht zufrieden stellen.

Eine besagt, dass die Investoren irgendwie ahnten, dass es eine Weltwirtschaftskrise geben würde.[12] Zwar gab es zweifellos einige Anzeichen für eine Verlangsamung der US-amerikanischen Wirtschaft und auch die Bautätigkeit hatte sich seit 1926, als sie ihren Höhepunkt erreicht hatte, abgeschwächt (teilweise wahrscheinlich wegen des nachlassenden Einwandererstroms), aber es gab keine Anzeichen für eine allgemeine Rezession. Aus dieser Zeit existieren keine direkten Daten zum Verbrauchervertrauen. Bis zum letzten Quartal 1930, als sich eine grundlegende Veränderung der Stimmung abzeichnete, waren die meisten Erhebungen zum Geschäftsklima ziemlich optimistisch. Zeitschriften wie die *Business Week* sprachen von einem Aufschwung im Sommer 1930. Peter Temin hat die Veränderungen bei der Klassifizierung der Ratingagenturen für Anleihen (Moody's und Standard and Poor's) als einen der wichtigsten Indikatoren für die Wirtschaft ausgemacht. Er hat gezeigt, dass 1929 und sogar noch 1930 weniger Industrieanleihen bonitätsmäßig herabgestuft wurden als 1921 oder 1937.[13] Mit anderen Worten gibt es keine eindeutigen Beweise dafür, dass 1929 irgendjemand ein deutliches Schrumpfen der amerikanischen Produktion oder Beschäftigung hätte vorhersehen können oder müssen.

Vielleicht hätten jedoch in der politischen Ökonomie erfahrene Leute die wahrscheinlichen Effekte eines großen Politikfehlers erkennen können, nämlich das als Smoot-Hawley-Act bekannte Zollgesetz?[14] Es war das Produkt eines Wahlversprechens von Herbert Hoover aus dem Oktober 1928, sich um die Notlage der Landwirte zu kümmern. Im Verlauf der Debatte im Kongress, zuerst im Ausschuss und dann im Plenarsaal, wurden eine große Anzahl an nicht landwirtschaftlichen Zollsätzen hinzugefügt, so dass das Gesetz letztendlich ungefähr 21 000 Zollsätze umfasste. Im Verlauf des Oktobers 1929 erhöhte sich die Wahrscheinlichkeit, dass der Kongress das Gesetz verabschieden würde, beträchtlich. Finanzpropheten hätten also dann über die möglichen oder wahrscheinlichen Formen der Gegenmaßnahmen der anderen Länder nachdenken können. Es gibt aber keine Hinweise auf eine solche Diskussion über den möglichen Weg, den der Welthandel hätte einschlagen können. Die Konsequenzen der neuen Zollgebühren ließen sich jedoch an einigen Reaktionen des Marktes ablesen, und das unmittelbar nach außen gerichtete Signal an die Finanzmärkte war ein starkes Nachgeben einiger Warenpreise am 24. Oktober.[15]

Die Unfähigkeit, einen genauen Grund für die Panik von 1929 auszumachen, wirkt rätselhaft und fazinierend. Deshalb fragt Paul Krugman:

«Kann eine kleine Ursache eine große Wirkung entfalten? Ja, das kann sie. Schließlich hat die Weltwirtschaftskrise überhaupt keine offenkundige Ursache.»[16] Ben Bernanke findet noch deutlichere Worte dafür: «Die Weltwirtschaftskrise zu verstehen ist der Heilige Gral der Makroökonomie.»[17] Sozialwissenschaftler (und vielleicht auch Politiker) sind also auf einer nie endenden Suche. Ist diese – wie die Suche nach dem Gral – auch grundsätzlich vergeblich? Lassen sich die Marktteilnehmer also einfach von völlig unvorhersehbaren psychischen Umschwüngen leiten?

Die Entwicklung der Aktienkurse

Zwischen Anfang 1926 und dem Frühjahr 1929 verdoppelte sich der Dow-Jones-Index nahezu, von 158,54 zu Beginn des Jahres 1926 auf 308,85 Ende März, dann stieg er während des Sommers sogar noch schneller an und erreichte am 3. September den Höhepunkt mit 386,1.

Die ersten Anzeichen einer Abschwächung des Marktes erschienen am 3. September, aber die kleinen Verluste verführten viele neue Anleger dazu, in den Markt einzusteigen, weshalb die Volatilität und die gehandelten Mengen zunahmen. Am 20. September kollabierte der von Clarence Hatry in England aufgebaute Großkonzern, worauf der New Yorker Markt mit einem Verlust von 2,14% reagierte. In der Woche vom 14. Oktober sanken die Kurse mit immer größerer Geschwindigkeit mit dramatischen Einbrüchen am 16. Oktober (3,2%), 18. Oktober (2,51%) und 19. Oktober (2,83%), jedoch unterbrochen von einem Anstieg am 17. Oktober (+1,70%). Aber der erste Tag der richtigen Panik war Donnerstag der 24. Oktober, als die Kurse nach einer Eröffnung von 305,85 plötzlich auf 272,32 abfielen. Einige der wichtigsten New Yorker Banker versammelten sich in den Büros von J.P. Morgan, wie sie es bekanntlich bereits anlässlich der Panik von 1907 getan hatten. Ein leitender Banker von Morgan, Thomas W. Lamont, teilte der Presse mit, dass es «auf Grund der technischen Marktlage einige Verzweiflungsverkäufe an der Börse gegeben» habe.[18] Das Ergebnis dieses Treffens war, dass der Vizepräsident der New Yorker Börse, Richard Whitney, dessen Bruder ein Partner bei Morgan war, aufs Börsenparkett ging und einige Gebote abgab, die dazu dienen sollten, den Markt zu stabilisieren. Das erste dieser Gebote von 205 für 10 000 Aktien von U.S. Steel verankerte sich tief im Kollektivgedächtnis des New Yorker Marktes. Der Markt stieg tatsächlich wieder an, obwohl den ganzen Nachmittag über Verkaufsaufträge aus dem ganzen Land eintrafen. Bei Börsenschluss lag der Dow-Jones-Index bei 299,47, hatte an diesem Tag also nur 1,78% verloren. Der Umfang des Aktienhandels, der Anfang des Jahres in einer Größenordnung zwischen einer und zwei Millionen gelegen hatte, belief sich auf 12 895 000.

Das Wochenende diente als kurze Verschnaufpause, während die Kommentatoren kommentierten und die Moralisten moralisierten. Das Ergebnis war eine noch größere Panik am folgenden Montag (29. Oktober), die am Dienstag anhielt. An beiden Tagen zeigte sich ein sehr hohes Handelsvolumen (9 213 000 bzw. 16 410 000 Aktien).

Am Montag gab es keine Wiederholung des Auftritts von Richard Whitney und seines stabilisierenden Gebots für U.S. Steel. Stattdessen kursierten Gerüchte über weitere Treffen der Banker, bei denen diese sich auf einen konzertierten *Verkauf* von Aktien geeinigt hätten. Thomas Lamont war gezwungen, eine offizielle Gegendarstellung herauszugeben. Tatsächlich erhöhten die New Yorker Banken ihre Kredite an die Aktienhändler dramatisch, während zur gleichen Zeit Banken von außerhalb Darlehen kündigten und sich ausländische Institutionen massiv zurückzogen.

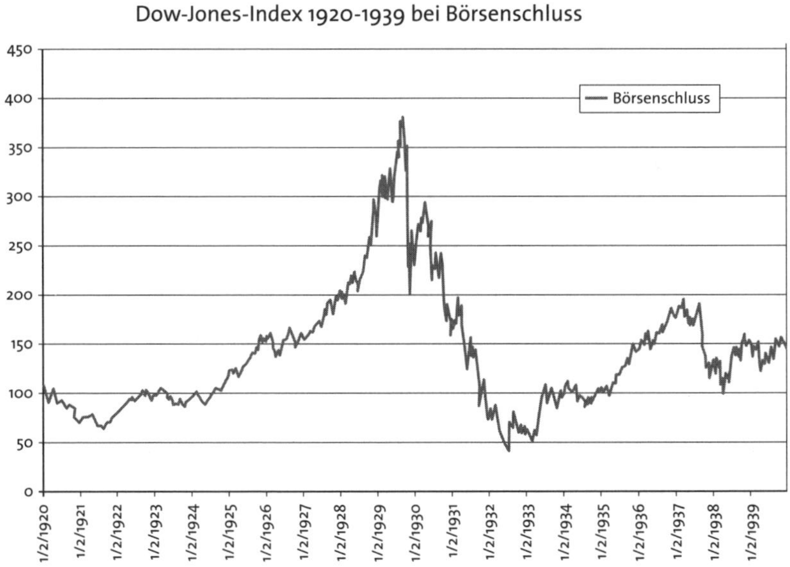

Aber am Mittwoch den 30. Oktober gab es mit einem Anstieg um 12,34% wieder einen dramatischen Umschwung, verbunden mit einem außergewöhnlich hohen Handelsvolumen (10 727 000 Aktien). Danach hielten allerdings die schlechten Nachrichten an. Am 2. November wurde der Konkurs der Foshay Versorgungsgesellschaft aus Minneapolis bekannt, der Firmen in zwölf Staaten gehörten. Über das Wochenende machten wieder Gerüchte die Runde, dass das Bankengremium Aktien abstieß. Der Markt fiel weiter bis zum 13. November, als der Dow-Jones-Index bei Börsenschluss bei 198,69 lag. In der Folge gab es am 17. April 1930 eine recht spektakuläre (aber nicht vollständige) Erholung auf 294,07. Danach gab es einen langen Abwärtstrend mit seltenen Umschwüngen, bis zum Tiefpunkt mit 40,56 am 8. Juli 1932.

Die Panik des Oktober 1929 verschlimmerte sich unmittelbar dadurch, dass es wegen ihres Ausmaßes zu Problemen bei der Kommunikation gekommen war. Die Telefone wurden überrannt, dazu kamen noch technische Schwierigkeiten: Weil am Broadway 120 Dampf austrat, funktionierten die Telefone nicht. Die Menge der Aufträge führte dazu, dass einige einfach übersehen wurden. Die Büroangestellten bearbeiteten Aufträge bis weit nach Mitternacht. Die Restaurants in Downtown blieben geöffnet und jeder Tisch war bis in den frühen Morgen besetzt.

Langfristig gesehen verschlimmerten einige Fehler der Politik die Auswirkungen der Börsenkrise zusätzlich. Die erste Reaktion der New Yorker Banken war es gewesen, die Kredite, die von den auswärtigen Banken zurückgefordert wurden, zu ersetzen, aber damit wurden sie zunehmend verwundbar, weil sich die Kreditgeber über die Qualität der Kredite Sorgen machten. Die Filiale der Federal Reserve Bank in New York eilte sofort zur Hilfe, indem sie dem Markt eine Liquiditätsspritze durch Offenmarktgeschäfte (Ankauf von Staatspapieren) zukommen ließ. Das System der Federal Reserve kaufte zusätzlich in den letzten drei Monaten des Jahres 1929 Wertpapiere. Allerdings waren die New Yorker Geschäfte nicht vom Vorstand in Washington und seinem ‹Open Market Investment Committee› abgesegnet worden und standen zunehmend in der Kritik aus Washington, mit dem Resultat, dass die Initiativen der New Yorker Filiale schließlich unterbunden wurde.

Warum verhielten sich die bundesstaatlichen Institutionen in Washington derart kontraproduktiv? Ihre Handlungen basierten auf einer fehlerhaften Theorie, die ihnen die Verantwortung für die Bedürfnisse der Wirtschaft gab, indem Wechsel diskontiert wurden, aber nur solche, die ‹solide› waren, weil sie sich auf den tatsächlichen physischen Verkauf von Waren bezogen und nicht auf finanzielle oder spekulative Transaktionen. Diese ‹Doktrin der realen Wechsel› verursachte im frühen 20. Jahrhundert katastrophale monetäre Destabilisierungen: die Inflation in Deutschland und Mitteleuropa, als die Banken behaupteten, dass sie nur auf eine außergewöhnliche, aber reale wirtschaftliche Nachfrage reagierten; und generell die Deflation in den frühen 1930er Jahren, als reale Transaktionen einfach auszutrocknen schienen.

Manche Erklärungen gehen noch weiter und legen nahe, dass sich in der U.S. Zentralbank eine ‹liquidationistische› Doktrin ausgebreitet hatte, die einprägsam vom Finanzminister Andrew Mellon formuliert wurde: «die Arbeiter abwickeln, die Aktien abwickeln, die Farmer abwickeln, den Grundbesitz abwickeln [...] das System von seiner Fäulnis befreien.»[19] Dies war zweifellos die Ansicht einiger der einflussreichsten Wirtschaftswissenschaftler dieser Zeit, die, wie Lionel Robbins, das Problem der 1920er Jahre in der inflationären Überbeanspruchung der Kredite sahen. Bemerkenswerterweise bezieht sich die schärfste Formulierung dieser Sichtweise bei Robbins direkt auf Keynes. Er zitiert dessen «Treatise on Money» in dem er scheinbar von seinen früheren (und späteren) Positionen abrückt: «Ich [Keynes] vertrat meinerseits damals die Ansicht, daß keine Inflation in dem Sinne, in dem ich den Ausdruck verwende, bestand. Wenn ich jedoch die Dinge rückblickend im Lichte besserer statistischer Unterrichtung als sie damals zur Verfügung stand, betrachte, so glaube ich, daß, wenn auch bis Ende 1927 kein erheblicher Grad von Inflation vorlag, sich eine echte Gewinninflation irgendwann zwischen diesem Termin und dem Sommer 1929 entwickelte.»[20] Die Vorstellung, das Böse aus dem System auszutreiben, die der Herangehensweise von Robbins, Mellon und den Verantwortlichen der Federal Reserve Bank zugrunde lag, basierte auf einer umfassenden moralischen und psychologischen Theorie darüber, worin die Fehler der amerikanischen Wirtschaft bestehen.

Die makroökonomischen Folgen des Börsencrashs

Das Bruttosozialprodukt der USA schrumpfte von 1929 bis 1932 um ein Drittel: von 103,1 Milliarden auf 58,0 Milliarden Dollar. Wie groß war der Anteil des Börsencrashs an diesem Kollaps? Der Dow Jones erreichte seinen Tiefpunkt (40,56 Punkte) im Juli 1932. Die Folge dieses langen Niedergangs war ein substantieller Verlust an Wohlstand, der einen direkten Einfluss auf den Konsum hatte. Die Anleger (manchmal als 600 000 Witwen und Waisen bezeichnet) verloren infolge des Börsencrashs mehr als 20 Milliarden Dollar.[21] Dabei handelt es sich zwar um einen beachtlichen Verlust, der aber nicht groß genug ist, um das Ausmaß des Einbruchs beim Bruttosozialprodukt zu erklären. In einer detaillierten Untersuchung bewies Peter Temin, dass zu Beginn des Abrutschens in die Wirtschaftskrise 1930 der Konsum um 3 Milliarden Dollar nachgegeben hat, wovon aber nur 1,3 Milliarden Dollar erklärt werden können.[22]

Ein anderer Übertragungskanal spielte vermutlich eine größere Rolle. Das Schrumpfen der Vermögen durch die Börsenpanik reduzierte die Sicherheiten, auf deren Basis sich Einzelanleger und institutionelle Anleger Geld leihen konnten, und brachte so den Rückgang der Bankkredite in Gang, der die Weltwirtschaftskrise (‹Große Depression›) prägte.[23] Die Auswirkungen der Schrumpfung der Vermögen wurden so durch ihren Einfluss auf die Kreditstrukturen vergrößert und verstärkt.

Es liegt auf der Hand, dass die Weltwirtschaftskrise das Resultat von mehr als nur einer Kausalkette war. Andere unabhängige Einflüsse intensivierten die Krise und weiteten sie über die nationalen Grenzen hinweg aus, deshalb ist es schwer, die Auswirkungen der schwankenden Börsenkurse isoliert zu betrachten. Zu diesen anderen Ursachen gehörten: das stetige Nachgeben der Warenpreise seit Mitte der 1920er Jahre; die politischen Auseinandersetzungen über Kriegsreparationen und die Kriegsschulden der Alliierten untereinander; eine Handelspolitik, die darauf beruhte, die anderen Länder zu schädigen, und die sich als Folge der Smoot-Hawley-Zollgebühren über die Welt verbreitete; und das Regime der fixen Wechselkurse, des internationalen Goldstandards, das als Transmissionsriemen half, die monetäre Deflation von einem Land zum anderen zu übertragen. Aber selbstverständlich stellten alle diese Punkte in gewisser Weise den vielen Marktteilnehmern Informationen zur Verfügung, die deren Handeln hätten beeinflussen können.

Die Auswirkungen der Panik auf den allgemeinen Gesundheitszustand

Ein Großteil der frühen Faszination mit der Börsenkrise konzentrierte sich auf deren psychologische Folgen. Zeitungskommentare griffen sofort die Selbstmorde wegen der Krise des Marktes auf, wie z. B. den von John G. Schwitzgebel aus Kansas City, der sich im Kansas City Club am 29. Oktober in die Brust schoss. Schaulustige versammelten sich in großen Gruppen in der Erwartung, verzweifelte Investoren und Broker von den Wolkenkratzern der Wall Street springen zu sehen. Jede volkstümliche Erzählung über 1929 greift diesen Punkt auf. J. K. Galbraith erzählt uns, wie «zwei Männer Hand in Hand aus einen Fenster der oberen Stockwerke des Ritz sprangen. Sie hatten ein gemeinsames Konto.»[24] Aber nachher erklärt er, dass sich tatsächlich im Oktober und November landesweit weniger Selbstmorde ereigneten als in den Sommermonaten, als es dem Markt «prächtig ging».

Die Presse berichtete auch über andere Zusammenbrüche. So erlitt etwa David Korn einen Herzinfakt, als er den Börsenticker in seinem Büro in Providence verfolgte.[25] Man kann sich leicht ausmalen, dass sich intensiver Stress und Angst in der Form eines kurzzeitig erhöhten Blutdrucks äußern können. Eine Studie von 2008 verfolgt einen systematischeren und rigoroseren Ansatz, indem sie versucht, einen Zusammenhang zwischen Herzerkrankungen und Bankenzusammenbrüchen nachzuweisen. Eine Untersuchung der Universität Cambridge verwendet historische Daten, um zu zeigen, dass eine systemweite Finanzkrise die Todesfälle wegen Herzkrankheiten um 6,4% in wohlhabenden Ländern und in Entwicklungsländern sogar noch höher ansteigen lässt. Der Hauptautor der Studie, David Stickler, teilte der Presse mit: «Unsere Ergebnisse zeigen, dass es bei finanziellen Krisen nicht nur ums Geld geht, sondern dass sie auch die Gesundheit der Menschen beeinflussen. Dieser Bericht macht deutlich, dass das Eindämmen der Hysterie und das Verhindern einer umfassenden Panik nicht nur wichtig ist, damit sich diese Vorfälle nicht zu einer systematischen Bankenkrise ausweiten, sondern auch um dem möglichen Tod tausender Menschen durch Herzerkrankungen zu verhindern.»[26]

Finanzielle und politische Krisen unterscheiden sich in diesem Aspekt grundsätzlich voneinander. Die ungesunden Nebenwirkungen finanzieller Krisen treten normalerweise in Zeiten des politischen Stresses nicht auf. Es ist verlockend davon auszugehen, dass politische Erschütterungen Ausdruck einer verstärkten Hoffnung auf eine bessere Zukunft sind. Das Ergebnis ist eine allgemeine Abnahme der Sterblichkeitsraten im Zusammenhang mit physischem Stress und Not: So sanken in Polen während der Solidarność-Krise von 1980/81 die Todesraten durch Herzerkrankungen und Krebs (wie auch durch Gewalt), und dieses Phänomen wiederholte sich auch 1989/90, als das kommunistische Regime kollabierte.[27] In beiden Fällen lautet die nahe liegende Annahme, dass die politische Umwälzung von optimistischen Gefühlen und der Aussicht auf eine Veränderung zum Besseren begleitet ist. Im Gegensatz zu der häufig kommentierten Selbstmordstatistik fällt der Anstieg der tödlichen Fälle durch Herzkrankheiten und Krebs in New York während der Weltwirtschaftskrise viel mehr ins Auge. Die Anzahl der Todesfälle durch Herzerkrankung pro 100 000 Einwohner stieg von 257,4 im Jahr 1928 auf 264,9 im Jahr 1929 und schließlich auf 275,5 im Jahr 1932 (um nach 1933 wieder zu fallen). Es ist deutlich, dass die finanzielle Panik von einem Ansteigen des physischen Stress begleitet war, der eine Reaktion auf das Gefühl darstellte, dass die Zukunft durch Verlust und Verzicht – im buchstäblichen und übertragenen Sinne des Wortes – geprägt sein würde.

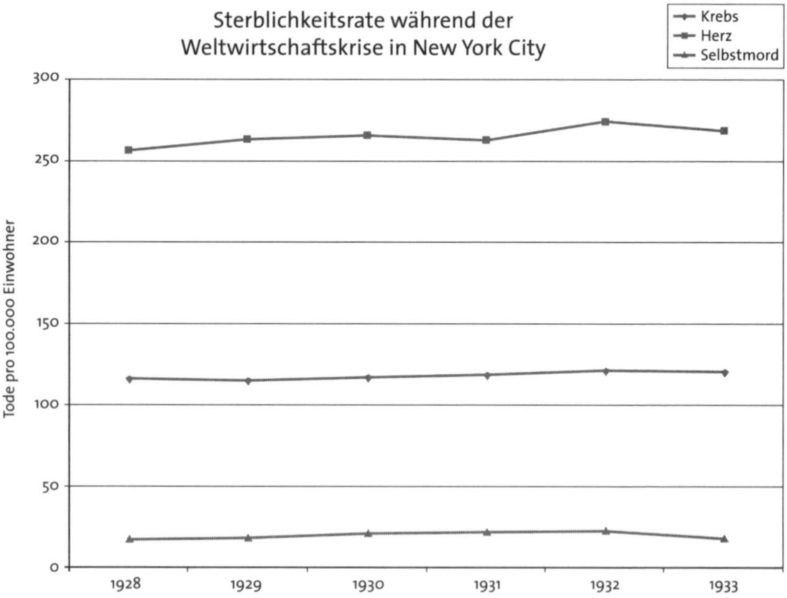

Interpretation des Crashs

Die Zeitungen betonten am 24. Oktober zunächst nur die außergewöhnlichen Reaktionen des Marktes während der letzten Tage, insbesondere Montag und Mittwoch, mit ihrem massiven Handelsvolumen: «Es war für erfahrene Beobachter der Wall Street deutlich, dass der Markt an beiden Tagen nicht gehandelt hat, wie er es sonst tut, wenn die Gründe für eine besondere Schwäche beseitigt worden sind.»[28]

Ein bemerkenswerter Aspekt der Berichterstattung über die Krise war, wie stark auf frühere historische Krisen als dem einzigen Anhaltspunkt für die gegenwärtigen Erfahrungen Bezug genommen wurde. Am Tag nach dem 24. Oktober erschien in der *New York Times* ein Artikel auf Seite drei, der mit «Erinnerungen an Einbrüche der Vergangenheit» betitelt war: «Gestern haben viele die Ereignisse mit anderen Perioden verglichen, in denen die Börse auch eine schwierige Neuausrichtung vornehmen musste. Es herrschte allgemeine Einigkeit darüber, dass keiner der Kursrückgänge in diesem Jahr oder 1928 im Ausmaß oder der Heftigkeit mit dem Einbruch in diesem Monat vergleichbar war [...] Die älteren Börsianer zogen gestern hauptsächlich Vergleiche zu 1920, 1907 (die ‹Panikjahre›), 1903 und 1901.»[29] Anders gesagt, war die Vergangenheit der Hauptgrund, dass die Menschen plötzlich der Meinung waren, es könnte eine große Bandbreite an alternativen, viel niedrigeren Bewertungen von Aktien geben. Die Geschichte selbst brachte also das Gefühl einer Krise erst hervor.

Genau die gleichen historischen Vergleiche, aber diesmal zu 1929, werden seitdem anlässlich jeder weiteren Börsenpanik zwangsläufig von den Berichterstattern gezogen. Die offensichtlichste Parallele zum Oktober 1929 war der globale Zusammenbruch der Aktienmärkte im Oktober 1987, mit einem ähnlichen prozentualen Verlust (22,61%) des Dow-Jones-Index, aber bezeichnenderweise mit einem ganz anderen Resultat: Es entwickelte sich keine Weltwirtschaftskrise wie in der Zwischenkriegszeit. Wieder folgte der Schwäche des Marktes unter der Woche ein Wochenende, das durch journalistische Untergangsprophezeihungen geprägt war. Wie schon 1929 gab es, außer vielleicht der Nachricht, dass die USA eine iranische Ölstation angegriffen hatten (bekannt gegeben am frühen Morgen des 19. Oktober), keinen offensichtlichen Auslöser oder eine Nachrichtenmeldung.

Direkt nach dem Crash vom Oktober 1987 wurden Untersuchungen darüber angestellt, ob das Verhalten der Einzelanleger und der institutionellen Anleger grundsätzlich durch einen Bezug auf ökonomische Überlegungen erklärt werden können oder ob diese eher durch endogene Faktoren determiniert waren, wie etwa eine auf historischen Vergleichen basierende psychologische Paniktheorie. Robert Shiller entnahm Umfragen Folgendes: «Die Anleger hatten vor dem Crash von 1987 erwartet, dass so etwas wie der Crash von 1929 möglich war und Vergleiche mit 1929 waren integraler Bestandteil dieses Phänomens. Es wäre falsch anzunehmen, dass der Crash verstanden werden könnte, ohne sich auf die Erwartungen zu beziehen, die durch diesen historischen Vergleich erzeugt wurden. In gewisser Hinsicht spielten viele Leute zum wiederholten Mal ein Ereignis durch, das sie gut kannten.»[30] Der historische Bezug ist also, anders gesagt, ein dauernder und notwendiger Antrieb finanzieller Krisen: In Zeiten der Euphorie malen sich die Menschen die Zukunft in den schönsten Farben aus, aber wenn die Euphorie kollabiert, erinnern sie sich an vergangene Katastrophen (auch wenn sie selbst diese nie erlebt haben).

In Kommentaren zu der Panik tauchte sehr früh das Argument auf, dass der spekulative Boom historische Vorläufer gehabt hätte. Die Erfahrungen der Vergangenheit schienen den wiederholt während der Periode der Euphorie am Markt getätigten Behauptungen zu widersprechen, dass man es mit einem gänzlich neuen Phänomen zu tun hätte, das die Wirtschaftsbeziehungen umformen würde und das deshalb wahrscheinlich einen dauerhaften Wohlstand mit sich bringen würde. Der folgende Bericht von 1929 stellt also mit seinen starken Anleihen bei der historischen Erinnerung eine symptomatische Nach-Krisen-Diagnose dar. «Die beliebte Sichtweise, dass sich nichts aus der Vorkriegsfinanzwelt heute noch wiederholen könnte, weil sich die Dinge so grundlegend verändert hätten, ignoriert merkwürdigerweise die Tatsache, dass all diese exzentrischen Vorstellungen zum wiederholten Mal vom spekulativen Wall Street-Geist, bis zurück ins Jahr 1901, unter absoluter Kontrolle gehalten wurden. Sie wurden damals wie in der heutigen Situation verworfen und abgelehnt, indem sie alle durch das emphatische Handeln der Börse selbst widerlegt wurden.»[31] Die Rückschau auf eine entfernte Vergangenheit diente dazu, eine Art Schwindelgefühl über die Höhen, die seitdem erreicht wurden, hervorzurufen.

In dieser Hinsicht erwiesen sich Beruhigungen durch Experten oder Behörden als irrelevant oder kontraproduktiv. Regierungsvertreter – angefangen beim Präsidenten – und Geldinstitute betonten, dass die Märkte grundlegend solide waren. In einer Radioansprache am 29. Oktober erinnerte der Vizehandelsminister seine Zuhörer an Präsident Hoovers Aussage, dass die «wirtschaftliche Grundlage des Landes gesund ist.» (Erinnerungen an diese Aussage wurden wach, als Präsident Reagan 1987 einem Reporter zurief: «der Wirtschaft fehlt nichts [...] alle Geschäftsindizes steigen. Vielleicht sehen ein paar Leute die Chance, einen Gewinn zu machen.»)[32] John D. Rockefeller brach ein langes öffentliches Schweigen und gab ein Statement heraus: «[Wir] glauben, dass die grundlegenden Bedingungen im Land gesund sind [...] mein Sohn und ich haben in den letzten Tagen solide Stammaktien gekauft.»[33]

Als am 30. Oktober die Märkte weiter nachgaben, bemühten sich die führenden Börsenmakler nachdrücklich, ihre Kunden zu beruhigen. Hornblower & Weeks ließen verlautbaren, dass «man das gestrige beeindruckende Volumen als Indiz dafür sehen kann, dass der Prozess der Liquidierung seine Endphase erreicht haben muss.» Jackson Bros., Boesl & Co. schlussfolgerten, dass «der Markt gestern einen Rekord gebrochen hat» bedeutet, «dass der erzwungene Verkauf praktisch beendet ist und dass der Aktienmarkt seine natürliche untere Grenze erreicht hat». Clucas & Co. waren da bescheidener: «Wir erwarten zwar keine sofortige Kehrtwende am Markt in Richtung schneller Gewinne, glauben aber, dass sich der Kauf von soliden Wertpapieren auf dem derzeitigen Niveau längerfristig als eine gewinnbringende Investition herausstellen wird.»[34]

Während sich die Experten vergebens bemühten zu beruhigen, trat eine andere Auffassung verschärft in den Vordergrund. Der Finanzwelt fern stehende, moralisierende Kommentatoren sahen in der Krise einen Lohn für die Sünden. Die *New York Times* berichtete ausführlich über protestantische, nicht aber über katholische oder jüdische Antworten auf den Aufruhr am Aktienmarkt. Zufällig predigte der Bischof von Winchester (England) am Sonntag nach dem Crash in der Grace Protestant Episcopal Church am Broadway: «Was auch immer diese Finanzkrise an der Wall Street bedeutet: sie bringt Not für viele unschuldige Menschen. Das Kommen dieser Krise sollte mir aber nicht Leid tun, wenn es dem Geist des Glückspiels, der versucht etwas umsonst zu bekommen und große Gewinne auf Kosten des Ruins anderer zu machen, eine schweren Schlag versetzt haben sollte.» Pastor Trowbridge von der All Angels Episcopal Church versuchte, ein gewisses Mitgefühl auszudrücken: «Obwohl ich nicht glaube, dass es moralisch oder ökonomisch gesund ist zu spekulieren, wie es Männer und Frauen mit einem immer größeren Eifer getan haben, und obwohl ich mich nicht des Gefühls erwehren kann, dass sie bekommen haben, was sie verdienen, tut es mir dennoch schrecklich Leid, dass sie eine solche Demütigung und Niederlage ertragen müssen.» Pastor Overlander der St. John's Evangelical Lutheran Church in der Christopher Street rief zu einer eher philosophischen Sichtweise auf: «Zweifellos war sehr viel Geld im Spiel, und ich schätze, in einigen Fällen wurden manche Männer und Frauen ruiniert. Und doch frage ich mich, wie viele von diesen Menschen innehalten und sich fragen, für wie viele Dinge sie dankbar sein sollten, selbst nach diesem harten Schlag.»[35]

Der Gouverneur von New York, Franklin D. Roosevelt, kritisierte das «Spekulationsfieber».[36] Als Deutschland 1933 mit seinen Auslandsschulden in Verzug geriet, klopfte er sich auf die Schenkel und sagte, das «geschieht den Bankern Recht». Sein Finanzminister Henry Morgenthau erklärte seine Vision der Bretton Woods Vereinbarungen als «Austreiben der wuchernden Geldverleiher aus dem Tempel der internationalen Finanzwelt». Dieser Tonfall übertrug sich auf die allgemeine Interpretation des Charakters der Krise. Keynes, dessen Hintergrund in der philosophischen Schule von G. E. Moore und im Vorkriegs-Bloomsbury es unwahrscheinlich machte, in theologischen Kategorien zu denken, kam in seiner «Allgemeinen Theorie» zum Schluss, «[d]aß die Sünden der Londoner Börse geringer sind als jene der Wall Street [...]».[37]

Die Weltwirtschaftskrise war auch von Untersuchungen und Gerichtsverfahren begleitet, die Übeltäter bestrafen sollten. Ab dem April 1932 drängte Ferdinand Pecora den Senatsausschuss für Banken und Währung darauf, eine Untersuchung des Handelns der Banker vorzunehmen. Der Hauptgeschäftsführer von Chase, Albert Wiggin, wurde dafür angegriffen, dass er während der Panik von 1929 mit den Aktien seiner eigenen Bank Leerverkäufe betrieben hatte. Charles E. Mitchell, der Vorstandsvorsitzende der National City Bank, wurde wegen Steuerhinterziehung im Zusammenhang mit Aktiengeschäften im März 1933 verhaftet. Richard Whitney, der kurzfristige Held des 24. Oktober 1929, wurde verhaftet und eingesperrt.

Auch heute bestimmt noch ein stark religiöser Ton die Stellungnahmen in der Zeit nach einer Finanzkrise. Einige typische Beispiele: 1998 berichtete die einigermaßen seriöse Londoner *Daily Mail*, dass: «Investoren von einem Dämon der Selbstzerstörung besessen sind und sie, wie die Schweineherde von Gadara im Neuen Testament (Matt., 8, 28–32),

Angst-und-Gier-Index

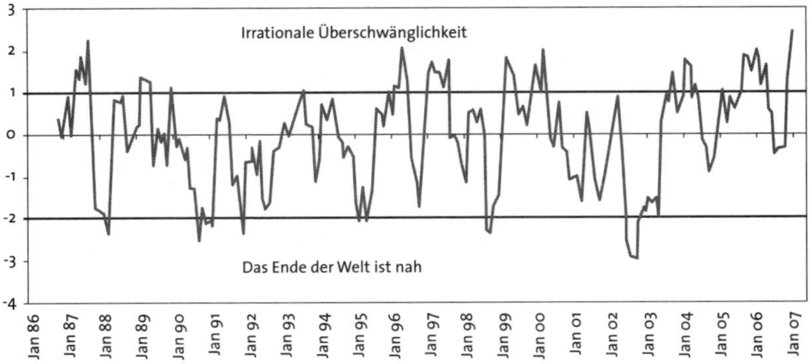

Verweise auf die Globalisierung

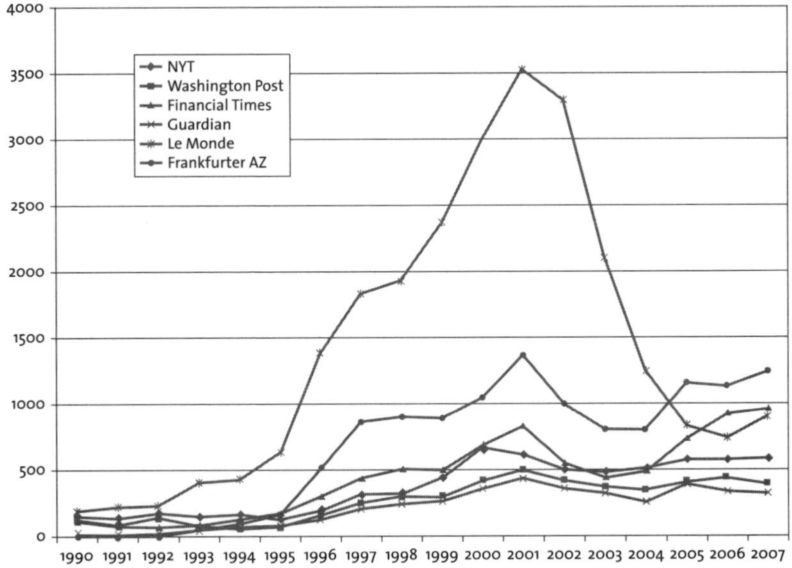

über die Klippe rennen und in tausend Stücke zerschmettert werden.»[38] Anfang 2008 verkündete der Gründer und Präsident des Davoser Weltwirtschaftsforums, Klaus Schwab: «Wir müssen für die Sünden der Vergangenheit bezahlen.»[39] Und Paul Krugman wollte über die Hypothekenkrise als eine «Krise des Glaubens» diskutieren.[40]

Selbstredend lassen sich theologische Perspektiven heranziehen, um Einsichten in das Verhalten am Markt zu erlangen. Das bemerkenswerteste Beispiel ist der ‹Angst und Gier›-Index, den James Montier, Analyst bei der Dresdner Kleinwort, 1986 entwickelt hat. Der Index basiert darauf, dass die Stimmung einzig durch die bipolare Opposition von Gier bei einem wachsenden Markt und Angst vor Verlust bei Stagnation geprägt ist. Die Erkenntnis dieser Analyse besteht darin, dass das Potential der Angst mit dem Ausmaß der Gier zunimmt. Angst ist die historisch bedingte – oder vielleicht moralische – Antwort auf die Gier: der Lohn der Gier und der Sünde.

Die unberechenbaren Schwankungen dieses Index' verbergen einen langfristigen Trend: In der Zeit zwischen 1990 und 2000 zeigt sich eine Tendenz zum Optimismus, gefolgt von einem heftigen Ausschlag nach unten mit dem Platzen der Dotcom-Blase und der daraus folgenden «Ende-der-Welt»-Stimmung, und nach 2003 zeigt sich die Entwicklung eines neuen Optimismus. Andere Analysen der vorherrschenden Denkweisen zeigen die gleichen Resultate. Interessanterweise zeigt die Häufigkeit des Verweises auf ‹Globalisierung› in den wichtigsten Zeitungen der Welt den gleichen Anstieg in den 1990ern und den gleichen Abfall bis 2003.

Das Hervortreten der Angst und eine Neubelebung des Denkens in Begriffen der Sünde scheinen in der Moderne die Begleiter einer Abwendung vom Internationalismus (oder der Globalisierung) zu sein. Diese Gefühle sind integrale und kausale Bestandteile des Mechanismus, durch den sich schwere Finanzkrisen verbreiten. Aber wir sollten auch erkennen, dass es sich dabei nicht nur um ein Phänomen des 20. oder 21. Jahrhunderts handelt. Die Betonung der Angst ist Teil einer umfassenden Weltsicht, die ihre historischen Vorläufer auf dem Höhepunkt der Euphorie in der Renaissance in Personen wie Girolamo Savonarola oder Martin Luther hatte, oder wie John Dickinson während der Amerikanischen Revolution. Die Panik von 1929 bleibt ein bedeutendes Zeugnis der Angst im 20. Jahrhundert: Es war die Angst, die Präsident Franklin D. Roosevelt mit seiner wahrscheinlich am besten im Gedächtnis gebliebenen Aussage exorzieren wollte: «Das Einzige, was wir zu fürchten haben, ist die Furcht selbst.»

Bernd Sösemann

30. Januar 1933: Inszenierung einer «Macht-Ergreifung»

Vom Ereignis zur Erinnerung

Erinnerungstage haben ihre eigene Geschichte. Auswahl und Bestimmung, Benennung und Datierung werden von Interessen mit geprägt. Im Extrem diktieren diese sogar Thema, Ort und Zeitpunkt eines denkwürdigen Ereignisses. Daten können eindeutig sein, Erinnerungen sind es nie. Daten und Erinnerungen sind konstituierende Teile eines nie endenden Prozesses des Informierens und Kommentierens. Er findet kein Ende, wenn historische Ereignisse für «frag-würdig», beachtenswert und aufschlussreich gehalten werden. Eine Gesellschaft sieht dabei die Herausforderung darin, den Wandel von Vorstellungen und Narrativen, das Verschwimmen von Bildern und Fundamentalbegriffen sowie Kenntnisdefizite zu kompensieren.[1] Dieses Verhalten kann zu Ergebnissen führen, die in keiner Entwicklungsphase beabsichtigt waren, aber wirkungsmächtig werden, weil über längere Zeiträume hinweg Einstellungen selten stabil bleiben, so dass sich Veränderungen ergeben. Erkenntnisse dieser Art sind nicht originell,[2] und ihre anhaltende Gültigkeit bestätigt auch ein genauer Blick auf den «30. Januar». Dieses Schlüsseldatum für das Jahr 1933 und die zwölfjährige nationalsozialistische Herrschaft wurde im Verlauf der ihm folgenden Jahrzehnte in großem Umfang für politische Botschaften genutzt. Dementsprechend startete die «Reichspropagandaleitung der NSDAP» ihre Vereinnahmung des «30. Januar 1933» sogleich am Nachmittag des Tages mit Planungen für eine Demonstration der Macht und des Selbstbewusstseins im Zeichen ihres innenpolitischen Erfolges auf den Straßen Berlins und an anderen Orten des Deutschen Reiches. In die erste Ausgabe des von Goebbels herausgegebenen Abendblatts «Der Angriff» setzte man den Aufruf an die SA und SS zu einem Fackelzug der demonstrativen Freude; die zweite Ausgabe desselben Tages trug als Hauptüberschrift ausschließlich das Wort «Fackelzug».[3] Der «30. Januar» wurde in den folgenden Jahren inhaltlich und choreografisch, multimedial und propagandistisch so präsentiert, dass er bereits lange vor dem zehnjährigen Jubiläum im «NS-Feierjahr» auf einen ähnlich hohen Rang aufrücken konnte wie die Staatsfeste 1. Mai, Heldengedenktag, Reichserntedankfest und 9. November.

Das volksfesthafte historische Inszenierungsszenario der Nationalsozialisten, ihre dichte multimediale Berichterstattung und die intensiv gepflegte breite Überlieferung in Text, Bild und Ton haben den Mediengesellschaften der folgenden Jahrzehnte ein umfangreiches Archivmaterial beschert. Wenn nicht ein fachkundiger Kommentar der Suggestivkraft dieser Bilder und Kommentare und sonstigen Dokumenten entgegenwirkt, wird den heutigen Generationen das nationalsozialistische Selbstverständnis vom «geschichtlichen Auftrag» nahezu ungebrochen vermittelt. Der «30. Januar» gilt dann dem unkritischen Teil des heutigen Publikums als der Beginn einer machtvoll herbeigeführten, glanzvoll gestalteten, viel bejubelten und bereits mehr oder weniger fest etablierten NS-Alleinherrschaft.

Die NSDAP feierte den Tag als den persönlichen Sieg ihres «Führers», eines politischen Genies und einsamen, unbeirrbaren und zähen Kämpfers, dessen Ausdauer die «Geburtsstunde» des sogenannten Tausendjährigen Reiches – einer ewigen Herrschaft – schließlich doch noch ermöglicht habe, nachdem sich die äußeren Umstände in Wirtschaft, Gesellschaft und sogar innerhalb der Partei im Herbst und Frühwinter 1932/33 keineswegs günstig entwickelt hatten. Allein das höchste Prädikat erschien für die Bewertung dieses Aktes angemessen zu sein. Die Propagandamaschinerie fand ihn in den Begriffen «nationale Wiedergeburt» und «nationale Revolution», seltener «nationalsozialistische Revolution».[4] Den «30. Januar» interpretierte das Reichsministerium für Volksaufklärung und Propaganda (RMVP) als «Staatsstreich», zumindest aber als eine revolutionäre «Macht-Ergreifung».[5] Kritische Zeitgenossen folgten dieser Selbstdarstellung des Regimes und den sich auf sie gründenden Interpretationen ebenso wenig wie die reflektierenden Mitglieder nachfolgender Generationen und die Geschichtsforschung. Sie sahen in dem «30. Januar» vielmehr den Untergang der Weimarer parlamentarischen Demokratie, ein Versagen der demokratischen Parteien und bürgerlichen Eliten oder auch den Sieg des «faschistischen» Monopolkapitals – wenn sie nicht den Anfang vom Ende Weimars mit guten Gründen auf 1930, den Beginn der Präsidialkabinette, zurückdatierten. Im Gegensatz zur NS-Regierung, die den Tag noch monatelang mit Illustrationen und

Plakaten, in Text und Rede so würdigte, als habe er sich soeben ereignet, nahm man ihn außerhalb Deutschlands vorwiegend als eine ungleich weniger bedeutende Aktion der seit mehr als zwei Jahren praktizierten Präsidialkabinettspolitik wahr. Erst anlässlich der nachfolgenden Jahrestage erinnerte man sich vielerorts in der Welt des «30. Januars» als «Ausgangspunkt» für Diktatur, Verfolgung und Kriegsvorbereitung. Nach dem Sieg der Alliierten über die NS-Diktatur, als die Ausmaße von Krieg und Verbrechen deutlich hervortraten, entwickelte sich der «30. Januar» zu einem ungleich stärker beachteten und noch heute wirkungsmächtigen Symbol für Terror, Leid und Tod, die das nationalsozialistische Deutschland über Europa und die Welt gebracht hatte.

Ikone im NS-Feierjahr: Die «nationale Revolution»

Nach den Niederlagen in den Reichspräsidenten- und Reichstagswahlen vom November 1932 hatte die NSDAP ungeduldig und zunehmend skeptischer gegenüber der Strategie Hitlers nach der Eroberung der politischen Macht gestrebt. Ob sie sich revolutionär, mit einem «Marsch auf Berlin» *alla italiana,* oder auf parlamentarischem Weg erreichen lassen werde, war weniger wichtig als das Ziel selbst. Mit der Ernennung Adolf Hitlers zum Reichskanzler des 24. Koalitionskabinetts durch Paul von Hindenburg befreiten die «Berater» des Reichspräsidenten den «Führer» aus einer seiner schwersten politischen, finanziellen, von Stimmverlusten und Fraktionsabspaltungen geprägten Krise. Hitler setzte für sein «Kabinett der nationalen Einigung» lediglich die Aufnahme zweier weiterer Parteimitglieder, Frick und Göring (noch ohne Geschäftsbereich), gegen Hindenburg, Hugenberg und Papen durch. Die Führung der NSDAP setzte alles daran, in der Partei keine Enttäuschung über diese Minimalausstattung aufkommen zu lassen. Sie suchte die Auffassung zu widerlegen, es sei im Kreis der Hindenburg-Vertrauten um den Bankier Richard von Schroeder und den Zentrumspolitiker Franz von Papen lediglich eine der längst üblich gewordenen präsidialen Koalitionen verabredet worden, mit der deutschnationale Kräfte in Politik und Wirtschaft die Popularität Hitlers für ihren antiparlamentarischen und antidemokratischen Kurs nutzen wollten. Die Reichsparteileitung (RPL) initiierte daher umgehend eine überstürzte, aber dennoch umfassend konzipierte, systematische und auf öffentliche Wirkung bedachte Retouchierung des Ablaufs der Regierungsbildung.

Zusammen mit der SA agitierte sie erstmals mit Hilfe des Regierungsapparats, nahm Einfluss auf Nachrichtenbüros und Korrespondenzen, lenkte den Hörfunk unter Missachtung des Rundfunkrechts beziehungsweise der föderalen Strukturen, bediente sich der amtlichen Verlautbarungsmöglichkeiten und Gesetze für parteipolitisch motivierte Zeitungs- und Publikationsverbote. Sie erzeugte eine Atmosphäre diffuser Angst und konkreter Bedrohung, die sich verstärkte, als Göring die von ihm sogleich aufgestellten SA-Hilfspolizisten mit uneingeschränkter Schießerlaubnis ausstattete und die Einrichtung von Folterkellern zuließ. Das ikonologische Propaganda-Konzept zum «30. Januar» kombinierte diachronisches mit synchronischem Vorgehen, indem es nicht nur jährliche Erinnerungsfeierlichkeiten vorsah, sondern die Anlässe vermehrte, an die das historische Ereignis in unterschiedlicher Form, aber mit gleich bleibendem inhaltlichen Kern anknüpfte. Dazu diente neben den zahllosen öffentlichen Reden die Fülle der sprachlich populär gehaltenen und bildlich ausdrucksvoll gestalteten Beiträge in Zeitschriften, Tageszeitungen und Illustrierten sowie Wochenschauen, Spiel- und Dokumentarfilme, offizielle Proklamationen, Hörfunk- und Feierstunden, Plakate, Sammelbände mit Kupfertiefdrucken[6] und die Serien der Sammelbildchen und schließlich auch eine triumphale Historienmalerei, wie sie noch 2008 für die Titelbild-Komposition des Magazins «Der Spiegel» genutzt wurde. Überall in diesem opulenten Medienverbund fand sich die nachdrückliche Bekräftigung der stereotyp wiederholten Auffassung, an jenem «Tag der Machtübernahme» habe die NSDAP aus eigener Kraft einer «nationalen» beziehungsweise ihrer «nationalsozialistischen Revolution» zum Sieg verholfen und auf revolutionärem Weg «die Macht erobert».

> «Am 30. Januar dieses Jahres ist diese Revolution ausgebrochen. Nur die, die *neben* der Zeit lebten, sahen in ihr etwas Unerwartetes. *Wir* aber, wir Nationalsozialisten, haben sie kommen sehen. Nicht nur das, – wir haben diese Revolution *planmäßig* vorbereitet! Wir haben ihr die geistigen Grundlagen gegeben. Wir verliehen ihr den heißen revolutionären Atem und den durchschlagenden, wunderbar aktivistischen Elan. In einem siegreichen Ansturm ohnegleichen in der Geschichte haben wir das November-System zur Strecke gebracht, haben wir die Ketten abgeschüttelt, die ein fluchwürdiges Regime, das aus der Kapitulation vom November 1918 hervorgegangen war, über Deutschlands Schultern gelegt hatte. Seit dem 30. Januar nun hat die nationalsozialistische Bewegung in unverminderter Angriffslust eine Machtposition nach der anderen genommen.»[7]

Titelbild-Gestaltung der Ausgabe des Wochenmagazins «Der Spiegel» vom 14. Januar 2008. Adolf Hitler (Gemälde unbez., nach 1933): Porträt in Uniform mit Hakenkreuzbinde; Fackelzug durchs Brandenburger Tor: Gemälde von Arthur Kampf, Der 30. Januar 1933, Fackelzug der «nationalen Verbände» SA, SS und Stahlhelm von der Charlottenburger Chaussee durch das Brandenburger Tor zur Wilhelmstraße in Berlin; Parteiabzeichen: Goldenes Parteiabzeichen der NSDAP, von Hitler am 13. November 1933 anlässlich des 10. Jahrestags des Hitler-Ludendorff-Putsches (9.11.1923) gestiftet.

Goebbels berauschte sich in seinem Hörfunk-Kommentar zu dem SA-Fackelmarsch am 30. Januar 1933 an einem für «das Volk» in Erfüllung gegangenen politischen Traum. Die «Volkwerdung» habe begonnen, nachdem «am 30. Januar 1933 Zerfall, Zersplitterung und Zerreißung des deutschen Volkstums ihr Ende gefunden» hätten. Ein «Jahrtausend *aufbauender* Geschichte» solle «nach dem Willen des Führers das Jahrtausend der Irrtümer ablösen.»[8] Die Worte verweisen auf ein wichtiges Gestaltungsprinzip der nationalsozialistischen Erinnerungsstrategie, die aus der Parteigeschichte heraus Traditionen erfindet und bestehende Bedürfnisse für die eigenen instrumentalisiert. Das Konzept konnte im Frühjahr 1933 relativ leicht realisiert werden, weil die RPL an die in der «Kampfzeit» entwickelten eschatologischen Vorstellungen direkt anknüpfen konnte: Aus den «Urgründen des völkischen Geistes» sei nach dem ersten und zweiten das «Dritte Reich» als höchste Erfüllung der deutschen Geschichte und damit für ewig hervorgegangen. Die Verknüpfung mit der tausendjährigen Reichstradition verlängerte die nationalsozialistische Geschichte und verschaffte ihr beeindruckende Dimensionen.

Die Nationalsozialisten feierten sich und ihre «nationale Revolution» bis ins Frühjahr 1945 hinein nicht dreizehnmal, sondern unzählige Male und in Friedenszeiten immer mit Hitler-Reden und Goebbels-Ansprachen, Auszeichnungen und Orden, langen Fackelzügen, Uraufführungen von Schauspielen und Opern sowie einem volltönenden Medien-Konzert zur Wiederbelebung des «alten Kampfgeistes».[9] Durch die Erhöhung der Quantität stimulierten RMVP und RPL einen Konzentrationsprozess auf der weltanschaulich-politischen Ebene und die Verbreitung jener Leitgedanken, die Hitler und Goebbels schon in ihren ersten Worten zum «Tag der nationalen Erhebung» und der «erwachenden Nation» programmatisch hervorgehoben hatten. Im Vorbeizug der SA und SS am Abend des 30. Januar 1933 vor dem Reichspräsidenten und Hitler realisierten sich die nationalsozialistischen Propaganda-Fantasien. Die heute vielfach praktizierte direkte Übernahme dieses historischen Dokuments verlängert die NS-Interpretation und übernimmt unreflektiert die im nationalsozialistischen Zeugnis vorherrschende Emotionalisierung.

Die im Sommer 1933 in Berlin für den Spielfilm «Horst Wessel» neu inszenierte Form des historischen Fackelzugs durch das Brandenburger Tor dient bis heute vielfach als «historisches Dokument» – allein schon wegen der ungleich besseren fotografischen Qualität.[10] Dieser Film sollte den Hitler-Jungen auf der Grundlage des 1933 erschienenen Buches von

Hanns Heinz Ewers glorifizieren. Da er aber in der veränderten Situation aus politisch-ideologischen Gründen nicht mehr akzeptiert werden konnte – er hätte den von Hitler bekämpften Machtanspruch Röhms und seiner SA filmisch verstärkt –, verbot Goebbels den Film und sagte die bereits für den 9. Oktober 1933 geplante Uraufführung von «Horst Wessel» ab. Er gab das Opus erst in überarbeiteter Fassung und unter dem neuen Titel «Hans Westmar» frei.[11] Nunmehr mündet seine Handlung nach dem Tod des «SA-Helden» und einer Straßenschlacht rund um seinen Leichenzug in eine Apotheose des 30. Januar und seiner antizipierten Folgen.[12] Das Ereignis wird nicht nur historisch inszeniert als «Ergreifung der Macht», die auf die «Eroberung der Straße» habe folgen müssen, sondern auch zukunftsweisend für die zweite Etappe der viel weiter reichenden und tiefer gründenden «Eroberung gläubiger Seelen» für die Gemeinschaft des Volkes. Jenseits des im Film aufgefrischt hellen Fackelscheins der SA-Kolonnen, die durch das Brandenburger Tor marschieren, stehen die bisherigen Todfeinde, Mitglieder der NSDAP und KPD. Unter den Kommunisten ist ihr Berliner Führer Camillo Roß auszumachen, der aber nicht seine Faust zum «Rot-Front»-Gruß reckt, sondern seinen Arm zum «Hitlergruß» ausstreckt.[13]

Aber schon die Nationalsozialisten bedienten sich nicht nur dieser Aufnahme aus der Neuinszenierung, sondern noch weiterer historischer, gleichermaßen nicht authentischer Fotos, die von einem Fackelzug durchs Brandenburger Tor nach der Reichstagseröffnung vom 21. März stammten,[14] dem Jahrestag der ersten Reichstagseröffnung durch Bismarck. Die Fotografen der historischen authentischen Bildzeugnisse vom 30. Januar 1933 blieben bislang anonym. Sie publizierten vor 1945 in Tageszeitungen oder Zeitschriften, Büchern wie dem Rowohlt-Band «Ein Volk steht auf» oder an anderen Stellen. Diese Dokumente genügten offensichtlich schon damals nicht den technisch-ästhetischen Ansprüchen, weil sie die Zuschauer des Ereignisses im abendlichen Dunkel verschwommen und die SA-Männer nicht als eine klar erkennbare entschlossen marschierende Schar zeigen, sondern als ein konturenloses Lichtband. Die Standfotos aus den Spielfilm-Inszenierungen dienten also bereits den Nationalsozialisten für ihre propagandistischen Zwecke und vermögen bis heute die Rezipienten unkritisch arbeitender Journalisten und Historiker zu täuschen.

In der nationalsozialistischen Publizistik und Rhetorik wurde das Datum schnell und konsequent seines realen historischen Gehalts beraubt zu Gunsten eines magischen Gehalts in der propagandistischen Ikonographie. Dieser «30. Januar» prägte das Bild im Alltag und bei Feierlichkeiten in allen geeignet erscheinenden Medien – bis hin zu traditionell hochwertigen wie Historiengemälden[15]. Das Datum «30. Januar» war omnipräsent; es fand sich zu Beginn des «NS-Feierjahrs» in einem teils nur empfohlenen, teils jedoch strikt zu beachtenden Festkalender der «Volksgemeinschaft»; es signalisierte in allen offiziellen Reden den Zielpunkt eines langen und harten Kampfes gegen das «System von Weimar» und den «disziplinlosen Haufen von Lumpen, Deserteuren und jüdischen Drahtziehern» des Reichstags; es diente als Peripetie jeder «Parteierzählung», also des Berichts, der mit dem «unerhörten Kampf» in der «Systemzeit» begann, den Tag der nationalen Revolution» feierte und dann schließlich in das aktuelle Vortragsthema einmündete; es stand für den Erfolg des «ungeheuren Elans» der Partei, der Organisations- und Kampfkraft der Führung der «Bewegung»; es unterstrich die politische Genialität des «Führers», der binnen eines Jahrzehnts seine Ideen und Forderungen durchzusetzen vermochte; es wurde als umfassend verwertbarer Jubiläumsanlass zur stimulierenden Retrospektive und im eschatologischen Sinn im gesamten Medienverbund genutzt; es diente im Alltag zu unterschiedlichen Zwecken, am bekanntesten wurde die Zahlenfolge «30.1.» mit der Typenbezeichnung für den ersten «Volks-Empfänger», das populäre Billig-Radiogerät VE 301; es wurde wiederholt für die Ausgabe von Postwertzeichen und die Verkündung wichtiger Entscheidungen oder zur Bekanntgabe von Gesetzen benutzt. Der in immer neuen Varianten, aber jeweils durchweg äußerst emotional beschworene Erinnerungswert eines derart überhöhten «30. Januar» überdeckte den Makel der politischen Dürftigkeit, wurde geradezu durch die Verknüpfung mit einer wertvollen älteren Tradition unsichtbar und verlängerte die Euphorie der Ersten Stunde in die Zukunft.

Die sorgsame Anpassung an die aktuelle Lage und somit an die Bedürfnisse der Regierungs- und Parteipolitik oder an die der militärischen Führung wurde dabei rechtzeitig bedacht und pointiert formuliert. Zum Kernbestand der Aussagen zum «30. Januar» gehörten seit 1941 die Thesen wie «Seit dem Tag der Machtübernahme hat noch jeder 30. Januar die Gefährlichkeit des Bolschewismus überzeugender bewiesen» oder «Seit dem Tag der Machtübernahme hat sich mit jedem 30. Januar dringlicher die Notwendigkeit zur Schaffung großer Lebensräume für die lebensfähigen Völker erwiesen».[16] Diese und ähnliche Inszenierungen speisten sich bis in die letzten Tage des Regimes – die Uraufführung des Films «Kolberg» legte man auf den 30. Januar 1945 – zwar immer aus dem Fundus der propagandistischen Version des historischen Ereignisses, doch nutzten die Verantwortlichen aus taktischen Erwägungen meistens nur Teilbereiche. Sie beschränkten sich auf die Inhalte, mit denen sich das tagespolitisch Genehme und propagandistisch Angestrebte mit einem nutzbringenden Hinweis auf die Wiederholung des Ewig-Gleichen am besten verbinden ließen. Diese Zurichtung der Vergangenheit auf ganz bestimmte Eigenschaften bedeute, «dass Jubiläen in weitaus geringerem Maß darüber informieren, wie es einmal gewesen ist, sondern vor allem etwas über die Erinnerungssituation und den in ihr praktizierten Zugriff auf die Geschichte aussagen», stellt Winfried Müller zurecht fest. In den Jubiläen rückte «nicht nur die Vergangenheit ins Zentrum der historiographischen Anstrengung», sondern das Interesse gelte «den in der Inszenierung der Vergangenheit sichtbar werdenden zeittypischen Motiven und Bewusstseinslagen – und damit der sozialen Verfasstheit von Erinnerung überhaupt.» [17]

Ausländische Orientierungs- und Erklärungsversuche

Im Ausland stellten sich die Verhältnisse in der Öffentlichkeit ganz nach Kenntnisstand beziehungsweise zeitlicher und geographischer, ideologischer und persönlicher Nähe unterschiedlich dar.[18] Offensichtlich beherrschten allein die britischen Pressekommentare die prononciert vorgetragene Ansicht, die Ernennung Hitlers sei als eine Form der präsidialen Machtübernahme einzustufen, bei der aber Hindenburgs Berater, von Papen und Hugenberg, nicht als ideale Koalitionspartner gelten könnten. Die Wahrnehmungen des Ereignisses und seiner medialen Symbolisierung flossen dabei ineinander und wurden außerdem noch durch die Einstellungen der jeweiligen Regierung beeinflusst. Die «Chicago Daily Tribune» pflegte in jenen Jahren eine reichhaltige Rubrik mit Kurzkommentaren aus der internationalen Presse. Demnach konnte es als Fazit aus Pariser Regierungskreisen zum 30. Januar 1933 heißen: «official circles were not alarmed»; aber auf dem Balkan sprachen die Diplomaten nahezu *unisono* von «the rebirth of the old imperialistic, warlike Germany, thirsting for revenge».[19] An der vorherrschenden Einschätzung der historischen Situation ist zweierlei verständlich. Erstens kann ein allgemein als «Geburtsstunde» stilisiertes «Schlüsselereignis» bei Zeitgenossen und Nachlebenden grundsätzlich leicht zu der Annahme verführen, es sei *per se* als exzeptionell einzustufen, wenn es räumlich und zeitlich eng gefasst ist und sich zusätzlich noch anschaulich personalisieren und thematisch leicht strukturieren lässt. Zweitens kann jeder spektakuläre Auftakt den Ausgangspunkt für eine glaubhafte, pointierte und populäre «Geschichts-Epopöe» liefern, also für eine breite Thematisierung nahezu unbegrenzt vieler, jeweils auf jenes Schlüsselereignis bezogener, ihm vorangehender und folgender Entwicklungen, die dabei auch noch idealiter um eine Hauptperson oder überschaubare Gruppe zentriert sind.

Das zeitgenössische Verständnis lässt sich mit der Einschätzung der Wiener «Neuen Presse» gut wiedergeben. Sie sah in der Hitler-Hugenberg-Papen-Regierung eine wiederbelebte «Harzburger Front», also nichts umstürzlerisch Neues oder Revolutionäres.[20] Der Korrespondentenbericht der «Times» begrüßte die Kanzlerschaft Hitlers ebenfalls, weil mit ihr Schlimmeres verhütet worden sei.[21] Die an sich klare Erkenntnis vieler ausländischer Blätter, dass der «Führer» nur durch seine Förderer «in den Sattel gekommen» sei, führte aber bei den meisten britischen Zeitungen nur zur Unterschätzung Hitlers.[22] Zum Reichstagsbrand publizierte dagegen das kanadische Blatt «The Montreal» eine aussagekräftige, die historische Situation in ihrer Komplexität erfassende Karikatur. Die Zeitung sah am 23. März Hindenburg als Spiritus rector und karikierte ihn unter der Überschrift «The Red Peril» als ehrwürdigen, in eine Toga gehüllten Konsul, der Hitler vor dem im Hintergrund brennenden Reichstag zuflüstert: «This is a heaven-sent opportunity, my lad. If you can't be a dictator now, you never will be.»[23] Die Kenntnis der politischen Situation in Deutschland lässt sich aus der Betonung und der differenzierten Darstellung des engen Hindenburg-Hitler-Verhältnisses entnehmen. Die Dramatik ergibt sich durch die Verlegung des Reichstags in die Antike – die Assoziation des brennenden Roms unter Nero dürfte für den zeitgenössischen Betrachter nahe gelegen haben –, die Weitsichtigkeit aus der voraus weisenden Anspielung auf die Hitler «in die Hand» gegebenen Möglichkeiten, die sich aus der deklarierten Ausnahmesituation («Ermächtigungsgesetz») und einer Politik der Notverordnungen (Einschränkung oder Beseitigung der Grundrechte) alsbald ergeben könnten. Allein die treibende Funktion, die in dieser Situation dem «Einflüsterer» von Hindenburg zugeschrieben wird, entspricht der historischen Realität weniger. Am zehnten Jahrestag nutzten die Kommentatoren ihre ungleich reichhaltigeren Kenntnisse und Erfahrungen zu ersten strukturgeschichtlich angelegten Überblicken, konnten sich aber letztlich dennoch nicht von den suggestiven Bildern der nationalsozialistischen Propaganda lösen.[24]

Zum 20. Jahrestag charakterisierte die britische und amerikanische Publizistik Hitler zumeist als «das Böse an sich», reflektierte darüber, ob es zu Hitler jemals eine Alternative gegeben habe, und gelegentlich auch darüber, ob man nicht besser beraten sei, wenn man die Vergangenheit ruhen ließe.[25] Erst drei Jahrzehnte später zeichnete sich auf dem europäischen Kontinent eine bedeutsame Änderung in Frankreich ab. Die Publizistik konfrontierte die französischen Leser am 50. Jahrestag mit der Auffassung, Hitler müsse transnational gedacht werden. Die Nachwelt müsse am Gedenktag «30. Januar» zu begreifen lernen, dass seine Regierung nicht nur über die Deutschen, sondern über «uns» alle hereingebrochen sei, dass er nicht vereint und konsequent, früh und entschieden genug bekämpft worden, ja zeitweise sogar gewollt gewesen sei.[26]

Die Eigendynamik des Erinnerungstags

Die ausländischen Medien beschränkten sich erstmals 1993 darauf, die historischen Ereignisse nur anzudeuten,[27] um den am sechzigsten Jahrestag veranstalteten Friedensdemonstrationen gegen den «alten und neuen Nationalsozialismus» große Aufmerksamkeit zu widmen.[28] Für den ausländischen Leser, Hörer und Zuschauer musste sich die Büchse der Pandora geöffnet haben; bei den historisch Informierten wohl auch Erinnerungen an Straßenschlachten der Weimarer Zeit. Der «30. Januar» wurde in diesen Reportagen und Kommentaren von 1993 allgemein und konsequent zu einer Chiffre herabgestuft, deren Funktion sich darin erschöpfte, Assoziationen hervorzurufen. Zusammen mit der zeitlichen Distanz gingen in den Medien auch diejenigen Inhalte verloren, die in den ersten vier Jahrzehnten noch selbstverständlich gewesen waren: die als eng verstandenen Bezüge zwischen Hitlers praktischer Politik und den Positionen, die er in «Mein Kampf» eingenommen hatte; der Verweis auf die keineswegs einhellige Einschätzung des 30. Januar als exzeptionelles Datum; die Einschätzung der Hitler-Regierung in Europa und den USA als weiteren relativ undramatischen Versuch, die krisengeschüttelte Weimarer Republik zu retten und das Abgleiten in ein Chaos zu verhindern;

sowie die erläuternden Bemerkungen zu wenigstens einigen bedeutenden Themen und Problemzusammenhängen aus der Vorgeschichte der «Macht-Ergreifung».

Ob sich aus den Rückblicken zum 60. und 75. Jahrestag, in denen aktuelle Anlässe zunehmend vorherrschten, mehr als eine Variante der früheren, eher vorwiegend historisch orientierten Erinnerungskultur ergeben wird, wird man wohl erst in den folgenden Jahren erkennen. Drei Ergebnisse von allgemeiner Bedeutung und ein ausschließlich auf den «30. Januar» bezogenes Faktum können jedoch bereits heute als feststehend gelten: (1) Eine gute historische Bildung, eine möglichst umfassende Information über das erinnerte Ereignis sowie Grundkenntnisse über die Informationsstrategien und Wirkungsmechanismen der mediengesteuerten Kommunikation und ihrer Rezeptionsbedingungen bilden die besten Voraussetzungen für jede öffentliche Thematisierung und somit auch für eine verantwortungsvolle retrospektive Deutung jenseits von Instrumentalisierungen aus welchen Motiven und Interessen auch immer. (2) Je unpräziser und holzschnittartiger eine Darstellung historischer Vorgänge allgemein und insbesondere bei Jubiläen oder Gedenktagen ausfällt, desto leichter bietet sie ein weites Feld für eine Ersatzdebatte, in der das historische Ereignis auf eine vordergründige Verweisfunktion reduziert wird. Die inhaltlichen Verzerrungen korrespondieren zumeist mit einer emotional aufgeladenen Präsentation. (3) Führen der Erinnerungsimpuls und die Analyseleistungen zum «30. Januar» nicht deutlich über den engen Fokus des Tagesereignisses hinaus, dann verfestigen sich Vorstellungen von einer über Deutschland urplötzlich hereingebrochenen Katastrophe, von der Unabwendbarkeit der weiteren Entwicklungen und einer Haupt- oder Alleinverantwortlichkeit Hitlers. Missdeutungen würden erschwert oder unterblieben ganz, wenn der Erklärungsansatz von einem anderen historischen Datum und Ereignis ausginge, z. B. von der Verabschiedung des «Ermächtigungsgesetzes» am 23. März 1933, von seiner Vorgeschichte und seinen Auswirkungen.

Würde man diese herausragende Situation offiziell und öffentlich betonen, dann träten die parteipolitische Situation im Winter 1932/33 und die Unterschätzung des Koalitionsmitglieds Hitler, das für andere Ziele benutzt werden sollte, in den Vordergrund der Darstellungen und Reflexionen. Mit einem Gedenken an dieses Datum würden schwerer wiegende Themen und die entscheidenden Probleme der Entwicklung von der Republik zur Diktatur ins Blickfeld rücken. Die wichtigsten seien hier angedeutet. Es sind die fragwürdigen politischen Prioritätensetzungen der politischen Eliten Weimars, die gesellschaftlich vorherrschenden antidemokratischen Einstellungen und die von der Mitte bis zum äußersten rechten Flügel des Parteienspektrums reichende Bereitschaft des Parlaments, die Fülle der Regierungsmacht zuerst einem *trio infernal*, der Hitler-Hugenberg-Papen-Koalition, und dann in einem zweiten Schritt den Nationalsozialisten im März auszuliefern. Selbst die sozialdemokratische Abwehrfront des 23. März zerbrach, als die Partei wenige Tage später dem außenpolitischen Programm Hitlers im Reichstag geschlossen zustimmte. Nach diesem deutlichen Wandel auf der Ebene der Legitimität konnten die Nationalsozialisten in weitaus größerem Umfang als zuvor auf die Loyalität der Bevölkerung bauen. Hier läge also ein vielschichtigeres und anhaltend herausforderndes Studien- und Gedenkobjekt von einem hohen erkenntnisfördernden Format vor.

Es erwies sich, dass im zeitlichen Abstand von mehr als sechs, sieben Jahrzehnten eine differenzierte, Dämonisierung und Moralisierung, schiefe Analogien und historischen Relativismus vermeidende «Vergangenheitsbewältigung» möglich ist. Informationsdefizite und Asymmetrien in den Bemühungen und in der Erkenntnis der jüngsten Vergangenheiten in Wissenschaft und Öffentlichkeit bleiben dennoch bestehen. Wählt man die globale Perspektive, dann vermehren sich Formen der Instrumentalisierung, Verdrängungen und Legendenbildungen. Dagegen finden sich in Deutschland kaum noch gravierende Fehlurteile – sieht man von bewussten Verfälschungen durch politische Phantasten und Ideologen einmal ab –, doch gibt es Fehler im Detail und Flüchtigkeiten in der Präsentation.[29] Wiederholt zeigen sich Tendenzen zu einer Verharmlosung oder auch Ahistorisierung, die in einer längeren Tradition stehen.[30] In dem von jeder Generation aufzunehmenden und fortzuschreibenden Prozess einer Auseinandersetzung mit einer schwerlich jemals zu «bewältigenden» Vergangenheit verbinden sich kollektives Lernen und Erinnern. Sie sind Teil des mühevollen Versuchs, den Einfluss von Legenden und Mythen, Bildern und Symbolen auf Gesellschaften und ihr politisches und kulturelles Selbstverständnis aufzudecken sowie sich «gesicherten Wahrheiten» in Texten, Bildern und Symbolen anzunähern. Die öffentliche Diskussion über die Vergegenwärtigung der Vergangenheit vermittelt dabei am deutlichsten die Vorstellungen von der Traditionsbildung und «Gedächtniskultur» einer Gesellschaft.

Barbara Picht

15. September 1935: Propaganda und Erinnerung. Der Tag des Erlasses der Nürnberger Gesetze

Unsere Erinnerung ist nie frei von den Bildern einer Zeit und nie frei von ihrer Sprache. «Es gibt keine vergangene Wirklichkeit, die nicht primär über Sprache und Bild vermittelt wäre, die also nicht auch abhängig ist von vorgegebenen, freilich auch variier- oder transformierbaren Formen der Mitteilung, von Darstellung.»[1]

Dienten diese Darstellungen in Wort und Bild einem totalitären System zur Propaganda, dann stehen Fachleute wie Laien vor der schwierigen Aufgabe zu zitieren, ohne die ursprüngliche Absicht zu transportieren.

Die Nationalsozialisten hatten Kosten und Aufwand nicht gescheut, um den Tag des Erlasses der Nürnberger Gesetze erinnerungswürdig erscheinen zu lassen. Es ist ein Merkmal aller Propagandakunst, die Bedeutung der mit ihren Mitteln präsentierten Politik für das künftige politische und soziale Gedächtnis zu suggerieren. Der Reichsparteitag des Jahres 1935 war – wie die Reichsparteitage vor ihm und nach ihm – perfekt inszeniert, um Macht zur Schau zu stellen. Die ‹Liturgie› der Parteiversammlung schuf Raum für die Verkündung politischen Willens.[2] Diese Möglichkeit sollte nicht ungenutzt bleiben. Da die geplante Verabschiedung des Flaggengesetzes gewogen und zu leicht befunden worden war, ließ Adolf Hitler in kürzester Frist Gesetze ausarbeiten, die als Nürnberger Gesetze bekannt geworden sind. Sie definierten, wer im sogenannten Dritten Reich Staats- und wer Reichsbürger sei, und legten ein Ehe- und Umgangsrecht zwischen Juden und Nichtjuden in Deutschland fest.

Was in den Ministerien seit mehr als zwei Jahren beraten worden war: Juden von vollen Bürgerrechten auszuschließen und Ehen zwischen ihnen und nichtjüdischen Deutschen zu verbieten, war binnen nur zweier Tage in Gesetzesform gegossen und, überraschend für die allermeisten inner- und außerhalb der Partei, am 15. September 1935 dem eigens nach Nürnberg einberufenen Reichstag vorgelegt und einstimmig verabschiedet worden.[3]

Die Aufmärsche der Hunderttausende in Reih und Glied, das Meer aus Fahnen, die sie trugen, und der kalte Schein des Lichtdomes, erzeugt von Flakscheinwerfern, gerichtet in einen dunklen Himmel, stehen vor Augen in der Erinnerung an diesen Gesetzeserlass, der definierte, wer nach dem Willen der Parteiführung in Zukunft an dieser diktaturgelenkten Gesellschaft teilhatte, wer ausgeschlossen und preisgegeben war.[4]

Erinnerungskonsens

Es ist nicht leicht, etwas über die Inhalte des sogenannten kollektiven Gedächtnisses zu erfahren. Was sagt eine Umfrage aus wie die 1998 von dem Meinungsforschungsinstitut Forsa durchgeführte, nach der auf die Frage «Was waren die Nürnberger Gesetze?» nur ein Prozent der Hauptschüler und 24 Prozent der Abiturienten zu antworten wussten?[5] Ihre Antworten sind in den Statistiken nicht erfaßt. Fragte man Hunderte auf der Straße nach den Nürnberger Gesetzen und ihrer Bedeutung, erhielte man gewiss sehr unterschiedliche Antworten. Für die Schüler des Jahres 1998 war der 15. September 1935 nicht mehr Teil ihres autobiographischen, sondern ihres historischen Gedächtnisses.[6] Die Erinnerung dieser Generation und die der dann folgenden speist sich kaum und schließlich gar nicht mehr aus mündlichen Erzählungen von Zeitzeugen. Dafür wächst die Bedeutung des schriftlich Festgehaltenen und mit ihr die des gesellschaftlichen Konsenses darüber, was in welcher Weise zu erinnern sei.

Ein Abbild dieses Einvernehmens findet sich in den allgemeinen Lexika und im Internet. Zumindest zeigt sich hier, was im Zusammenhang mit den Nürnberger Gesetzen als das zu Wissende gilt – der gängigen Meinung nach.

Die Nürnberger Gesetze werden in diesen Nachschlagewerken, seien sie gedruckt, seien sie online zugänglich, fast immer auch als Rassengesetze oder sogenannte Rassengesetze bezeichnet.[7] Sie bestimmten, so lauten die weitgehend einmütigen Definitionen, wer im Deutschland der Nationalsozialisten als Voll-, Halb- oder Vierteljude galt, verboten den so Bezeichneten (mit Ausnahme der sogenannten Vierteljuden) die Ehe mit nichtjüdischen Deutschen und den außerehelichen Geschlechtsverkehr mit ihnen, untersagten den jüdischen Haushalten, nichtjüdische Frauen und Mädchen unter 45 Jahren zu beschäftigen, und erklärten schließlich die Juden zu Staatsangehörigen im Unterschied zu den Reichsbürgern, denen allein die vollen Bürgerrechte zugestanden wurden.

Diese schon ausführliche Fassung – nicht immer wird die von den Nationalsozialisten eingeführte Unterscheidung zwischen Reichsbürgern und Staatsangehörigen, nicht immer die Abstufung von sogenannten Voll-, über Halb- bis hin zu Vierteljuden erklärt – bildet einen Erinnerungskern und -konsens.[8] Um ihn lagern sich die politischen, biographischen oder moralischen Deutungen, die ebenfalls Teil des kollektiven Gedächtnisses, aber in Nachschlagewerken nicht wiedergegeben sind.

Wozu soll es führen, diesen Erinnerungskern nun an dem Gesetzestext selbst zu messen? Ist es nicht selbstverständlich, dass die Erinnerung an einen für eine ganze Gesellschaft bedeutsamen historischen Tag oder Ort eine andere Funktion hat als die Detaildiskussionen von Fachleuten zum selben Thema? Besteht die identitätsbildende Kraft, die solchen Erinnerungsorten und -tagen eigen ist, nicht gerade in ihrem symbolischen Charakter, also dem zeichenhaft Verdichteten, das trotz des Verzichts auf Details und Ambivalenzen die Bedeutung vergangenen Geschehens transportiert, wodurch dieses immer wieder und immer wieder neu zum Bestandteil der historischen Identität vieler werden kann?[9] Oder ist es, gerade weil Erinnerungsorten und -tagen diese Kraft innewohnt, geboten, nach den Inhalten zu fragen?

Rassengesetze

Im Gesetzestext selbst wird das Wort Rassengesetze nicht verwendet. Es ist dennoch als Bezeichnung für das ‹Reichsbürgergesetz› und das ‹Gesetz zum Schutze des deutschen Blutes und der deutschen Ehre› üblich geworden. Die Anführungszeichen, in die der Begriff oft gesetzt wird, erklären nicht, ob damit inhaltliche Distanzierung und moralischer Bann gemeint sind oder das Bewusstsein, dass der Rassebegriff der Nationalsozialisten unhaltbar war. Denn es gelang ihnen nicht, die Juden als eine Rasse zu definieren. Die Nürnberger Gesetze und die ergänzenden Kommentare machen das augenfällig.

Die Kommentatoren der Gesetze, Staatssekretär Wilhelm Stuckart und Oberregierungsrat Hans Globke, stellten zunächst noch ideologiekonform die scheinbar naturwissenschaftlich begründete Vorstellung vom reinen und rein zu erhaltenden Blut und die Folgen dar, die eine rassewidrige Vermischung nach sich zöge:

> Die Rassenlehre besagt [...], daß eine bestimmte Geisteshaltung, ein bestimmt gearteter Charakter, ein bestimmtes schöpferisches Wesen auch an bestimmte körperliche Merkmale gebunden sind, daß geistige Wesensart und körperliche Erscheinung eine Einheit bilden. [...]
> Zwar wird diese Voraussetzung des Volkstums, nämlich daß es auf einer oder mehreren im wesentlichen gleichgearteten Rassen beruht, zuweilen noch geleugnet. Es geschieht dies aus dem alten liberalen Denken heraus, daß alle Menschen von Natur aus gleich seien. Da man die tatsächlich vorhandenen und auch nach außen sichtbaren Verschiedenheiten der einzelnen Volkstypen und Rassen aber nicht wegleugnen kann, erklärt man diese Verschiedenheit mit dem Einfluß der den Menschen formenden Umwelt. Gewiß kann und soll ein solcher Einfluß nicht geleugnet werden, aber nicht er ist ausschlaggebend, sondern das im wesentlichen gleichartige Blut, das die Fähigkeit in sich birgt, die gleichen Merkmale auch auf die Nachkommen zu übertragen. [...]
> Die Zuführung artfremden Blutes zu dem eigenen führt daher zu dem Volkskörper schädlichen Veränderungen; denn die Homogenität, das instinktsichere Wollen eines Körpers wird dadurch geschwächt; an seine Stelle tritt eine unsichere, schwankende Haltung in allen entscheidenden Lebenslagen, eine Überschätzung des Intellekts und eine seelische Aufspaltung. Eine Blutmischung erreicht nicht eine einheitliche Verschmelzung beider sich fremden Rassen, sondern hat in der Regel eine Störung des seelischen Gleichgewichts in dem aufnehmenden Teil zur Folge. [...]
> Der höchste Zweck des völkischen Staates liegt in der Erhaltung und Förderung des aus körperlich und geistig gleichartigen Lebewesen zusammengesetzten Volkes. Da der Blutwert eines Volkes durch die dem Volke seine Eigenart verleihende Rasse bestimmt wird, ist die Reinerhaltung und Erhöhung des Blutwertes nur durch Rassenpflege möglich. [...] Die Rechts- und Staatsordnung des Dritten Reiches soll mit den Lebensgesetzen, den für Körper, Geist und Seele des deutschen Menschen ewig geltenden Naturgesetzen wieder in Einklang gebracht werden. Es geht also bei der völkischen und staatlichen Neuordnung unserer Tage um nicht mehr und nicht weniger als um die Wiederanerkennung und Wiederherstellung der im tiefsten Sinne gottgewollten organischen Lebensordnung im deutschen Volks- und Staatsleben. [...]
> Die Rassen sind durch ihr Erbgut, ihr Blut, ihre körperlichen und geistigen Merkmale untereinander verschieden oder auch verwandt, sie sind einander artfremd oder artverwandt. [...] Der Jude ist uns völlig fremd nach Blut und Wesen. Deshalb ist die Dissimilation die einzig mögliche Lösung. [...] Was deutsch ist und was dem deutschen Volk und Reich nützt und schadet, kann nur der Blutsverwandte empfinden, wissen und daher auch bestimmen.[10]

Für die Scheidung der untereinander blutsverwandten Arier von den ihnen ‹nach Blut und Wesen völlig fremden Juden› konnten die Gesetzgeber und ihre Kommentatoren jedoch kein naturwissenschaftliches Merkmal bemühen. An die Stelle des Blutes tritt in dem Gesetzeskommentar nun, ohne dass den Lesern dieser Bruch in der Argumentation bewusst gemacht oder erläutert würde, die Religionszugehörigkeit.

> Ein Großelternteil [gilt] ohne weiteres als volljüdisch, wenn er der **jüdischen Religionsgemeinschaft** angehört hat.[11] Auch ein voll deutschblütiger Großelternteil, der – etwa aus Anlaß seiner Verheiratung mit einem Juden – zur jüdischen Religionsgemeinschaft übergetreten ist, gilt daher für die rassische Einordnung seiner Enkel als volljüdisch. Ein Gegenbeweis ist nicht zugelassen.
>
> Diese Regelung erleichtert die rassische Einordnung erheblich. Ein volljüdischer Großelternteil wird sehr häufig der jüdischen Religionsgemeinschaft angehört haben, sodaß sich Feststellungen über seine Rasse erübrigen. Es erledigen sich damit aber auch die bisher in zahlreichen Fällen angestellten, vielfach schwer nachprüfbaren Behauptungen, daß ein Großelternteil zwar der jüdischen Religionsgemeinschaft angehört habe, aber dennoch deutschblütig oder Mischling gewesen sei. Die Regelung erscheint auch nicht unbillig; denn die Zugehörigkeit zur jüdischen Religionsgemeinschaft muß in der Regel als solch starkes Bekenntnis zum Judentum angesehen werden, daß mit einer Weitergabe der jüdischen Einstellung an die Nachkommen gerechnet werden kann.[12]

Diese Vermischung rasseideologischer Argumente mit dem Kriterium der Religionszugehörigkeit hatte zum Teil groteske Folgen. So galt ein nichtjüdischer Deutscher, der zum Judentum konvertierte, aber keinen jüdischen Eltern- oder Großelternteil hatte, weiterhin als Arier. Sein Blut sei dank seiner nichtjüdischen Vorfahren rein. Seine Enkel jedoch wurden, auch wenn ihre Eltern Nichtjuden waren, als Mischlinge zweiten Grades eingestuft, denn um ihre Rassenmerkmale zu bestimmen, zählte des Großvaters Jude-Sein, das nun freilich nicht eine Sache von Rasse und Blut, sondern der Religion war.[13]

Der Begriff Jude, wie ihn die Nationalsozialisten in den Mittelpunkt ihrer Rassenideologie stellten und in den Gesetzestext schrieben, ist also unsinnig. Er wird in den heute gängigen Definitionen der Nürnberger Gesetze aber nicht hinterfragt, und die Bezeichnung Rassengesetze wird dort gebraucht, ohne dass die Absurdität der nationalsozialistischen Rassenlehre erläutert würde.

Rechtsgrundlage

Zu dem Erinnerungskonsens über den 15. September 1935 gehört auch die Annahme, mit den Nürnberger Gesetzen sei eine juristische Grundlage für die Entrechtung der deutschen Juden geschaffen worden. «Die Nürnberger Gesetze», erläutert Meyers Enzyklopädisches Lexikon von 1976, «schufen für die bereits 1933 begonnenen Verfolgungsmaßnahmen eine juristische Absicherung».[14] Bis in den Wortlaut hinein gleicht dem die Definition der Brockhaus Enzyklopädie von 2006.[15]

Kann aber ein Gesetz, das in der Definition seines Rechtssubjektes in sich widersprüchlich ist, überhaupt als Gesetz bezeichnet werden?[16] Kann es als Rechtsgrundlage für Folgebestimmungen dienen?[17] Es bedarf, um diese Frage zu verneinen, nicht der rechtsphilosophischen Bestimmung Gustav Radbruchs, wonach die Nürnberger Gesetze der Rechtsnatur entbehrten, da sie sich der wesensbestimmenden Anforderung der Gerechtigkeit: der gleichen Behandlung des Gleichen, entzogen hätten.[18] Die Gesetze von Nürnberg sind noch vor aller rechtsphilosophischen und rechtstheoretischen Überlegung rein handwerklich ein Absurdum. Sie beraubten unter Berufung auf scheinbare rassische Unterschiede jüdische Deutsche ihrer Bürgerrechte, konnten diese von den nichtjüdischen Deutschen aber nur mittels eines nicht rassischen Merkmals, der Religionszugehörigkeit, unterscheiden.

Solange dieser Widerspruch nicht zu dem gehört, was im Zusammenhang mit den Nürnberger Gesetzen als das zu Wissende gilt, haftet ihnen der Nimbus von Recht und Gesetz an. Die Diktatur, die sie erließ, hat in der kollektiven Erinnerung bei aller Ächtung den Ruf eines in sich grausam stimmigen und geregelten Systems, in dem selbst die Diskriminierung nach geltendem Recht geschah. Dabei war der Nationalsozialismus seiner Ideologie nach rechtsfeindlich.[19] Hitler proklamierte mit dem Führerprinzip einen jeglicher Normativität entgegengesetzen Grundsatz und erklärte das Recht des Stärkeren zur Grundlage seiner Politik. Das letzte Recht liege immer in der Macht.[20] Er bediente sich der ungeliebten, ja verachteten Justiz zur Sicherung der eigenen Macht und schuf mit Notverordnungen und dem Ermächtigungsgesetz ein dem rechtlichen Raum quasi entzogenes Herrschaftsinstrument.[21] Goebbels riet ihm im Vorfeld der Verabschiedung der Nürnberger Gesetzte, die Unabhängigkeit der Richter baldmöglichst abzuschaffen und stieß mit diesem Vorschlag auf die Zustimmung seines Führers.[22]

Der preußische Justizminister Hanns Kerrl im Gemeinschaftslager der Rechtsreferendare in Jüterbog im August 1933 bei der Besichtigung des Galgens mit dem daran aufgehangenen Paragraphenzeichen. Links neben ihm der Lagerleiter SA-Obersturmbann-Führer Oberstaatsanwalt Christian Spieler und SA-Sturmführer Heesch.

Die Justizfeindlichkeit Hitlers und der Rechtsnihilismus der NS-Ideologie haben sich aber weit weniger in das kollektive Gedächtnis eingeprägt als die Annahme, dass für die Entrechtung der jüdischen oder als jüdisch definierten Deutschen eine Gesetzesgrundlage, die den Namen verdient, geschaffen worden sei.

Diskriminierung der Juden

So wenig die Fehlerhaftigkeit der Gesetze von der Mehrheit erinnert wird, so einhellig ist die Überzeugung, dass die Diskriminierung, die der Nürnberger Parteitag zu Recht und Gesetz erklärte, die Juden in Deutschland traf.

Was sagt der Gesetzestext? Auch wenn diese Lesart die unüblichere ist, war von nun an auch den nichtjüdischen Deutschen die Wahl ihrer Ehe- und Liebespartner nicht mehr freigestellt. Selbst all jene als Arier Eingestuften, die es wollten, durften ihren oft langjährigen jüdischen – beziehungsweise nun als nichtarisch erklärten – Arzt oder Rechtsanwalt nicht mehr konsultieren. Hausangestellte mussten ihre Stellungen in jüdischen Haushalten kündigen, auch gegen ihren Willen.[23] Studentinnen und Studenten konnten nicht mehr bei jüdischen Professoren hören und Prüfungen ablegen, auch wenn jene die Hochschullehrer ihrer Wahl waren.

Die extremste Form der Einschränkung der Rechte *aller* deutschen Bürger verfügt das ‹Reichsbürgergesetz› vom 15. September 1935 in seinem zweiten Paragraphen und der zugehörigen Verordnung, die beide beinahe gänzlich vergessen sind. Nicht ein einziges der konsultierten allgemeinen Nachschlagewerke, seien sie gedruckt, seien sie *online* zugänglich, und auch nicht alle Fachleute erwähnen sie.

> Reichsbürger ist nur der Staatsangehörige deutschen oder artverwandten Blutes, der durch sein Verhalten beweist, daß er gewillt und geeignet ist, in Treue dem Deutschen Volk und Reich zu dienen.
> Das Reichsbürgerrecht wird durch Verleihung des Reichsbürgerbriefes erworben.[24]
> Bis zum Erlaß weiterer Vorschriften über den Reichsbürgerbrief gelten vorläufig als Reichsbürger die Staatsangehörigen deutschen und artverwandten Blutes, die beim Inkrafttreten des Reichsbürgergesetzes das Reichtagswahlrecht besessen haben, oder denen der Reichsminister des Innern im Einvernehmen mit dem Stellvertreter des Führers das **vorläufige** Reichsbürgerwahlrecht verleiht.

> Der Reichsminister des Innern kann im Einvernehmen mit dem Stellvertreter des Führers das vorläufige Reichsbürgerrecht entziehen.[25]

Mit dem Erlaß der Nürnberger Gesetze war es prinzipiell möglich, auch allen nichtjüdischen Deutschen ihre Reichsbürgerrechte zu entziehen. Sie wurden ihnen nur unter der Voraussetzung zugesagt, dass sie sich bei einer entsprechenden Prüfung des vorläufig verliehenen Reichsbürgerbriefes würdig erwiesen. «Einwandfreie Führung» – was immer darunter verstanden wurde –, «Bewährung im Beruf», «Erfüllung der Wehrdienstpflicht» oder «eine andere Betätigung im Dienst der Volksgemeinschaft» waren die im Gesetzeskommentar für die künftigen Verfahren avisierten «objektiven Merkmale», nach denen über Verleihung oder Entzug der Reichsbürgerbriefe entschieden werden sollte.[26]

> Da die Verleihung aber in jedem Einzelfall von einer Durchprüfung der Verhältnisse des betreffenden Volksgenossen abhängig ist, wird die Ausstellung der Reichsbürgerbriefe erst in geraumer Zeit abgeschlossen werden können; denn etwa 40 Millionen Menschen müssen darauf nachgeprüft werden, ob sie den Voraussetzungen für die Verleihung entsprechen.[27]

Laut Gesetzesdefinition war der Verlust aller politischen Rechte von nun an alltägliche Möglichkeit für ausnahmslos alle Bürger. Die Ausübung des Stimmrechts (ein de facto allerdings ohnehin nicht mehr gewährtes Recht) und die Bekleidung eines öffentlichen Amtes (also auch der Beamtenstatus) konnten seit dem 15. September 1935 auch allen Nichtjuden verwehrt werden.[28]

> Der deutsche Staatsangehörige erwirbt das Reichsbürgerrecht nicht ohne weiteres durch seine Abstammung oder durch seine Betätigung für das deutsche Volk, sondern nach individueller Prüfung seiner Würdigkeit durch einen staatlichen Hoheitsakt, durch die Erteilung des Reichsbürgerbriefes. Die danach notwendige ständige Überprüfung der deutschen Nation wird zur Ausscheidung aller für die Fortentwicklung des deutschen Volkes und Reiches ungeeigneten Elemente aus dem politischen Leben führen und damit für alle Zukunft das Schicksal der deutschen Nation in die Hände der Träger guter deutscher Erbmasse und deutschen Geistes legen.[29]

Ihre eigene Rassentheorie galt den nationalsozialistischen Gesetzesgebern also auch hier nicht viel. Keinen sogenannten Arier, der doch dank seines Blutes ganz automatisch durch ein für alles Deutsche förderliches Wesen hätte ausgezeichnet sein müssen, sollte seine Rasse vor der Überprüfung schützen, ob in seinem Fall die deutsche Erbmasse und der deutsche Geist als gut einzustufen seien – womit eine denkbar unscharfe

Kategorie zur juristischen Anwendung kam.[30] Hitler stellte seinen uneingeschränkten Machtwillen über die eigene Rassenideologie, mit der er Gesetze wie jene von Nürnberg und Taten wie jene von Auschwitz rechtfertigte.

Für beide Teile des Gesetzes, den über die den Juden zu entziehende Reichsbürgerschaft und den über die nur unter Vorbehalt gewährte Reichsbürgerschaft, galt zudem § 3 des Reichsbürgergesetzes:

> Der Reichsminister des Innern erläßt im Einvernehmen mit dem Stellvertreter des Führers die zur Durchführung und Ergänzung des Gesetzes erforderlichen Rechts- und Verwaltungsvorschriften.

Dieser auf den ersten Blick unscheinbare Paragraph war in Wirklichkeit ein Freibrief, den die Herrschenden sich selbst ausstellten, um das Gesetz beliebig ausweiten und ergänzen zu können.

Die Verordnungen, die den Juden in den folgenden Jahren durch Berufsbeschränkungen bis hin zu Lebensmittelrationen erst ihre Existenzgrundlagen nahmen und schließlich ihre Deportation und Ermordung als einen Verwaltungsakt vollzogen, entbehrten trotz dieses Freibriefes jeglicher Gesetzesgrundlage.[31] Das Nürnberger Gesetz betraf Gewährung und Entzug politischer Rechte. Die Ermordung der nunmehr nur noch als Staatsangehörige Bezeichneten war durch die Erlasse vom 15. September 1935 in keiner Weise gedeckt oder juristisch vorbereitet. Auch insofern führt die immer wieder geäußerte Annahme, in Nürnberg sei eine Rechtsgrundlage für das dann begangene Unrecht geschaffen worden, in die Irre.

> Gerade an den «Nürnberger Gesetzen» zeigt sich exemplarisch, daß die Normen des NS-Rechts immer weniger eine Rechtsfunktion selbst im instrumentellsten Sinne reiner Steuerung wahrnahmen. Es dominierte eine nur noch symbolische Funktion des Rechts. Ein Aufmarsch mit judenfeindlichen Parolen wäre ein exaktes funktionales Äquivalent für diese Normierungen gewesen.[32]

Gründe für das Nicht-Erinnern

Es kam schließlich nicht zu der geplanten Verleihung von Reichsbürgerbriefen und den zugehörigen Überprüfungen von Gesinnung und Lebensführung der Bürger «deutschen und artverwandten Blutes». Dies ist zweifellos der wichtigste Grund, weshalb jener Teil des Gesetzes vergessen ist, der aber unwiderrufen bis zum Mai 1945 in Kraft war.[33]

Was Gedächtnis im Unterschied zur Geschichte genannt wird, ist kein enzyklopädisches Unternehmen und nicht an Chronologie gebunden.[34] Die Erinnerung wählt aus, betont, überzeichnet vielleicht auch, tut dies aber nicht wahllos und zufällig. Womit die Nürnberger Gesetze in der Erinnerung verbunden werden, ist ohne das, was noch in der Zukunft lag, als sie erlassen wurden, nicht zu denken. Zu Recht steht der Mehrheit das in Nürnberg an den deutschen Juden begangene Unrecht vor Augen und nicht die verglichen damit harmlosen Einschränkungen, die dasselbe Gesetz für die sogenannten arischen Deutschen bedeutete. Warum auch sollen sich Zeitgenossen wie Nachgeborene daran erinnern, dass die Reichsbürgerrechte nur unter Vorbehalt gewährt wurden, wenn dieser Gesetzesabschnitt nie zur Anwendung kam, während jene Bürger, denen dasselbe Gesetz ihre politischen Rechte ohne Vorbehalt entzog, verfolgt und ermordet wurden?

Angesichts von Schuld und begangenem Unrecht ist die nach Vollständigkeit strebende, zunächst nicht wertende und – jedenfalls der Theorie nach – identitätsabstrakte Haltung der Fachleute außerdem kein erstrebenswertes Ziel für eine Gesellschaft, die im Umgang mit ihrer Vergangenheit moralische und politische Verantwortung übernehmen will, um ihre Zukunft gestalten zu können.[35] In den Jahren der Auseinandersetzung mit dem Nationalsozialismus hat sich ein Erinnerungskonsens gebildet, auf den sich all jene berufen können, die im öffentlichen wie privaten Raum diese Verantwortung wahrnehmen wollen oder an sie appellieren. Es liegt nahe, dass man diesen Konsens wahren will.

Gründe für das Erinnern

Angesichts der Dauer und Qualität des Forschens über den Nationalsozialismus muss es gleichwohl erstaunen, wieviel Falsches oder Nicht-Durchdachtes in der kollektiven Erinnerung an die Nürnberger Gesetze immer noch transportiert wird. Die vielfach unbedachte Unterscheidung von Juden und Deutschen, die gedankenlose Übernahme einer rassistischen Terminologie, in der von Voll-, Halb- und Vierteljuden gesprochen wird, oder der Glaube, die Gesetze von Nürnberg hätten eine tragfähige juristische Grundlage für die Entrechtung bis hin zur Ermordung gebildet, gehören dazu. Der erwähnte Erinnerungskonsens, so notwendig er für die Bildung einer verantwortungsbewussten Gesellschaft ist, trägt das seine dazu bei, dass nicht oder nur ungern an diese in einem langwierigen historischen und gesellschaftlichen Prozess gefundene Form des Erinnerns gerührt wird.

Zum Ausdruck kommt ein solches Nichtantasten in der Sprache. Die Worte, in denen der Verfolgung und Ermordung der europäischen Juden öffentlich gedacht wird, wirken wie festgelegt. Selten überrascht eine Formulierung, selten denkt daher der Zuhörer über das Gesagte neu nach. Die Schwere der Schuld, so scheint es, zieht eine Unsicherheit im Denken und Sprechen nach sich. Allgemein anerkannte und öffentlich erprobte Formulierungen sollen historische wie moralische Sicherheit bieten.

Dem Grundprinzip des Gedächtnisses, «ein stets aktuelles Phänomen, eine in ewiger Gegenwart erlebte Bindung» zu sein, läuft diese Entwicklung zuwider.[36] Unzureichende Deutungen, wie die heute unter Nicht-Fachleuten übliche Auffassung vom Wesen der Nürnberger Gesetze, können nicht ergänzt oder korrigiert werden, wenn von dem in diesem Fall fatalen Sprachgebrauch nicht abgewichen wird. Das großzügige Setzen von Anführungszeichen oder moralische Empörung über die Fehlbarkeiten anderer genügen dabei nicht. Es ist leicht, darauf hinzuweisen, dass so mancher der heutigen Lexikonartikel zum Thema Nürnberger Gesetze das Reichspropagandaministerium ohne allzu große Beanstandungen passiert hätte. Schwieriger ist es schon, einen Lexikoneintrag in gebotener Kürze zu formulieren, der die oben beschriebenen Unzulänglichkeiten und Fehler nicht enthält. Dazu bedarf es der moralischen, intellektuellen und sprachlichen Anstrengung.

Der Text der Nürnberger Gesetze ist, ruft man ihn vollständig ins Gedächtnis, außerdem geeignet, einem Selbstanspruch der nationalsozialistischen Diktatur entgegenzutreten, der in der heute noch vielfach gemachten Unterscheidung zwischen Ariern und Nicht-Ariern unfreiwillig übernommen wird. Nur scheinbar hatten Arier dank ihrer Rasse alle Privilegien. In Wahrheit galten ihre Rechte wenig, wenn es um Hitlers Machtanspruch ging. Der vergessene Passus der Nürnberger Gesetze führt diese Herrschaftspraxis vor. Es ist möglich, anhand seiner das absolute, über allen Bürgern und ihren Rechten stehende Machtprinzip als zentrales Strukturmerkmal des nationalsozialistischen Staates zu veranschaulichen, ohne das Bewusstsein für Täterschaft, für Schuld durch Schweigen und Gewährenlassen und für das Leid der mit grausamer und letzter Konsequenz ausgegrenzten, entrechteten und ermordeten Minderheit zu verlieren. Dass es nicht zur Umsetzung der rechtlich beschlossenen Möglichkeit des Entzugs der Reichsbürgerschaft kam, ändert nichts daran, dass dieser Paragraph den Machtanspruch der Nationalsozialisten, die zugunsten seiner im Zweifelsfalle jegliches Rasseargument zu negieren bereit waren, erstaunlich unverbrämt formuliert. Ein Staat, der einen großen Teil seiner Bürger zu Feinden erklärt, kann dies nicht tun, ohne die Freiheit aller Bürger einzuschränken. Herrschende, die Gesetze wie jene von Nürnberg erlassen, haben damit nicht eine rechtliche Grundlage für die eigene Ideologie geschaffen, sondern zum Ausdruck gebracht, dass ihnen Recht und Gesetz nichts, die eigene Macht alles bedeuten. Fasst man den Mut zu einer solchen Erweiterung der kollektiven Erinnerung an die Nürnberger Gesetze, wird man ihrem Charakter und auch ihrer Bedeutung für die jüdischen Deutschen eher gerecht, als wenn man sie zum Anlass nimmt, die nationalsozialistische Rassenideologie mit allen Fehlern und Unsinnigkeiten wieder und wieder durchzubuchstabieren.

Erinnerungstage

Der Aufruf zu einer Freiheit für die Geschichte (*Liberté pour l'Histoire*), der von Frankreich ausging und den jüngst namhafte Historikerinnen und Historiker aus aller Welt unterzeichnet haben, soll verhindern, dass politisch über die Bewertung geschichtlicher Ereignisse entschieden und diese Entscheidung in Form von Gesetzen einklagbar wird.[37] Es geht also um Erinnerungspolitik, die öffentliches Gedenken stets bestimmt, auch wenn sie nicht in Gesetzesform gegossen wird.

Der Erinnerungskonsens, zu dem die deutsche Nachkriegsgesellschaft freiwillig und ohne Gesetzesbindung angesichts der Nürnberger Gesetze fand, ist ebenfalls ein Beispiel dafür, dass moralisch motivierte Festlegungen auf eine ganz bestimmte Form der Erinnerung nicht automatisch ein «gutes Erinnern» erzeugen. Sie verhindern die Korrektur von Irrtümern. Sie verleiten dazu, einen Erinnerungskonsens zu übernehmen, anstatt zu einem eigenen Urteil zu gelangen. Und sie schmälern die Bedeutung des Historischen für Gegenwart und Zukunft, weil sie es festschreiben wollen, anstatt seine lebendige Wirksamkeit zu riskieren.[38]

Die Freiheit zur Korrektur wahrzunehmen macht freilich mehr Arbeit, als sich auf ein kollektives Erinnern und das in ihm enthaltene historische wie politische und moralische Urteil zu berufen. Erinnerungstage könnten ein Anlass sein, dem kollektiven Erinnern das individuelle Fragen gegenüberzustellen und die Erinnerung einer Gesellschaft immer wieder der Arbeit und den Erkenntnissen ihrer Fachleute anzunähern. Es werden dann allerdings bewegte Tage, die für selbstgewisses Erinnern und wohlvertrautes Zeremoniell wenig Raum bieten.

Christiana Brennecke

26. April 1937: Guernica/Gernika

Ehe der amerikanische Außenminister Colin Powell am 5. Februar 2003 vor den Sicherheitsrat der Vereinten Nationen in New York trat, um dessen Mitglieder von der Notwendigkeit eines Irak-Krieges zu überzeugen, wurde im Vorraum des Sitzungssaales ein Gemälde verhüllt, das in den Augen der amerikanischen Regierung nicht eben dazu angetan schien, der anschließenden Pressekonferenz als Hintergrund zu dienen. In Form eines enormen Wandteppichs, den Nelson A. Rockefeller den Vereinten Nationen hinterließ, erinnert hier seit 1985 eine Reproduktion von Pablo Picassos Monumentalwerk *Guernica* an die Schrecken des modernen Krieges und die unzähligen zivilen Opfer jeder kriegerischen Auseinandersetzung – eine Erinnerung, die vor dem Hintergrund der bevorstehenden US-amerikanischen Invasion alles andere als erwünscht war, zumal diese nach Meinung von Militärexperten mit einer massiven Bombardierung Bagdads aus der Luft beginnen sollte.

Die Angst vor der Symbolkraft des Picasso-Gemäldes, die in dieser Verhüllungsaktion zum Ausdruck kommt, macht deutlich, in welchem Maße *Guernica* noch heute, nach mehr als 70 Jahren, die Gemüter bewegt. Als eines der bedeutendsten Kunstwerke des 20. Jahrhunderts steht *Guernica* längst nicht mehr allein für die Erinnerung an ein Kriegsverbrechen im Spanischen Bürgerkrieg. Das Bild, das Pablo Picasso im Frühjahr 1937 für den Ausstellungspavillon der Spanischen Republik auf der Weltausstellung in Paris malte, ist zum Antikriegszeugnis par excellence geworden, zur Mahnung für den Frieden, die bis heute nicht an Aktualität verloren hat. Entstanden in direkter Reaktion auf die Bombardierung der baskischen Kleinstadt Gernika am 26. April 1937 durch deutsche und italienische Flugzeuge, die im Spanischen Bürgerkrieg den aufständischen Truppen unter General Franco zur Seite standen, handelte es sich bei *Guernica* von Anfang an um ein hochpolitisches Gemälde, auch wenn Picasso auf jede offene Schuldzuweisung verzichtete und den Blick auf die Opfer, nicht auf die Täter richtete. Während es zunächst als Kriegszeuge und als hellsichtige Prophezeiung dessen fungierte, was im Zweiten Weltkrieg auf Europa zukommen sollte, wurde es nach 1945 zur politischen Aussage gegen den Faschismus im allgemeinen und das Franco-Regime im besonderen, zum Symbol für die Bombardierungen des Zweiten Weltkrieges und die Zerstörungskraft der totalitären Kriegsführung. Die Größe und Eindringlichkeit des Gemäldes und die Berühmtheit Picassos hielten *Guernica* dabei ebenso im öffentlichen Gedächtnis wie die bleibende Aktualität des Dargestellten, das mit immer neuen Inhalten gefüllt werden konnte. Ob als Streitobjekt in den Jahren des Kalten Krieges, als Protest gegen den Vietnam-Krieg, der den langjährigen Ausstellungsort Amerika diskussionswürdig erscheinen ließ, oder als Ikone im Kampf gegen die Franco-Diktatur und für ein demokratisches Spanien – *Guernica* war und blieb ein Politikum, das weit davon entfernt war, zum reinen Museumsobjekt zu werden und jenseits aller kunsthistorischen Bedeutung unterschiedlichste Generationen zu beeindrucken und zu bewegen wusste.[1]

Über diese allgemeine Symbolkraft hinaus kam dem Picasso-Gemälde jedoch noch eine weitere wichtige Funktion zu: Es hielt die Erinnerung an die Bombardierung Gernikas lebendig und wurde auf diese Weise zum entscheidenden Katalysator im Erinnerungsprozess an ein Ereignis, dem bei den beteiligten Nationen lange nicht die Aufmerksamkeit zuteil geworden ist, die die Schwere und Bedeutung der Tat nahegelegt hätten. Über Jahrzehnte hinweg versuchten die Hauptverantwortlichen die Erinnerung an dieses erste Beispiel für die flächendeckende Bombardierung einer ungeschützten, nicht direkt am Kriegsgeschehen beteiligten Stadt in Europa zu unterbinden. Ein Prozess, der bereits einen Tag nach der Bombardierung einsetzte und sich zunächst dergestalt äußerte, dass die Verantwortlichen eine Beteiligung an der Zerstörung schlichtweg leugneten und bewußte Falschmeldungen in Umlauf setzten, die die Schuld auf anderer Seite suchten. In nur wenigen Tagen gingen so zwei völlig unterschiedliche Versionen des Geschehens um die Welt, die bis in die jüngste Zeit zu polemischen Diskussionen über den wahren Tathergang und seine Hintergründe führen sollten und die angesichts der vielen ungeklärten Fragen den Erinnerungsprozess stark beeinträchtigt haben.[2]

Pablo Picasso: Guernica, 1937, Museo Reina Sofia, Madrid.

Im heutigen Sprachgebrauch wird in der Regel die spanische Bezeichnung der Stadt, Guernica, im Blick auf das Gemälde Picassos verwendet, während man für die Stadt selbst die baskische Bezeichnung Gernika vorzieht.

Es waren vier ausländische Spanien-Korrespondenten, die die Nachricht von der Zerstörung Gernikas um die Welt schickten, allen voran George Lowther Steer von der Londoner *Times*, der sich der Tragweite des Ereignisses bewusst war. Noch in der Nacht vom 26. zum 27. April 1937 besuchte Steer die zerstörte Kleinstadt und telegraphierte am 27. April einen Artikel nach London, der unter dem Titel *The Tragedy of Guernica. Town Destroyed in Air Attack. Eye-Witnesses's Account* von der Zerstörung Gernikas durch deutsche Flugzeuge berichtete und deutlich machte, dass am Nachmittag des 26. April 1937 ein neues Kapitel in der Militärgeschichte aufgeschlagen wurde:

> «In the form of its execution and the scale of the destruction it wrought, no less than in the selection of its objective, the raid on Guernica is unparalleled in military history. Guernica was not a military objective. A factory producing war material lay outside the town and was untouched. So were two barracks some distance from the town. The town lay far behind the lines. The object of the bombardement was seemingly the demoralization of the civil population and the destruction of the cradle of the Basque race.»[3]

In aller Ausführlichkeit schilderte Steer auf der Grundlage von Augenzeugenberichten das mehrstündige Bombardement, das von Maschinengewehrfeuer auf die Zivilbevölkerung begleitet wurde und unter Einsatz von Spreng- und Brandbomben von Anfang an auf eine größtmögliche Zerstörung hinzielte. Sein Artikel, der am 28. April sowohl in der Londoner *Times* als auch in der *New York Times* erschien, machte die Zerstörung Gernikas zum Thema einer Weltöffentlichkeit, die die Ereignisse in Spanien ohnehin mit steigender Anteilnahme verfolgte. Neben der bis dahin unbekannten Brutalität des Angriffs, die eine neue Form der Kriegsführung offenbarte, war es nicht zuletzt die Behauptung, dass es deutsche Flugzeuge der *Legion Condor* waren, die den Angriff durchführten, die angesichts des existierenden Nicht-Interventionspaktes die Gemüter erhitzte. Seit längerem schon kursierten Informationen darüber, dass die deutsche und italienische Unterstützung für Franco über das geduldete Engagement von Freiwilligen hinausreichte. Die Neuigkeiten aus Gernika aber sprachen explizit von einem Einsatz der deutschen Luftwaffe auf Seiten Francos und ließen vor diesem Hintergrund nicht nur sofort kritische Stimmen laut werden, die eine offizielle Aufklärung der

Geschehnisse forderten. Sie riefen vor allem das internationale Nichteinmischungskomitee in die Pflicht, das seit September 1936 in London tagte, um eine Ausweitung des spanischen Konfliktes zu verhindern.

Bereits zu dem Zeitpunkt, an dem die Berichte von Steer in London und New York zu lesen waren, lag allerdings das erste klare Dementi von franquistischer Seite vor. In direkter Reaktion auf eine Erklärung des baskischen Präsidenten Aguirre vom Morgen des 27. April, dass deutsche Flugzeuge im Dienst der Aufständischen Gernika zerstört hätten, ließ das Hauptquartier des «nationalen» Lagers über Radio und Presse dementieren, dass der Bombenangriff stattgefunden hatte. Im Umkehrschluss setzte man die Behauptung in die Welt, die republikanischen Truppen hätten Gernika kurz vor ihrem Rückzug mit Dynamit zerstört und angezündet – eine Darstellung, die man nach der Eroberung der zerstörten Stadt am 29. April 1937 zur offiziellen Version erklärte und wenige Monate später durch den Bericht einer angeblich unabhängigen Kommission bestätigen ließ, der 1938 in englischer Übersetzung publiziert wurde.[4] Angesichts dieser Gegendarstellung, die von deutscher Seite sofort und mit Nachdruck bestätigt wurde, taten sich die Mitglieder des Nichteinmischungskomitees schwer, die Bombardierung zu verurteilen, geschweige denn die Schuldigen zur Verantwortung zu ziehen. Trotz wochenlanger Diskussionen blieb die Frage nach der Verantwortlichkeit für die Zerstörung Gernikas letztlich ebenso unbeantwortet wie man es versäumte, das tatsächliche Ausmaß der Zerstörung und die Hintergründe der Tat einer offiziellen Untersuchung zu unterziehen, was zur Folge hatte, dass die beiden gegensätzlichen Versionen des Geschehens aufrechterhalten blieben, bis in den siebziger Jahren eine ernsthafte wissenschaftliche Auseinandersetzung mit den Ereignissen einsetzte.

Öffentlich erinnert wurde der 26. April 1937 in den ersten Nachkriegsjahrzehnten vor diesem Hintergrund kaum oder gar nicht. Solange die Schuldfrage offiziell ungeklärt war und die Franco-Diktatur den Opfern der Bombardierung keinen Raum für ihre Forderung nach Aufklärung und Erinnerung gewährte, konnten die eigentlich Verantwortlichen ungehindert ihre Version des Geschehens verbreiten oder sich demonstrativ in Schweigen hüllen, wie es auf deutscher Seite geschah. Langfristig verdrängen aber ließ sich eine kritische Auseinandersetzung mit den tatsächlichen Ereignissen schon allein deswegen nicht, da hier unterschiedliche Erinnerungsdimensionen ineinandergriffen, deren stets eigene Dynamik nicht ohne Auswirkungen auf die Erinnerung in den anderen beteiligten Nationen bleiben sollte.

«*Franco war der moralisch Verantwortliche für die Bombardierung Guernicas*», titelte die linksliberale Tageszeitung *El País* am 23. April 1978 im Vorfeld des 41. Jahrestages der Bombardierung. Ein einfacher Satz aus heutiger Sicht. Ein Satz allerdings, der nicht nur einen Schlusspunkt hinter vierzig Jahre des erzwungenen Schweigens, des Leugnens und des Lügens bezüglich der Ereignisse vom April 1937 setzte. Sondern eine Aussage, die im Rahmen der *Transición*, des Überganges Spaniens von der Franco-Diktatur zur Demokratie, einen singulären Status einnehmen sollte – als Ausdruck der einzigen deutlichen Schuldzuweisung in Richtung Francos und damit des einzigen Zugeständnisses an die republikanischen Opfer des Bürgerkrieges und der Franco-Diktatur. Ein Jahr zuvor hatte die Bevölkerung der baskischen Kleinstadt zum ersten Mal öffentlich der Ereignisse des 26. April 1937 gedenken können und in diesem Zusammenhang in Gestalt einer Kommission die spanische Öffentlichkeit und die Regierung dazu aufgefordert, zu einer Klärung und Richtigstellung der historischen Fakten beizutragen.[5] Seit jenem von Franco in Auftrag gegebenen Bericht aus dem Jahre 1938 hatte es in Spanien offiziell nur eine Version darüber gegeben, was am Nachmittag des 26. April 1937 im baskischen Gernika geschehen war: die vom «nationalen» Lager in Umlauf gebrachte Darstellung, «die Roten» hätten Gernika zerstört und angezündet, womit wahlweise die Republikaner oder die Basken gemeint waren. Gerade in den ersten Jahren hatte Franco dabei nicht davor zurückgeschreckt, den Fall Gernika seinerseits zu Propagandazwecken zu benutzen, indem er die zerstörte Stadt per Dekret vom 23. September 1939 adoptierte und ihrem Wiederaufbau höchste Priorität einräumte. Mit zunehmender Distanz zu den Ereignissen überwog allerdings der Versuch, die Erinnerung an die Zerstörung Gernikas möglichst kleinzuhalten, da man sich der Fragilität des eigenen Lügengebäudes bewusst war und seit den 1950er Jahren selbst Piloten der *Legion Condor* ein anderes Bild von den Vorgängen zeichneten. Aller Tabuisierung und Zensur zum Trotz machten diese Aussagen von deutscher Seite, die von der Bombardierung der Stadt durch deutsche Flugzeuge berichteten, auch im franquistischen Spanien eine leichte Korrektur der ursprünglichen Version notwendig. Ohne die These von der Zerstörung Gernikas durch republikanisch-separatistische Kräfte je zurückzuziehen, wurde nun von regimetreuen Historikern eingeräumt, dass es zwar eine Bombardierung durch deutsche Flugzeuge gegeben habe, diese jedoch ohne Wissen der franquistischen Führungsspitze stattfand, Franco von jeder Schuld an den Ereignissen freigesprochen werden könne.

Es sollte letztlich bis zum 40. Jahrestag der Bombardierung dauern, ehe in der spanischen Öffentlichkeit die ersten Zweifel an dieser doppelten Unschuldsversion artikuliert wurden und Stimmen zu vernehmen waren, die eine Korrektur der franquistischen Version der Ereignisse forderten. Zunächst noch sehr zaghaft, dann mit zunehmend deutlichen Worten begann die Tageszeitung *El País* im April 1977 in Referenz auf die Aktivitäten der aus Anlass des 40. Jahrestages gebildeten Kommission die Frage nach dem wahren Tathergang und nach der Mitverantwortung des im November 1975 verstorbenen Diktators zu formulieren.[6] Eine Frage, die im Spanien der *Transición* ein fast ebenso großes Tabu darstellte wie zu Lebzeiten des Diktators, zeichnete sich der nach dem Tode Francos einsetzende Demokratisierungsprozess doch gerade dadurch aus, dass man versuchte, einen Bruch mit der diktatorischen Vergangenheit zu vermeiden, um über eine Einbeziehung der franquistischen Eliten einen friedlichen Übergang zur Demokratie gewährleisten zu können. Der Preis dieser letztlich erfolgreichen politischen Strategie war der Verzicht auf Erinnerung, ja das bewusste Ausblenden der traumatischen Erfahrung des Bürgerkrieges und der Franco-Diktatur, die in den folgenden Jahrzehnten mit dem Terminus der Kollektivschuld belegt und mit einer gewissen Schlussstrichrhetorik als abgeschlossene Perioden behandelt wurden. Auch wenn diese Geschichtspolitik von einem breiten gesellschaftlichen und politischen Konsens getragen wurde, entstanden auf diese Weise zwangsläufig Sperrzonen der öffentlichen Erinnerung, da nicht nur über eine umfassende Amnestie eine Aufrechnung politischer Verbrechen verhindert wurde, sondern auch eine öffentliche Anerkennung der Leidensgeschichte des republikanischen Lagers während des Bürgerkrieges und der Diktatur vollkommen ausblieb.[7]

Sowohl die öffentliche Forderung nach einer Aufklärung der Ereignisse vom 26. April 1937 als auch die Arbeit der zu diesem Zweck gebildeten Historikerkommission stellten vor diesem Hintergrund einen einmaligen Vorgang dar.[8] Zum ersten Mal wurde hier in aller Öffentlichkeit ein mutmaßliches Kriegsverbrechen von «nationaler» Seite thematisiert und die Verantwortung Francos beim Namen genannt, denn die Kommission kam selbst ohne die noch ausstehende Öffnung und Konsultation der spanischen Militärarchive zu dem Ergebnis, dass Franco als oberster Befehlshaber der «nationalen» Truppen und direkt Verantwortlicher für die Intervention der *Legion Condor* die moralische Verantwortung für die Bombardierung Gernikas trug.[9] Hinter der Bereitschaft, sich öffentlich mit den Geschehnissen vom April 1937 auseinanderzusetzen, mag dabei zum einen die Tatsache gestanden haben, dass man die Schuld mit den Deutschen teilte. Vor allem aber war sie von einem anderen Aspekt nicht zu trennen, der für die Transitionspolitiker zum Symbol des erfolgreichen Demokratisierungsprozesses werden sollte: dem Wunsch, Pablo Picassos *Guernica* nach Spanien zurückzuholen. Bereits im Oktober 1977 hatte sich das spanische Parlament geschlossen dafür ausgesprochen, eine Rückgabe des Bildes zu erwirken, das seit 1939 im *Museum of Modern Art* in New York ausgestellt war und nach dem Willen Picassos erst nach der Etablierung einer Demokratie nach Spanien zurückkehren sollte. In den folgenden Jahren wurde die *Operación Retorno* zum dauerhaften Programmpunkt der spanischen Regierung, der nach jahrelangen, außerordentlich schwierigen Verhandlungen letztlich im September 1981 seine Umsetzung finden sollte. Für die Transitionspolitiker wurde die Rückkehr *Guernicas* zum Symbol dafür, dass die *Transición* beendet und die Demokratie konsolidiert war. Darüber hinaus wurde sie als Zeichen dafür interpretiert, dass der Bürgerkrieg endgültig beendet war und fungierte – durch die öffentliche Erinnerung an die Opfer des Bürgerkrieges und Franco-Spaniens – in gleichem Maße als Trostpflaster für die republikanische Seele wie als Warnung vor einem Ereignis, das sich unter keinen Umständen wiederholen sollte. «*Heute ist der letzte Exilant nach Spanien zurückgekehrt*», kommentierte Kulturminister Iñigo Clavero die Ankunft *Guernicas* auf spanischem Boden am 10. September 1981.[10] Und selbst die Ikone des spanischen Kommunismus, Dolores Ibárruri, *La Pasionaria*, kam nicht umhin, am Tag der offiziellen Einweihung des neuen Ausstellungsortes im *Casón del Buen Retiro* in Madrid zu konstatieren: «*Der Bürgerkrieg ist beendet.*»[11]

Guernica und das dem Gemälde zugrundeliegende Ereignis wurden auf diese Weise zum Alibifall der zunächst ausbleibenden Erinnerungsarbeit im demokratischen Spanien, zur symbolischen Versöhnung mit der jüngsten Vergangenheit, was auch implizierte, dass es für die spanische Regierung von Anfang an keinen Zweifel daran gegeben hatte, dass das Bild im Herzen Spaniens – in Madrid – ausgestellt werden musste. Ein anderer Erinnerungsanspruch wurde dabei angesichts der symbolträchtigen

Bedeutung des Ereignisses für Gesamtspanien entschieden zurückgewiesen. Seit dem Tode Francos im November 1975 hatten in erster Linie die Basken die Erinnerung an die Bombardierung Gernikas beschworen und in diesem Zusammenhang von Anfang an die Forderung erhoben, das berühmte Picasso-Gemälde an den Ort zu bringen, der ihm seinen Namen gegeben hatte. «*Guernica Gernikara – Guernica nach Gernika*» erschallte es seit den Feierlichkeiten zum 40. Jahrestag der Bombardierung alljährlich aus dem Baskenland in Richtung Madrid – eine Forderung, die bis heute im Rahmen der politischen Auseinandersetzungen zwischen dem nach Unabhängigkeit strebenden Baskenland und Zentralspanien instrumentalisiert wird und die zur ständigen Begleitmusik der baskischen Erinnerung an den 26. April 1937 geworden ist.

Das Baskenland: Lebendige Erinnerung

Für die Basken stellte die Bombardierung Gernikas von Anfang an in erster Linie einen Angriff auf die baskische Identität dar. Bereits im Mittelalter war Gernika zum kulturellen und religiösen Zentrum des Baskenlandes avanciert und im Laufe der Jahrhunderte zum Symbol der baskischen Selbstverwaltung geworden, da hier, unter einer großen Eiche im Stadtzentrum Gernikas, die kastilischen Könige traditionell den Eid auf die *Fueros*, die Sonderrechte des Baskenlandes, geschworen hatten. Als eine von drei Regionen Spaniens, die über eine eigene Sprache, Gebräuche und Rechtstraditionen verfügen und vor diesem Hintergrund spätestens seit dem Ende des 19. Jahrhunderts einen Anspruch auf politische Eigenständigkeit erhoben, hatten sich die baskischen Provinzen bei Ausbruch des Bürgerkrieges auf Seiten der Republik positioniert, die eher als das «nationale» Lager bereit zu sein schien, den baskischen Forderungen nach Autonomie entgegenzukommen. Eben diese Verknüpfung der eigenen Unabhängigkeitsbestrebungen mit dem Kampf der Republik gegen das «nationale» Spanien ließ die Bombardierung Gernikas in den Augen der Basken allerdings auch und in erster Linie zu einem Angriff auf das Baskenland werden, zumal Gernika selbst eher abseits des Kriegsgeschehens lag und die völlige Zerstörung in deutlichem Kontrast zum militärischen Nutzen der Aktion stand. Um so bitterer musste gerade in baskischen Ohren die Behauptung klingen, die Basken selbst oder die Republikaner hätten Gernika zerstört und angezündet. Auf die Bombardierung und die drei Tage später erfolgende Einnahme der Stadt durch die «nationalen» Truppen folgten so Jahrzehnte der Verleumdung, in denen die Darstellung Franco-Spaniens weder kommentiert noch der Zerstörung öffentlich gedacht werden konnte. Doch die Erinnerung an den 26. April 1937 blieb tief im kollektiven Gedächtnis der Basken verankert – als eines der größten Verbrechen eben jenes franquistischen Spaniens, das in den folgenden Jahrzehnten mit einer rigorosen Repressionspolitik versuchen sollte, jede politische und kulturelle Eigenständigkeit des Baskenlandes zu eliminieren. Die Bombardierung Gernikas wurde hier zum unausgesprochenen, gleichwohl mahnenden Beispiel für die Unterdrückungspolitik eines mehr und mehr als Feind wahrgenommenen spanischen Staates. Eine Interpretation, die auch nach dem Tode Francos nicht hinfällig werden sollte, sondern bis heute – aller Freiheiten zum Trotz, die die demokratische Verfassung von 1978 den einzelnen autonomen Gemeinschaften konzidierte – zum Stammrepertoire der nach Unabhängigkeit strebenden baskischen Nationalisten gehört. Bereits in den Jahren der *Transición* begann der nach 1975 erneut zur dominierenden politischen Kraft im Baskenland aufsteigende *Partido Nacionalista Vasco*, den baskischen Kampf auf Seiten der Republik als «nationalen Unabhängigkeitskrieg» zu propagieren, was bedeutete, dass Bürgerkrieg und Diktatur weitgehend auf einen Kampf zwischen der baskischen Peripherie und dem Zentrum in Madrid reduziert wurden. Und so wie man die jüngste Vergangenheit insgesamt als argumentative Strategie im Ringen um politische Unabhängigkeit einsetzte, wurde auch die Bombardierung Gernikas als rhetorische Waffe in den Auseinandersetzungen mit der Zentralregierung in Madrid verwendet – ein Phänomen, das in vollem Ausmaße in den Jahren der Aznar-Regierung von 1996 bis 2004 offenbar wurde, in denen die vorsichtige Geschichtspolitik der *Transición* einer zunehmenden politischen Polarisierung weichen musste und sich die Spannungen zwischen Peripherie und Zentrum deutlich verschärften.

Neben der ursprünglichen Forderung nach einer Aufklärung der historischen Tatsachen und einer offiziellen Korrektur der franquistischen Version der Zerstörung Gernikas, waren und sind es in diesem Zusammenhang zwei Aspekte, die nicht nur, aber vor allem anlässlich der jährlichen Gedenkfeierlichkeiten auf die politische Tagesordnung gesetzt werden: der Anspruch, das berühmte Picasso-Gemälde gleichen Namens in Gernika auszustellen, sowie die Forderung nach einer Entschuldigung von Seiten der spanischen Regierung. Nicht zuletzt in Reaktion auf die nationalistische Politik des konservativen *Partido Popular*, die von baskischer Seite als neofranquistisch gebrandmarkt wurde – wobei man Regierungschef Aznar zum Fortführer der Politik Francos und Hitlers erklärte, die Gernika zerstört hatten[12] – wurde in den 1990er Jahren verstärkt der Ruf laut, die spanische Regierung müsse sich für den Angriff vom 26. April 1937 entschuldigen. Eine Forderung, die von der spanischen Regierung jedoch bis heute ebenso dezidiert zurückgewiesen wird wie der Wunsch, *Guernica* dauerhaft oder temporär im Baskenland auszustellen. Auch die seit 2004 amtierende sozialistische Regierung von José Luis Rodríguez Zapatero, die im Gegensatz zum *Partido Popular* den Franquismus offiziell verurteilt und mit dem im Dezember 2007 verabschiedeten *Gesetz zur historischen Erinnerung* einen so wichtigen Schritt in der Auseinandersetzung mit der jüngeren Vergangenheit Spaniens getan hat, macht hier keine Ausnahme. Als im April 2007 aus Anlass des 70. Jahrestages der Bombardierung erneut der Ruf aus dem Baskenland erscholl, die spanische Regierung solle sich offiziell entschuldigen, und man diese Forderung ganz dezidiert in den Kontext des Gesetzes einbettete, blieb die Antwort aus Madrid negativ: Man verurteilte den Franquismus; die Bombardierung Gernikas aber war für die sozialistische Regierung nicht das Resultat eines Krieges Spaniens gegen das Baskenland, sondern eines innerspanischen Bürgerkrieges.[13] Der Anspruch auf eine Verlegung des Picasso-Gemäldes dagegen wird bis heute mit dem Argument zurückgewiesen, dass Picasso das Bild im Auftrag der Regierung der spanischen Republik malte und das Bild angesichts seiner großen symbolischen und künstlerischen Bedeutung nur in Madrid hängen könne. Eine temporäre Austellung des Gemäldes im Baskenland wiederum wurde zuletzt im Sommer 2006 mit kunsthistorischen Bedenken zurückgewiesen, da das Bild eine weitere Reise nicht überstehen würde.[14]

Blieben die Versuche, eine offizielle Entschuldigung der spanischen Regierung zu erreichen, bis heute ohne Erfolg, so sollte der zweite Schwerpunkt der baskischen Erinnerungsarbeit nach 1975 nach langen Jahren des Mühens letztlich zum Erfolg führen, auch hier allerdings erst nach außerordentlich zähem Ringen und nicht unbedingt in dem Maße, wie man zunächst gehofft hatte. Neben der bereits im April 1976 noch fast im Geheimen gegründeten Kommission aus Überlebenden und Bürgern der Stadt Gernika, die anlässlich des 40. Jahrestages an die Öffentlichkeit trat, wurde im November 1979 eine weitere Kommission ins Leben gerufen, die sich vor allem dafür einsetzte, von deutscher Seite eine Geste der

Versöhnung und der Freundschaft zu erreichen. Der Kommission, der neben dem Bürgermeister zahlreiche baskische Künstler sowie Überlebende der Bombardierung angehörten, ging es dabei weniger um finanzielle Wiedergutmachung als um eine symbolische Geste, die allerdings ein sichtbares und bleibendes Ergebnis haben sollte und daher zwangsläufig Geld kosten würde. Die Vorschläge, die man in diesem Zusammenhang in zahlreichen Gesprächen und Briefwechseln mit deutschen Vertretern aus Regierungskreisen, Wirtschaft und Kultur artikulierte, reichten von städtebaulichen Maßnahmen über die Förderung der baskischen Kultur bis hin zur Gründung eines Friedensforschungsinstitutes mit deutscher Unterstützung. Doch obschon an der Täterschaft der deutschen *Legion Condor* zu diesem Zeitpunkt kein ernsthafter Zweifel mehr bestehen konnte und die Bundesregierung bereits im Oktober 1977 ihre prinzipielle Bereitschaft für eine Geste der Versöhnung erklärt hatte, erwiesen sich die Verhandlungen als außerordentlich langwierig und sollten erst in den 1990er Jahren zu einem akzeptablen Ergebnis führen.[15] Für die deutsche Beschäftigung mit dem Thema *Gernika* waren die Erinnerungsansprüche von baskischer Seite allerdings von ausschlaggebender Bedeutung. Während man bis in die 1970er Jahre hinein angesichts der Tabuisierung des Themas in Spanien keine Notwendigkeit gesehen hatte, sich mit den Ereignissen des 26. April 1937 auseinanderzusetzen, wurde mit der öffentlichen Thematisierung der Bombardierung im Baskenland ein Prozess in Gang gesetzt, der eine Auseinandersetzung und eine Stellungnahme von bundesdeutscher Seite letztlich unvermeidbar machte.

Deutschland: Verspätete Vergangenheitsbewältigung

Ähnlich wie auf Seiten Franco-Spaniens schien sich auch in Deutschland schon wenige Tage nach der Bombardierung Gernikas niemand mehr an den Lufteinsatz der *Legion Condor* vom 26. April 1937 erinnern zu können. In Reaktion auf die sofort einsetzenden internationalen Proteste dementierte man auf deutscher Seite vehement, in irgendeiner Form an der Zerstörung Gernikas beteiligt gewesen zu sein oder ansonsten auf «nationaler» Seite in die innerspanischen Auseinandersetzungen eingegriffen zu haben. In den folgenden Monaten schloss man sich nahtlos der franquistischen Interpretation der Ereignisse an und tat seinerseits sein Möglichstes, um einen Mantel des Schweigens über das Geschehen auszubreiten. Selbst nachdem der Einsatz der *Legion Condor* in Spanien bei Beendigung des Bürgerkrieges mit einer Teilnahme an der großen franquistischen Siegesparade in Madrid offiziell geworden war und in Hitler-Deutschland als Beleg der deutschen Kriegstauglichkeit gefeiert wurde – noch heute erinnert die 1939 umbenannte Spanische Allee in Berlin-Zehlendorf an den Einsatz der Legionäre –, wurde diese Haltung nicht aufgegeben. In einem 1939 vom Oberkommando der Wehrmacht herausgegebenen Sonderheft der Zeitschrift *Die Wehrmacht* mit dem Titel *Wir kämpften in Spanien. Männer der Deutschen Legion Condor berichten von ihren Erlebnissen auf dem spanischen Kriegsschauplatz* wird der Luftangriff auf Gernika mit keinem Wort erwähnt. In den ersten Memoiren von Mitgliedern der *Legion Condor* wiederum, die noch in den Jahren des Zweiten Weltkrieges erschienen, wird, wenn überhaupt, nur die franquistische Version wiedergegeben, die Republikaner hätten Gernika zerstört und angezündet.

Auch als nach dem Zweiten Weltkrieg die erste öffentliche Auseinandersetzung mit den nationalsozialistischen Verbrechen begann, blieb der Fall Gernika davon vollkommen unberührt. Da die alliierten Kriegsverbrecherprozesse ausschließlich die im Zweiten Weltkrieg begangenen Unrechtstaten des Hitlerregimes verhandelten und von Opferseite in den Jahren der Franco-Diktatur keinerlei Forderung nach Aufklärung oder Wiedergutmachung erfolgen konnte, schien es im Nachkriegsdeutschland zunächst keine Notwendigkeit zu geben, sich mit dem Thema Gernika auseinanderzusetzen. Begünstigt wurde dieses «Vergessen» ohne Zweifel dadurch, dass in der Bundesrepublik eine kritische Auseinandersetzung mit der Rolle des deutschen Militärs in den Jahren von 1933 bis 1945 insgesamt zunächst ausblieb.[16] Nach einer ersten Phase der von alliierter Seite angestoßenen Auseinandersetzung mit den Kriegsverbrechen der Wehrmacht war das Militär relativ bald moralisch rehabilitiert worden, was nicht zuletzt dem Kalten-Kriegs-Klima geschuldet war, das auf alliierter Seite die Einsicht reifen ließ, dass man Deutschland und damit auch deutsche Streitkräfte im Kampf gegen den Kommunismus brauchte. Schnell begann sich hier das Bild durchzusetzen, das deutsche Militär sei im Nationalsozialismus nur missbraucht worden und die deutschen Soldaten hätten letztlich nur ihre Pflicht erfüllt. Dies wiederum verhinderte eine umfassende Aufklärung und Ahndung der militärischen Kriegsverbrechen und machte eine Form der militärischen Traditionspflege möglich, in der für ein Gedenken an die Bombardierung Gernikas schlicht kein Platz war. Im Gegenteil: nahezu unbehelligt konnten ehemalige Mitglieder der *Legion Condor* in den Jahren 1956/7 in Bingen eine Kameradschaft gründen, die sich der Pflege der gemeinsamen Erinnerungen an den Kampf in Spanien widmete und das deutsche Außenministerium wiederholt durch nationalsozialistisch angehauchte Gedenkfeiern in Spanien in Verlegenheit brachte. Vertreter der deutschen Regierung in Spanien wiederum begannen den Spanien-Einsatz der *Legion Condor* in diesen Hochzeiten des Kalten Krieges als «*Hilfeleistung der Freiwilligenverbände*» im Kampf gegen den Kommunismus und für christliche Werte umzudeuten[17] – eine Interpretation, die gerade in militärischen Kreisen lange vorhalten sollte und die die in den fünfziger und sechziger Jahren langsam in Memoiren von *Legion Condor*-Mitgliedern auftauchenden Berichte von der Bombardierung Gernikas – die in ihrem Ausmaß als Missgeschick dargestellt wurde – zur Marginalie erklärte. In der DDR dagegen wurde der Einsatz der *Legion Condor* zwar durchaus kritisch thematisiert und in gleichem Maße erinnert, in dem man sich selbst als das «gute», antifaschistische Deutschland mit den Internationalen Brigaden im Spanischen Bürgerkrieg identifizierte.[18] Auch hier allerdings wurde der Zerstörung Gernikas eher implizit als explizit gedacht, jede politische Mitverantwortung für die Folgen der Hitler-Diktatur ohnehin vollkommen abgelehnt.

Erst als in den 1970er Jahren die ersten wissenschaftlichen Studien publiziert wurden, die an der Täterschaft der *Legion Condor* keinen Zweifel ließen[19], wurde die Bombardierung Gernikas auch in Deutschland zu einem öffentlich diskutierten Thema, wobei die baskischen Versuche, eine Versöhnungsgeste der Bundesrepublik zu erreichen, allerdings schnell zeigten, wie schwer man sich auf Seiten der bundesdeutschen Regierung damit tat, der wissenschaftlichen Erkenntnis eine offizielle Geste, geschweige denn ein Schuldeingeständnis folgen zu lassen. Auf eine zunächst konziliante Antwort vom Oktober 1977, dass man im Falle einer vollständigen Aufklärung der historischen Tatsachen durchaus zu einer Geste der Versöhnung bereit sei[20], folgte ein langes Schweigen, zu Beginn der 1980er Jahre sogar eine dezidierte Ablehnung. Während der deutsche Botschafter in Madrid eine weitere Anfrage von baskischer Seite im Oktober 1981 im Auftrag der Regierung Schmidt zurückwies, da die *Legion Condor* auf Ersuchen Francos eingegriffen habe und zudem in Deutschland der Wunsch bestehe, «*das Thema Vergangenheitsbewältigung als abgeschlossen zu betrachten*»[21], konstatierte das deutsche

Außenministerium unter Hans-Dietrich Genscher im März 1982, «*daß die Bundesrepublik Deutschland für die Schäden nicht verantwortlich ist, die die Legion Condor in Spanien verursacht hat. Schadensersatzleistungen kommen daher nicht in Betracht.*»[22] Über unterschiedlichste Kanäle versuchte die baskische Kommission in den folgenden Jahren die gewünschte Versöhnungsgeste zu erreichen. Eine wirkliche Dynamik allerdings sollte der Prozess erst in dem Moment entwickeln, in dem sich die GRÜNEN-Politiker Petra Kelly und Gert Bastian des Themas annahmen. Als Gäste einer internationalen Friedenskonferenz, die 1987 im Vorfeld des 50. Jahrestages der Bombardierung in Gernika stattfand, wurden Kelly und Bastian darauf aufmerksam, dass sich zu den Feierlichkeiten kein offizieller Vertreter der Bundesrepublik angemeldet hatte und machten das Thema nach ihrer Rückkehr nach Deutschland zu ihrem ganz persönlichen Kreuzzug in Sachen deutscher Vergangenheitsbewältigung. In mehreren Anfragen an die Bundesregierung und Anträgen im Deutschen Bundestag forderten sie – zum Teil mit Unterstützung der SPD – eine offizielle Anerkennung der deutschen Schuld und eine Wiedergutmachung in Form einer Versöhnungsgeste, die man am liebsten in Gestalt eines internationalen Friedenszentrums in Gernika realisiert sehen wollte. Die sich über mehrere Monate hinziehenden Diskussionen im Bundestag zeigten, dass zwar nach außen hin prinzipiell alle Parteien für eine Geste der Versöhnung votierten und sich eine Mehrheit in diesem Zusammenhang für die Gründung einer Städtepartnerschaft zwischen Gernika und Pforzheim aussprach, die 1989 realisiert wurde, sowie die Errichtung eines Berufsbildungszentrums mit deutscher Unterstützung befürworteten. Die Frage der Anerkennung deutscher Schuld – die von GRÜNEN-Seite so entschieden gefordert wurde – traf jedoch weiter auf große Widerstände, die sich auf regionaler und bundesdeutscher Ebene gleichermaßen manifestierten. Außer in oppositionellen Kreisen und in der Friedensbewegung wurde das Engagement Kellys und Bastians als überzogen wahrgenommen und als parteipolitisches Instrument im Kampf der GRÜNEN gegen die konservativen Parteien in der Bundesrepublik abgetan. «*Der Kampf gegen Windmühlenflügel hat in Spanien Tradition*», war da in der Süddeutschen Zeitung vom 10. Juni 1988 zu lesen, «*Diesmal freilich hat sich eine Frau aus der Fremde die Rüstung Don Quijotes umgeschnallt, um gegen Phantomgegner die Lanze anzulegen: Petra Kelly reitet durch das Baskenland, um gegen die angeblichen Feinde eines Friedensforschungszentrums zu streiten, das im spanischen*

Guernica mit deutscher Hilfe entstehen soll [...]».[23] Von rechtskonservativen Kreisen wurde ihr Einsatz gar als Nestbeschmutzung und Besudelung des Andenkens deutscher Fliegerhelden gebrandmarkt.

Übertroffen wurde diese fehlende Sensibilisierung für das Thema Gernika gleichwohl noch durch den Umgang militärischer Kreise mit der Thematik, wie eine große Werbeanzeige der Bundeswehr im September 1990 zeigte, die mit den Worten «*Feindbilder sind die Väter des Krieges*» betitelt und ausgerechnet mit Pablo Picassos *Guernica* illustriert war. Auch wenn die Initiatoren voraussichtlich an den Symbolcharakter des Picasso-Gemäldes als Antikriegszeugnis gedacht haben mochten, brauchte es schon einer gehörigen Portion Zynismus, Gedankenlosigkeit oder schlicht des Mangels jeglichen historischen Fingerspitzengefühls, um die Friedensliebe der Bundeswehr mit einer plakativen Erinnerung an die Bombardierung Gernikas zu bewerben. Alle Proteste von baskischer Seite, die eine sofortige Entschuldigung bei der Bevölkerung von Gernika forderten, blieben jedoch ebenso ohne Erfolg wie die wenigen Stimmen in Deutschland, die – wie Günter Grass in einer Rede vor Bundespräsident Richard von Weizsäcker – sofortige Konsequenzen dieser unglaublichen Taktlosigkeit forderten.[24]

Es war wohl erst eine öffentliche Auseinandersetzung mit den Verbrechen der Wehrmacht insgesamt notwendig, bis auch das Thema Gernika und die Frage der deutschen Schuld nachdrücklich in das öffentliche Gedächtnis rückte. Wie sehr sich das Bild der «sauberen Wehrmacht» in den Köpfen festgesetzt hatte und in einem Teil der Gesellschaft selbst nach 50 Jahren noch präsent war, sollten die öffentlichen Kontroversen um die 1995 in Hamburg eröffnete Wehrmachtsaustellung zeigen, die ebendiesen Mythos der sauberen Wehrmacht zerstörte. Die monatelangen, sehr emotional geführten Diskussionen schufen ein neues Bewusstsein für die Frage des Umgangs mit den Verbrechen der Wehrmacht und ließen im Vorfeld des 60. Jahrestages auch die Bombardierung Gernikas in einem anderen Licht erscheinen. Auf baskischer Seite wartete man zu diesem Zeitpunkt noch immer auf eine angemessene Geste der Versöhnung, nachdem die Errichtung des Berufsbildungszentrums an angeblichen Haushaltsproblemen der Bundesregierung gescheitert war und man sich im November 1996 nur zu dem Beschluss hatte durchringen können, stattdessen den Bau einer Sporteinrichtung zu unterstützen. Anders als noch wenige Jahre zuvor begann sich angesichts dieser «Geste der Peinlichkeit» jedoch auch in Deutschland eine breitere Öffentlichkeit für den

Fall Gernika zu interessieren. Es fanden Ausstellungen und Symposien statt, darüber hinaus wurde die Initiative *60 Jahre Gernika – Gegen das Vergessen* gegründet, die die Abgeordneten des Bundestages im November 1996 dazu aufforderte, die ursprünglich beschlossene Unterstützung zu leisten und ein klares Bekenntnis zur deutschen Schuld und Verantwortung abzulegen. Während es der Bundestag im April 1997 dennoch ein weiteres Mal ablehnte, der Bombardierung Gernikas zu gedenken, da es, so der FDP-Abgeordnete Jörg von Essen, nicht um die «*Quantität, sondern um die Qualität des Gedenkens*»[25] ginge und man laut Rita Süßmuth schließlich «*nicht jeden Jahrestag begehen*» könne[26], entschloss sich Bundespräsident Roman Herzog auf eine neuerliche Anfrage von baskischer Seite hin nun zu der so lange ersehnten Geste. Anlässlich der Feierlichkeiten zum 60. Jahrestag der Bombardierung Gernikas ließ er durch den deutschen Botschafter in Madrid am 27. April 1997 auf dem Marktplatz von Gernika ein Grußwort an die überlebenden Zeitzeugen verlesen, in dem er sich «*zur schuldhaften Verstrickung deutscher Flieger*» bekannte und sich mit der Bitte um Versöhnung an die Überlebenden des Angriffes wandte.[27] Die Botschaft des Bundespräsidenten – deren Inhalt ein Jahr später letztlich auch vom Bundestag bekräftigt wurde – wurde von baskischer Seite mit Wohlwollen aufgenommen und als die Geste der Versöhnung interpretiert, auf die man so lange hingearbeitet hatte. Neben dem deutschen Schuldeingeständnis und der Bitte um Versöhnung kommt in den Worten von Roman Herzog auch zum Ausdruck, was Gernika für heutige Generationen bedeutet. Als Symbol für eine Kriegführung, die «*eine wehrlose Bevölkerung gleichermaßen grausam und unvorbereitet traf*», gehört der «*Tag von Gernika und das menschliche Leiden, für das dieser Name steht, [...] zur kollektiven Erinnerung unserer Völker.*» Nicht zuletzt dank Pablo Picassos *Guernica*, der Bild gewordenen Erinnerung an den 26. April 1937, ist der Tag von Gernika zum Symbol für die Schrecken des modernen Krieges geworden – zur geteilten Erinnerung an ein Ereignis, das die nachfolgenden Generationen zum Frieden mahnt.

Auch in Gernika selbst, wo die Erinnerung an die Bombardierung heute allgegenwärtig ist, steht dieser zukunftsweisende Aspekt der Friedenswahrung im Zentrum des öffentlichen Gedenkens. Neben einem 1995 eingeweihten Mausoleum auf dem Friedhof der Stadt, in dem die Toten ihre letzte Ruhe fanden, und einer Stele, die an die Opfer der Bombardierung erinnert, sind es vor allem ein internationales Friedensforschungszentrum und ein Friedensmuseum – das seit 2003 ein Dokumentationszentrum über die Bombardierung Gernikas beherbergt –, die das Gedenken an den 26. April 1937 wachhalten und die Lehren aus der Vergangenheit zu vermitteln versuchen. Nicht zuletzt ihrer Arbeit ist es zu verdanken, dass heute neben der Trauer um die Toten das Bekenntnis zum Frieden im Mittelpunkt der alljährlichen Gedenkfeierlichkeiten steht.

Klaus Zernack

1. September 1939: als höchstes Stadium «Negativer Polenpolitik»

Globale Dimensionen

Das vielzitierte «kollektive Gedächtnis» der Menschheit, zumindest der europäischen von heute, sieht in dem hinter uns liegenden – dem zwanzigsten – Jahrhundert das katastrophenreichste Zeitalter soweit das Auge der Erinnerung reicht. Wie mit schier unerschöpflicher Zerstörungskraft folgte dem «August 14» der «September 39». Schon dessen erster Tag markiert mit dem vernichtenden Bombardement des Städtchens Wielun in Großpolen den Anfang jener Spur des Grauens, die sechs Jahre lang als Zweiter Weltkrieg das Antlitz beinahe ganz Europas durchziehen sollte, von Ostasien und der Atombombe gar nicht zu reden.

Es war der erste moderne Vernichtungskrieg, und seine Fangarme umklammerten nahezu den ganzen Erdball. In europäischer Perspektive bedarf es daher keiner langen Diskussion, diesen 1. September 1939 – und das, was ihm sechs Jahre lang folgte und dann als seine Nachgeschichte im Kalten Krieg noch fast das ganze Jahrhundert prägte – als einen komplexen Erinnerungsort einer global verstandenen Schreckensgeschichte aufzufassen. Im weltgeschichtlichen Gedächtnis jedenfalls repräsentiert der 1. September 1939 das Datum mit dem stärksten Symbolcharakter für das 20. Jahrhundert. In vielen Ländern der Welt ist er zum Gedenktag erhoben, der an den Weltfrieden gemahnen soll. Ohne jeden Zweifel haben wir es also mit einem global bedeutenden *lieu de mémoire* zu tun.

Kritische Zeitgeschichte versus doktrinäre Sinnstiftung

Es ist ein noch junger Erinnerungsort, der weltweit im Gedächtnis dreier Generationen lebendig ist. Somit könnte er eigentlich einen weiten Spielraum für das «kommunikative Gedächtnis» eröffnen.[1] Indes hat sich in Gegenwirkung zu der besonderen politischen Beanspruchung und Ideologisierung im Zweiten Weltkrieg und später im Kalten Krieg auch die kritische zeitgeschichtliche Forschung seiner mit Verve angenommen. Sie versteht den 1. September 1939 und den Zweiten Weltkrieg, den er auslöste, als den Topos, der das 20. Jahrhundert in seinem historischen Charakter bestimmt hat und in dieser Wirkung den «August 14» noch übertraf. Lange Zeit war dieser im kollektiven Gedächtnis der Deutschen der gleichsam führende Erinnerungsort – aber nicht allein in Deutschland, wie man an Aleksandr Solschenizyn erkennen mag. Die Ablösung des «August 14» durch den 1. September 1939 dürfte sich indes erst im Verlauf des Krieges, nämlich infolge der Eröffnung des pazifischen Schauplatzes, angebahnt haben. Seitdem setzte sich auch der Name «Zweiter Weltkrieg» immer mehr durch.

Nach dessen Ende war in der «Weltöffentlichkeit» die Erinnerung an den 1. September 1939 vor allem von der Kontroverse zwischen einer weltweit vernetzten zeithistorischen Forschung und der marxistischen Geschichtsteleologie bestimmt. Wieweit dennoch in der letzten Phase des Kalten Krieges Bewegung in die Fronten gekommen war, zeigte sich bei der großen internationalen Historikerkonferenz, die in West-Berlin am Vorabend des 1. September 1989 stattfand, also sechzig Jahre nach Kriegsausbruch und kurz vor dem Fall der Berliner Mauer.[2] Glasnost und Perestrojka hatten es möglich gemacht, dass sich zu diesem Berliner Treffen für einen Moment alle Grenzen öffneten. Wie in einem Vorgefühl der kommenden Dinge waren aber bereits in den 1980er Jahren neue Töne angeklungen, und die Historikerschaft stimmte in sie ein. Die Berliner Konferenz diskutierte – wie es übrigens noch auf weiteren Tagungen über den Zweiten Weltkrieg geschah – in ungeahnter Offenheit und zugleich mit Distanz zu dem ideologisch-politischen Gebrauch des Themas in den vergangenen Jahrzehnten. Doch ist hier nicht der Ort, diese geschichtspolitischen und geschichtswissenschaftlichen Auseinandersetzungen als solche zu rekonstruieren, zumal manches in dieser Hinsicht in der Publikation der Berliner Tagung aufscheint.[3]

Der Kontext Ostmitteleuropa

Unsere Einsicht in die globalen Dimensionen des 1. September 1939 darf nun freilich nicht vergessen lassen, dass der Schauplatz, auf dem die Entfesselung des Zweiten Weltkriegs sich abgespielt hat, in Europa

Nach der Unterzeichnung des Hitler-Stalin-Paktes am 23. August 1939 im Moskauer Kreml, von links: Reichsaußenminister Joachim von Ribbentrop, Legationsrat Andor Hencke, Josef Stalin, Legationsrat Gustav Hilger, Wjatscheslaw Molotow.

lag. Genauer gesagt, war es im östlichen Mitteleuropa, wo die beiden expansionslüsternen Großmächte, Hitlers Deutschland und Stalins Sowjetrussland, ihr nahezu wehrloses Opfer Polen zum wiederholten Mal in die Klammer nahmen, dieses Mal, um es als Staat und Kultur endgültig auszutilgen. Aus einer langen, fast dreihundertjährigen Tradition «Negativer Polenpolitik» war diese jetzt bei Hitler und Stalin in ihr höchstes Stadium gelangt: in den Vernichtungskrieg.[4] Es überrascht nicht, dass der Tag, an dem dieser begann, als Gedächtnisort bis heute «geteilte Erinnerungen» bei den Betroffenen weckt.

Hier soll man neben dem *universalen* Erinnern an den Beginn des Katastrophengeschehens am 1. September 1939 auf *nationale* Anteile an dem Gedächtnispotential aufmerksam machen. Bei genauer Betrachtung haben wir es in unserem Fall mit einer Dreierkonstellation zu tun, in der sich aber zwei bilateral-paarweise äußerst konträre Erinnerungsansprüche an den 1. September 1939 begegnen, nämlich der deutsche mit dem polnischen einerseits und der polnische mit dem russischen andererseits. Den Knotenpunkt bildet also Polen, in den auch das Russland-Deutschland-Verhältnis eingebunden ist. Der *lieu de mémoire* 1. September 1939 verspricht also ein ergiebiges Material für die Erklärung beziehungsgeschichtlicher Befunde überhaupt abzugeben. Unser besonderes Interesse findet dabei die Konstellation des höchsten Stadiums «Negativer Polenpolitik», der Überfall auf Polen, den man mit kühner Erinnerungsmetaphorik als Hitlers «Schlesischen Krieg» bezeichnet hat.[5] Auf die ältere, erinnerungsträchtige Genealogie des Aggressionspotentials ist zurückzukommen.

Zunächst ist zu klären, ob der Krieg, der Polen auslöschen sollte, zu diesem Zeitpunkt hätte zum Ausbruch kommen können ohne das opportunistische Interesse der skrupellosen sowjetischen Diplomatie, die das sensationellste *renversement des alliances* des Jahrhunderts im sogenannten Hitler-Stalin-Pakt vom 23. August 1939 zustande brachte.[6] Und weil Stalin an den angestrebten und damals vereinbarten Gebietsansprüchen der Sowjetunion im alten Polen und im Baltikum unter allen Umständen festzuhalten gewillt war, musste die Existenz von geheimen Zusatzprotokollen zu den entsprechenden Abmachungen mit Hitlerdeutschland jahrzehntelang, eigentlich bis an das Ende der Sowjetunion, abgestritten werden. Von den dafür erforderlichen diplomatischen Manövern war die Erinnerung an den 1. September 1939 und den Zweiten Weltkrieg in der Sowjetunion und in den volksdemokratischen Ländern nach 1945 entschieden geprägt: Es stand alles unter der politisch-ideologischen Priorität einer regierungsamtlichen Geschichtsfälschung. Mit Recht hat man in der professionellen Zeitgeschichtsforschung deshalb von einem einzigartigen (solitären) Vorgang gesprochen.[7] Erst 1990 und im Zeichen von Glasnost und Perestrojka verurteilte der Sowjet der Volksdeputierten die offizielle Lüge.[8] Damals war schon gleich nach dem Fall der Mauer in Berlin ein deutlicher Rückgang der erinnerungspolitischen und ideologischen Programmatik zu beobachten. In immer stärkerem Maß sah deshalb die zeitgeschichtliche Forschung die Erinnerungsarbeit auch als ihre Aufgabe an. Und sie richtete ihre Aufmerksamkeit vor allem auf die Fülle der «weißen Flecken», die die sowjetamtliche Geschichtspropaganda hinterlassen hat.[9] Dabei war in der DDR die strikte Bindung an das Muster der sowjetisch-vaterländischen Erinnerungsarbeit unausweichlich, während man in der Volksrepublik Polen schon seit 1956 eigene Wege ging.[10] Nimmt man alles in allem, tut sich weiterhin ein großes Spektrum von Aufgaben erinnerungs- wie historiographiegeschichtlicher Traditionskritik und zeitgeschichtlicher Rekonstruktionsversuche vor uns auf. Bei ihrer Bearbeitung wird zumindest dem Historiker immer wieder deutlich vor Augen geführt, wie eng auch für ihn analytische Dekonstruktion und erinnerndes Deuten (Rekonstruktion) zusammengehören.

Vor diesem methodologischen Hintergrund und einer beträchtlichen Unübersichtlichkeit der Diskussion in vielen einzelnen Fragen der Beziehungsgeschichte Ostmitteleuropas will der folgende Gedankengang in gebotener Kürze die Grundlinien jener «Negativen Polenpolitik» als ein mächtegeschichtliches System in Erinnerung bringen, das am 1. September 1939 mit dem Beginn des Vernichtungskrieges gegen Polen seinen Kulminationspunkt erreichte. Es kann als die entscheidende Voraussetzung für die Entfesselung des Zweiten Weltkriegs gelten.

Der Weg zum 1. September 1939

Nach dem bekannten Diktum George Kennans hat die Auflösung von Bismarcks europäischem System 1914 in die «seminal catastrophy of this century», in die Urkatastrophe des 20. Jahrhunderts, geführt.[11] In kontrastiver Parallele dazu kann man den Ausbruch des Zweiten Weltkriegs am 1. September 1939 in einer partiellen Wiederbelebung der Bismarckschen Machtlogik durch Hitler und Stalin begründet sehen. Eine solche Akzentuierung der deutsch-sowjetrussischen Kooperation auf Kosten Polens, die mit dem Ribbentrop-Molotov-Abkommen vom 23. August 1939 begann, hat in der deutschen Geschichtswissenschaft seit 1989 wieder an Boden gewonnen, und sie verdrängt jene älteren Versuche, für Stalins Pakt mit Hitler ebenso wie schon für die sowjetrussische Deutschlandpolitik in der Ära der Weimarer Republik Zwänge der Staatsräson geltend zu machen.[12] An der Entfesselung des Zweiten Weltkriegs durch die Willkür der beiden Diktatoren ist nicht zu zweifeln, auch wenn Hitler das Band zum Kreml bald durchschnitt und der Krieg erst durch den Eintritt der Vereinigten Staaten im Dezember 1941 *welt*weit ausgriff. Der Krieg gegen Polen wird im allgemeinen Sprachgebrauch gewöhnlich «Polenfeldzug» genannt. Das ist eine Verharmlosung. Vielmehr war es von Anfang an unabweisbar ein Vernichtungskrieg mit weltmachtpolitischen Zielen eines jeden der beiden Gewaltherrscher.[13] Der deutsche «Führer» sah darin den Auftakt zum Gewinn von Lebensraum in den Weiten des Ostens. Für den Kremlherrn war es das nächste geschichtsnotwendige Stadium der Selbstzerfleischung des kapitalistischen Systems, die man mit Gelassenheit erwarten konnte.

Aber diese eigentlichen Ziele blieben noch verborgen hinter dem Prius, das beide Tyrannen der Vernichtung Polens gaben. Sie sollte Hand in Hand gehen mit der Beseitigung des Versailler Staatensystems in Ostmitteleuropa. Auch bei den nationalen Minderheiten der Zweiten Republik, den Ukrainern und den Weißrussen/Litauern, gab es tief verwurzelte Ressentiments gegen Polen, teils wegen der Adelstraditionen und der fortdauernden polnischen Herrenstellung in den kresy, teils wegen der uneinsichtigen Minderheitenpolitik der Zweiten Republik. Hinzu kamen die hohen Ambitionen in der Außenpolitik.[14] So lässt sich nicht bestreiten, dass der Krieg im September 1939 als «Polenfeldzug» mit Blitzkriegscharakter bei den Nachbarn Polens Popularität genoss, während die Masse der Bevölkerung in Deutschland auf den Kriegsbeginn eher bedrückt als mit Enthusiasmus – wie 1914 – reagierte.[15] Für die Polen aber bestätigte sich nur erneut eine Erfahrung, nach welcher die lange Tradition der preußisch/deutsch-russischen Umklammerung auch für das aktuelle Einvernehmen zwischen den ungleichen Partnern sorgte.

Drei «Schwarze Adler» im Aufwind

Erste Regungen dieser «Negativen Polenpolitik» traten in dem rasanten Machtzuwachs Russlands am Anfang des 18. Jahrhunderts zutage. Als eher positive Erfahrung vollzog sich im Kielwasser des «Veränderten Russland» gleichzeitig der Aufstieg Preußens zur Großmacht.[16] Dort, wo Frankreich seit 1648 von der Ostsee bis zum Schwarzen Meer seine *Barrière de l'Est* in Szene setzte, regten sich ganz neue Kräfte. Leopold von Ranke hat sie 1833 beschrieben: «Mit Russlands Aufstieg war der Norden unter eine ganz andere Herrschaft geraten als die mittelbare von Frankreich; eine große Nation trat hier in eine neue, eine eigentlich europäische Entwicklung ein». In dem Sieg von Poltawa 1709 über den schwedischen Erzrivalen an der Ostsee sah Peter der Große den «Grundstein zu St. Petersburg [...], zu dem ganzen Gebäude seines Staates und seiner Politik» gelegt. Damit fing Russland an, «in dem Norden Gesetze zu geben».[17] Vor allem regte sich das Bedürfnis, in der alten französischen Einflusssphäre der *Barrière de l'Est* eine Sicherheitszone für das neue Petersburger Imperium einzurichten, und zwar mit Hilfe der politischen Infiltration und militärischen Kontrolle des riesigen Staatsgebietes, welches das polnisch-litauische Wahlreich aufzuweisen hatte. Und in der Tat erwies sich dessen traditionelle vormoderne Verfassungsstaatlichkeit bald als brauchbares Werkzeug für die Steuerung der polnischen Angelegenheiten von außen. Im Friedensvertrag von Nystad 1721 erhielt Petersburg seine Interventionsrechte im Nachbarland völkerrechtlich verbrieft.[18] Dem Sog eines solchen Wandels konnten sich die mitteleuropäischen Vormächte Preußen und Österreich schwerlich entziehen. In der Alternative, ob eine von Frankreich beherrschte Barrièrezone oder ein Bündnissystem der «Drei schwarzen Adler» unter Russlands Stabführung Ostmitteleuropa beherrschen würde, lag für Preußen und Österreich, die Petersburg sich als Partner wünschte, eine bezwingende mächtepolitische Logik, die zugunsten des Dreierbündnisses sprach. So entstand eine Partnerschaft in der Außensteuerung Polens, die wohl einzigartig in der frühneuzeitlichen Staatenwelt Europas war. Auch wenn sich das Verhältnis der drei neuen Großmächte auf anderen Wegen in Krisen verknäulte, konnten diese das Einvernehmen über Polens kontrollierte und beschränkte Souveränität, wie Nystad sie begründet hatte, kaum mehr gefährden. Dabei ist es höchst fraglich, ob es für die Außerkraftsetzung Polens als Staat unbedingt der sogenannten Teilungen (1772, 1793, 1795, 1815) bedurft hätte. Es ist nicht ausgeschlossen, dass es bei den Protagonisten der «Negativen Polenpolitik» im Zarenreich und in der Hohenzollernmonarchie in der ersten Hälfte des 19. Jahrhunderts Gedanken in dieser Richtung gegeben hat.[19] Seit dem Scheitern der «nationalen» Bewegungen des Vormärz und ihres Revolutionsversuchs von 1848 war aber daran kaum mehr zu denken – vollends nicht mehr nach 1871 mit Bismarcks Durchsetzung des hegemonialen Nationalstaats.

Nach dem Ende der Monarchien

Selbst nach dem Sturz der Romanovs und der Hohenzollern sowie nach Polens Wiederherstellung als Staat 1916/1919 – man könnte auch sie als «erste Teilung Preußens» bezeichnen – änderte sich nichts an der Grundeinstellung, weder in Moskau noch in Berlin. Auch die demokratische Republik von Weimar verstand ihre Polenpolitik auf preußisch-traditionelle Weise und setzte in dieser Frage auf die Kooperation mit Russland, auch in Gestalt der neuen, diktatorischen Räterepublik. Denn beide Verlierer des Krieges fühlten sich von ihren siegreichen Kriegsgegnern ausgestoßen und isoliert und bedurften schon deshalb der gegenseitigen Annäherung.[20]

Vor allem aber wollten sie sich mit den Grenzziehungen für das neue Polen nicht abfinden, wie der Versailler Vertrag sie vorsah. Dabei folgte der Grenzverlauf gegenüber Deutschland ungefähr jener Linie, die sich Jahrhunderte lang, nämlich vom Zweiten Thorner Frieden (1466) bis zur ersten Teilung Polens 1772, als allseits befriedigend und stabil erwiesen hatte.[21] Dennoch sprach man in der Weimarer Republik von der «blutenden Grenze» im Osten und plädierte für deren friedliche Revision.

Weitaus komplizierter waren die Probleme, die die Ostgrenze des neuen Polen aufwarf. Nach dem Scheitern des sowjetrussischen Vorstoßes gegen Warschau 1920, von dem man sich die Revolutionierung ganz Polens erhofft hatte, konnten die Polen erneut Terrain in Weißrussland/Litauen und in der Ukraine zurückerobern. Damit war die sogenannte Curzon-Linie, die in Versailles als Abgrenzung des ungefähr geschlossenen polnischen Siedlungsgebietes gefunden worden war, wieder in Frage gestellt. In der Tat vermochte Polen im Frieden von Riga im Frühjahr 1921 eine Grenze durchzusetzen, die ungeachtet ethnographischer Gegebenheiten wieder weiter nach Osten auf ostslavisch-litauischen Siedlungsboden ausgriff.

Wilsons heile Welt

Aber nicht nur die Grenzziehungen bereiteten Irritationen. Die beiden entrechteten, durch Versailles förmlich deklassierten alten Imperien im Osten Europas – Österreich und Preußen-Deutschland vermochten der neuen Ordnung nur schwer positive Werte abzugewinnen. Im Grunde sahen sie nur, dass das idealistisch am grünen Tisch entwickelte Konzept eines europäischen Zusammenlebens in der vollständigen Gleichberechtigung von großen und kleinen Völkern vor allem zu ihren Lasten ging. So suchten sie nach Spielräumen der Revision und richteten ihren Blick wie gewohnt auf Polen, das sie als den Agenten Frankreichs in Ostmitteleuropa betrachteten – mit seiner Neuauflage der *Barrière de l'Est*, jetzt als *Cordon sanitaire* bezeichnet.[22] Es war dann in der Tat nur noch eine Frage der kontingenten diplomatischen Konstellationen, wann sich antipolnischer Revisionismus von deutscher und russischer Seite würde zusammenführen und gemeinsam realisieren lassen. Die «Negative Polenpolitik» spürte wieder Boden unter den Füßen.

Verunsichernde Sicherheitspolitik

Ungeachtet der alten Hegemonialideen gegenüber Polen war es für die Sicherheitsvorstellungen Sowjetrusslands von größter Bedeutung, die übrige antisowjetisch eingestellte Staatenwelt Ostmitteleuropas diplomatisch unter Kontrolle zu bringen. Das erklärt das demonstrative Interesse an den Fragen der kollektiven Sicherheit durch den Ausbau des Versailler Systems. 1932 gelang der Abschluss von Nichtangriffspakten mit Finnland, Estland, Lettland und Polen. Frankreich näherte sich diesem Paktsystem in der Intention, die Sowjetunion als Partner gegen den Weimarer Revisionismus im Osten zu gewinnen. Für Polen in seiner permanenten Bedrohtheit durch deutsch-russische Umklammerung war diese neue Perspektive gewiss attraktiv.

Aber der Kreml blieb auf Distanz gegenüber förmlichen Grenzgarantien für Polen und die baltischen Staaten. Bei diesen kehrte das alte Misstrauen zurück, und Warschau sah sich weiterhin zwischen zwei Feuern plaziert. Immerhin setzten Völkerbund und Volksfronttaktik – als neue Komintern-Leitlinie – der kommunistischen Propaganda gegen die

Sozialdemokratie vorübergehend ein Ende. Dennoch kam in Ostmitteleuropa kein Vertrauen in die sowjetrussische Politik auf. Diese blieb undurchsichtig, zumal da der Kreml 1936 die weltrevolutionäre Mobilmachung auf dem «zweiten Gleis» der sowjetischen Außenpolitik für notwendig erachtete.[23]

Angesichts der demonstrativen Schritte der Antikominternmächte seit 1936 war das nicht verwunderlich. Man übte sich im Abwarten gegenüber den Erfolgen der faschistischen Mächte und Deutschlands und begann gleichzeitig in den kommunistischen Parteien mit «Säuberungen». Inwieweit nun das unerhörte Ereignis, d. h. jener Komintern-Beschluss vom Herbst 1938 – nach dem Münchener Abkommen – die polnische KP aufzulösen, bereits ein erster Schritt gewesen ist auf dem Weg in die Hitler-Stalin-Koalition, lässt sich noch immer schwer sagen.[24] Dem französischen Botschafter in Moskau, Robert Coulondre, erschien ein geheimes Einverständnis «über eine Teilung Polens durchaus» nicht unwahrscheinlich. Mitte Oktober 1938 schrieb er an sein Außenministerium: «Die Sowjets finden es jetzt, nachdem das tschechische Bollwerk gefallen ist, immer schwieriger, die Dynamik Hitlers einzudämmen. Sie könnten den nahe liegenden Wunsch haben, ihn von ihrer empfindlichsten Stelle abzulenken, indem sie mit Hitler in Polen gemeinsame Sache machen, d. h. von sich aus die polnische Frage aufrollen, um sich dann die Beute zu teilen.»[25]

Es ließe sich also mit aller Vorsicht seit dem Herbst 1938 von einer Alternative zur Politik der kollektiven Sicherheit sprechen. Vielleicht könnte man den Blick auch noch weiter zurücklenken und nach früheren Ansätzen einer deutsch-sowjetischen Fühlungnahme suchen, obwohl die Propaganda gegen den Bolschewismus damals auf Hochtouren lief. Georg von Rauch hat schon vor mehreren Jahrzehnten auf das Desiderat hingewiesen, genauer zu untersuchen, welcher Realitätsgehalt einerseits und welche Zweckfunktion andererseits den Vorwürfen zukamen, verräterische Beziehungen zu Deutschland unterhalten zu haben.[26] Was auch immer dabei noch zutage treten mag, fest steht, dass Stalin seit dem Frühjahr 1939 erwog, wieder wie in Weimarer Zeiten auch auf die deutsche Karte zu setzen. Das wird auch nicht durch die Umsicht der sowjetischen Westdiplomatie im Sommer 1939 in Frage gestellt.[27] Es waren Hitlers immer deutlicher artikulierte Ambitionen in Ostmitteleuropa, die die Kremlführung aufhorchen ließen. Vielleicht hätten sich auch hier Chancen ergeben können, das alte Konzept einer Wiedergewinnung der 1918 in Brest-Litovsk verlorenen Gebiete und noch einiges darüber hinaus neu aufzulegen. In dem heraufziehenden Konflikt zwischen den «imperialistischen Mächten» und dem «faschistischen Lager» konnte Stalin also die Position des abwartenden Dritten einnehmen, der auf Zeitgewinn setzte. Damit eröffnete sich ihm die Gelegenheit, die Haltbarkeit einer sowjetisch-deutschen Allianz auf der traditionellen Basis «Negativer Polenpolitik» zu erproben.

So erklärt es sich, dass die westliche Diplomatie außerstande war, die Sowjetunion für ein gemeinsames Konzept zur Erhaltung der staatlichen Strukturen Ostmitteleuropas zu gewinnen. Denn um keinen Preis wollte der Kremlherr in der tödlichen Krise des Versailler Staatensystems auf freie Hand im alten «Vorfeld» des Zarenreiches verzichten. Jetzt zeigte der Versailler Gedanke des *Cordon sanitaire*, der auf die Isolierung Räterusslands gezielt war, seine kontraproduktiven Wirkungen; denn um keinen Preis konnten die Westmächte Stalin in Ostmitteleuropa das gewähren, was sie Hitler seit dem Prager Staatsstreich vom März 1939 – endlich – verweigerten.

Demgegenüber hatte Hitler in dem Augenblick, da die Sowjetunion mit ihrer konventionellen Großmachtpolitik in Ostasien in Schwierigkeiten geriet, dem Kreml in Ostmitteleuropa und im Baltikum viel zu bieten. Mochten die nationalkonservativen Führungsgruppen in Deutschland, vor allem im diplomatischen Corps, von einer Wiederanknüpfung an die preußisch-russische Solidarität in einem geteilten Polen schwärmen – Hitler dachte an nichts weniger als an Traditionen.[28] Für ihn stand die temporäre Rückendeckung im Vordergrund, die ihm Russland gegen ein nunmehr völlig isoliertes Polen bieten konnte. Seit 1938 hatte sich Warschau dennoch allem deutschen Werben für ein satellitär gestaltetes Bündnis gegen Russland entzogen. Jetzt hoffte Hitler, dass die Westmächte – ohne die Partnerschaft Russlands im Osten – Polen sich selbst überlassen würden. Unter diesen Voraussetzungen würde ein deutscher Überfall auf Polen den großen Krieg noch nicht auslösen, und Deutschland könnte programmgemäß in den 1940er Jahren mit der Eroberung von Lebensraum in Russlands Weiten beginnen. Eine solchermaßen nach Osteuropa ausgreifende Weltmacht Deutschland wäre dann durchaus in der Lage, der Weltmacht USA die Stirn zu bieten. Großbritannien sollte in dieser überspannten Konzeption durch politische Überredung oder durch kriegerischen Druck in die Partnerschaft mit Deutschland gezwungen werden. In dieser wahnhaften Vorstellungswelt war für Hitler der deutsch-sowjetrussische Nichtangriffspakt nur der erste Schritt, um England von der Aussichtslosigkeit antideutscher Politik zu überzeugen.[29]

So schien Hitlers Spiel mit dem Feuer sich in Stalins Interessenlage einzufügen. Am Abend des 23. August 1939 unterzeichneten in Moskau die beiden Außenminister Molotow und Ribbentrop jenes deutsch-sowjetische Nichtangriffsabkommen mit seinem geheimen Zusatzprotokoll. Darin wurden die bekannten Interessensphären abgegrenzt. Ob Polen überhaupt noch als Staat fortbestehen sollte, stellte das Protokoll der weiteren Entwicklung anheim. Sie bestand darin – nach der raschen militärischen Überwältigung Polens, an der Sowjetrussland seit dem 17. September teilhatte – zielbewusst alle Reste polnischer Staatlichkeit zu tilgen.[30]

Stalin lag also – wie deutlich wird – der Frieden mit dem nationalsozialistischen Deutschland, noch dazu angesichts großen territorialen Gewinns in Ostmitteleuropa, näher als die europäische Sicherheit. An deren Unterminierung hatte somit die sowjetische Außenpolitik in der zweiten Hälfte der 1930er Jahre einen bedeutenden Anteil. Die Kremlführung war von Anfang an gewillt, die ihr von Hitler im August 1939 zugestandene Interessensphäre auf Dauer in die Sowjetunion einzugliedern. Mit dieser Politik trifft die Sowjetunion ein erhebliches Maß an Mitverantwortung am Ausbruch, an der Ausweitung und – wie die Morde von Katyń zeigen – an der Brutalisierung des Zweiten Weltkriegs.[31]

Nach der gemeinsamen Zerschlagung Polens stellte sich Stalin in seiner Deutschlandpolitik auf eine fortdauernde Kooperation mit dem Nazi-Reich auf der Basis der Verträge vom August/September 1939 ein. Er rechnete mit einer lange anhaltenden Auseinandersetzung zwischen den kapitalistischen und faschistischen Mächten. Eine solche kam den sowjetischen Interessen entgegen, unabhängig davon, wer schließlich der Sieger bleiben würde. Dabei war das Verhältnis zwischen den beiden Diktatoren im interessengeteilten Ostmitteleuropa gewiss nicht ohne Risiken und Komplikationen. Doch bemühten sich beide Seiten, Reibungen zu vermeiden und vor allem die wirtschaftliche Zusammenarbeit zu entwickeln. Als Vertragspartner hielten sich die Sowjets an die deutschen Wünsche und Vorstellungen.[32] Im Zeichen der Blitzsiege – zumal in Südosteuropa – war das nicht immer bequem, doch rechnete Stalin damit, noch für einige Zeit dem großen Krieg fernbleiben zu können. Ein Nichtangriffspakt mit Japan verschaffte ihm im April 1941 die lange ersehnte

Sicherung im Fernen Osten. Trotz zahlreicher Hinweise auf deutsche Truppenbewegungen an Russlands westlichen Grenzen mochte er nicht daran glauben, dass Hitler vertragsbrüchig handeln und das Risiko eines Zweifrontenkriegs auf sich nehmen würde.[33] Indes war der deutsche Diktator bereits im Sommer 1940, vollends aber nach dem Besuch Molotovs in Berlin im November, als die Spannungen wegen Bessarabiens deutlich hervortraten, entschlossen, diesen Weg zu gehen. Vorderhand erwuchsen Hitlers Motive für den Angriff auf die Sowjetunion im Sommer 1941 offensichtlich aus dem Misserfolg, England im Jahr 1940 zum Frieden zu zwingen.

So nahm das Verhängnis seinen Lauf. Am 22. Juni 1941 «zerriß» Deutschland den «Teufelspakt». Die Klammer um Polen zerbrach, ohne dass damit die «Negative Polenpolitik» ihr Ende gefunden hätte. Aber sie hatte mit dem 1. September 1939, dem Beginn des Vernichtungskriegs gegen Polen, in der Tat ihr höchstes Stadium erreicht. Dieses zog fast ganz Europa mit in die Katastrophe des Zweiten Weltkriegs und äußerte sich in einer unermesslichen Zerstörungswut und Mordlust. Polen hatte an dessen Ende nicht nur die meisten Opfer auf den Kopf der Bevölkerung zu beklagen, sondern geriet auch, kaum dass der Krieg beendet war, erneut in die hegemoniale Unterdrückung. Sie war jetzt von Stalins Sowjetunion allein getragen und erfasste ganz Ostmitteleuropa. Erst mit dem Zerfall und der Selbstauflösung des imperialen sozialistischen Machtblocks ist 1991 der Weg frei geworden, die langfristigen Folgen des 1. September 1939 in Gestalt der «Welt von Jalta» zu überwinden.[34]

Epilog

So mag mit diesen knappen Bemerkungen zur Erinnerungsgeschichte und Genese des 1. September 1939 angedeutet sein, dass dieser Tag, an dem der Zweite Weltkrieg begann, als ein geteilter *lieu de mémoire* entsprechend verschiedene Spielarten und Schwerpunkte des Erinnerns zu mobilisieren vermag. Herausragend ist dabei einerseits die universale Rolle, die der Tag heute weltweit als Gedenkdatum für den Weltfrieden spielt. Andererseits markiert er den Gipfelpunkt jener «Negativen Polenpolitik», in der Russland und zunächst die aufsteigenden deutschen Vormächte Preußen und Österreich, später der deutsche Nationalstaat Bismarckscher Prägung eine spezifische dreihundertjährige Tradition von

Antipolonismus ansammelten, der im 20. Jahrhundert in einen fürchterlichen Vernichtungskrieg mündete. Das ist bis heute – im kurzen Essay wie in der umfassenden Monographie – ein unermessliches Aufgabenfeld für die methodische Rekonstruktion von Vergangenheit durch die Historie, vornehmlich in der Detailforschung zu einem strikter *historisch* verstandenen Ostmitteleuropa als Aktionsraum dreier Nationen.[35] Doch wirkt sich mittlerweile diese immer mehr gefestigte geschichtsregionale Konzeption als wichtiger Impulsgeber für neu sich produzierende Perspektivierungen des kollektiven Gedächtnisses aus.[36]

Aleida Assmann

27. Januar 1945: Genese und Geltung eines neuen Gedenktags

Als Bundespräsident Herzog am 3. Januar 1996 den 27. Januar zum «Tag des Gedenkens an die Opfer des Nationalsozialismus» erklärte, schuf er damit den dritten nationalen Gedenktag des wiedervereinigten Nachkriegsdeutschland. Der erste ist der 17. Juni, der Tag des Aufstands gegen das SED-Regime, der im Jahre 1953 von Sowjettruppen blutig niedergeschlagen wurde und noch im selben Jahr in West-Deutschland zum gesetzlichen Feiertag erklärt wurde. Zehn Jahre später wurde er in der Bundesrepublik dann zum «nationalen Gedenktag» und «Tag der deutschen Einheit» erhoben. Diese Definition ist inzwischen auf einen zweiten Gedenktag übertragen worden. Seit 1990 wird in der Bundesrepublik der 3. Oktober als Tag der Deutschen Einheit gefeiert. An diesem Tag wurde die Deutsche Wiedervereinigung vollzogen und das Datum im Einigungsvertrag als gesetzlicher Feiertag der Bundesrepublik Deutschland festgeschrieben. An beiden Feiertagen werden bundesweit die obersten Bundesbehörden beflaggt. Der 3. Oktober wurde dem historischen Tag des Mauerfalls, dem 9. November, vorgezogen, weil dieses Datum gedächtnisgeschichtlich bereits mehrfach besetzt war. Es bezog sich historisch auf die Pogromnacht von 1938 und die «Novemberrevolution» von 1918, ganz zu schweigen vom 9. November als Hauptgedenktag zu Zeiten des Nationalsozialismus, der an die «Helden der Bewegung» erinnerte, die 1923 in München auf dem Marsch zur Feldherrnhalle ihr Leben gelassen hatten. Aufgrund seiner (im wahrsten Sinne des Wortes) Vielschichtigkeit erschien dieses Datum als ungeeignet für einen nationalen Feiertag. Demgegenüber galt der 3. Oktober, das hatte sich der Vereinigungskanzler Helmut Kohl von seinen Historikern versichern lassen, als ein unbeschriebenes Blatt im Buch der deutschen Geschichte.

Während der von Kohl eingesetzte 3. Oktober den Charakter eines nationalen Freudentags hat, stellt der von Roman Herzog eingesetzte Gedenktag des 27. Januar den Deutschen alljährlich ihre schwere Geschichtslast vor Augen. Als er 1996 dieses Datum zu einem nationalen

Gedenktag machte, konnte er nicht ahnen, welche Erinnerungsdynamik er damit in Gang setzte. Obwohl diese Einsetzung noch nicht sehr lange zurückliegt, hat dieser Gedenktag bereits eine beachtliche Geschichte, die sich rückblickend in drei Phasen einteilen lässt. Im Jahr 1996 beginnt die Geschichte des *nationalen* Gedenktags mit einem Beschluss im deutschen Bundestag, im Jahr 2000 beginnt die *internationale* Karriere dieses Gedenktags mit der vom schwedischen Präsidenten Persson einberufenen Holocaust-Konferenz in Stockholm, und im Jahre 2005 beginnt seine Geschichte als *europäischer* Gedenktag der EU sowie als *globaler* Gedenktag der Vereinten Nationen. Im Folgenden soll zunächst die Genese dieses neuen Gedenktages nachvollzogen werden. Anschließend wird die Geltung dieses Datums untersucht, dessen symbolische Bedeutung sich in immer weiteren Kontexten ausgebreitet hat. Abschließend werden einige Paradoxien aufgezeigt, die mit der kontinuierlichen Ausweitung der Holocaust-Erinnerungsgemeinschaft verbunden sind.

Genese
Der 27. Januar als nationaler Gedenktag der Deutschen

Was veranlasste den damaligen Bundespräsidenten Roman Herzog, im Jahre 1996 diesen dritten Gedenktag einzurichten? Um diese Frage zu beantworten, müssen wir ihn in der Erinnerungskultur der 1990er Jahre verorten. Ein Jahr nach dem Gedenkjahr 1995 hatte Herzog, wie er selbst betont, das Bedürfnis, die Kette der Erinnerungen, die das fünfzigjährige Gedenken an das Ende des Zweiten Weltkriegs ausgelöst hatte, nicht verebben zu lassen, sondern fortzusetzen und mit der Verstetigung zugleich einen neuen Akzent zu setzen. Aus solchen Erwägungen heraus setzte er in Übereinstimmung mit dem Parlament den 27. Januar als neuen jährlichen Gedenktag ein. Seine erste Rede, die er am 19. Januar 2006 zu diesem Anlass hielt, beginnt mit den Worten:

«Am 27. Januar 1945 wurde das Konzentrationslager Auschwitz befreit. Auschwitz steht symbolhaft für millionenfachen Mord – vor allem an Juden, aber auch an anderen Volksgruppen. Es steht für Brutalität und Unmenschlichkeit, für Verfolgung und Unterdrückung, für die in perverser Perfektion organisierte ‹Vernichtung› von Menschen. Die Bilder von Leichenbergen, von ermordeten Kindern, Frauen und Männern, von ausgemergelten Körpern sind so eindringlich, dass sie sich nicht nur den

Überlebenden und den Befreiern unauslöschlich eingemeißelt haben, sondern auch denjenigen, die heute deren Schilderungen nachlesen oder Bilddokumente betrachten.»[1]

Herzog stellte in seiner Rede zunächst einmal die hochrangige Symbolhaftigkeit dieses Datums heraus; so wie der Name Auschwitz in den 1950er und 1960er Jahren *pars pro toto* für die Massenvernichtung des Europäischen Judentums stand, wurde nun der 27. Januar 1945, der Tag der Befreiung dieses Lagers, als Symbol für die Geschichte der nationalsozialistischen Schreckensherrschaft und ihre Folgen eingesetzt. Herzog sprach von der Eindrücklichkeit der Bilder, die nach der Befreiung um die Welt gingen und sich als Ikonen des Grauens fest ins allgemeine Bildgedächtnis eingegraben haben. In Bildern und Textdokumenten ist dieses Grauen inzwischen weltweit diffus präsent; mit der Etablierung des 27. Januar hat Herzog gewissermaßen diese frei flottierenden Bilder und Texte an das Datum eines regelmäßigen und koordinierten gemeinsamen deutschen Gedenkens gebunden.

Herzog hatte aber möglicherweise noch einen weiteren Grund für die Einrichtung des neuen Gedenktages. Ihm ging es um die Präzisierung und Ergänzung einer Formel, die Altbundeskanzler Helmut Kohl 1992 in der Berliner Gedenkstätte der Neuen Wache dem deutschen Gedenken vorgegeben hatte. Diese ehemalige DDR-Gedenkstätte war nach der Einigung umgestaltet und als nationale Gedenkstätte neu geweiht worden. Die Widmungsplakette in Ergänzung zur Käthe-Kollwitz-Plastik lautet: «Den Opfern von Krieg und Gewaltherrschaft». In dieser vagen und allgemeinen Formel Helmut Kohls sollten sich alle wiederfinden: politisch Verfolgte, rassisch Verfolgte, gefallene Soldaten, Ausgebombte und Vertriebene. In Absetzung davon konzentrierte Herzog das Gedenken des 27. Januars ausdrücklich auf diejenigen, die «der nationalsozialistischen Rassenpolitik und Ideologie des Herrenmenschen» zum Opfer gefallen waren. Neben Kohls Opfersemantik mit ihrem Verweis auf ein universales Leiden ging es Herzog vier Jahre später darum, auch Schuld und Verantwortung in das nationale Gedächtnis der Deutschen einzutragen (ohne die deutschen Opfer des Nationalsozialismus dabei auszuschließen). Er fokussierte das Gedenken deshalb auf die von der NS-Regierung (mit weitgehender Billigung der deutschen Bevölkerung) Ausgegrenzten, Entrechteten und Vernichteten: in erster Linie die Juden, aber auch die Sinti und Roma, die Bibelforscher, die Homosexuellen und Euthanasie-Opfer, und damit auf all jene, denen bereits qua Existenz ihr

Anspruch auf Menschsein und Leben aberkannt worden war. Die Form dieses Gedenkens stellte sich Herzog als eine Art Schulstunde für die gesamte Gesellschaft vor, bei der die Medien eine wichtige Rolle zu spielen hätten: «Die Bürger unseres Landes sollen wenigstens einmal im Jahr über das Geschehene nachdenken und vor allem über die Folgerungen, die daraus zu ziehen sind. Ganz besonders wichtig aber ist es, unsere jungen Menschen zu erreichen und ihren Blick für – möglicherweise – kommende Gefahren zu schärfen. Ich hoffe hier auf die Hilfe der Medien und vor allem der Lehrer, aber auch aller anderen gesellschaftlichen Kräfte, die dazu beitragen können.» Und er fuhr fort, indem er dieses bildungspolitische Konzept noch einmal unterstrich: «Das alles sind Gründe dafür, warum ich meine, dass sich der Appell des neuen Gedenktages vor allem an die Institutionen unseres Landes richten sollte, die den Schlüssel zu Erziehung und Information besitzen, also an Schulen und Medien. Mit öffentlichen Feierstunden allein ist hier wenig getan, und wenn sie noch so nachdenklich verlaufen.»

Noch ein weiterer Satz aus dieser ersten Rede Herzogs verdient hervorgehoben zu werden: «Geschichte verblasst schnell, wenn sie nicht Teil des eigenen Erlebens war.» Mit dieser Bemerkung hat er ein grundsätzliches Problem der deutschen Erinnerungssituation angesprochen. Anders als der 17. Juni, der 9. November und der 3. Oktober hat der 27. Januar keine biographische Resonanz im deutschen Erfahrungsgedächtnis. An die Befreiung von Auschwitz durch die Rote Armee an diesem Tag haben die Deutschen keine auf eigenem Erleben basierenden Erinnerungen. Diejenigen von ihnen, die vormals als KZ-Wärter an diesem Ort tätig waren, hatten die Stätte ihrer Verbrechen bei Herannahen der Roten Armee mit dem Großteil der überlebenden Häftlinge, die sie auf einen brutalen Todesmarsch zwangen, bereits fluchtartig verlassen.

Für diese Geschichte sind die Deutschen deshalb auf die Zeugnisse der überlebenden Opfer angewiesen. Ein besonders eindrückliches ist das von Primo Levi, der den 27. Januar 1945 im Lager Buna-Monowitz in unmittelbarer Nähe von Auschwitz erlebte.[2] Er hat ein erschütterndes Bild der letzten Tage des Lagers «außerhalb der Welt und Zeit» bis zur Ankunft der russischen Armee gezeichnet. Die Lagerleitung war zusammen mit 20 000 Häftlingen geflohen, die auf dem Evakuierungsmarsch fast alle umgekommen oder umgebracht worden sind. Im Lager geblieben waren nur die Kranken, Sterbenden und Toten, unter ihnen der an Scharlach leidende Primo Levi. Mit der Evakuierung des Lagers war auch dessen Infrastruktur vollständig zusammengebrochen. Bei minus 20 Grad kümmerten sich die wenigen, die dazu noch in der Lage waren, um Heizung, Beleuchtung und eine notdürftige Verpflegung. Trotz dieser kleinen Schritte einer Rückeroberung von Selbstbestimmtheit und Menschlichkeit überwog das Gefühl von Ohnmacht und Selbstverlust angesichts von Kot und Schmutz in den Baracken, dem Leiden der Sterbenden und der vielen Toten: «26. Januar. Wir liegen in einer Welt der Toten und Larven. Um uns und in uns war die letzte Spur von Zivilisation geschwunden. Das Werk der Vertierung, von den triumphierenden Deutschen begonnen, war von den geschlagenen Deutschen vollbracht worden.»[3]

Erst über Fotografien der Befreier und Texte wie Primo Levis Bericht, den er unmittelbar nach seiner Rückkehr aus dem KZ niedergeschrieben und 1947 zum ersten Mal veröffentlicht hat, sind die Ereignisse des 27. Januar aus der Perspektive eines befreiten Opfers für nachfolgende Generationen zugänglich und nach und nach Teil eines gemeinsamen kulturellen Gedächtnisses geworden.[4]

Der 27. Januar, der inzwischen Teil einer transnationalen Erinnerungskultur geworden ist, ist also selbst kein Datum, das in der Erfahrung der deutschen Bevölkerung verankert ist. Überhaupt kommt weder den nationalsozialistischen Verbrechen noch dem Holocaust im deutschen Familiengedächtnis eine bedeutende Rolle zu. Aus *oral history* Studien, die die Tradierung der NS-Zeit und des Holocaust in deutschen Familien untersucht haben, wissen wir, dass sich ein Hiat auftut zwischen dem offiziellen Geschichtswissen, das inzwischen in den Schulen vermittelt wird, und den Erinnerungen, die in der Familie tradiert werden. Während die Themen Nationalsozialismus und Holocaust im Geschichtsunterricht eine zentrale Rolle spielen, kreist die Familienerinnerung weitgehend um Themen wie Bombenkrieg, Hunger, Flucht und Vertreibung, die ihrerseits in der Schule (noch) keinen Platz haben.[5] Harald Welzer hat in seiner viel beachteten Studie *Opa war kein Nazi* gezeigt, was dabei herauskommt, wenn (nicht zuletzt aufgrund des Außendrucks, wie er mit der Interview-Situation entsteht) das informelle Familiengedächtnis mit der gelernten offiziellen Geschichte kurzgeschlossen wird. Es kommt dabei zu einer harmonisierenden Anpassung des Familiengedächtnisses an den neuen Wissensstand. Die Familienmitglieder treten dann in den Erzählungen «als Opfer des ‹Dritten Reichs›, als alltägliche Widerstandskämpfer, niemals aber als ‹Nazis› in Erscheinung».[6] Genau um das Gegenteil ging es Roman Herzog mit seiner gedächtnispolitischen Initiative. Sein Ziel war es, an der Generationen-Schwelle der biographischen Erinnerung nach einem halben Jahrhundert das soziale Erfahrungsgedächtnis der Deutschen als Kriegs-Opfer auf die Erinnerungsgemeinschaft der Holocaust-Opfer zu öffnen. Dabei hob er die Opfergruppe der vom NS Entrechteten und Verfolgten deutlich vor der ebenso inklusiven wie unspezifischen Opferformel Helmut Kohls ab.

Die transnationale Ausweitung der Holocaust-Erinnerung

Mit der Einsetzung des 27. Januar hat Roman Herzog das nationale Gedächtnis der Deutschen auf das Gedächtnis der Holocaust-Opfer hin erweitert. Mit seiner Initiative ging er dabei einer Bewegung voran, der vier Jahre nach ihm der schwedische Präsident Göran Persson folgte. Im ersten Monat des neuen Millenniums organisierte er in Stockholm eine Holocaust-Konferenz, zu der er Vertreter von 16 Nationen, darunter 13 Mitgliedstaaten der EU, einlud. Im letzten Artikel der Stockholm Erklärung heißt es: «Es ist durchaus angemessen, dass diese erste große internationale Konferenz des neuen Jahrtausends sich dazu bekennt, die Saat einer besseren Zukunft in den Boden einer bitteren Vergangenheit zu streuen. Wir fühlen mit den Opfern, und ihr Kampf ist uns Ansporn. Wir wollen uns verpflichten, der Opfer zu gedenken, die ihr Leben gelassen haben, die noch unter uns weilenden Überlebenden zu achten und das gemeinsame menschliche Streben nach gegenseitigem Verstehen und nach Gerechtigkeit zu bekräftigen.»[7]

Zu diesem Zweck wurde die *Task Force for International Cooperation on Holocaust Education, Remembrance and Research* (ITF) gegründet, die sich ein doppeltes Ziel gesetzt hat. Es bestand darin, 1. die Erinnerung an den Holocaust über die Schwelle des neuen Millenniums zu tragen und in ein Langzeitgedächtnis zu verwandeln, das die zeitliche Begrenzung des lebendigen Zeitzeugengedächtnisses überwindet und 2. die Erinnerung an den Holocaust über die europäischen Grenzen zu tragen und eine transnationale Erinnerungsgemeinschaft zu gründen mit einer ausgedehnten Infrastruktur von Institutionen, Finanzen und Netzwerken.

Die zeitlich wie räumlich ausgedehnte Erinnerungsgemeinschaft der ITF umfasst inzwischen 26 Staaten, zu denen mit Ausnahme von den USA, Israel und Argentinien ausschließlich europäische Länder gehören.

Deutsche Ausgabe eines von den Vereinten Nationen zum 27. Januar 2008 herausgegebenen internationalen Briefmarkensatzes.

In diesem Zuge wurde der 27. Januar als neuer Holocaust Gedenktag in vielen europäischen Ländern eingeführt. Nicht selten ersetzte er dabei bestehende Gedenktage.[8] Im Zuge dieses sich ausbreitenden überstaatlichen Erinnerungsnetzwerks hat sich inzwischen die EU dieser Gedenkpolitik verschrieben. Am 27. Januar 2005, fünf Jahre nach der Stockholmer Konferenz und neun Jahre nach der Initiative von Roman Herzog, gedachte zum ersten Mal das Europäische Parlament in Brüssel der Befreiung von Auschwitz mit einer Schweigeminute und verabschiedete eine Resolution, in der der Holocaust-Gedenktag als Präventiv gegen ein Erstarken von Antisemitismus in Europa und den Aufstieg rechter Parteien eingeführt wurde.[9] Die Resolution wurde mit 617 Stimmen und zehn Enthaltungen ohne Gegenstimmen angenommen.

Im selben Jahr 2005 schloss sich der Generalsekretär der Vereinten Nationen, Kofi Annan, dieser Initiative an und bestimmte den 27. Januar als Jahres-Gedenktag für die Opfer des Holocaust. Damit erweiterte sich abermals der Horizont des Gedenkens von einer vorwiegend europäischen (bzw. westlichen) zu einer globalen Erinnerungsgemeinschaft. Diese Verlagerung von einer nationalen und europäischen Geschichtserinnerung hin zu einem globalen universalistischen Tag der Menschenrechte wurde in den Reden deutlich, die am 27. Januar 2008, drei Jahre nach der Einführung des neuen Gedenktags, in der UNO gehalten wurden. Die Kommissarin für Menschenrechte, Louise Arbour, betonte, dass dieser Gedenktag ein Tag der Würdigung der Menschenrechte sei: «We can truly honor the victims of the Holocaust by pursuing all efforts to extend the real protection of international human rights law to all those who fall victim to its violations.» Es war auch die Rede von einem «global call to action to prevent future carnage.»[10] Der Tag sei ein Appell an das Weltgewissen und ein dringender Aufruf, frühzeitig und entschieden gegen Intoleranz, Fanatismus, Vorurteile, Ignoranz und Hass vorzugehen. Um dies zu bekräftigen, hat die UN zum 27. Januar 2008 einen internationalen Briefmarkensatz herausgegeben. Der Erinnerungsimperativ des 27. Januar, einst von Roman Herzog eingesetzt, ist nicht mehr national oder europäisch gebunden, sondern richtet sich an die ganze Menschheit.

Geltung
Der Holocaust als europäischer Gründungsmythos

Seit dem Fall der Mauer und dem darauf folgenden Zusammenbruch der Sowjetunion ist nicht nur das wiedervereinigte Deutschland, sondern auch die sich rapide erweiternde Europäische Union auf der Suche nach einer neuen Identität, die sie in einem gemeinsamen Gedächtnis verankern möchte. Lange vor der Initiative des schwedischen Präsidenten hatten Historiker wie Dan Diner bereits betont, dass es auf die Frage nach einem gemeinsamen europäischen Bezugspunkt in der Vergangenheit nur eine Antwort geben könne: den Holocaust. Der historische Schauplatz dieses ‹Zivilisationsbruchs›, wie wir seither dieses Menschheitsverbrechen nennen, sei ganz Europa und somit der paradigmatische europäische *lieu de mémoire*. Deshalb müsse jede kulturelle Identitätskonstruktion Europas von diesem Gedächtnismittelpunkt ausgehen.

Man kann Diner in dieser Analyse nur zustimmen. Der Tatort des Holocaust, des größten Menschheitsverbrechens, dem sechs Millionen Juden und andere ausgegrenzte Minderheiten zum Opfer fielen, war ja nicht nur Auschwitz, sondern dehnte sich über ganz Europa aus. Einerseits ist die Europäische Union seit 2005 durchaus auf dem Wege, dieses Konzept umzusetzen und ihre Identität im Holocaust als einem gemeinsamen negativen Gründungsmythos zu verankern. Der Beitritt zur EU wird neuerdings an den Beitritt zur Holocaust-Erinnerungsgemeinschaft des 27. Januar geknüpft, der so etwas wie eine Eintrittskarte darstellt. Allerdings gestaltet sich die Etablierung einer einheitlichen normativen Vergangenheit als schwieriger und komplizierter, als zunächst vermutet. Es war keineswegs klar, in welcher einheitlichen Sprache unterschiedliche europäische Länder auf dieses Ereignis Bezug nehmen können. «In erster Linie», hatte Dan Diner betont, «kontaminiert Auschwitz das Gedächtnis von Juden und Deutschen. Aber auch andere europäische Gedächtnisse werden in den Orbit des Ereignisses gezogen.»[11] Im Zuge der Ausdehnung wurde befürchtet, dass in einem gemeinsamen europäischen Gedächtnis Schuldanteile verschoben oder nivelliert würden. Der vom nationalsozialistischen Deutschland ausgehende grenzenlose Vernichtungswahn hätte nicht in so bestürzend effektiver Weise umgesetzt werden können, wenn sich die Deutschen nicht auf die weitgehende Duldung und teilweise auch aktive Mithilfe ihrer europäischen Nachbarn hätten verlassen können.

Diese Dimension der Anerkennung von Komplizenschaften trifft jedoch auf große Empfindlichkeiten und findet in das europäische Holocaust-Gedenken nicht so einfach Einlass. Die Schwierigkeiten beginnen breits bei der Nomenklatur. Ein polnischer Parlamentarier, der Anstoß daran genommen hatte, dass von Auschwitz als einem «polnischen Vernichtungslager» die Rede war, schlug die Formel des «von den Deutschen» erbauten Vernichtungslagers vor. Der deutsche Vertreter wiederum wehrte sich gegen diese Formel und schlug dagegen die Formulierung «Hitlers Nazi-Todeslager» vor. Schließlich wurde eine Kompromissformel angenommen, die Auschwitz als «Nazi-Deutschlands Todeslager» bezeichnet. Das Bekenntnis zur Holocaust-Erinnerung führt immer wieder, wie diese Debatte zeigt, zu Selbstschutz-Mechanismen der ‹Externalisierung› (Rainer M. Lepsius), d. h. zum Wunsch nach einem Sicherheitsabstand von dem Ereignis: Die europäischen Nachbarn verweisen auf die Deutschen, und die Deutschen verweisen auf Hitler. Durch strikte Begrenzung auf die Gedächtnis-Ikone Auschwitz hofft man, die eigene nationale Identität nicht zu kontaminieren.

Das gespaltene Gedächtnis Europas

Das nach amerikanischem Muster definierte transnationale Gedächtnis des Holocaust trifft in den Ländern Europas auf unterschiedliche nationale Erinnerungskonstellationen und -konflikte. Das Aufbrechen des bipolaren politischen Rahmens hat, wie immer wieder betont worden ist, zu einer eruptiven Wiederkehr von Erinnerungen geführt. Während in den westlichen Nationen Europas die Erinnerung an den Holocaust in den 1980er Jahren zurückkehrte, kam bei den östlichen Nationen Europas die Erinnerung an den Stalinismus in den 1990er Jahren zurück. Während die jüdischen Opfer seit den 1980er Jahren eine öffentliche Anerkennung ihrer Leiden erfuhren, die sich immer weiter ausbreitete, galt das Gegenteil für die Opfer des Stalinismus, die massenhaft deportiert, gefoltert, durch Zwangsarbeit ausgebeutet und ermordet worden waren. Diese Erinnerung verblieb auf der Ebene der einzelnen Nationen und hat nicht die Form einer transnationalen Gedächtnisgemeinschaft angenommen. Ein wichtiger Grund dafür ist, dass sich in diesem Fall der Nachfolgestaat nicht zu diesen Verbrechen bekannt und die Verantwortung dafür nicht in sein historisches Gedächtnis aufgenommen hat. Der

Hüter dieses Gedächtnisses ist in Russland einzig die Nichtregierungsorganisation *Memorial*, die auf keine staatliche Unterstützung rechnen kann und im Gegenteil als Stimme einer unliebsamen Opposition selbst der Verfolgung des Staates ausgesetzt ist. Wir brauchen uns nur einmal den Unterschied zwischen den beiden NGOs, der *International Task Force* einerseits und *Memorial* andererseits vor Augen zu halten, um die enorme Diskrepanz im Status dieser beiden Menschheitsverbrechen einzuschätzen. Dabei geht es nicht (wie es in diesem Zusammenhang oft üblich ist) um die Frage, welches Verbrechen das größere ist, sondern allein um die Feststellung einer eklatanten Asymmetrie im europäischen Gedächtnis. Unglücklicherweise herrscht im Gedächtnis notorischer Platzmangel; deshalb tendiert es immer zu Verengungen, wobei dann ein Teil das Ganze zu vertreten beansprucht. Neben dem Holocaust gehören aber auch die Opfer des Stalinismus ins europäische Gedächtnis, zumal sich dessen Unrechtsregime nach dem Zweiten Weltkrieg fortgesetzt hat. Eine europäische Geschichtserinnerung im Zeichen der Menschenrechte ist unglaubwürdig, wenn sie diese osteuropäische Erfahrung mit dem Verweis auf ‹the lesser evil› herunterspielt oder verdrängt.[12]

In einem Vortrag über «Das Gedächtnis der Shoah als mémoire croisée der verschiedenen politischen Systeme» hat Eva Kovács die unterschiedliche Matrix west- und osteuropäischer Erinnerungskonstruktionen genauer herausgearbeitet.[13] Sie wirft westlichen Historikern und Politikwissenschaftlern vor, dass sie ausschließlich westliche Gesellschaften und diese in einer rein westlichen Perspektive untersuchen. Dafür zieht sie eine Metapher des Historikers Charles S. Maier aus der Kernphysik heran, mit der dieser den Unterschied zwischen dem Gedächtnis des Nationalsozialismus und dem des Kommunismus beleuchtet hat: Das «heiße» Gedächtnis des Nationalsozialismus habe, wie Plutonium, eine lange Halbwertzeit in der Geschichte, während das «kalte» Gedächtnis des Kommunismus wie Tritium eine wesentlich kürzere Halbwertzeit habe.[14] Sie kommentiert die Situation in Osteuropa mit folgenden Worten: «Soweit ich abschätzen kann, trat in den postsozialistischen Staaten gerade der umgekehrte Fall ein: Das Gedächtnis des Kommunismus wurde zu einem heißen Topos, der sogar Massen mobilisieren kann, während das Gedächtnis des Nationalsozialismus kalt geblieben ist.»

Auf das gespaltene Gedächtnis Europas ist inzwischen wiederholt hingewiesen worden. Emmanuel Droit hat in einem erhellenden Aufsatz zwei Gedächtnisaktivistinnen einander gegenübergestellt, die als Galionsfiguren des westlichen Holocaust-Gedächtnisses und des östlichen Stalinismus-Gedächtnisses gelten können.[15] Simone Veil, Holocaust-Überlebende und seit 2000 Vorsitzende der französischen Stiftung für das Gedenken der Shoah, wiederholt bei ihren öffentlichen Auftritten den Grundsatz «Die Shoah ist unser aller Erbe» und erklärt ihn zum Erinnerungsimperativ der westlichen Zivilisation. Sandra Kalniete, Gulag-Überlebende, aktive Schlüsselfigur im Unabhängigkeitskampf Lettlands von 1990 und frühere lettische Außenministerin, kämpft für die Anerkennung der Opfer des stalinistischen Terrors im europäischen Gedächtnis und betont: «Ihr Kampf gegen den Faschismus kann nicht als etwas gesehen werden, das die Sowjetunion, die zahllose Unschuldige im Namen einer Klassen-Ideologie unterdrückte, für immer von ihren Verbrechen entschuldet.»[16]

Anders als im Nachkriegsdeutschland gab es in Russland keinen von außen erzwungenen politischen Systemwechsel. Es gab dagegen einen Identitätswechsel nach dem Zusammenbruch des Ostblocks, der zu einem neuen nationalen Narrativ geführt hat, das die offizielle Erinnerung auf Heldentum und Leiden begrenzte. Als Siegernation konnte sich Russland mit den anderen Alliierten moralisch auf der richtigen Seite wissen. Ohne einen entsprechenden Außendruck besteht aber kein inneres Bedürfnis, die dunklen Episoden der eigenen Geschichte aufzuarbeiten und zu erinnern. Solange sich zwischen den Nachfolgern der Opfer und Täter dieses dialogische Anerkennungsverhältnis über die schuldhafte Geschichte nicht einstellt, wie dies im Verhältnis zwischen Juden und Deutschen geschah, wird dieses Opfer-Gedächtnis in den betroffenen Ländern im Höchstgrad der Erhitzung bleiben und andere Erinnerungen in den Schatten rücken. Anstelle eines Erinnerungskonsenses und der Aufnahme beider Menschheitsverbrechen ins europäische Gedächtnis hat diese doppelte Last der Geschichte in der politischen Arena deshalb die Form einer Erinnerungskonkurrenz und gelegentlich auch die eines Erinnerungskampfes angenommen.

In der sich ausweitenden Holocaust-Erinnerungsgemeinschaft, die sich um den 27. Januar gruppiert, tut sich eine signifikante Leerstelle auf. In Russland ist das Gedächtnis des Kommunismus gelöscht, aber auch das Gedächtnis des Holocaust findet dort keinen Anhaltspunkt. Das ist jedoch wirklich paradox: Am 27. Januar wird inzwischen in immer mehr Nationen jährlich der Befreiung des Vernichtungslagers Auschwitz im Jahre 1945 gedacht, doch die Befreier selbst gehören nicht zu dieser ständig wachsenden

Erinnerungsgemeinschaft! Dabei ist die Rote Armee im post-sowjetischen Russland durchaus Gegenstand intensiver nationaler Kommemoration. In deren Zentrum steht der ‹Große Vaterländische Krieg›, in dem Hitler durch Stalin überwältigt wurde. Diese Leistung, das schlechthin Böse mit großen Verlusten heroisch überwunden zu haben, bildet heute im post-sowjetischen Russland den Kern des historischen Selbstverständnisses und nationalen Gedenkens. Statt sich an den 27. Januar 1945 zu erinnern, erinnern sich die Russen an den 9. Mai 1945. Sie erinnern sich nicht an das Ende des Massenmords an den europäischen Juden, sondern an das Ende des Zweiten Weltkriegs und damit an den Sieg der ruhmreichen Roten Armee und ihre militärischen und zivilen Opfer.

In seinem Buch über *Gegenläufige Gedächtnisse* erkennt Dan Diner im «Auseinandertreten von Krieg und Holocaust» die Tendenz eines «ohnehin diagnostizierbaren Verfalls des geschichtlichen Denkens und des ihn begleitenden Verlustes historischer Urteilskraft».[17] Für dieses Auseinandertreten von Krieg und Holocaust, das bereits das Geschichtsbild des Kalten Krieges bestimmt hatte, in dem die Erinnerung an den Krieg die Erinnerung an den Holocaust gänzlich verdeckte, ist das russische nationale Gedächtnis ein deutliches Beispiel. Dieses konstruiert über den problematischen, image-schädigenden Systemwandel von 1990/91 hinweg eine lange historische Kontinuität von russischer Ehre und russischem Leid. Das ehemalige internationalistische Selbstbild weicht im Spiegel dieser Erinnerung dem affirmativen Selbstbild einer imperialen Nation.[18] Dieses Selbstbild versperrt sich der Aufnahme fremder Opfer ins eigene Gedächtnis. Für das negative Holocaust-Gedächtnis, das mit einem positiven Bekenntnis und Einsatz für Menschenrechte verbunden ist, hat das heroisch nationale Kriegs-Gedächtnis des heutigen Russland keinen Platz.

Paradoxien des neuen Gedenktages

Obwohl die Einsetzung des 27. Januar zum Holocaust-Gedenktag noch nicht lange zurückliegt, hat dieser schon eine beachtliche Geschichte. Im Laufe dieser Entwicklung kam es zu einigen Besonderheiten und Paradoxien, die hier abschließend noch einmal hervorgehoben und zusammengefasst werden sollen.

Ein deutscher Gedenktag ohne deutsche Erinnerung. – Die erste Paradoxie besteht in der Tatsache, dass die Deutschen eines Geschichtsereignisses ‹gedenken›, an das sie sich nicht ‹erinnern›. Zum Mangel an biographischen Bezügen und Erfahrungsresonanz kommt noch hinzu, dass sie sich an dieses Ereignis auch nicht spontan erinnern wollen. Der Gedenktag hat somit den Charakter einer Ermahnung, *admonitio*. (Das lateinische Wort ‹monere› umfasst bekanntlich die beiden Bedeutungen von ‹erinnern› und ‹ermahnen›.)

Ausweitung der Erinnerungsgemeinschaft bei Einschränkung des Erinnerungsinhalts. – Während sich die Holocaust-Erinnerungsgemeinschaft geographisch ständig erweiterte, wurde sie zugleich inhaltlich beschränkt. Diejenigen, die sich erinnern, werden immer mehr, diejenigen, die erinnert werden, werden dagegen weniger. Roman Herzog hatte ausdrücklich *alle* Opfer nationalsozialistischer Vernichtungspolitik ins Bewusstsein der Deutschen heben wollen. Von den Opfergruppen der Sinti und Roma, der Homosexuellen und den Opfern der Euthanasie ist im Zuge der Ausweitung der Holocaust-Erinnerung jedoch keine Rede mehr. Es geht immer ausschließlicher um die jüdischen Opfer, von deren kultureller Erinnerungspraxis das Holocaust-Gedenken stark geprägt ist.

Ausschluss der zentralen Akteure. – Auf der Seite der sich ausweitenden Erinnerungsgemeinschaft gibt es eine paradoxe Leerstelle: Die Nation der Helden des 27. Januar, die Nachfahren der Roten Armee und somit der Befreier von Auschwitz, haben selbst keinen Anteil an diesem Gedenken.

Ikonisierung und Enthistorisierung. – Indem sich das Holocaust-Gedenken immer mehr auf die Gedächtnis-Ikone Auschwitz einschränkt, löst es dieses Ereignis aus den gesamteuropäischen historischen Verflechtungen heraus. Mit Standardisierung und Vereinheitlichung des Gedenkens kommt es unweigerlich zu einer Ausdünnung der historischen Substanz. Während einige Beobachter wie Daniel Levy und Natan Sznaider diese Entwicklung begrüßen und darin eine kosmopolitische Verbreitung und Durchsetzung der kulturellen Normen der Menschenrechte sehen,[19] warnen andere vor einer ‹Anthropologisierung des Holocaust›. Zu diesen gehört Dan Diner, der darin den Verlust von historischer Spezifizität und damit zugleich auch der Einmaligkeit dieses Ereignisses sieht: «Wie unter der Hand wird der so seiner Geschichtlichkeit entblößte Holocaust – das zum bloßen Exempel verallgemeinerte Ereignis Auschwitz – zu einem Genozid unter anderen Genoziden mutieren.»[20]

Amerikanisierung des europäischen Holocaust. – Während in der Erinnerung der ersten Nachkriegsjahrzehnte der Zweite Weltkrieg den Holocaust verdeckte, geschieht inzwischen das Umgekehrte: der Holocaust verdeckt den Zweiten Weltkrieg. Damit verschwinden auch die komplexen historischen Bezüge, in denen sich dieses Ereignis über ganz Europa ausgebreitet und an den unterschiedlichen Schauplätzen und Tatorten seine spezifische Wendung erhalten hat. Die Standardisierung der Holocaustpädagogik zum Zwecke eines transnationalen Exports universaler Menschenrechts-Normen löst dieses Ereignis nicht nur von den lokalen Spuren und den mit ihnen verbundenen Verstrickungen, sondern versperrt auch den Zugang zu anderen Menschheitsverbrechen.

Heißes und kaltes Gedächtnis. – Durch die globale Ausweitung der Trägergruppe verdünnt sich notwendig der Gehalt dieser Erinnerung. Was für die einen ein ‹heißes› Gedächtnis ist, wird für die anderen zu einem ‹kalten› Gedächtnis. Eine Erinnerung, die von außen importiert und von oben verordnet wird, bleibt kalt, wenn sie nicht an bestehende nationale und regionale Erinnerungen anknüpft und auf die Bedingungen vor Ort Bezug nimmt. Das heiße Gedächtnis der nationalen Opfererfahrung durch den Stalinismus, wie es sich nach dem Zusammenbruch der Sowjetunion in den Baltischen und anderen osteuropäischen Staaten herausgebildet hat, verweist ihrerseits die Holocausterinnerung in die Distanz. In westeuropäischen Ländern wie Belgien dagegen ist die politisch korrekte Holocausterinnerung willkommen, weil sie sich als eine ‹Deckerinnerung› für eine unliebsame heiße Erinnerung (wie die Kolonialgeschichte) eignet.

Der 27. Januar, so möchte ich diesen Überblick zusammenfassen, ist ein neuer Gedenktag mit der Entwicklungsgeschichte einer Kettenreaktion. Er hat sich über Staatengrenzen hinweg ausgebreitet, wobei hinter dieser Ausbreitung natürlich keine automatische Dynamik, sondern eine komplexe Gemengelage politischer Entscheidungen, ziviler Netzwerke und pädagogischer Strukturen steht. Der 27. Januar, der 1996 in den deutschen Kalender eingetragen wurde, ist heute der wichtigste und sichtbarste transnationale historische Gedenktag. Erst auf den zweiten Blick tun sich einige Verwerfungen und Probleme auf, die mit der Ausbreitung dieses Datums verbunden sind. Und auch die Grenzen derjenigen Staaten werden sichtbar, die ihn aus ganz unterschiedlichen Gründen nicht begehen: die USA und Israel, weil sie ihren eigenen angestammten Holocaust-Gedenktag haben, und Russland, weil die einseitige Heroisierung Stalins einer auf das Leiden fremder Opfer ausgerichteten und an den Menschenrechten geeichten Erinnerung im Wege steht.

Dominik Geppert

8. und 9. Mai 1945: Umkämpfte Erinnerungstage

Anders als der Erste Weltkrieg, der am 11. November 1918 exakt um 11 Uhr endete, hatte der Zweite Weltkrieg keinen genau bestimmbaren Schlusspunkt. Teile der deutschen Streitkräfte ergaben sich schon am 4. Mai 1945 britischen Truppen in der Lüneburger Heide. Drei Tage später setzte Generaloberst Alfred Jodl im Namen des Oberkommandos der Wehrmacht (OKW) im amerikanischen Hauptquartier in Reims seine Unterschrift unter die völkerrechtlich entscheidende Gesamtkapitulation. Knapp 48 Stunden darauf unterzeichnete Generalfeldmarschall Wilhelm Keitel als Chef des OKW im sowjetischen Hauptquartier in Berlin-Karlshorst eine zweite, nur in unwesentlichen Punkten veränderte Urkunde.[1] An diesem Tag beschossen SS-Einheiten noch die Prager Innenstadt. Auch der Kurland-Kessel ergab sich erst am 9. Mai, ebenso die «Führerfestungen» der französischen Hafenstädte Dünkirchen, La Pallice, La Rochelle und Rochefort. Die Kanalinseln Guernsey und Jersey sowie das bretonische Lorient und Saint-Nazaire in der Loire-Mündung folgten einen Tag später. Die deutschen Truppen auf Helgoland kapitulierten am 11. Mai, in Jugoslawien vier Tage darauf. Noch am 20. Mai griffen SS-Einheiten in Ungarn eine sowjetische Division an. Der Krieg im Pazifik wurde bis zum Sommer fortgeführt, weil sich die Japaner erst Mitte August nach dem Abwurf der amerikanischen Atombomben über Hiroshima und Nagasaki ergaben. Die förmliche Kapitulationserklärung unterzeichnete Außenminister Shigemitsu Mamoru am 2. September. Eine Woche später kapitulierte die etwa eine Million Mann starke japanische China-Armee in Nanking. Tokios Streitkräfte in Südostasien erklärten sich sogar erst am 12. September in Singapur für besiegt.[2]

Trotz der lang hingezogenen Kämpfe etablierte sich schon 1945 das Doppeldatum des 8./9. Mai als Kulminationspunkt der Feiern zum Kriegsende und als kalendarisches Merkzeichen der Befreiung vom Nationalsozialismus: in der angelsächsischen Welt als «VE Day» (Victory in Europe Day), in der Sowjetunion als «Den Pobedy» (Siegestag). Dabei lassen sich über die Jahrzehnte hinweg für die westlichen Länder eindeutige Konjunkturen der Erinnerung ausmachen. Das legt zumindest eine statistische Auswertung der britischen *Times* nahe. Die Zeitung ist bis 1985 im Volltext *online* greifbar und verfügt für die Jahre 1986 bis 2008 über ein gedrucktes Schlagwortregister, so dass man die jährliche Erwähnung des Suchbegriffs «VE Day» leicht ermitteln kann. Die abgebildete Grafik verdeutlicht, dass auf eine Hochphase in der unmittelbaren Nachkriegszeit ein allmähliches – nur durch kleine Zwischenhochs bei den runden Jahrestagen unterbrochenes – Abflachen in den 1950er und 1960er Jahren folgte, bis in den 1970er Jahren und frühen 1980er Jahren ein Tiefpunkt erreicht war; danach kam es zu einem neuerlichen Aufschwung, der mit dem 50. Jahrestag 1995 in einen regelrechten Erinnerungsboom überging. Das Gedenken im Osten folgte anderen Fluchtlinien: Hier wurde das Kriegsende bis 1953 nur im Rahmen des Personenkults um Stalin offiziell erinnert, ehe in der Chruschtschow-Ära eine Lockerung einsetzte, die seit Mitte der 1960er Jahre einem Gedächtniskult um den Sieg im «Großen Vaterländischen Krieg» wich.[3]

Der folgende Beitrag versucht zu ergründen, wie das Oszillieren zwischen Gedenken und Verdrängen zu erklären ist. Über den 8. und 9. Mai als nationale Gedenktage wissen wir in diesem Zusammenhang inzwischen recht gut bescheid.[4] Weniger ist hingegen über die Rituale und Symbole der Erinnerung bekannt, die über den Rahmen des Nationalstaates hinausgingen. Im Folgenden wird deshalb nach einem Abriss der Feierlichkeiten des Jahres 1945 das weitere nationale Gedenken nur kurz gestreift (1). Dafür werden drei Kristallisationspunkte transnationaler Erinnerung ausführlicher untersucht: die gemeinsamen Siegesfeiern der Weltkriegsallianz gegen die Achsenmächte (2), der von der Sowjetunion in ihrem Block oktroyierte Gedächtniskult und seine Auflösung (3) und das supranationale Gedenken an die Befreiung vom Nationalsozialismus als Gründungsmythos der europäischen Integration und als Schlüsseldatum in der Geschichte des «Phönix Europa», der Hagen Schulze zahlreiche Studien gewidmet hat (4).[5]

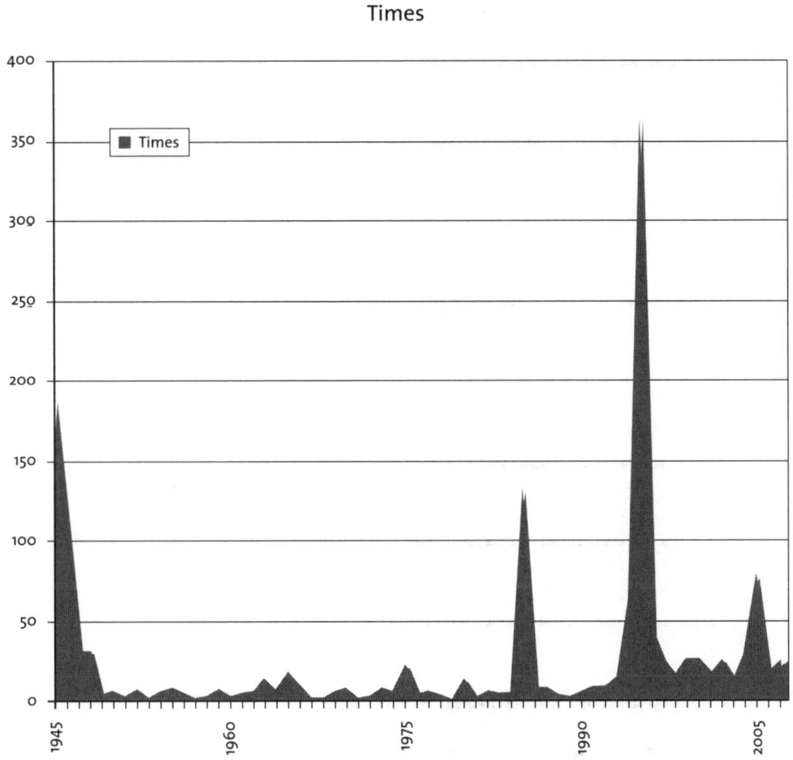

Nationales Gedenken seit 1945

Die Jubelfeste, die am 8. und 9. Mai 1945 stattfanden, brachten die spontane Freude von Menschen zum Ausdruck, für die ein grauenhafter Krieg zu Ende ging. Junge und Alte, Soldaten und Zivilisten sangen, tanzten und feierten. Noch machte sich die Mangelwirtschaft des Krieges bemerkbar. In Großbritannien stiegen keine Luftballons auf, weil Gummi rationiert war. In den USA mahnten Radiosender, kein Konfetti zu vergeuden, weil Papier noch immer als kriegswichtiges Material benötigt werde. Doch das störte kaum. In London gab es die größten Volksaufläufe seit dem Waffenstillstand vom November 1918. Vor der Victoria Station, wo nach Polizeischätzungen 100 000 Briten versammelt waren, trugen Sanitäter im Minutentakt Männer und Frauen hinaus, die in der Menge ohnmächtig geworden waren. New York zelebrierte den Sieg auf dem Times Square unter einer riesigen Nachbildung der Freiheitsstatue. In Paris waren die Champs Elysées von den Tuilerien bis zum Arc de Triomphe von Menschenmassen gesäumt.[6] In der Sowjetunion feierte die Bevölkerung in einem rauschhaften Jubel, der «von einer beinahe religiösen Inbrunst» getragen war, wie Beobachter bemerkten. Arbeiter aus den Industrievorstädten zogen im Sonntagsstaat in die Moskauer Innenstadt. Schulkinder und Studenten skandierten auf den Straßen: «Der Krieg ist aus.»[7]

Zugleich waren die Feiern sorgfältig orchestrierte Staatsereignisse, bei denen das gesamte Arsenal kollektiver Mythen der beteiligten Nationen mobilisiert wurde. Schon die Aufspaltung der Siegesfeiern auf den 8. Mai im Westen und den 9. Mai in der Sowjetunion resultierte aus dem Kampf um die Symbolik des Sieges. Stalin hatte sich geweigert, den Unterwerfungsakt von Reims anzuerkennen, weil er glaubte, der öffentlichkeitswirksame Ruhm, die förmliche Kapitulation entgegenzunehmen, gebühre der Roten Armee. Sie habe schließlich die Hauptlast des Krieges getragen. Die Inszenierung der Kapitulation könne nicht auf den Gebieten der Sieger stattfinden, begründete er sein Beharren, «sondern nur an dem Ort, an dem die faschistische Aggression ihren Ausgang nahm: in Berlin».[8] Den 9. Mai beging man in Moskau mit allem Pomp, den das verwüstete Riesenreich aufbringen konnte. Stalin, frisch in den neuen Rang eines Generalissimus erhoben, wollte die militärische Stärke der zur Weltmacht aufgestiegenen Sowjetunion herausstellen. Am Abend wurde ein spektakuläres Feuerwerk entzündet. Tausend Geschütze feuerten Salut, und Hunderte von Kampfflugzeugen donnerten im Tiefflug über die Stadt. Ohne Pause gingen die Siegesfeiern mehr als einen Monat lang weiter bis zu ihrem Höhepunkt am 24. Juni, als die siegreich heimgekehrte Rote Armee in einer gigantischen Parade auf dem Roten Platz an einem hoch zu Ross sitzenden Marschall Georgij Schukow vorbeimarschierte und vor dem Leninmausoleum die erbeuteten Regimentsstandarten des geschlagenen deutschen Heeres niederlegte. Das Datum erinnerte an das Jahr 1812, als Napoleon mit 640 000 Mann nach Russland eingedrungen war. Hitler, so lautete die symbolische Botschaft, wollte es besser machen – und scheiterte wie der Franzose an der russischen Stärke.[9]

Für die Regierung in Washington markierte der Erfolg in Europa nur einen Zwischenschritt auf dem Weg zum Gesamtsieg, der noch ausstand, solange der Krieg im Pazifik weiterging. «Six Down, Two Axis Partners Remain to Be Put out of War», erklärte eine Schlagzeile in der Zeitung der amerikanischen Streitkräfte. Gemeint waren die besiegten Staaten Deutschland, Italien, Bulgarien, Rumänien, Finnland und Ungarn, während Japan und Thailand noch ungeschlagen waren. Die Parole für die nächsten Monate, erklärte Präsident Truman in seiner Radio-Ansprache am 8. Mai, laute: Arbeit, Arbeit, Arbeit. Erst wenn sich die letzte japanische Division ergeben habe, werde der Kampf zu Ende sein. Die verhaltene Stimmung war nicht auf die Staatsspitze beschränkt. Gerade im Westteil des Landes lag der Krieg gegen Japan geografisch wie emotional näher als der glücklich beendete Kampf in Europa. San Francisco habe den 8. Mai eher locker genommen, berichtete ein Veteran des Pazifik-Krieges namens John F. Kennedy, der für eine New Yorker Zeitung von der Gründungskonferenz der Vereinten Nationen berichtete: Für die Bewohner von San Francisco sei «der Krieg» immer vor allem ein Krieg gegen die Japaner gewesen – entsprechend weit entfernt erscheine der Siegestag noch.[10]

In Großbritannien sollten die Feiern unterstreichen, dass der Krieg eine in Klassen gespaltene Nation enger zusammengeschweißt habe. Nicht zufällig trug Kronprinzessin Elisabeth, als sie im Verlauf des 8. Mai 1945 gemeinsam mit dem Rest der königlichen Familie sieben Mal auf dem Balkon des Buckingham-Palastes erschien, eine Uniform des Women's Royal Army Corps als Zeichen der gemeinsamen Kriegsanstrengung von Volk und Monarchie. Churchill schlug in seiner abendlichen Ansprache vom Erker des Gesundheitsministeriums in Whitehall dieselbe Saite an, als er betonte, dies sei nicht der Sieg einer bestimmten Partei oder Klasse, sondern ein Sieg der ganzen britischen Nation. Außerdem appellierte er an den «Geist von Dünkirchen», jene mentale Widerstandsfähigkeit, die angeblich bei der Evakuierung der geschlagenen britischen Truppen aus der französischen Hafenstadt im Frühsommer 1940 so gute Dienste geleistet hatte und zum Sinnbild der britischen Fähigkeit geworden war, schlummernde Kräfte zu mobilisieren und vermeintliche Niederlagen in große Siege umzuwandeln.[11] Wie zur Illuminierung seiner Worte wurde am Abend des 8. Mai erstmals seit Kriegsbeginn wieder die St. Pauls-Kathedrale erleuchtet: Das Gotteshaus galt als steinerne Ikone des Durchhaltewillens und der Siegesgewissheit der britischen Hauptstadt, seit es im Dezember 1940 schwere deutsche Luftangriffe unzerstört überstanden hatte.

Für das von General Charles de Gaulle personifizierte offizielle Frankreich war entscheidend, dass es bei den Zeremonien als gleichberechtigte Siegernation auf Augenhöhe mit den USA, Großbritannien und der Sowjetunion agierte. Deswegen hatte de Gaulle erfolgreich darauf gedrängt, dass auch die Unterschriften der französischen Generäle François Sevez beziehungsweise de Lattre de Tassigny auf den Kapitulationserklärungen von Reims und Karlshorst standen. Aus demselben Grund stellte sich der General taub gegenüber dem Drängen der Briten und Amerikaner, ihnen bei der Verkündung des Kriegsendes am 8. Mai den Vorrang zu überlassen. Zeitgleich mit Churchill in London und Truman in Washington um exakt drei Uhr verkündete de Gaulle im französischen Rundfunk: «Der Krieg ist gewonnen! Der Sieg ist da! Es ist der Sieg der Vereinten Nationen, es ist der Sieg Frankreichs!» Anschließend fuhr er zum Triumphbogen und legte einen Kranz am Grab des Unbekannten Soldaten nieder, womit er den Sieg von 1945 symbolisch mit dem französischen Triumph von 1918 verknüpfte. Dennoch fiel der französische Jubel verhalten aus. Wenn auch, schrieb de Gaulle in seinen Erinnerungen, «für uns Franzosen die Prüfung durch einen glorreichen Aufstieg aus dem Abgrund gekrönt wird, so hat sie doch zunächst eine katastrophale Ohnmacht mit sich gebracht. Mit der Befriedigung über den Ausgang des Krieges geht ein dumpfer Schmerz einher, der – für immer – in der Tiefe des Nationalbewusstseins zurückbleibt.»[12]

Während der folgenden Jahre und Jahrzehnte formten sich die Versatzstücke der Mythen, die in den Feiern des Jahres 1945 aufgetaucht waren, zu wirkungsmächtigen nationalen Meistererzählungen über den Sinn des Krieges und seiner Opfer, die alljährlich bei den Gedenkfeiern zum Kriegsende wiederholt und weitergesponnen wurden. Bei allen Unterschieden zwischen den beteiligten Ländern ergibt sich dabei für die 1950er und 1960er Jahre ein erstaunlich einheitliches Bild einer «nationale[n], heroische[n] und manichäische[n] Sicht des Konflikts», die den jeweiligen Nationen dazu diente, ihre durch den Krieg oft tödlich bedrohte innere Einheit wiederherzustellen und ein mentales Fundament für den Wiederaufbau zu schaffen.[13] Das half vom Krieg verheerten Gesellschaften, über die dunklen Aspekte der eigenen Verstrickung in die nationalsozialistische Gewaltherrschaft hinwegzukommen und die Individuen und Bevölkerungsgruppen, die sich während des Krieges durch Kollaboration und Opportunismus kompromittiert hatten, wieder in die Gemeinschaft einzugliedern. Insofern gab es Verdrängung, partielle Erinnerung und das, was Dolf Sternberger «vitales Vergessen» genannt hat, nicht nur in Deutschland, sondern auch in anderen Ländern.

Seit den 1970er Jahren allerdings begannen sich die vom physischen und moralischen Wiederaufbau nach dem Krieg geprägten Formen öffentlichen Gedenkens zu verschieben. Die alten Meistererzählungen waren abgenutzt. Der 8. Mai büßte an gesellschaftlicher Wirksamkeit und kollektivpsychologischer Strahlkraft ein, je weiter das Jahr 1945 in die Vergangenheit rückte. In Radio- und Fernsehprogrammen tauchten kaum noch entsprechende Dokumentationssendungen auf, so dass sich im Mai 1980 ein britischer Leserbriefschreiber empörte, seit Jahren schon werde der «VE Day» in den Medien «total ignoriert».[14] Zugleich wurde eine Phase der Amnesie durch eine Periode der Anamnese abgelöst, wie Henry Rousso mit Blick auf Frankreich formuliert hat. Auch in anderen Ländern trat seither eine mitunter quälende Rekapitulation der eigenen Verstrickung in die NS-Herrschaft an die Stelle selektiver Erinnerung und partieller Verdrängung. Es ging nicht mehr vorrangig um heldenhaftes Aufbegehren gegen die deutsche Fremdherrschaft, sondern um schuldhafte Beteiligung an ihr, nicht mehr um den Opferstatus der eigenen Nation, sondern um deren Mittäterschaft auch und gerade bei der Vernichtung der europäischen Juden.[15]

Erst Mitte der 1980er Jahre begann die Erinnerung an das Kriegsende wieder breiteren Raum in der kollektiven Wahrnehmung einzunehmen. Die Generation der Veteranen schied aus dem Berufsleben aus, besaß mehr freie Zeit und widmete sich der Pflege ihrer Kriegserinnerungen, zumal abzusehen war, dass in nicht allzu ferner Zukunft kaum noch Mitkämpfer des Weltkriegs am Leben sein würden. Der Übergang von der einmaligen Erinnerung der Zeitzeugen zur medial vermittelten, schul- und steuerbaren «Gedächtnisleistung» verlieh den Jubiläen 1985, 1995 und 2005 zusätzliche Bedeutung.[16] Die zunehmende Medialisierung des öffentlichen Lebens verstärkte diese Tendenz, weil der Krieg und sein Ende für Rundfunk, Presse und Fernsehen ideale Themen darstellten, um ihr Publikum mit dramatischen und emotionalen Bildern, Tönen und Texten zu versorgen.

Die Siegesfeiern der Anti-Hitler-Koalition

Ähnlich wie beim nationalen Gedenken reichten auch die Wurzeln transnationaler Erinnerung bis zum Kriegsende zurück. Gemeinsame Feiern der Siegermächte erschienen nach dem Triumph über Nazi-Deutschland zunächst eine Selbstverständlichkeit. Nach der offiziellen Verkündung des Kriegsendes durch Radio Moskau stürmte am 9. Mai 1945 eine

Schar junger Russen zur US-Botschaft, um Freudentänze aufzuführen und Hochrufe auf den im April verstorbenen amerikanischen Präsident Franklin D. Roosevelt auszubringen. Immer wenn an diesem Tag ein Botschaftsangehöriger das Gebäude verließ, erinnerte sich der damals in Moskau stationierte Diplomat George F. Kennan, wurde er von der Menge «sofort ergriffen, begeistert in die Luft geworfen und von Hand zu Hand über den Köpfen der Menge weitergereicht, bis er sich irgendwo am äußeren Rand des wonnentrunkenen Durcheinanders verlor».[17] Der von Moskau sanktionierte Gründungsaufruf der deutschen KP vom 11. Juni 1945 beschrieb den Sieg als Gemeinschaftsleistung «der Vereinten Nationen, mit der Sowjetunion, England und den Vereinigten Staaten an der Spitze».[18] Im Folgejahr dankte Präsident Truman in seiner offiziellen Botschaft zum ersten Jahrestag des Kriegsendes in Europa explizit allen Männern und Frauen der Vereinten Nationen – also auch der Sowjetunion – für ihre Aufopferungsbereitschaft. Zeitgleich fand im besetzten Wien eine gemeinsame Militärparade der Siegermächte statt, ebenso in der Vier-Sektoren-Stadt Berlin.[19]

Bei der offiziellen Gedenkfeier in Paris gehörten nicht nur der britische und amerikanische Außenminister zu den Ehrengästen, sondern auch ihr sowjetischer Amtskollege Molotow.[20] Selbst Churchill, der von allen westlichen Politikern besonders misstrauisch nach Osten blickte, erklärte am Vorabend des 8. Mai 1946, «gutes und vertrauensvolles Einvernehmen mit Russland» bleibe «oberste Hoffnung und wichtigstes Bestreben».[21]

Demonstrationen fortbestehender Verbundenheit wurden seltener, je mehr sich der Kalte Krieg verschärfte, je unterschiedlicher die Erinnerung an das Kriegsende in Ost und West zelebriert wurde und je weiter die dabei jeweils eröffneten Gedächtnisräume auseinander klafften. In der Sowjetunion ordnete Stalin an, dass der Feind des Zweiten Weltkriegs nicht länger als «Faschismus» bezeichnet wurde, sondern als «Imperialismus», um die Ähnlichkeit NS-Deutschlands mit den neuen Gegnern des Kalten Krieges zu unterstreichen. Die gelenkte Presse wurde nicht müde, bei den 9. Mai-Feiern der späten vierziger Jahre zu betonen, dass die UdSSR unter Führung des genialen Generalissimus Stalin gleichsam im Alleingang die Welt gerettet und die Kräfte der Reaktion besiegt habe, während ihre so genannten Verbündeten im Westen weiter auf ein heimliches Einverständnis mit Hitler gesetzt, die Eröffnung einer zweiten Front hinausgezögert und Geheimverhandlungen mit den

Deutschen geführt hätten. Der 9. Mai wurde aus einem Tag zur Feier des Sieges in ein Propagandainstrument umgeformt, mit dessen Hilfe die sowjetische Bevölkerung zu immer neuen Anstrengungen im Kalten Krieg angestachelt werden sollte.[22]

Der Westen blickte zunehmend kritisch auf Stalins Besatzungspolitik in Osteuropa. Aus britischer Sicht berührte vor allem die Entwicklung in Polen, dessentwegen man Hitler den Krieg erklärt hatte, einen wunden Punkt. Im Unterhaus entzündete sich eine Kontroverse über eine polnische Präsenz bei der Militärparade zum ersten Jahrestag des alliierten Sieges in Europa. Die Labour-Regierung hatte das mit der Begründung abgelehnt, die an der Luftschlacht um England beteiligten polnischen Piloten wären ebenso wenig Teil der Streitkräfte Seiner Majestät wie jene polnischen Soldaten, die in Nordafrika, Italien und Westeuropa gekämpft hatten und nach der deutschen Niederlage nicht in ihr von sowjetischen Truppen besetztes Heimatland zurückgekehrt waren. Churchill als Oppositionsführer kritisierte diese Entscheidung und klagte, das Schicksal Polens scheine eine «endlose Tragödie zu sein, und wir, die schlecht vorbereitet dafür in den Krieg gezogen sind, sehen mit Schmerz das seltsame Resultat unserer Bemühungen». In derselben Rede bezeichnete er den Kommunismus als eine «Seuche des Geistes» und warf Stalin vor, er plane, gigantische Teile Europas zu sowjetisieren.[23] Auch im Westen beschrieb man den neuen Konflikt jetzt immer häufiger als logische Fortsetzung des Krieges gegen den Nationalsozialismus. In diesem Kontext verlor der 8. Mai seine Bedeutung als Epochenschwelle und verwandelte sich in einen bloßen Etappensieg im Kampf zwischen Freiheit und Tyrannei.

Trotzdem verflüchtigte sich die Erinnerungsgemeinschaft der Weltkriegsalliierten nie völlig. Gerade auf der Ebene der Veteranen blieben selbst in den heißesten Phasen des Kalten Krieges rudimentäre Verbindungen erhalten. So suchten am zehnten Jahrestag des Kriegsendes amerikanische GIs, die im April 1945 mit sowjetischen Truppen beim sächsischen Torgau an der Elbe zusammengetroffen waren, einen Gönner, der ihre Reise zu einer gemeinsamen Siegesfeier mit russischen Veteranen in Moskau finanzieren würde.[24] Zum 40. Jahrestag organisierte das SED-Regime in Torgau eine Begegnung sowjetischer und amerikanischer Kriegsteilnehmer, zu der 123 Veteranen der 69. US-Infanterie und 42 andere ehemalige US-Soldaten eingeflogen wurden.[25] Fast zeitgleich forderte im britischen Unterhaus der Abgeordnete Enoch Powell von den

Ulster Unionists, selbst ein Veteran des Krieges, zu den Gedenkfeiern in London auch russische Vertreter einzuladen. Es müsse, so Powell, der keineswegs als Kommunistenfreund bekannt war, einen Platz für Repräsentanten des russischen Volkes geben, dessen «Leiden, Tapferkeit und Heldenmut» das britische Überleben und den britischen Sieg erst ermöglicht hätten.[26]

Auch auf höchster politischer Ebene knüpfte man mitunter an die Kriegsallianz an, wenn es den Staatsführungen in ihre außenpolitischen Strategien passte. Zur symbolischen Untermalung seiner Ostpolitik lud de Gaulle beispielsweise demonstrativ eine Reihe sowjetischer Generäle zur Siegesfeier am 20. Jahrestag des Kriegsendes auf die Champs Elysées ein.[27] Auch von britischer Seite gab es im Rahmen der Entspannungspolitik Zeichen der Verbundenheit mit dem ehemaligen Kriegsverbündeten im Osten. Zur Dreißigjahrfeier in Moskau reiste im Mai 1975 zwar nicht die Königin, die von Nikolai Podgorny – damals als Vorsitzender des Präsidiums des Obersten Sowjets offiziell Staatsoberhaupt – eingeladen worden war, aber immerhin Lord Mountbatten als Großadmiral der Royal Navy an der Spitze einer hoch dekorierten Delegation.[28] Umgekehrt gedachte man 1985 am Beginn der Gorbatschow-Ära im offiziellen sowjetischen Fernsehprogramm zur Siegesfeier auch der Soldaten aus Großbritannien, den USA, Frankreich und den anderen Ländern der Anti-Hitler-Koalition – allerdings erst nachdem ausführlich und in feiner Hierarchisierung an die Taten der zwölf Heldenstädte der Sowjetunion[29], der Soldaten der Roten Armee, der Partei, der Partisanen und Untergrundkämpfer sowie der im Arbeitsdienst hinter der Front eingesetzten Männer und Frauen erinnert worden war, gefolgt von den Kämpfern aus den kommunistisch regierten Staaten Jugoslawien, Polen, der Tschechoslowakei, Bulgarien, Albanien, Ungarn und Rumänien (obwohl letztere mehrheitlich auf der falschen Seite gestanden hatten).[30]

Nach dem Ende des Kalten Krieges gewann die internationale Dimension der Siegesfeiern gerade aus russischer Sicht zwischenzeitlich enorm an Bedeutung. Präsident Jelzin lud seinen amerikanischen Amtskollegen Clinton zu den Feierlichkeiten zum 50. Jahrestag nach Moskau ein. Damit demonstrierte er, wie sehr sich die Beziehungen zwischen den beiden Hauptgegnern des Kalten Krieges bis dahin entspannt hatten, setzte die Erinnerung an die Kriegsallianz für eine öffentliche Annäherung an Nato und Europäische Union ein und präsentierte Russland trotz geschwundener Macht als gleichwertige Supermacht.[31] Wie sehr Russland auch nach dem Untergang der Sowjetunion sein Selbstbewusstsein als vermeintliche Großmacht weiterhin aus dem Sieg im «Großen Vaterländischen Krieg» ableitete, zeigte sich zehn Jahre später noch deutlicher, als Jelzins Nachfolger Putin den 60. Jahrestag dazu nutzte, Moskau für einen Tag als «Weltzentrum» zu inszenieren und rekordverdächtige fünfzig Staats- und Regierungschefs zur pompösen Siegesparade vor dem Kreml zu laden.[32] Einen neuen – beziehungsweise ganz alten – Akzent erhielten die Siegesfeiern in den letzten Jahren von Putins Amtszeit, als der Präsident am Siegestag das wieder gewonnene russische Kraftgefühl zur Schau stellte und die Konfrontation mit Amerika verschärfte. Den Höhepunkt bildeten in dieser Hinsicht die Feiern zum 63. Jahrestag 2008, bei denen erstmals seit dem Untergang der Sowjetunion wieder Panzer und atomwaffenfähige Topol-Raketen über den Roten Platz rollten.[33]

Der Wandel des Gedächtniskults in Osteuropa

Wie Stalin den 9. Mai zum Instrument der symbolischen und rhetorischen Distanz von den Westmächten machte, so nutzte er den Gedächtniskult um den Zweiten Weltkrieg auch zur Festigung des sowjetischen Hegemonieanspruchs in Osteuropa. Der 9. Mai wurde allen Ländern unter sowjetischer Herrschaft als Feiertag oktroyiert und jede Form nationalen Gedenkens an das Kriegsende, die sich außerhalb des vorgegebenen Rahmens bewegte, rigoros unterdrückt. Ihren deutlichsten Ausdruck fand die verordnete Erinnerung in den Ehrenmalen für die Opfer der Roten Armee. Die teilweise überdimensional großen Monumente wurden in den ersten Nachkriegsjahren an vielen Orten im sowjetisch dominierten Europa und in den neu gewonnenen Gebieten der UdSSR westlich der Grenze von 1939 als steinerne Zeugen bolschewistischer Herrschaft errichtet, lange bevor die KPdSU in den russischen Kernregionen mit dem Bau von Denkmälern für den Zweiten Weltkrieg in größerer Zahl begann.[34]

Die verschiedenartige Gedächtnispolitik diesseits und jenseits der Grenzen der alten Sowjetunion hatte durchaus Methode. Aus Sicht des sowjetischen Diktators sprach viel dafür, die Erinnerung an den Krieg in Russland selbst strikt unter Kontrolle zu halten. Denn sie war bedrohlich eng mit gefährlichen Fragen verknüpft: nach der Dezimierung der sowjetischen Generalität durch den Großen Terror der Jahre 1935 bis 1938, dem deutsch-sowjetischen Nichtangriffspakt von 1939, den Gründen für die mangelhafte Vorbereitung der Sowjetunion auf den deutschen Überfall 1941, nach Stalins körperlichem und mentalem Kollaps in den ersten Tagen des Krieges sowie nach dem Sinn einer Kriegführung, die keinerlei Rücksicht auf das Leben einfacher Soldaten genommen und die Opferzahlen der Roten Armee unnötig in die Höhe getrieben hatte. Im Verhältnis zu den Völkern Osteuropas hingegen erfüllten die Kriegerdenkmäler aus Stalins Sicht wichtige Zwecke. Sie unterstrichen die Macht der Sowjetarmee und suggerierten der Bevölkerung in den besetzten Gebieten, die Sowjetunion habe Millionen ihrer besten Söhne geopfert, um Europa vom Faschismus zu befreien.[35]

Als Symbolfigur tauchte dabei immer wieder ein hünenhafter Rotarmist als Retter, Befreier und Beschützer auf. Besonders bekannt wurde die Gestalt als vierzig Tonnen schwere Zentralstatue im Ensemble des sowjetischen Ehrenmals im Treptower Park in Berlin. Ein Bär von einem Mann, den Blick stolz nach vorn gerichtet, mit dem Fuß ein Hakenkreuz zertretend, in der einen Hand ein mächtiges Schwert, mit der anderen ein kleines Kind an seine breite Brust drückend, stellte der Koloss einen Soldaten namens Masalow dar. Dieser hatte 1945 der Legende nach ein kleines Mädchen aus antifaschistischem Elternhaus in Berlin vor dem Ertrinken gerettet. Abbildungen der Statue fanden sich später in vielen Schulbüchern und auf Gedenkmünzen zu den Jahrestagen des Sieges: als Schutzversprechen und zugleich als bedrohliche Verkörperung der überlegenen Macht der UdSSR. Den Völkern im von der Roten Armee beherrschten Teil Europas machte das Denkmal in Gestalt des kleinen Kindes ein Angebot zur Identifikation als Schutzbefohlene der Sowjetunion.[36] Den Ostdeutschen – und allen anderen in die NS-Diktatur Verstrickten im sowjetischen Herrschaftsbereich – bot sich darin zugleich auch die Chance der Exkulpation, insofern das Kind als Symbol dafür stand, dass «Imperialisten» und «Militaristen» das unschuldige deutsche Volk missbraucht hätten.

Die Einweihungszeremonie des Treptower Ehrenmals fand symbolträchtig am «Tag der Befreiung» statt, der anders als im übrigen Ostblock in der DDR am 8., nicht am 9. Mai begangen und im April 1950 in den Rang eines gesetzlichen Feiertags erhoben wurde. Sonst folgte auch in der DDR der Ablauf der Festlichkeiten einem immer gleichen Regelwerk des Dankes für die «Befreiung vom Faschismus durch die Sowjetarmee». Dazu gehörte das Glückwunschtelegramm der DDR-Regierung an den Minis-

Einladungsschreiben zur Gedenkfeier am 8. Mai 1974.

terrat der UdSSR ebenso wie der Huldigungsbesuch des SED-Politbüros in der sowjetischen Botschaft, die Niederlegung von Kränzen am Ehrenmal in Treptow und an den anderen Denkmälern und Friedhöfen der «gefallenen sowjetischen Kämpfer».[37] Später kam die Ehrung der polnischen Kämpfer in der Gedenkstätte des proletarischen Internationalismus im Berliner Volkspark Friedrichshain hinzu.[38] In der Regel gab es einen Staatsakt in der Oper Unter den Linden, bei dem Volkstänze und Lieder aus Russland und anderen Sowjetrepubliken aufgeführt wurden. Im Zentrum der Ikonografie auf den Einladungsschreiben zu den Gedenkfeiern stand bis zum Ende der DDR die Monumentalfigur des Rotarmisten vom Treptower Ehrenmal – mal begleitet vom stilisierten Handschlag eines Konzentrationslagerhäftlings mit einem sowjetischen Soldaten, mal gerahmt von der Neubaukulisse Ost-Berlins zur Symbolisierung der Errungenschaften sozialistischen Fortschritts (siehe Abbildung).

Erst nach Stalins Tod wagte es das SED-Regime, kleine Änderungen an dem Gedächtnisritual vorzunehmen. Die DDR-Führung nutzte Tauwetterperioden im Kalten Krieg dazu, die eigene Position symbolisch aufzuwerten und den rituellen Würgegriff der Sowjetunion ein wenig zu lockern. Nach dem 20. Parteitag der KPdSU wurden die Vaterländischen Verdienstorden nicht mehr am 8. Mai vergeben, sondern zum anderen nationalen Feiertag der DDR, ihrem Gründungstag am 7. Oktober.[39] Seit Mitte der 1960er Jahre war der 8. Mai kein gesetzlicher Feiertag mehr; er wurde zusammen mit dem Oster- und Pfingstmontag sowie dem Bußtag als Ausgleich für die Einführung der Fünf-Tage-Woche geopfert. Gorbatschows Perestroika nahm das Honecker-Regime zum Anlass, beim Staatsakt am 8. Mai nicht länger zum Jahrestag der «Befreiung vom Hitlerfaschismus durch die ruhmreiche Sowjetarmee» einzuladen (wie noch 1984), sondern zur Feier «des Sieges über den Hitlerfaschismus und die Befreiung des deutschen Volkes» (wie 1985) beziehungsweise zum Jubiläum «der Befreiung des deutschen Volkes vom Hitlerfaschismus» (wie seit 1986). Durch den Wegfall der Erwähnung der Roten Armee konnte der Eindruck entstehen, das deutsche Volk habe sich – unter Führung der SED – selbst vom Nationalsozialismus befreit.[40]

Trotz derartiger Korrekturen blieb in der DDR wie anderswo im Ostblock der Gedächtniskult bis 1990 den von der UdSSR vorgegebenen Regeln verhaftet. Erst nach dem Untergang des sowjetischen Imperiums konnten die unterdrückten Erinnerungen an den Krieg öffentlich artikuliert werden. An die Stelle des internationalistischen Gedenkens sowjetischer Prägung traten eigenständige Erinnerungen. In Ostdeutschland brachen die Tabus der Massenvergewaltigungen durch die Rote Armee und das Schicksal der Vertriebenen aus Ostpreußen, Pommern, Schlesien und dem Sudetenland auf, die nicht in den sowjetischen Gedächtniskult der Befreiung vom Nationalsozialismus durch die sozialistische Brudernation gepasst hatten.[41] In Polen ging es um den Massenmord von Katyn, dem im Frühjahr 1940 mehr als 20 000 polnische Offiziere und andere Angehörige der politischen Elite zum Opfer gefallen waren und den die Sowjetunion bis 1990 beharrlich der SS in die Schuhe geschoben hatte.[42] Im Baltikum drehte sich die Kontroverse um das geheime Zusatzprotokoll zum deutsch-sowjetischen Nichtangriffspakt, das zur Annexion Estlands, Lettlands und Litauens durch Stalin im Frühsommer 1940 geführt und dessen Existenz die sowjetische Führung stets bestritten hatte.[43] Oft spielte subkutan die Verstrickung in die nationalsozialistische Vernichtungspolitik und die antisemitische Komplizenschaft größerer Bevölkerungskreise mit dem NS-Regime eine Rolle. Mancherorts erschien vor diesem Hintergrund die länger zurückliegende und kürzer währende deutsche Gewaltherrschaft weniger verabscheuungswürdig als die gerade erst überwundene sowjetische Diktatur. In einigen Regionen des Baltikums, der Westukraine und anderswo wurden nach 1990 Denkmäler für lokale Milizionäre errichtet, die an der Seite der Nazis gegen die Sowjetunion gekämpft hatten.[44]

Im Mai 1995 weigerten sich die Regierungen ehemaliger Satellitenstaaten, Vertreter zu den Fünfzigjahr-Feiern des Kriegsendes nach Moskau zu entsenden, weil für sie der 9. Mai kein Datum der «Befreiung» markierte, sondern den Übergang von einer Form der Unterdrückung zu einer anderen. Zehn Jahre später boykottierten Litauen und Estland die von Russland veranstalteten Zeremonien zur Sechzig-Jahr-Feier, während die lettische Staatspräsidentin Vaira Vike-Freiberga Putin daran erinnerte, dass sein Land den Molotow-Ribbentrop-Pakt noch immer nicht für ungültig erklärt hatte. Zur Zielscheibe der angestauten Wut über das jahrelang verordnete beziehungsweise verhinderte Gedenken wurden häufig jene Ehrenmale für die Rote Armee, die in den 1940er Jahren den Übergang von der nationalsozialistischen zur sowjetischen Diktatur gekennzeichnet hatten. Zuletzt geschah das in Tallinn, wo die estnische Regierung im Vorfeld des russischen Siegestages im Mai 2007 ein Denkmal zu Ehren der sowjetischen Streitkräfte aus dem Stadtzentrum auf einen Militärfriedhof in den Vorbezirken umsetzen ließ.[45]

Die Zentralstatue des sowjetischen Ehrenmals in Treptow entging einem solchen Schicksal. Die Bundesregierung hatte 1990 mit der damals noch existierenden Sowjetunion vereinbart, dass sie sowjetische Kriegsgräber und -denkmäler auf deutschem Boden weiter pflegen und erhalten werde. 2003 wurde dementsprechend das – formal jetzt Russland gehörende – Treptower Ehrenmal für 1,5 Millionen Euro aus der Bundeskasse restauriert. Trotzdem gab es in Russland vor dem Abzug der Roten Armee aus Ostdeutschland im Umfeld des Moskauer Bürgermeisters Luschkow Pläne, das Denkmal in Berlin abzumontieren und in der russischen Hauptstadt als Prunkstück einer zentralen Gedenkanlage für den Zweiten Weltkrieg wieder zu errichten. «Die Armee zieht ab», bemerkte die Zeitung *Komsomolskaja Prawda*, «warum sollen wir diesen einen Soldaten zurücklassen?»[46]

Wenn man den Gleichmut, mit dem die deutsche Öffentlichkeit auf die Renovierung des Sowjetischen Ehrenmals reagiert hat, mit den verwegenen Rücktransportplänen für den Rotarmisten vom Treptower Park kontrastiert oder auch mit dem heftigen Streit um den Unbekannten Soldaten in Tallinn, wird eine Kluft zwischen Ost und West deutlich. In weiten Teilen Osteuropas ist das Gedenken an den 9. Mai 1945 immer noch nationalistisch aufgeladen – sei es als Übernahme des sowjetischen Gedächtniskults ins postsowjetische Nationalbewusstsein Russlands (mit der Folgerung, den Soldaten Masalow als «einen von uns» in die russische Heimat zurückzuholen), sei es in Form der Zurückweisung durch viele Balten und andere Osteuropäer, die den sowjetischen Sieg über das nationalsozialistische Deutschland als eigene nationale Niederlage empfinden (und folglich jede Erinnerung daran aus dem Stadtbild ihrer Kapitale entfernt wissen wollen). In der Bundesrepublik hingegen hat sich in den Jahrzehnten nach 1945 allmählich eine postnationalistische staatliche Identität in einer zunehmend entmilitarisierten Gesellschaft durchgesetzt: In einem Land, in dessen Hauptstadt die zentralen Mahnmale nicht Kriegshelden gewidmet sind, sondern den Opfern von Krieg und Völkermord, wo das Verteidigungsministerium in seiner Adresse den Namen des Widerstandskämpfers Claus von Stauffenberg trägt, während es mit seiner Stirnseite an eine Straße grenzt, die nach Max Reichpietsch, Anführer der Matrosenrevolte von 1917, benannt ist, und sich eine Hiroshimastraße nur einen Steinwurf entfernt befindet: in einem solchen Land löst auch die fortbestehende symbolische Präsenz ausländischer Besatzungsherrschaft keine Empörung aus.

Der Gründungsmythos der Europäischen Integration

In der Bundesrepublik hatte das Gedenken an das Kriegsende die Konnotationen von Niederlage, Untergang des Reiches und Vertreibung zwar langsamer verloren als in der DDR. Aber auch im westlichen Teil Deutschlands rief die Rede von der «Befreiung» Deutschlands vom Nationalsozialismus insbesondere seit der Festansprache Richard von Weizsäckers 1985 kaum noch Widerspruch hervor, auch wenn der 8. Mai niemals derart plakativ als positiver Bezugspunkt für das eigene Staatswesen instrumentalisiert wurde wie vom SED-Regime.[47] Für die Bundesrepublik, so lässt sich argumentieren, lag die Konsens stiftende Bedeutung des 8. Mai weniger auf einzelstaatlicher als auf supranationaler Ebene: bei der Begründung des Mythos der europäischen Integration. Dieser Mythos handelte vom Wiederaufstieg des Kontinents aus den Trümmern zweier verheerender Kriege, von der Überwindung der Feindschaft zwischen den europäischen Nationen, der Sicherung der Zukunft durch Zusammenarbeit und gemeinsame Lösung von Problemen, kurz: von der Konstituierung eines demokratischen Europas als «Alternative zu den Verirrungen einer nationalistischen Gewaltherrschaft mit den unübersehbaren Folgen von Zerstörung und menschlichem Leid».[48]

Die europäische Integration nach 1945 hatte verschiedene Triebkräfte. Es gab die ökonomische Notwendigkeit, die organische Verflechtung zwischen den Industriegebieten an Rhein und Ruhr, im Saarland, in Luxemburg und in Lothringen nach den Verwerfungen eines dreißig Jahre währenden europäischen Bürgerkrieges wiederherzustellen. Politisch hatten die beiden Supermächte USA und Sowjetunion Europa im Kalten Krieg eine auf nuklearer Vernichtungsdrohung beruhende Ordnung von Stabilität und Passivität oktroyiert. Die Entstehung eines neuen Europa war daher, wie James Sheehan festgestellt hat, «nicht die Ursache für den langen Frieden nach 1945; der Friede war die notwendige Voraussetzung für das neue Europa».[49] Als Beginn dieses langen Friedens lieferte der 8. Mai die passende Chiffre für die neue Epoche (west)europäischer Einigkeit, und es war gewiss kein Zufall, dass der französische Außenminister Robert Schuman den nach ihm benannten Plan zur Schaffung einer Montanunion ausgerechnet einen Tag nach dem fünften Jahrestag des Kriegsendes am 9. Mai 1950 verkündete: «ein Public Relations-Coup von heroischem Ausmaß».[50]

Als ähnlich wichtig erwiesen sich die gesellschaftlichen und kulturellen Lernprozesse aus zwei verheerenden Weltkriegen, die den Europäern schließlich ebenso in Fleisch und Blut übergingen wie die wirtschaftlichen und politischen Imperative der Einigung: die Hölle der Schützengräben des Ersten Weltkriegs, die Bomben auf London und Coventry, die Zerstörung Rotterdams, die Feuerstürme von Köln, Hamburg und Dresden, das Inferno der Häuserkämpfe um Stalingrad und Berlin, die brutale Besatzung Frankreichs, der Tschechoslowakei und anderer europäischer Länder, das Gemetzel von Monte Cassino, der Todeskampf der Warschauer Aufstände und das tägliche Grauen auf den Schlachtfeldern im Westen der Sowjetunion. Angesichts dieser traumatischen Erfahrungen spielte der Topos «Nie wieder Krieg!» in den Europareden führender Staatsmänner von de Gasperi und Monnet bis Mitterrand und Delors eine zentrale Rolle. Helmut Kohl bezeichnete die Wirtschafts- und Währungsunion in diesem Sinne als Frage von Krieg und Frieden. Treffend ins Bild gesetzt wurde die «europäische» Lesart des 8. Mai in einer Ausstellung zum Kriegsende, die 1995 im königlich-belgischen Armee- und Militärmuseum zu sehen war. Das Ausstellungsplakat kontrastierte einen jungen Mann, der 1945 durch eine Trümmerlandschaft wanderte, mit einer zufriedenen, wohlhabend wirkenden jungen Frau im Jahr 1995 vor dem Gebäude des Europäischen Parlaments in Brüssel. Die Botschaft war eindeutig: Fünfzig Jahre Frieden, Prosperität und Glück waren nur durch den europäischen Einigungsprozess möglich geworden.[51]

Hatte es noch Mitte der 1979er Jahren Versuche gegeben, den 8. Mai als nationalen Feiertag abzuschaffen, um die Bundesrepublik innerhalb Europas nicht zu diskreditieren[52], erwies sich später, dass ein europäisches Gedenken an das Kriegsende aus deutscher Perspektive durchaus Vorzüge besaß. Einmal erlaubte die Verdammung des Krieges und die Betonung gemeinsamen Kriegsleidens, deutsche Erfahrungen zu integrieren, ohne nationalsozialistische Verbrechen zu verharmlosen. Ja, das ehrliche Bemühen um die Aufarbeitung deutscher Untaten im Zweiten Weltkrieg avancierte zum Leitbild für den Umgang mit den Schattenseiten nationaler Vergangenheit in anderen Ländern, die sich der europäischen Integration anschließen wollten – von den ethnischen Säuberungen im ehemaligen Jugoslawien bis zum Armeniermord in der Türkei. Zugleich wurden Fragen der Täterschaft von 1939 bis 1945 begangener Kriegsverbrechen und anderer Gräueltaten nicht mehr vorrangig im Kontext national konnotierter «deutscher Schuld» thematisiert, sondern in supranationale Diskurse des Völkerrechts und internationalen Strafrechts eingebettet. Michael Jeismann hat diese Verschiebung auf die Formel «vom deutschen Sonderweg zum europäischen Anwendungsfall» gebracht und darauf hingewiesen, dass es zwar immer noch um eine spezifische, deutsche Vergangenheit gehe, diese aber in erster Linie als Exempel für genozidale Tendenzen diene, «die auf der ganzen Welt aufbrechen können. Die deutsche Vergangenheit wird zu einem globalen Lehrstück.»[53]

Problematisch gestaltete sich der europäische Gründungsmythos aus dem Geist des 8. Mai dort, wo er nicht an die gemeinsame Erfahrung von Gewaltherrschaft und Kriegsverwüstung, von Kollaboration und Komplizenschaft mit dem NS-Regime anknüpfen konnte. Das galt beispielsweise für Großbritannien, das sich 1973 verspätet der europäischen Integration anschloss, aber stets ein schwieriger Partner blieb – auch deshalb, weil dem Land die Erfahrung der Niederlage ebenso fehlte wie die Erschütterung der politischen Institutionen und der tiefgreifende Vertrauensverlust in die nationale politische Führung, den die meisten kontinentaleuropäischen Völker erlitten hatten. Anderen Neulingen der Erweiterungsrunden seit den 1970er Jahren fehlte ebenfalls das Sensorium für die Zentralität des 8. Mai im Erinnerungshaushalt der europäischen Integration. In Spanien, das im Krieg neutral geblieben war und 1984 der EG beitrat, hatten sich die staatlichen Autoritäten im Frühjahr 1945 erfolgreich bemüht, keine öffentliche Begeisterung aufkommen zu lassen. In der gelenkten Presse wurde der Sieg der Alliierten heruntergespielt und dafür Francos Geschick betont, das Land aus dem Konflikt herausgehalten zu haben. Wer eine spanische Flagge hisste, wurde angewiesen, sie wieder einzuholen, weil der 8. Mai in Spanien kein Feiertag war.[54]

Im neutralen Irland, das 1945 als letztes Land der Welt mit dem nationalsozialistischen Deutschland diplomatische Beziehungen unterhalten hatte, waren am 8. Mai 1945 empörte Bürger in das Dubliner Trinity College eingedrungen, weil Studenten dort «God Save the King» und «Rule Britannia» gesungen hatten und der britische Union Jack zusammen mit den amerikanischen Stars and Stripes, der Tricolore und der sowjetischen Flagge mit Hammer und Sichel an Fahnenmasten aufgezogen worden waren.[55] Hier spielte die Aversion gegen britische Hoheitszeichen auf irischem Boden eine größere Rolle als die Freude über den Untergang des «Dritten Reiches». Viele Ostmitteleuropäer, die 2004 der Europäischen Union beitraten, erinnerte der 8. Mai fatal an den von der Sowjetunion verordneten «Tag der Befreiung», den sie lediglich als Übergang von einer Form der Unterdrückung zu einer anderen empfunden hatten. Den Wiederaufstieg Europas identifizierten sie nicht mit dem Ende des Zweiten Weltkrieges, sondern mit dem Untergang der UdSSR. Möglicherweise hatte die im Vorfeld des Irakkriegs deutlich gewordene Scheidelinie zwischen «altem» und «neuem» Europa nicht nur mit dem Verhältnis gegenüber den USA zu tun, sondern auch mit gegensätzlichen Mustern historischer Wahrnehmung des Kriegsendes 1945 und der politischen Lehren, die daraus zu ziehen sind.

Noch weit schwereren Belastungsproben wird eine europäische Erinnerungsgemeinschaft ausgesetzt sein, wenn ihre Reichweite sich auch auf die Nordküste Afrikas und den Nahen Osten erstrecken soll, wie es in der Fluchtlinie eines möglichen EU-Beitritts der Türkei oder der Mittelmeerunion des französischen Präsidenten Nicolas Sarkozy liegt. In Algerien, um nur ein besonders krasses Beispiel zu nennen, war es am 8. Mai 1945 zu gewalttätigen Auseinandersetzungen gekommen, als bei den dortigen Siegesfeiern neben der französischen auch die Fahne der algerischen Nationalbewegung auftauchte. Nachdem die Aufforderungen der Kolonialbehörden, die Flaggen einzuziehen, ungehört verhallt waren, hatten Militär und Polizei mit scharfer Munition in die Menge geschossen. Am Ende der mehrere Tage dauernden Kämpfe, die auf das gesamte Département übergriffen, waren mehr als hundert Europäer und viele tausend Araber umgebracht worden.[56] Insofern fiel hier die «kalendarische Chiffre der Befreiung im Westen […] mit einem herausragenden Datum der kolonialen Unterdrückung zusammen», wie Dan Diner bemerkt hat.[57]

Transnationale Gedächtnisfeiern haben noch stärker einen strittigen Charakter als nationales Gedenken, das zwar für gewöhnlich auch von verschiedenen gesellschaftlichen Gruppierungen und politischen Richtungen umkämpft wird, aber doch von staatlichen Institutionen in gewisse Bahnen gelenkt werden kann. Mit Blick auf den 8./9. Mai zeigte sich das Kontroverse der Erinnerung bei den gemeinsamen Feiern der Anti-Hitler-Koalition ebenso wie beim Gedächtniskult im Ostblock und dem Kriegsende als Gründungsmythos der europäischen Integration. Die Weltkriegsallianz entzweite sich im Kalten Krieg nicht nur politisch und militärisch, sondern auch in ihrer Erinnerung an den gemeinsamen Kampf gegen das nationalsozialistische Deutschland. Der Gedächtniskult bolschewistischer Prägung trug in den Umbruchsjahren 1989 bis 1991 zum Untergang des Sowjetreiches bei, weil breite Bevölkerungsschichten außerhalb der russischen Kernlande gegen das oktroyierte Gedenken rebellierten. Im Zuge der europäischen Integration entfaltete der 8. Mai innerhalb der sechs Gründerstaaten tatsächlich beträchtliche Kohäsionskraft, außerhalb des karolingischen Westeuropa erwies er sich jedoch oft als konfliktträchtig.

Obwohl die Konjunkturen nationaler und transnationaler Erinnerung unterschiedlichen Bewegungsgesetzen folgten, tendierten sie dazu, sich gegenseitig zu verstärken. So war die Baisse des Gedenkens in den 1960er und 1970er Jahren nicht nur darauf zurückzuführen, dass die alten nationalen Meistererzählungen ihre Integrationsfunktion weitgehend erfüllt hatten und obsolet zu werden drohten. Auch das transnationale Gedenken war in der Bipolarität des Kalten Krieges gleichsam eingefroren, während die europäische Integration in eine Stagnationsphase eintrat und auch symbolpolitisch kaum Strahlkraft entfaltete. Umgekehrt kann der Erinnerungsboom seit Mitte der 1980er Jahre mit dem Verweis auf die zunehmende Medialisierung des Gedenkens auf nationaler Ebene nicht hinreichend erklärt werden. Vielmehr wirkten auch hierbei transnationale Prozesse mit. Das Aufeinandertreffen konträrer «Gedächtnisgeschichten» (Dan Diner) in Russland und den USA, in Ost- und Westeuropa, bei ehemaligen Kolonialherren und den Nachfolgestaaten früherer Kolonien verlieh dem Gedenken am 8. und 9. Mai zusätzliche Sprengkraft und trug dazu bei, dass die Jahrestage des Kriegsendes 1985, 1995 und 2005 einen größeren Stellenwert in den öffentlichen Diskussionen einnahmen als die Jubiläen 1955, 1965 oder 1975.

Heinz Duchhardt

5. Mai – 9. Mai: Europatag

Während Bücher über «Tage deutscher Geschichte»,[1] also methodische Ansätze, über Schlüsseldaten die Physiognomie, die Kontinuitäten und Brüche der nationalen Geschichte zu erhellen, seit geraumer Zeit Konjunktur haben und offenbar ihr Publikum finden, fehlen entsprechende Publikationen zu den «Tagen europäischer Geschichte» auf breiter Front. Zwar wurden in die Reihe «20 Tage im 20. Jahrhundert» auch zwei Bände mit einer «europäischen» Relevanz aufgenommen, ein Band zum 25. März 1957, dem Tag der Unterzeichnung der Römischen Verträge,[2] und einer zum 1. August 1975, dem Tag der Verabschiedung der KSZE-Schlussakte in Helsinki[3], aber das kann nicht darüber hinwegtäuschen, dass die Aufarbeitung jener symbolischen Orte, die für das Entstehen «Europas» verantwortlich sind oder Europas Konturen mitgeschnitten haben, noch in den allerersten Anfängen steckt.

5. Mai

Menschen des beginnenden 21. Jahrhunderts wird das Datum des 5. Mai als Europatag eher verwirren. Nicht, dass die Einrichtung eines Tages, an dem man sich in besonderer Weise der politischen Idee Europa erinnern sollte, abwegig gewesen wäre, sondern weil seit 1986 überwiegend ein anderes Datum als «Europatag» begangen wird: der 9. Mai, zur Erinnerung an die Erklärung des französischen Außenministers Schuman am 9. Mai 1950, die dann zur Begründung der Montanunion führen sollte, dem direkten Vorläufer der EWG und damit der heutigen EU. Der 9. Mai hat den 5. Mai zwar nicht völlig aus der Reihe der Gedenktage verdrängt, ihn aber doch zu einem Datum reduziert, an dem neben der initiierenden Einrichtung vor allem noch Organisationen mit Vereinscharakter festhalten.

Die Einrichtung des 5. Mai als «Europatag» verdankte sich einem Beschluss des damals 17 europäische Staaten repräsentierenden Ministerausschusses des Europarats[4] im Herbst 1964, alljährlich einen Tag dem freien, friedlichen und einigen Europa zu widmen und diesen Tag überall feierlich zu begehen. Der Beschluss ordnet sich ein in die vielfältigen Bemühungen des Europarats, zu einem auch kulturell und symbolisch abgestützten Gemeinschaftsbewusstsein zu gelangen.[5] Es wurde damals festgelegt, dass der «Europatag» am jeweiligen Gründungstag des an den großen Haager Europakongress vom Mai 1948 anknüpfenden Straßburger Europarat[6] begangen werden solle, und es wurde an alle Regierungen und Menschen appelliert, den Gedanken des Europatags zu unterstützen und zu verbreiten.

Die einschlägige Resolution des Ministerausschusses vom 31. Oktober 1964 über die «Institution of a Europe Day»[7] klärt die Etappen der Vorgeschichte: Mit Empfehlung Nr. 297 habe die Beratende Versammlung die Einrichtung eines Europa-Tags vorgeschlagen, mit Resolution Nr. 34 habe sich die Europäische Konferenz der Gemeinden angeschlossen, mit Resolution Nr. 54 schließlich habe die Beratende Versammlung die Mitgliedsstaaten ersucht, in ihren jeweiligen Ländern einen Europa-Tag zu organisieren. Die Begründung des Europarats 1949 habe eine «new and decisive era in the development of Europe» eröffnet und müsse als «an event of historic importance worthy of being celebrated and commemorated in all European countries» eingestuft werden, weshalb die Mitgliedsstaaten aufgefordert würden, den 5. Mai seiner Funktion als «anniversary of the foundation of the Council of Europe» wegen als Europatag zu begehen «and cause it to be celebrated with appropriate functions and decorate public buildings on that day with the colours of the European Flag».

Als erstes gilt es festzuhalten, dass der Gedanke eines identitätsstiftenden Gedenktags nicht etwa im Schoß der sieben Jahre zuvor aufgrund der Römischen Verträge ins Leben getretenen EWG geboren wurde, die bekanntlich zum damaligen Zeitpunkt – 1964 – gerade einmal sechs Staaten vertrat und sich immer noch in heftiger Konkurrenz mit der EFTA befand, sondern dass er vom Europarat seinen Ausgang nahm, dem seinerzeit nicht nur die Staaten des westlichen und mittleren Europa angehörten, sondern – beispielsweise – auch die Türkei (1949), Griechenland (1949), Island (1950) und Zypern (1961). Jedermann bewusst war damals, dass diesem Tag zugleich aber noch eine zweite Komponente innewohnte, nämlich die des Kriegsendes 1945: Am 5. Mai 1945 waren die tags zuvor unterzeichneten Teilkapitulationen für die Westfront und für Italien in Kraft getreten. Der zweite Gedanke, der sich bei der Betrachtung des

Der 1. Haager-Europakongress mit 750 Delegierten fand vom 7. bis 10. Mai 1948 im Rittersaal des niederländischen Parlaments statt und wurde von Winston S. Churchill als Tagungspräsidenten geleitet.

Vorgangs einstellt, ist, dass in den Augen der politisch Verantwortlichen der Europagedanke, dessen Popularität in den späten 1940er und beginnenden 1950er Jahren in weiten Teilen gerade auch Deutschlands kaum überschätzt werden kann, inzwischen kein «Selbstläufer» mehr war, sondern einer emotionalen Verankerung im Bewusstsein der Menschen bedurfte. Ob ein solcher – relativ unverbindlich in den öffentlichen Raum hinein transportierter – Gedenktag das geeignete Mittel war, um das offenkundige «Mythendefizit» Europas[8] abzubauen, mag freilich bereits damals diesen und jenen Kopf bewegt haben.

Die Einrichtung des Europatags durch den Europarat war nicht die erste Initiative und Maßnahme, um den Europagedanken auch im emotionalen Bewusstsein der Menschen zu verankern. Die (uns heute wohlvertraute) blaue Europafahne war bereits im Dezember 1955 vom Europarat als offizielles repräsentatives Emblem ausgewählt worden, und auch die Diskussionen über eine Europahymne dauerten bereits länger an, auch wenn sie dann erst im Januar 1972 zu einem Ergebnis führen sollten, der Einigung auf Beethovens «Ode an die Freude». All das, was traditionell zum symbolischen Gut eines Staates gehörte – Flagge, Gedenktag, Hymne –, zeichnete sich also auch für «Europa» spätestens seit den mittleren 1960er Jahren ab, also für ein Konstrukt, das kein Staat war und vor dem Hintergrund von de Gaulles seinerzeit vehement in die Kritik geratener Formel vom «Europa der Vaterländer» wohl auch nie einen wirklichen «Staats»-Charakter gewinnen würde.

Freilich stellte sich schon bald nach dem Straßburger Beschluss über den Europatag Ernüchterung ein. Denn dass die Einrichtung dieses Tages nun nicht dazu führte, dass sich die Massen auf die Straßen begaben und für eine Beschleunigung des Europäisierungsprozesses demonstrierten, sollte sich bald zeigen. Der Europatag wurde für Organisationen, die sich ohnehin dem Europagedanken verschrieben hatten, etwa die Europa-Union, zu einem fixen Datum, an dem sie mit Bekundungen und Veranstaltungen an ein Publikum herantraten, aber dieses Publikum rekrutierte sich ganz offensichtlich vor allem aus den eigenen Mitgliedern. Breite Schichten der Bevölkerung wurden damit aber wohl nicht erreicht. Die überregionalen Tageszeitungen der ausgehenden 1960er Jahre spiegeln mehr als deutlich wider, dass es mit der Akzeptanz des Tages durch eine breite Öffentlichkeit nicht zum Besten bestellt war. Daran konnten auch flankierende Maßnahmen wie die Auszeichnung besonders europabewusster Kommunen am 5. Mai breitflächig zunächst nichts ändern.

Demonstriert werden soll das durch einen Blick in die *Frankfurter Allgemeine Zeitung*. Die Ausgabe vom 6. Mai 1965 mit einer kurzen Notiz über den in Straßburg von der Beratenden Versammlung des Europarats begangenen Gedenktag, in deren Verlauf der Präsident des Ministerausschusses, der türkische Außenminister Isik, weitere Bemühungen um die Einheit Europas gefordert habe und durch den Präsidenten des Europäischen Parlaments, Maurice Faure, eine Büste Winston Churchills enthüllt worden sei.[9] 1966, mitten in der von Frankreich ausgelösten NATO-Krise, brachte die Zeitung auf ihrer zweiten Seite einen Bericht von Nikolas Benckiser über die Arbeit des Europarats («Auch ein Eisen im europäischen Feuer»), in dem vor allem seine Brückenfunktion gegenüber den Noch-Nicht-Mitgliedern der EWG hervorgehoben wurde.[10] Die Ausgabe vom 6. Mai 1967 wurde beherrscht von dem europapolitisch eminent wichtigen Thema des erwarteten Beitritts Großbritanniens und weiterer EFTA-Mitglieder zur EWG («Bonn rechnet mit Fusion der Gemeinschaften in Rom»),[11] wusste aber von überlokalen Gedenkveranstaltungen – abgesehen von dem zufällig[12] auf den 4. Mai gefallenen Tag der Karlspreis-Ehrung des niederländischen Außenministers Luns,[13] die aber erst zwei Tage später gewürdigt wurde – nichts zu berichten. Im Jahr 1968 hatte man sinnvollerweise eine zweitägige Konferenz europäischer Parlamentarier in Bonn auf den 4. und 5. Mai gelegt, die mit einer Rede von Außenminister Brandt und einem Appell der Konferenz endete, so rasch wie möglich eine Konferenz der Außenminister der verhandlungsbereiten und der beitrittswilligen Staaten anzuberaumen[14]. Über größere europapolitische Aktivitäten in der deutschen Öffentlichkeit verlautbart dagegen abermals nichts. Die Ausgabe vom 6. Mai 1969 bringt nur eine kurze Notiz, die ohne jeden Hinweis auf den Europatag vermeldet, dass der alljährlich vom Europarat ausgelobte Europapreis für Verdienste um die europäische Einigung den beiden Partnerstädten Nancy und Karlsruhe verliehen worden sei.[15] Im Mai 1970 schließlich, der ganz von dem Kasseler Treffen des Bundeskanzlers Brandt mit DDR-Ministerpräsident Stoph geprägt war, kam die FAZ-Ausgabe vom 6. Mai über eine Rezension einer Neuerscheinung über die politischen Kernprobleme der EWG nicht hinaus.[16] Der Europatag ist im ersten Jahrfünft nach seiner Einrichtung für die führende deutsche Tageszeitung nie ein Thema gewesen, auch und vor allem deswegen, weil er im öffentlichen Leben der Bundesrepublik eine allenfalls marginale Rolle spielte!

Eine besondere Verantwortung für die inhaltliche Ausgestaltung des 5. Mai hatten die Regierungen der deutschen Bundesländer, die wenigstens in Einzelfällen koordinierende Arbeitsgruppen zur Gestaltung des Tages eingerichtet hatten, wohl vor allem den Schulen zugedacht, wo die Staatsbürger (und Wähler) von morgen die Valenz des Europagedankens verinnerlichen sollten. Aber auch damit sah es insgesamt nicht sehr gut aus. Wie anders wäre eine «Kleine Anfrage» des rheinland-pfälzischen SPD-Abgeordneten Oskar Böhm aus dem pfälzischen Kandel vom 1. April 1966 zu erklären, in der er – als Bürgermeister seiner Heimatstadt Mitglied der Deutschen Sektion des Hauptausschusses des Rates der Gemeinden Europas[17] – der (CDU-geführten) Landesregierung vorhielt, nach seinen Recherchen hätten sich im vergangenen Jahr «nur wenige Schulen an der Ausgestaltung dieses Europatages beteiligt». Offensichtlich sei keine «besondere Weisung ergangen». Es sei schließlich nicht damit getan, dass an diesem Tag «vereinzelt die Europafahne gehisst» werde. Böhm wollte konkret wissen: «Ist sie [die Landesregierung] bereit, die Schulen entsprechend anzuweisen, den Europatag mitzugestalten und sich an den Veranstaltungen des Europatages zu beteiligen und dort – wo keine örtlichen Veranstaltungen stattfinden – in eigenen Feierstunden oder im Unterricht auf die Bedeutung der europäischen Einheit und Völkerverständigung hinzuweisen?»[18]

Die Landesregierung, vertreten durch den zuständigen Kultusminister Dr. Orth, reagierte gut drei Wochen später auf die Anfrage des Oppositionspolitikers, indem sie aus ihrem Erlass an die Schulen aus dem Vorjahr zitierte: «[…] Da am Europatag nach den Empfehlungen des Europarates auf allen öffentlichen Gebäuden die Europaflagge gehisst werden soll, hat der Schulausschuss beim Europarat empfohlen, nach Möglichkeit in den Schulen in gleicher Weise zu verfahren. Außerdem hat der Ausschuss angeregt, bei dieser Gelegenheit die Schüler auf die Bedeutung des Aktes hinzuweisen. Sofern von den Kommunalverwaltungen besondere Veranstaltungen vorgesehen würden, könne an eine angemessene Beteiligung der Schulen gedacht werden. Wir bitten, im Rahmen der gegebenen Möglichkeiten den Empfehlungen des Schulausschusses zu entsprechen».

Der Kultusminister konnte sich den zusätzlichen Hinweis allerdings nicht verkneifen, dass der Europagedanke selbstverständlich auch im Rahmen des normalen Unterrichts, insbesondere im Fach Politische Gemeinschaftskunde, behandelt werde, und dass er die Ansicht «unserer

Lehrkräfte» teile, «die in einer solchen Förderung des europäischen Bewusstseins ein wirkungsvolleres Vorgehen als in der Abhaltung einmaliger Gedenktage»[19] sehe.

In der Sache mag, vom pädagogischen Effekt her gedacht, der rheinland-pfälzische Kultusminister nicht einmal unrecht gehabt haben, aber seine Antwort spiegelt denn doch zugleich eine gewisse Skepsis gegenüber dem von oben dekretierten Gedenktag wider, mit dem man Schüler wohl weit weniger erreiche als mit einer regelmäßigen Betonung des den Kontinent auf eine neue Grundlage stellenden Gedankens der europäischen Einigung. Wenn Orth von «unseren Lehrkräften» spricht, die ihn darin bestärkten, kann wohl zugleich davon ausgegangen werden, dass auch die Lehrer dem Gedanken des einmaligen Erinnerns eher skeptisch gegenüberstanden. Doch dabei darf an der grundsätzlich proeuropäischen Haltung der Landesregierungen seit 1948 kein Zweifel bestehen, wie beispielsweise die Reden Peter Altmeiers, des langjährigen Ministerpräsidenten, zeigen.[20]

Sei ihm, wie ihm wolle: dem Europatag ist an den Schulen wohl allenfalls ein begrenzter Erfolg beschieden gewesen. Immerhin kann man ihm für jene Jahre, als die Erfolgsgeschichte der EWG über die EG zur EU noch keineswegs absehbar war, eine Erinnerungsfunktion nicht absprechen: Es war eins der wenigen Male im Jahr, dass die Bürger mit dem politischen Europa in Gestalt seiner Symbole – seiner Flagge, u. U. auch seiner offiziösen Hymne – in unmittelbaren Kontakt kamen. Es sollte freilich noch ein weiter Weg sein, bis die Europaflagge regelmäßig bei offiziellen Anlässen neben den nationalen Flaggen gehisst wurde und Europa gewissermaßen mit seinen Symbolen allgegenwärtig ist.

Dem regionalen Beispiel für die offenbar noch unzulängliche Akzeptanz des Europatags soll noch ein zweites hinzugefügt werden. Die *Frankfurter Allgemeine Zeitung* hat, wie gezeigt wurde, im ersten Jahrfünft nach seiner Einrichtung den Europatag nie wirklich thematisiert, und bei der Mainzer *Allgemeinen Zeitung* sieht das im fraglichen Zeitraum nicht grundsätzlich anders aus, zumindest was die Berichterstattung über Veranstaltungen zum 5. Mai betrifft. Hatte das Organ 1964 aus Anlass des 15-jährigen Bestehens des Europarats unter dem 5. Mai einen halbseitigen Artikel des Bundestagsvizepräsidenten Carlo Schmid («Warum macht Ihr in Straßburg nicht Europa?») gebracht,[21] so zeigt eine Notiz in der Ausgabe vom 6. Mai, dass das Manko eines förmlich eingerichteten Europatags durchaus als solches empfunden wurde, lud doch die (in Mainz überaus rührige) Stresemann-Gesellschaft für den Abend des 9. Mai zu einer «Kundgebung für den Europa-Gedanken» in die Staatskanzlei ein.[22] 1965 berichtete die Zeitung[23] über die Neueinrichtung des Europatags und über den Grundansatz, «dass der Gedanke eines einigen Europas, das sich zu den Menschenrechten und den demokratischen Grundfreiheiten bekennt, wieder stärker in das Bewusstsein seiner Menschen, vor allem der heranwachsenden Jugend, gerückt werden muß», um dann noch das Bündel von vorgeschlagenen Maßnahmen (Kundgebungen in den Parlamenten, Ansprachen über Rundfunk und Fernsehen, Schulferien, Einrichtung von Europaschulen und Europaplätzen, Hissen der Europaflagge) anzusprechen. Faktisch spielte der Europatag im öffentlichen Leben der Stadt und der Region, wenn man der Ausgabe vom 6. Mai vertrauen darf, indes noch keine Rolle. Den 5. Mai 1966 würdigte die Zeitung[24] mit einem längeren Artikel («Europatag im Symbol der Vollkommenheit»), in dem zum Ausdruck gebracht wurde, dass der Europatag ein «umstrittener Festtag» sei, weil die Kritiker meinten, es gebe ohnehin schon zu viele Gedenktage. In Deutschland seien im vergangenen Jahr «hier und da» Europafahnen gehisst worden, Lehrer hätten im Unterricht auf die Bedeutung des Tages hingewiesen, auch in öffentlichen Vorträgen sei des «großen Gedankens gedacht» worden. In Tübingen, das in diesem Jahr mit dem Europapreis ausgezeichnet worden sei, habe man «größere und vor der Öffentlichkeit sichtbarere Veranstaltungen» vorgesehen, die aber wegen Terminschwierigkeiten der Referenten auf Anfang Juni verschoben worden seien. Von einem «allgemeinen europäischen Feiertag» könne aber keine Rede sein; die Befürworter eines geeinten Europa suchten ja gewiss auch nicht nach dem «Symbol einer neuen Art von Nationalismus». Auf der anderen Seite dürfe man nicht verkennen, dass die europäischen Institutionen, selbst wenn sie viele Enthusiasten enttäuscht hätten, viel Gutes bewirkt hätten. «Ihre Existenz ist ein Posten auf der Habenseite der Europabewegung». Aber Europa brauche mehr, ein ständiges Vorwärts-Drängen. Und dafür könne der Europatag, selbst wenn er nicht allerorten am 5. Mai begangen werde, ein Mittel sein. «Er rückt Europa in das Bewusstsein der Europäer». Probleme mit dem Tag gebe es in Ländern wie den Niederlanden, die mit diesem Datum ein anderes Erinnern – in diesem Fall die Einstellung der Feindseligkeiten 1945 – verbänden. Aber es gebe noch ein zweites Problem: Welche Flagge solle gehisst werden? Das grüne E sei alles andere als schön, zudem nicht anerkannt, ebenso wenig wie Coudenhove-Kalergis

Flaggen-Vorschlag aus dem Jahr 1923. Durchzusetzen scheine sich dagegen die Zwölf-Sterne-Flagge, die auf Anordnung der französischen Regierung bereits in den Gemeinden gehisst werde und die auch die Bundesrepublik inzwischen an der Grenze bei Kehl neben die Nationalflagge gesetzt habe.

Trotz dieses bemerkenswerten Artikels sah die Realität in Stadt und Region dann offenbar wieder anders aus: Die Ausgabe vom 6. Mai enthält – sieht man einmal davon ab, dass die Eröffnung einer Französischen Woche breit dokumentiert wurde – keine Nachrichten über Europatagsaktivitäten am 5. Mai.

Am 5. Mai 1967 klärte die lokale Zeitung ihre Leser zunächst darüber auf, weshalb an diesem Tag die Flaggen gehisst würden – «nach Möglichkeit», so die Anordnung des Ministerpräsidenten, solle die Europaflagge «an bevorzugter Stelle zusätzlich gesetzt werden».[25] Sie kommentierte sodann die Karlspreisverleihung an Joseph Luns.[26]

Für 1968 sieht das Bild dann noch trüber aus: Kurzer Hinweis auf Willy Brandts Befürwortung einer Außenministerkonferenz während des (oben schon angesprochenen) Bonner Parlamentariertreffens,[27] aber keinerlei Berichte über Veranstaltungen in Stadt und Kreis. Die Ausgabe vom 5. Mai 1969 enthält keine einschlägigen Berichte, die vom 6. Mai machte dagegen auf der Titelseite mit dem Appell Königin Elisabeths II. und Willy Brandts an den Ministerausschuss des Europarats anlässlich dessen 20-jährigen Bestehens auf, mit dem Einigungsprozess fortzufahren, weil, so Brandt, Europa von einer Einheit noch weit entfernt sei; es gebe noch keine europäische Friedensordnung, und die Teilung des Kontinents bestehe weiter.[28] Erstmals wurde in dieser Ausgabe jedoch über die beiden Europafeiern in Mainz und in Kassel berichtet, die im Wesentlichen von den beiden Landesverbänden der Europa-Union gestaltet wurden, die im Fall Rheinland-Pfalz auch den Sieger eines Schüler-Wettbewerbs auszeichnete und im Fall Hessen an die eigene Organisation appellierte, wieder die Rolle des ständigen Mahners zu übernehmen.[29] Die Ausgabe vom 5. Mai 1970 brachte einen Artikel von Manfred Däuwel, eines Funktionsträgers des rheinland-pfälzischen Landesverbands der Europa-Union («Europa braucht mehr als Worte»),[30] der beklagte, dass immer noch kaum Europafahnen zu sehen seien und dass die Gremien der EWG immer noch nicht die Bürger erreichten. Unter dem «oft widerlichen Feilschen um vermeintliche nationale Vorteile» in Brüssel drohe die Idee verschüttet zu werden. Es sei das Verdienst der Europa-Union, mit ihrer Aktion «Europa 70» darauf hinzuweisen, dass Europa für alle da sei und dass es nunmehr höchste Zeit sei, mit der Direktwahl zum Europaparlament Ernst zu machen. Auch im Landesteil der Zeitung wurde dann noch einmal kurz über die Aktion «Europa 70» der Europa-Union berichtet. Die Ausgabe vom 6. Mai wusste von allfälligen Aktivitäten in Stadt und Kreis dann allerdings wiederum nichts zu berichten.

Die allenfalls begrenzte Akzeptanz des Europatags im öffentlichen Leben der europäischen Staaten und ihrer Gesellschaften spiegelt sich nicht zuletzt auch darin, dass sich der Ministerausschuss des Europarats im Herbst 1976, also nach einer guten Dekade, veranlasst sah, eine Art Ausführungsbestimmung seiner Resolution zum Europatag zu verabschieden.[31] Er verwies dabei auf die Erfahrungen – die einschlägige Resolution sprach etwas euphemistisch von «the progress»! – der Gemeinden und der eingerichteten Nationalkomitees für die und bei der Gestaltung des Europatags und schlug nun vor,[32] dass

1. der Europatag, falls möglich, am 5. Mai begangen werde oder an dem dem 5. Mai folgenden Samstag;
2. im Schulunterricht der Tag thematisch gewürdigt werden solle;
3. das jeweilige Staatsoberhaupt oder ein Regierungsmitglied eine feierliche, über die Medien zu verbreitende Adresse abgebe;
4. sich die Regierungen um die Ausgestaltung von Schlüssel-«Events» am Europatag bemühen;
5. Europa-Briefmarken herausgegeben werden sollen, deren Erstausgabetag der 5. Mai wäre;
6. überwacht werden müsse, dass die Beflaggung der öffentlichen Gebäude auch tatsächlich erfolgt;
7. bei offiziellen Europatagsfeiern die Europäische Hymne zu Gehör gebracht wird.

Diese Konkretisierung des Gedankens von 1964 und seine erweiterte Umsetzung in die politische Praxis der Mitgliedsstaaten war, wie die obigen Einblicke in die Presselandschaft zeigten, wohl mehr als überfällig, wollte man an dem Konstrukt des Gedenktages – neben der Flagge und der Hymne, die allem Anschein nach schneller Fuß fassten – denn überhaupt festhalten. Diese Bemühungen scheinen auch nicht völlig fruchtlos gewesen zu sein; die Ausgaben der Europa-Briefmarken konnten immer auf eine gewisse Öffentlichkeit rechnen, die nun gezielt mit dem Europatag verbunden wurde, und auch die Beflaggungsempfehlung scheint

– über die Parlamente und die Ministerien hinaus – seitdem strikter beachtet worden zu sein. Dass bei diesen Bemühungen nach wie vor – entsprechend Punkt 2 des oben genannten Katalogs – auf die vertiefende Kraft der Schulen gesetzt wurde, spiegelt u. a. ein Beschluss der deutschen Kultusministerkonferenz vom 8. Juni 1978 zu «Europa im Unterricht» wider.

9. Mai

Die Einrichtung eines zweiten Europatags neben dem 5. Mai war freilich mehr als das Eingeständnis, dass dieser Gedenktag flächendeckend bisher nur in geringem Maß von der Bevölkerung angenommen worden war, sondern es war zugleich ein Wechsel in der Deutungshoheit. Hatte bisher ein vom Europarat vorgegebenes Datum – der Jahrestag seiner eigenen Begründung – die Szene beherrscht, so «politisierte» sich der Europatag nun. Es war kein Zufall gewesen, dass sich der Europäischen Gemeinschaft ein eigener «Ausschuss für das Europa der Bürger» etabliert hatte, der nicht nur die Unzufriedenheit über die eher zögerliche Verankerung des Europabewusstseins im kollektiven Bewusstsein der Bevölkerungen spiegelte, sondern auch einen Paradigmawechsel ankündigte: Es war nun nicht mehr ein Datum des Europarats, der gewissermaßen für die Gesamtheit des Kontinents sprach, sondern der Beginn des eigentlichen europäischen Integrationsprozesses, der nun in den Rang eines Europatags erhoben wurde. Am 9. Mai 1950 hatte der französische Außenminister Robert Schuman in dem sogenannten Salon de l'horloge seine berühmte, textlich im wesentlichen auf Jean Monnet zurückgehende Erklärung verkündet, die gemeinhin als die Geburtsstunde der Montanunion und damit der EWG gilt. Ihr Kernsatz – «Wenn Frankreich, Deutschland und weitere Beitrittsländer ihre wirtschaftliche Gesamtproduktion zusammenlegen und eine Hohe Behörde einsetzen, wird dieser Plan die ersten konkreten Grundlagen für eine europäische Föderation schaffen, die zur Erhaltung des Friedens notwendig ist» – war die erste wirkliche Konkretion einer Idee, die in den Jahren zuvor die Menschen in weiten Teilen des nichtkommunistisch gebliebenen Europa bewegt und umgetrieben hatte. Schon ein knappes Jahr später, im April 1951, war diese von Schuman vorgeschlagene Montanunion dann tatsächlich ins Leben getreten, und von da an führte der Weg hin zu den Römischen Verträgen, wenn – man denke an die gescheiterte EVG – auch nicht geradlinig. Dass auch dem 9. Mai noch eine kriegserinnernde Komponente innewohnte, soll bei alledem nicht verschwiegen werden; bis dahin hatte der 8./9. Mai weitgehend als Feiertag der alliierten Siegerstaaten gegolten. Ob bewusst oder unbewusst: der neue Europatag vereinte in sich die Symbolkraft des Kriegsendes und damit des Endes einer Epoche und des Neubeginns.

Es kann hier nicht mehr darum gehen, die innere und äußere Geschichte des neuen Europatags, des 9. Mai, zu verfolgen – die Akzeptanzprobleme dürften sich nach 1985 zunächst nicht wesentlich von denen des 5. Mai in den 1960er und 1970er Jahren unterschieden haben. In Bezug auf die europäischen Symbole griff eine im Kontext der Verdichtung der EG und der Erarbeitung einer Einheitlichen Europäischen Akte eingesetzte Regierungskonferenz,[33] die 1985 in Mailand aufgrund eines Vorschlags der sogenannten Addonino-Kommission den neuen Gedenktag empfahl,[34] ansonsten durchaus auf die Instrumente zurück, die der Europarat entwickelt hatte; so wurde erst jetzt das eher unschöne weiße E auf grünem Grund als Europaflagge durch die des Europarats ersetzt, also die blaue Flagge mit den zwölf Sternen, wobei die Zahl nicht etwa die Mitgliederzahl widerspiegelte, sondern als eine vollkommene und göttliche Zahl angesehen wurde (12 Apostel, 12 Monate usw.). Auch die bisher offiziöse Europahymne wurde von den EU-Staats- und Regierungschefs nun adaptiert – nur in dem einen Punkt aber, im Datum des Europatags, glaubte man sich bewusst von der Option des Europarats absetzen zu müssen.

Damit kam zumindest auf einem Feld eine sicher nicht besonders hilfreiche Konkurrenz ins Spiel, denn der Europarat als das «ursprüngliche» europäische, zudem gesamteuropäische Organ, das sich mit gutem Grund zugute hält, die eigentliche «Ideenschmiede für die Europäische Integration» gewesen zu sein und zu sein,[35] dachte natürlich nicht daran, «seinen» Tag – also den 5. Mai – nun schlichtweg aufzugeben. Die Irritationen waren jedenfalls wenigstens in den ersten Jahren nach 1986 gar nicht wegzudiskutieren, welcher Gedenktag denn nun der «richtige» Tag sei, der zu begehen wäre. Und die Konkurrenz zweier Europatage, eines für das *totum Europae* und eines für die Europäische Union, ist bis heute der Verankerung der Europaidee im Bewusstsein der Menschen wohl eher abträglich denn förderlich. Man versucht seit geraumer Zeit, dieses Dilemma durch die Einrichtung von «Europawochen» zu beheben, in die beide Termine fallen und in denen dann beispielsweise die

Mitglieder des Europaausschusses des jeweiligen Parlaments bzw. Landtags die Schulen bereisen und für die Idee der europäischen Föderation werben. Die dramatisch sinkenden Beteiligungen an den Wahlen zum Europäischen Parlament lassen freilich ahnen, dass auch dies keine neue Europabegeisterung weckt, obwohl inzwischen die Menschen die unbestreitbaren Vorteile des Zusammenwachsens Europas längst in vollen Zügen genießen.

Es hat im 19. und auch im 20. Jahrhundert Nationalstaaten gegeben, die sich mit der «Erfindung» und der Akzeptanz eines nationale Emotionen bündelnden und spiegelnden Gedenktags ungeheuer schwer taten; der Bismarcksche Nationalstaat mit seinen vielfältigen Versuchen, einen nationalen Gedenktag einzurichten (und zudem eine Nationalhymne!), ist nur ein Beispiel von mehreren. Auch die Bundesrepublik Deutschland mühte sich lange Zeit (vergeblich), einen für das kollektive Bewusstsein ihrer Bürger tragfähigen «Tag» zu finden, in den sich historische Erfahrungen und politische Sehnsüchte gleichermaßen hineinprojizieren ließen. Die europäischen Einrichtungen – zunächst der Europarat, dann die EU – haben von vornherein Daten ins Auge gefasst, die *formal* am Beginn von neuen Entwicklungen standen und denen zudem, wenn man das denn wollte, auch das Moment des Abschlusses einer vor-europäischen Epoche innewohnte. In Bezug auf die Akzeptanz «ihrer» Gedenktage – des 5. und des 9. Mai – machen sie ähnliche Erfahrungen wie neue Nationalstaaten.[36] Die Frage, ob ein nüchternes Gründungsdatum oder eine bedeutende, aber sicher dann auch wieder nicht mitreißende Rede und deren Jahrestage Ausstrahlungskraft genug besitzen, um sich neben den nationalen Gedenktagen zu behaupten, ist, so scheint es, noch nicht abschließend beantwortet.[37]

Hermann Rudolph

9. November 1989: Ein Sprung der Geschichte

I.

Es gibt Ereignisse, bei denen auch diejenigen, die sie erleben, lange Zeit brauchen, bis sie begreifen, was geschieht. Die Öffnung der Mauer am 9. November 1989 ist ein solcher Fall: Sie kam wie der Dieb in der Nacht, sie war, nach allem, was wir wissen, weder geplant noch gewollt, sondern die unverhoffte Folge konfuser Entscheidungen, aber sie wurde zu einem Vorgang, der Deutschland und Europa veränderte. Überdies vollzog sie sich gleichsam als historische Sturzgeburt: Zwischen der Frage eines italienischen Korrespondenten auf der Pressekonferenz des DDR-Ministerrates, die der Geschichte das Stichwort lieferte, und dem Entschluss des Grenzpolizisten, der am Übergang Bornholmer Straße die Schlagbäume öffnete, lagen nur wenige Stunden. Sie sind auf die Minute genau festgehalten: 18 Uhr 53 gab ZK-Sekretär Günter Schabowski auf die Frage nach dem neuen Reisegesetz der DDR seine merkwürdig verschlungene Antwort, die schließlich wie eine Bombe wirkte, 22 Uhr 30 kapitulierte ein Oberstleutnant mit den Worten «Wir fluten jetzt» vor den Tausenden, die seinen Grenzübergang faktisch einzudrücken drohten.

Wie das Ereignis zum Ereignis wurde, wissen wir mittlerweile ziemlich genau.[1] Es war die Folge der Kopflosigkeit der SED-Führung, in der sich allerdings die Ratlosigkeit und die Panik widerspiegelten, in welche die friedliche Revolution im Herbst 1989 und die Woge der Ausreisen aus der DDR Partei und Regierung gestürzt hatten. Sie reagierten darauf mit dem am 6. November vorgelegten Entwurf eines Reisegesetzes, der sogleich auf heftige Kritik stieß und gegen den noch am gleichen Tage – es war ein Montag, seit Wochen der Tag der friedlichen Proteste – in über vierzig Städten der DDR mit Forderungen demonstriert wurde, die an der DDR-Herrschaft rüttelten. Um den Druck zu verringern, unter dem die SED-Führung stand, brachte sie im Eiltempo eine Verordnung auf den Weg, die den DDR-Bürgern bis zu einem neuen Gesetz freie Reisen nach dem Westen ermöglichen sollte; sie sollte am 10. November in Kraft treten. Auf den für die Medien zuständigen ZK-Sekretär Günter Schabowski kam am späten Nachmittag die Aufgabe zu, die Öffentlichkeit in einer Pressekonferenz darüber zu informieren. Bei der Entscheidung selbst nicht anwesend, hatte er den Text zu seinen Unterlagen genommen, ohne ihn zu lesen. Unsicher über die Einzelheiten der Regelung, wurde er durch die Frage nach dem Zeitpunkt ihres Inkrafttretens zu der stotternden, vom ratsuchenden Blättern in seinen Papieren begleiteten Auskunft veranlasst: «nach meiner Kenntnis ... ist das sofort, unverzüglich».

Obwohl zunächst kaum jemandem klar war, was Schabowski mit seinen Erklärungen meinte, elektrisierte die Formulierung die Nachrichtenjournalisten. Nach wenigen Minuten gingen die ersten, mit Eil-Vermerken versehenen Meldungen heraus. Da die Pressekonferenz vom DDR-Fernsehen übertragen worden war, erreichte die Szene mit dem hilflosen Schabowski im voll besetzten Saal des Pressezentrums auch viele Zuschauer. Überall löste sie – bei anhaltendem Rätseln – teils ungläubiges Staunen, teils sprachlose Überraschung aus. Auch die Fernseh-Anstalten verbreiteten sie postwendend in ihren Abend-Nachrichten: erst, 19 Uhr, die ZDF-Heute-Sendung, eine halbe Stunde später die Aktuelle Kamera der DDR, dann zum Tagesschau-Termin um 20 Uhr die ARD. Da war die Wirkungsgeschichte der verklausulierten Verlautbarung, eine beispiellose Kettenreaktion von sich jagenden Meldungen und Gerüchten, bereits in vollem Gange, die beabsichtigte Erleichterung der Ausreise war zur Grenzöffnung geworden, die sich in die Sensation verwandelte, die DDR öffne die Mauer. Die Wirkung erklärt sich dadurch, dass die «Fiktion», die die Maueröffnung bis dahin war – verbunden mit der Suggestion des Unglaublichen –, an die vielleicht heikelste Stelle des DDR-Systems rührte: die Verweigerung der Freizügigkeit, Ursache des Gefühls des Eingesperrtseins, das ihre Bürger über die Jahrzehnte hin verletzt und gedemütigt hatte.[2] Im Einklang mit diesem Trauma mutmaßte der Regierende Bürgermeister von Berlin, Walter Momper, nur eine halbe Stunde nach Schabowskis Erklärung, dies sei der Tag, den die Berliner 28 Jahre – nämlich seit dem die Stadt trennenden Mauerbau – ersehnt hätten. Die Tagesschau stellte dann die Nachricht um 20 Uhr, gestützt lediglich auf die allgemeine Nachrichten-Lage, unter die lapidare Schlagzeile «DDR öffnet Grenze». Wenig später wurde dem in Warschau beim Staatsbesuch weilenden Bundeskanzler Kohl die Nachricht überbracht.

Noch am Abend erlebte das politische Bonn, dass ein überwältigter Bundestag die Nationalhymne anstimmte.

Dabei hatte sich bis zu den Abendnachrichten der Tagesschau nur eine überschaubare Zahl von Menschen an den Grenzübergängen eingefunden, entweder um die Probe auf den Gehalt der Schabowski-Erklärung zu machen oder einfach aus Neugierde. Doch je weiter die Nachricht von Schabowskis Äußerungen ihre Kreise zog, je mehr sie abgeklopft und debattiert wurde, desto mehr schwoll der Strom der Ost-Berliner an. Mit dem Auto oder zu Fuß kamen sie zu den Grenzübergängen, wo sich eine brodelnde, die Abfertigungsanlagen bedrängende Menge bildete. Zum Brennpunkt dieses Vorgangs entwickelte sich der Übergang Bornholmer Straße im Berliner Norden, in unmittelbarer Nähe des dicht bewohnten Prenzlauer Berges. Dort versuchten die Grenzorgane erst, die Menschen zurückzuweisen und auf den nächsten Tag zu vertrösten, dann – als das erfolglos blieb – wenigstens den Druck abzumildern, indem sie einzelnen die Ausreise genehmigten, bewirkten aber damit das Gegenteil. Schließlich entlud sich die zunehmende Erregung der auf Tausende angewachsenen Menge in dem Ruf «Tor auf! Tor auf!». Der Druck auf die Grenzsicherungsanlagen wurde so groß, dass die Beamten resignierten und um 22.30 den Übergang öffneten. Nur Minuten später, 22.42 Uhr, erklärte Hanns-Joachim Friedrich zu Beginn der von ihm moderierten Tagesthemen, die DDR habe mitgeteilt, «dass ihre Grenzen ab sofort für jedermann geöffnet sind. Die Tore in der Mauer stehen weit offen». Die Erklärung des Markenzeichens des deutschen Fernsehjournalismus in der bekanntesten Nachrichtensendung besiegelte den Vorgang mit dem Akt einer ex-cathedra-Verkündigung.

Im Rückblick muss der Auftritt verblüffen. Denn die Nachricht griff dem Gang der Ding deutlich vor. Zu diesem Zeitpunkt war der Übergang Bornholmer Straße der einzige, der geöffnet worden war. Auch der die Nachrichten illustrierende kurze Film konnte noch keine geöffnete Grenze zeigen. In ihm konnte lediglich ein Reporter von einem Westberliner Beobachter berichten, der ein Paar gesehen hatte, wie es überglücklich die Grenze an der Bornholmer Straße überquerte. Friedrichs Meldung spiegelte insofern lediglich eine Entwicklung, die sich gerade erst anbahnte – und gab ihr damit zugleich den entscheidenden Stoß, der ihr zu einer Wirklichkeit verhalf, die allerdings überall in Berlin an der Grenze im Werden war. Tatsächlich gaben die Grenzpolizisten nun binnen kurzem an den anderen Übergängen dem Drängen der Menschen nach. Eine Stunde später, um Mitternacht waren alle Berliner Grenzübergänge zwischen Ost und West geöffnet. Danach begann die Besetzung der Mauer am Brandenburger Tor, mit der die Maueröffnung zum historischen Tableau wurde, festgehalten in bewegenden Bildern. In den frühen Morgenstunden des 10. November entwickelte sich dann jenes spontane Straßenfest in West-Berlin, auf dem Kurfürstendamm und seinen Nebenstraßen, mit dem diese Nacht der Nächte ihren eigentlichen Höhepunkt erreichte.

Die andere Seite des Ereignisses bestand in der Unfähigkeit der DDR, auf die Entwicklung zu reagieren – ein drastischer Fall von Handeln durch Unterlassen. Dabei ist es eine offene Frage, ob der Mauerdurchbruch überhaupt noch zurückzudrängen gewesen wäre. Doch wurde nicht einmal der Versuch dazu gemacht. Die DDR-Medien-Funktionäre fühlten sich von Schabowskis Äußerungen wie vor den Kopf gestoßen. Die amtliche Agentur ADN hüllte sich bis zwei Uhr früh in Schweigen. Nur das DDR-Fernsehen, das allerdings nur von wenigen gesehen wurde, versuchte das Ereignis auf die Reiseregelung zurückzuführen. Mit ihrem Schweigen überließen die DDR-Medien den Westmedien die Deutungshoheit. Aber auch die Partei- und Regierungs-Funktionäre stellten sich faktisch tot. Während im Westen schon am frühen Abend eine Sondersitzung des Senats für 22 Uhr anberaumt wurde, beriet das ZK der SED hinter geschlossenen Türen weiter über einen Aktionsplan, der die Lage im Land retten sollte – und schnitt sich damit von der Wahrnehmung der Vorgänge ab, die zur gleichen Stunde ihre Legitimität endgültig erschütterten. Anders als der Regierende Bürgermeister, der kurz nach Mitternacht an der Invalidenstraße erschien und zu den Menschen sprach, versuchte keiner der SED-Granden, persönlich auf die Ereignisse einzuwirken – ein drastischer, folgenreicher Beleg für die Struktur eines Systems, das, gefangen im Reglement des demokratischen Zentralismus, seinen Akteuren das Vermögen zu eigenständigen Entscheidungen abgewöhnt hatte.

II.

Am 9. November entstand aus den Meldungen der West-Medien, der aufgeladenen Stimmung der Ost-Berliner und der Unfähigkeit der DDR-Führung jene sich selbst beschleunigende Dynamik, die Geschichte machte. Sie überrannte die bisherige Wirklichkeit mit ihren Prognosen, Erwartungen und Planungen. Nach dieser Nacht voller Jubel und Tränen war in Berlin und Deutschland nichts mehr so, wie es 28 Jahre lang, ja, seit der frühen Nachkriegszeit gewesen war. Doch die Maueröffnung offenbarte ihre Botschaft nicht in Ankündigungen und Manifesten, sondern in unbeschreiblichen Szenen, die eben deshalb so oft beschrieben wurden. Die jubelnden Menschen auf der Mauer am Brandenburger Tor, die Umarmungen von wildfremden Leuten, die Schritt fahrenden Autoschlangen auf dem Kurfürstendamm und das Begrüßungs-Getrommel auf den Dächern der Trabis und Wartburgs – das alles verdichtete sich zu einem Ereignis, das dem Geschehen voraus war und dessen Tragweite deshalb noch gar nicht recht ins Bewusstsein treten ließ. Dass die Grenzübergänge geöffnet wurden, war ja zunächst nicht mehr als eine Kurzschluss- und Panik-Reaktion der Ostberliner Behörden. Allerdings bedeutete sie die größtmöglichste Tabu-Verletzung, die in der geteilten Stadt denkbar war. Mit dem Durchbrechen der Grenzübergänge und den Szenen der Begegnung von Ost und West warf die Stadt gleichsam die Duldungsstarre ab, mit der sie seit Jahrzehnten ihr Schicksal getragen hatte.

Die Maueröffnung änderte insofern fast nichts und alles. Tatsächlich gab es ja am Morgen danach die DDR noch, Volksarmee und Grenztruppen funktionierten und lösten sogar, wie gelernt, erhöhte Gefechtsbereitschaft aus, aber das Erlebnis dieser Nacht nahm ihrer Macht die Wirkung. Die Besetzung der Mauerkrone am Brandenburger Tor durch die Menge und ihr Vordringen ins Allerheiligste der Grenzanlage, den innersten, streng abgeschirmten Bereich zwischen Mauer und Pariser Platz, rüttelte an dem Punkt der geteilten Stadt, der wie kein anderer die weltpolitische Konfrontation zwischen Osten und Westen symbolisierte. Sie löste gleichsam den Bann, den die Geschichte über Berlin gelegt hatte – wie sie, umgekehrt, dem Grenzregiment, das das Eindringen in diesen Ort als besondere Niederlage empfand, faktisch das Rückgrat brach.[3] Das massenhafte Auftauchen der Ostberliner im Westen der Stadt und die Verbrüderung mit den Westberlinern erschütterte die Gewöhnung an die Trennung. Zwar kehrten so gut wie alle Ostberliner zurück in die «Hauptstadt der DDR», aber die aufgezwungene Scheidung in zwei Städte, zwei Systeme, zwei Welten bekam in dieser Nacht einen Stoß, von dem sie sich nicht mehr erholte. Im überquellenden Gefühl von Rührung und Ergriffensein gab das Gewebe von Fremdheit, Vorbehalten und Distanz nach, das sich zwischen Osten und Westen im Lauf der Jahre gebildet hatte. Und zum ersten Mal seit den bald 45 Jahren, in denen die Stadt unter alliierter Kontrolle stand, wurden die Deutschen wieder zum Subjekt des Geschehens: In dieser Nacht handelten die Berliner, die Alliierten traten nicht in Erscheinung.[4]

Dabei gehörten zum Erlebnisgehalt dieser Nacht noch gar nicht die großen Perspektiven, die der Mauerfall aufriss. Zwischen Überwältigung, Hupkonzerten und Extraausgaben spielte noch keine dominante Rolle, was zum Thema der nächsten Wochen und Monate wurde – nicht die deutsche Wiedervereinigung, nicht das Ende des Ost-West-Konflikts und nicht einmal die Einheit der Stadt. Vielleicht steckte eine Ahnung von alledem in dem nach Ausdruck suchenden Überschwang, der den Ausruf «Wahnsinn» zum Schlüsselwort der Nacht werden ließ. Allenfalls die Parteigänger der DDR erfühlten die Bedeutung des Ereignisses. «Jetzt ist es aus», sei ihm durch den Kopf geschossen als er bei der Heimfahrt die Menschen Richtung Grenze strömen sah, bekannte später Wolfgang Rauchfuß, ein gerade ins Politbüro aufgerückter Wirtschaftsfachmann.[5] Gregor Gysi erinnerte sich, dass er zu seiner Lebensgefährtin gesagt habe: «Das ist der Anfang vom Ende der DDR».[6] Dagegen ergab sich für die Westberliner aus der Maueröffnung kaum mehr als der Eindruck einer ungeheuren, ambivalenten Situation. «Die Lage hatte sich in einer Nacht von Grund auf gewandelt», urteilte Dieter Schröder, der Chef der Berliner Senatskanzlei, «aber niemand wusste, wie tragfähig dieser Grund sein würde». Die Verantwortlichen auf der West-Seite befanden sich angesichts der Vorgänge in einer Rolle, die sich «am besten mit der des Beobachters eines gewaltigen Erdrutsches, wenn nicht gar eines Erdbebens vergleichen» ließe. «Die Welt um uns war in Bewegung, aber die Richtung und die darauf einwirkenden Kräfte waren noch keineswegs deutlich zu erkennen».[7]

Allerdings hatten die Wochen und Monate davor mit immer neuen, überraschenden Ereignissen gezeigt, dass der Boden nicht mehr sicher war, auf dem die DDR stand. Das mittel- und osteuropäische Umfeld befand sich in heftiger Bewegung. Pausenlos geschah bisher Unvorstellbares – in Ungarn etwa die Rehabilitierung von Imre Nagy, des Führers der Revolution von 1956, in Polen die Bildung einer parlamentarischen Regierung inmitten eines noch immer diktatorisch verfassten Ost-Blocks. In der DDR zeigte die anwachsende Ausreise-Bewegung auf der einen, die immer drängender werdenden Montagsdemonstrationen auf der anderen Seite, dass die noch vorherrschende Ruhe trügerisch war. Im September brach Ungarn mit der Öffnung seiner Grenze nach Österreich den Deutschen, die die DDR verlassen wollten, die erste Bresche in den Eisernen Vorhang. Seit dem vierzigsten Jahrestag der DDR am 7. Oktober, bei dem die Machtdemonstration der DDR-Führung hart mit dem Protest aufbegehrender Bürger aneinanderstieß, überschlugen sich die Ereignisse; Sturz Honeckers am 18. Oktober, Ankündigung einer «Wende» durch seinen Nachfolger Egon Krenz, Rücktritt von Regierung und Politbüro, Auftritt des letzten Aufgebots – die Manöver der DDR-Führung machten mehr und mehr den Eindruck von Rettungsaktionen auf einem sinkenden Schiff. Fünf Tage vor dem Mauerfall zeigte die Demonstration von rund einer halben Million Menschen in der Mitte Berlins, dass alle diese Schritte nicht ausreichten, um der Desillusionierung der Menschen über das Regime entgegenzuwirken.

Nach alledem war man auch im Westen auf Veränderungen eingestellt, zumal in West-Berlin, das seit Monaten ein begehrtes Ziel der Flüchtlinge war – 39 000 waren seit Jahresbeginn gekommen, mehr als ein halbes Hundert Turnhallen diente als Notunterkunft. Knapp zwei Wochen vor der Maueröffnung hatte Schabowski auch bereits gegenüber Momper angekündigt – bei einem von Manfred Stolpe, dem zwischen Ost und West vermittelnden Konsistorialpräsidenten der Evangelischen Kirche, arrangierten Gespräch –, dass eine liberalere Reiseregelung in Arbeit sei. Seither bereitete sich die Verwaltung auf einen «Tag X» vor. Nur meinte der die Invasion der Besucher, die von einer Lockerung der Reisebestimmungen erwartet wurde – die offiziellen Schätzungen gingen bis zu 300 000, insgeheim rechnete man sogar mit 500 000, unter ihnen eine nicht geringe Zahl mit der Absicht, die DDR endgültig zu verlassen. Die Überlegungen richteten sich deshalb vor allem darauf, wie man den Ansturm bewältigen könne, zumal er vermutlich auf das erste Adventswochenende und damit die vorweihnachtlichen Einkaufstage fallen würde. Und weil die Stadt im Herbst und Winter massiv unter der Dunstglocke der Braunkohlen-Feuerung in der DDR lag, beschäftigte man sich in Westberlin besonders hingebungsvoll mit der Frage, was getan werden könne, wenn etwa mehrere Hundertschaften von Trabis zusätzlich die Luft verunreinigen würden und ob man diesem Problem mit Fahrverboten begegnen könne. Eine Schließung des Kurfürstendamms für den Verkehr wurde erwogen und mit dem befürchteten Umsatzrückgang wieder in Frage gestellt. Immerhin würden 300 000 Besucher das Begrüßungsgeld abholen, das es seit 1987 einmal im Jahr für alle Besucher gab, und das Geld, insgesamt 30 Millionen, schließlich in Westberlin lassen. Aber die Besucher – so beruhigte sich der Kommentator einer Berliner Zeitung – «kämen ja nicht alle auf einen Schlag».[8]

Kurz darauf waren sie da, wenn nicht alle, so doch überwältigend viele, und die Arbeit an dem Offenen Brief, mit dem der Regierende Bürgermeister Walter Momper die Berliner auf das bevorstehende Ereignis hatte vorbereiten wollen, wurde eingestellt. Mit einem Male waren aber auch die Bedenken über die Belastungen durch die Besucher wie weggeblasen, verdrängt von der ungleich größeren Herausforderung der über die Stadt hereingebrochenen Freizügigkeit. Nun bewegte kaum etwas die Stadt so sehr wie die gleich neun neuen Übergänge, die die DDR nach dem Schockerlebnis dieser Nacht einrichtete, darunter Potsdamer Platz und Glienicker Brücke, die sogleich zu Ikonen des Geschehens wurden. Ihre Bilder gingen um die Welt – der schmale von Menschentrauben bedrängte Durchlass im Zentrum der Stadt, hinter dem sich dem Blick die gewaltige Brachfläche der Grenzanlagen in der Mitte Berlins öffnete, und die Verbindung von Berlin nach Potsdam über die Havel, die einst die Teilung mit dem Spektakel des Austauschs von Agenten illustriert hatte. Das Wochenende verwandelte die Inselstadt Westberlin schließlich in einen brodelnden Menschen-Kessel, der die nächtliche Grenzöffnung gleichsam qua Masse bestätigte: geschätzte zwei Millionen Besucher, «stehender Fußgängerverkehr auf Kurfürstendamm und Tauentzien» – wie der Polizeisprecher registrierte –, Volksfeststimmung überall. Die Ost-West-Trennung, die ein halbes Jahrhundert über der Stadt gelegen hatte, löste sich für rauschhafte zwei Tage auf. Sie ließen fast vergessen, dass der Sickerstrom der Flüchtlinge, der an der DDR zehrte, sich fortsetzte – noch immer meldeten sich pro Tag 2000 im Notaufnahmelager Marienfelde.

III.

In Berlin zeigte sich allerdings auch, dass die Deutschen noch in einem weiteren Sinne nicht auf die Maueröffnung vorbereitet waren. Während bereits die ersten Mauerstücke fielen, offenbarte sich ein tiefer Riss in der politischen Gesellschaft, und er betraf nichts geringeres als die Perspektive, die eben gerade am Horizont aufgetaucht war – die deutsche Einheit, die knapp ein Jahr später Realität war. Zunächst konnte sich das Berliner Abgeordnetenhaus nicht auf eine gemeinsame Resolution zum Mauerfall einigen, weil unter den Parteien die Meinungen massiv auseinandergingen, ob darin die deutsche Einheit überhaupt erwähnt werden solle. Das hatte die CDU vorgeschlagen, die SPD hätte es mitgetragen, wenn auch wiederwillig, doch stand dagegen der vehemente Widerstand ihres Koalitionspartners, der Alternativen Liste, die fest von der Unabdingbarkeit der deutschen Zweistaatlichkeit überzeugt war. Der Preis für den nach langem Ringen vor und hinter den Kulissen gefundenen Kompromiss bestand darin, den Begriff der Einheit durch die ausweichend-umwegige Erwartung zu ersetzen, dass das deutsche Volk zu «der Gestaltung seines Zusammenlebens gelangen kann, für die es sich in Ausübung seines Selbstbestimmungsrechts entscheidet».[9] Auf der nachfolgenden Kundgebung vor dem Schöneberger Rathaus, mit der das historische Ereignis vom politischen Berlin und den führenden Politikern der Bundesrepublik gewürdigt werden sollte, entlud sich der Dissens im Eklat. Bundeskanzler Kohl, der seinen Staatsbesuch in Warschau aus diesem Anlass unterbrochen hatte, wurde von Teilen der Menge ausgepfiffen, die danach angestimmte Nationalhymne ging in Protestgeschrei und Pfiffen unter.

Der Vorgang warf nicht nur einen Schatten auf diesen Tag, sondern demonstrierte scharf die Unterschiedlichkeit der politischen Positionen, die während der Zeit der Teilung entstanden waren. Für das alternative Milieu, das die Stimmung auf dem Platz bestimmte, war die Einheit nicht nur kein Thema mehr, sondern ein Anti-Thema, Inbegriff eines politischen Anachronismus, den es mit Spott und Häme überschüttete. Doch die Vorbehalte gegenüber der Einheit reichten weit in die SPD hinein. Selbst der Regierende Bürgermeister Walter Momper, der am Morgen im Bundesrat in Bonn das enthusiastische Wort gefunden hatte, die Deutschen seien in dieser Nacht das glücklichste Volk der Welt gewesen, legte am Nachmittag den Akzent darauf, den 9. November eher nachbarschaftlich-familiär als einen «Tag des Wiedersehens» zu feiern, ausdrücklich nicht als «Tag der Wiedervereinigung».[10] Dagegen war Brandts Rede schon ganz auf seine berühmte Einheits-Formel gestimmt – «nun wächst zusammen, was zusammengehört» –, die er wenig später am Brandenburger Tor formulierte.

Tatsächlich war zu diesem Zeitpunkt noch kein Politiker bereit, die Wiedervereinigung als unmittelbares politisches Ziel zu postulieren. Zu groß waren die Ängste, damit den noch ganz labilen, deutschen und europäischen Prozess zu gefährden, zu schattenhaft war das Ziel selbst geworden. Auch Kohl hatte in seiner Rede zwischen dem Respekt vor den DDR-Bürgern, die dabei seien, sich ihre Freiheit «selbst zu erkämpfen», wofür er die «volle Unterstützung» der Bundesrepublik versicherte, und der Beschwörung einer gemeinsamen Zukunft balanciert, den Begriff der Wiedervereinigung indessen vorsichtig umsteuert. Hält man sich an den Stand, den die deutschlandpolitischen Debatten bis zum 9. November erreicht hatten, so gingen die Erwartungen zu diesem Zeitpunkt kaum weiter als bis zu einer freieren DDR mit Rechtsstaat, Mehrparteiensystem und Reisefreiheit. Für Berlin waren sie vermutlich noch ungefährer: Natürlich mehr Zusammenarbeit zwischen Ost- und Westteil, zumal in praktischen Fragen, vielleicht eine neue Perspektive für die Existenz der Stadt, von der Wiederherstellung der Einheit der getrennten Stadt war noch kaum die Rede. Momper hielt eisern fest an dem Grundsatz der Nichteinmischung in die Angelegenheiten Ostberlins, weshalb er sich auch gegenüber dem Osten kaum zu mehr als der Bitte verstieg, die Ostberliner sollten ihre Trabis zu Hause lassen.[11] Doch während Kohl bei aller Zurückhaltung immerhin den Fluchtpunkt der Einheit ahnen ließ, bezeugte Mompers Position – zumal angesichts der Ereignisse der vergangenen Nacht – vor allem seine Befangenheit in der Vorstellungswelt der westdeutschen Linken, die sich etwas anderes als deutsche Zweistaatlichkeit und eine reformerisch erneuerte DDR nicht mehr denken konnte.

Aber die Maueröffnung und die Überflutung West-Berlins durch die DDR-Bürger am Wochenende stellten die Deutschen ja auch vor Fragen, an die alle seit langem nicht mehr gedacht hatten, ja, die zu denken sie kaum noch in der Lage waren. War die Wiedervereinigung der beiden Staaten in Deutschland denn wirklich eine realistische Perspektive? Oder waren nicht – so wie sich die Dinge entwickelt hatten – zwei deutsche Staaten, eine demokratisch reformierte DDR neben der Bundesrepublik, die wahrscheinlichere Lösung? Gerade in Berlin stellte sich das Problem besonders zugespitzt. Zwar hatte die Maueröffnung gezeigt, dass das Bewusstsein von Berlin als einer Stadt in Ost und West wach geblieben war, und außer Frage stand auch, dass Ost- und Westberliner die Überzeugung einte, Berliner zu sein. Aber offen blieb zunächst gleichwohl, ob die Erfahrung, im jeweils anderen Berlin gelebt zu haben, dem westlichen oder dem östlichen, nicht ebenso stark, wenn nicht stärker war. Ganz abgesehen von der Frage, ob denn Berlin überhaupt als *eine* Stadt vorstellbar war, solange zwei deutsche Staaten bestanden, zu denen die beiden Teilstädte gehörten. Zumindest für den Augenblick der Maueröffnung und wohl auch für die Tage danach hing die Vorstellung eines wieder vereinigten Berlins noch sehr in der Luft. Es ist fast nur die Unvorstellbarkeit, dass Berlin nicht wieder zu der einen Stadt werden würde, die es vor der Spaltung war, die das gaze Berlin zur Perspektive für die geteilte Stadt macht. Wie sollte denn auch der Status der Stadt aussehen, wenn die friedliche Revolution in der DDR zu einem eigenständigen Staat neben der Bundesrepublik führen würde – was viele wollten, nicht zuletzt unter den Aktivisten des Umbruchs? Aber der Ruf der Demonstranten in der DDR «Wir sind das Volk» war zur Zeit der Maueröffnung ja auch noch nicht in die historische Kurve eingebogen, die aus ihm die Einheits-Einforderung «Wir sind ein Volk» machte. Und die Wiedervereinigung war dem Schicksal einer Prognose für den Sankt-Nimmerleins-Tag noch längst nicht entkommen.

Doch über alles das drängten die Entwicklungen bald hinaus. Die Maueröffnung verwandelte die Stadt in eine pulsierende Zone von Erwartungen und Widersprüchen. Sturzgeburtartig wurde das eben noch eingemauerte Berlin zur offenen Stadt, zum aufgerissenen Gelände. Eine zwischen Ziellosigkeit und Zielbewusstsein dahinwogende Nervosität verdichtete sich in Menschen- und Medienpulks, die sich bildeten, wo immer prominente Besucher auftauchten, um neue Übergänge zu besichtigen oder Erklärungen abzugeben. An den Übergängen stauten sich Besucherschlangen, die West-Ost-Verbindungen wurden zu überquellenden Verkehrsadern, die Trabis und Wartburgs aus Ostberlin und dem Umland okkupierten die West-Stadt, zehntausend pro Wochentag, fünfzehn- bis zwanzigtausend am Wochenende. Dazu hatte die Maueröffnung die Mitte der Stadt wieder ins Blickfeld gerückt: eine surreal verfremdete Landschaft mit Gebäudekanten und Brandmauern, Abbrüchen und Leerräumen zwischen den (Teil-)Städten, mitten in der Stadt, die noch einmal die kahlen, hohläugigen Stadtlandschaften heraufbeschworen, mit denen der Maler Werner Held das zerschlagene Berlin der Trümmerzeit festgehalten hatte. Und nichts stand so für diese Zeit zwischen den Zeiten wie die atemberaubende Brache zwischen Brandenburger Tor und Potsdamer Platz, zwischen Tiergarten und der letzten DDR-Wohnungsbau-Generation, umgeben von Mauer, Sperrzone und den Plattenbauten der letzten DDR-Generation: ein riesiger Krater an der Grenzzone der beiden Teile Berlins, der vor der Gegenwart sichtbar machte, was für ein ungeheuerlicher Vorgang sich hier ereignet hatte. Ein Offenbarungseid der Geschichte.

Selbst das Schicksal der Mauer blieb zunächst unklar. Dass sie verschwinden werde, lag in der Luft – im wörtlichen Sinne, denn überall in Mauernähe war das helle Klopfen der Mauerspechte zu hören, die das Bauwerk Stück für Stück demontierten. Zu viel Erbitterung hatte das monströse Bauwerk erzeugt, zu tief in zahllose Schicksale eingegriffen – von den Todesopfern, die sie gefordert hatte, ganz zu schweigen –, als dass ein andere Haltung möglich gewesen wäre. Zwar gab es auch einzelne Stimmen, die die Mauer als Denkmal erhalten wollten. Sogar der Gedanke, sie zu einer Promenade zu machen, tauchte auf. Doch noch lange stieß selbst der Gedanke, sie zumindest in Beispielen zu bewahren, auf heftigen Widerstand. Dabei markierte sie noch immer die Besatzungszonen, hing direkt zusammen mit dem Viermächte-Status Berlins und war außerdem Währungs- und Zollgrenze. Zumal in Ostberlin, auf dessen Territorium die Mauer stand, war die Unschlüssigkeit mit Händen zu greifen. Bis in den Dezember hinein reichte die Bereitschaft Ostberlins zur Beseitigung der Grenze nicht weiter als bis zur Ersetzung der Mauer durch einen Zaun. Und während sich Vaclav Havel, der Held der tschechoslowakischen Revolution, bei seinem Berlin-Besuch Anfang Januar 1990 darüber wunderte, dass es die Mauer noch gab, hoffte Manfred Gerlach, Vorsitzender der liberalen Blockpartei LDPD und durch die Umstände zum zeitweiligen Staatsratspräsident der DDR geworden, «auf eine weniger schroffe Markierung», und der Ostberliner Oberbürgermeister Krack wollte wenigstens das «Betonartige» dieser Grenze korrigieren.[12]

Doch das Tempo, in dem bisher Unvorstellbares in Deutschland zum Ereignis wurde, riss die Schranken der Vorstellungen immer rascher ein, mit denen Westen und Osten bisher gelebt hatten. Die mutig gewordenen Medien konfrontierten die DDR-Oberen mit den Übergriffen, die die Polizei während der 40-Jahr-Feier des ostdeutschen Staates verübt hatten, und die Enthüllungen über das komfortable Leben der DDR-Nomenklatura brachen wie verheerende Stürme ein in das Bild des armen, aber ehrlichen Staatswesens, das die DDR von sich gezeichnet hatte. Die DDR begann zu kollabieren. Ende November öffnete Kohl mit seinem 10-Punkte-Programm zur Überwindung der Teilung Deutschlands und Europas einen Weg, der aus der zunehmend als stagnierend empfundenen Situation herausführte. Rechtzeitig zum Advent konstituierte sich im Bonhoeffer-Haus in Ostberlin unter dem Herrnhuter Stern der Zentrale Runde Tisch, der zu einem treibenden Ferment der Wende wurde. Im Dezember trafen sich die Botschafter der vier Siegermächte, zum ersten Mal seit 1948, aber das Treffen in dem gespenstisch verwaisten Kontrollratgebäude hatte selbst etwas Gespenstisches, aktivierte auch keineswegs – wie von deutscher Seite befürchtet – das Vier-Mächte-System der Nachkriegsära, sondern wurde zu einer Abschiedsgeste an eine lang überholte Ära.

Da war bereits eine Ostberliner Sporthalle zur Arena für eine beispiellose Selbstdemontage der SED geworden, in der sich die eben noch allmächtige Partei in einer chaotischen Sechzehnstunden-Sitzung – die eine Woche später fortgesetzt wurde – als ratloser Haufen erwies, gerettet von einem bis dahin weithin unbekannten Rechtsanwalt Gregor Gysi, der den Vorsitz der nun PDS genannten Partei übernahm wie eben ein Anwalt einen wenig aussichtsreichen Fall übernimmt. Ein denkwürdiger Auftritt des Kanzlers in Dresden vor der Ruine der Frauenkirche machte vier Tag vor Weihnachten klar, dass die deutsche Einheit nicht mehr aufzuhalten war. Zwei Tage vor Weihnachten wurde das Brandenburger Tor geöffnet: ein Spektakel im Regen, das sich auf den Photos, die es dokumentierten, zu einem dramatischen Schwarz-Weiß-Panorama unter Schirmsilhouetten verwandelte, mit den Regierungschefs und Bürgermeistern aus West und Ost – Schlusspunkt der Ereignisse seit der Maueröffnung. Und noch vor Jahresschluss wurde eine DDR-Außenhandelsfirma mit der Vermarktung der Mauer betreut. Es war eine Baustofffirma, und es gab dem sich seit dem 9. November vollziehenden Prozess einen ersten, aber angemessenen Abschluss, dass die Mauer, der «antifaschistische Schutzwall» der DDR, wieder in die Hände der Baustoffindustrie zurückfiel. Doch bereits zu Weihnachten konnte man in Filene's Basement in Boston für 12.95 Dollar ein 60 Gramm schweres Mauerstück kaufen, verpackt in ein Gedenkkästchen.[13]

IV.

Am 9. November unterbrach um 19.15 Uhr in Paris der Direktor von Sciences-Po die Vorlesung des Politologen Alfred Grosser. Seine Mitteilung an die Studenten war kurz: «Le Mur de Berlin est tombé» und erntete donnernden, langanhaltenden Applaus. Noch am Abend machte sich ein halbes Hundert Studenten auf den Weg nach Berlin, um, wie Grosser schreibt – der mit dieser Schilderung seine Memoiren beginnt –, «wenigstens einmal in ihrem Leben an einer großen politischen Freude teilhaben zu dürfen».[14] Dass die Maueröffnung – wie Grosser andeutet – hineinbrach in eine Welt, die wenige aufwühlende Ereignisse zu bieten hatte, macht nachvollziehbar, dass sie fast überall auf ein begeistertes Echo stieß, nicht zuletzt bei den jungen Menschen. Vielleicht war die Reaktion nicht überall so enthusiastisch wie in Frankreich, wo der Karikaturist von *Le Monde* ein vor Freude geradezu explodierendes Brandenburger Tor zeichnete, über dem die Pferde der Quadriga in den Himmel sprengten, während er davor den berühmten Cellisten Rostropowitsch platzierte, der – aus Paris nach Berlin gekommen – an der Mauer eine Bach-Sarabande spielte. Aber überall wurde sie aufgenommen als «ein aufwühlendes, emotionales Ereignis, wie es die Welt seit vielen Jahren nicht erlebt hat».[15] Die Prominenten-Stimmen, die zu Dutzenden eingesammelt wurden, waren auf Begeisterung gestimmt, und der berühmte Dissident und Friedensnobelpreisträger Andrej Sacharow maß dem Mauerfall zum Beispiel «historische Bedeutung für die ganze Welt» zu.[16] Tatsächlich nahm die ganze Welt an der Maueröffnung Anteil: sie wurde zum Weltereignis. Sie erfüllte die immer vorhandene, so oft enttäuschte Hoffnung, dass belastende Verhältnisse sich ändern können.

Die offiziellen politischen Reaktionen entzogen sich der allgemeinen Euphorie nicht, auch wenn sie vielfach – besonders in Polen und Israel – bereits von Besorgnissen begleitet waren. Allerdings machte die Überwältigung – die beispielsweise auch die später bremsende britische Premierministerin Margaret Thatcher einschloss, die den 9. November einen «großen Tag für die Freiheit» nannte – ziemlich bald einer breiten, vielfach von Bedenken gekennzeichneten Diskussion über die Möglichkeit der Wiedervereinigung als Folge des Mauerfalls Platz. Doch insgesamt beeinflusste er die Wahrnehmung Deutschlands im Ausland bemerkenswert positiv – was vor allem dem beginnenden deutsch-deutschen Vereinigungsprozess zugute kam.[17] Überdies wurde der Mauerfall zum Fanal für die letzten Etappen der demokratischen Umwälzung Ost-Mitteleuropas. In Polen und Ungarn hatte die Demokratie bereits gesiegt. Im November und Dezember brauchte die «samtene Revolution» in der Tschechoslowakei nur drei Wochen, um das alte Regime zu stürzen und die neue Republik zu begründen. Im November war auch in Bulgarien

Karikatur von Plantu auf den Mauerfall aus der französischen Tageszeitung «Le Monde» vom 8. Dezember 1989.

der langjährige Diktator Schiwkow zum Rücktritt gezwungen worden. Und in den letzten Tagen des alten Jahres endete auch noch – mit dem blutigen Schlussakt der Hinrichtung Ceausescus und seiner Frau – die kommunistische Herrschaft in Rumänien.

Als historisches Ereignis ist dieser 9. November schwerlich zu überschätzen. Er leitete nicht nur das Ende der deutschen Teilung ein, sondern stand als symbolischer Akt auch über der Aufhebung der Spaltung und der Wiedervereinigung Europas. Denn die Durchbrechung dieser Spaltung an jenem Punkt, an dem sie aufs Sinnbildlichste sichtbar war, eben durch eine Mauer mitten in einer Stadt, verlieh der Maueröffnung eine überschießende Ausstrahlung, die den ganzen, in Bewegung befindlichen Kontinent und die daran anteilnehmende Welt mitriss. So vermochte dieses Ereignis auch für historische Vorgänge zu stehen, die weit über das Geschehen in dieser kühlen Novembernacht in Berlin und Deutschland hinausgingen. Mit ihm schlug auch die letzte Stunde des Jalta-Systems der ost-westlichen Teilung Europas einschließlich der Blockbildung, die für ein halbes Jahrhundert die Welt in Atem gehalten hatte. Und es bedeutete auch das endgültige Scheitern des Machtanspruchs der kommunistischen Bewegung, die am Ende des Ersten Weltkrieges die weltpolitische Arena betreten und nach dem Zweiten immerhin ein Sechstel der Erde dominiert hatte.[18] Danach war es auch keineswegs abwegig, das Jahr 1989, das im Mauerfall seinen Höhepunkt fand, mit dem Blick auf die Revolution von 1789 zu begreifen.[19]

Diese Bedeutung des 9. Novembers 1989 ist nicht abzulösen von seiner dramatischen Ereignishaftigkeit selbst. Sie rührte, natürlich, auch von den Bildern her, die das Ereignis hervorbrachte. Mit den fassungslos-begeisterten Menschen beim Durchqueren der Grenzübergänge und dem «Tanz» auf der Mauer am Brandenburger Tor drang es – dank Fernsehen und Reporter-Photos – unmittelbar, sozusagen in «Echtzeit» in die Tiefenschichten des kollektiven Bewusstseins der halben Welt ein. Sie wurde damit zum Zeugen eines als historisch empfundenen Ereignisses, bereits zu einem Zeitpunkt, an dem sich noch kaum jemand über seine Konsequenzen im Klaren war. Dabei handelte es sich – gemessen an seinen überwältigenden Wirkungen – um einen nach Zeit-Ablauf und der Zahl der Akteure durchaus begrenzten Vorgang: Auf «ca. 68 000 Bürger» bezifferte das Ministerium für Staatssicherheit am 10. November die Zahl derer, die die Grenze in dieser Nacht passierten, 45 000 davon seien in der Nacht zurückgekommen, auf nicht mehr als rund 4000 Menschen schätzte die Polizei die Zahl der Teilnehmer an dem Freudenfest in Westberlin in der Frühe des 10. November.[20] Dieses Profil passt zu der These, dass der Mauerfall eine «nicht beabsichtigte Folge sozialen Handelns» war.[21] Er verdankte sich tatsächlich einer Bündelung von Zufällen, die alle Erwartungen und Kalkulationen durchschlugen. Gewiss konnte der 9. November diese Wirkung nur haben, weil die Erschütterung der Verhältnisse in der DDR und Ostmitteleuropa bereits weit fortgeschritten war – es spricht alles dafür, dass sie früher oder später auch ohne Mauerfall zusammengebrochen wären. Aber dass diese absehbare Entwicklung als Konsequenz eines nicht absehbaren Geschehens eben an diesem Tage zum Ereignis wurde und mit ihm die Geschichte gleichsam einen Sprung tat – das ist es, was ihn zu einem herausragenden historischen Tag macht.

Natürlich ist der 9. November 1989 vor allem ein Ereignis für die Deutschen. Er stieß das Tor auf, jenseits dessen aus der friedlichen Revolution in der DDR die Wiedervereinigung Deutschlands wurde. Er bedeutete die Erfüllung der Deutschlandpolitik, obwohl er in gewissem Sinn auch ihr Ende darstellte. Denn es macht diesen Tag so staunenswert, dass er der Nation einen Weg zu ihrer Einheit bereitete, der souverän an so gut wie all den Überlegungen und Anstrengungen vorbeiging, die die Deutschen in Bezug auf die deutsche Frage jahrzehntelang umgetrieben hatten. Es macht den 9. November schließlich zu einem herausragenden Datum, dass so viele andere Ereignisse der deutschen Geschichte auf diesen Tag fallen – und also mit dem Tag der Maueröffnung zusammenfallen: das November-Pogrom 1938, die Ausrufung der Republik 1918, auch der Hitler-Putsch 1923. Gewiss ist keine zwingend historische Beziehung zwischen diesen Daten herzustellen, es sei denn mit der banalen Feststellung, dass alles mit allem zusammenhängt, und mit der allerdings nicht zu bestreitenden Einsicht, dass die November-Daten von 1923 und 1938 Meilensteine des Unglücksgefälles der deutschen Geschichte sind, die auch die deutsche Teilung mitverursacht haben. Aber mehr als eine bloße Laune der Geschichte ist der Zusammenfall so vieler Ereignisse an diesem Tag vielleicht doch: nämlich ein Kunstgriff, mit dem sie zusammenbringt, was irgendwie doch zusammengehört – die gewaltigen, beklemmenden Ausschläge, die der deutschen Geschichte im vergangenen Jahrhundert das Gesicht geben. Ein langes Leben hätte, immerhin, ausgereicht, um Zeitgenosse aller dieser Geschehnisse gewesen zu sein. Dieser Tag gibt einen starken Begriff davon, was es bedeutet, wenn von den Höhen und den Tiefen dieser Geschichte die Rede ist. Der zeitweise aufgeworfene Gedanke, den 9. November zum nationalen Gedenktag zu machen, der auf den ersten Blick naheliegend erschien, hat sich deshalb schon auf den zweiten als abwegig erwiesen. Aber gerade die widersprüchlichen Gedenk-Anlässe machen diesen Tag zu einem deutschen Datum. «Der Blick in den Spiegel dieser Geschichte erfordert wahrhaft Kraft», hat der damalige Bundespräsident Richard von Weizsäcker am Ende des sogenannten Historikerstreites über die deutsche Geschichte gesagt.[22] Der 9. November ist ein Maßstab dafür. Der 9. November 1989 steht dafür, dass er auch Kraft spendet.

Anhang

Anmerkungen und Literatur

Warum Erinnerungstage?

Etienne François, Uwe Puschner

Anmerkungen

1 Krzysztof Pomian: L'Ordre du Temps, Paris 1984.

2 François Hartog: Régimes d'historicité. Présentime et expérience du temps, Paris 2003; Enzo Traverso: Vom kritischen Gebrauch der Erinnerung, in: Thomas Flierl, Elfriede Müller (Hrsg.): Vom kritischen Gebrauch der Erinnerung, Berlin 2009, S. 27–46.

3 Pierre Nora: L'ère de la communication, in: Ders. (Hrsg.): Les lieux de mémoire, T. III : Les France, Bd. 3, Paris 1992, S. 977–1012 [deutsche Ausgabe: «Das Zeitalter des Gedenkens», in: Ders. (Hrsg), Erinnerungsorte Frankreichs, München 2005, S. 543–575]; vgl. auch von ihm Gedächtniskonjunktur, in: Transit. Europäische Revue 22 (2001/02), S. 18–31.

4 Martin Sabrow, Ralph Jessen, Klaus Große Kracht (Hrsg.): Zeitgeschichte als Streitgeschichte. Große Kontroversen seit 1945, München 2003.

5 Paul Ricoeur: La mémoire, l'histoire, l'oubli, Paris 2000 (deutsche Ausgabe: Gedächtnis, Geschichte, Vergessen, München 2004), Etienne François: Erinnerungsorte zwischen Geschichtsschreibung und Gedächtnis. Eine Forschungsinnovation und ihre Folgen, in: Harald Schmid (Hrsg.), Geschichtspolitik und kollektives Gedächtnis. Erinnerungskulturen in Theorie und Praxis, Göttingen 2009, S. 21–34.

6 Pierre Nora, Françoise Chandernagor: Liberté pour l'histoire, Paris 2008.

7 Henry Rousso: La hantise du passé, Paris 1998, S. 13.

8 Norbert Frei: Vergangenheitspolitik. Die Anfänge der Bundesrepublik und die NS-Vergangenheit, München 1996; Edgar Wolfrum: Geschichtspolitik in der Bundesrepublik Deutschland. Der Weg zur bundesrepublikanischen Erinnerung, 1948–1990, Darmstadt 1999; Emil Brix, Hannes Stekl (Hrsg.): Der Kampf um das Gedächtnis. Öffentliche Gedenktage in Mitteleuropa, Wien, Köln, Weimar 1997.

9 Dass man sich dennoch hüten sollte, den Unterschied zwischen «Erinnerungstagen» und «Gedenktagen» zu groß zu machen, verdeutlicht ein Blick auf benachbarte Sprachen: Der 1921 im Commonwealth und 1922 in Frankreich eingeführte Gedenktag an die Gefallenen des Ersten Weltkriegs heißt

nämlich im Englischen «Remembrance Day» und im Französischen «Jour du Souvenir».

10 Christoph Cornelissen: Was heisst Erinnerungskultur? Begriff, Methoden, Perspektiven, in: Geschichte in Wissenschaft und Unterricht 54 (2003), S. 548–563.

11 Kirstin Buchinger, Claire Gantet, Jakob Vogel (Hrsg.): Europäische Erinnerungsräume, Frankfurt a. M. 2009.

12 Krzysztof Pomian: L'Europe et ses nations, Paris 1990, S. 12 (deutsche Ausgabe: Europa und seine Nationen, Berlin 1990).

13 Aleida Assmann: Jahrestage – Denkmäler in der Zeit, in: Paul Münch (Hrsg.): Jubiläum, Jubiläum ... Zur Geschichte öffentlicher und privater Erinnerung, Essen 2005, S. 305–314, hier S. 306–309.

14 Emile Durkheim: Les formes élémentaires de la vie religieuse, Paris 4. Aufl. 1960, S. 529–555 (deutsche Ausgabe: Die elementaren Formen des Religiösen, Frankfurt a. M. 1981).

15 Michael Mitterauer: Millennien und andere Jubeljahre. Warum feiern wir Geschichte?, Wien 1998, Winfried Müller (Hrsg.): Das historische Jubiläum. Genese, Ordnungsleistung und Inszenierungsgeschichte eines institutionellen Mechanismus, Münster 2004.

16 Peter Novick: The Holocaust in American Life, New York 1999, S. 11 u. 198 f. (deutsche Ausgabe: Nach dem Holocaust. Der Umgang mit dem Massenmord, München 2003).

17 Winfried Schulze: Der 14. Juli 1789. Biographie eines Tages, Stuttgart 1989.

18 Hans-Jürgen Lüsebrink, Rolf Reichardt, Die «Bastille». Zur Symbolgeschichte von Herrschaft und Freiheit, Frankfurt a. M. 1990.

19 Andreas Suter, Manfred Hettling (Hrsg.): Struktur und Ereignis, Wege zu einer Sozialgeschichte des Ereignisses, Göttingen 2001.

20 Mona Ozouf: La fête révolutionnaire, Paris 1976.

21 Christian Amalvi : Le 14 juillet, in: Pierre Nora (Hrsg.) : Les lieux de mémoire, T. I: La République, Paris 1984, S. 421–472; Vera Simon: Gefeierte Nation. Erinnerungskultur und Nationalfeiertag in Deutschland und Frankreich seit 1990, Frankfurt a. M. 2010.

22 Marcel vom Lehm: Wissenschaftler oder Intellektuelle? Deutsche und italienische Historiker zwischen wissenschaftlicher und öffentlicher Praxis, in: Harald Schmid (Hrsg.): Geschichtspolitik und kollektives Gedächtnis. Erinnerungskulturen in Theorie und Praxis, Göttingen 2009, S. 249–266, hier S. 265.

23 Roger Chartier : Le XXe siècle des historiens, in : Le Monde, 18.8.2000, S. 1.

Teutoburger Wald 9 n. Chr.: Die Hermannschlacht – ein Erinnerungstag?
Kirstin Buchinger

Anmerkungen

1 Dazu einführend und methodisch wegweisend: Thomas Schmidt: Kalender und Gedächtnis. Erinnern im Rhythmus der Zeit, Göttingen 2000, hier S. 19 ff.

2 Zur Diskussion um die Bedeutung der Varusschlacht als Wendepunkt der Geschichte vgl. Rainer Wiegels: Die Varusschlacht als Wendepunkt der Geschichte?, Stuttgart 2007, S. 10–11.

3 Andreas Fasel: Die Mutter aller Schlachten, in: Die Welt online, 10. Mai 2009 (abgerufen am 11. Mai 2009, 01:53 Uhr).

4 Hans Ottomeyer: Vaterland in der Vitrine, in: Der Spiegel, 22.5.2006, S. 168–172, hier S. 170.

5 Tillmann Bendikowski: Der Tag an dem Deutschland entstand. Die Geschichte der Varusschlacht, München 2008.

6 Iro's Deutschvölkischer Zeitweiser (1911), unpaginiert.

7 Cassius Dio. 56,18,4–22,2; zit. nach Lutz Walther (Hrsg.): Varus, Varus! Antike Texte zur Varusschlacht, Stuttgart 2008.

8 Einführend unter zahlreichen neuen Veröffentlichungen: John Urry: Wie erinnern sich Gesellschaften ihrer Vergangenheit? In: Rosemarie Beier: Geschichtskultur in der Zweiten Moderne, Frankfurt/Main, New York 2000, S. 29–52; Helmut Berding, Klaus Heller, Winfried Speitkamp: Krieg und Erinnerung. Fallstudien zum 19. und 20. Jahrhundert, Göttingen 2000; Michael Reddé, Siegmar von Schnurbein (Hrsg.): Alésia et la bataille du Teutoburg. Un parallèle critique des sources, Ostfildern 2008, darin vor allem: Rainer Wiegels: «Varusschlacht» und «Hermann»-Mythos, S. 27–54; Christian Goudinea: La Gaule, les Gaulois, Vercingétorix et le sentiment national au XIXe siècle, S. 53–73, Jürgen von Ungern-Sternberg: Der deutsche Blick im 19. Jahrhundert auf Vercingetorix; der französische auf Arminius und Varus; Herfried Münkler: Die Deutschen und ihre Mythen, Berlin 2009; Volker Losemann: Arminius, in: Mythen Europas, Bd. 6: Schlüsselfiguren der Imagination. Das 19. Jahrhundert, Regensburg 2008.

9 http://www.hermannschlachten07.de/informativ/inszenierung.htm.

10 Münkler, Die Deutschen und ihre Mythen, S. 173.

11 http://www.npdosnabrueck.de/netzseiten/index.php?option=com_content&task=view&id=294&Itemid=1. Nach Angaben der Nachrichtenagentur ddp hatten sich mehr als 5500 Menschen zu Gegenaktivitäten zum Naziaufmarsch versammelt. Unter anderem haben mehrere antifaschistische Gruppen zu einer Demonstration unter dem Motto «Nazis wegrömern!» aufgerufen. Auf «you tube» der Nazis wegrömern-Hip Hop als Aufruf zur Demo: http://www.youtube.com/watch?v=yyAghFy2pDw.

12 Lutz Walther: Varus, Varus! Antike Texte zur Varusschlacht, Stuttgart 2008. Ein guter Überblick über die neuere Forschung findet sich bei Wiegels, «Varusschlacht» und «Hermannmythos», wie oben zit., vgl. auch S. 26 ff.

13 Vgl. Volker Losemann: Barbaren, in: Der neue Pauly. Enzyklopädie der Antike, Bd. 2, hrsg. v. Hubert Cancik und Helmuth Schneider, Stuttgart 1997, Sp. 439–443.

14 Vgl. auch Michael Werner: Die Germania, in: Etienne François/Hagen Schulze (Hrsg.), Deutsche Erinnerungsorte, 3 Bde., München 2001, Bd. 3, S. 569–587.

15 Torsten Kaufmann: Edler Wilder, grausiger Heide, Fürstenknecht und Kämpfer für die Nation: Der Germane in den Bildprojektionen von der Bauernkriegszeit bis zur Romantik, in: Mamoun Fansa (Hrsg.): Varusschlacht und Germanenmythos, Oldenburg 1993, S. 63, Das Gemälde von Kauffmann: Abbildung 22.

16 Werner M. Doyé: Arminius, in: Etienne François/Hagen Schulze (Hrsg.): Deutsche Erinnerungsorte, Bd. 3, S. 587–602.

17 Zit. Nach Losemann, Arminius, in: Mythen Europas, S. 101.

18 Daniel Caspar von Lohenstein: Großmütiger Feldherr Arminius oder Herrman, Als ein tapfferer Beschirmer der deutschen Freyheit. Nebst seiner Durchlauchtigen Thusnelda. [...] In Zwey Theilen vorgestellet/Und mit annehmlichen Kupffern gezieret. Leipzig 1689 (Erster Theil), [Nachdruck Bern; Frankfurt a. M. 1973 (Nachdrucke Deutscher Literatur des 17. Jahrhunderts, Band 5,1)].

19 Friedrich Gottlieb Klopstock: Hermanns Schlacht, 1766–1767 (Erstdruck: Hamburg und Bremen 1769).

20 Otto Fraude: Heinrich von Kleists Hermannsschlacht auf der deutschen Bühne, Kiel 1919 (Reprint); Wolf Kittler: Die Geburt des Partisanen aus dem Geist der Poesie. Heinrich von Kleist und die Strategie der Befreiungskriege, Freiburg 1987, William Reeve: Kleist on stage, 1804–1987, Montreal, Kingston u. a. 1993, (Kapitel 6). Andreas Dörner, Ludgera Voigt: Literatursoziologie. Literatur, Gesellschaft, Politische Kultur, Opladen (Kapitel VIII unter anderem zur Rezeptionsgeschichte der Hermannsschlacht, mit ausführlicher Bibliografie), Winfried Woesler: Kleists und Grabbes Literarisierung der Hermannsschlacht, in: Heilbronner Kleist-Blätter 14, 2003, S. 33–44.

21 Wiegels, «Varusschlacht» und «Hermannmythos», S. 30.

22 Ebd., S. 31.

23 Carl Courtin: Carl Ludwig Sands letzte Lebenstage und Hinrichtung. Frankenthal 1821, S. 21; zitiert nach Ulrich Schulte-Wülwer: Das Nibelungenlied in der deutschen Kunst und Kunstliteratur zwischen 1806 und 1871, Phil. Diss. Kiel 1974, S. 74.

24 Heinrich Heine: Deutschland. Ein Wintermärchen, Leipzig 1844, hier Caput XI.

25 Vgl. dazu ausführlich und im deutsch-französischen Vergleich: Charlotte Tacke: Denkmal im sozialen Raum. Nationale Symbole in Deutschland und Frankreich im 19. Jahrhundert, Göttingen 1995.

26 Vgl. zu der Rezeptionsgeschichte im 20. Jahrhundert Dirk Mellies: «Wir kämpfen unter Hermanns Zeichen bis alle unsere Feinde bleichen.» – Die Politische Rezeption des Hermannsdenkmals 1914–1933, in: Stadt Detmold (Hrsg.): Krieg – Revolution – Republik. Detmold 1914–1933 (= Dokumentation eines stadtgeschichtlichen Projekts), Bielefeld 2007, S. 335–373. Vgl. ders.: Die Einweihungsfeier des Hermannsdenkmals 1875 und das Jubiläum der Schlacht im

Teutoburger Wald 1909 – Ein Denkmal zwischen Politik und Kommerz, in: Stadt Detmold (Hrsg.): Detmold um 1900, Bielefeld 2004, S. 385–416.

27 Mellies, Wir kämpfen, S. 336.

28 Ebd.

29 Mellies, Wir kämpfen, S. 336.

30 Lippische Tageszeitung vom 5. August 1923; zitiert nach Mellies, Wir kämpfen, S. 345.

31 http://www.kleist.org/p225/video/stummfilm01.htm (letzter Zugriff: 10. Mai. 2009, 12:30 Uhr).

32 Rede des Ministerpräsidenten Jürgen Rüttgers im Rahmen der Eröffnung des Ausstellungsprojektes «Imperium Konflikt Mythos. 2000 Jahre Varusschlacht» im Landestheater in Detmold am 15. Mai 2009, 17.00 Uhr, vgl. auch http://www.nrw.de/Presseservice/redenDokumente/02_2009/15_05_2009_Rede_MP_Detmold_2000_Jahre_Varusschlacht.pdf.

33 Hagen Schulze: Gibt es überhaupt eine deutsche Geschichte, Berlin 1989.

34 Das Hermannsdenkmal kann, muss und wird gesprengt werden! Den Mythos angreifen – die Sache treffen!, ohne Autor, zu finden auf der Website der Jungen Linken unter http://www.junge linke.de/staat_und_nation/das_hermannsdenkmal_kann_mu_un.html.

35 Vgl. die Website zur Ausstellungstrias: http://www.imperium-konflikt-mythos.de/sowie den dreibändigen Katalog von 2009.

36 Vgl. dazu: Monika Flacke (Hrsg.): Mythen der Nationen. Ein europäisches Panorama; begleitend zur Ausstellung am DHM 1998, Berlin 1998; darin vor allem: Etienne François, Hagen Schulze: Das emotionale Fundament der Nationen, S. 17–33, sowie Flacke: Die Begründung der Nation aus der Krise (Deutschland), S. 101–129.

37 Vor allem im 19. Jahrhundert wurde Boudicca (in implizierter Parallelisierung zur Königin Victoria) oft dargestellt, so von Alfred Tennyson in seinem Gedicht Boadicea oder vom Bildhauer Thomas Thornycroft in einer Statuengruppe, die sie zusammen mit ihren Töchtern auf einem Streitwagen zeigt und die am Themseufer in London an der Westminster Bridge steht.

38 Hagen Schulze: Phoenix Europa. Die Moderne. Von 1740 bis heute, Berlin 1998, S. 81.

39 Harro Zimmermann: Hermann – Held im Zwielicht. Ein Denkmal als Symbol: Die zwei Gesichter des deutschen Nationalismus, in: Süddeutsche Zeitung am Wochenende (18/19. Januar 1997) 14.

40 Lion Feuchtwanger: Die Geschwister Oppermann, Frankfurt/Main 1981, S. 91; zit. nach Stefan Rebenich: «Die Urgeschichte unseres Vaterlandes». Theodor Mommsen, die Reichslimeskommission und die Konstruktion der deutschen Nationalgeschichte im 19. Jahrhundert, in: Michel Reddé, Siegmar von Schnurbein (Hrsg.): Alesia et la bataille du Teutoburg. Un parallèle critique des sources, Paris 2007, S. 105–120, S. 105 f.

41 Elisabeth Erdmann: Die Römerzeit im Selbstverständnis der Franzosen und Deutschen: Lehrpläne und Schulbücher aus der Zeit zwischen 1850 und 1918

(= Dortmunder Arbeiten zur Schulgeschichte und zur historischen Didaktik, Bd. 19), Bochum 1992.

28. Oktober 312: In hoc signo vinces

Alexander Demandt

Literatur

Bruno Bleckmann: Konstantin der Große, Reinbek bei Hamburg [2]2003.
Hartwin Brandt: Konstantin der Große. Der erste christliche Kaiser, München 2006.
Alexander Demandt: Die Spätantike. Römische Geschichte von Diocletian bis Justinian, 284–565 n. Chr., München [2]2007.
Alexander Demandt, Josef Engemann (Hrsg.): Konstantin der Große. Geschichte – Archäologie – Rezeption, Trier 2006.
Alexander Demandt, Josef Engemann (Hrsg.): Konstantin der Große, Ausstellungskatalog, Trier 2007.
Paul Dräger: Eusebios. Über das Leben des glückseligen Kaisers Konstantin, griechisch und deutsch mit Kommentar, Oberhaid 2007.
Elisabeth Herrmann-Otto: Konstantin der Große, Darmstadt 2007.
Georg Wilhelm Friedrich Hegel: Vorlesungen zur Philosophie der Weltgeschichte, Hamburg 1961 [1822].

Gedenken und Gedenktage im Mittelalter

Joachim Ehlers

Anmerkungen

1 Mary Carruthers: The Book of Memory. A Study of Memory in Medieval Culture, Cambridge [2]1990. Horst Wenzel: Hören und Sehen, Schrift und Bild. Kultur und Gedächtnis im Mittelalter, München 1995, S. 37 ff. und S. 72 ff.
2 Karl Schmid/Joachim Wollasch (Hrsgg.): Memoria. Der geschichtliche Zeugniswert des liturgischen Gedenkens im Mittelalter, München 1984.
3 Arnold Angenendt: Theologie und Liturgie der mittelalterlichen Toten-Memoria, in: Schmid/Wollasch: Memoria (wie Anm. 2), S. 79–199, hier S. 179 ff.
4 Hermann Dürre (ed.): Registrum ecclesie sancti Blasii in Brunswich ad memorias et ad festa quomodo sint distribuenda, in: Zeitschrift des historischen Vereins für Niedersachsen 1886, S. 1–104; hier S. 40 (6. August) und S. 34 (28. Juni).
5 Angenendt: Theologie (wie Anm. 3), S. 188 ff.
6 Kurt Bauch: Das mittelalterliche Grabbild. Figürliche Grabmäler des 11. bis 15. Jahrhunderts, Berlin 1976. Renate Kroos: Grabbräuche – Grabbilder, in: Schmid/Wollasch: Memoria (wie Anm. 2), S. 310 ff. Otto Gerhard Oexle:

Memoria und Memorialbild, in: Schmid/Wollasch: Memoria (wie Anm. 2), S. 384–440; hier, S. 394 ff. Christine Sauer: Fundatio und Memoria. Stifter und Klostergründer im Bild, 1100–1350, Göttingen 1993.

7 Hermann Kamp: Amortisation und Herrschergedenken im Burgund des 15. Jahrhunderts, in: Otto Gerhard Oexle (Hrsg.): Memoria als Kultur, Göttingen 1995, S. 253–284, bes. S. 264 ff.

8 Stephan Albrecht: Die Inszenierung der Vergangenheit im Mittelalter. Die Klöster von Glastonbury und Saint-Denis, München 2003, bes. S. 183 ff.

9 Adolf Reinle: Das stellvertretende Bildnis, Zürich 1984, S. 266 ff. Harald Keller: Art. «Denkmal», in: Reallexikon zur deutschen Kunstgeschichte, Bd. 3, München 1954, Sp. 1257–1297; hier Sp. 1260. Jonathan Alexander/Paul Binski (Hrsgg.): Age of Chivalry. Art in Plantagenet England, 1299–1400. London 1987, S. 361–366, Nr. 369 und 371 (Hardingstone), 370 (Geddington), 374 (Waltham).

10 Dies und viele andere Fälle bei Klaus Graf: Schlachtengedenken in der Stadt, in: Bernhard Kirchgäßner/Günter Scholz (Hrsg.): Stadt und Krieg, Sigmaringen 1989, S. 83–104; hier S. 85 ff.

11 František Graus: Funktionen der spätmitelalterlichen Geschichtsschreibung, in: Hans Patze (Hrsg.): Geschichtsschreibung und Geschichtsbewußtsein im späten Mittelalter, Sigmaringen 1987, S. 11–55; hier S. 16 f., Anm. 16.

12 Renate Neumüllers-Klauser: Schlachten und ihre ‹memoria› in Bild und Wort, in: Festschrift Hansmartin Schwarzmaier, Sigmaringen 1997, S. 181–196.

13 František Graus: Lebendige Vergangenheit. Überlieferung im Mittelalter und in den Vorstellungen vom Mittelalter, Köln 1975, S. 13 ff.

14 Ermold le Noir [Ermoldus Nigellus]: Poème sur Louis le Pieux, ed. Edmond Faral (Les classiques de l'histoire de France au moyen âge, Bd. 14), Paris [2]1964, vv. 2126–2163. Walther Lammers: Ein karolingisches Bildprogramm in der Aula Regia von Ingelheim, in: Ders.: Vestigia Mediaevalia, Wiesbaden 1979, S. 219–283.

15 Richard Vaughan: Philip the Good, New York 1970, S. 4 f.

16 Weitere Beispiele bei Keller: Denkmal (wie Anm. 9), Sp. 1264.

17 Offenbar ist dieses Problem seit dem späten 11. Jahrhundert immer bewusster empfunden worden, vgl. Atsuko Iwanami: *memoria et oblivio*. Die Entwicklung des Begriffs memoria in Bischofs- und Herrscherurkunden des Hochmittelalters, Berlin 2004.

18 Martin Heinzelmann/Jean-Claude Poulain: Art. «Genovefa», in: Lexikon des Mittelalters, Bd. 4, München 1989, Sp. 1237.

19 Arnoldi Chronica Slavorum, ed. Georg Heinrich Pertz (MGH SS rer.Germ., Bd. 14), Hannover 1868, 6,4.

20 Graus: Vergangenheit (wie Anm. 13), S. 159 ff.

21 Annales Lobienses, ed. Georg Waitz (MGH SS, Bd. 13, S. 224–235), zu 961. Hans Martin Schaller: Der heilige Tag als Termin mittelalterlicher Staatsakte, in: Deutsches Archiv für Erforschung des Mittelalters 30 (1974), S. 1–24.

22 Zitiert bei Schaller: Termin (wie Anm. 21), S. 22 Anm. 77.

23 Michael Sierck: Festtag und Politik. Studien zur Tageswahl karolingischer Herrscher, Köln 1995, S. 396.

24 Charles H. Bowlus: The Battle of Lechfeld and its Aftermath, August 955, Aldershot 2006, S. 1 ff. Lorenz Weinrich: Laurentius-Verehrung in ottonischer Zeit, in: Jahrbuch für die Geschichte Mittel- und Ostdeutschlands 21 (1972), S. 45–66.

25 Shakespeare, König Heinrich V., 4. Aufzug, 7. Szene.

26 Edward Powell: Lancastrian England, in: The New Cambridge Medieval History, Bd. 7, Cambridge 1998, S. 457–476; hier S. 461 f.

27 Kurt-Georg Cram: Iudicium belli. Zum Rechtscharakter des Krieges im deutschen Mittelalter, Münster 1955, bes. S. 13 ff. und 87 ff.; František Graus: Volk, Herrscher und Heiliger im Reich der Merowinger, Prag 1965, S. 455 ff.; Sierck: Festtag (wie Anm. 23), S. 214 ff.; Malte Prietzel: Kriegführung im Mittelalter. Handlungen, Erinnerungen, Bedeutungen, Paderborn 2006, S. 174 ff.

28 Die Sachsengeschichte des Widukind von Korvei, ed. H.-E. Lohmann/Paul Hirsch (MGH SS rer.Germ., Bd. 60), Hannover 1935, 3,49.

29 Gerd Althoff: Adels- und Königsfamilien im Spiegel ihrer Memorialüberlieferung, München 1984, S. 170f.

30 Schiller, Wallensteins Tod, 1. Aufzug, 7. Auftritt.

31 Die Chronik des Bischofs Thietmar von Merseburg, ed. Robert Holtzmann (MGH SS rer.Germ. Nova Series, Bd. 9), Berlin 1935, 2,10.

32 Kamp: Amortisation (wie Anm. 7), S. 267.

33 Hans Leo Reimann: Unruhe und Aufruhr im mittelalterlichen Braunschweig, Braunschweig 1962, S. 59f.

34 Frank Barlow: Thomas Becket, London [3]1997, S. 251 ff.; Stefanie Jansen: Wo ist Thomas Becket? Der ermordete Heilige zwischen Erinnerung und Erzählung, Husum 2002, S. 119 ff.

35 Lampert von Hersfeld: Annalen, in: Lamperti monachi Hersfeldensis Opera, ed. Oswald Holder-Egger (MGH SS rer.Germ., Bd. 38), Hannover 1894, S. 1–304, zu 1074.

36 Heinrich von Herford: Liber de rebus memorabilioribus sive Chronicon, ed. [Auszug: Prolog und 6. *aetas*] August Potthast, Münster 1859, S. 141.

37 Gerhard Buchda: Art. «Gerüfte», in: Handwörterbuch zur deutschen Rechtsgeschichte, Bd. 1, Berlin 1971, Sp. 1584–1587; H. Holzhauer: Art. «Gerüfte», in: Lexikon des Mittelalers, Bd. 4, München 1989, Sp. 1357 f.

38 Gesta episcoporum Halberstadensium, ed. Ludwig Weiland (MGH SS, Bd. 23), Hannover 1874, S. 78–123; hier S. 104.

39 Helmoldi presbyteri Bozoviensis Cronica Slavorum, ed. Bernhard Schmeidler (MGH SS rer.Germ., Bd. 32), Hannover 1937, 1,40.

40 Robert Holtzmann: Sagengeschichtliches zur Schlacht am Welfesholz, in: Sachsen und Anhalt 10 (1934), S. 71–105.

41 Georges Duby: Le dimanche de Bouvines, Paris 1973, S. 204.

42 Graus: Funktionen (wie Anm. 11), S. 16.

43 Andrea Löther: Prozessionen in spätmittelalterlichen Städten. Politische Partizipation, obrigkeitliche Inszenierung, städtische Einheit, Köln 1999, S. 173 ff.

44 Gabriela Signori: Ritual und Ereignis. Die Straßburger Bittgänge zur Zeit der Burgunderkriege (1474–1477), in: Historische Zeitschrift 264 (1997), S. 281–328; hier bes. S. 284 ff.

45 Bernard Guenée: Histoire et culture historique dans l'Occident médiéval, Paris 1980, S. 332 ff.

46 Colette Beaune: Naissance de la nation France, Paris 1985, S. 175 ff.

47 Beaune: Naissance (wie Anm. 46), S. 175.

Aachen 1401: Ein Franzose sieht das Wappen Karls des Großen

Werner Paravicini

Anmerkungen

1 Heribert Müller: Der französische Frühhumanismus um 1400, in: Diffusion des Humanismus, hrsg. v. Johannes Helmrath u. a., Göttingen 2002, S. 319–376, zu Jean de Montreuil bes. S. 341–343. Seine Werke sind ediert: Jean de Montreuil: Opera, hrsg. v. Ezio Ornato u. a., Bd. 1, Turin 1963; Bd. 2, Turin 1975; Bd. 3, Paris 1981; Bd. 4, Paris 1986. – Mein Dank für freundliche Hilfestellung gilt Thomas R. Kraus, dem Stadtarchivar von Aachen; bei der Übersetzung und Kritik der lateinischen Texte half Anke Paravicini (Kronshagen). – ZAGV = Zeitschrift des Aachener Geschichtsvereins.

2 *Discessimus ab hac urbe, quantum recordari datur, octobris vicesima.* Vgl. Eric Hicks u. Ezio Ornato : Jean de Montreuil et le débat sur *Le Roman de la Rose*, in: Romania 98 (1977), S. 34–64, 186–219, hier S. 51–54: «Itinéraire de Jean de Montreuil en 1400–1401».

3 *Dehincque Brebantiam, que hactenus, si non fallor, Hervetia dicta est.* Brabant ist insofern richtig, als das Herzogtum Limburg, zu dem Herve gehörte, mit dem Herzogtum Brabant vereint war.

4 Chef der Gesandtschaft war Jean d'Armagnac, Erzbischof von Auch.

5 Nach dem Begräbnis des *Taupin de Chantemerle continuavimus gressus nostros transactoque Juliacensi ducatu, gleba nempe frugifera maxime exuberanti, et primo Aquisgrani [...] mox Agrippam pervenimus, que vulgo Colonia vocitatur.* Es könnte den Anschein haben, als werde hier das Herzogtum Jülich geographisch vor Aachen gesetzt, was ja nicht zutrifft; aber man kann diesen Text auch so lesen, daß man richtig zuerst (primo) durch Aachen kam.

6 Der erhaltene Proserpina-Sarg, ein antikes Importstück aus Rom.

7 Da die Schwerter der Reichskleinodien nur bei der Krönung und bei Festkrönungen nach Aachen gebracht wurden, kann es sich lediglich um den sog. Säbel Karls des Großen oder sein sog. Jagdmesser handeln.

8 *quo Karoli nostri illius Magni sarcofagus, et, ut aiunt, caput et ensis, pariter in tam singulari precio sunt habiti, ut non Arturum suum Britones tantifaciant, ipsum quamvis surrecturum expectent priusquam ad extremum iudicum perventum sit.*

9 Montreuil: Opera, Bd. 4, S. 303–318 (biogr. Notizen/Itinerar), hier S. 308 (1394), S. 309 (1396 beim Treffen der Könige von England und Frankreich in Ardres); S. 310 f. auch der zeitliche Rahmen der deutschen Gesandtschaft.

10 Montreuil: Opera, Bd. 1, S. 174 f., Nr. 117, ohne Ort oder Datum, an einen ungenannten Empfänger. Dieser Brief wurde vermutlich Anfang April 1401 kurz nach der Rückkehr aus Deutschland in Paris geschrieben und an seinen Studienfreund in Langres gerichtet, der nach Nachrichten gefragt hatte, s. Opera, Bd. 4, 1986, S. 196–198 (Kommentar), 344 und 351 Nr. 10.

11 Montreuil: Opera, Bd. 1, S. 175 (Nr. 117).

12 Die Regesten der Erzbischöfe von Köln im Mittelalter, Bd. 10: 1391–1400, bearb. v. Norbert Andernach, Düsseldorf 1987, Nr. 2206 f. [= Deutsche Reichstagsakten, Bd. 4, Gotha 1882, Nr. 180 f.; ibid. S. 205 und Nr. 296 (S. 351 f., § 11 b–c)].

13 Die Regesten der Erzbischöfe von Köln im Mittelalter, Bd. 11: 1401–1410, hg. v. Norbert Andernach, Düsseldorf 1992, Nr. 2, vgl. 26; zur Gegenwart Nr. 61 (vgl. 58) und Deutsche Reichstagsakten, Bd. 4, Gotha 1882, Nr. 180 f., S. 205, Nr. 296, S. 351 f., § 11 b–c. Eine frz. Gesandtschaft ist auch in Nürnberg bezeugt, ibid., S. 210 Anm. 1, wo auf Nr. 201a verwiesen wird.

14 Montreuil: Opera, Bd. 1, S. 317 f., Nr. 209 (dort auch die folgenden Zitate), ohne Ort und Datum an ungenannte Empfänger (zu diesen Heribert Müller: Köln und das Reich um 1400. Anmerkungen zu einem Brief des französischen Frühhumanisten Jean de Montreuil, in: Festschrift für Odilo Engels, Köln 1993, S. 589–621, S. 606 mit Anm. 48; Montreuil: Opera, Bd. 4, S. 351, Nr. 2); Kommentar: Opera, Bd. 4, 1986, S. 287 f.

15 *me dudum e Guelria redeunte ac transeunte per Aquas*. Vgl. Müller (wie Anm. 14), S. 602, 621 Nachtrag.

16 *sacram edem nostri sanctissimi atque beatissimi Caroli Magni, quondam regis Francie et omnium tunc imperatoris catholicorum*.

17 *Karolus noster, cognomine ac re Magnus* auch in seinem Traktat «Regali ex progenie» (1408), Opera, Bd. 2, S. 65–88, hier S. 70, Z. 101.

18 le *bon roy Charlemainne qui fu emperères d'Allemaigne et roys de Franche*, Jean Froissart: Oeuvres, hrsg. v. Kervyn de Lettenhove, Bd. 2, Brüssel 1867, S. 13, vgl. 10 und 21 (freundlicher Hinweis von Jean-Marie Moeglin, Paris).

19 Die Anrede ist eindeutig an Laien gerichtet: *celebres at antique laudis viri*; *viri sapientes*; *honoratissimi viri*; *vestri circumspectiones*. Vgl. Müller (wie Anm. 14), S. 606 mit Anm. 48; Montreuil: Opera, Bd. 4, S. 351, Nr. 2.

20 Frdl. Auskunft von Stadtarchivar Thomas R. Kraus vom 5. Febr. 2008; insbes. sind die Stadtrechnungen von 1400 und 1401 verloren gegangen.

21 *quamobcausam factum est, quod super sanctuario seu coopertura capitis eiusdem Caroli dignissimi, que usque ad spatulas inclusive protenditur, arma Francie in fimbriis solum et superficietenus depingantur, in reliquis autem partibus superioribus predicti sanctuarii armis per omnia depictis imperii, quasi Galliarum regnum modicum aut nichil esset, et agentibus Alemannis regnum ipsum Francie Carolus suo adiecisset imperio, ac non potius viribus Francorum atque potentia imperium acquisisset et proprium fecisset dominicalium.*

22 Perbrevis epilogus gestorum Karoli Magni, sua strenuitate ac regni Francie potentia quondam imperatoria insigniti maiestate, Opera, Bd. 2, Nr. 228, S. 347–352 (drei Textversionen).

23 *Videte ergo, viri sapientes, si arma Francie, in qua, laudes Deo, non centum orant* (die Edition hat irrtümlich *arant*) *urbes, ut de Creta inquit Virgilius* (Aeneis III, 106: *Centum urbes habitant et magna uberrima regna*), *sed mille urbibus insignibus et eo plus ipsa Francia gloriatur, hoc modo abici debeant et contemni, ut non per medium et ex equo prorsus cum armis miscenda sint imperii, ac simul a Germanis conveniat accuratius honorari, ad quos per manus prelibati Caroli et suorum posterorum translatum fuit et datum imperium; quinymo, longo priius tempore, ipse Carolus Francorum fuit rex quam imperiali potiretur maiestate, testibus scripturis pluribus autenticis.*

24 *Que omnia ponderent vestre discretiones, honoratissimi viri, ita ut quod pictorum seu argentariorum omissum est ignorantia aut factum temeritate, vestra sollerti prudentia reparetur. In nullo quipe detrahetur imperio aut Germanis, quinpotius eorum plurimum adicietur honori, si filii, filie imperatoris imperatricisque et simul regis Francie, qui ense francigeno, ut tactum est, vobis, si observaveritis, acquisivit imperium, arma et insignia paterna promiscue per omnia et ubique insculpendo ac pingendo, cum armis imperialibus partiantur ex equo, admissa imperiali dignitate dextra parte.*

25 Louis Carolus-Barré, Paul Adam[-Even]: Contribution à l'étude de la légende carolingienne. Les armes de Charlemagne dans l'héraldique et l'iconographie médiévales, Mémorial d'un voyage d'études de la Société nationale des Antiquaires de France en Rhénanie (juillet 1951), Paris 1953, S. 289–308, hier S. 301 f., vgl. S. 291 mit Anm. 17 (Adenet le Roi). Eberhard Quadflieg: Das Wappen Karls des Großen, Aachen 1954 (Sonderdruck aus den Aachener Nachrichten, Nr. 25 vom 30. Jan. 1954, 28 S.), fügt dem nichts hinzu, kennt auch die ältere Arbeit nicht und datiert das Aufkommen des Karlswappens deshalb auf ca. 1350. Die wertvolle Abhandlung des Jahres 1953 ist noch durch keine neue, umfassendere ersetzt worden. Ergänzungen bei Horst Schroeder: Der Topos der Nine Worthies in Literatur und bildender Kunst, Göttingen 1971, S. 238 f. mit einem Katalog der Wappendarstellungen der Neun Helden auf S. 261–292 (Nr. 1–91); Wim van Anrooij: Helden van weleer. De Negen Besten in de Nederlanden (1300–1700), Amsterdam 1997, S. 85–87.

26 Anrooij (wie Anm. 25) 1997, S. 96; Carolus-Barré/Adam (wie Anm. 25), S. 289 mit Anm. 9: *El roi Charles .../Armes parties d'or et d'azur portoit/, Dedenz l'azur fleurs de lis d'or avoit/Et demi aigle noire sur l'or seoit.*

27 Siehe Perbrevis epilogus (wie Anm. 22), S. 350, Z. 35–44; ausführlicher in frz. Sprache in seinen Traktaten «Regali ex progenie» (1408) und «A toute la chevalerie» (1406 ff.), Opera, Bd. 2, S. 65–88, hier S. 70, Z. 113–115; S. 89–149, hier S. 96, Z. 174–176.

28 Récits d'un bourgeois de Valenciennes, hrsg. v. Kervyn de Lettenhove, Löwen 1877, S. 52 (zu 1326); s. Carolus-Barré/Adam (wie Anm. 25) 1953, S. 291 und Anm. 15 (mit korr. Text und Datum); Schroeder (wie Anm. 25) 1971, S. 261 Nr. 1.

29 L'armorial Le Breton, hrsg. v. Emmanuel de Boos, Paris 2005, S. 64 Nr. 43 (Farbabb.), bereits erwähnt bei Carolus-Barré/Adam (wie Anm. 25) 1953, S. 297, Abb. 5b (s/w), und S. 298 mit Anm. 125.

30 Schroeder (wie Anm. 25) 1971, S. 265 Nr. 14.

31 London, Wallace Collection, s. Carolus-Barré/Adam (wie Anm. 25) 1953, S. 301 mit Anm. 160.

32 Schroeder (wie Anm. 25) 1971, S. 267 Nr. 19 (1498/1527).

33 Carolus-Barré/Adam (wie Anm. 25) 1953, S. 292f. mit Anm. 52f.

34 Gem. Tournemire, dép. Cantal, Carolus-Barré/Adam (wie Anm. 25) 1953, S. 292 mit Anm. 32f.; Jean Favier (Hrsg.): Un rève de chevalerie. Les Neuf Preux, Paris 2003, S. 80 (Farbabb.).

35 Carolus-Barré/Adam (wie Anm. 25) 1953, S. 296 mit Anm. 87 und Abb. 4 (2. H. 15. Jh., aus Lyon). – Un rève de chevalerie (wie Anm. 34), S. 92 (Abb.): Spielkarten Guyon Guymier, Anf. 16. Jh.; ibid. S. 95 (Farbabb.): 18. Jh.

36 Um 1375/1379, Paris, BNF, ms. fr. 2813, fol. 114v: «Charlemagne massacrant des Sarrasins», Farbabb. in: Un rève de chevalerie (wie Anm. 34), S. 30; im 16. Jh. auch in England nachweisbar, Schroeder (wie Anm. 25) 1971, S. 275, Nr. 44.

37 Entstanden 1469/1472, s. Mario Kramp (Hrsg.): Krönungen. Könige in Aachen. Geschichte und Mythos, Bd. 2, Mainz 2000, S. 599 Nr. 7–10, mit Farbabb.

38 Robert Forbes: For Europe. The French Volunteers of the Waffen-SS, Solihull 2006, bes. S. 140 f.; Pierre Giolitto: Volontaires français sous l'uniforme allemand, Paris 1999, bes. S. 385–434 (sprechen beide nicht vom Wappen). Der Name war ursprünglich für die 10. Division vorgesehen, s. Jean-Luc Leleu: La Waffen-SS. Soldats politiques en guerre, Paris 2007, S. 432 mit Anm 96 auf S. 958.

39 http://www.karlspreis.de/index.php?id=13&doc=1&r=1 (6. Februar 2008).

40 Die Inschrift lautet: *Imperium Caroli Magni divisum per nepotes anno DCCCXLIII defendit Adolphus Hitler una cum omnibus Europae populis anno MXMXLIII.* Der Teller zeigt auf der anderen Seite nicht das Karlswappen, sondern die Metzer sog. Karlstatuette. Abb. siehe in: Krönungen (wie Anm. 37), Bd. 1, S. 29; Bd. 2, 2002, S. 877 f. Nr. 10–64; auch bei Stephan Selzer, in: Oldenburg Lehrbuch Mittelalter, hrsg. v. Matthias Meinhardt u. a., München 2007, S. 392f.; Achim Th. Hack: Karl der Große hoch zu Roß. Zur Geschichte einer (historisch falschen) Bildtradition, in: Francia 35 (2008), S. 349–380, Abb.

Literatur

Die Werke unseres Reisenden sind ediert: Jean de Montreuil: Opera, hrsg. v. Ezio Ornato u. a., 4 Bde, Turin und Paris 1964–1986, die beiden Briefe in Bd. 1, S. 174 f., Nr. 117, S. 317 f., Nr. 209. Grundlegend: Heribert Müller: Köln und das Reich um 1400. Anmerkungen zu einem Brief des französischen Frühhumanisten Jean de Montreuil, in: Festschrift für Odilo Engels, Köln 1993, S. 589–621, hier bes. S. 606–608. Zum Karls-Reliquiar zuletzt Rainer Kahsnitz: Der Wandel des Karlsbildes in der mittelalterlichen Skulptur und Goldschmiedekunst, in: Zeitschrift des Aachener Geschichtsvereins 104–105 (2002–2003), S. 295–354, hier S. 323–325. Zum Wappen Karls des Großen noch immer Louis Carolus-Barré, Paul Adam[-Even]: Contribution à l'étude de la légende carolingienne. Les armes de Charlemagne dans l'héraldique et l'iconographie médiévales, in: Mémorial d'un voyage d'études de la Société nationale des Antiquaires de France en Rhénanie (juillet 1951), Paris 1953, S. 289–308. Wichtige Ergänzungen bei Wim van Anrooij: Helden van weleer. De Negen Besten in de Nederlanden (1300–1700), Amsterdam 1997; Horst Schroeder: Der Topos der Nine Worthies in Literatur und bildender Kunst, Göttingen 1971. Zum Herrscher selbst und seinem Nachleben zuletzt Rosamond McKitterick: Karl der Große, Darmstadt 2008. Eine erweiterte, mit Anmerkungen versehene Version dieses Textes wird 2010 in der Zeitschrift des Aachener Geschichtsvereins erscheinen.

31. Oktober 1517: Reflexionen eines Historikers am Vorabend des Reformationsjubiläums

Heinz Schilling

Anmerkungen

1 Volker Leppin: Martin Luther, Darmstadt 2006. Dazu Rezension in der Süddeutschen Zeitung und Leserbrief-Diskussion in der Frankfurter Allgemeinen Zeitung; Leppins Erwiderung: Eine neue Luther-Debatte: Anmerkungen nicht nur in eigener Sache, in: ARG 99 (2008), S. 297–307.

2 Das ließ sich allerdings offensichtlich nicht – um im Jargon zu bleiben – «auf dem Markt durchsetzen». Jedenfalls war bereits im September 2007 einer Meldung der Frankfurter Allgemeinen Zeitung zu entnehmen, dass die «Erlebniswelt Renaissance» das «Hamelner Hochzeithaus» aus Mangel an Interessenten wieder schließen mußte.

3 Gottfried Seebaß: Ein Luther ohne Goldgrund – Stand und Aufgabe der Lutherforschung am Ende eines Jubiläumsjahres, in: Otto Hermann Pesch (Hrsg.): Lehren aus dem Lutherjahr, München u. a. 1984, S. 49–86.

4 Aus der jeweils aus diesen Anlässen erschienenen reichen wissenschaftlichen Literatur sei nur verwiesen auf Jean Delumeau (Hrsg.): L'acceptation de l'autre. De l'édit de Nantes à nos jours, Paris 2000; Heinz Schilling, Klaus Bußmann: 1648 – Krieg und Frieden in Europa, Europaratsausstellung zum 350. Jahrestag des Westfälischen Friedens, 3 Bde, München 1998; Hugo Soly (Hrsg.): Karl V. und seine Zeit, 1500–1558, Köln 2000; Heinz Schilling, Heribert Smolinsky (Hrsg.): 450 Jahre Augsburger Religionsfrieden, Gütersloh 2007, dazu den Bericht über den Festakt in Augsburg in: Archiv für Reformationsgeschichte 98 (2007) S. 231–273.

5 Seebaß: Luther ohne Goldgrund, S. 50.

6 Seebaß: Luther ohne Goldgrund, S. 69.

7 Johannes Kunisch: Friedrich der Große. Der König und seine Zeit, München 2004; Heinz Duchhardt: Stein. Eine Biographie, Münster 2007; Olaf Mörke: Wilhelm von Oranien (1533–1584), Fürst und «Vater» der Republik, Stuttgart 2007.

8 Albrecht Beutel (Hrsg.): Luther Handbuch, Tübingen 2005. Beutel konzipiert dieses Handbuch, als wenn es Kirchenhistoriker wie Bernd Moeller, Heiko Oberman, Martin Brecht oder Gottfried Seebaß, die aufs engste mit der allgemeinen Geschichte zusammenarbeiteten, nie gegeben hätte und nicht auch Allgemeinhistoriker wie Peter Blickle, Volker Press, Horst Rabe, Günter Vogler, Wolfgang Reinhard, Heinz Schilling oder aus dem Ausland Thomas Brady und Robert Scribner ihrerseits die religiöse und reformatorische Dimension in ihre Epochendarstellungen tief verankert hätten.

9 Zitiert bei Seebaß: Luther ohne Goldgrund.

10 Leppin: Luther.

11 Interessant wäre ein Vergleich mit der Calvin-Deutung bei William Bouwsma: John Calvin. A Sixteenth-Century Portrait, New York u. a. 1988, die den Genfer Reformator zeit seines Lebens von Ängsten bedroht sieht.

12 Brief Luthers an seine Frau Käthe, Eisleben, 1. Februar 1546, in: Martin Luther: Ausgewählte Schriften, hrsg. v. Karin Bornkamm, Gerhard Ebeling, Bd. VI, Frankfurt am Main 1982, S. 267.

13 Detaillierter Heinz Schilling: Karl V. und die Religion. Das Ringen um Reinheit und Einheit des Christentums, in: Hugo Soly (Hrsg.): Karl V. und seine Zeit, 1500–1558, Köln 2000, S. 285–363; Heinz Schilling: The Cold Hero of the Retreat, in: Journal of European Modern History 4 (2000), S. 431–441.

14 Peter Laslett: The World we have lost, London 1968.

15 Etwa Peter F. Wiener: Martin Luther – Hitler's Spiritual Ancestor, London 1945 (Win the Peace Pamphlet, Nr. 3). Entschiedener Widerspruch bereits bei Gordon Rupp: Martin Luther, Hitler's Cause or Cure, London 1945. Dass 1985 und 1999 in den USA zwei Neudrucke des Wiener Pamphlets erschienen, die die absurden, nur aus der Situation des Zweiten Weltkriegs verständlichen Thesen bekräftigen, muss man wohl einen Skandal nennen. Überhaupt erweist es sich in der Regel als fatal, wenn Zeithistoriker einen Exkurs in die ältere deutsche Geschichte machen, um die totalitären Verbrecherregime des 20. Jahrhunderts aus der deutschen Geschichte der Frühen Neuzeit zu erklären. Vgl. in Bezug auf den Nationalsozialismus etwa die auch in Deutschland weit verbreitete Darstellung von William Lawrence Shirer: Aufstieg und Fall des Dritten Reiches, Herrsching 1983, S. 89 ff.

16 Gottfried Schramm: Fünf Wegscheiden der Weltgeschichte, Göttingen 2004.

17 Erstaunlicherweise ist es auch gegenwärtig noch schwer, jedenfalls in bestimmten Regionen Deutschlands, Akzeptanz für den Gedanken zu finden, Religion könne ein Element der Modernisierung sein. So berichtete die Mitteldeutsche Zeitung über die am Reformationstag 2007 in Wittenberg durchgeführte Disputation, ich hätte dort «aus dem Widerspruch zum überholten Begriff der ‹frühbürgerlichen Revolution› eine Lesart der Reformation als konservatives Unternehmen» entwickelt, in: Mitteldeutsche Zeitung vom 2. November 2007.

18 Das ist noch der Duktus in Stephan Otto: Renaissance und frühe Neuzeit (= Geschichte der Philosophie, Bd. 3), Stuttgart 1984.

19 Dagegen sind Formeln wie «Luther und Europa» oder «Luther und die Freiheit» entweder primär den Gegenwartsinteressen geschuldet oder missverständlich – hat Luther doch nicht nur die Freiheit, sondern auch die «Gottesknechtschaft» des Christenmenschen ins Zentrum seiner Theologie gestellt.

20 Detailliert hierzu Heinz Schilling: Konfessionalisierung und Staatsinteressen. Internationale Beziehungen 1559–1660 (= Heinz Duchhardt, Franz Knipping (Hrsg.): Handbuch der Geschichte der Internationalen Beziehungen, Bd. 2), Paderborn 2007; Heinz Schilling: Gab es um 1600 in Europa einen Konfessionsfundamentalismus? Die Geburt des internationalen Systems in der Krise des konfessionellen Zeitalters, in: Jahrbuch des Historischen Kollegs 6 (2005), S. 69–93.

21 Zum Zusammenhang Konfessionalisierung-Säkularisierung siehe eine erste Skizze von Heinz Schilling: Early modern European Civilisation and its Political and Cultural Dynamics. The Menahem Stern Jerusalem Lectures 2006, Hanover, NH u. a. 2008. Theoretisch-methodisch wie inhaltlich-sachlich weiterführend jetzt Matthias Pohlig u. a.: Säkularisierungen in der Frühen Neuzeit. Methodische Probleme und empirische Fallstudien, Berlin 2008.

6. Mai 1527: Der *Sacco di Roma* in geteilter Erinnerung

Arnold Esch

Anmerkungen

1 Aus der reichen Literatur zum *Sacco* nur einige Titel. Neben Gregorovius und Pastor (und anderen im folgenden genannten Autoren) immer noch Hans Schulz: Der Sacco di Roma. Karls V. Truppen in Rom 1527–1528, Halle 1894; Pio Pecchiai: Roma nel Cinquecento (= Storia di Roma, Bd. 13), Bologna 1948; Judith Hook: The Sack of Rome 1527, London 1972; Massimo Miglio, Vincenzo di Caprio, Daniel Arasse, Alberto Asor Rosa: Il Sacco di Roma del 1527 e l'immaginario collettivo, Roma 1986; Massimo Firpo: Il Sacco di Roma del 1527 tra profezia, propaganda politica e riforma religiosa, Cagliari 1990; Kenneth Gouwens: Remembering the Renaissance. Humanists' Narratives of the Sack of Roma (= Brill's Studies in Intellectual History, Bd. 85), Leiden 1998; Kenneth Gouwens, Sheryl E. Reiss (Hrsg.): The Pontificate of Clement VII. History, Politics, Culture, Aldershot 2005; Volker Reinhardt, Blutiger Karneval: der Sacco di Roma 1527 – eine politische Katastrophe, Darmstadt 2008.

2 Zu Person und Politik Clemens' VII. zuletzt die Beiträge in: Gouwens u. a.: The Pontificate of Clement VII.

3 Helmut Koopmann: Renaissancekult in der deutschen Literatur um 1900, in: Max Seidel (Hrsg.): Storia dell'arte e politica culturale intorno al 1900. La fondazione dell'Istituto Germanico di Storia dell'Arte di Firenze, Venezia 1999, S. 13–24.

4 Über die undurchsichtige Rolle des Herzogs von Urbino und deren schuldhafte Verkennung durch Clemens VII. Cecil H. Clough: Clement VII and Francesco Maria Della Rovere, Duke of Urbino, in: Gouwens u. a.: The Pontificate of Cle-

ment VII., S. 75–108, hier S. 101 ff.: «further element in Clement VII's own folly precipitating the catastrophe of may 1527».

5 Die Zahlenangaben schwanken sehr: dies eine vorsichtige Schätzung bei Ludwig von Pastor: Geschichte der Päpste seit dem Ausgang des Mittelalters, Bd. IV 2, Freiburg i. Br. 1907, S. 248 Anm. 3 mit Angabe der Quellen; zu zeitgenössischen Angaben zur Dauer der Plünderung ebda. S. 287 Anm. 2.

6 Nach der Zählung aus dem Winter 1526/27: Egmont Lee (Hrsg.): Habitatores in Urbe. The Population of Renaissance Rome, Roma 2006.

7 Helmut Breimesser (Hrsg.): Lebensbeschreibung (= Schwäbische Lebensläufe, Bd. 11), Heidenheim 1972, S. 37.

8 Landsknecht s. vor. Anm., Humanisten s. o. Anm. 1.

9 Dazu der einführende Essay: Étienne François, Hagen Schulze: Einleitung, in: Étienne François, Hagen Schulze (Hrsg.): Deutsche Erinnerungsorte, Bd. 1, München 2001, S. 9–24, und das Nachwort von Pierre Nora in: François, Schulze: Deutsche Erinnerungsorte, Bd. 3, S. 681–686.

10 Hier kann darum, auch wegen des verfügbaren Raumes, auf Einzelbelege weitgehend verzichtet werden.

11 Repubblica, 28. 1. 2008. Der *Sacco* ist nicht enthalten in Mario Isnenghi (Hrsg.): I luoghi della memoria, Bari 1997, das nur historische Ereignisse der *Italia unita* bringt.

12 I. *qui cum in sacro bello pro patria in prox[imitate] Iani[culi] parte hostium plureis pugnans occidisset atque aduerso militi vexillum abstulisset fortiter occubuit.* – II. *ravvolto nella bandiera di sua mano strappata alle irrompenti orde borboniche qui presso cadde a difesa della patria nel proprio e nel nemico sangue … Perché tanto esempio frutti insegnamento ed emulazione ai posteri …*

13 Zuletzt Alda Spotti: «Uno caso notabille è intravenuto …». Lettera inedita sul saccheggio del Vaticano nel 1526, in: Luisa Miglio, Paola Supino (Hrsg.): Segni per Armando Petrucci, Roma 2002, S. 243–249.

14 Zuletzt besucht am 31. März 2008.

15 Pastor: Geschichte der Päpste, bes. S. 275–281; vgl. Thomas J. Dandelet: Spanish Rome, 1500–1700, New Haven u. a. 2001, S. 37 u. S. 228 die damaligen italienischen Urteile über die Spanier (der *Sacco* als Ursprung der «Italian ‹black legend› of the Spanish»); jedoch sei Pastors Darstellung «marked by a clear anti-Spanish sentiment».

16 Die Schriften auf den Fresken kamen bei den *restauri* hervor: Vgl. André Chastel: Il Sacco di Roma 1527, Torino 1983, Abb. 52–57 (ich zitiere nach dieser italienischen Ausgabe).

17 Zum konfessionellen Aspekt Horst Fuhrmann: Papstgeschichtsschreibung, in: Arnold Esch, Jens Petersen (Hrsg.): Geschichte und Geschichtswissenschaften in der Kultur Italiens und Deutschlands, Tübingen 1988, S. 141–183.

18 Leopold von Ranke: Geschichte der römischen Päpste in den letzten vier Jahrhunderten (1832–36).

19 Chastel: Il sacco di Roma, S. XXXVII Anm. 24; Pastor: Geschichte der Päpste, S. 278 Anm. 4 – Pastor nimmt Anstoß daran, dass Ranke, in seiner Deutschen

Geschichte, in dem geschilderten sakrilegischen Treiben der Landsknechte «Scherze» sehe, in denen «sich ihre evangelische Meinung entlud».

20 Hubert Wolf, Dominik Burkard, Ulrich Muhlack: Rankes «Päpste» auf dem Index. Dogma und Historie im Widerstreit, Paderborn 2003, S. 131–145 (Zecchinelli), S. 146–150 (De Luca).

21 Ferdinand Gregorovius: Geschichte der Stadt Rom im Mittelalter, neu hrsg. von Waldemar Kampf, Darmstadt 1953–57, III, S. 576–665; die Quellengrundlage scheinbar poetischer Darstellung im einzelnen nachgewiesen bei Arnold Esch: Gregorovius als Geschichtsschreiber der Stadt Rom: sein Spätmittelalter in heutiger Sicht, in: Arnold Esch, Jens Petersen (Hrsg.): Ferdinand Gregorovius und Italien. Eine kritische Würdigung, Tübingen 1993, S. 131–184. Gregorovius nimmt die Landsknechte nur gegen den Vorwurf in Schutz, sie hätten Statuen zerschlagen und die Fresken Raffaels beschädigt (S. 613); allerdings hat die Restaurierung Einritzungen («Lutherus») auch auf den Fresken ergeben, siehe Chastel: Il sacco di Roma, Abb. 52–57.

22 Gregorovius: Geschichte der Stadt Rom, III, S. 610.

23 Gregorovius: Geschichte der Stadt Rom, III, S. 666–674 das Schlusskapitel, warum er die Geschichte Roms hier enden lasse.

24 Chastel: Il Sacco di Roma.

25 Jean Delumeau: Rome au XVIe siècle, Paris 1975, S. 227; Peter Partner: Renaissance Rome 1500–1559. A Portrait of a Society, Berkeley 1976, S. 33; vgl. David S. Chambers in seiner Rezension zu Chastel in The Burlington Magazine 126 (1984), S. 296 f.: «A few years later business was almost as usual, even if a General Council was looming».

26 Chastel: Il sacco di Roma, S. XXXIV, vgl. XXII f.; Wirkung: Kap. V u. VI; keine Darstellung: S. 22.

27 Etwa Manfredo Tafuri: Il Sacco di Roma 1527: fratture e continuità, in: Roma nel Rinascimento 1 (1984), S. 21–35. Zwar Wandel durch den *Sacco*, aber Höhepunkt der Renaissance bereits *vor* Clemens VII.: z. B. Charles L. Stinger: The Renaissance in Rome, Bloomington 1985, S. 11. Zur künstlerischen Produktion unter Clemens VII. zuletzt die Beiträge in Gouwens u. a.: The Pontificate of Clement VII., Teil II.

28 Gouwens: Remembering, am Beispiel von Pietro Alcionio, Pietro Corsi, Jacopo Sadoleto, Pierio Valeriano.

29 Gouwens: Remembering, S. 6, 30, 173 f. (anders bei Angelo Mazzocco: Riflessioni storiche per Roma in età rinascimentale: il contributo del mondo anglofono, in: Roma nel Rinascimento (2007), S. 138 f.).

30 Pier Mesnard (Hrsg.): Desiderii Erasmi Roterodami Opera omnia I 2, Amsterdam 1971, S. 599–710; vgl. Silvana Seidel-Menchi: Erasmo in Italia 1520–1580, Torino 1987, S. 58 ff.

31 Gilda Corabi: «Pegio che Babilonia è fatta Roma»: gli scrittori del Gran Sacco, in: Ida De Michelis (Hrsg.): Apocalissi e letteratura, in: Studi e testi italiani 15 (2005), S. 81–96; Augustin Redondo (Hrsg.): Les discours sur le sac de Rome de 1527. Pouvoir et littérature, Paris 1999; Nicola Catelli: Scherzar coi santi. Pros-

pettive comiche sul sacco di Roma, in: Critica letteraria 34 (2006), S. 463–482; Giulia Ponsiglione: Due ignoti documenti a stampa sulla «ruina» di Roma (1527–1530), in: Roma nel Rinascimento. Bibliografia e note (2007), S. 339–348, hier S. 340 u. 342 (die Zitate); zu Pietro Aretino zuletzt Nicola Catelli: Pietro Aretino e il Sacco di Roma, in: Campi immaginabili 32–33 (2005), S. 22–45.

32 Anna Esposito, Manuel Vaquero Piñeiro: Rome During the Sack: Chronicles and Testimonies from an Occupied City, in: Gouwens u. a.: The Pontificate of Clement VII., S. 125–142; einleitend ein Überblick über die Forschungen der letzten zwei Jahrzehnte. Natürlich sind einzelne Notarsinstrumente, z. B. betreffend Lösegeldzahlungen, immer schon herangezogen worden.

33 Unter Einbeziehung der wirtschaftlichen Entwicklung Arnold Esch: Economia, cultura materiale ed arte nella Roma del Rinascimento. Studi sui registri doganali romani 1445–1485, Roma 2007.

34 760 Eintragungen in 63 (von 109 für diese Monate erhaltenen) Imbreviaturbüchern: Esposito u. a.: Rome During the Sack, S. 131.

35 Esposito u. a.: Rome During the Sack, S. 131 f.

36 Zu diesem für die Frage nach der ökonomischen Wirkung des Krieges wichtigen Aspekt siehe Arnold Esch: Mit Schweizer Söldnern auf dem Marsch nach Italien, in Arnold Esch: Alltag der Entscheidung. Beiträge zur Geschichte der Schweiz an der Wende vom Mittelalter zur Neuzeit, Bern 1998, S. 251–328, hier S. 297 f.

37 Aloys Schulte: Die Fugger in Rom 1495–1523, Bd. 1, Leipzig 1904, S. 237: insgesamt 40 Personen, darunter Sebastian Schärtlin mit 3000 duc.

38 Breimesser: Lebensbeschreibung, S. 39 f.

39 Esposito u. a.: Rome During the Sack, S. 132 f. Die Grenze für die Erhebung von Lösegeld lag hiernach bei 14 Jahren, also höher als in vielen Berichten; doch mag diesem *publicum bannimentum* oft nicht gefolgt worden sein.

40 Esposito u. a.: Rome During the Sack, S. 135 f., hier S. 138. Der Sacco in den Gesuchen der päpstlichen Poenitentiarie: A. Esch in Studi in onore di G. Chittolini (im Druck).

24. Oktober 1648: Der Westfälische Frieden

Etienne François

Literatur

Johannes Burkhardt: Deutsche Geschichte in der frühen Neuzeit, München 2009.

Johannes Burkhardt (Hrsg.): Krieg und Frieden in der historischen Gedächtniskultur. Studien zu friedenspolitischen Bedeutung historischer Argumente und Jubiläen von der Antike bis zur Gegenwart, München 2000.

Klaus Bussmann, Heinz Schilling (Hrsg.): 1648. Krieg und Frieden in Europa. Ausstellungskatalog der 26. Europaratsausstellung, Münster, Osnabrück, 24.10.1998–17.1.1999, München 1998.

Heinz Duchhardt: Das Feiern des Friedens. Der Westfälische Frieden im kollektiven Gedächtnis der Friedensstadt Münster, Münster 1997.
Heinz Duchhardt (Hrsg.): Der Westfälische Friede. Diplomatie – politische Zäsur – kulturelles Umfeld – Rezeptionsgeschichte, München 1998.
Heinz Duchhardt, La Paix de Westphalie: de l'événement européen au lieu européen de mémoire?, Stuttgart 1999.
Monika Flacke (Hrsg.): Mythen der Nationen. Ein europäisches Panorama, Berlin 1998.
Etienne François: Die unsichtbare Grenze, Sigmaringen 1991.
Claire Gantet: La paix de Westphalie (1648). Une histoire sociale, XVIIe–XVIIIe siècles, Paris, Belin 2001.
Claire Gantet: «Der Westfälische Frieden», in: Etienne François, Hagen Schulze (Hrsg.), Deutsche Erinnerungsorte, München 2001, Bd. 1, S. 86–104.
Julia Held (Hrsg.): Symbole des Friedens und des Krieges im öffentlichen Raum. Osnabrück, die Stadt des Westfälischen Friedens, Bramsche 1998.

14. Oktober 1806: Über die Sieger der Doppelschlacht bei Jena und Auerstedt

Ina Ulrike Paul

Anmerkungen

1 Concept Decr. Minister des geistl. Depart. (d. 2. Nov. 1806), in: HStA Stuttgart, E 11 Bü 13 fol. 59.

2 Volker Sellin danke ich sehr, dass ich sein im Druck begriffenes Manuskript: Der napoleonische Staatskult, in: Guido Braun u. a. (Hrsg.): Napoleonische Expansionspolitik in Europa: Integration oder Okkupation, Tübingen 2010 einsehen durfte.

3 Albert Pfister: König Friedrich und seine Zeit, Stuttgart 1888, S. 145.

4 Jakob Tanner: Erinnern / Vergessen, in: Lexikon Geschichtswissenschaft. Hundert Grundbegriffe, Stuttgart 2002, S. 77–81, hier S. 81.

5 Roman Töppel: Die Sachsen und Napoleon. Ein Stimmungsbild 1806–1813, Köln u. a. 2008, S. 27.

6 Philip Dwyer: The politics of Prussian neutrality, 1795–1806, in: German History 12 (1994), S. 351–374, hier S. 358.

7 Eberhard Weis: Der Durchbruch des Bürgertums 1776–1847, Frankfurt am Main u. a. 1978, S. 257.

8 1 km = 7,449 württembergische Meilen, nach: Fritz Verdenhalven: Alte Meß- und Währungssysteme aus dem deutschen Sprachgebiet, Neustadt a. d. Aisch 1993, S. 37.

9 Ansprache König Friedrichs I. bei der Truppenmusterung am 14. Oktober 1814, zitiert nach: Pfister: König Friedrich, S. 144 f. Als Neuwürttemberger galten die Einwohner der zwischen 1803–06 an Württemberg gekommenen Gebiete.

10 Thierry Lentz: Napoléon et la conquête de l'Europe 1804–1810 (= Nouvelle Histoire du Premier Empire, Bd. 1), Paris 2002, S. 248 ff.

11 Zur Friedrich-Begeisterung in Württemberg, die selbst den «ausgeprägten Lokalpatriotismus» überlagerte: Pfister: König Friedrich, S. 71.

12 Friedrich an Napoleon (Stuttgart, 25. Oktober 1806), in: August von Schloßberger (Hrsg.): Politische und militärische Correspondenz König Friedrichs von Württemberg mit Kaiser Napoleon I. 1805–1813, Stuttgart 1889, S. 70 f.

13 Schloßberger: Politische Correspondenz, S. 71. Friedrich war in erster Ehe mit Prinzessin Auguste Karoline Friederike Luise († 1788), einer Tochter des Herzogs Karl Wilhelm Ferdinand von Braunschweig-Wolfenbüttel, verheiratet.

14 Friedrich an Napoleon (Stuttgart, 27. Oktober 1806), in: Schloßberger: Politische Correspondenz, S. 71.

15 Napoleon an Friedrich (Berlin, 2. November 1806), in: Schloßberger: Politische Correspondenz, S. 73 f. Friedrich Ludwig Fürst zu Hohenlohe-Ingelfingen hatte aufgrund von Fehlinformationen am 28. Oktober 1806 trotz zahlenmäßiger Überlegenheit bei Prenzlau die Waffen gestreckt. Eigentlich württembergischer Standesherr, hatte er sich der Forderung des Königs von Württemberg verweigert, den preußischen Militärdienst zu quittieren, und seinen Sohn als Nachfolger in seine Rechte eingesetzt.

16 Proclamation à l'Armée (Camp impérial de Potsdam, 26 octobre 1806), in: Correspondance de Napoléon Ier publiée par ordre de l'Empéreur Napoléon III, Bd. XIII, Paris 1863, S. 515.

17 Correspondance, Bd. XIII, S. 515 f.

18 Das im doppelten Wortsinne ausgeprägte Selbstverständnis Württembergs belegen die Gedenkmedaillen auf die Jahre 1806/07, in: Baden und Württemberg im Zeitalter Napoleons. Ausstellungskatalog Bd. 1, Stuttgart 1987, S. 36 ff.

19 «J'ai visité effectivement le tombeau du Grand Frédéric», lautet der letzte Satz des kurzen Schreibens Napoleons an Friedrich (Berlin, 2. November 1806), in: Schloßberger: Politische Correspondenz, S. 73 f. Der Besuch der Königsgruft in der Potsdamer Garnisonkirche fand am 25. Oktober 1806 statt.

20 Thomas Biskup: Das Schwert Friedrich des Großen, in: Andreas Klinger, Hans-Werner Hahn, Georg Schmidt (Hrsg.): Das Jahr 1806 im europäischen Kontext. Balance, Hegemonie und politische Kulturen, Köln u. a. 2008, S. 185–204, hier S. 189, 192: «L'Empereur a fait présent à l'hôtel des Invalides à Paris de l'épée de Frédéric, de son cordon de l'Aigle Noir, de sa ceinture de général, ainsi que des drapeaux que portait sa Garde dans la Guerre de Sept Ans.» 18e Bulletin de la Grande Armée (Potsdam, 26 octobre 1806), in: Correspondance, Bd. XIII, S. 516.

21 Bericht des württembergischen Divisionskommandeurs Generalleutnant v. Seckendorff an den König im Februar 1807, in: Pfister: König Friedrich, S. 150.

22 Weder in der edierten Korrespondenz Napoleons noch in der des Königs von Württemberg mit seiner Tochter Katharina finden sich 1807 Anspielungen auf den Krieg gegen Preußen oder auf Jena und Auerstedt. Katharina berichtet ihrem Vater aus Paris lediglich, dass man ihr die von Napoleon nach Paris gesandten «Fridericiana» vorgeführt habe. Vgl. Correspondance, Bd. XIII; August von Schloßberger (Hrsg.): Briefwechsel der Königin Katharina und des

Königs Jérôme von Westphalen sowie des Kaisers Napoleon I. mit dem König Friedrich von Württemberg, Bd. 1, Stuttgart 1887, S. 81–87.

23 Pfister: König Friedrich, S. 158 f. zitiert den Festbericht. Zur Dauer des Feldzugs siehe Paul Sauer: Der schwäbische Zar. Friedrich – Württembergs erster König, Stuttgart 1984, S. 267f.

24 Schreiben König Friedrichs an Napoleon vom 1. November 1807 und Antworten Napoleons siehe Schloßberger: Politische Correspondenz, S. 98 ff.

25 Dosenmedaille auf die Schlachten der Jahre 1806 und 1807, abgebildet und beschrieben in: Baden und Württemberg, S. 39.

26 Bis 1811: Gazette nationale oder Le Moniteur universel. Zu den Napoleons- und anderen Staatsfesten im Jahreskreis: Sellin: Der napoleonische Staatskult.

27 [Graf v. Mandelsloh]: Observations sur l'état présent du Royaume de Wurtemberg (Stuttgart, 12. Februar 1814), HStA Stuttgart E 7 Bü 23. – 1191 Soldaten und Offiziere waren gefallen oder an Krankheiten verstorben, Pfister: König Friedrich, S. 158.

28 Die große Selbstbiographie, in: Bernd Sösemann (Hrsg.): Theodor von Schön. Persönliche Schriften, Bd. 1, bearb. v. Albrecht Hoppe, Köln u. a. 2006, S. 154.

29 Stein an Reden (Nassau, 3. Juli 1807), in: Erich Botzenhart (Hrsg.): Freiherr vom Stein. Briefwechsel, Denkschriften und Aufzeichnungen, Bd. 2, Berlin 1936, S. 231 ff., hier S. 233.

30 Karl Friedrich Reinhard an Friedrich Stäudlin (Paris, 20. September 1789), zitiert nach Jean Delinière: Karl Friedrich Reinhard (1761–1837). Ein deutscher Aufklärer im Dienste Frankreichs, Stuttgart 1989, S. 71.

31 Alle Zitate Hardenbergs aus der sogenannten Rigaer Denkschrift vom 12. September 1807 in: Walter Demel, Uwe Puschner (Hrsg.): Von der Französischen Revolution bis zum Wiener Kongress 1789–1815, Stuttgart 1995, S. 86–97.

32 Werner Hahlweg (Hrsg.): Vom Kriege. Hinterlassenes Werk des Generals Carl von Clausewitz, Bonn [18]1973, S. 34, verweist auf den Zeitraum 1808–12 als zweite Arbeitsphase an dem Manuskript vor seiner Niederschrift ab 1816. Gneisenau zitiert nach: Wolfgang Neugebauer: Die Geschichte Preußens. Von den Anfängen bis 1947, München u. a. [3]2007, S. 93.

33 Vgl. den Aufruf des preußischen Königs zur nationalen Erhebung «An mein Volk» vom 17. März 1813, mit dem sich Friedrich Wilhelm III. an Brandenburger, Preußen, Schlesier, Pommern und Litauer (alle Untertanen des preußischen Staates) wandte, um sie als «*Preußen* und *Deutsche*» zum Kampf zu rufen, Neugebauer: Geschichte Preußens, S. 87.

34 Napoleon an Friedrich I. von Württemberg (Paris, 2. April 1811), in: Schloßberger: Politische Correspondenz, S. 229–234, hier S. 230.

35 Sauer: Der schwäbische Zar, S. 302. Friedrich I. von Württemberg hatte 1782–1786 in den Diensten der Zarin Katharina der Großen gestanden, u. a. als Gouverneur der Provinz Finnland.

36 Sauer: Der schwäbische Zar, S. 315.

37 Ute Planert: Die Kehrseite der Souveränität. Baden und Württemberg im Krieg, in: Anton Schindling, Gerhard Taddey (Hrsg.): 1806 – Souveränität für Baden

und Württemberg. Beginn der Modernisierung?, Stuttgart 2007, S. 123–160, hier S. 145. König Friedrich schrieb im Februar 1813 an seinen außerordentlichen Gesandten in Frankreich, dass das «Mißvergnügen mit allem, was französisch» sei, «in Stuttgart und auf dem platten Lande täglich» wachse und der «Hof und [seine] Tafel … wohl die einzigen Orte» seien, «wo man diese Gesinnungen nicht laut werden» lasse, Friedrich M. Kircheisen (Hrsg.): Fürstenbriefe an Napoleon I., Stuttgart u. a. 1929, S. 251.

38 Friedrich I. von Württemberg an seine Tochter Katharina von Westfalen (undatiert, aber nach dem 13. Oktober 1813, dem Datum der erwähnten Kriegserklärung Bayerns an Frankreich), in: Schloßberger: Politische Correspondenz, Bd. III, S. 200f.

39 Friedrich I. von Württemberg an Napoleon (Stuttgart, 14. Oktober 1813), in: Schloßberger: Politische Correspondenz, Bd. II, S. 84 ff., hier S. 85 f. Vgl. den um Verständnis werbenden Brief Friedrichs an seine Tochter Katharina (Stuttgart, 22. Oktober 1813), in: Schloßberger: Politische Correspondenz, Bd. III, S. 201 f.

40 Art. 4 Allianzvertrag von Fulda (2. November 1813), abgedr. in: Königl. Württemberg. Staats= und Regierungs=Blatt Nr. 52, S. 397–402, hier S. 400.

41 Manifest vom 6. November 1813, in: Königl. Württemberg. Staats= und Regierungs=Blatt Nr. 51, S. 389 f.

42 Planert: Die Kehrseite der Souveränität, S. 145 und dort Anm. 51.

43 Zit. nach: Sauer: Der schwäbische Zar, S. 420.

44 Friedrich zögerte die Unterzeichnung der Bundesakte vom 8. Juni 1815 bis zum 1. September hinaus, die Beitrittserklärung Württembergs zum Deutschen Bund ließ er erst am 1. Oktober – wenige Wochen vor seinem Tod am 30. Oktober – überreichen.

45 Ernst Weber: Lyrik der Befreiungskriege (1812–1815): gesellschaftspolitische Meinungs- und Willensbildung durch Literatur, Stuttgart 1991.

46 Ludwig Uhland: Am 18. Oktober 1816, in: Hermann Fischer (Hrsg.): Uhlands gesammelte Werke in sechs Bänden, Bd. 1, Stuttgart (o. D.), S. 87 f.

47 Planert: Kehrseite der Souveränität, S. 158 und Abb. 32.

48 Text der Gedenktafel von Schwalldorf, zitiert nach: Leon von Stieglitz: Krieg und Not, in: Baden und Württemberg im Zeitalter Napoleons, Katalog Bd. 2, Stuttgart 1987, S. 457.

49 «Verstummen soll das Mißgetön der Klage,/ Das noch hervortönt aus blutiger Schlacht», aus: Das Veteranenfest des Oberamtsbezirks Tübingen, Tübingen 1839, S. 39, zitiert nach: Stieglitz: Krieg und Not, S. 457.

50 Planert: Kehrseite der Souveränität, S. 158f.; Stieglitz: Krieg und Not, S. 457.

51 Planert: Kehrseite der Souveränität, S. 153.

52 Michael Sauner: Ein neues Soldatenbild – Theorie und Wirklichkeit, in: Baden und Württemberg im Zeitalter Napoleons, S. 432 f. mit Abbildungen.

53 Die militärische und zivile Historiographie der Doppelschlacht untersuchte erstmals Gerd Krumeich: Jena und Auerstedt in der Geschichtsschreibung, in: Klinger u. a.: Das Jahr 1806 im europäischen Kontext, S. 249–261.

54 Stein an Münster (Reichenbach, 29. Juni 1813), in: Erich Botzenhart (Hrsg.): Freiherr vom Stein. Briefwechsel, Denkschriften und Aufzeichnungen, Bd. 4, Berlin 1933, S. 366f., hier S. 367; Heinz Duchhardt: Stein. Eine Biographie, Münster 2007, S. 330.

55 Karl von Rotteck: Allgemeine Geschichte vom Anfang der historischen Kenntniß bis auf unsere Zeiten. Für denkende Geschichtsfreunde, Bd. IX/1, Freiburg i. Br. ^{8}1832, S. 374. Die 1. Auflage erschien 1812–1826.

56 Johann Gottfried v. Pahl [1786–1839]: Denkwürdigkeiten aus meinem Leben und aus meiner Zeit, hrsg. v. Wilhelm Pahl, Tübingen 1840, S. 551 f.

57 Pahl: Denkwürdigkeiten, S. 552 f.

58 Ludwig Häusser: Deutsche Geschichte vom Tode Friedrichs des Großen bis zur Gründung des deutschen Bundes, Bd. 2, Berlin ^{2}1859 (1. Aufl. 1854–1857), S. 634–641, hier S. 641.

59 Häusser: Deutsche Geschichte, Bd. 3, S. 4.

60 Gustav Rümelin: König Friedrich von Württemberg und seine Beziehungen zur Landes-Universität (1882), in: Gustav Rümelin: Reden und Aufsätze, Bd. 3, Freiburg 1894, S. 37–75; Pfister: König Friedrich; Schloßberger: Politische Correspondenz; Eugen Schneider: Württembergische Geschichte, Stuttgart ^{2}1986 (Reprint von 1896), S. 445ff.

61 Erwin Hölzle: Das Alte Recht und die Revolution, München 1931; Erwin Hölzle: Württemberg im Zeitalter Napoleons und der Deutschen Erhebung, Stuttgart u. a. 1937, Vorwort, S. 30.

62 Hölzle: Württemberg, S. 173.

63 Bernhard Mann: Württemberg 1800 bis 1866, in: Hansmartin Schwarzmaier u. a. (Hrsg.): Handbuch der baden-württembergischen Landesgeschichte, Bd. 3, Stuttgart 1992, S. 235–331, hier S. 252.

64 «*Ich kann mich nicht freuen bei dieser Erinnerung, mein Herz kann es nicht, wenn auch mein Verstand mir sagt, daß, wenn Jena nicht gewesen wäre, Sedan vielleicht auch nicht in unserer Geschichte seinen glorreichen Platz gefunden hätte*», rief der abgedankte Reichskanzler Fürst Bismarck am 31. Juli 1892 den auf dem Marktplatz versammelten Jenaer Bürgern zu, zitiert nach: Hans-Werner Hahn: «Ohne Jena kein Sedan». Die Erfahrung der Niederlage von 1806 und ihre Bedeutung für die deutsche Politik und Erinnerungskultur des 19. Jahrhunderts, in: HZ 285 (2007), S. 599–642, hier S. 599 und Anm. 1 mit Quellenbeleg.

65 Bernd Mütter: Jena und Auerstedt/Hassenhausen 1806 – 1906 – 2006: Orte welcher Erinnerung?, in: MGZ 67 (2008), S. 1–23.

18. Oktober 1813: «Möchten die Deutschen nur alle und immer dieses Tages gedenken!» – die Leipziger Völkerschlacht
Uwe Puschner

Anmerkungen

1 Gneisenau. Ein Leben in Briefen, hrsg. v. Karl Griewank, Leipzig 1939, S. 259 u. 261.

2 18.10.1847 u. 1852; Sulpiz Boisserée. Tagebücher, hrsg. v. Hans-J. Weitz, Bd. 4, Darmstadt 1985, S. 422 u. 942; Die Tagebücher des Oberpräsidenten Ludwig Freiherr Vincke 1813–1818 (= Veröffentlichungen der Historischen Kommission für Westfalen: Westfälische Briefwechsel und Denkwüdigkeiten, Bd. 7), bearb. v. Ludger Graf von Westphalen, Münster 1980, S. 101, 199, 294, 376, 457.

3 Boisserée, S. 1062.

4 Rainer Wiegels: «Varusschlacht» und «Hermanns»-Mythos. Historie und Historisierung eines römisch-germanischen Kampfes im Gedächtnis der Zeiten, in: Michel Reddé, Siegmar von Schnurbein (Hrsg.): Alésia et la bataille du Teutoburg. Un parallèle critique de sources (= Beihefte der Francia, Bd. 66), Ostfildern 2008, S. 27–51, Zit. S. 38.

5 Deutschlands Wiedergeburt und Einheit. Ein Blick in die Zukunft [1813/14] zit. n. Jörg Echternkamp: «Teutschland, des Soldaten Vaterland». Die Nationalisierung des Krieges im frühen 19. Jahrhundert, in: Werner Rösener (Hrsg.): Staat und Krieg. Vom Mittelalter bis zur Moderne, Göttingen 2000, S. 181–203, Zit. S. 198.

6 Henrich Steffens: Was ich erlebte 1802–1814. Knechtschaft und Freiheit, Leipzig 1913, S. 405 f.

7 Napoleon und die Franzosen [1814] zit. n. Echternkamp, S. 197.

8 Ernst Moritz Arndt: Noch ein Wort über die Franzosen und uns [1814] zit. n. Karen Hagemann: «Mannlicher Muth und Teutsche Ehre». Nation, Militär und Geschlecht zur Zeit der Antinapoleonischen Kriege Preußens (= Krieg in der Geschichte, Bd. 8), Paderborn 2002, S. 481–497, hier S. 482.

9 Hagemann, S. 483.

10 Ernst Moritz Arndt: Ein Wort über die Feier der Leipziger Schlacht, in: Arndts Werke, hrsg. v. August Leffson u. Wilhelm Steffens, T. 11, Berlin u. a. o. J., S. 131–141, hier S. 131–133.

11 Peter Brandt: Die Befreiungskriege von 1813 bis 1815 in der deutschen Geschichte, in: Geschichte und Emanzipation. Festschrift für Reinhard Rürup, hrsg. v. Michael Grüttner, Rüdiger Hachtmann u. Heinz-Gerhart Haupt, Frankfurt a. M. 1999, S. 17–57, Zit. S. 30.

12 Otto Dann: Nation und Nationalismus in Deutschland 1770–1990, München 1993, S. 62.

13 Zit. n. Ute Schneider: Die Feiern der Leipziger Schlacht am 18. Oktober 1814 – eine intellektuelle Konstruktion?, in: Blätter für deutsche Landesgeschichte 133 (1997), S. 219–238, hier S. 223 f.

14 Hagemann, S. 489.

15 Hagemann, S. 489.
16 Stefan-Ludwig Hoffmann: Mythos und Geschichte. Leipziger Gedenkfeiern der Völkerschlacht im 19. und frühen 20. Jahrhundert, in: Etienne François, Hannes Siegrist u. Jakob Vogel (Hrsg.): Nation und Emotion. Deutschland und Frankreich im Vergleich 19. und 20. Jahrhundert (= Kritische Studien zur Geschichtswissenschaft, Bd. 110), Göttingen 1995, S. 111–132, Zit. S. 115.
17 Zit. n. Hoffmann, S. 114.
18 Hoffmann, S. 114 f.
19 Zit. n. Hagemann, S. 493.
20 Hagemann, S. 494.
21 Hagemann, S. 494 f.
22 Karl August Varnhagen von Ense: Bühnenbilder der Leipziger Schlacht [1814], in: Ders., Biographien, Aufsätze, Skizzen, Fragmente, hrsg. v. Konrad Feilchenfeldt u. Ursula Wiedemann, Bd. 4, Frankfurt a. M. 1990, S. 399–402, Zit. S. 399.
23 Arndt, Ein Wort, S. 136.
24 Heinrich von Treitschke: Deutsche Geschichte im Neunzehnten Jahrhundert, T. 2, Leipzig 3. Aufl. 1886, S. 4.
25 Hugo Kühn (Hrsg.): Das Wartburgfest am 18. Oktober 1817. Zeitgenössische Darstellungen, archivalische Akten und Urkunden, Weimar 1913, S. 60 f.
26 Sulpiz Boisserée. Tagebücher, hrsg. v. Hans-J. Weitz, Bd. 1, Darmstadt 1978, S. 752, u. Bd. 2, Darmstadt 1981, S. 787.
27 Karl Reichsfreiherr von und zum Stein an seine Frau vom 21.10.1813; Freiherr vom Stein. Briefe und amtliche Schriften, bearb. v. Erich Botzenhart u. neu hrsg. v. Walther Hubatsch, Bd. 4, Stuttgart 1963, S. 279 f., Zit. S. 279.
28 Brief des Kronprinzen Ludwig an Johannes von Müller, 27.11.1808; Briefe an Joh. von Müller. Supplement zu dessen sämmlichen Werken, hrsg. v. Johann Heinrich Maurer-Constant, Bd. 5, Schaffhausen 1840, S. XII.
29 Walhalla's Genossen, geschildert durch König Ludwig den Ersten von Bayern, den Gründer Walhalla's, München 2. Aufl. 1847, S. V u. VII.
30 Walhalla's Genossen, S. VII.
31 Jörg Traeger: Der Weg nach Walhalla. Denkmallandschaft und Bildungsreise im 19. Jahrhundert, Regensburg 1987, S. 84.
32 Zit. n. Kirstin Anne Schäfer: Die Völkerschlacht. In: Deutsche Erinnerungsorte, hrsg. v. Etienne François u. Hagen Schulze, Bd. 2, München 2001, S. 186–201, hier S. 194.
33 Karl Theodor von Weigel: Zum 18. Oktober 1908. Festrede, gehalten in Regensburg am Tage der Aufnahme der Büste Bismarcks in die Walhalla, in: Ders.: Zwölf Charakterbilder aus der neueren Geschichte, München 1913, S. 380–398, Zit. S. 380.
34 Johannes Penzler (Hrsg.): Die Reden Kaiser Wilhelms II., T. 1: 1888–1895, Leipzig o. J., S. 280 f., Zit. S. 281.
35 Penzler, S. 253.
36 Carl Schwarz: Unser deutsches Volk hat recht gekämpft, darum ward es gekrönt. Predigt gehalten bei der fünfzigjährigen Gedächtnisfeier der Leipziger

Völkerschlacht am 18. October 1863 [in Gotha], in: Ders.: Predigten aus der Gegenwart, 3. Sammlung, Leipzig 1865, S. 69–81, Zit. S. 79.

37 Hermann Baumgarten: Rede zur Feier des 18. Oktober 1863. Im Rathause zu Karlsruhe, o. O. 1863, S. 1.

38 Carl Neumann: Griechische Kulturgeschichte in der Auffassung Jakob Burckkardt's, in: Historische Zeitschrift 85/N. F. 49 (1900), S. 385–452, S. 438.

39 Ute Gerhard: Unerhört. Die Geschichte der deutschen Frauenbewegung, Reinbek 1990, S. 76.

40 Zit. n. Hans Ehrentreich: Heinrich Luden und sein Einfluß auf die Burschenschaft, in: Quellen und Darstellungen zur Geschichte der Burschenschaft und der deutschen Einheitsbewegung, hrsg. v. Herman Haupt, Heidelberg 1913, S. 48–129, Zit. S. 120.

41 Eduard Rahm: Die Bedeutung der Leipziger Schlacht für die Entwicklung der deutschen Geschichte. Festrede, gehalten in dem Aktus des Fürstlichen Gymnasiums zu Schleiz, Schleiz 1914, S. 8.

42 Schulthess' Europäischer Geschichtskalender 1913, S. 327–333, Zit. S. 331.

43 Deutsch-Kalender 1897, hrsg. v. August Engels im Auftrag des Deutschbundes, o. O. u. J., S. 3.

44 Semi-Kürschner oder Literarisches Lexikon der Schriftsteller, Dichter, Bankiers, Geldleute, Ärzte, Schauspieler, Künstler, Musiker, Offiziere, Rechtsanwälte, Revolutionäre, Frauenrechtlerinnen, Sozialdemokraten usw. jüdischer Rasse und Versippung, die von 1813–1913 in Deutschland tätig oder bekannt waren. Unter Mitwirkung von völkischen Verbänden von Gelehrten, Künstlern, Geistlichen, rechtsstehenden Politikern, Juristen, Agrariern, Handwerkern, Industriellen, Kaufleuten, von Männern und Frauen des In- und Auslandes, hrsg. v. Philipp Stauff, Berlin 1913.

45 Deutsche Worte. Blüten und Früchte deutschnationaler Weltanschauung. Weihe- und Hermannsfest-Reden des Bundeswarts Dr. Friedrich Lange an den Deutschbund und Nachweis über Wesen und Wirken des Bundes seit 1894, hrsg. v. Hermann Ehrhard, Berlin 1907, S. 30.

46 S. Deutschvölkische Gedenktage im Gilbhart/Oktober, in: Iro's Deutschvölkischer-Zeitweiser (Ein Taschenbuch für das deutsche Volk) 1911, unpaginiert.

47 Deutsche Worte, S. 45.

48 Adalbert Wahl: Die Ideen von 1813. Festrede zur Erinnerung an die Erhebung des Deutschen Volkes i. J. 1813 und zum 25jährigen Regierungsjubiläum S. M. des Kaisers gehalten im Festsaal der Universität Tübingen am 16. Juni 1913, Tübingen 1913.

49 Zit. n. Prophetisches vor hundert Jahren, in: Der Türmer. Monatsschrift für Gemüt und Geist (Kriegsausgabe) 17 (1914), S. 403–405, Zit. S. 403 f.

50 Theodor Mommsen: Ninive und Sedan, in: Die Nation. Wochenschrift für Politik, Volkswirtschaft und Literatur 17 (1900), Nr. 47, S. 658 f., Zit. S. 659.

51 Schneider, Feiern, S. 237.

52 Kay Wenzel: Befreiung oder Freiheit? Zur politischen Ausdeutung der deutschen Kriege gegen Napoleon von 1919 bis 1923, in: Heinrich August Winkler (Hrsg.): Griff nach der Deutungsmacht. Zur Geschichte der Geschichtspolitik in Deutschland, Göttingen 2004, S. 67–89, hier S. 77.

53 Steffen Poser: Bedarf nach einer Feierstätte für den Preis eigener Größe. Zur Instrumentalisierung des Völkerschlachtdenkmals zwischen Erstem Weltkrieg und Mauerfall, in: Volker Rodekamp (Hrsg.): Völkerschlachtdenkmal, Leipzig 2003, S. 158–177, Zit. S. 161–163.

54 Poser, S. 166.

55 Widukind: Geschichte des deutschen Volkes, Leipzig 1934, S. 241 f.

56 Hitler. Reden und Proklamationen 1932–1945, hrsg. v. Max Domarus, Bd. 1, Würzburg 1962, S. 290.

57 Poser, S. 171.

58 Peter Longerich: Heinrich Himmler. Biographie, München 2008, Zit. S. 733.

59 Herfried Münkler: Die Deutschen und ihre Mythen, Berlin 2009, S. 450.

60 S. hierzu G. Ulrich Großmann (Hrsg.): Politik und Kunst in der DDR. Der Fonds Willi Sitte im Germanischen Nationalmuseum, Nürnberg 2003, S. 77 u. 189 (Abb.).

61 Friedrich Donath, Walter Markov (Hrsg.): Kampf um Freiheit. Dokumente zur Zeit der nationalen Erhebung 1789–1815, Berlin 1954, Klappentext.

62 Poser, S. 175.

63 Zit. n. Münkler, S. 452.

64 Zit. n. Poser, S. 177.

65 Theodor Fontane: Der Stechlin [1989] (= Theodor Fontane. Sämtliche Romane, Erzählungen, Gedichte, Nachgelassenes, Bd. 5), München 3., durchges. u. erw. Aufl. 1994, S. 60.

Literatur

Ferdi Akaltin: Die Befreiungskriege im Geschichtsbild der Deutschen im 19. Jahrhundert, Frankfurt a. M. 1997.

Helmut Berding: Das geschichtliche Problem der Freiheitskriege 1813–1814, in: Karl Otmar Freiherr von Aretin, Gerhard A. Ritter (Hrsg.): Historismus und moderne Geschichtswissenschaft. Europa zwischen Revolution und Restauration 1797–1815. Drittes Deutsch-Sowjetisches Historikertreffen in der Bundesrepublik Deutschland, 13.–18. März 1978 (= Veröffentlichungen des Instituts für Europäische Geschichte Mainz, Beih. 21), Mainz 1987, S. 201–215.

Horst Carl: Der Mythos des Befreiungskrieges. Die «martialische Nation» im Zeitalter der Revolutions- und Befreiungskriege 1792–1815, in: Dieter Langewiesche, Georg Schmidt (Hrsg.): Föderative Nation. Deutschlandkonzepte von der Reformation bis zum Ersten Weltkrieg, München 2000, S. 63–82.

Christopher Clark: The Wars of Liberation in Prussian Memory: Reflections on the Memorialization of War in Early Nineteenth-Century Germany, in: The Journal of Modern History 68 (1996), S. 550–576.

Dieter Düding: Das deutsche Nationalfest von 1814: Matrix der deutschen Nationalfeste im 19. Jahrhundert, in: Dieter Düding, Peter Friedemann, Paul Münch (Hrsg.): Öffentliche Festkultur. Politische Feste in Deutschland von der Aufklärung bis zum Ersten Weltkrieg, Reinbek 1988, S. 67–88.
Monika Flacke: Deutschland. Die Begründung der Nation aus der Krise, in: Dies. (Hrsg.): Mythen der Nationen: Ein europäisches Panorama. München, Berlin 2. Aufl. 2001, S. 101–128.
Stefan-Ludwig Hoffmann: Sakraler Monumentalismus um 1900. Das Leipziger Völkerschlachtdenkmal, in: Reinhart Koselleck, Michael Jeismann (Hrsg.): Der politische Totenkult. Kriegerdenkmäler in der Moderne (= Bild und Text), München 1994, S. 249–280.
Karl Borromäus Murr: «Treue bis in den Tod». Kriegsmythen in der bayerischen Geschichtspolitik im Vormärz, in: Nikolaus Buschmann, Dieter Langewiesche (Hrsg.): Der Krieg in den Gründungsmythen europäischer Nationen und der USA, Frankfurt a. M., New York 2003, S. 138–174.
Erich Pelzer: Die Wiedergeburt Deutschlands 1813 und die Dämonisierung Napoleons, in: Gerd Krumeich, Hartmut Lehmann (Hrsg.): «Gott mit uns». Nation, Religion und Gewalt im 19. und frühen 20. Jahrhundert (= Veröffentlichungen des Max-Planck-Instituts für Geschichte, Bd. 162), Göttingen 2000, S. 135–156.
Ute Planert: Wessen Krieg? Wessen Erfahrung? Oder: Wie national war der «Nationalkrieg» gegen Napoleon, in: Dietrich Beyrau (Hrsg.): Der Krieg in religiösen und nationalen Deutungen der Neuzeit, Tübingen 2001, S. 111–139.
Martin Rink: Vom «Partheygänger» zum Partisanen. Die Konzeption des kleinen Krieges in Preußen 1740–1813 (= Europäische Hochschulschriften, Rh. III Bd. 851), Frankfurt a. M. u. a. 1999.
Karl Heinz Schäfer: 1813 – Die Freiheitskriege in der Sicht der marxistischen Geschichtsschreibung der DDR, in: Geschichte in Wissenschaft und Unterricht 21 (1990), S. 2–21.
Wolfram Siemann: Krieg und Frieden in historischen Gedenkfeiern des Jahres 1913, in: Dieter Düding, Peter Friedemann, Paul Münch (Hrsg.): Öffentliche Festkultur. Politische Feste in Deutschland von der Aufklärung bis zum Ersten Weltkrieg, Reinbek 1988, S. 298–320.
Digby Smith: 1813: Leipzig, Napoleon and the Battle of Nations, London 2001.
Ernst Weber: Lyrik der Befreiungskriege (1812–1815). Gesellschaftspolitische Meinungs- und Willensbildung durch Literatur (= Germanistische Abhandlungen, Bd. 65), Stuttgart 1991.

18. Juni 1815: Waterloo
Tim Blanning

Anmerkungen

1 Vgl.: François-René de Chateaubriand: Erinnerungen, hrsg. und übertragen von Sigrid von Massenbach, T. 2: Konsulat und Kaiserreich (1800–1814), München 1968, S. 397–402.

2 «What battle field of mighty name/ To rank with thine may justly claim?/ Not Agincourt's nor yet Poitier's/ Nor Cressy's fam'd of former years,/ Nor Blenheim's, Marlborough's claim?/ Be peer to it, that joyful saw/ Brought low the man who own'd no law.» David Home Buchan: The Battle of Waterloo. A poem, London [2]1816, S. 56.

3 Robert Southey: The Poet's Pilgrimage to Waterloo, London [2]1816, S. 17–18.

4 Andrew Uffindell, Michael Corum: On the fields of glory. The battlefields of the 1815 campaign, London 1996, S. 320.

5 http://www.streetmap.co.uk/ (zuletzt besucht am 21. August 2007).

6 Chateaubriand: Erinnerungen, S. 399.

7 Zitiert nach Stuart Semmel: Reading the tangible past: British tourism, collecting and memory after Waterloo, in: Representations 69 (2000), S. 9.

8 Zitiert nach Boyd Hilton: A mad, bad and dangerous People? England 1783–1846, Oxford 2006, S. 28.

9 Herbert Albert Laurens Fisher: Bonapartism, Oxford 1908, S. 107.

10 John W. Fortescue: British statesmen of the great war, 1793–1814, Oxford 1911, S. 82.

11 Zitiert nach Norman Gash: Wellesley, Arthur, first duke of Wellington (1769–1852), in: Oxford Dictionary of National Biography, Oxford 2004; online-Publikation: http://www.oxforddnb.com/view/article/29001 (zuletzt besucht am 21. August 2007).

12 Comte de Las Cases: Mémorial de Sainte-Hélène. Journal de la vie privée et des conversations de l'Empereur Napoléon à Sainte Hélène, Bd. 4, London 1823, S. 266–7.

13 Las Cases: Sainte-Hélène, S. 345.

14 Zitiert nach Fisher: Bonapartism, S. 115.

15 Fisher: Bonapartism, S. 114.

16 Zitiert nach Philip Shaw: Waterloo and the romantic imagination, Basingstoke 2002, S. 167.

17 «At length once more are loos'd the dogs of war, / To spread wide waste and desolation far; / To deal destruction on our fellow-men, / To place the Bourbon on the throne again./England, alas! the hostile league has join'd / Lost to her honour, to her welfare blind», in: Cobbett's Weekly Political Register vom 1. Juli 1815, S. 802, S. 831–2. Eine ähnliche Sichtweise vertritt auch der wichtigste österreichische Dichter und Dramaturg dieser Zeit, Franz Grillparzer, in seinem Gedicht «Napoleon», in: Grillparzers sämtliche Werke, hrsg. v. August Sauer, Bd. 2, Stuttgart o.D., S. 89–90.

18 Cobbett's Weekly Political Register vom 15. Juli 1815, S. 34.

19 Las Cases: Sainte-Hélène, Bd. 3, S. 29–30.

20 Lord Byron: Sämtliche Werke, Bd. 1: Childe Harolds Pilgerfahrt und andere Verserzählungen, übertragen von Otto Gildemeister, überarbeitet von Siegfried Schmitz, München 1977, S. 78. Das englische Original lautet: «Gaul may champ the bit / And foam in fetters; – but is Earth more free? / Did nations combat to make *One* submit; / Or league to teach all kings true sovereignty? / What! shall reviving Thraldom again be / The patched-up idol of enlightened days? / Shall we, who struck the Lion down, shall we / Pay the Wolf homage? proffering lowly gaze / And servile knees to thrones? No; *prove* before ye praise!»

21 «So hath the Urging Immanency used to-day / Its inadvertent might to field this fray; / and Europe's wormy dynasties rerobe / Themselves in their old gilt, to dazzle anew the globe!» Thomas Hardy: The dynasts. An epic-drama of the war with Napoleon, in three parts, nineteen acts, and one hundred and thirty scenes, hrsg. von . Harold Orel, London 1978, S. 697.

22 Thomas C. Hansard (Hrsg.): The Parliamentary debates from the year 1803 to the present time, Bd. 31: 2. Mai – 12. Juli 1815, London 1815, Sp. 980.

23 Hilton: A mad, bad and dangerous People?, S. 237.

24 Southey: The Poet's Pilgrimage, unpaginated «Argument».

25 «What British heart that would not feel a flow / Upon that ground, of elevating pride? / What British cheek is there that would not glow / To hear our country blest and magnified? / For Britain here was blest by old and young, / Admired by every heart and praised by every tongue.» Southey: The Poet's Pilgrimage, S. 78.

26 William Wordsworth: Thanksgiving Ode. January 18, 1816 with other short pieces, chiefly referring to recent public events, London 1816; Simon Bainbridge: Napoleon and English romanticism, Cambridge 1995, S. 84.

27 «No more let vaunting Frenchmen brag, / Nor Britons laugh to sport; / Once more they see the lofty flag / Of Cress and Azincourt.» A Ballad of Waterloo, London 1817, S. 20.

28 Hans Peter Mathis (Hrsg.): Napoleon I in the mirror of caricature. A collection catalogue of the Napoleon Museum Arenenberg, Zürich 1998, S. 346–50. Dieser vorzügliche Band enthält auch französische und deutsche Karikaturen.

29 Anniversary of the Battle of Waterloo, in: Blackwood's Edinburgh Magazine 38 (1835), S. 114–16.

30 Hansard: The Parliamentary debate, Sp. 979.

31 Alison Yarrington: The commemoration of the hero 1800–1864. Monuments to the British victors of the Napoleonic wars, New York u. a. 1988, S. 226–9.

32 Leslie A. Marchand (Hrsg.): Byron's letters and journals, Bd. 4, London 1975, S. 302.

33 http://www.streetmap.co.uk/wellington (zuletzt besucht am 21. August 2007).

34 Robert Tombs, Isabelle Tombs: That sweet enemy. The French and the British from the Sun King to the present, London 2006, S. 298.

35 Victor Hugo: Die Elenden, Übersetzung aus dem Franz. von Paul Wiegler und Wolfgang Günther, Düsseldorf u. a. 1998, S. 408–9.

36 David Chandler: The campaigns of Napoleon, London 1966, S. 1093–4.
37 Zitiert nach Antony Brett-James (Hrsg.): The Hundred Days. Napoleon's last campaign from eye-witness accounts, London 1964, S. 185.
38 The Battle of Waterloo, containing the accounts published by Authority, British and Foreign, and other Relative Documents, with Circumstantial Details, previous and after the Battle, from a variety of authentic and original sources, by a Near Observer, London [4]1815, S. xxix.
39 The Battle of Waterloo, S. xxxiii.
40 Alfred G.H. Bachrach: The Field of Waterloo and beyond, in: Turner Studies 1–2 (1981), S. 4–9.
41 Lord Byron: Sämtliche Werke, Bd. 1: Childe Harolds Pilgerfahrt, S. 81. Das englische Original lautet: «Last noon beheld them full of lustry life; / Last eve in Beauty's circle proudly gay; / The midnight brought the signal – sound of strife; / The morn the marshalling of arms – the day, / Battle's magnificently stern array! / The thunder clouds close o'er it, which when rent, / The earth is covered thick with other clay / Which her own clay shall cover, heaped and pent, / Rider and horse – friend, foe, in one red burial blent!» Turner malte zwei weitere Aquarellskizzen des Schlachtfeldes, eine von Pictons Baum und eine von Hougoumont aus gesehen, die als Vignetten in einem Buch von Byron bzw. Sir Walter Scott verwendet werden sollten. Vgl.: Andrew Wilton: The life and work of J.M.W. Turner, London 1979, S. 432, 447.
42 Zitiert nach David Chandler: Waterloo. The Hundred Days, London 1980, S. 171.
43 «Alas! what links of love that morn / Has War's rude hand asunder torn! / For ne'er was field so sternly fought, / And ne'er was conquest dearer bought. / Here piled in common slaughter sleep / Those whom affection long shall weep.» Walter Scott: The Field of Waterloo. A Poem, Edinburgh 1815, S. 36.
44 Dieses aufrüttelnde Wortpaar stammt von Jay Winter: Sites of memory, sites of mourning: Great War in European cultural history, Cambridge 1995.
45 Das Buch enthält auch einen sehr guten Bericht – und eine Führung – Winter: Sites of memory.
46 Winter: Sites of memory, S. 34.
47 Paul W. Schroeder: The transformation of European politics 1763–1848, Oxford 1994, S. 562.
48 The Annual Register or a View of the History, Politics and Literature for the Year 1815, London 1816, S. 177.
49 Jean-Marc Largeaud: Napoleon et Waterloo: la défaite glorieuse de 1815 à nos jours, Paris 2006, S. 15.
50 The Annual Register, S. 178.
51 William A. Speck: Robert Southey: entire man of letters, New Haven u. a. 2006, S. 164–5.
52 Shaw: Waterloo and the romantic imagination, S. 92–3.
53 Walter C. Sellar, Robert J. Yeatman: 1066 and all that, Harmondsworth 1960, S. 100.

54 William Thackeray: Vanity Fair, hrsg. von John I. M. Stewart, Harmondsworth 1968, S. 371.

55 Arthur Conan Doyle: The Complete Brigadier Gerard, Edinburgh 1995, S. 288.

56 «Remorseless France had long oppressed the land, / And for her frantic projects drained its blood; / And now they felt the Prussian's heavy hand: / He came to aid them; bravely had he stood / In their defence … but oh! in peace how ill / The soldier's deeds, how insolent his will.» Southey: The Poet's Pilgrimage, S. 98.

57 Zitiert nach Brett-James: The Hundred Days, S. 207–08. Für einen zivilen Bericht, vgl. John Scott: Journal of a tour to Waterloo and Paris, in company with Sir Walter Scott in 1815, London 1842, S. 69. Siehe auch: Jacques Hantraye: Les Cosaques aux Champs-Élysées. L'occupation de la France après la chute de Napoléon, Paris 2005, S. 19.

58 Edward Cotton: A voice from Waterloo, East Ardsley u. a. 1974, S. 136.

59 Hugo: Die Elenden, S. 402.

60 Zitiert nach Brett-James: The Hundred Days, S. 208. Für einen ausführlichen Bericht über das französische Fehlverhalten in Preußen 1806–07 und wieder 1812, vgl. Rudolf Ibbeken: Preußen 1807–1813. Staat und Volk als Idee und in Wirklichkeit, Berlin 1970, S. 91–4 u. S. 253.

61 Tombs: That sweet enemy, S. 302.

62 Dieses Thema wurde kürzlich wieder mit besonderer Schärfe von dem österreichischen Historiker Peter Hofschröer in zwei großen Bänden aufgegriffen: The Waterloo campaign: Wellington, his German Allies and the Battles of Ligny and Quatre Bras, London 1998; Peter Hofschröer: 1815. The Waterloo campaign: the German victory: from Waterloo to the Fall of Napoleon, London 1999. Unglücklicherweise wird seine beeindruckende, detaillierte wissenschaftliche Studie durch einen Papiertiger etwas getrübt: «Die englischsprachige Geschichtsschreibung tendiert dazu, den Feldzug nur als eine Affäre zwischen dem französischen Reich und der englischen Krone zu sehen.» In die gleiche Richtung geht sein unglaubwürdiger Versuch, Wellington als einen Verschwörer zu präsentieren, der alles getan hatte, um die Preußen zu sabotieren. Seine große Schlussfolgerung, dass «die deutsche Nation den größten Beitrag zum Sieg der Alliierten 1815 geleistet hat», ist offenkundig anachronistisch.

63 Christopher Clark: Iron Kingdom. Then Rise and Downfall of Prussia, 1600–1947, London 2006, S. 371.

64 Hagen Schulze, Étienne François: Deutsche Erinnerungsorte, 3 Bde., München 2001 enthält Beiträge zu «Die Türken vor Wien», «Tannenberg/Grunwald» und «Stalingrad», aber nicht zu «Waterloo» oder etwa zu «Belle Alliance».

65 The Times vom 17. Juni 1915, S. 5.

66 The Times vom 18. Juni 1915, S. 9.

67 Largeaud: Napoleon et Waterloo, S. 222.

68 Relation fidèle et détaillée de la dernière campagne de Bonaparte, terminée par la bataille de Mont-Saint-Jean, dite de Waterloo ou de la Belle-Alliance, par un témoin oculaire, Paris [2]1815 [Teilweise François-Thomas Delbare und teilweise René Bourgeois zugeschrieben], S. 59.

69 Annie Jourdan: Mythes et légendes de Napoléon. Toulouse 2004, S. 87. Vgl. auch Natalie Scholz: Die imaginierte Restauration. Repräsentation der Monarchie im Frankreich Ludwigs XVIII., Darmstadt 2006, besonders Kap. 6–7.

70 Zitiert nach Hugh Brogan: Alexis de Tocqueville. A biography, London 2006, S. 342.

71 Alphonse de Lamartine: Bonaparte, in: Œuvres poétiques complètes, Paris 1963; Maurice Descotes: La Légende de Napoléon et les écrivains français du XIXe siècle, Paris 1967, S. 120–1.

72 Robert Tombs: France 1814–1914, London 1996, S. 386.

73 Für ein frühes Beispiel, siehe Pierre Alexandre Édouard Fleury de Chaboulon: Mémoires pour servir à l'histoire de la vie privée, du retour et du règne de Napoléon en 1815, Bd. 4, London 1820, S. 184.

74 Tombs: That sweet enemy, S. 292; Largeaud: Napoleon et Waterloo, S. 319.

75 Dies traf auch außerhalb von Frankreich auf ein Echo: z.B. Christian Dietrich Grabbes Drama «Napoleon oder die hundert Tage» von 1831, welches mit dem Vorfall Cambronne endet: Christian Dietrich Grabbe: Napoleon oder die hundert Tage, hrsg. von Friedrich Siegburg, Frankfurt am Main u. a. 1963, S. 191.

76 Jules Adeline: Hippolyte Bellangé et son œuvre, Paris 1880, S. 25.

77 Zitiert nach Wolfgang Schivelbusch: The culture of defeat. On national trauma, mourning and recovery, London 2001, S. 146.

78 Hugo: Die Elenden, S. 404–5. Cambronne starb tatsächlich 1842, nachdem er die schottische Krankenschwester geheiratet hatte, die ihn in Waterloo gepflegt hatte.

79 Largeaud: Napoleon et Waterloo, S. 353. Hugos Ansatz stand allerdings nicht ganz allein. Für eine exzellente, republikanische und anti-napoleonische Version, vgl. Erckmann-Chatrian: Waterloo, hrsg. von Arthur R. Ropes, Cambridge 1902, besonders die Anprangerung Napoleons auf S. 230–231.

80 Erckmann-Chatrian: Waterloo, S. 347.

81 Erckmann-Chatrian: Waterloo, S. 225.

82 Marcel Watelet, Pierre Couvreur (Hrsg.): Waterloo. Lieu de mémoire européenne (1815–2000). Histoires et controverses, Louvain-la-Neuve 2000, S. 9.

83 Dominique de Villepin: Les Cent Jours ou l'esprit de sacrifice, Paris 2001, S. 571, 573. Jean-Claude Damamme: La Bataille de Waterloo, Paris 1999 – in dem Buch eines früheren Journalisten von Paris-Match geht es in die gleiche Richtung.

84 Byron scheint der erste gewesen zu sein, der in einem Brief vom Dezember 1816 ‹Waterloo› als eine Metapher für eine entscheidende und totale Niederlage verwendet hat, indem er Armenisch «ein Waterloo von einem Alphabet» genannt hat: Oxford English Dictionary: http://dictionary.oed.com/cgi/entry/waterloo (zuletzt besucht am am 21. August 2007).

85 Pierre Nora: Realms of Memory: rethinking the French past, Bd. 1, New York 1996, S. 1.

86 Zitiert nach John Keegan: The Face of Battle. A study of Agincourt, Waterloo and the Somme, London 1991, S. 117.

18. März 1848: Revolution in Berlin
Hans-Ulrich Thamer

Anmerkungen

1 Zu den Vorgängen und zeitgenössischen Berichten bzw. Wahrnehmungen ausführlich Rüdiger Hachtmann: Berlin 1848. Eine Politik- und Gesellschaftsgeschichte der Revolution, Bonn 1997, S. 157–172.

2 Adalbert Roerdansz, Vorwort zu: Ders. (Hrsg.): Gefangene Berliner auf dem Transport nach Spandau am Morgen des 19. März 1848. Protocollarische Aussagen und eigene Berichte von 91 Beteiligten als Beitrag zur Geschichte des Berliner Märzkampfes, Berlin o. J. (1848), S. 5; zit. n. Hachtmann, 1848 (Anm. 1), S. 159.

3 Zur sozialen Zusammensetzung der knapp dreihundert Märzgefallenen und mehr als vierhundert verhafteten Teilnehmer Hachtmann, 1848 (Anm. 1), S. 173–182.

4 Manfred Hettling: Das Begräbnis der Märzgefallenen 1848 in Berlin, in: Ders. u. Paul Nolte (Hrsg.): Bürgerliche Feste. Symbolische Formen politischen Handelns im 19. Jahrhundert, Göttingen 1993, S. 95–123, S. 103.

5 Dazu Hachtmann, 1848 (Anm. 1), S. 556–560.

6 Hettling, Begräbnis (Anm. 4), S. 118.

7 Claudia Klemm: Erinnert – umstritten – gefeiert. Die Revolution von 1848/49 in der deutschen Geschichtskultur (= Formen der Erinnerung, Bd. 30), Göttingen 2007, S. 35.

8 Zur Revolutionserinnerung neben Klemm, Erinnert (Anm. 7), u. Hettling, Begräbnis (Anm. 4), die Beiträge von Beatrix Bouvier: Die Märzfeier der sozialdemokratischen Arbeiter: Gedenktage des Proletariats – Gedenktage der Revolution. Zur Geschichte des 18. März, in: Dieter Düding, Peter Friedemann, Paul Münch (Hrsg.): Öffentliche Festkultur. Politische Feste in Deutschland von der Aufklärung bis zum Ersten Weltkrieg, Reinbek bei Hamburg 1988, S. 334–351; ferner Bettina Effner: Das schwierige Erbe der Revolution. Die Auseinandersetzung mit 1848/49 in liberaler Politik und Publizistik der Bismarckzeit, u. Daniel Bussenius: Eine ungeliebte Tradition. Die Weimarer Linke und die 48er Revolution 1918–1925, beide in: Heinrich August Winkler (Hrsg.): Griff nach der Deutungsmacht. Zur Geschichte der Geschichtspolitik in Deutschland, Göttingen 2004, S. 41–66 u. 90–114.

9 So die These von Dieter Langewiesche: 1848 – ein Epochenjahr in der deutschen Geschichte?, in: Geschichte und Gesellschaft 25 (1999), S. 613–625, S. 614.

10 Dazu Hans-Ulrich Thamer: Die gespaltene Erinnerung. Vergangenheit und Gegenwart in den Revolutionsjubiläumsfeiern 1889, 1939, 1989 in Frankreich und Deutschland, in: Geschichte und Geschichtsbewußtsein. Festschrift Karl-Ernst Jeismann zum 65. Geburtstag, hrsg. v. Paul Leidinger u. Dieter Metzler, Münster 1990, S. 535–559; Steven L. Kaplan: Adieu 89, Paris 1993.

11 Dies beweisen vor allem die Erinnerungsfeiern und -veranstaltungen im Gedenkjahr 1998, die nach der deutschen Wiedervereinigung eine breitere poli-

tische Grundlegung und Zustimmung fanden, auch wenn der Anknüpfungspunkt des Gedenkens sich eindeutig auf die Erinnerung an die Paulskirche bezog und die in der DDR gepflegte revolutionäre Tradition, die sich an dem 18. März orientierte, aus dem offiziellen Gedenken ausgeklammert wurde, ohne jedoch stigmatisiert zu werden; dazu Klemm, Erinnert (Anm. 7), S. 583.

12 Manfred Hettling: Erlebnisraum und Ritual. Die Geschichte des 18. März 1848 im Jahrhundert bis 1948, in: Historische Anthropologie 5 (1997), S. 417–434, S. 418.

13 Zeitungshalle 23.3.1848, Extrablatt; zit. n. Hettling, Begräbnis (Anm. 2), S. 113.

14 Spenersche Zeitung Nr. 82, 18.3.1873, zit. n. Effner, Schwieriges Erbe (Anm. 8), S. 43.

15 Effner, Schwieriges Erbe (Anm. 8), S. 44.

16 Effner, Schwieriges Erbe (Anm. 8). S. 48.

17 Bericht über die Fraktionsdebatte in Vossischer Zeitung , Nr. 35, 11.2. 1873; zit. n. Effner, Schwieriges Erbe (Anm. 8), S. 50.

18 Dazu Klemm, Erinnert (Anm. 2), S. 101.

19 Dazu Bouvier, Gedenktage des Proletariats (Anm. 8), S. 335.

20 Manfred Hettling: Totenkult statt Revolution. 1848 und seine Opfer, Frankfurt a. M. 1998, S. 192.

21 Klemm, Erinnert (Anm. 7), S. 183.

22 Bouvier, Gedenktage (Anm. 8), S. 340.

23 Dazu neben Bouvier jetzt ausführlicher Daniel Bussenius: Eine ungeliebte Tradition. Die Weimarer Linke und die 48er Revolution 1918–1925, in: Winkler, Griff nach der Deutungsmacht (Anm. 8), S. 90–114.

24 Rote Fahne, 19.3.1922; zit. n. Bussenius, Ungeliebte Tradition (Anm. 8), S. 103.

25 Klemm, Erinnert (Anm. 7), S. 311.

26 Wolfram Siemann: Der Streit der Erben – deutsche Revolutionserinnerungen, in: Dieter Langewiesche (Hrsg.): Die Revolution von 1848 in der europäischen Geschichte. Ergebnisse und Nachwirkungen. Beiträge des Symposiums in der Paulskirche vom 21. bis 23. Juni 1998, München 2000, S. 123–154, S. 148.

27 Zur Revolutionserinnerung von 1948 bis 1998 ausführlich Klemm, Erinnert (Anm. 2), S. 319–586.

28 Jürgen Habermas, Die nachholende Revolution. Kleine politische Schriften, Bd. 8, Frankfurt a. M. 1990.

29 Zu den historischen Ausstellungen im Erinnerungsjahr 1998 Hans-Ulrich Thamer: Historische Ausstellungen und demokratische Traditionspflege. Die Ausstellungen zum 150. Jubiläum der Revolution von 1848/49, in: Kritische Berichte. Zeitschrift für Kunst- und Kulturwissenschaften 28 (2000), S. 65–75.

2. September 1870: Der Tag von Sedan
Jakob Vogel

Anmerkungen

1 Jan Assmann: Frühe Formen politischer Mythomotorik. Fundierende, kontrapräsentische und revolutionäre Mythen, in: Ders., Dietrich Harth (Hrsg.): Revolution und Mythos, Frankfurt a. M. 1992, S. 39–61.

2 StadtArchiv Berlin, Mag., Rep. 00-02/1, 1630, Aufruf des Komitees v. 5.5.1873.

3 Ebd.

4 Vossische Zeitung, 3.9.1874.

5 Dominik Bartmann (Hrsg.): Anton von Werner. Geschichte in Bildern, München 1993, S. 270.

6 StadtArchiv Berlin, Mag., Rep. 00-02/1, 1630, Aufruf des Komitees v. 5.5.1873.

7 Parole, 27.8.1895.

8 Général Lebrun : Bazeilles-Sedan, Paris 1884; A. Plançon : Sedan-Bazeilles. Une excursion aux champs de bataille, Paris 1888.

9 Journal du Loiret, 11./12.11.1901, zit. n. Andreas Metzing: Kriegsgedenken in Frankreich (1871–1914). Studien zur kollektiven Erinnerung an den Deutsch-Französischen Krieg von 1870/71, phil. Diss. Freiburg 1995 (2002), S. 147.

10 Parole, 27.8.1897.

11 Sonja Stuhrmann: Edwin Redslob – Blasser Ästhet oder Revolutionspflanze? Person und Amt des Reichskunstwarts zwischen Anspruch und Möglichkeit, in: Klaus-Dieter Weber (Hrsg.): Verwaltete Kultur oder künstlerische Freiheit? Momentaufnahmen aus der Weimarer Republik, Kassel 2002, S. 39–68, S. 55.

12 Peter Panter: Die Laternenanzünder, in: Weltbühne 21.4.1925, S. 593 [http://www.textlog.de/tucholsky-laternenanzuender.html, 15.5.2009].

13 Bertha von Suttner: Vorwort, in: Camille Lemonnier (Hrsg.): Aus den Tagen von Sedan (Les charniers), Berlin 3. Aufl. o. J. [ca. 1919], S. 5–11, hier S. 9 f.

14 Kurt Tucholsky: Aus den Tagen von Sedan, in: Der Vorwärts, 14.1.1912, S. 12 [http://www.textlog.de/tucholsky-sedan-lemonnier.html, 15.5.2009].

15 Werner Karl Blessing: Staat und Kirche in der Gesellschaft: institutionelle Autorität und mentaler Wandel in Bayern während des 19. Jahrhunderts, Göttingen 1982, S. 198.

16 Ein besonders anschauliches Beispiel, wenn auch ohne direkten Bezug zum Sedantag, findet sich bei Reinhard Alter: Heinrich Manns *Untertan* – Prüfstein der Kaiserreichs-Debatte? In: Geschichte und Gesellschaft 17 (1991), S. 370–389.

Literatur

Dominik Bartmann (Hrsg.): Anton von Werner. Geschichte in Bildern, München 1993.

Alon Confino: The Nation as a Local Metaphor. Württemberg, Imperial Germany, and National Memory, 1871–1918, Chapel Hill 1997.

Robert Gerwarth: Der Bismarck-Mythos. Die Deutschen und der Eiserne Kanzler, Berlin 2007.
Andreas Metzing: Kriegsgedenken in Frankreich (1871–1914). Studien zur kollektiven Erinnerung an den Deutsch-Französischen Krieg von 1870/71, phil. Diss. Freiburg 1995 (2002).
François Robichon : L'armée française vue par les peintres 1870–1914, Paris 1998.
François Roth : La guerre de 1870, Paris 1990.
Jakob Vogel: Nationen im Gleichschritt. Der Kult der Nation in Waffen in Deutschland und Frankreich 1871–1914, Göttingen 1997.

9. November: ein schwieriger Erinnerungstag
Gilbert Merlio

Anmerkungen

1 Dietmar Schiller: Politische Gedenktage in Deutschland, in: Aus Politik und Zeitgeschichte 1993, 1–26–27, S. 32.
2 Horst Möller: Der 9. November in der deutschen Geschichte des 20. Jahrhunderts. in: Eckart Conze, Thomas Nicklas (Hrsg.): Tage deutscher Geschichte. Von der Reformation zur Wiedervereinigung, München 2004, S. 195–216, hier S. 195.
3 Johannes Willms (Hrsg.): Der 9. November. Fünf Essays zur deutschen Geschichte, München 1995, S. 83.
4 Möller (wie Anm. 2), S. 196.
5 S. hierzu u. zum Folgenden den Essay über Robert Blum von Peter Reichel: Robert Blum. Ein deutscher Revolutionär 1807–1848, Göttingen 2007.
6 Reichel (wie Anm. 5), S. 194.
7 Reichel (wie Anm. 5), S. 195.
8 S. Klemens von Klemperer: Konservative Bewegungen zwischen Kaiserreich und Nationalsozialismus, München 1957, S. 86 ff.
9 Karl Prümme: Die Literatur des Soldatischen Nationalismus der 20er Jahre, Kronberg i. Ts. 1974, S. 16.
10 Oswald Spengler: Preußentum und Sozialismus, München 1919, S. 9.
11 Walther Rathenau: Schriften, ausgewählt und eingeleitet von Arnold Harttung u. a., Berlin 1965, S. 311–312 (aus: Kritik der dreifachen Revolution, Juni 1919).
12 Zit. n. Hans-Jörg Koch: Der 9. November in der deutschen Geschichte, Freiburg i. Br. 1998, S. 35.
13 S. Pierre Ayçoberry: «Der Bolschewik», in: Etienne François, Hagen Schulze (Hrsg.): Deutsche Erinnerungsorte, Bd. 1, München 2001, S. 455–468.
14 So der Titel einer historischen Reportage der Zeit; s. Peter Reichel: Politik mit der Erinnerung. Gedächtnisorte im Streit um die nationalsozialistische Vergangenheit, München, Wien 1995, S. 311.
15 Der Spiegel 1968, Nr. 45, S. 84.

16 Zit. n. Edgar Wolfrum: Geschichtspolitik in der Bundesrepublik Deutschland. Der Weg zur bundesrepublikanischen Erinnerung 1948–1990, Darmstadt 1999, S. 326.
17 Otto Gritschneder: Der mißglückte Hitler-Putsch-Prozeß von 1924, in: Franz-Josef Düwell (Hrsg.): Licht und Schatten. Der 9. November in der deutschen Geschichte und Rechtsgeschichte, Baden-Baden 2000, S. 47–57, hier S. 47.
18 Dieser Ausdruck, dessen Herkunft bis heute noch nicht vollkommen geklärt ist, ist kein Nazi-Jargon, sondern wahrscheinlich «ein frivol-verwegenes oder auch grimmig-politisches Witzwort, das im Nu im Volke umlief und treffend den einen Kern der Sache enthüllte: die Lüge vom spontanen Volkszorn», zit. n. Thorsten Eitz, Georg Stötzel, Wörterbuch der «Vergangenheitsbewältigung». Die NS-Vergangenheit im öffentlichen Sprachgebrauch, Hildesheim 2007, S. 524.
19 Joachim Perels: «Wendepunkt in der Politik des Judenhasses», in: Düwell (wie Anm. 17), S. 59–70, hier S. 60.
20 Wolfgang Benz: Geschichte des Dritten Reichs, München 2000, S. 140.
21 Perels (wie Anm. 19), S. 61.
22 Zit. n. Wolfgang Benz: Erziehung zur Unmenschlichkeit. Der 9. November 1938, in: Willms (wie Anm. 3), S. 56.
23 S. Benz (wie Anm. 22), S. 59 f.
24 Saul Friedländer: Das Dritte Reich und die Juden. Die Jahre der Verfolgung 1933–1939. München, 1998.
25 Ulrich von Hassel: Die Hassel-Tagebücher 1938–1944, Berlin 1988, S. 62.
26 Zit. n. Perels (wie Anm. 19), S. 62.
27 So Böckenförde zit. n. Düwell (wie Anm. 30), S. 2.
28 Der Ausdruck stammt vom kanadischen Soziologen Y. Michal Bodeman; s. Reichel (wie Anm. 19), S. 312.
29 Reichel (wie Anm. 19), S. 310 ff., skizziert die Geschichte dieser Gedenktage.
30 Aleida Assmann macht den Unterschied zwischen «sozialem Gedächtnis» und «politischem Gedächtnis»: Während das erste die kritische Selbstbefragung zuläßt, muss das politische Gedächtnis sich «feierlich und eindimensional gestalten»; Aleida Assmann: Der lange Schatten der Vergangenheit. Erinnerungskultur und Geschichtspolitik, München 2006, S. 165.
31 Zit. n. Reichel (wie Anm. 14), S. 315.
32 Reichel (wie Anm. 14), S. 314.
33 Reichel (wie Anm. 14), S. 319.
34 Möller (wie Anm. 2), S. 212 f.
35 Die Langfassung dieses Textes erschien in: Uwe Backes, Eckhard Jesse (Hrsg.), Jahrbuch Extremismus & Demokratie 12 (2000).
36 Frankfurter Rundschau v. 8.11.1999.
37 S. Reichel (wie Anm. 14), S. 321. Hier folge ich im wesentlichen Peter Reichel, dessen brillanter Darlegung ich im Wesentlichen zustimme.
38 Reichel (wie Anm. 14), S. 322 f.
39 Zit. n. Reichel (wie Anm. 14), S. 321 f.
40 Zit. n. Reichel (wie Anm. 14), S. 322.

24. Oktober 1929: Der New Yorker Börsencrash
Harold James

Anmerkungen

1 John Maynard Keynes: Allgemeine Theorie der Beschäftigung, des Zinses und des Geldes, Übersetzung von Fritz Waeger, korrigiert und überarbeitet von Jürgen Kromphardt und Stephanie Schneider, Berlin [10]2006, S. 131, 123 u. 135.
2 Milton Friedman, Anna J. Schwartz: A Monetary History of the United States, Princeton, NJ 1963.
3 S. Michael D. Bordo, Ehsan U. Choudhri, Anna J. Schwartz: Could Stable Money Have Averted the Great Contraction?, in: Economic Inquiry 33 (1995), S. 484–505.
4 Helmut Schmidt: Vorsicht, Finanzhaie, in: Die Zeit vom 8. Oktober 1998, S. 2.
5 George Soros: The Crisis of Global Capitalism: Open Society Endangered, New York 1998, S. 103–134.
6 Ins and outs of the ups and downs, in: Financial Times vom 25. Januar 2008.
7 In UBS vote a mixed message, in: Wall Street Journal vom 28. Februar 2008.
8 Charles P. Kindleberger: Die Weltwirtschaftskrise (= Geschichte der Weltwirtschaft im zwanzigsten Jahrhundert, Bd. 4), München 1984.
9 Eugene Fama: The Behavior of Stock Market Prices, in: Journal of Business 38 (1965), S. 34–105; Paul Samuelson: Proof That Properly. Anticipated Prices Fluctuate Randomly, in: Industrial Management Review 6 (1965), S. 41–49. Diese Theorie geht auf die 1900 veröffentlichte Dissertation «Théorie de la Spéculation» von Louis Bachelier zurück. Die wichtigste populäre Darstellung davon ist Burton Malkiels Bestseller: A Random Walk Down Wall Street, New York 1981. Vgl. auch Burton G. Malkiel: The Efficient Market Hypothesis And Its Critics, Princeton, NJ 2003.
10 Besonders Robert J. Shillers Bestseller, der durch einen glücklichen Zufall kurz vor dem Dotcom-Crash veröffentlicht wurde: Irrational Exuberance, Princeton, NJ 2000.
11 Frederick Lewis Allen: Only Yesterday. An Informal History Of The Nineteen-Twenties, New York u. a. 1931; John K. Galbraith: The Great Crash, 1929, Boston 1955; John Brooks: Once In Golconda. A True Drama Of Wall Street, 1920–1938, New York 1969; Charles P. Kindleberger: Manias, Panics, and Crashes: A History Of Financial Crises, New York 1978.
12 Eugene White: The Stock Market Boom and Crash of 1929 Revisited, in: Journal of Economic Perspectives 4 (1990), S. 67–83. Der Autor argumentiert in einer moderateren Weise, dass die ökonomischen Daten eine (relative milde) Rezession vorhersehen ließen und dass die Börse darauf reagiert habe.
13 Peter Temin: Did Monetary Forces Cause the Great Depression, New York 1976, S. 78–83.
14 Der detaillierteste Bericht über 1929, der diese Erklärung liefert, ist: Irving Fisher: The Stock Market Crash – And After. New York 1930.
15 Cotton Futures Decline Sharply, in: New York Times vom 24. Oktober 1929.

16 Paul Krugman: Fear Itself, in: New York Times Magazine vom 30. September 2001.
17 Ben Bernanke: The Macroeconomics of the Great Depression: A Comparative Approach, in: Journal of Money Credit and Banking 27 (1995), S. 1–28.
18 Allen: Only Yesterday, S. 330; Galbraith: Great Crash, S. 123.
19 S. Barry Eichengreen: Golden Fetters: The Gold Standard and the Great Depression 1919–1939, New York u. a. 1992, S. 251.
20 John Maynard Keynes: Vom Gelde, Übersetzung durch Carl Krämer unter Mitwirkung von Louise Krämer, Berlin 1931, S. 451; Lionel Robbins: The Great Depression, London 1934, S. 49.
21 Thomas E. Hall, J. David Ferguson: The Great Depression: An International Disaster of Perverse Economic Policies, Ann Arbor 1998, S. 66.
22 Temin: Monetary Forces, S. 72.
23 S. Ben Bernanke, Mark Gertler: Inside the Black Box: The Credit Channel of Monetary Policy Transmission, in: Journal of Economic Perspectives 9 (1995), S. 27–48.
24 Galbraith: Great Crash, S. 147.
25 Falls Dead at Ticker as Stocks Decline, in: New York Times vom 30. Oktober 1929.
26 Bank Crises Kill, Says Study, in: Financial Times vom 26. Februar 2008.
27 Marek Okólski: Demographic Processes Before and During the Ongoing Transition in Poland, in: International Journal of Sociology 34 (2004), S. 3–37; Vgl. auch Marek Okólski: Reprodukcja ludności a modernizacja społeczeństwa. Polski syndrom [Population Reproduction and Modernization. The Polish Syndrom], Warsaw 1988.
28 Heavy Break in Stocks, in: New York Times vom 24. Oktober 1929.
29 Breaks of the Past Recalled in Street, in: New York Times vom 25. Oktober 1929.
30 Robert J. Shiller: Investor Behavior in the October 1987 Stock Market Crash: Survey Evidence, NBER WP 2446, November 1987, S. 24.
31 The Wall Street Readjustment: Its Present Meaning and Significance for the Future, in: New York Times vom 25. Oktober 1929.
32 Fear Itself, in: New York Times vom 21. Oktober 1987.
33 Galbraith: Great Crash, S. 140.
34 Brokers Believe Bottom is Reached, in: New York Times vom 30. Oktober 1929.
35 Calls Stock Crash Blow at Gamblers, in: New York Times vom 29. Oktober 1929.
36 Galbraith: Great Crash, S. 128.
37 Keynes: Allgemeine Theorie, S. 135.
38 The Wall Street Crash A Devastating Slump, in: Daily Mail vom 30. Mai 1998.
39 Ins And Outs Of The Ups And Downs, in: Financial Times vom 25. Januar 2008.
40 Paul Krugman: A Crisis of Faith, in: New York Times vom 18. Februar 2008.

30. Januar 1933: Inszenierung einer «Macht-Ergreifung»
Bernd Sösemann

Anmerkungen

1 Zur Nützlichkeit der Kategorie «Kompensation» s. Otto Marquard: Kompensation. Überlegungen zu einer Verlaufsfigur geschichtlicher Prozesse, in: Karl-Georg Faber, Christian Meier (Hrsg.): Historische Prozesse (= Beiträge zur Historik Bd. 2) München 1978, S. 330–362.

2 Vgl. etwa Adam Ferguson: An Essay on the History of Civil Society, Edinburgh 1767, S. 187 f., und Norbert Elias: Über den Prozeß der Zivilisation. Soziogenetische und psychogenetische Untersuchungen. Bd. 1, Bern [21]1969, S. LXXIX.

3 Der Angriff, Nr. 24 und Nr. 25 vom 30. Januar 1933.

4 So Adolf Hitler am 30. Juli 1934, als er im Reichstag die Mordaktionen von Ende Juni/Anfang Juli 1934 zu rechtfertigen suchte.

5 Sogar die Pamphletistik jüdischer Autoren wie Hans Joachim Schoeps (Wir deutschen Juden, Berlin 1934, passim) suchte auf der Basis des akzeptierten «revolutionären Geschehens» eine Orientierung, die es auch den «deutsche[n] Juden» nach der «deutschen Revolution» gestatte, «auf unserem Posten zu bleiben», denn man dürfe Hitler nicht «ressentimental», sondern müsse ihn politisch sehen, da es selbstverschuldet sei, das «Bündnis Judentum – Liberalismus» nicht rechtzeitig gelöst zu haben. Schoeps schließt mit den Worten «Wir warten auf den Tag des Einsatzes, an dem eine gläubige Jugend ihre Treue wieder bewähren darf. […] in uns glüht das Feuer der Bereitschaft, weil wir bereit sind für Deutschland».

6 Hierunter beeindruckte besonders der von Wilhelm Scheuermann eingeleitete Band des Rowohlt Verlags, der 120 Drucke als sogenannte Bilderurkunden unter einem pathetischen Titel präsentierte – «Ein Volk steht auf. 53 Tage nationaler Revolution» (Berlin 1933) – und im Vorwort in pseudoreligiös verbrämter Wortwahl verkünden ließ: «Eine Zeitspanne von wenigen Wochen hat im ersten Vierteljahr des in der Geschichte für immerdar zu einem unvergeßlichen Markstein gewordenen Jahres 1933 genügt, um vor den Augen einer atemlos lauschenden und staunenden Welt Deutschland von Grund auf umzuwandeln. […] ein Umschwung, wie ihn in diesem Umfange noch kein anderes Volk erlebt hat […]. Gerade in der Zeit der tiefsten Erniedrigung […] ist der Mann aufgestanden, der das Wunder der Wiederentdeckung des deutschen Selbstvertrauens vollbracht hat.»

7 Aus der Rede von Joseph Goebbels vom 16. Juni 1933 in Hamburg vor der Eulenburg anlässlich einer Massenkundgebung – vor rund einhunderttausend Zuhörern – des Gaues Hamburg der NSDAP; zit. nach Helmut Heiber (Hrsg.): Goebbels. Reden. Bd. 1: 1932–1939, München 1971, S. 113–123, hier: S. 114 (die Hervorhebungen finden sich in der Vorlage; sie werden hier und im Folgenden in *kursiver* Schrift wiedergegeben).

8 Gerd Rühle: Das Dritte Reich. Dokumentarische Darstellung des Aufbaues der Nation. Mit Unterstützung des Deutschen Reichsarchivs. Das erste Jahr: 1933,

Berlin ²1934, S. 17.

9 In den propagandistischen täglichen Notaten von Goebbels lässt sich diese Entwicklung über die Jahre hinweg verfolgen (Die Tagebücher von Joseph Goebbels 1923–1945, hrsg. von Horst Möller, Elke Fröhlich, 9 + 15 Bde. München 1993–2006). Besonders aufschlussreich für unser Thema sind die Selbstdarstellungen von Goebbels (dazu Bernd Sösemann: Alles nur Goebbels-Propaganda? Untersuchungen zur revidierten Ausgabe der sogenannten Goebbels-Tagebücher des Münchner Instituts für Zeitgeschichte, in: Jahrbuch für Kommunikationsgeschichte 10 [2008], S. 52–76) jeweils am 31. Januar 1933, 1934 und 1941: «sinnloser Taumel der Begeisterung», «Tag der Volksgemeinschaft» und «Wie glücklich waren wir vor 8 Jahren».

10 Besonders häufig wird zur Illustrierung von Retrospektiven eines der (Stand-)Fotos aus diesem Film verwendet. Darüber hinaus wird dieses Standfoto oft mit Aufnahmen aus dem Film «S.A. Brand» mit dem Untertitel «Ein Lebensbild aus unseren Tagen» (Bavaria Film AG, München) verwechselt.

11 «Hans Westmar. Einer von Vielen. Ein deutsches Schicksal aus dem Jahre 1929» (13.12.1933).

12 Der Historiker Ernst Deuerlein verlieh einer Standfotografie aus dem Film «Hans Westmar» in seinem auch als Taschenbuch (dtv) weit verbreiteten Werk offenbar ahnungslos und völlig unkritisch sogar die Qualität eines historischen Dokuments (ders.: Der Aufstieg der NSDAP in Augenzeugenberichten, Düsseldorf 1968, gegenüber von S. 252).

13 Martin Loiperdinger (Hrsg.): Märtyrerlegenden im NS-Film. Opladen 1991, S. 29–76.

14 Titelseite des undatierten Sonderhefts «Der 21. März 1933», das die «Berliner Illustrirte Zeitung» zu den Staatsfeierlichkeiten herausgab.

15 Das eindrucksvollste Zeugnis schuf der Historienmaler Arthur Kampf (1864–1950) mit seinen Illustrationen in Schulbüchern, in hohen Auflagen vertriebenen Postkartenserien und Wanddrucken, die einem breiten Publikum zugänglich waren. Das Gemälde zum 30. Januar 1933 stellte er 1939 fertig.

16 Bundesarchiv, Berlin, 50.1, Nr. 18, fol. 407.

17 Winfried Müller (Hrsg.): Das historische Jubiläum, München 2004, S. 1–31, hier: S. 3.

18 Die polnische Presse, also nicht allein regierungsnahe Zeitungen wie die «Gazeta Polska», hatte sogar eine anderenorts nicht zu findende Auffassung vertreten (zit. nach Chicago Daily Tribune, 31.1.1933): «The consensus in Polish political circles appeared to be that the Germans would have so much internal trouble with the advent of a Hitler cabinet that the question of changing the eastern frontiers would be relegated to the background. […] grave internal struggles between the right and the left which would clearly reveal the strength of these two antipodal forces.»

19 Beide Zitate finden sich in der Chicago Daily Tribune, 31.1.1933; dabei stammte die letzte Stellungnahme aus Belgrad.

20 Morgenblatt, 1. Februar 1933: «Von Schleicher zu Hitler».

21 The Times, 30. Januar 1933, S. 10.
22 The Economist, 4. Februar 1933, S. 224: «Hitler has been hoist into the saddle».
23 Vgl. John W. Wheeler-Bennett: The New Régime in Germany, in: International Affairs 12 (Mai 1933), S. 313–326.
24 So in einem am 1.Februar 1943 im «Time Magazine» unter dem Titel «990 Years To Go» erschienenen Artikel.
25 Anne O'Hare McCormick: Twenty Years after Hitler Rose to Power, in: New York Times, 31. Januar 1953.
26 Le Parisien 31. Januar 1983: «Il y a 50 ans Hitler».
27 Der Kommentar der «Wiener Zeitung» (30. Januar 1983) zählt zwar zu den ausführlicheren Texten über das «Schlüsseldatum» in der Weltgeschichte des 20. Jahrhunderts, doch wechselt auch er dann relativ schnell auf die achtziger Jahre über.
28 Andrzej Dworak: Nie wieder, in: Gazeta Wyborca (Warschauer Ausgabe) 26 (1. Februar 1993), S. 6: «In Rostock verband eine 15 Kilometer lange ‹Lichterkette› die Innenstadt mit dem Stadtteil Lichtenhagen, wo im August 1992 Neonazis bei Unruhen Wohnungen von Asylanten und vietnamesischen Gastarbeitern abbrannten. Nach Rostock kam der Präsident Richard von Weizsäcker. Er sagte den Demonstranten, dass Friedensdemonstrationen die Rechtsextremen nicht aufhielten, denn dazu bedürfe es entschiedener Handlungen der Regierung.» – So auch die Berichterstattung in den spanischen und holländischen Blättern «El Pais» und «Volkskrant».
29 «Der Spiegel» brachte es 2008 fertig, das Foto von Hitler am Fenster der Reichskanzlei mit der Legende zu versehen «Fortan war Hitler nur noch durch Staatsstreich oder Krieg zu stoppen», obwohl im Text – und noch dazu direkt daneben – völlig korrekt erklärt wird, dass es nach der sogenannten Machtergreifung manche Möglichkeit gegeben habe, Hitler zu stoppen (ebd., Heft 3, 14. Januar 2008, S. 33).
30 Es sei hier nur an den «Hitler»-Film des Hitler-Biographen Joachim Fest erinnert, Lesungen aus den täglichen propagandistischen Dienstnotaten von Goebbels und an etliche der Geschichtsinszenierungen im Zweiten Deutschen Fernsehen sowie an eines der jüngeren öffentlichkeitswirksamen Beispiele, den Spielfilm «Der Untergang».

15. September 1935: Propaganda und Erinnerung. Der Tag des Erlasses der Nürnberger Gesetze

Barbara Picht

Anmerkungen

1 Wolfgang Hardtwig: Formen der Geschichtsschreibung, in: Hans-Jürgen Goertz (Hrsg.): Geschichte. Ein Grundkurs, Hamburg 1998, S. 169–188, hier S. 170. Ich danke für ihren kompetenten Rat zu juristischen Fragen Peter Picht und Gerald Süchting, für Anregungen und Kritik Jörgen Brilling, Monika Flacke,

Ina Ulrike Paul, Robert Picht, Uwe Puschner, Rachel Salamander und Ernst-Peter Wieckenberg.

2 Zur Inszenierung der Reichsparteitage siehe Yvonne Karow: Deutsches Opfer. Kultische Selbstauslöschung auf den Reichsparteitagen der NSDAP, Berlin 1997 und dort auch den «Exemplarischen Ablauf der Parteitagsveranstaltungen, dargestellt am Beispiel des Reichsparteitags Großdeutschland 1938», S. 209–281.

3 Zum Entstehen der Nürnberger Gesetze siehe Saul Friedländer: Das Dritte Reich und die Juden, Bd. 1: Die Jahre der Verfolgung 1933–1939, München 1998, S. 162–165 u. siehe Dieter Gosewinkel: Einbürgern und Ausschließen. Die Nationalisierung der Staatsangehörigkeit vom Deutschen Bund bis zur Bundesrepublik Deutschland (= Kritische Studien zur Geschichtswissenschaft, Bd. 150), Göttingen 2001, S. 383–393.

4 Mit «Gesetzeserlaß», «Nürnberger Gesetzen» oder «Gesetzestext» sind hier und im Folgenden stets die beiden Hauptgesetze von Nürnberg und die ergänzenden Verordnungen gemeint, die am 14. November und 21. Dezember 1935 veröffentlicht wurden.

5 Vgl. http://www.fasena.de/archiv/umfrage.htm (zuletzt besucht am 13. September 2008).

6 Vgl. Maurice Halbwachs: Das kollektive Gedächtnis, Frankfurt am Main 1985, S. 36.

7 Vgl. Art. «Nürnberger Gesetze», in: Meyers Enzyklopädisches Lexikon, Bd. 17, Mannheim u. a. 1976; in: Brockhaus Enzyklopädie in 30 Bänden, Bd. 20, Mannheim ^{21}2006; in: dtv-Brockhaus Lexikon in 20 Bänden, Wiesbaden u. a. 1984; in: Meyers neues Lexikon in 18 Bänden, Bd. 10, Leipzig ^{2}1974, vgl. http://de.wikipedia.org/wiki/N%C3%BCrnberger_Gesetze (zuletzt besucht am 13. September 2008); http://www.dhm.de/lemo/html/nazi/antisemitismus/nuernberg/index.html (zuletzt besucht am 27. Oktober 2008); http://www.rassengesetze.nuernberg.de/gesetze/index.html (zuletzt besucht am 27. Oktober 2008); http://www.judentum-projekt.de/geschichte/nsverfolgung/gesetze/index.html (zuletzt besucht am 21. September 2008).

8 Vgl. als Beispiel http://de.wikipedia.org/wiki/N%C3%BCrnberger_Gesetze (zuletzt besucht am 13. September 2008) oder auch den Artikel «Rassengesetze» in: dtv-Brockhaus Lexikon in 20 Bänden, Wiesbaden u. a. 1984.

9 Vgl. zur Begrifflichkeit Jan Assmann: Gedächtnis, in: Stefan Jordan (Hrsg.): Lexikon Geschichtswissenschaft. Hundert Grundbegriffe, Stuttgart 2003, S. 97–101, hier S. 99 f.

10 Vgl. Reichsbürgergesetz vom 15. September 1935, Gesetz zum Schutze des deutschen Blutes und der deutschen Ehre vom 15. September 1935, Gesetz zum Schutze der Erbgesundheit des deutschen Volkes (Ehegesundheitsgesetz) vom 18. Oktober 1935 nebst allen Ausführungsvorschriften und den einschlägigen Gesetzen und Verordnungen erläutert von Dr. Wilhelm Stuckart und Dr. Hans Globke: Wilhelm Stuckart, Hans Globke: Kommentare zur deutschen Rassengesetzgebung, Bd. 1, München u. a. 1936, S. 1–25.

11 Hervorhebung im Original.
12 Vgl. Stuckart, Globke: Kommentare, Bd. 1, S. 64.
13 Vgl. Stuckart, Globke: Kommentare, Bd. 1, S. 66.
14 Vgl. Art. «Nürnberger Gesetze», in: Meyers Enzyklopädisches Lexikon.
15 Vgl. Art. «Nürnberger Gesetze», in: Brockhaus Enzyklopädie.
16 Zur Identifizierung von Staat und Recht im nationalsozialistischen Rechtsstaatsbegriff, welche die Aufhebung und Zerstörung des Rechtsstaates bedeutete, siehe Edin Šarčević: Begriff und Theorie des Rechtsstaats (in der deutschen Staats- und Rechtsphilosophie) vom aufgeklärten Liberalismus bis zum Nationalsozialismus, Diss. phil. (masch.), Saarbrücken 1991, S. 83–99.
17 Vgl. Art. «Nürnberger Gesetze», in: Meyers neues Lexikon.
18 Vgl. Gustav Radbruch: Gesetzliches Unrecht und übergesetzliches Recht (1946), in: Gustav Radbruch: Rechtsphilosophie, hrsg. v. Erik Wolf, Hans-Peter Schneider, Stuttgart [8]1973, S. 339–350, hier S. 346. Diese Definition wurde als sogenannte Radbruchsche Formel bekannt und in der bundesdeutschen höchstrichterlichen Rechtsprechung mehrfach angewandt, siehe als Beispiel die Urteilsbegründung durch den Vorsitzenden der 36. Großen Strafkammer des Landesgerichts Berlin, Friedrich-Karl Föhrig, im Prozeß gegen sechs Generale der Grenztruppen der DDR, wie sie in der Frankfurter Allgemeinen Zeitung vom 13. September 1996 in gekürzter Fassung veröffentlicht worden ist. Zur Frage der Gleichheit im Zusammenhang mit dem Staatsbürgerschaftsrecht siehe auch Gosewinkel: Einbürgern, S. 387.
19 Vgl. hierzu und zum Folgenden Bernd Rüthers: Die unbegrenzte Auslegung. Zum Wandel der Privatrechtsordnung im Nationalsozialismus, Heidelberg [3]1988, hier S. 104 ff.
20 Vgl. Rüthers: Die unbegrenzte Auslegung, S. 105.
21 Siehe dazu auch Henry Picker: Hitlers Tischgespräche im Führerhauptquartier, Bonn 1951, S. 240 f., S. 260.
22 Vgl. Joseph Goebbels: Tagebücher 1924–1945, hrsg. v. Ralf Georg Reuth, Bd. 3: 1935–1939, München [2]1992, S. 1122.
23 Die Ergänzung «als nichtarisch erklärt» gilt auch für die im Folgenden als jüdisch bezeichneten Bürgerinnen und Bürger.
24 Vgl. Reichsbürgergesetz vom 15. September 1935, § 2 Abs. 1 u. 2 (Hervorhebungen durch die Verf.)
25 Vgl. Erste Verordnung zum Reichsbürgergesetz vom 14. November 1935, § 1 Abs. 1 u. 2.
26 Vgl. Stuckart, Globke: Kommentare, Bd. 1, S. 54.
27 Vgl. Stuckart, Globke: Kommentare, Bd. 1, S. 57.
28 Vgl. Stuckart, Globke: Kommentare, Bd. 1, S. 68 f., siehe auch Martin Hirsch, Diemut Majer, Jürgen Meinck (Hrsg.): Recht, Verwaltung und Justiz im Nationalsozialismus, Köln 1984, S. 339.
29 Vgl. Stuckart, Globke: Kommentare, Bd. 1, S. 28 f.
30 Vgl. Stuckart, Globke: Kommentare, Bd. 1, S. 1.

31 Vgl. dazu auch Ingeborg Maus: «Gesetzesbindung» der Justiz und die Struktur der nationalsozialistischen Rechtsnormen, in: Ralf Dreier, Wolfgang Sellert (Hrsg.): Recht und Justiz im «Dritten Reich», Frankfurt am Main 1989, S. 81–103, hier S. 94 und siehe Joseph Walk (Hrsg.): Das Sonderrecht für die Juden im NS-Staat. Eine Sammlung der gesetzlichen Maßnahmen und Richtlinien, Karlsruhe 1981.

32 Maus: «Gesetzesbindung», S. 95.

33 Siehe dazu Hans Wrobel: Verurteilt zur Demokratie. Justiz und Justizpolitik in Deutschland 1945–1949, Heidelberg 1989, S. 1–5.

34 Vgl. Assmann: Gedächtnis, S. 99 und siehe Pierre Nora: Zwischen Geschichte und Gedächtnis (= Kleine Kulturwissenschaftliche Bibliothek, Bd. 16), Berlin 1990, S. 12 f.

35 Vgl. Assmann: Gedächtnis, S. 98 u. S. 100.

36 Nora: Zwischen Geschichte, S. 13.

37 Gemeint ist der «Appel de Blois», siehe Art. Retro-Moral, in: Frankfurter Allgemeine Zeitung vom 16. Oktober 2008 und siehe Liberté pour l'Histoire, in: Le Monde vom 28. November 2008.

38 Siehe zu Unterschied und Zusammenhang zwischen geschichtsanalytischer Erkenntnis und geschichtsmoralischem Bekenntnis auch Martin Sabrow: Das Unbehagen an der Aufarbeitung, in: Frankfurter Allgemeine Zeitung vom 12. Januar 2009.

26. April 1937: Guernica/Gernika

Christiana Brennecke

Anmerkungen

1 Siehe hierzu Gijs van Hensbergen: Guernica. The Biography of a Twentieth-Century Icon, London 2004.

2 Zur Polemik siehe Walther L. Bernecker: El bombardeo de Gernika. La polémica historiográfica, in: Manfred Engelbert, Javier García de María (Hrsg.): La Guerra Civil Española – medio siglo después. Actas del coloquio internacional celebrado en Göttingen del 25 al 28 de junio de 1987, Frankfurt am Main 1990, S. 165–186.

3 Der Artikel ist abgedruckt in: Herbert Rutledge Southworth: Guernica! Guernica! A Study of Journalism, Diplomacy, Propaganda and History, London 1977, S. 14–16.

4 Guernica. Being the Official Report of a Comission Appointed by the Spanish National Government to Investigate the Causes of the Destruction of Guernica on April 26–28, 1937, London 1938.

5 El País vom 26. April 1977.

6 El País vom 21. April und 24. April 1977.

7 S. Walther L. Bernecker, Sören Brinkmann: Kampf der Erinnerungen. Der Spanische Bürgerkrieg in Politik und Gesellschaft 1936–2006, Nettersheim 2006,

S. 236–250, sowie Paloma Aguilar Fernández: La memoria histórica de la Guerra Civil Española (1936–1939): un proceso de aprendizaje político, Madrid 1995.

8 Fernández: Memoria, S. 406.

9 El País vom 23. April und 25. April 1978.

10 El País vom 11. September 1981.

11 Zit. n. van Hensbergen: Guernica, S. 307.

12 El País vom 27. April 2003.

13 El País vom 28. April 2007.

14 El Mundo vom 20. September 2006.

15 Vgl. Michael Kasper: Gernika und Deutschland. Geschichte einer Versöhnung, Bilbao 1998.

16 Vgl. u. a. Peter Reichel: Vergangenheitsbewältigung in Deutschland. Die Auseinandersetzung mit der NS-Diktatur in Politik und Justiz, München [2]2007, sowie Jens Scholten: Offiziere: Im Geiste unbesiegt, in: Norbert Frei (Hrsg.): Hitlers Eliten nach 1945, München [3]2007, S. 117–161.

17 Birgit Aschmann: «Treue Freunde...»? Westdeutschland und Spanien 1945–1963, Stuttgart 1999, S. 376–385.

18 Michael Uhl: Mythos Spanien. Das Erbe der internationalen Brigaden in der DDR, Bonn 2004.

19 Klaus A. Maier: Guernica, 26.4.1937. Die deutsche Intervention in Spanien und der «Fall Guernica», Freiburg 1975.

20 El País vom 21.Oktober 1977.

21 Lothar Lahn an Dumixi Abaitua, Madrid, 22.10.1981, in: Gert Bastian, Petra K. Kelly (Hrsg.): Guernica und die Deutschen. Dokumentation einer gescheiterten Wiedergutmachung, Hamburg 1992, S. 90–93, hier S. 91.

22 Hans-Dietrich Genscher an den Bundesvorsitzenden der Jungsozialisten Piecyk, Bonn, 11.3.1982, in: Bastian u. a.: Guernica, S. 96–97, hier S. 97.

23 Süddeutsche Zeitung vom 10. Juni 1988.

24 Günter Grass: Das geschändete Bild. Rede anlässlich einer Lesung auf Einladung des Bundespräsidenten am 8. März 1991 im Schloss Bellevue, Berlin, in: Die Zeit vom 22. März 1991.

25 Süddeutsche Zeitung vom 25. April 1997.

26 Frankfurter Rundschau vom 25. April 1997, zitiert nach Kasper: Gernika, S. 85.

27 Ziti. n. Kasper: Gernika, S. 87.

1. September 1939: als höchstes Stadium «Negativer Polenpolitik»

Klaus Zernack

Anmerkungen

1 Zur Begriffsbildung der Erinnerungsforschung s. vor allem die Einleitung zu diesem Band sowie wortführend zuletzt Jan Assmann: Das kulturelle Gedächtnis. Schrift, Erinnerung und politische Identität in frühen Hochkulturen, München 1999, insbesondere die systematischen Kapitel im ersten Teil.

2 Die Konferenz tagte vom 21. bis 23. August 1989 im Berliner Reichstag; die Referate wurden als Buch veröffentlicht: Klaus Hildebrand, Jürgen Schmädeke, Klaus Zernack (Hrsg.): 1939. An der Schwelle zum Weltkrieg. Die Entfesselung des Zweiten Weltkriegs und das internationale System, Berlin u. a. 1990, wo auf S. 375 das lebhafte Presseecho verzeichnet ist.

3 S. Hildebrand u. a.: 1939. An der Schwelle zum Weltkrieg.

4 Der Begriff erscheint erstmals bei Martin Broszat: Zweihundert Jahre deutsche Polenpolitik, Frankfurt am Main 1972, S. 26 ff.; zur systematischen Begründung s. Klaus Zernack: Negative Polenpolitik als Grundlage deutsch-russischer Diplomatie in der Mächtepolitik des 18. Jahrhunderts, in: Uwe Liszkowski (Hrsg.): Russland und Deutschland, Stuttgart 1974, S. 144–159; Klaus Zernack: Deutschland und Russland: die Klammer um Polen, in: Tel Aviver Jahrbuch für deutsche Geschichte 24 (1995), S. 1–14.

5 Philipp W. Fabry: Die Sowjetunion und das Deutsche Reich, in: Tausend Jahre Nachbarschaft. Russland und die Deutschen, hrsg. v. der Stiftung Ostdeutscher Kulturrat Bonn, München 1988, S. 75.

6 Mit z.T. neuen archivalischen Quellen siehe Richard C. Raack: Polska i Europa w planach Stalina, Warszawa 1997. S. ferner Gerhard L. Weinberg: The Foreign Policy of Hitler's Germany: Starting World War II, 1937–1939, Chicago 1980; Gerhard Hass: 23. August 1939. Der Hitler-Stalin-Pakt. Dokumentation, Berlin 1990; Günter Rosenfeld: Anbahnung und Abschluss des Hitler-Stalin-Pakts. Ergebnisse der Historiographie und einige Überlegungen zum Thema, in: Beiträge zur Geschichte der Arbeiterbewegung 3 (1991), S. 291–309.

7 Bernd Bonwetsch: «Ich habe an einem völlig anderen Krieg teilgenommen.» Die Erinnerung an den «Großen Vaterländischen Krieg» in der Sowjetunion, in: Helmut Berding, Klaus Heller, Winfried Speitkamp (Hrsg.): Krieg und Erinnerung. Fallstudien zum 19. und 20. Jahrhundert, Göttingen 2000, S. 129–168; s. auch Martin Hoffmann: Der Zweite Weltkrieg in der offiziellen sowjetischen Erinnerungskultur, in: Berding u. a.: Krieg und Erinnerung, S. 130–143.

8 Bernd Bonwetsch, Marc Junge: Die Vertuschung der deutsch-sowjetischen Geheimabkommen von 1939 – eine unendliche Geschichte, in: Osteuropa 43 (1993), S. 132–138; Jan Lipinsky: Das geheime Zusatzprotokoll zum deutsch-sowjetischen Nichtangriffsvertrag vom 23. August 1939 und seine Entstehungs- und Rezeptionsgeschichte von 1939 bis 1999, Frankfurt am Main 2004.

9 Bernd Bonwetsch: «Nur vorwärts und vorwärts»? Die «Umgestaltung» in der sowjetischen Geschichtswissenschaft, in: Osteuropa 37 (1988), S. 457–468; Gert Meyer (Hrsg.): Wir brauchen die Wahrheit. Geschichtsdiskussion in der Sowjetunion, Köln [2]1988.

10 Der Zweite Weltkrieg 1939–1945. Wirklichkeit und Fälschung, hrsg. v. Deutsche Sektion der Kommission der Historiker der DDR und der UdSSR, Berlin 1959; Ulrich Hansen: Die Vorgeschichte des Zweiten Weltkrieges in kommunistischer Sicht, Bonn u. a. 1965; zu Polen s.: Ewa Kobylińska, Andreas Lawaty (Hrsg.): erinnern, vergessen, verdrängen. Polnische und deutsche Erfahrungen (= Veröf-

fentlichungen des Deutschen Polen-Instituts in Darmstadt, Bd.11), Wiesbaden 1998; s. darin insbesondere die Beiträge von Rudolf Jaworski, S. 33–52, Adam Krzemiński, S. 87–99, und Marek Zaleski, S. 210–226; neuerdings siehe auch Maciej Górny: Przede wszystkim ma być naród. Marksistowskie historiografie w Europie Środkowo-Wschodniej, Warszawa 2007.

11 George F. Kennan: The Decline of Bismarck's European Order. Franco-Russian Relations, 1875–1890, Princeton, NJ 1979, S. 3.

12 Klaus Hildebrand: Das Deutsche Reich und die Sowjetunion im internationalen System 1918 – 1932. Legitimität oder Revolution? (= Frankfurter Historische Vorträge, Heft 4), Wiesbaden 1977; vgl. mit Klaus Hildebrand u. a.: 1939. An der Schwelle, S. 3–20.

13 Jochen Böhler: Auftakt zum Vernichtungskrieg. Die Wehrmacht in Polen 1939, Frankfurt am Main 2006.

14 Zuletzt Albert S. Kotowski: Polens Politik gegenüber seiner deutschen Minderheit, Wiesbaden 1998, S. 122 ff.; Jerzy Tomaszewski: Ojczyzna nie tylko Polaków. Mniejszości narodowe w Polsce w latach 1918 – 1939, Warszawa 1985.

15 Hans Maier: Ideen von 1914 – Ideen von 1939? Zweierlei Kriegsanfänge, in: Vierteljahrshefte für Zeitgeschichte 38 (1990), S. 525–542.

16 «Das veränderte Russland» – so der Titel des berühmten Buches des Hannöverschen Residenten in St. Petersburg (1714–1719), Friedrich Christian Weber; das Buch erschien 1721 in Frankfurt am Main.

17 Leopold von Ranke: Die Großen Mächte, in: Historisch-politische Zeitschrift 1833; hier nach der Ausgabe von Theodor Schieder, Göttingen 1955, S. 17 f.

18 Michael G. Müller: Das «Petrinische Erbe». Russlands Großmachtpolitik bis 1762, in: Handbuch der Geschichte Russlands, Bd. 2, Stuttgart 1986, S. 402–443; Evgenij E. Vozgrin: Rossija i evropejskie strany v gody severnoj vojny, Leningrad 1986.

19 Martin Schulze Wessel: Russlands Blick auf Preußen. Die polnische Frage in der Diplomatie und der politischen Öffentlichkeit des Zarenreiches und des Sowjetstaates 1697–1947, Stuttgart 1995, S. 27–92.

20 Klaus Hildebrand: Das Deutsche Reich und die Sowjetunion, S. 22 ff., 39 ff.; s. auch Walter Laqueur: Deutschland und Russland, Berlin 1965.

21 Gerard Labuda: Polska granica zachodnia. Tysiąc lat dziejów politycznych. Poznań 1974; Klaus Zernack: Deutschlands Ostgrenze, in: Alexander Demandt (Hrsg.): Deutschlands Grenzen in der Geschichte, München 1990, S. 135–159.

22 Kalervo Hovi: Cordon sanitaire or Barrière de l'Est? The Emergence of the New French Eastern European Alliance Policy 1917–1919, Turku 1975.

23 Ernst Nolte: Der europäische Bürgerkrieg 1917–1945. Nationalsozialismus und Bolschewismus, Berlin 1987, S. 213–292.

24 Werner Markert (Hrsg.): Osteuropa-Handbuch Polen. In Verbindung mit zahlreichen Fachgelehrten, Köln u. a. 1959, S. 60, 250.

25 Robert Coulondre: Von Moskau nach Berlin, 1936–1939, Bonn 1950, S. 239 f.

26 Georg von Rauch: Geschichte des bolschewistischen Russland, Wiesbaden 1955, S. 336.

27 Mit großer Akribie – bei unterschwelliger Abneigung gegenüber Polen – geschildert bei Joachim Fest: Hitler. Eine Biographie, Berlin 1973, S. 788–828; Michail Semirjaga: Sovetskij Sojuz i predvoennyj političeskij krisis, in: Voprosy Istorii 9 (1990), S. 49–64.

28 Ingeborg Fleischhauer: Der Pakt. Hitler, Stalin und die Initiative der deutschen Diplomatie 1938–1939, Berlin 1990.

29 Andreas Hillgruber: Hitlers Strategie. Politik und Kriegführung 1940 bis 1941, Frankfurt am Main 1965.

30 Ingeborg Fleischhauer: Der deutsch-sowjetische Grenz- und Freundschaftsvertrag vom 28. September 1939, in: Vierteljahrshefte für Zeitgeschichte 39 (1991), S. 447–470.

31 Achim Brühl (Hrsg.): Der Hitler-Stalin-Pakt: Die sowjetische Debatte, Köln 1989; Czesław Madajczyk: Dramat katyński, Warszawa 1989.

32 Heinrich Schwendemann: Die wirtschaftliche Zusammenarbeit zwischen dem Deutschen Reich und der Sowjetunion von 1939 bis 1941, Alternative zu Hitlers Ostprogramm?, Berlin 1993.

33 Bernd Bonwetsch: Die Forschungskontroverse über die Kriegsvorbereitungen der Roten Armee, in: Bianka Pietrow-Ennker (Hrsg): Präventivkrieg? Der deutsche Angriff auf die SU, Frankfurt am Main 2000, S. 170–189.

34 Zbigniew Brzeziński: Narodziny i śmierć kommunizmu w 20 wieku, Paris 1990; Francois Furet: Das Ende der Illusionen, München 1995; Polska 1986–1980, koniec systemu, 3 Bde, Warszawa 2002.

35 S. dazu die unerschöpfliche Bibliographie von Andreas Lawaty u. a. (Hrsg.): Deutsch-polnische Beziehungen in Geschichte und Gegenwart. Bibliographie 1900–1998 (= Veröffentlichungen des Deutschen Polen-Insituts in Darmstadt, Bd. 14/1–4), Wiesbaden 2000.

36 Bernd Faulenbach, Franz-Josef Jelich (Hrsg.): «Transformation» der Erinnerungskulturen in Europa nach 1989, Essen 2006; vgl. auch das Themenheft von Stefan Troebst (Hrsg.): Divided Historical Cultures? World War II in Historical Memory in Soviet and post-Soviet Ukraine, in: Jahrbücher für Geschichte Osteuropas 54 (2006) 1, S. 1–81.

27. Januar 1945: Genese und Geltung eines neuen Gedenktags

Aleida Assmann

Anmerkungen

1 Die Rede ist zu finden über die Homepage seines Nachfolgers, des Präsidenten Horst Köhler: http://www.bundespraesident.de/Die-deutschen-Bundespraesident/Roman-Herzog/Reden-,11072.11991/Ansprache-von-Bundespraesident.htm (zuletzt besucht am 4.5.2009).

2 Primo Levi: Ist das ein Mensch? Ein autobiographischer Bericht, München 2003, S. 180–207.

3 Levi: Ist das ein Mensch?, S. 205–206.

4 Dieser Prozess war ein langer und aufhaltsamer. Als Levi sich Ende der 1940er Jahre um eine zweite Auflage seines Buches bemühte, fand er dafür bei der Lektorin des Einaudi-Verlages Natalia Ginzburg (selbst Witwe eines von den Nazis ermordeten jüdischen Kommunisten) keine Zustimmung. Er musste bis Ende der 1950er Jahre warten, bis er in Italien eine neue Leserschaft für sein Buch fand.

5 Die Asymmetrie beider Gedächtnisformen, die ein problematisches Merkmal der deutschen Erinnerungssituation darstellt, habe ich in meinem Aufsatz thematisiert: Persönliche Erinnerung und kollektives Gedächtnis in Deutschland nach 1945, in: Hans Erler (Hrsg.): Erinnern und Verstehen. Der Völkermord an den Juden im politischen Gedächtnis der Deutschen, Frankfurt am Main 2003, S. 126–138. Im ersten Teil dieses Beitrags wird gezeigt, dass in Deutschland vieles, was kollektiv kommemoriert wird, nicht persönlich erinnert wird. Im zweiten Teil geht es darum, dass vieles, was persönlich erinnert wird, nicht in einem kollektiven Gedächtnis aufgehoben ist.

6 Harald Welzer: Der Holocaust im deutschen Familiengedächtnis, in: Norbert Frei, Volkhard Knigge (Hrsg.): Verbrechen erinnern. Die Auseinandersetzung mit Holocaust und Völkermord, München 2000, S. 344. Vgl. Harald Welzer, Sabine Moller, Karoline Tschuggnall: Opa war kein Nazi. Nationalsozialismus und Holocaust im Familiengedächtnis, Frankfurt am Main 2002.

7 http://taskforce.ushmm.org/about/index.php?content=stockholm (zuletzt besucht am 4.5.2009).

8 In Dänemark zum Beispiel wurde der neue Gedenktag am 27. Januar 2003 eingeführt. In Luxemburg verdrängte der neue Gedenktag, der 2007 zum ersten Mal begangen wurde, den 10. Oktober, den Jahrestag des Referendums von 1941. In Frankreich besteht der 27. Januar neben dem 16. Juli, dem Tag der größten Judenrazzia unter deutscher Besatzung («Rafle du Vél' d'Hiv», 16./17. Juli 1942). An diesem Tag gedenken die Franzosen seit 1995 der «Opfer der rassistischen und antisemitischen Verbrechen der Vichy-Regierung» und ehren die französischen «Gerechten». In den USA und in Israel hat der 27. Januar als Gedenkdatum keine Geltung. In beiden Staaten findet das Holocaust Gedenken im Frühjahr in Entsprechung zum 27. Nissan statt, dem Ende der 1960er Jahre eingeführten israelischen Holocaust-Gedenktag.

9 In der Resolution heißt es: «Das Europäische Parlament […] bekräftigt seine Überzeugung, dass Gedenken und Aufklärung wesentliche Elemente sind, um Intoleranz, Diskriminierung und Rassismus auszumerzen, und fordert den Rat, die Kommission und die Mitgliedstaaten nachdrücklich auf, Antisemitismus und Rassismus verstärkt zu bekämpfen, indem insbesondere bei jungen Menschen das Bewusstsein für die Geschichte und die Lehren aus dem Holocaust geschärft wird, indem das Gedenken an den Holocaust gefördert wird und zu diesem Zweck der 27. Januar in der gesamten Europäischen Union zum Europäischen Holocaustgedenktag erklärt wird.» (Amtsblatt der Europäischen Union vom 27.1.2005; /eur-lex.europa.eu/LexUriServ/LexUriServ.do?uri=OJ:C:2005:253E:0037:0039:DE:PDF) (zuletzt besucht am 4.5.2009).

10 http://www.un.org/apps/news/story.asp?NewsID=25418&Cr=Holocaust&Cr1 (zuletzt besucht am 4.5.2009).

11 Dan Diner: Gegenläufige Gedächtnisse. Über Geltung und Wirkung des Holocaust, Göttingen 2007, S. 39.

12 Über das Problem der Hierarchisierung von Menschheitsverbrechen fand unter dem Titel «The Lesser Evil» vom 1.–3. April 2001 an der New York University eine Historiker-Konferenz statt.

13 Die Veröffentlichung ihres Vortrags, den sie im Oktober 2005 auf der Konferenz «Do States need a Memory?» am internationalen Zentrum Kulturwissenschaften in Wien gehalten hat, findet sich unter der Adresse: http://www.eurozine.com/articles/article_2007-04-18-kovacs-de.html (zuletzt besucht am 4.5.2009).

14 Charles S. Maier: Heißes und kaltes Gedächtnis. Über die politische Halbwertszeit von Nazismus und Kommunismus, in: Transit 22 (2001/2002), S. 153–165.

15 Emmanuel Droit: Die Shoah: Von einem westeuropäischen zu einem transeuropäischen Erinnerungsort?, in: Kirstin Buchinger, Claire Gantet, Jakob Vogel (Hrsg.): Europäische Erinnerungsräume, Frankfurt am Main u. a. 2009, S. 257–265.

16 Zit. nach Droit: Die Shoah, S. 159. Sandra Kalniete hat ihr Schicksal in ihrem Buch erzählt: Sandra Kalniete: Mit Ballschuhen im sibirischen Schnee. Die Geschichte meiner Familie, München 2005.

17 Diner: Gegenläufige Gedächtnisse, S. 9.

18 Diner: Gegenläufige Gedächtnisse, S. 58.

19 Daniel Levy, Natan Sznaider: Erinnerung im globalen Zeitalter. Der Holocaust, Frankfurt am Main 2001.

20 Diner: Gegenläufige Gedächtnisse, S. 18. In Diners Begriff des ‹Zivilisationsbruchs› kreuzen sich partikulare und universalistische Aspekte dieses Ereignisses: «Jenes universelle Verbrechen wurde an der Menschheit mittels der Vernichtung einer partikularen Gruppe, eben der Juden, verübt» (S. 37).

8. und 9. Mai 1945: Umkämpfte Erinnerungstage

Dominik Geppert

Anmerkungen

1 Vgl. dazu zuletzt Bernd Sösemann: Die Stunde Null schlug nicht am 8. Mai, in: Frankfurter Allgemeine Zeitung vom 7. Mai 2005, S. 31.

2 John Keegan: Der Zweite Weltkrieg, Berlin 2004, S. 832–849.

3 Vgl. Nina Tumarkin: The Living and the Dead. The Rise and Fall of the Cult of World War II in Russia, New York 1994.

4 Vgl. Monika Flacke (Hrsg.): Mythen der Nationen. 1945 – Arena der Erinnerungen, 2 Bde, Mainz 2004; Rudolf von Thadden, Steffen Kaudelka (Hrsg.): Erinnerung und Gedächtnis. 60 Jahre nach dem 8. Mai 1945, Göttingen 2006.

5 Hagen Schulze: Phönix Europa, Berlin 1998; Hagen Schulze: Die Wiederkehr Europas, Berlin 1990; Hagen Schulze: Staat und Nation in der europäischen Geschichte, München 1994.
6 Vgl. Martin Gilbert: The Day the War Ended. VE-Day 1945 in Europe and around the World, London 1995, S. 185–217.
7 Richard Overy: Russlands Krieg 1941–1945, Reinbek bei Hamburg 2003, S. 424–425.
8 Zit. in Overy: Russlands Krieg, S. 422.
9 Overy: Russlands Krieg, S. 424–426.
10 Vgl. Gilbert: The Day the War Ended, S. 143, 294–295, 303.
11 Martin Gilbert: Road to Victory. Winston S. Churchill 1941–1945, London 1986, S. 1348.
12 Charles de Gaulle: Memoiren 1942–1946, Düsseldorf 1961, S. 457–459.
13 Étienne François: Meistererzählungen und Dammbrüche. Die Erinnerung an den Zweiten Weltkrieg zwischen Nationalisierung und Universalisierung, in: Flacke: Mythen, Bd. 1, S. 13–28, hier S. 17.
14 The Times vom 12. Mai 1980, S. 15.
15 Henry Rousso: Frankreich – Vom nationalen Vergessen zur kollektiven Wiedergutmachung, in: Flacke: Mythen, Bd. 1, S. 227–248.
16 Reinhard Koselleck: Der 8. Mai zwischen Erinnerung und Geschichte, in: von Thadden u. a.: Erinnerung, S. 13–22, hier S. 14.
17 George Kennan: Memoiren eines Diplomaten, Stuttgart 1968, S. 245.
18 Zit. n. Lothar Berthold, Ernst Diehl (Hrsg.): Revolutionäre deutsche Parteiprogramme. Vom Kommunistischen Manifest zum Programm des Sozialismus, Berlin 1964, S. 193.
19 The Berlin Observer vom 3. Mai 1946.
20 The Times vom 9. und 12. Mai 1946.
21 Martin Gilbert: Winston Churchill, Bd. 8: Never Despair, 1945–1965, London 1988, S. 229.
22 Vgl. Tumarkin: The Living and the Dead, S. 104–105.
23 Parliamentary Debates (Hansard) 5. Reihe, Bd. 423, Sp. 2026–2027.
24 The Times vom 4. Mai 1955.
25 Stiftung Archiv der Parteien und Massenorganisationen der ehemaligen DDR im Bundesarchiv [künftig: SAPMO-BArch], DY 30/9660, Bl. 296–310.
26 The Times vom 18. Januar 1985.
27 The Times vom 11. Mai 1965.
28 The Times vom 3. Mai 1975.
29 Moskau, Leningrad, Odessa, Kiew, Minsk, Stalingrad, Sewastopol, Noworossiisk, Kerch, Tula, Smolensk und Murmansk.
30 Tumarkin: The Living and the Dead, S. 42.
31 Vgl. Jutta Scherrer: Sowjetunion/Russland – Siegesmythos versus Vergangenheitsaufarbeitung, in: Flacke: Mythen, Bd. 2, S. 619–657, hier S. 648.
32 Vgl. Die Zeit vom 12. Mai 2005.
33 S. Süddeutsche Zeitung vom 9. Mai 2008.

34 Tumarkin: The Living and the Dead, S. 101.
35 Tumarkin: The Living and the Dead, S. 101.
36 Scherrer: Sowjetunion/Russland, S. 623.
37 Vgl. die entsprechenden Protokolle der Politbürositzungen aus den Jahren 1950 bis 1965 in: SAPMO-BArch, DY 30/J IV 2/2.
38 Vgl. etwa SAPMO-BArch, DY 30/9657, Bl. 164.
39 SAPMO-BArch, DY 30/J IV 2/2/537, Bl. 17.
40 Vgl. SAPMO-BArch, DY 30/9661.
41 Hubertus Knabe: Tag der Befreiung? Das Kriegsende in Ostdeutschland, Berlin 2005.
42 George Sanford: Katyn and the Soviet Massacre of 1940. Truth, Justice and Memory, London 2005.
43 Martin Evans: Memories, Monuments, Histories: The Re-thinking of the Second World War since 1989, in: National Identities 8 (2006), S. 317–348.
44 Tumarkin: The Living and the Dead, S. 190.
45 Der Spiegel vom 1. Mai 2007.
46 Zit. n. Tumarkin: The Living and the Dead, S. 220.
47 Jan-Holger Kirsch: «Wir haben aus der Geschichte gelernt». Der 8. Mai als politischer Gedenktag in Deutschland, Köln u. a. 1999, S. 206.
48 Wilhelm Tielker: Der Mythos von der Idee Europa. Zur Kritik und Bedeutung historischer Entwicklungsgesetze bei der geistigen Verankerung der europäischen Vereinigung, Münster 2003, S. 311–312.
49 James Sheehan: Kontinent der Gewalt. Europas langer Weg zum Frieden, München 2008, S. 201.
50 John Gillingham: Coal, Steel, and the Rebirth of Europe, 1945–1955, New York 1991, S. 231.
51 Marnix Beyen: Der Kampf um das Leid, in: Flacke (Hrsg.): Mythen, Bd. 1, S. 67–88, hier S. 86.
52 Die gescheiterten Bestrebungen des französischen Staatspräsidenten Giscard d'Estaing sind das bekannteste Beispiel; vgl. Henry Rousso: Vichy. L'événement, la mémoire, l'histoire, Paris 2001, S. 425.
53 Michael Jeismann: Auf Wiedersehen Gestern. Die deutsche Vergangenheit und die Politik von morgen, Stuttgart u. a. 2001, S. 56–57.
54 Vgl. Gilbert: The Day the War Ended, S. 160.
55 Gilbert: The Day the War Ended, S. 133.
56 Die Zahlen schwanken zwischen 15 000 und 45 000; vgl. Boucif Mekhaled: Chronique d'un massacre: 8 Mai 1945. Sétif, Guelma, Kherrata, Paris 1995.
57 Dan Diner: Gegenläufige Gedächtnisse. Über Geltung und Wirkung des Holocaust, Göttingen 2008, s. Kapitel: Koloniale Verwerfungen, S. 64–103, hier S. 67.

5. Mai–9. Mai: Europatag
Heinz Duchhardt

Anmerkungen

1 Eckart Conze, Thomas Nicklas (Hrsg.): Tage deutscher Geschichte. Von der Reformation bis zur Wiedervereinigung, München 2004.
2 Franz Knipping: Rom, 25. März 1957 – die Einigung Europas, München 2004.
3 Wilfried Loth: Helsinki, 1. August 1975 – Entspannung und Abrüstung, München 1998.
4 Einstimmigkeit bei Beschlüssen, die den nationalen Regierungen zur Annahme empfohlen werden sollen, gehört zu den Regularien des Ministerkomitees.
5 Vgl. u. a. Marie-Thérèse Bitsch (Hrsg.): Jalons pour une histoire du Conseil de l'Europe, Bern 1997. Die dort versammelten Beiträge gehen freilich auf den Europatag nicht ein.
6 Zur Gründungsgeschichte des Europarats aus der Fülle einschlägiger Untersuchungen nur: Marie-Thérèse Bitsch: Histoire de la construction européenne de 1945 à nos jours, Brüssel 2001, S. 45–57.
7 Im Internet abrufbar unter https://wcd.coe.int/ViewDoc.jsp?id=635355&Site=CM&BackColorIntranet=FFBB55&BackColorLogged=FFAC75 (zuletzt besucht am 31.3.2009).
8 Wolfgang Schmale: Scheitert Europa an seinem Mythendefizit?, Bochum 1997.
9 Frankfurter Allgemeine Zeitung vom 6. Mai 1965, S. 4.
10 Frankfurter Allgemeine Zeitung vom 6. Mai 1966, S. 2.
11 Frankfurter Allgemeine Zeitung vom 6. Mai 1967, S. 1.
12 Der Aachener Karlspreis wird seit 1949 in der Regel an Christi Himmelfahrt verliehen. Zur Preisverleihung an Joseph Luns vgl. 50 Jahre Internationaler Karlspreis zu Aachen 1950–2000, o. O. u. J., S. 117–122.
13 Frankfurter Allgemeine Zeitung Nr. 104, S. 4.
14 Frankfurter Allgemeine Zeitung Nr. 105, S. 3.
15 Frankfurter Allgemeine Zeitung Nr. 104, S. 7.
16 Frankfurter Allgemeine Zeitung Nr. 104, S. 10.
17 Vgl. Abgeordnete in Rheinland-Pfalz 1946–1987. Biographisches Handbuch, Mainz 1991, S. 159.
18 Landtag Rheinland-Pfalz, 5. Legislaturperiode, Nr. 888, S. 550.
19 Landtag Rheinland-Pfalz, 5. Legislaturperiode, Nr. 909, S. 564.
20 Angefangen bei Altmeiers Rundfunkansprache zum 1. Mai 1948: Peter Altmeier: Reden 1946–1951, ausgewählt und hrsg. von Karl Martin Graß, Franz-Josef Heyen, Boppard 1979, S. 113. Vgl. darüber hinaus etwa das Register (S. 431), um zu ermessen, welche Rolle «Europa» in Altmeiers frühen Reden spielte. Zu den frühen europäischen und deutsch-französischen Aktivitäten des Kabinetts Altmeier vgl. auch Michael Kißener: Kleine Geschichte des Landes Rheinland-Pfalz 1945–2005. Wege zur Integration eines «Nachkriegsbundeslandes», Leinfelden-Echterdingen 2006, S. 200 ff.
21 Allgemeine Zeitung Nr. 104, S. 3.

22 Allgemeine Zeitung Nr. 106, S. 4.
23 Allgemeine Zeitung Nr. 103, S. 3.
24 Allgemeine Zeitung Nr. 104, S. 2.
25 Allgemeine Zeitung Nr. 103, S. 2.
26 Allgemeine Zeitung Nr. 103, S. 3.
27 Allgemeine Zeitung Nr. 105, S. 1.
28 Allgemeine Zeitung Nr. 104, S. 1.
29 Allgemeine Zeitung Nr. 103, S. 4.
30 Allgemeine Zeitung Nr. 103, S. 3.
31 Text abrufbar unter: https://wcd.coe.int//ViewDoc.jsp?id=666103&Site=CM&BackColorInternet=9999CC&BackColorIntranet=FFBB55&BackColorLogged=FFAC75 (zuletzt besucht am 31.3.2009).
32 Der dänische Delegierte machte seine Zustimmung von einem förmlichen Beschluss seiner Regierung abhängig.
33 Über ihre Einordnung in den damals schwierigen Integrationsprozess u. a. Jürgen Elvert: Die europäische Integration, Darmstadt 2006, S. 110.
34 «The Milan European Council of 28 and 29 June 1985 approves the proposals set out in the second report of the Ad Hoc Committee on a People's Europe, known as the Addonino Committee, including those concerning the adoption of the flag and anthem of the European Community and the establishment of ‹Europe Day› […].» Bulletin der Europäischen Gemeinschaften 1985, Beilage 7/85, S. 19–33.
35 Die Formulierung in Wolf D. Gruner, Wichard Woyke: Europa-Lexikon, München [2]2007, S. 464.
36 Die Thematik kann in diesem Beitrag nur angerissen werden. Überhaupt scheint mir der Europatag noch viel großflächigerer Untersuchungen – auch verschiedener Fächer – zu bedürfen, als es hier möglich war.
37 Ich danke an dieser Stelle der studentischen Hilfskraft Anna Matzkowitz für eine Reihe von Recherchen.

9. November 1989: Ein Sprung der Geschichte

Hermann Rudolph

Anmerkungen

1 Die Darstellung folgt dem vorzüglichen Buch von Hans-Hermann Hertle: Der Fall der Mauer. Die unbeabsichtigte Selbstauflösung des SED-Staates, Opladen 1996.
2 Hertle: Der Fall der Mauer, S. 308.
3 Vgl. Hertle: Der Fall der Mauer, S. 200 f. u. 230.
4 Dieter Schröder: Von Politik und dummen Fragen, Rostock 2002, S. 150.
5 Hertle: Der Fall der Mauer, S. 241.
6 Hans-Hermann Hertle, Kathrin Elsner: Mein 9. November. Der Tag an dem die Mauer fiel, Berlin o. J., S. 224.

7 Schröder: Von Politik und dummen Fragen, S. 156.
8 Der Tagesspiegel vom 4. November 1989.
9 Beschluss des Abgeordnetenhauses von Berlin, 10. November 1989, Protokoll der 11. Wahlperiode, S. 787.
10 Die Reden in: Umbruch in Europa. Eine Dokumentation, hrsg. vom Auswärtigen Amt, Bonn o. J., S. 76 ff.
11 Interview mit dem Regierenden Bürgermeister von Berlin (West), in: Neues Deutschland vom 18./19. November 1989.
12 Der Tagesspiegel vom 3. Januar 1990.
13 Charles S. Maier: Das Verschwinden der DDR und der Untergang des Kommunismus, Frankfurt 1999, S. 436.
14 Alfred Grosser: Mein Deutschland, Hamburg 1993, S. 7.
15 Philip Zelikow, Condoleezza Rice: Sternstunden der Diplomatie. Die deutsche Einheit und das Ende der Spaltung Europas, Berlin 1997, S. 156.
16 Es gibt wieder Hoffnung. Umfrage der Frankfurter Allgemeinen Zeitung vom 10. November 1989, in: Frank Schirrmacher (Hrsg.): Im Osten erwacht die Geschichte, Stuttgart 1990, S. 57.
17 Vgl. Michael Wolffsohn: Der außenpolitische Weg zur deutschen Einheit, in: Eckhard Jesse, Armin Mitter (Hrsg.): Die Gestaltung der deutschen Einheit, Bonn 1992, S. 155 ff.
18 Vgl. Timothy Garton Ash: Ein Jahrhundert wird abgewählt. Aus den Zentren Mitteleuropas 1980–1990, München 1990; Timothy Garton Ash: Im Namen Europas. Deutschland und der geteilte Kontinent, München 1993.
19 Vgl. Ralf Dahrendorf: Betrachtungen über die Revolution in Europa, Stuttgart 1990.
20 Vgl. Hertle: Der Fall der Mauer, S. 248 und S. 499.
21 So die These Hertles: Der Fall der Mauer, S. 404 ff.
22 Richard von Weizsäcker: Nachdenken über Geschichte. Eröffnungsrede des 37. Historikertages in Bamberg, in: Richard von Weizsäcker: Reden und Interviews, Bd.5, Bonn 1989, S. 75.

Bildnachweis

akg-images – Archiv für Kunst und Geschichte, Berlin: S. 117, 159 (© VG Bild-Kunst, Bonn 2010), 183, 207, 225 (unten), 241, 289 (Erich Lessing – © Succession Picasso/VG Bild-Kunst, Bonn 2010)
Arbeitsstelle für Kommunikationsgeschichte und angewandte Kulturwissenschaften am Lehrstuhl Univ.-Prof. Dr. Bernd Sösemann, Friedrich-Meinecke-Institut, Freie Universität Berlin: S. 263
Bildarchiv Preußischer Kulturbesitz (bpk), Berlin: S. 278
Bundesarchiv Berlin-Lichterfelde, Berlin: S. 347 (SAPMO 30/9657)
Collection Van Abbemuseum, Eindhoven/Niederlande: S. 27 (Fotograf: Peter Cox, Eindhoven/Niederlande)
Domschatzkammer, Aachen: S. 69 (Fotografin: Ann Münchow)
© European Union, 2010: S. 359
Ullstein Bild, Berlin: S. 225/Haeckel (oben), 307

Die Abbildungen: S. 14, 51, 173, 325, 385 wurden uns von den Autoren zur Verfügung gestellt.

Die übrigen Abbildungen wurden folgenden Büchern entnommen:

Alexander, Jonathan/Binski, Paul (Hrsg.): Age of Chivalry. Art in Plantagenet England
1200 – 1400, London, 1987: S. 56, 57
Ausstellungs-Katalog Andreas Kuhnlein, Skulpturen von 1997 bis 2001, Sommerausstellung IV, Minoritenkirche, Historisches Museum Regensburg, 21. Juli bis 7. Oktober 2001: S. 129
Baden und Württemberg im Zeitalter Napoleons. Ausstellungskatalog Bd. 1, Stuttgart 1987: S. 131
Dimitrijević, Braco: 11. März. Dies könnte ein Tag von historischer Bedeutung sein, Berlin 1979: S. 15
Esch, Arnold: Wege nach Rom. Annäherungen aus zehn Jahrhunderten, München 2003: S. 103
Gall, Lothar (Hrsg.): 1848. Aufbruch zur Freiheit, Frankfurt/Main 1998: S. 189
Joestel, Volkmar/Strehle, Jutta (Hrsg.): Luthers Bild und Lutherbilder. Ein Rundgang durch die Wirkungsgeschichte, Wittenberg 2003: S. 81

Autorinnen und Autoren

Aleida Assmann, *1947, Professorin für Anglistik und allgemeine Literaturwissenschaft an der Universität Konstanz. Forschungsschwerpunkte: Schrift und Gedächtnis, Historische Anthropologie der Medien, Theorie des kulturellen Gedächtnisses, Trauma. Veröffentlichungen u. a.: Erinnerungsräume. Formen und Wandlungen des kulturellen Gedächtnisses. München 1999 (4. Aufl. 2009). Der lange Schatten der Vergangenheit. Erinnerungskultur und Geschichtspolitik. München 2006, Geschichte im Gedächtnis. Von der individuellen Erfahrung zur öffentlichen Inszenierung. München 2007.

Tim Blanning, *1942, Professor of Modern European History an der Universität Cambridge. Forschungsschwerpunkte: Europäische Geschichte 1648–1848. Veröffentlichungen u. a.: The Culture of Power and the Power of Culture: Old Regime Europe 1660–1789, Oxford 2002 (Paperback 2003, deutsch Darmstadt 2005), The Pursuit of Glory: Europe 1648–1815, London 2007, The Triumph of Music: Composers, Musicians and Their Audiences. 1700 to the Present, London 2008.

Christiana Brennecke, *1971, Dr. phil., Forschungsschwerpunkte: Europäischer Frühliberalismus, spanische Geschichte des 19. und 20. Jahrhunderts. Veröffentlichungen u. a.: ¿De modelo a mancha de Europa? La Guerra de Independencia española y sus efectos sobre la imagen oficial de España en la Europa del Congreso de Viena (1814/15) [Vom Vorbild zum Schandfleck Europas? Der Spanische Unabhängigkeitskrieg und seine Auswirkungen auf das offizielle Spanienbild im Zeitraum des Wiener Kongresses (1814/15)], Madrid 2010, Von Cádiz nach London. Spanischer Liberalismus im Spannungsfeld von nationaler Selbstbestimmung, Internationalität und Exil (1820–1833), Göttingen 2010.

Kirstin A. Buchinger, *1973, Dr. phil., freie Autorin. Forschungsschwerpunkte: Europäische Geschichte des 19. und 20. Jahrhunderts. Veröffentlichungen u. a.: Kirstin A. Schäfer (heute Buchinger): Werner von Blomberg. Hitlers erster Feldmarschall. Eine Biographie, Paderborn u. a. 2006, Europäische Erinnerungsräume. Zirkulationen zwischen Frankreich, Deutschland und Europa, hrsg. zusammen mit Claire Gantet u. Jakob Vogel, Frankfurt a. M. 2009, Die Geschichte des Berliner Kaffeehauses. Das Café Einstein Stammhaus, Berlin 2009.

Alexander Demandt, *1937, Professor (em.) für Alte Geschichte an der Freien Universität Berlin. Forschungsschwerpunkte: Spätantike, Kulturgeschichte. Veröffentlichungen u. a.: Ungeschehene Geschichte, München 4. Aufl. 2005, Die Spätantike: Römische Geschichte von Diocletian bis Justinian, 284–565 n. Chr., München 2. Aufl. 2008, Über die Deutschen. Eine kleine Kulturgeschichte, Berlin 2. Aufl. 2008, Alexander der Große, München 2009.

Heinz Duchhardt, *1943, Professor für Neuere Geschichte und Direktor des Instituts für Europäische Geschichte in Mainz, Abteilung Universalgeschichte. Forschungsschwerpunkte: Internationale Beziehungen und Reichsverfassungsgeschichte der Vormoderne, Freiherr von Stein, europabezogene Grundlagenforschung. Veröffentlichungen u. a.: Europa am Vorabend der Moderne 1650–1800 (= Handbuch der Geschichte Europas, Bd. 6), Stuttgart 2003, Option Europa. Deutsche, polnische und ungarische Europapläne des 19. und 20. Jahrhunderts, hrsg. von Heinz Duchhardt u. a., 3 Bde., Göttingen 2005, Stein. Eine Biographie, Münster 2007.

Joachim Ehlers, *1936, Professor (em.) für mittelalterliche Geschichte an der Freien Universität Berlin. Forschungsschwerpunkte: Kulturgeschichte des westeuropäischen Mittelalters. Veröffentlichungen u. a.: Die Kapetinger, Stuttgart 2000, Die Deutschen und das europäische Mittelalter: Das westliche Europa, München 2004, Heinrich der Löwe. Eine Biographie, München 2008.

Arnold Esch, *1936, Professor (em.) für mittelalterliche Geschichte, 1988 bis 2001 Direktor des Deutschen Historischen Instituts in Rom. Forschungsschwerpunkte: Geschichte des Spätmittelalters und der Renaissance, vor allem die Geschichte Roms und des Papsttums, Probleme zwischen Wirtschafts- und Kunstgeschichte, sowie das Nachleben der Antike. Veröffentlichungen u. a.: Wiederverwendung von Antike im Mittelalter. Die Sicht des Archäologen und die Sicht des Historikers, Berlin 2005, Economia, cultura materiale ed arte nella Roma del Rinascimento. Studi sui registri doganali romani, 1445–1485, Roma 2007, Landschaften der Frührenaissance. Auf Ausflug mit Pius II., München 2008, Wahre Geschichten aus dem Mittelalter. Kleine Schicksale selbst erzählt in Schreiben an den Papst, München 2010.

Etienne François, *1943, Professor (em.) für Neuere und Neueste Geschichte an Universität Paris-I (Panthéon-Sorbonne) und an der Freien Universität Berlin. Forschungsschwerpunkte: Neuere deutsche Geschichte; deutsch-französische Geschichte, europäische Geschichte, Geschichte der Gedächtniskulturen. Veröffentlichungen u. a.: Deutsche Erinnerungsorte, hrsg. zusammen mit Hagen Schulze, 3 Bde., München 2001 (Paperback 2009), Mémoires allemandes, hrsg. zusammen mit Hagen Schulze, Paris 2007; Die Grenze als Erfahrung, als Raum und als Konstruktion, hrsg. zusammen mit Jörg Seifahrt u. Bernhard Struck, Frankfurt a. M. 2007.